SV

Henryk Elzenberg
Kummer mit dem Sein

Tagebuch eines Philosophen.
Aphorismen und Gedanken aus den
Jahren 1907 bis 1963

Aus dem Polnischen von Sven Sellmer
unter Verwendung einiger von Karl Dedecius
übersetzter Aphorismen

Suhrkamp Verlag

Originaltitel: Kłopot z istnieniem. Aforyzmy w porządku czasu
Toruń: Wydawnictwo Uniwersytetu Mikołaja Kopernika 2002
© by Uniwersytet Mikołaja Kopernika, 2002
Die Übersetzung wurde gefördert durch das Auswärtige Amt

Erste Auflage 2004
© der deutschen Ausgabe Suhrkamp Verlag
Frankfurt am Main 2004
Alle Rechte vorbehalten, insbesondere das
des öffentlichen Vortrags sowie der Übertragung
durch Rundfunk und Fernsehen, auch einzelner Teile.
Kein Teil des Werkes darf in irgendeiner Form
(durch Fotografie, Mikrofilm oder andere Verfahren)
ohne schriftliche Genehmigung des Verlages
reproduziert oder unter Verwendung elektronischer
Systeme verarbeitet, vervielfältigt oder verbreitet werden.
Satz: flo & flo, Thorn/Polen
Druck: Nomos Verlagsgesellschaft, Baden-Baden
Printed in Germany
ISBN 3-518-41654-5

1 2 3 4 5 6 – 09 08 07 06 05 04

Kummer mit dem Sein

Inhaltsverzeichnis

Vorbemerkung des Herausgebers 11
Vorwort des Autors 13

Der Erste Weltkrieg und die Zeit davor 19
 I Vorkriegszeit 21
 II Erster Weltkrieg 100

Zwischenkriegszeit 141
 I 1919 bis 1930 143
 II Die dreißiger Jahre 203

Der Zweite Weltkrieg und die Zeit danach 299
 I Zweiter Weltkrieg 301
 II Vom Kriegsende bis zum Jahre 1953 378
 III 1954 bis 1963 438

Anhang 515
Editorische Notiz 517
Erläuterungen 518
Zu Autor und Werk 534
Personenverzeichnis 536

Vorbemerkung des Herausgebers

Henryk Elzenbergs ›Kummer mit dem Sein‹ wird hier erstmals vollständig in deutscher Sprache vorgelegt. Einige Auszüge hat in den vergangenen Jahren Karl Dedecius bereits übersetzt und an verschiedenen Orten veröffentlicht. Diese Fragmente sind im folgenden mit [KD] gekennzeichnet; wo sie ergänzt werden mußten, steht: [KD; erg.].

Alle Originalanmerkungen von Henryk Elzenberg sind im Haupttext wiedergegeben; alle Anmerkungen des Übersetzers und des Herausgebers sowie Übersetzungen fremdsprachiger Zitate finden sich in den Erläuterungen am Ende dieses Bandes wieder. Besonderer Dank gilt Herrn Arkadiusz Żychliński für seine Hilfe bei der Auffindung von Zitaten.

Vorwort des Autors

In Nr. 81 (März 1961) der Monatsschrift ›Znak‹ veröffentlichte ich eine gewisse Anzahl von Auszügen aus den von mir unregelmäßig über mehr als fünfzig Jahre hinweg geführten Tagebüchern. Diese Auswahl betraf die Jahre 1941 bis 1960. Der vorliegende Band stellt eine umfangreichere Auswahl dar, die den gesamten Zeitraum umfaßt, in dem ich Aufzeichnungen gemacht habe: Er reicht bis Herbst 1907 zurück und erstreckt sich am anderen Ende bis in die jüngste Vergangenheit. Wobei es sich nicht mehr nur um Tagebücher handelt: Ich habe zahlreiche Aufzeichnungen hinzugefügt, die ursprünglich als Material für beabsichtigte, doch später nicht ausgeführte größere Werke gedacht waren. Im Hinblick auf den fast durchweg intellektuellen, nur in ganz wenigen Fällen erzählerischen oder lyrischen Charakter der eigentlichen Tagebücher kommt es mir nicht so vor, als ob dieser Unterschied in störender Weise spürbar wäre.

Eine Publikation dieser Art bedarf einer gewissen Erläuterung; ich beginne mit zwei eher technischen Fragen.

Vor allem: In Anbetracht dessen, daß die Hauptmasse der Texte Tagebuchcharakter hat, habe ich grundsätzlich nur *datierte* Aufzeichnungen eingefügt, und zwar möglichst genau, auf Tag und Monat datierte, ganz selten monatlich datierte; nur ausnahmsweise einige solche, deren Entstehungszeit ich annäherungsweise innerhalb der Grenzen eines Jahres bestimmen konnte. In diesen Fällen habe ich die Aufzeichnungen mit der Bemerkung »ohne Datum« ans Ende des betreffenden Jahres gesetzt.

Die zweite, wesentlich wichtigere Erläuterung lautet wie folgt: Ich präsentiere die Aufzeichnungen nicht im Rohzustand, so wie sie zu Papier gebracht wurden; angesichts der oft nachlässigen Formulierung kam das meistens nicht in Frage. Ich mußte daher mehr oder weniger redigieren, wobei ich mich nur darum bemüht habe, daß der Stil nicht steifer wird und die jeweilige Stimmung nicht verlorengeht. Doch auch die Gedanken selbst konnte ich nicht immer in der oft primitiven und naiven Gestalt, in der sie ursprünglich notiert worden waren, belassen; abgesehen also von Änderungen anderer Art – ich habe gekürzt, kleine Ergänzungen vorgenommen, allzu scharfe Formulierungen abgemildert und Hinweise auf aktuelle Anlässe entfernt – ist der Text recht deutlich »nachgebessert«. Es sind gewissermaßen Photographien mit ziemlich kühnen, doch, wie ich hoffe, niemals kitschigen oder nachbräunenden Retuschen. Man könnte sogar auf den Gedanken kommen, unter diesen Umständen wäre es besser gewesen, wenn ich – zumindest für das Ganze – auf den Tagebuchcharakter verzichtet, das Material auf Sachgebiete verteilt und eventuell nur innerhalb des jeweiligen Sachgebiets die zeitliche Reihenfolge beibehalten hätte: wenn ich, kurz gesagt, kein Tagebuch, sondern eine geordnete Sammlung von Aphorismen vorgelegt hätte. In der chronologischen Gliederung gehen Ordnung und Komposition verloren; das Ganze hört eigentlich auf, ein *Buch* zu sein, und die ständigen thematischen Sprünge können leicht lästig werden. Was mich jedoch auf dieser im übrigen nicht optimalen Konzeption beharren ließ, war ein wichtiger Aspekt nicht kompositorischer, sondern methodischer oder eigentlich bereits sogar sachlicher Natur: Indem ich jeden Gedanken genau dem Augenblick zuordnete, in dem er gedacht wurde, wollte ich allen den Beigeschmack des Dogmatischen nehmen. Einige Aussagen mögen sogar, für sich genommen, recht apodiktisch erscheinen; indem ich sie jedoch entlang der Linie der verrinnenden und alles relativierenden Zeit anordne, werden sie zu Momenten eines gewissen *Verlaufs*, und auf diese Weise verfliegt nicht nur das Apodiktische, sondern auch das »Behauptende« (das Assertorische) selbst wird abgemildert und geht, der Einstellung des Autors gemäß, über in ein gewisses diskretes, eher demütiges »Was weiß ich schon?«

Um nunmehr zu eindeutig sachlichen Fragen zu kommen: Das Motiv und der Sinn der ersten, fragmentarischen Publikation war – wie ich in der Einleitung zu ihr angemerkt habe – das Bedürfnis, als Denker und Mensch gewisse Inhalte zu enthüllen, die in meinen Arbeiten, welche strengeren Regeln unterliegen als Aphorismen, nicht zu Wort gekommen waren. Für einen Menschen, der sich bereits teilweise ausgesprochen und eine bestimmte Stellung bezogen hat, ist das ein gewichtiges, mit dem Gebot der *Authentizität* verknüpftes Motiv: Halbwahrheiten über einen selbst, die allzu lange unergänzt bleiben, werden am Ende zu Unwahrheiten. Ich glaube, daß dieser Aspekt auch heute ein Hauptmotiv geblieben ist. Ein wichtiger Zusatzaspekt jedoch wäre außerdem der Wunsch, einen die Abhandlungen und Essays des Autors vereinigenden Rahmen zu schaffen; diese Arbeiten sind thematisch oft weit voneinander entfernt und im Verhältnis zu den wichtigsten Angelegenheiten und Problemen häufig peripher. Der angemessene Rahmen hätte, meiner Auffassung nach, ein *System* sein sollen: Da dieses jedoch nicht ausgearbeitet wurde und zum großen Teil in Kladden und Entwürfen verblieb, setze ich gegenwärtig statt aufs System auf die *Individualität*. In gewisser Hinsicht ist das ein Surrogat; in anderen Hinsichten vielleicht mehr – doch das hängt ganz vom Standpunkt ab.

In der eben bereits erwähnten Einleitung machte ich auch die Einschränkung, daß diese Aufzeichnungen – selbst dort, wo gewisse allgemeine Thesen verkündet werden – nicht den Charakter von *kunstgerechten*, theoretischen Ausführungen haben und dies auch nicht anstreben; »die Urteile«, formulierte ich damals, »sind entweder gar nicht oder nur sehr flüchtig begründet«. Hier möchte ich noch hinzufügen – obwohl sich das von selbst verstehen sollte –, daß ich mich um eine logische *begriffliche* Präzision nicht nur nicht bemüht habe, sondern daß es mir, meiner Ansicht nach, gar *nicht erlaubt* gewesen wäre, mich darum zu bemühen: Es hätte der Natur der aphoristischen Aussage und den Zielen, die ich mir gesteckt hatte, widersprochen.

Und schließlich: Die Interessen des Autors spiegeln sich hier nicht gleichmäßig wider. Gerade dasjenige, dem ich im Leben die meiste Mühe gewidmet habe, ist schwach repräsentiert, denn auf diesen Gebieten gab es für Einzelgedanken die Möglichkeit, sich einzuschalten – was sie auch, an ihrer jeweiligen Stelle, verhältnismäßig reibungslos taten. So kommt die Ästhetik wie auch die allgemeine Wertphilosophie kaum vor; die Ethik ist reichlich vorhanden, doch nur von der praktischen, der Erlebnisseite her; zur Theorie gibt es nur Anspielungen. Reich vertreten ist dagegen das, womit ich mich nebenbei, in der Form von gedanklichen Ausflügen beschäftigt habe: Bemerkungen zu Schriftstellern, die niemals ein näherer Gegenstand meiner Studien gewesen sind; aus Alltagsbeobachtungen hervorgegangene psychologische Einsichten; Fragen zur Sinnhaftigkeit des nichtdiskursiven Denkens in seinen verschiedenen Varianten; schließlich immer neu unternommene Versuche, mit dem Problem der Religion in jener eigenartigen und bei uns ganz untraditionellen Gestalt zurechtzukommen, in der ich ihm persönlich begegnet bin. So faßt dieses Buch also nicht nur in gewisser Weise verstreute Einzelteile zu einer Einheit zusammen, sondern *ergänzt* darüber hinaus – was die Problematik betrifft – das, was ich andernorts geschrieben habe; die Proportionen sind hier eindeutig andere als im Ganzen.

Schließen möchte ich in einem etwas anderen Stil. Dem Verlagshaus »Znak« bin ich nicht bloß eine durchschnittliche, höfliche, sondern eine besonders herzliche Danksagung dafür schuldig, daß es sich mit der herausgeberischen Initiative an mich gewandt und im weiteren Verlauf ihrer allmählichen Verwirklichung mir gegenüber ein außergewöhnliches Wohlwollen an den Tag gelegt hat. Nicht weniger herzlich danke ich Hanna Malewska, der Autorin von ›Die Gestalt dieser Welt vergeht‹ und ›Die Herren Leszczyński‹, welche die ganze Sache durch ihre Anregung der ersten Publikation, in der Monatsschrift, ins Rollen gebracht hat. Und wenn man den Dank weiter ausdehnen möchte, über Polen und Europa hinaus und bis zu denjenigen, die heute nicht mehr am Leben sind, so gebührt der größte und ehrerbietigste wohl ... Gandhi, denn mein vor fünfzehn Jahren gedruckter Artikel über ihn war der Ausgangspunkt, der die ganze Breite der möglichen Verständigung enthüllte. Indem ich meinen Dank ausspreche, bin ich mir natürlich sowohl der Zweischneidigkeit aller einigermaßen kühnen Unternehmungen bewußt als auch dessen, daß ich gerade in diesem Fall wohl eher mit Tadel von Seiten wohl eher ernstzunehmender intellektueller Kreise zu rechnen habe; dieses Risiko gehe ich jedoch ruhig und nahezu freudig ein, in der Überzeugung, daß es immer noch besser ist, Prügel zu beziehen als um den Preis toleriert zu werden, daß man still in seinem Schlupfwinkel sitzen bleibt.

H. E.

Thorn, den 19. August 1963

Der Erste Weltkrieg und die Zeit davor

I
Vorkriegszeit

Paris, 13.10.1907. Frage: Wo ist das sogenannte *Ich*? Gestern war ich alleine im Zimmer und begann über mich nachzudenken, doch während des Nachdenkens hatte ich zwei merkwürdige Eindrücke. Erstens den Eindruck, keiner meiner Gedanken steige aus den Tiefen meines Ichs auf, sondern alle wehten gewissermaßen von außen heran. Zweitens, der Gegenstand dieser Gedanken war ich, doch irgendwie versuchten sie vergeblich dieses *Ich* zu finden; sie glitten an Einzelheiten, Vorfällen, Verhältnissen, Begriffen entlang, doch ins Innere vermochten sie nicht einzudringen.

Und auch jetzt, da ich schreibe, habe ich nicht das Gefühl, es schreibe das »Ich«.

Wenn ich denke, existiere ich nicht, bin mir meiner selbst nicht bewußt; es existiert nur das, worüber ich nachdenke. Selbstbewußtsein dagegen wird einem am intensivsten durch Leid zuteil, und sei es durch gewöhnlichen körperlichen Schmerz; wenn ich Zahnschmerzen habe, weiß ich, daß ich bin.

All dies stellt durchaus keine Aufforderung dar, sein *Ich* eifrig zu suchen und zu pflegen. Vom Leiden ganz zu schweigen, läßt sich sagen: Wer seinem Ich die größte Bedeutung einräumt, sucht etwas, das überhaupt nicht zu finden ist, und verliert sich in einer schlimmeren Leere als der Sucher nach Gott oder nach anderen absoluten Wesenheiten außerhalb seiner selbst.

»*Je ne pense jamais, mes idées pensent pour moi*« (Lamartine).

VOM CHOR IN DER GRIECHISCHEN TRAGÖDIE. Der Chor ist *Zeuge*. Im Drama geschehen Verbrechen; das Böse siegt über das Gute, und es wäre kindisch, am Schluß alles so umzukehren, daß die Bösen bestraft und die Guten belohnt würden.

Und doch entspringt dieses naive Verteilen von Strafen und Belohnungen aus einem gewissen Bedürfnis der menschlichen Natur: dem Bedürfnis nach Gerechtigkeit und Vergeltung. Der Chor löst dieses Problem. Das Drama entwickelt sich in natürlicher Weise, ohne Rücksicht auf die Gerechtigkeit; doch der Zuschauer wird dadurch getröstet und besänftigt, daß alle bösen und guten Taten einen Zeugen haben, der über sie urteilt. Und ebenso wie im Leben der Mensch nach einem göttlichen Zeugen verlangt, damit all das Unglück, all die Heldentaten usw. nicht einfach elend und spurlos vergehen, so ist auch in der Literatur, im Schauspiel ein Zeuge vonnöten, in dessen Gedächtnis alles aufgehoben bleibt; der Chor verleiht den Personen und Ereignissen des Dramas gewissermaßen Ewigkeitscharakter. Er hinterläßt einen mildernden Eindruck. Da sie über den Chor verfügten, konnten die Griechen sich im Drama alle möglichen Grausamkeiten erlauben; wir jedoch, die wir keinen Chor besitzen, sollten es in dieser Hinsicht nicht zu weit treiben.

6.11.1907. Taines ›Philosophie der Kunst‹ habe ich nicht gelesen, doch aus dem, was man darüber schreibt, geht klar hervor, daß dort die gleichen Vorstellungen über die Kriterien literarischen Werts herrschen, mit denen ich mich herumtrage, seitdem ich in Paris bin, und von denen ich einige zu Papier gebracht habe. Dergleichen ist mir schon mehrfach widerfahren: Nach langem Nachdenken bin ich zu bestimmten Auffassungen gelangt, und da zeigt sich, daß ich diese Auffassungen in völlig fertiger Form aus Büchern hätte schöpfen können. Eine solche Entdeckung macht zwar einerseits wütend, schmeichelt aber andererseits der Eigenliebe, und zwar möglicherweise mehr als billig. Denn auch wenn ich Taines Buch nicht gelesen habe, so ist doch die Vermutung keineswegs von der Hand zu weisen, daß mir dergleichen Ideen dank anderer Bücher gekommen sind, die aus der gleichen Epoche stammen und identische Ansätze enthalten. Das Verdienst besteht nicht darin, einen Gedanken zu haben, auch wenn man selbst auf ihn gekommen ist, sondern ihn rechtzeitig zu haben. Ein Verdienst meinerseits liegt nicht vor, denn dieser Gedanke *muß* in verschiedenen Büchern vorgekommen sein, die ich gelesen habe, und sei es auch in verstreuter und gewissermaßen flüchtiger Form. Seitdem Taine seine Beobachtungen gemacht hatte, haben sich offensichtlich viele Schriftsteller in der Praxis nach seinen Ideen gerichtet oder sich in der Theorie auf sie gestützt, ohne dies ausdrücklich zu vermerken.

17.11.1907. Bei der Lektüre der Korrespondenz Flauberts. Man sollte die genialen Schriftsteller um ihr Privileg der Leichtigkeit des Schreibens beneiden. Und doch, in bestimmter Hinsicht könnte man sie auch – ohne Widersinn – bedauern. Denn wer die Qual des Suchens und Jagens nach der einzig richtigen, nach der schönsten Ausdrucksform, die uns aus der Ferne vorschwebt und die man fassen muß, nicht kennt, dem ist auch die parallel verlaufende Wonne fremd – die Wonne des längeren Umgangs mit der Schönheit. Den Genialen fällt alles leicht zu! Die Inspiration überflutet sie wie eine Welle den Stein und vergeht. Ein Künstler, der mit Leichtigkeit schafft, wird von der Schönheit *heimgesucht*; wer mit Schwierigkeiten zu kämpfen hat, *lebt* in der Schönheit. [KD; erg.]

20.11.1907. Man hat behauptet, die ethischen Systeme ließen sich einteilen in solche, welche die menschliche Natur für gut halten und ihre Entwicklung fördern, und andere, die es für nötig erachten, sie zu hemmen, ihre freie Entwicklung zu begrenzen. Anders ausgedrückt, der Mensch kann das Glück in zwei Richtungen suchen: entweder in der möglichst vollen Entwicklung seiner Persönlichkeit, des Gefühls, daß er *ist* – oder im Verlust dieses Gefühls, im Vergessen seiner selbst und seines Daseins. Die zweite Bestrebung wird u. a. dadurch befriedigt, daß man denkt (wobei die Persönlichkeit des Menschen verschwindet und nur der Gedankeninhalt bestehenbleibt) oder daß man sich aufopfert (wobei der Mensch, ganz absorbiert von dem äußeren Objekt, dem seine Tätigkeit gilt, sich selbst vergißt). Das letztgenannte Bedürfnis gehört zu denen, die ihre Befriedigung in Begriffen wie »Vaterland« u. dgl. finden.

Einer der Widersprüche meiner Natur beruht darauf, daß ich die Auslöschung der Persönlichkeit – besonders im Denken – hochschätze und zugleich die Kunst liebe, den höchsten Ausdruck des entgegengesetzten Bestrebens. Denn ihre Aufgabe besteht gerade in der Stärkung der Lebenskräfte und in der Persönlichkeitsentwicklung. Es ist kein Wunder, daß konsequente Asketen wie Epiktet ihre Philosophie der Kunst entgegenstellten und mitleidig auf die Tragödie blickten. Ebensowenig verwundert es, daß Goethe – der großartigste Vertreter des »Entwicklungstypus« – sich nach anfänglicher Begeisterung von Epiktet abwandte, denn diese beiden verkörpern zwei entgegengesetzte Pole.

Doch hier taucht eine weitere Frage auf. Wäre es nicht möglich, daß jenes Streben nach möglichst voller Entwicklung eigentlich ein Streben danach wäre, sich so sehr zu erweitern, bis man die ganze Welt in sich aufnimmt und in ihr vergeht? Möglicherweise besteht der ewige Stachel des Menschen in dem Gegensatz zwischen seinem Ich und der Außenwelt (sowie in den Konflikten, die sich zwischen ihnen ergeben), und all sein Streben zielt auf die Identifizierung der beiden, auf das Absorbieren des einen durch das andere – sei es, daß die eigene Persönlichkeit vom Außen und vom Objekt absorbiert wird, sei es, daß die Persönlichkeit ihrerseits die Welt in sich aufnimmt.

6.12.1907. KUNST UND STOIZISMUS. Auch wenn die Kunst tatsächlich eine Stärkung des Lebens und der Lebenskräfte ist, so läßt sie sich dennoch mit der Lehre von der stoischen Ataraxie[1] vereinbaren. Womit wird die Notwendigkeit der Ataraxie begründet? Damit, daß unerfüllte, auf die Außenwelt gerichtete Begierden Leiden hervorrufen. Doch die Kunst stellt gerade eine Weise dar, die Lebenskräfte ohne Begierde und ohne Leiden zu entwickeln; sogar traurige Emotionen, die wir

---

1 Ataraxie: »Unerschüttertheit« oder, wörtlicher, »Unverwirrtheit«.

(etwa im Theater) durch sie erfahren, sind uns angenehm. Zur völligen Ataraxie ist die Seele des Menschen nicht fähig – die Anstrengung wäre zu groß; doch die Kunst verschafft seinen Emotionen ein Ventil und erleichtert es ihm, die Ataraxie im realen Leben beizubehalten.

Hier wäre die Aristotelische Katharsis am Platze. Doch Achtung!

LIEBE UND ATARAXIE WIDERSPRECHEN SICH NICHT. Sie läßt sich einem Licht vergleichen, das nach außen hin wärmt und erleuchtet, doch die Quelle, aus der es fließt, nicht verbrennt. Es ist dies eine Art des *Gebens* aus einem unerschöpflichen Vorrat von Güte und Milde, den auch der Stoiker besitzen sollte.

8.12.1907. Spiel und Sport erlauben es, sich Emotionen zu verschaffen, die eine gewisse Erschütterung hervorrufen, doch so, daß es dabei um Konventionen, nicht um wirkliche Interessen geht. Unter diesem Gesichtspunkt sind sie der Kunst verwandt. Die Kunst erschafft eine fiktive Welt, in der alle Emotionen vorkommen, selbst die traurigen und schmerzhaften – doch sie verwandeln sich, da es in der Kunst nicht um wirkliche Interessen geht, in Genuß. In jedem *pathos* (um mit den Stoikern zu sprechen) gibt es zwei Elemente: (1) das eigentliche, reine *pathos*, das nur in einem verstärkten Lebensgefühl besteht und als solches angenehm ist; (2) das Empfinden des zum jeweiligen *pathos* gehörigen Objekts als wirklich oder unwirklich. Wenn die Wirklichkeit des Objekts sich uns allzu unzweideutig aufdrängt, tut sich hier ein Quell des Leidens auf.

27.12.1907. WELCHER STIL MIR ANGEMESSEN WÄRE. Eine große, grelle Buntheit wäre am allerwenigsten am Platze; mein Stil sollte vor allem Bewegung, Rhythmus und Linie besitzen. Darüber hinaus nur eine bescheidene, leichte Einfärbung sehr diskreter Art. Wie die weißen Statuen in St. Denis, auf denen nur soviel farbiges Licht spielt, wie die Kirchenfenster durchlassen.

15.1.1908. VOM VERSBAU. Maxim Ducamp erzählt irgendwo von einem Professor, der als Anhänger der Klassiker in einer Passage von Victor Hugo ein Enjambement kritisierte: Als ihn ein Schüler auf ein ähnliches Enjambement bei Vergil hinwies, habe er nichts anderes antworten können als daß Vergils Enjambement genial, das von Victor Hugo hingegen völlig unbegründet sei. Wenn das nicht ins Reich der Märchen gehört, dann muß man schon ein kompletter Idiot sein, um den Unterschied zwischen unserer und der lateinischen Art des Versbaus nicht zu kennen. Die lateinische beruht auf dem Rhythmus; dieser ist, unabhängig von Bau und Syntax des Satzes, einwandfrei hörbar – selbst wenn ein Enjambement auftritt, erkennt das Ohr ganz leicht, wo ein Vers endet und der zweite beginnt, und die Wahrnehmung der poetischen Gestalt wird dadurch nicht im mindesten beeinträchtigt. Doch wenn ein Gedicht vor allem auf dem Reim beruht, ist mit dem Enjambement vorsichtig umzugehen; es muß ein guter Grund vorliegen, um es anzuwenden. Denn indem es den Reim verwischt, erschwert es dessen Wahrnehmung. Um dem vorzubeugen, sollte der Reim in diesen Fällen besonders deutlich hörbar sein.

Das klassische französische System ist das vernünftigste auf der Welt: Der Reim soll nur »ausreichend« sein (*rime suffisante*), doch sich klar vor dem Hintergrund des Ganzen abzeichnen. Im Gegensatz dazu führten die Romantiker das Enjambement ein, und um den Schaden, den der Reim dadurch genommen hatte, wieder gutzumachen und diesen deutlicher hervorzuheben, begannen sie einen möglichst reichen Reim zu verwenden – wohin das führt, ist offensichtlich.

SKIZZE DER SKEPTISCHEN PHILOSOPHIE. Der Skeptizismus läßt sich mit der Unmöglichkeit begründen zu beweisen, daß überhaupt etwas existiert. Berkeley versuchte zu zeigen, daß die Dinge nur Ideen seien. Aber man kann noch weiter gehen: Da andere menschliche Individuen mit uns nur mittels sinnlicher Zeichen kommunizieren, ist auch die Existenz anderer menschlicher Individuen unsicher. Hier kann man einwenden, daß einige unserer *Gedanken* von anderen Individuen stammen, etwa wenn ein Professor mir einen Gedanken vermittelt, den ich vorher nicht hatte; doch es ist genausowenig ausgeschlossen, daß dieser Gedanke tatsächlich von mir stammt und ich mir nur einbilde, er käme von woanders her. So wäre also nur ich, d. h. mein Geist, sicher. Doch welche Auffassung habe ich von diesem meinem Geist? Daß er früher existiert hat, jetzt existiert und künftig existieren wird. Doch woher weiß ich von der Vergangenheit? Weil ich mich an verschiedene Eindrücke, Gedanken usw. erinnere. Was sind diese Erinnerungen? Ideen (um weiterhin mit Berkeley zu sprechen). In diesem Augenblick habe ich eine Idee, die ich für die Erinnerung an etwas Gewesenes halte; doch woher weiß ich, daß es in höherem Maße *gewesen ist* als all die Dinge, die ich jetzt höre und sehe, sind? Mit einem Wort, mein eigener Geist erscheint mir (als Vergangenheit) in der gleichen Weise wie die Außenwelt: *est*, d. h. *percipitur* – er ist eine »Idee«. Um so weniger kann ich etwas über die Zukunft wissen, denn Urteile über die Zukunft beruhen auf Erfahrung, und Erfahrung gibt es nicht, sobald die Vergangenheit sich als bloße Idee erwiesen hat. Was bleibt also, weswegen man die Existenz nicht leugnen kann? Nur mein Geist im Jetztzustand. Doch was kann man in der Gegenwart überhaupt bemerken? Eigentlich nur das, was erscheint, und nichts weiter. In diesem Moment z. B. schreibe ich den Buchstaben A, etwas geschieht also tatsächlich; doch über den Geist, über das Subjekt läßt sich daraus nichts ableiten. Und schließlich kann man auch absolut alles leugnen, indem man erklärt, Vergangenheit und Zukunft seien bloß Ideen und die Gegenwart sei unendlich kurz, d. h. sie sei gleich Null.

Ich behaupte natürlich nicht, daß es sich so verhält, denn in diesem Fall wäre ich ein Nihilist; doch ich behaupte, die Falschheit dieser Hypothese läßt sich nicht beweisen. Und zwar kann man sie deswegen nicht beweisen (oder wenigstens ich bin dazu jetzt nicht imstande), weil jegliche Argumentation voraussetzen würde, daß man etwas als existent annimmt – z. B. das Ich, die Zeit usw. –, während es doch gerade darum geht, die Existenz einer solchen Sache zu beweisen. Soweit ich im Moment sehe, existiert höchstens etwas, das man X nennen kann, doch daraus läßt sich nichts folgern.

Nur eines: Erscheinungen pflegen schmerzhaft oder angenehm zu sein. Ein Schmerzphänomen z. B. bedarf offensichtlich eines Subjekts, das diesen Schmerz empfindet. Von hier aus eröffnet sich der Weg zu einer Art Theorem.

17.1.1908. Ich weiß nicht, ob ich schon einmal etwas notiert habe über den Widerspruch zwischen zwei Grundantrieben der menschlichen Natur: dem Selbsterhaltungstrieb und dem Glücksbedürfnis. Tatsächlich herrscht zwischen ihnen ein ewiger Kampf. Wenn man die Menschen fragen würde: »Was wollt ihr, die Hölle oder das Nichts?« – bekäme man unterschiedliche Antworten. Hamlet wählt das Nichts, und das ist, wenn man so will, ein gewichtiges Argument zu dessen Gunsten; doch so mancher Pessimist und Philosoph des Nichts würde lieber auf ewig in der Hölle schmoren als verschwinden – zumindest kommt es ihm so vor.

6.2.1908. Die Menschheit ist einem Pfeil vergleichbar, den ein Bogenschütze, immer vom selben Standpunkt aus, nacheinander in verschiedene Richtungen abschießt. Er gelangt nie ans Ziel und fällt auf dem Weg dorthin zur Erde, worauf der Schütze ihn aufhebt und in einer anderen Richtung abschnellt. Wenn der Pfeil ein denkendes Wesen wäre, könnte er sich sagen: »Wenn man mich in diese Richtung abgeschossen hat, bedeutet das nicht, daß sich am Ende ein Ziel befindet, das ich erreichen soll? Ein Ziel, an dem mir womöglich liegt? Wer weiß – vielleicht das Glück?« So denken wir und verbreiten uns über Ziele, über den Fortschritt und das künftige Glück der Menschheit; dabei ist das Ziel gleichgültig, unerreichbar, vielleicht gar nicht vorhanden, und Bedeutung hat nur – der Flug als solcher.

15.2.1908. Zu Taines Methode läßt sich sagen, daß sie in künstlerischer Hinsicht nichts erklärt; denn was weiß ich über

Shakespeare, wenn man mich belehrt, welche Determinanten zu ihm beigetragen haben? Doch das ist kein Einwand gegen die Sinnhaftigkeit der Methode, die darauf beruht, daß der Kritiker für den Laien schwer wahrnehmbare Züge in einem literarischen oder plastischen Kunstwerk grell beleuchtet, indem er sie (als im wesentlichen dieselben) im gesellschaftlichen und überhaupt wirklichen Leben aufzeigt und auf diese Weise das Verständnis der sich sehr viel subtiler abzeichnenden Züge des *Kunstwerks* fördert. Wenn wir einmal annehmen (obwohl das Beispiel nicht gut ist!), ein Kritiker behaupte, in den Konzeptionen und der Wortwahl der elisabethanischen Dramatiker herrsche eine gewisse Brutalität vor, so vermag der weniger geschulte Leser, selbst wenn man noch so gute Beispiele anführt, sich nicht ausreichend klar zu machen, worum es geht; doch wenn man ihm sagt, daß die Engländer des 16. Jahrhunderts Vielfraße gewesen sind, die sich mit halbrohem Fleisch vollstopften, daß die Königin Höflingen ins Gesicht schlug usw., dann steht ihm diese Brutalität ganz lebendig vor Augen, und er wird sie in den Dramen suchen und finden. Daß das eine die *Ursache* des anderen darstellt, ist für die Literatur ganz gleichgültig; doch daß das eine mit dem anderen einhergeht und eine gewisse Ganzheit bildet, ist nützlich zu wissen. – Die Methode hat übrigens ihre Gefahren: Der Kritiker vergißt leicht, daß er ein *Kunstwerk* erklären soll, und nimmt diesem Kunstwerk den bloßen Ausdruck eines bestimmten Kulturzustands, der auf diese Weise zum eigentlichen Forschungsgegenstand wird.

18.2.1908. Als ich vom griechischen Chor sprach, habe ich versäumt, das interessante Phänomen zu notieren, daß in dem Maße, wie der Chor an Bedeutung verliert, d. h. besonders beim Übergang von Sophokles zu Euripides, sich die Götter häufiger unmittelbar in die Handlung einschalten: Ihnen fällt die moralische und mildernde Rolle zu, die früher der Chor übernommen hatte (s. die ›Elektra‹ des Euripides). Ein Grund dafür, daß die griechischen Tragödien auf unseren Bühnen zuweilen allzu herb und unvorteilhaft gewalttätig wirken, besteht darin, daß die Chöre in diesen Aufführungen gewöhnlich eine geringe Bedeutung haben; Dinge, die stark hervorgehoben werden müssen, deklamiert man in nichtssagender Weise, ohne Gefühl für ihr Gewicht; die Hörer haben nichts davon. Die Tragödie verliert somit ihr moralisches und besänftigendes Element.

Eine zweite Bemerkung. Es ist nicht zu leugnen, daß die griechische Tragödie grauenhaftere Verbrechen zeigt als die moderne; bei Shakespeare gibt es keine solche Galerie von Bruder- und Muttermördern, und auch Racine hat von den Griechen nicht die Elektrathematik übernommen, sondern nur solche Themen, in denen das Spiel der moralischen Gefühle zarter und subtiler war. Andererseits: moralische *Häßlichkeit* findet man bei uns wesentlich häufiger als bei den Alten; eine solche Furie wie Elektra gibt es bei uns vielleicht nicht – doch Elektra ist schön und weckt Bewunderung; umgekehrt suchen wir solche moralischen Widerwärtigkeiten wie im ›König Lear‹ oder ›Othello‹ bei den Griechen vergeblich. Es ist also nicht die Liebe zur moralischen Schönheit, die durch uns spricht, wenn wir beim Anblick der griechischen Verbrechen erschaudern, sondern ein gewisses Grauen des Verzärtelten angesichts von Taten, die allzu heftig das Recht der Natur verletzen. Wer ist böser: Elektra oder Goneril? Ohne Zweifel Goneril – doch Elektra ruft: »Stoß noch einmal zu!«, und das berührt uns unangenehm. Eine Art nervöser, halb körperlicher Widerwillen; eine sehr ungünstige Gemütsart für das Nachempfinden von Werken, deren eigenste Domäne darin besteht, Mächte der menschlichen Natur darzustellen, die bis zum äußersten getrieben sind und sich in entsprechend schreckliche Taten verwandeln.

1.3.1908. BEMERKUNG ZUR NEUESTEN LITERATUR – ZU ÜBERPRÜFEN. Die Natur wird bei ihnen häufig in Formen dargestellt, die menschlichen Kunstprodukten entlehnt sind; ihre Bilder und Metaphern, mit denen sie über sie sprechen, entstammen dem Kulturleben. Zum Beispiel bei Verhaeren: die Nacht in Gestalt eines im Bau befindlichen Schlosses. Es fehlt ein eigentlicher Sinn für die Natur, man hat eher Sinn für das Künstliche; die Natur wird am Künstlichen gemessen, nicht umgekehrt. In dieser Richtung liegt eine gewisse Gefahr.

Ein anderer Zug, den ich bisher nicht erwähnt habe, besteht in der Negierung des menschlichen Ichs, sowohl in der Lyrik (Samain) wie im Roman (Żeromski). Die Quelle all dessen ist wahrscheinlich Taines Psychologie. Die menschliche Person existiert nicht; es gibt nur eine Folge von psychischen Ereignissen, Wellen, »Meteoren«.

13.3.1908. Was ›Pan Tadeusz‹ in der modernen Literatur zu einem einzigartigen Werk macht, ist jene unmittelbare, ursprüngliche Berührung mit der reinen Natur, wie es sie vielleicht seit Homer in diesem Grade nicht gegeben hat; Vorurteile, Kultur – nichts drängt sich hier zwischen die Natur und den Menschen; wir sehen die Seele unter dieser Berührung erzittern wie die Bäume im Windhauch. Nichts *Literarisches*.

Für den Schriftsteller von heute ist das eine Aufgabe ersten Ranges: einen unmittelbaren Kontakt zwischen sich und der Natur herzustellen, über die Köpfe der Gesellschaft und die literarischen Muster hinweg. Bei allem, was wir schreiben, sollten wir um diese Allgegenwart der Natur, um ihre unmittelbare Wirkung bemüht sein und keine Reminiszenzen und fremde Einflüsse zulassen.

18.3.1908. WAS MACHT DIE ORIGINALITÄT EINES PHILOSOPHISCHEN GEISTES AUS? Die Historiker zeigen, daß Spinoza einen Begriff von Descartes übernommen hat, einen anderen aus der Kabbala, einen dritten von den Neuplatonikern usw.; die Elemente einer gegebenen Philosophie stammen also von außen; und so ist es immer. Die Elemente werden mir von anderen geliefert; was aber tue *ich*, wenn ich eine Theorie erarbeite? Ich stelle die Ideen und Begriffe, die ich in loser Form erhalten habe, zusammen und stifte zwischen ihnen neue Beziehungen. Ein System beruht auf diesen Beziehungen, auf den Fäden, mit denen ich die Elemente verbinde. Und daß ich Element *A* mit Element *B* statt *C* zusammenstelle, ergibt sich aus der Bauweise meines Hirns, ist mir daher eigentümlich und hängt nicht von den Ideen ab, die das Material zu meiner Konstruktion abgeben. Und eben daraus bestehen die Organisation, die Anordnung und der Geist des Systems. Man könnte auch, übrigens weniger präzise, sagen, von außen stammt das Material, von innen die Form, die gewissermaßen schon da war, bevor das Material in sie gefaßt wurde.

23.3.1908. Taine, indem er überall auf der Suche ist nach der *faculté maîtresse* und bestimmte psychologische Züge durch andere erklärt, etabliert zwischen ihnen gewissermaßen eine wirkliche Ursache-Folge-Beziehung; für ihn ist diese Befähigung tatsächlich ein *Etwas*, ein *Seiendes*. Das macht die Originalität, doch zugleich auch die Gefahr seines Systems aus. Wenn dagegen ich mich beim Studium meiner Autoren bemühe, alle Züge auf einen einzigen zurückzuführen, dann handelt es sich nicht darum, einen von ihnen zur Würde der Ursache zu erheben, von der sich alle anderen ableiten lassen, sondern nur darum, aus ihrer Vielfältigkeit und Verschiedenartigkeit das Gemeinsame herauszuarbeiten; die so gewonnene Formel ist völlig abstrakt und die von mir hergestellte Beziehung rein logisch, nicht real. Wenn ich von einem Autor behaupte, er sei ein »Idealist«, bedeutet das nicht, daß bei ihm irgendeine besondere idealistische »Befähigung« zu finden wäre, sondern nur, daß alle Züge seines Charakters die Gemeinsamkeit aufweisen, daß in ihnen etwas Idealistisches liegt.

25.3.1908. In der Skeptizismusskizze vom 15.1. dieses Jahres schloß ich damit, daß Schmerz die Existenz eines Subjekts voraussetze. Doch wenn ich einen heftigen körperlichen Schmerz verspüre, sagen wir einen Zahnschmerz, vermag ich mit einiger Anstrengung diesen Schmerz als externes Objekt zu betrachten, mich selbst außerhalb seiner zu stellen, und dann erscheint mir der Schmerz tatsächlich als reines Phänomen, nicht als etwas, zu dessen Existenz mein Subjekt erforderlich wäre. Man hat dann den Eindruck, mein Bewußtsein sei auf der einen Seite, der Schmerz auf der anderen; es findet keine Identifizierung meines *Ichs* mit einem Phänomen statt; im Gegenteil, ich spüre das Dasein meines »Ichs« *unabhängig* vom Schmerz.

28.3.1908. Wer hatte bessere Waden: Nietzsche oder Platon?[2]

7.4.1908. Kürzlich an Słowackis Grab: eine Rede von Dr. Mann; Hagel während der Rede; Öffnen der Regenschirme. Über die Feinde Słowackis: »giftsprühende Federn, übler noch als Klauen eines Schakals«.

11.4.1908. Ein Schriftsteller, dessen Denken sich ständig und ohne Zwang in hohen Sphären bewegt, wird – wenn er nur zugleich geschickt mit der Sprache umzugehen versteht – automatisch ein guter Stilist sein. Von dieser Art, so scheint es mir manchmal, ist der Stil Platons oder Pascals. Keinerlei auf den Stil *gerichtete* Anstrengung – und damit haben wir einen weiteren möglichen Sinn der berühmten klassischen »Einfalt«. Völlig entgegengesetzt ist die Haltung eines Schriftstellers wie Flaubert, dem der Stil als etwas Reales erscheint, als eine wirkliche *entitas*, zu der man strebt.

23.4.1908. Lammenais: ›Worte eines Gläubigen‹, Kap. 20: »Könnt ihr mit euren Kindern verfahren, wie es euch gefällt, könnt ihr sie Menschen eurer Wahl anvertrauen, um sie zu erziehen und ihnen Sitten beizubringen?« Bei Lammenais ist das gegen die katholische Reaktion gerichtet. Und heute die gleiche Unfreiheit im Namen des Fortschritts und der fortschrittlichen Ideen.

Es gibt keinen Kampf um die Freiheit; die Freiheit ist kein wesentliches Ideal, nach dem man strebt – niemals. Es gibt nur den Kampf zwischen verschiedenen Formen der Unfrei-

---

[2] Satire auf die Phraseologie von »Gesundheit« und »Kraft« beim kränklichen Nietzsche sowie auf die von ihm hergestellte Verbindung zwischen Idealismus und biologischer Minderwertigkeit. »Waden« deswegen, weil der Autor dieser Bemerkungen viel Zeit mit Fußballspielen verbracht hat.

heit. Freiheitsbestrebungen kommen dann auf, wenn ein neues Ideal versucht, sich im Kampf mit einem alten von dessen Herrschaft zu befreien; doch sobald das geschieht, wird seine Herrschaft in derselben Weise zu Unterdrückung und Unfreiheit wie die alte.

13.7.1908. Ist der 16. Lehrsatz im ersten Buch von Spinozas ›Ethik‹ bewiesen? (Daß aus dem unendlichen Wesen Gottes *infinita infinitis modis sequi debent*.) Der Autor will demonstrieren, daß man aus dem Wesen jedes Objekts eine gewisse Anzahl von Eigenschaften ableiten kann, aus einem unendlichen Wesen also eine unendliche Anzahl. Als Beispiel eines begrenzten Objekts führt er ein Dreieck an; die Modi der Substanz würden also logisch aus der Definition Gottes folgen? Denn beim Dreieck verhält es sich so. Doch daß z. B. die krummen Beine des Dackels logisch aus der Definition Gottes folgen sollen, vermag ich nicht zu erkennen; zwischen dem einen und dem anderen kann mein Geist keinerlei Verbindung ausmachen. Zwischen den Eigenschaften des Dreiecks und seiner Definition dagegen zieht er diese Verbindung in völlig natürlicher Weise. Wird also das Wort *sequi* [folgen] hier nicht in zwei verschiedenen Bedeutungen verwendet, indem es beim Dreieck eine logische Folge bezeichnet, im Hinblick auf Gott jedoch – eine objektive *Kausalität*? Sind für Spinoza diese beiden Dinge identisch? – Es scheint so: Man denke an den Lehrsatz *Ordo et connexio*.

Bedenken wir ferner: wenn aus der Definition des Dreiecks bestimmte Eigenschaften folgen, dann deswegen, weil bereits die Definition ihm gewisse Eigenschaften zuschreibt – und aus diesen folgern wir dann andere. Was nun Gott betrifft, so schreibt ihm die Definition eine einzige Eigenschaft zu: die Unendlichkeit. Und wie aus der Definition des Dreiecks der Winkelsummensatz, so folgen aus der Definition Gottes Sätze wie: Es gibt nur einen Gott; außer Gott kann es keine andere Substanz geben usw. In beiden Fällen sind das logische Notwendigkeiten. Doch Modi?

Meiner Meinung nach dürfte der Einfluß der Musik auf die Literatur sich etwas anders gestalten, als ich nach den Auffassungen, die mir darüber zu Ohren gekommen sind, vermuten sollte. Er würde vor allem darauf beruhen, Gesten, Bewegungen und Handlungen (ich denke hier an das Drama) mit den Gestalten eines bestimmten *Rhythmus*, mit etwas Hieratischem zu erfüllen, was die Freiheit und Natürlichkeit einschränken, doch dafür in ihnen so etwas wie Reinheit, Ernst und Adel, eine gewisse sehr klassische *Eurhythmie* hervorbringen würde (obwohl man gerade in der neuesten Kunst, in einigen Bildern, etwas ganz Ähnliches sieht). Es ist dies gleichzeitig ein hervorragendes Mittel, um poetische Inhalte von allen unpoetischen, etwa romanhaften Beimengungen zu reinigen – und so nur jene wichtigsten, synthetischen Grundzüge zu bewahren, deren Herausarbeitung, wie man sagt, den wesentlichen Unterschied zwischen Poesie und Prosa markiert.

17.7.1908. Ich muß einfach notieren, wie ich mich, wenn auch auf sehr oberflächliche Weise, mit der echten pessimistischen *Philosophie* des vergangenen Jahrhunderts vertraut gemacht habe. Gestern habe ich in der Bibliothèque Nationale das Büchlein von Eugène Caro ›Le pessimisme au XIXe siècle‹ gelesen; behandelt werden dort Leopardi, Schopenhauer und Hartmann. Schopenhauers Pessimismus scheint mir sehr schwach begründet zu sein, wenigstens so, wie Caro ihn darstellt. Er behauptet, Schopenhauers Metaphysik stelle nicht die Grundlage seines Pessimismus dar; aber vielleicht irrt er sich? Das Argument der Identität von Wille und Schmerz oder, bei Hartmann, die Bilanz zwischen Lust und Unlust, haben auf mich keinerlei Eindruck gemacht. Denn wenn unser Leben einen transzendenten Sinn hat, was macht es dann, daß es in ihm mehr Leiden als Wohlsein gibt? Und wenn es keinen solchen Sinn hat, dann ist es grundsätzlich von Übel. Woraus folgt: Die Metaphysik ist das einzige, mit dem die Beschäftigung lohnt.

3.8.1908. Vorgestern abend reisten wir aus Paris ab, und in La Rochelle, wo wir aufs Schiff steigen sollten, blieben uns einige Stunden zur Besichtigung der städtischen Sehenswürdigkeiten. Das Rathaus ist schön. Ursprünglich war es eine Befestigungsanlage im gotischen Stil, vermutlich aus dem 13. oder 14. Jahrhundert. Die Außenmauer mit zwei Ecktürmen sowie der ganze linke Flügel sind Überbleibsel dieses ursprünglichen Gebäudes; teilweise ist es restauriert worden, wobei man, wo immer möglich, die alten Steine an ihrem Platz gelassen hat. Unter Heinrich IV., dessen Initialen überall eingemeißelt sind – am Dach der Galerie, an der Balustrade usw. –, kam ein eleganter Renaissancepalast hinzu, der heute den Vorderteil und den rechten Flügel umfaßt. Die Front ist zurückgezogen, und zwischen ihr, den Flügeln und der Außenmauer tut sich ein kleiner Innenhof auf, bei dessen Begehung man sich den Kopf verdreht, um nach oben zu sehen.

Die Arkaden: Das Gewölbe wird von kannelierten Säulen getragen, die aber so dick und niedrig sind, daß sie ganz und gar keinen griechischen Eindruck machen. Weiter oben dagegen, unter den Verzierungen, schlanke Säulen, deren Kapitelle mit Akanthus und ionischen Echinus versehen sind; die übrigen Verzierungen bestehen aus phantastischen Linien, Blumen usw.; alle Gestalten elegant, etwas weich; einige menschliche Figurinen; der Charakter des Ganzen erinnert an die Epoche Franz' I. oder Heinrichs II., und nur die Chiffre Heinrichs IV. läßt anderes vermuten.

Das Gotische: Ein wunderbarer kleiner Gang auf dem Turm, hoch oben, sicherlich für den Wächter, achteckig, mit Ajourarbeiten; ein zum selben Turm führendes Tor, ebenfalls hoch oben, darüber eine Verzierung in Kreuzform; ferner unten ein zweites Tor und zahlreiche Details. An der Mauer sind auf der Innenseite links (mir wird gerade bewußt, daß ich überall von »links« und »rechts« aus der *Beobachterperspektive* spreche) Chimären angebracht, einige mit Gras überwachsen; in der Ecke ein ganz kleiner Gang, fein gearbeitet, hübsch, außerdem einige Wappen, nur eins davon königlich, die anderen sicherlich zu örtlichen Geschlechtern gehörig; bei einer

Wappengruppe schließlich ein sehr symmetrischer Engel, mit emporragenden, überaus spitzen Flügeln, für den Kenner sicherlich ein Hinweis auf die Entstehungszeit. Die allerdings nicht allzu spät sein kann, wenn (wie ich gelernt habe) die Gotik mit der Zeit immer komplizierter und ornamentreicher wurde; so einfach ist hier der Stil, so groß die Zurückhaltung in der Ornamentierung. Von den beiden Teilen ist mir sogar der gotische lieber, denn er ist charaktervoller – und hat außerdem etwas Männliches, Energisches, ich möchte sogar sagen: Frisches und Gesundes. Hinzuzufügen ist, daß die scharfen Linien der Türmchen sich herrlich vor dem Blau des Himmels abhoben.

Aus dem Renaissanceteil sahen wir noch den restlichen Abschnitt des »Hauses Heinrichs II.«, wo man uns als Attraktion auf einen – zu Ehren von Diane de Poitiers – als Abschluß einer Verzierung dienenden Halbmond aufmerksam machte. Übrig blieb nur der Mittelteil des Hauses, und auch davon sogar nur das vordere Stück, d. h. die Galerie. Ferner sahen wir in La Rochelle zwei alte Tore – eines davon großartig, mit einem Turm –, einige Basteien und schließlich große Fragmente der Festungsmauern.

Auf dem Meer hatten wir schönes Wetter und einen völlig wolkenlosen Himmel; das Wasser im Sonnenschein glich flüssigem Silber.

Hier[3] begaben wir uns, schon recht spät, durch den Garten unserer Gastgeberin, der voll war von südländischen Pflanzen, ans Meer. Ein wundervoller Anblick: der Himmel so schwarz, daß der Mond nicht silbrig, sondern geradezu diamanten schien; der Westen noch purpurrot; das Meer gewaltig, brausend; und diese salzige Brise! Oder besser: dieser Sturm, denn es wehte heftig. Hinter uns der schöne Garten, die Bäume, das Gestrüpp, keinerlei Spur menschlicher Arbeit und menschlicher Anwesenheit; nur die Leuchttürme auf den Nachbarinseln und an der Küste.

---

3 La Brée auf Oléron.

10.8.1908. Einige Ansichten von Monsieur Destouches, Sekretär der Medizinischen Fakultät zu Paris, und von Personen aus seiner Gesellschaft.
– Die Sozialisten streben nach der Verteilung des Eigentums – höchst empörend.
– In Frankreich gibt es Ortschaften, wo es den Kommunikanten noch nicht verboten ist, in einer Prozession aus der Kirche zu ziehen – nicht minder empörend und darüber hinaus *merkwürdig*.
– Den Polen *schadet* ihr allzu großer Patriotismus.
Das nennt man Radikalismus. Ferner über Reisen nach Italien: »*On vous montre des pierres, on vous dit que c'est vieux, et il faut trouver que c'est beau.*«

5.10.1908. Idealisten sind meist Leute, deren Jugend lieblos und herb war. In einem Alter, da sich die Persönlichkeit formt, war ihr Haupteindruck das Leid. Schiller wurde durch die Plagen seiner ersten Jahre zum Idealisten; Goethe hatte es leicht, Realist zu werden, für ihn war die Wirklichkeit von Anfang an heiter. [KD]

23.10.1908. Einen schlechten Dienst leistet dem Menschen derjenige, der ihn auf das Piedestal der Göttlichkeit stellen will. Ist ihm denn nicht bewußt, daß man von übernatürlicher Größe sein muß, um sich auf einem Piedestal nicht als Zwerg zu erweisen?

6.11.1908. Selbst auf dem Gebiet der Kunst ist geistige Disziplin immer von Vorteil. Man muß keine Angst davor haben, sich etwas Gewalt anzutun, und man muß es nicht für die größte Tugend erachten, sich immer nur dahin zu wenden, wohin einen die erste Sympathie zieht. Was man mit Willensanstrengung errungen hat, sickert mit der Zeit auch in Gefühl und Vorstellungsvermögen ein.

Ruhm ist ein Edelstein, jedoch an hundert Stellen nicht lupenrein.

Sehen wir uns das Schicksal großer Kunstwerke an. Jeder Kritiker, jeder Leser biegt sie sich – seiner Mittelmäßigkeit gemäß – zurecht, so daß der Autor wie ein indischer Delinquent ist, dessen Seele alle gemeineren Wesen der Reihe nach durchwandern muß. Jeder neue Leser ist für den Autor eine neue Inkarnation und eine neue Qual. [KD]

21.12.1908. Interessant, dieses Bedürfnis aufzuschreiben, was man denkt. Es scheint, als sei das Schreiben eine notwendige Ergänzung unseres Denkens – als sei das Denken ohne es unvollkommen, unvollendet; vielleicht offenbart sich auch hier unser angeborenes Tätigkeitsbedürfnis, das beim denkenden Menschen in den Hintergrund getreten ist, und drängt sich nach vorn: Ein ins Wort umgesetzter ist beinahe schon ein in die Tat umgesetzter Gedanke.

Und noch etwas: Angestrengtes Denken ruft einen Zustand emotionaler Aufgeregtheit hervor, der – solange der Gedanke nicht aufgeschrieben ist – beinahe die Züge der *Unruhe* trägt; beim Aufschreiben erreicht er die höchste Spannung, doch zugleich beruhigt er sich, klärt sich auf und kristallisiert. Alte Weisheiten, die ich hier von mir gebe – und doch ist das, was wir zum erstenmal unmittelbar erleben, immer »neu«.

Ein »gebildeter« Mensch ist ein solcher, der vom Wesen der Dinge überall durch Nebelwolken fremder Begriffe getrennt ist, die zuweilen so dicht sind, daß nicht ein einziger Strahl hindurchdringt. Originalität beruht nicht darauf, die Dinge durch einen bestimmten Nebel zu sehen, durch Nietzsche eher als durch Schopenhauer; sie beruht ebensowenig darauf, sich in Unkenntnis über fremde Begriffe zu erhalten – sondern darauf, mit Augen und Hand durch diese Nebelwolken zu stoßen und unmittelbar an das Firmament zu rühren. Wie oft habe ich unter der Hand diesen harten Fels gespürt? Wie oft andere in meiner Umgebung? Wir schlagen uns mit fremden Begriffen herum, die um unsere Köpfe schwirren – mehr nicht.

16.1.1909. Sag das Allerdümmste, es findet sich immer jemand, der noch dümmer ist und der davon eine Karikatur macht. [KD]

28.1.1909. Der Mensch hat eine angeborene Neigung, das zu bewundern, was er selbst ersonnen hat; doch die Furcht vor Einbildung und Hochmut läßt nicht zu, daß er sich dieser Neigung zwanglos hingibt. Dafür halten wir uns auf folgende Weise schadlos: Wir lesen unsere Gedanken in einen Schriftsteller hinein und erweisen ihm dann die Bewunderung, die er für anderes verdient, für eben diejenigen Gedanken, die wir in ihn hineingelesen haben; und so können wir uns ohne Gewissensbisse nach Herzenslust selbst bewundern und in Verzückung vor unserer eigenen Weisheit vergehen.

Krakau, 2.9.1909. Wie kommt ÜBERZEUGUNG zustande, zumindest in bestimmten Fällen? Am Anfang steht eine Hypothese, die wir auch als solche ansehen. Auf dieser Grundlage errichten wir immer mehr Folgerungen, leiten immer weitere praktische Anwendungen ab, und im gleichen Maße gewinnt die Hypothese für uns immer mehr an Wert. Ohne sie würde das ganze Gebäude zusammenstürzen, also *muß* sie einfach unumstößlich sein: und so entsteht Gewißheit.

(Ohne Datum). Absolute Existenz ist das Privileg der einzelnen Phänomene (oder: »Tatsachen«?); das Denken erschafft aus ihnen eine Welt und organisiert diese. Die gewöhnliche, unphilosophische Welt ist geschaffen durch das Denken anderer und mir aufgezwungen; die Welt philosophisch zu verstehen bedeutet, diese mir von außen aufgezwungene Organisation zu verwerfen und die Welt mit meinem eigenen Denken selbst zu organisieren. »*Organisieren*« bedeutet: zurechtlegen im Einklang mit den notwendigen Forderungen meines Geistes; was zum Ergebnis hat, daß die Welt verstanden und zugleich geschaffen ist.

25.11.1909. DER EINDRUCK, DEN GROSSE KUNSTWERKE MACHEN: DASS SICH IN IHNEN DER INHALT DES SEINS ENTHÜLLT. Nun, man kann annehmen, daß das Werk ihn tatsächlich enthüllt. Doch möglich ist ebenso eine andere Vermutung: daß das Werk uns *betrügt*, und daß schlicht der mächtige Eindruck, den es auf uns macht, bewirkt, daß der Inhalt des Kunstwerks in unseren Augen zu *allem* wird und der Rest der Welt für eine Weile verschwindet; auf diese Weise erscheint uns dieser Inhalt als der Inhalt des Seins selbst. Kein ästhetisches *Erkennen* also, sondern nur ein mächtiger *Eindruck*, der eine gewisse *Täuschung* hervorruft. Diese Hypothese wäre gerade im Sinne meiner persönlicheren Theorien, denen gemäß es im Erlebnis des Schönen keine Erkenntnis gibt (wie Taine behauptet), sondern nur von einer *sensibilité*, einer gewissen *Empfindsamkeit* die Rede sein kann.

4.12.1909. Definitionen sind etwas höchst Seltsames. Sie erklären eine verständliche Sache durch zwei unverständliche. Zum Beispiel: »Eine Proportion ist ein Verhältnis zwischen Größen.« Wenn ich das sage, »weiß« ich, was eine Proportion ist. Doch wenn man mich fragt, was ein Verhältnis und was eine Größe ist, dann weiß ich es nicht.

5.12.1909. »Drei dumme Schafe (...); die ganze Menschheit und noch etwas mehr« – so in etwa heißt es bei Przybyszewski in ›Homo sapiens‹. Der Irrtum beruht darauf, daß Przybyszewskis Held diese wichtige Wahrheit nicht erkannt hat: Das Thema eines Kunstwerks und sein Inhalt sind zwei verschiedene Dinge. In *einem* dummen Schaf vermag, sofern sein Maler gut war, die ganze Menschheit zu stecken und auch das Etwas mehr, um das es euch so sehr zu tun ist.

Der Dichter aber kann sagen: »Entfaltet die Windungen meines Stils und ihr findet dort eine Weltanschauung und die Enthüllung und den ganzen Inhalt, nach dem ihr so sehr verlangt.«

7.12.1909. Bei der Pflanze ist alles auf die Produktion von Samen ausgerichtet, aus denen eine zweite, gleichartige Pflanze entsteht; dafür sind die Blätter erforderlich, dafür der ganze Blütenschmuck usw.; der Zweck der Pflanze besteht also in der Existenz ihrer selbst und ihrer Gattung. Soweit der wissenschaftliche Standpunkt. Doch wenn wir sie vom menschlichen Standpunkt aus betrachten, dann existiert die Eiche dafür, um uns mit ihren ausladenden Ästen, die Rose, um uns mit ihrer Blüte zu erfreuen. Ebenso scheint der Mensch seine eigene Existenz sowie die der Gattung zum Ziel zu haben. Doch wie es außerhalb der Pflanze etwas gibt, im Verhältnis wozu sich klar und deutlich die Frage entscheidet, worin ihr Zweck besteht, also z. B. in der Schönheit der Blüte, so gibt es außerhalb des Menschen etwas, im Verhältnis wozu deutlich wird, worin der Zweck des Menschen besteht: und zwar in seiner Blüte, d. h. in der Kunst, der interesselosen Wissenschaft usw.

8.12.1909. Einige typische Franzosen können nicht denken und versuchen es auch nicht; daher ihre Seichtheit. Einige typische Polen können es nicht, versuchen es aber; daher der Unsinn und die Phantastereien. [KD]

18.12.1909. Meine alte Behauptung, wonach der Stil *ipsa definitione* über den Wert eines Kunstwerks entscheide, da ja der ganze Inhalt in den Worten enthalten sei, war falsch. Letzteres ist unrichtig: Der Inhalt ist ebensogut in der Reihenfolge und der Anordnung von *Wortgruppen*, Szenen, erzählten Ereignissen usw. enthalten.

Wie es *einen* Atman gibt, so gibt es *eine* Schönheit – und alle Vielfalt der Typen ist das Spiel der Maja.

Als Urtyp aller sogenannten poetischen »Figuren« läßt sich die *alliance de mots* im weiten Sinne verstehen, womit ich (um es in Worte zu fassen) eine Zusammenstellung dessen meine, was gemäß den eingefahrenen Wegen des Fühlens und Denkens nicht zusammengestellt zu werden pflegt. Als Beispiel möge das »Gott im Himmel – so bleich« bei Matuszewski dienen, der daraus eine Eigenart Słowackis machen will; im Grunde handelt es sich dabei jedoch um eine elementare Grundlage der Ästhetik. Es versteht sich, daß die *alliance* bereits im Gedanken selbst beginnen kann; auf etwas dergleichen beruht vielleicht die Schönheit der elften Szene aus ›Die Legion‹ [Legion] (V. 131-135):

> »Leistet, leistet den Schwur.
> Euer Grab wird zerbersten,
> wahrlich, und eure Asche
> wird gänzlich verwehen;
> schwört, ihr harrt aus.«

Denn im allgemeinen ermuntert man nicht dadurch zum Schwur und zum Ausharren, indem man das Verwehen der Asche verspricht.

19.12.1909. »STIMMUNG« BEI DEN SUBJEKTIVISTEN, »CHARAKTER« BEI DEN OBJEKTIVISTEN. Matuszewski fragt: Was ist Böcklins ›Heiliger Hain‹ anderes als die Verkörperung einer Stimmung? Wieso? Eine Stimmung ist ein Seelenzustand – und warum soll der Inhalt dieses Symbols unbedingt ein Seelenzustand des Malers Arnold Böcklin sein und nicht ein Charakter der Welt und der Dinge, der von ihm hier herausgearbeitet wurde? Das Symbol ist nicht das alleinige Eigentum der subjektivistischen Kunst.

20.12.1909. Wir diskutieren über eine bestimmte, im allgemeinen negativ bewertete gesellschaftlich-kulturelle Erscheinung, und ich verteidige sie. Daraufhin fragt mich mein Gesprächspartner: »Wozu soll das denn nütze sein?« Hier hätte ich antworten sollen: »Eben darin, daß es zu nichts nütze ist, liegt seine spezielle Nützlichkeit.« Ich überzeugte mich in dieser Diskussion, in der ich zum erstenmal einen Teil meiner Auffassungen mitteilte, wie schwer es für den Zuhörer war, diesen gedanklichen Standpunkt zu verstehen. Er vermochte mir nicht zu folgen, so tief war in ihm das utilitaristische Denken verwurzelt.

22.12.1909. Heute habe ich die Dummheit begangen, mir für vier Kronen das Buch eines gewissen Kritikers über einen gewissen großen zeitgenössischen polnischen Dichter zu kaufen.[4] Ich war angewidert – und empfand beinahe eine Abneigung gegen den Dichter selbst, wie mir das schon mehrmals nach der Lektüre von Kritiken ergangen ist. Und zwar nicht einmal im Fall der dümmsten: denn die dümmsten erregen nur Gelächter, nichts weiter. Sondern im Fall der vernünftigen, aber platten. Dann entsteht folgender Eindruck: Was der Kritiker sagt, scheint nicht gar so falsch zu sein; kann es sich bei dem Autor also wirklich um einen so großen Dichter handeln, wenn er einen kultivierten Menschen zu nicht mehr inspiriert hat? Wenn man über seine Werke so viel Richtiges, doch Uninteressantes sagen konnte?

6.1.1910. Das Leben ist so etwas wie ein Schauspiel zu Ehren der Götter. Wie die Tetralogie, die beim Fest des Dionysos und vor seinem Altar aufgeführt wurde.

9.1.1910. Das Epische als der letzte, absolute Ausdruck der symbolistischen Richtung: Der subjektive Teil des Symbols wird hier bereits *völlig* ungreifbar, doch er existiert.

21.1.1910. TRAGISCHES als Ethik, Lebensinhalt, Überwindung des Pessimismus. Es *kommt aus* dem Pessimismus, überwindet ihn aber zugleich. [KD]

22.1.1910. *Cogito ergo sum.* Es gibt kein *cogito*; es gibt nur *cogitatur. Cogitatur, ergo est aliquid.* Dieses Etwas ist nicht das, was denkt, sondern nur das, was gedacht wird; der Gedanke ist kein Beweis für das Vorhandensein des denkenden Faktors, er ist nur Beweis für das Vorhandensein seines Inhalts. [KD]

---

4 Grzymała-Siedlecki über Wyspiański.

23.1.1910. Wenn wir beim Leser einen gewissen Gleichgültigkeitszustand annehmen, den wir mit Null bezeichnen, dann ist derjenige ein guter Autor, der zu diesem Zustand ein gewisses Plus an Lust hinzufügt – er befindet sich also über dem Nullpunkt. Ein schlechter Autor dagegen ist nicht derjenige, der in geringerem Maße dasselbe bewirkt wie der gute, sondern einer, der *Unlustgefühle* erregt, der negativ beeinflußt – so einer befindet sich *unter dem Nullpunkt*. Man kann also nicht von mir verlangen, mich in der Literatur mit Schlechtem »zufriedenzugeben«, denn das hieße zu verlangen, ich solle unzufrieden sein, Unlust empfinden und leiden. ›Tamten‹ [Jener][5] befindet sich unter dem Nullpunkt; ich habe bei der Vorstellung *gelitten*.

25.1.1910. »Sei synthetisch«, sagt Savitri[6]. Auf deutsch: »Sei voreingenommen.«

(Januar.) FRAGMENTE EINES GRÖSSEREN ENTWURFS ZU ETHISCHEN THEMEN. [KD]

1.

Ein Mensch, der von Gefühlsregungen betroffen wird, die nicht aus der Begierde stammen, und in seinem innersten *Ich* unbewegt bleibt, kann sinnreich einem kreisenden Rad verglichen werden: An der Oberfläche ist Bewegung, doch das Innere – der »Mensch im Menschen« – bleibt bewegungslos. Er ist ein Zuschauer, der die Bewegungen an der Oberfläche betrachtet, so wie man im Theater die Bühnenhandlung verfolgt.

2.

Wer um die Verwirklichung einer Sache in der Zukunft kämpft, kann an der Niederlage zerbrechen. Doch der Wert

---
5 Von Gabriela Zapolska.
6 Hanna Zahorska, Dichterin, eine Verwandte des Autors. Sie hielt mir Predigten über mein allzu nüchternes und zurückhaltendes Denken.

existiert nicht in der Zeit, daher vergeht er nicht. Wer also seiner Sache dient, indem er nur an ihren Wert denkt, den zerstört eine Niederlage nicht völlig. Zwei Szenen von Wyspiański sind ein Kommentar zu dem, was ich hier ausführe: die elfte Szene der ›Legion‹ sowie in der ›Akropolis‹ diejenige zwischen Hektor und Priamos. Und zwar durchaus nicht in allgemeiner Form.

3.

Entgegen Spinoza ist jeder Gefühlszustand an sich, als Gefühlszustand, eine Steigerung des menschlichen Seins, *transitio a minore ad maiorem existentiam*. Auch die Traurigkeit. [KD]

4.

Man muß über seinen Leidenschaften stehen und von oben auf sie herabsehen. – Anders gesagt: Der Mensch darf im Leben so leiden, wie der Schauspieler unter den Unglücksfällen der von ihm verkörperten Person.

5.

Was ist gut? – Eine schöne Tragödie. [KD]

6.

Der Tod ist ein großes Übel, doch wenn es »mich« nicht gibt, dann auch nicht meinen Tod; »mich« bedeutet hier soviel wie »das Bewußtsein meines individuellen Seins«.

7.

Wer sagt »Ich bin glücklich«, der ist bereits unterwegs zum Unglück; weil er das Wort »ich« ausgesprochen hat. [KD]

8.

Die Hauptquelle der Melancholie besteht darin, seinen Blick nicht mehr auf die allgemeinen, überpersönlichen Dinge zu richten, sondern sich selbst und dem eigenen Leben zuzuwenden, das vergeht.

9.
Es ist nicht nur etwas Gutes, geliebt zu werden. Während ich mich bemühe, das unglückselige *Ich* aus mir mit den Wurzeln herauszureißen, zu vertilgen, herauszukratzen, herauszubrennen, betrachtet jemand anders meine Person als Ziel seiner Wünsche und erinnert mich: »du bist« – während ich *nicht sein will*.

10.
Der Mensch ist nur insofern etwas, als er eine Wasserfläche darstellt, in der sich die Sonne einer Idee spiegelt.

11.
Menschen sind wie Papiergeld; sie haben nur insofern Wert, als sie einen Stempel tragen, den Stempel einer Idee.

12.
Nur indem wir uns den Dingen unterordnen, machen wir sie uns zunutze.

13.
Schopenhauers Ansicht, wonach die Lust um so größer ist, je stärker das Verlangen war, entspricht nicht der Wahrheit. Eine Sache verschafft um so größere Lust, je weniger unwiderstehlich, je weniger aufdringlich und gebieterisch das Bedürfnis war, das wir nach ihr verspürt haben.

13.2.1910. *L'éloquence: l'art de persuader autrement que par de bonnes raisons.*

15.2.1910. Die Würde des Denkers ist seine Genauigkeit; die Würde des Künstlers seine Ausdruckskraft. Doch seltsam: Es gibt auch eine dritte Würde, nach der wir instinktiv sowohl in der Philosophie als auch in der Kunst suchen: Größe, Erhabenheit. Dieses Element, interessant, vermittelt in der Philosophie einen künstlerischen und in der Kunst einen philosophischen Eindruck – und ist der einen wie der anderen fremd.

Es hat auch keinen ethischen Charakter, weil Ethik keine Erhabenheit fordert. Sollte dieses Element etwa ... ein religiöses sein? (Was Platon hat und bei Aristoteles fehlt. Was Aischylos hat, Homer nicht. Und was Platon und Aischylos gemeinsam ist.) [KD]

17.2.1910. »Eine mit Worten nicht auszudrückende Vollkommenheit!« (Miriam über Arthur Rimbaud). – Eine Schneide ohne Klinge!

Unendlichkeit und Unvollkommenheit sind ein Paar. Endlichkeit und Vollkommenheit ein anderes. Alles Streben nach Vollkommenheit ist ein Streben nach Endlichkeit, nach Form, nach dem, was einzeln und begrenzt ist.

27.2.1910. Epiktet läßt wählen zwischen den weltlichen Zielen und dem anderen, Weisheit und Tugend zu erlangen. Völlig zu Unrecht. Es geht nicht darum, daß man entweder lebt oder tugendhaft ist, sondern darum, daß man tugendhaft lebt. Was nützen mir Weisheit und Tugend, wenn ich mein Leben tatenlos, ohne Kampf vergehen lasse. [KD]

17.3.1910. PATRIOTISMUS UND NATIONALISMUS. Der Patriotismus ist ein Instinkt, theoretisch nicht begründet. Der Nationalismus ist ein theoretisch begründeter Patriotismus (was meist daher kommt, daß man an seinem Sinn zweifelt). Nationalismus nennt man auch die übertrieben einseitige Inanspruchnahme des völkischen Elements; diese Einseitigkeit wird bei den Patrioten durch den Widerstand der anderen gegen den Patriotismus hervorgerufen. [KD]

18.3.1910. Der Novemberaufstand kam ein oder zwei Jahre nach Rußlands Krieg mit der Türkei; der Januaraufstand acht Jahre nach dem Krimkrieg. Rußlands Kriege sind für Aufstände der günstigste Moment. Weshalb brachen sie also nicht im Krieg aus, sondern erst danach? Sicherlich deshalb, weil der Krieg die Polen überraschte. Die Gelegenheit wurde ihnen, abgesehen von dem Mangel an aktiven Vorbereitungen (wie

Waffen, Geld und Organisation) nicht sofort klar. Der Gedanke an den Aufstand kam erst auf, als die Gelegenheit bereits vertan war. Man hätte sich während des Krieges erheben oder aber neue günstige Gelegenheiten abwarten sollen.

Es gilt aufzupassen, daß wir jetzt, nach Krieg und Revolution, nicht das gleiche wiederholen. Jetzt ist es zu spät; wir müssen warten, bis Rußland wieder einmal in Gefahr ist. [KD] Währenddessen sehen wir, wie einige Fraks[7] auf einen sofortigen Aufstand drängen und bereit sind, zum dritten Mal das gleiche zu tun. Wieder würde eine nicht genutzte Gelegenheit nur zum Anreiz für einen Aufstand in den Folgejahren, und wieder könnte ein verspäteter Ausbruch drohen, wenn der entstehende Block der Aufständischen sich bereits jetzt zur Tat hinreißen ließe, statt sich mit organisatorischen Vorbereitungen zu befassen.

22.3.1910. Der Skandal, daß viele Polen sich die Interessen der Teilungsmacht zu eigen machen, deren Untertanen sie sind (so sehen wir Galizier, die leidenschaftlich für Österreich gegen Rußland eintreten, und andererseits Bewohner von Kongreßpolen, die Rußland verteidigen), hat sicherlich wirtschaftliche Ursachen. Dazu mag jedoch noch ein psychologischer Faktor kommen, nämlich das Bedürfnis, sich solidarisch zu fühlen mit einer organisierten und greifbaren Ganzheit. Beinahe jeder Mensch will Mitglied und Vertreter irgendeiner Gruppe sein, jeder verspürt Freude und geradezu Stolz, sooft er »wir« sagen kann. Zu diesem »Wir« verhilft ihm natürlich die Zugehörigkeit zu einem Volk; doch die Tatsache, daß diese behördlich nicht anerkannt wird, sowie die Unfähigkeit des Volks, als reale, mit allen nötigen Organen versehene Einheit aufzutreten, müssen eine gewisse Sehnsucht nach einer weiteren Zugehörigkeit aufkommen lassen. Und hier erscheint die fremdstaatliche Versuchung. Drastischer gesagt: Der Mensch liebt den Zwang und ist dankbar für ihn, doch das polnische Volk verfügt über keinerlei Zwangsmittel.

---

7 So wurden volkstümlich die Mitglieder der Revolutionären Fraktion der PPS [Polnische Sozialistische Partei] genannt.

Ferner: Bei der Arbeit für eine Gruppe ist es ein allgemeinmenschlicher Zug, für seine Tätigkeit nach einer Anerkennung im behördlichen Sinne, in greifbarer Form, z. B. in Gestalt eines Amtes zu streben; solche jedoch werden von einem Volk nicht vergeben, von einem Staat dagegen sehr wohl. Darin liegt einer der Gründe, warum die unteren Schichten, wenn sie einmal nationalbewußt geworden sind, sich als gegen die Teilungsmächte widerstandsfähiger erweisen als die Oberschichten: Bauern oder Arbeiter haben keinerlei Ämter zu erwarten.

23.3.1910. Die Philosophie beginnt, sobald wir den Wert der wissenschaftlichen Erkenntnis in Frage stellen, ebenso wie die Wissenschaft beginnt, sobald wir den Wert der gewöhnlichen, auf den Sinnen und dem gesunden Menschenverstand beruhenden Erkenntnis in Frage stellen. Ohne dieses In-Frage-Stellen könnte die Philosophie nur auf der Synthese von Ergebnissen der Einzelwissenschaften beruhen; da aber diese Einzelwissenschaften kontinuierlich fortschreiten und ihre Ganzheit für den einzelnen kaum erfaßbar sein dürfte, hätten auch diese Synthesen keine große Chance auf Gewicht und Dauer. Alle Realisten, die ein dogmatisches philosophisches System errichten wollen, gehen das Risiko solcher verfrühten, wackligen Synthesen ein; teilweise gehört Bergson dazu.

Die Menschen sind es gewöhnt, anderen diejenigen Motive und überhaupt diejenigen inneren Erlebnisse zuzuschreiben, die sie aus eigener Erfahrung kennen. Dafür gibt es Beispiele aus den seelischen Niederungen; hier aber eines aus der Gipfelregion. Nietzsche schreibt allen Philosophen, sogar einem Spinoza, als Quellen ihrer philosophischen Theorien diverse Absichten, Leidenschaften und Bestrebungen nach bestimmten Gefühlszuständen zu, und er meint, erst dann der Sache auf den Grund gegangen zu sein und den Denker völlig verstanden zu haben, wenn er dessen Philosophie ein derartiges Motiv unterlegt hat. Dabei nun handelt es sich ganz deutlich darum, daß der eigene innere Determinismus auf andere übertragen wird – denn es war eben Nietzsche, der philosophische Begriffe als Mittel zur Erlangung bestimmter Gefühlszustände und zur Vermeidung anderer behandelte. Er schuf sich beispielsweise die Theorie der ewigen Wiederkehr, da ihm, wie er selbst sagt, »eine möglichst hohe Form der Bejahung« vonnöten war. Seine Argumentationen für oder gegen Ansichten beruhen gewöhnlich darauf, deren edle oder niederträchtige Grundlagen aufzuzeigen, und darin ist er genial; seine rein abstrakten Argumentationen dagegen, die übrigens ziemlich selten sind, lassen sich im allgemeinen nicht halten.

Ich bin ein umgekehrter Fatalist: Ich glaube daran, daß unser ganzes Schicksal das getreue Abbild unserer inneren Stärken und Schwächen darstellt. Diesen blinden, bedingungslosen Glauben wende ich überall an – sei es auf Individuen oder Gruppen, auf Völker oder Ideen.

Das Problematische des Kampfs gegen die Kirche in Polen. Dieser Kampf ist schädlich, weil er die Feindschaft zwischen den Gesellschaftsgruppen innen schürt und ihren Kampf nach außen schwächt.
 Und noch eine Bemerkung: Man kann eine Idee ohne Schaden für das geistige Niveau der Menschheit nur mittels Wettbewerb, niemals durch gewöhnliche Verneinung bekämpfen. [KD]

24.3.1910. Polen kann seine Unabhängigkeit nur im Bündnis mit anderen Kräften erlangen. Diese anderen Kräfte sind zu suchen: (1) in der internationalen Politik; (2) in den sozialen Konflikten. [KD] Bylski[8] sucht in der ersten Richtung, und dieser Grundgedanke zieht sich durch sein ganzes Buch; ich würde in der anderen Richtung suchen.

---

8 Bylski, Leopold (wenn ich mich recht erinnere): Pseudonym eines unserer damaligen Politiker, ich weiß nicht mehr wessen. Auch an den Titel des Buchs erinnere ich mich nicht mehr.

25.3.1910. NEOSLAWISMUS. Wäre es möglich, heute in den slawischen Völkern das Gefühl des Slawentums in solchem Maße zu entwickeln, daß es die Kämpfe zwischen ihnen unterbinden würde? Dazu müßte das Gefühl für das Slawische stärker werden als das Nationalgefühl. Doch liegt in der slawischen Idee eine solche Kraft? Ich bezweifle es sehr, denn diese Idee ist einfach eine *Verwässerung* der nationalen Idee. Keine Idee aber kann durch eine Form ihrer selbst, die blasser ist als sie, verdrängt werden.

26.3.1910. Stimmt es, daß ein Volk, das seine Unabhängigkeit nicht *offen* anstrebt, diese nicht erreichen kann? Wohl ja, denn eine *massenhafte*, aber maskierte Freiheitsbewegung ist unmöglich. Möglich ist eine konspirative Bewegung, doch nicht des ganzen Volkes, vor allem dann nicht, wenn man etwas anderes tut und etwas anderes *erklärt*. Es ist etwas anderes, insgeheim zu handeln und darüber zu schweigen (was eigentlich die Konspiration kennzeichnet), als insgeheim zu handeln, aber offen darüber zu sprechen.[9] [KD]

27.3.1910. Wir sind Sklaven unserer einstigen Größe. So mancher möchte endlich aufhören, aber es täte ihm leid, soviel Edelmut und Opfer vertan zu sehen – also hält er noch einmal die Fahne hoch. »Es ist unmöglich, daß Kościuszko, daß Mickiewicz, daß Słowacki ein einziges großes Umsonst gewesen sein sollen! – Also kämpfen wir weiter für dieses unser Vaterland.« Manch einer, der das Vaterland liebt, liebt nur zwei Verse aus ›Beniowski‹. [KD]

30.3.1910. GEGEN DIE POLITIK DES »NICHT REIZEN!« Der heutige Anschlag auf Finnland beweist, daß man keine Aufstände braucht und Rußland nicht reizen muß, um es zum Rechtsbruch und zur Gewaltanwendung zu veranlassen. Wenn

---

9 Gerichtet gegen ein Buch von Brzoza (Feliks Młynarski), das empfahl, einen konspirativen polnischen »Staat« in den Teilungsgebieten zu schaffen.

also gesagt wird: man hätte sich im Jahre dreißig nicht erheben, keine Widerstandsbewegungen organisieren dürfen, weil uns das nur Niederlagen einbrachte – dann widerspricht diese Denkweise (abgesehen davon, daß wir sie aus grundsätzlichen Erwägungen verwerfen) auch noch der Erfahrung, verliert also sogar den vermeintlichen Vorzug, »realistisch« zu sein. [KD]

31.3.1910. Die Unabhängigkeit ist kein Selbstzweck, sondern nur ein Handlungsinstrument zur Erlangung anderer, eigentlicher Zwecke. Dabei ist sie nicht das einzige Instrument und auch nicht hinreichend, denn neben ihr ist noch beträchtliche geistige Kraft vonnöten. Unabhängigkeit ohne geistige Kraft ist unnütz und zwecklos.

Viele Polen träumen davon, die Unabhängigkeit ohne eigenes Zutun, allein durch den Gang der internationalen Ereignisse zu erlangen. Doch eine solche Unabhängigkeit – an deren Erlangung keine wertvolle nationale Kraft beteiligt ist – wäre von vornherein dieser Zwecklosigkeit verdächtig. Lohnt es sich also, auf solche Weise die Unabhängigkeit zu erlangen? Lohnt es sich, sie als Geschenk anzunehmen, wenn man selbst keine ernsthaften Anstrengungen in dieser Richtung unternommen hat? – Doch da ergibt sich wieder eine neue Frage: Die geistige Kraft einer Nation ist nicht immer dieselbe, sie kann wachsen oder schwinden. Ist nicht die Unabhängigkeit eine günstige Bedingung für ihr Wachstum? Wenn ja, dann wäre daraus zu folgern, daß es sich lohnen würde, die Unabhängigkeit gleich auf welche Weise zu erlangen.

Mein Eindruck ist folgender: Die Unabhängigkeit scheint den geistigen Kräften größere *Entwicklungsmöglichkeiten*, die Unfreiheit einen größeren *Antrieb* zu bieten. Daraus ergäbe sich, daß eine Nation ihr höchstes Niveau in dem Moment unmittelbar nach Erlangung der Unabhängigkeit erreicht, wenn der Antrieb aus den Zeiten der Unfreiheit noch wirkt, sich die Möglichkeiten aber schon eröffnet haben. Doch das klassische Beispiel der Kleinstaaten des Balkans scheint das nicht zu bestätigen.

Das Interesse Rußlands wird von den russischen Nationalisten und den Fortschrittlern unterschiedlich aufgefaßt; ihre Ziele sind nicht identisch. Es ist daher nicht abwegig, auf die Unterstützung eines Teils des russischen Volkes gegen einen anderen Teil zu rechnen; denn für einige Russen muß das Bündnis mit den Polen keinesfalls bedeuten, den Interessen des russischen Volks untreu zu werden.

1.4.1910. Das ungleichmäßige Anwachsen des Reichtums – wie wir es heute in Europa und darüber hinaus beobachten – ist für uns Polen, insofern wir daran teilhaben, eine Stärkung, doch zugleich, vom Standpunkt des Nationalinteresses aus betrachtet, eine Quelle der Schwäche, und zwar aus folgenden Gründen. (A) Es bringt eine Klasse von Reichen hervor, deren Reichtum sie zu Feinden aller Erschütterungen macht, die für sie Einbußen mit sich bringen könnten, mithin auch zu Feinden nationaler Aufstandsbewegungen. (B) Es bringt eine unterprivilegierte Arbeiterklasse hervor, die sich mit den eben Genannten in einen heftigen Konflikt begeben muß und sich daher ebenso von den nationalen Idealen entfernt – und damit haben wir die Gruppierungen der »Realisten« auf der einen und der Sozialdemokraten auf der anderen Seite, denen beiden die nationale Sache ganz und gar nicht am Herzen liegt. (C) Der sich daraus ergebende Kampf zwingt die Kapitalisten dazu, gegen die Arbeiter Unterstützung zu suchen. Diese zu gewähren ist jedoch kein nationales Organ in der Lage, nur die Regierung; daher das verdoppelte Bedürfnis dieser Personen, sich mit der Regierung zu arrangieren, und die daraus folgende verdoppelte Motivation, alle nationalen Bestrebungen, zumindest öffentlicher Art, aufzugeben.

2.4.1910. Es gibt einen gewissen Grad an Wohlhabenheit, der für die Entwicklung der feineren Anteile unserer menschlichen Natur vorteilhaft ist, und dieser besteht, um es grob in wenige Worte zu fassen, darin, *genug zu essen und eine gesicherte Zukunft* zu haben. Armut ist für die menschliche Natur nicht gut; erst wer die Armut hinter sich läßt, beginnt sich für etwas anderes als seinen unmittelbaren Vorteil zu interessieren. Die Armut abschaffen und jedem seinen Lebensunterhalt sichern – darin besteht also die erste Aufgabe. Doch ein weiterer negativer Faktor ist andererseits übermäßiger Reichtum, mit dem Komfort und die Möglichkeit materiellen Genusses einhergeht, was in einem weiteren Schritt zu einer übermäßigen Anhänglichkeit an die »Güter dieser Welt« führt. So könnte man sagen: Schaffen wir die Armut ab und verhindern wir, daß sich die Menschen über ihre tatsächlichen Bedürfnisse hinaus bereichern, d. h. daß sie nicht über den Stand hinauskommen, den man einst als *honesta paupertas* bezeichnete – mehr wäre nicht zu tun. Doch nein, das Problem liegt tiefer: im *Sinn für Besitz als solchem*. Eine radikale Lösung bestünde darin, überhaupt allen Besitz, alles Privateigentum abzuschaffen. Mit anderen Worten: im Kommunismus. Doch leider ist das Bedürfnis, sich dadurch abzugrenzen, daß man etwas besitzt, das den anderen unzugänglich ist, d. h. ein gewisser auch auf diesem Feld sich zeigender aristokratischer Instinkt, den Menschen angeboren und schwer zu bekämpfen.

6.4.1910. Es geschieht häufig, daß wir etwas instinktiv befürworten, um dann, sobald wir bemerken, daß diese Sache im allgemeinen verpönt wird, die unmöglichsten logischen Kunststücke zu vollführen, um zu zeigen, daß wir mit den allgemein anerkannten Begriffen von Gut und Böse doch im Einklang stehen. Damit aber ist nichts gewonnen. Man muß sich selbst ehrlich und mutig erforschen, aus welchen *seelischen Ursachen* heraus man die betreffende Sache befürwortet, und welchen *seelischen* Bedürfnissen unser Standpunkt Genüge tut – und in der mutigen und ungeschminkten Herausarbeitung dieser Bedürfnisse wird die angemessene Rechtfertigung bestehen.

15.5.1910. Jede Anschauung hat nur dann Wert, wenn sie eine Überwindung ihrer Antithese ist und nicht nur naive, direkte Spiegelung unserer Gemütsstimmung. Pessimismus, der direkt aus dem Temperament kommt, ist dumm, klug ist der andere, der nach der Auslotung aller Gründe, die für den Optimismus sprechen, bestehen bleibt; genauso umgekehrt. Dumm ist der ironische Skeptizismus der Snobs, die nie an etwas glauben, und dumm der Glaube dessen, der niemals zu zweifeln Gelegenheit hat; aber klug ist der Skeptizismus desjenigen, der durch den Glauben gegangen ist, und klug der Glaube dessen, der gezweifelt hatte und seine Zweifel bezwang. [KD]

Der Tod erscheint um so schrecklicher, je ärmer und vegetativer das Leben ist; je geistiger, kultivierter, reicher an Kräften und voller entwickelt dagegen, desto kleiner ist die Angst vor dem Tod. Und nicht umgekehrt, wie man denken könnte. Was sich in uns vor dem Tod fürchtet, ist der Organismus, die Pflanze; in Momenten dagegen, wenn das Leben am wertvollsten ist, denkt man an den Tod mit solcher Heiterkeit, als wäre er die Krönung des Lebens. Daraus folgt: »Je schöner dein Leben, um so weniger wird es dir leid darum tun.«

Blind am Leben zu hängen, ist Ausdruck der Lebensarmut. Die schönste Schale zerwirft man am Ende mit der größten Befriedigung.

28.6.1910. Eine typische Form moralischer Kraft ist der Mut; ihr typisches Gegenteil die Ängstlichkeit. Das geistige Wesen des Menschen kennt keine Angst; Angst ist eine Eigenschaft des biologischen, lebendigen Wesens, eine Eigenschaft des »Leibs« und des Leiblichen. Was Angst hat in mir, sind meine Eingeweide.

Ich habe mich oft gefragt, warum die Lüge allgemein als etwas besonders Niederträchtiges gilt. Vielleicht deswegen, weil man fast immer aus Feigheit, aus Angst lügt? Eine Lüge, die nicht aus Feigheit erfolgt, ist diskutabel und nicht niederträchtig.

1.8.1910. LEISTUNGEN. Es gibt kleine Leistungen, nach denen man so etwas wie Glück empfindet, wenn auch ein solches ebenso kleiner und bescheidener Art, und zwar allein deswegen, weil man seine jeweilige, mehr oder weniger zufällige Aufgabe erledigt hat. Doch im Menschen kann ebenso, als seine innere Bestimmung, ein bestimmtes Werk ruhen, das gewissermaßen *par excellence sein* Werk ist. Etwas zu leisten, was mit diesem Werk zusammenhängt, vermittelt ein Glück völlig anderer Natur und Stärke; ich möchte sagen: die vollkommene Glückseligkeit.

MYSTIZISMUS UND RATIONALISMUS. Es ist im Grunde unmöglich, die Möglichkeit einer irrationalen und mystischen Erkenntnis zu bestreiten; so lassen sich Irrationalisten nicht beeindrucken. Doch wenn ich mir einerseits die Mystiker, andererseits die Rationalisten genau ansehe, mache ich folgende Beobachtung: Es gibt keine Mystik, die in ihrem Kern pessimistisch wäre. *Der Mystiker erfährt nie etwas, das er auf gar keinen Fall erfahren möchte.* Er hat etwas von einem Feigling und ist auch nicht ohne Eigeninteresse: Diese merkwürdige Übereinstimmung zwischen dem Erkannten und dem Herzensbedürfnis spricht gegen die Redlichkeit der Erkenntnis. Bestenfalls kann man ihm zugeben, daß er nicht sündigt – sofern ihm nämlich die mystische Erleuchtung ohne eigenes Bemühen und Zutun zuteil wird. Wie oft dagegen erfährt der Rationalist etwas, das er ganz und gar nicht wissen wollte. Er fürchtet sich nicht vor dem Leiden, das entsteht, wenn man auf eine unheilvolle Wahrheit stößt; er ist, kurz gesagt, ein mutiger Mensch, ganz zu schweigen davon, daß er ehrlich ist. Daher machen die großen Rationalisten als Beispiele und moralische Vorbilder Mut: Descartes.

Neuchâtel, 20.10.1910. Das Sehen in der Vorstellung kann auf zweifache Weise geschehen. Im ersten Fall sehe ich einen unbegrenzten Raum, der völlig anders ist als der mich in Wirklichkeit umgebende, sozusagen einen völlig idealen Raum: Dort ordne ich mir als Beobachter irgendeinen beliebigen Ort zu und blicke von da aus auf irgendein beliebiges Objekt an irgendeinem anderen beliebigen Ort dieses Raumes. Die Optik und Perspektive passen sich an den von mir gewählten Ort an, wo ich mich häufig auch *sehe*. Diese Art des Sehens unterliegt stets dem Gesetz der Assoziation, so daß ich immer den Faden auffinden kann, mit dessen Hilfe ich zu diesem oder jenem Bild gelangt bin. Im Kern entspricht sie dem Sehen im Traum. Mit der zweiten Form des Sehens verhält es sich anders, denn in diesem Fall erscheint mir ein einzelnes Bild, ohne Verbindung zu anderen, nicht in einem idealen Raum, sondern in eben dem wirklichen Raum, der mich umgibt, in eben diesem Zimmer, vor meinen leiblichen Augen und in einem bestimmten Abstand. Die Optik paßt sich an den Ort an, an dem sich meine wirklichen leiblichen Augen befinden. Diese Art von Sehen kommt nicht nur vor, ohne daß man an den Gegenstand denkt, sondern auch ohne alle greifbaren Assoziationen. Gestern abend im Bett, zum Beispiel, dachte ich an ... die ›Oraisons funèbres‹ von Bossuet, die ich während des Tags gelesen hatte; die Assoziationen verliefen auf ganz gewöhnliche Weise. Eben fiel mir der Anfang der Rede über Michel Le Tellier ein: »... *je louerai la sagesse même.*« Während ich mir diesen Satz wiederholte, wobei ich ihn zugleich wie im Buch gedruckt sah – und zwar auf einer rechten Seite, ziemlich weit unten –, erschien vor meinen Augen gleichzeitig in geringer Entfernung eine dunkle Standarte (ohne bestimmte Farbe), die am Ende einer Fahnenstange von rechts nach links wehte, und auf der Standarte der polnische weiße Adler, halb silbrig und in seiner streng heraldischen Form – stilisierte Flügel, jede Feder einzeln, der Kopf nach links; dann war es, als ob er aus der Standarte hervorträte, und er glich genau jenen kleinen silbernen Adlern, die man in Krakau als Berlocken u. dgl. verkauft. Der Seheindruck war so stark, daß er augenblicklich die Kette der Gedanken an Bossuet unterbrach, an den ich denn auch bis zum Einschlafen nicht mehr dachte. Im Kern entspricht diese Form des Sehens dem Halluzinieren. Wie dort zum Traum so fehlt hier zur Halluzination das Wichtigste: die Täuschung. Doch wenn man die Täuschung hinzufügt, so haben wir im ersten Fall einen Traum, im zweiten eine Halluzination.

23.10.1910. »Der Aufenthalt der Wesen auf dieser Welt ist wie eine Begegnung von Hirten am Brunnen: Das Schicksal bewirkt ihre Verbindung, doch die eigenen Taten trennen sie« (Bhāgavata-Purāna).

27.10.1910. HISTORIKERN UND KRITIKERN ZUR WARNUNG. Es gibt keinen drolligeren Anblick als einen Vernünftigen, der über einen Großen zu Gericht sitzt.

27.10.1910. Die Anhänger des Naturalismus in der Literatur behaupten: Die Literatur soll die Wirklichkeit abbilden, folglich ist das Gedicht eine Absurdität. Ebenso behaupten das die radikalen Subjektivisten im Namen der Ehrlichkeit des Ausdrucks. Ich dagegen behaupte: Das Gedicht ist, gemäß der naturalistischen Theorie, eine Absurdität, also ist die naturalistische Theorie falsch. Dasselbe gilt für die Subjektivisten. Es ist eine Erfahrungstatsache: Das Gedicht ist ein Grundbestandteil der Schönheit. Eine Theorie, welche die Verwendung des Gedichts nicht rechtfertigt, befindet sich daher im Widerspruch mit dem empirisch Gegebenen.

28.10.1910. Man liebt die Menschen wie der Bauer die Erde: für das, was man in sie hineingelegt hat; nicht so sehr für das erfahrene Gute, sondern für das Gute, das wir *ihnen* erwiesen haben. Die reinste Liebe, die zum Vaterland, wächst im Maße von Opfern, die uns ja nicht vergolten werden; einzig dadurch, daß wir lieben dürfen. Daraus würde folgen: Wer eine andere Person liebgewinnen will, braucht ihr nur Gutes zu erweisen, und die Liebe kommt von selbst. Doch leider verliert die vollständigste Aufopferung ihre Kraft, wenn sie als Pflicht und Zwang empfunden wird und nicht als unser freier ungezwungener Wille, als eine Art herrschaftliche Gnade. Wir lieben für das Gute, das wir zu erweisen *geruhten*; für das, was wir erweisen *mußten*, vermögen wir nur zu hassen.

Warum wirkt Herr Professor Vielweiß, der mir in seinem Studierzimmer mit so großartiger Geste die Schätze seines Denkens enthüllte, im Buch so blaß und erbärmlich? Was für eine Frage! Ging ins Buch doch nur Vielweiß ein, und der Herr Professor blieb im Studierzimmer zurück.

Professor Untrug wiederum war im Umgang schlicht und zugänglich, er lachte mit den Lachern und schlug mit den Kindern Purzelbäume. Alle bewunderten seine Bescheidenheit und daß ihm seine Professur so gar nicht in den Kopf gestiegen war. Als wieder einmal seine gute Bekannte Frau von Naiv ausrief: »Oh, wie bescheiden!«, da regte sich Untrug endlich auf und protestierte: »Das ist keine Bescheidenheit, sondern Eingebildetheit!« – »Wie bitte?« frage Frau von Naiv. Der Professor dachte einen Moment nach und erzählte dann: »Es waren einmal Hans und Franz. Beide wurden in Hinterwald Professoren, wie man dort Schulmeister zu nennen pflegte. Aber während Hans seitdem hochnäsig einherging und seinen eigenen Bruder nicht mehr beachtete, blieb Franz leutselig und schien sich nichts daraus zu machen, daß er studiert hatte. Da kamen die Bauern und sagten: ›He Franz! Du bist nicht so wie der Hans; bist nicht 'n bißchen hochmütig oder eingebildet, bist einfach ordentlich und bescheiden.‹ Darauf entgegnete Franz: ›Ich werde euch gleich beweisen, daß Hans bescheiden ist und ich hochmütig. Denn es ist doch so: Wenn mir das Studium nicht in den Kopf gestiegen ist, dann zeigt das nur eines: daß es für mich mehr bedeutet, Franz zu sein als ein Schulmeister.‹« So sprach Untrug und fügte hinzu: »Wenn Sie nun statt des Namens ›Franz‹ den meinen einsetzen, dann sehen Sie, daß ich nicht nur nicht bescheiden, sondern wahrhaft eingebildet bin.« »Aha«, sagte da Frau von Naiv, »für Sie bedeutet es mehr, Untrug zu sein als Professor?« Der Professor verneigte sich etwas verlegen: »Eben um das nicht aussprechen zu müssen, habe ich die Geschichte von Franz erzählt.«

29.10.1910. Der sich für andere aufopfernde Mensch spürt unmittelbar nur seine Aufopferung und nach ihr bemißt er das Gute, das er erweist. Ihm scheint, als würde jedes einzelne Opfer ein Echo des Glücks in der anderen Person hervorrufen, als habe er alles, was er sich genommen, dem anderen gegeben. Der Unglückselige vergißt, daß es Opfer gibt, die fruchtlos bleiben. Der als Objekt der Aufopferung fungierende Mensch andererseits spürt unmittelbar nur den erfahrenen

Vorteil – und da dieser häufig nicht allzu gewichtig ist, schätzt er folglich auch das Opfer nicht sonderlich hoch ein. Daher übersteigen die vom Wohltäter für angemessen gehaltenen Erwartungen in so unerhörter Weise die Verpflichtungen, die der Begünstigte anerkennt. Und dies ist *eine* Quelle jener Undankbarkeit, über die Eltern und Erzieher zu klagen pflegen.

Ein anderer Grund für Mißverständnisse besteht darin, daß der Mensch, der einem anderen etwas Gutes erweisen will, ihm das gibt, was er selbst gerne erhalten würde. O heilige Einfalt! Der andere wollte doch ganz etwas anderes! Was als etwas Gutes gegeben wurde, wird als Gleichgültiges aufgenommen. Doch weh dem, der die Folgen des Mißverständnisses vermeiden will und daher die Gabe nicht annimmt! Es gibt keine schlimmere Beleidigung: Deine Gabe ist mir gleichgültig – was du für ein Gut erachtest, schätze ich gering – ich verachte deine Werteskala – das heißt dich. Man muß also annehmen und sich mit Undankbarkeit beflecken. Allein um dies zu vermeiden, rät Spinoza, nicht unter Menschen zu gehen – und zwar zu Recht.

Noch eine kleine Korrektur. Ich sagte, jeder gebe das, was er selbst zu erhalten wünscht – wenn es doch nur so wäre! Dann wäre wenigstens eine gewisse Redlichkeit und ein Kontakt mit der Wirklichkeit vorhanden. Doch gewöhnlich sieht es noch übler aus: Man gibt das, was von der gesellschaftlichen Konvention für ein Gut gehalten wird. Den Jüngling versorgt man mit Pferden, das Fräulein mit Tänzern. Zuweilen gibt man das, was man selbst gerade *nicht* würde haben wollen, und tut der auserwählten Person die Kränkung an, daß man sich selbst eine über Konventionen erhabene Individualität zubilligt, ihr jedoch nicht. Dabei ist es ganz im Gegenteil so, daß die Jugend, die noch nicht vom Schicklichkeitsdenken durchdrungen ist, am stärksten nach *ihrem* Glück und dem *ihr* entsprechenden Gut verlangt. Die sich in der Art der Gabe ausdrückende Geringschätzung erregt mehr Abneigung, als die Gabe selbst Dankbarkeit erweckt.

Du bist selbst nicht der allwissende Gott, doch verlangst Du, daß dein Nächster es sei. Wenn Du sein unangemessenes Verhalten siehst, hältst du ihn folglich für ein Scheusal: »Er hat es doch gewußt.« Doch auch er ist weder allwissend noch Gott, daher ist er trotz seines unangemessenen Verhaltens kein Scheusal.

30.10.1910. Bis zu meiner Lektüre des ›Protagoras‹ war ich der Meinung, Pascals Prosa sei die beste der Welt. Gerade habe ich einige Seiten im ›Protagoras‹ gelesen – man ist versucht zu sagen: Es ehrt den Menschen, daß sie überhaupt Menschenwerk sind.

Du hast einen klugen Gedanken und sagst dir: »Was für ein kluger Gedanke.« Dich überkommt ein edles Gefühl, und du sagst: »Welch edles Gefühl« – und im selben Moment hörst du auf, klug und edel zu sein.

2.11.1910. Wird die Eigenliebe verwundet, spürt man das stärker, als wenn ihr geschmeichelt wird. Die Sportzeitschrift ›La Vie au grand air‹ hat kürzlich eine Umfrage unter hervorragenden Faustkämpfern durchgeführt, welcher Augenblick ihrer Karriere ihnen am lebendigsten im Gedächtnis geblieben sei. Alle nannten die Augenblicke ihrer großen Niederlagen, kein einziger den Moment des Siegs.

3.11.1910. Das intellektuelle Vergnügen am Erkennen der Ursachen eines Unglücks kann so stark sein, daß es die Wahrnehmung des Unglücks selbst verdrängt.

Ich bin zu intellektuell, um Musik gebührend aufnehmen zu können. Wenn ich ein Lied, eine Sonate höre, weiß ich eher, was ich fühlen müßte, als daß ich wirklich fühle; ich empfinde vielmehr den Ehrgeiz nach einem Gefühl als das Gefühl selbst. [KD]

20.11.1910. Um Viertel nach elf Uhr abends jagen mich wütende Zahnschmerzen aus dem Bett. Bei dieser Gelegenheit habe ich eine interessante Beobachtung gemacht, die mit einigen ethischen Fragen wie folgt in Zusammenhang steht. In der letzten Version meiner Ethik stellte ich als grundlegendes Element der Schlechtigkeit die »Feigheit« heraus, wobei ich darunter die Furcht vor Anstrengung verstand. Bei Gelegenheit dieser Zahnschmerzen nun erfuhr ich, wie tief diese Furcht im Menschen verwurzelt ist. Natürlich kämpfe ich mit der Schmerzempfindung, und zwar indem ich mich bemühe, das Bewußtsein mit einem anderen Inhalt auszufüllen, d. h. an alles Mögliche zu denken. Das gelingt ein wenig, zumindest für kurze Zeit; dann kehrt der Schmerz wieder zurück. Was mir auffiel, war nun, daß es nicht in jedem Fall der von neuem auftauchende Schmerz ist, der meinen Gedankengang unterbricht, sondern daß ich selbst ihn immer wieder unterbreche, um meine Aufmerksamkeit wieder dem Schmerz zuzuwenden. Warum? Weil es – angesichts dessen, daß mir ein Bewußtseinsinhalt von außen gegeben ist – eine Anstrengung bedeutet, aus meinem Inneren heraus einen anderen zu schaffen. Der erste Inhalt, der Schmerz, wird mir *geliefert*, ich empfange ihn passiv; ihn durch einen zweiten – einen Gedanken – zu ersetzen, erfordert eine ungeheure Anstrengung; doch es gelingt. So beruht also diese meine »Feigheit« darauf, daß ich lieber ohne Anstrengung leide als mich anzustrengen und nicht zu leiden; und absichtlich lenke ich meine Aufmerksamkeit von neuem auf den Schmerz, in dem ich den Zustand der vollkommenen Passivität zur Gänze auskosten kann.

(Ohne Datum). Wenn du willst, daß die Menschen dir folgen, dann stelle Anforderungen an sie. – Welche? Möglichst geringe? Nein: möglichst hohe. Ich kenne keine Stelle in der polnischen Dichtung, die so geradezu zum Patriotismus *bekehren* könnte, wie die folgende aus ›Beniowski‹:

»Weh dem, der halb die Seele will gewähren
Der Heimat, halb dem Glück sie zugesteht.«

Warum ist das so? Vielleicht deswegen, weil in der Größe der Forderungen das Ausmaß der Liebe zur Idee zum Ausdruck kommt – und weil der Liebesrausch ansteckend ist?

Es gibt keinen besseren Prüfstein für die Lebenskraft eines Menschen als sein Verhältnis zum Tod.

Wenn wir bei einem Menschen ein ausgewogenes Verhältnis zwischen Intellekt, Gefühl, Sinnlichkeit und Phantasie beobachten – so daß der Intellekt nicht im Dienste des Herzens, des Verlangens oder der Nerven steht –, dann haben wir sofort den Eindruck, daß der Intellekt überwiegt. Warum? Erste Antwort: Wir sind so sehr an die Überlegenheit jener Faktoren gewöhnt, daß bereits die bloße *Befreiung* des Denkens uns als Beweis seiner großen Stärke erscheint. Zweite Antwort: Wir betrachten das Gleichgewicht als etwas, das sich nur dank der Stärke des Intellekts erlangen läßt. Dritte Antwort: Der Intellekt ist, unserer Ansicht nach, etwas von *Natur* aus Höheres, so daß er, sobald er nicht mehr dient, herrschen muß.

Sich das Ziel höher zu stecken, als man zu gelangen hofft, ist nur für den sinnvoll, dem dieses Ziel nicht als höchstes Gut gilt und der das Streben als solches höher schätzt.

(Ohne Datum). Die Kultur wird nicht aus Bedürfnissen geboren. Gerade das Handeln zu einem anderen Zweck als zur Befriedigung eines Bedürfnisses stellt die Quelle, den Sinn und das Wesen der Kultur dar.

Die Kunst ist das Blut des Lebens ohne dessen Körper, sein Atemhauch ohne seine Materie.

8.1.1911. Der Ruhm ist der Köder, mit dem die Größe uns lockt.

23.2.1911. Ziel der klassischen Bildung? Dem Menschen Kultur geben? Besser: der Kultur den Menschen. [KD]

23.2.1911. RECHTFERTIGUNG DER ROMANTIK. Hätte ich jetzt eine Antrittsvorlesung zu halten, würde ich statt »*L'antiquité comme école d'art*« das Thema »Die Romantik in der öffentlichen Meinung der Gegenwart« wählen, und zwar, um sie zu rechtfertigen. Romantik als Schwärmerei von unmöglichen Dingen, die zu groß und zu schön sind, um möglich zu sein – von der allerschönsten Liebe, von der edelsten Freundschaft, vom Heldentum, von der Erhabenheit, sogar von der Poesie im Leben –, eine solche Romantik *verdient* leidenschaftliche Rechtfertigung. Wem der Himmel hohe Ansprüche mitgegeben hat, der darf diese nicht deshalb veruntreuen, weil sie »unrealistisch« (das heißt unerreichbar) sind. Gefährlich? Zugegeben, aber hohe Ansprüche veredeln das Leben. Sie durchlaufen bei jedem von uns einmal das Feuer der Kritik, doch das ist ein Übergangsstadium. Wer sie von den komödiantischen Zusätzen feuergereinigt hat, der kehre zu ihnen zurück und zweifle nicht daran, daß er mit ihrer Hilfe besser werde. Wer im kritischen Stadium steckenbleibt, macht sich der Abtrünnigkeit und des Verrats schuldig. Habe ich einmal, und sei es nur *in my mind's eye*, Höheres gesehen, darf ich mich nicht mehr mit Geringerem begnügen. [KD]

28.4.1911. »Was nützen uns Philosophien oder Religionen, die uns nicht leben helfen? Was geht es das Leben an, ob Gott Böses geschaffen hat oder ob er es nur toleriert?« (James) – Ich kehre es um: Was soll ich mit einem Leben, das mir nicht erlaubt zu philosophieren? Und was kümmert Gott, ob irgendein Yankee bequem oder mit kleinen Schwierigkeiten lebt? [KD]

28.4.1911. VERTEIDIGUNG DER METAPHYSIK VOM LEBEN UND VON DER PSYCHOLOGIE HER. Die Metaphysik wird oft als Flucht vor dem Leben betrachtet. Doch das muß durchaus nicht so sein. Gerade ein Mensch, den das Leben vollständig zufriedenstellt, der in ihm erreicht hat, was er wollte, und darüber hinaus nichts mehr *von ihm* begehrt: gerade solch ein Mensch ist bereit, mit seinen Wünschen weiter und über es hinaus zu gehen. Keine Flucht, sondern der Elan des Eroberers, der viele geringere Dinge überspringt und zur Eroberung der metaphysischen Welt aufbricht wie Alexander zur Eroberung Indiens, denn er erträgt es nicht, daß seinen Errungenschaften Grenzen gesetzt sein sollen.

Nun ohne Gleichnisse: Was ist die Neigung zur Metaphysik? Die Beunruhigung darüber, was die Dinge ihrem letzten Wesen nach sein mögen. Doch wenn die Welt und dieses Leben mir blaß, dumm und unbedeutend vorkommen – *was alles der Fall ist, wenn meine Lebenskräfte nachlassen* –, dann sage ich mir: »Was geht mich das an?« und kümmere mich wenig um ihr Wesen. Wenn mir die Welt und das Leben dagegen als erfüllt von reizvollen Inhalten erscheinen – *was alles der Fall ist, sobald die Lebenskräfte zunehmen oder erstarken* –, dann steigt auch meine Sorge darum, was das alles ist und bedeutet; was mein Leben ausmacht, will ich bis auf den Grund durchdringen. Das heißt, ich verlege mich auf die Metaphysik; die Metaphysik ist demnach ein Zeugnis meiner Vitalität.

In der Antike wachsen und entwickeln sich die großen Gestalten wie Bäume, jede »ihrer Natur gemäß«; sie verwirklichen sich vollständig und erreichen das größte Maß an Ausgeprägtheit und Vollkommenheit, das ihnen möglich ist. Zwischen dem Samen und dem Baum herrscht Übereinstimmung; wie geht das zu? Mir scheint, daß sie nicht von übermäßigen gesellschaftlichen Konventionen gehemmt wurden. Bei den Modernen hemmt die Konvention aus irgendeinem Grunde das Wachstum stärker; daher kommt es auch ziemlich selten vor, daß zum Beispiel ein moderner Dichter gleichzeitig eine große *Gestalt* wäre. Oder es ist wiederum so, daß man die einengenden Konventionen gewaltsam durchbricht. Doch wer die Konventionen durchbricht, hat sich noch keine freie Entwicklung gesichert, denn er wird sich im ständigen Kampf gegen Bedrängnisse entwickeln müssen: sich unterscheiden, widerstehen, Gegenkonventionen. Byron.

Unter diesem Aspekt nun gibt es wohl kaum Menschen der Neuzeit, die so sehr den antiken Vorbildern gleichen wie unser Mickiewicz – und auch Słowacki. Mickiewicz: Bei uns war damals eine Zeit angebrochen, in der alles so vollständig zusammenbrach, daß es einfach nichts gab – und zwar gerade, was die wichtigsten Angelegenheiten betraf –, wozu man starke Naturen in irgendwelche Konventionen hätte zwingen sollen. Die Teilung Polens warf die Polen unmittelbar in den absoluten Urzustand zurück: Die Welt war zerborsten, und der Boden wurde sichtbar; es blieb nur die ewige Gewalt und die nicht weniger ewige Widerstandskraft – die »vom Geist her kommt« und »himmlischen Ursprungs« ist. Und das war es wohl, was eine solche Gestalt wie »Adam« möglich machte.

Słowacki, der in einer bereits wieder geordneten Welt erwachsen wurde, sträubt sich anfangs, in seinen ersten Perioden, und beißt noch auf die Kandare. Doch bei ihm spielte der Mystizismus die Rolle des Befreiers von der Konvention. Der Mystizismus erhob ihn über allen *respect humain*, und Słowacki wurde so nicht weniger frei als jener. Von ihm stammt ein Gedicht über einen Modegecken, der, selbst wenn er Zeuge wäre, wie Moses ein Wunder wirkt, weder Ergriffenheit noch Ehrfurcht zeigen würde, »denn kniete er nieder, so platzte die Hose«. Dadurch also unterscheidet er sich vom Gecken, daß er in dem Augenblick, als er das Wunder des Seins gewahr wurde, auf der Stelle – und zwar gerade in Hosen – niederkniete und sein Leben nach dem Wunder ausrichtete. Von da an wuchs und entwickelte er sich in alle Richtungen mit elementarer Leichtigkeit; alles Byronistische fiel von ihm ab.

›Wie liest man Werke des Schönen?‹ [Jak czytać utwory piękna?]: So der Titel eines Buchs von Kozłowski (Warschau 1909), einem Autor, zu dem mein Vertrauen äußerst beschränkt ist. Daher gebe ich hier nicht seine Meinung wieder.

Zuerst muß man einen Funken in sich tragen, Leidenschaft, Begeisterung und die Fähigkeit zu lieben besitzen. Lesen nur darum, weil der Funke es gebietet. Mit Liebe und mit aufrichtiger Ergriffenheit. Und dann diesen großen Mann angreifen wie einen Feind und heftig mit ihm ringen. Jede Lektüre ist ein Versuch herauszufinden, wer der Stärkere ist; und man muß mit aller Verbissenheit suchen und fahnden, ob nicht an irgendeinem Ort ich der Stärkere bin und nicht er. Solch ein Kampf hat in zweierlei Hinsicht positive Folgen. Zum einen, weil er die Kräfte stärkt. Zum anderen, weil ich erst im Falle einer Niederlage die Stärke meines Gegners erkenne. Letzteres ist unmöglich, wenn ich das Werk zu zahm lese: Dann habe ich den Eindruck einer ungeheuren Distanz und Inkommensurabilität zwischen mir und dem großen Mann, und dieser Eindruck bewirkt, daß mich nichts mehr wundert: Schön? Kraftvoll? Na und? Schließlich ist er ein Genie. Und so spüre ich weder die Kraft noch die Schönheit noch das Genie auf lebhafte Weise. Durch den Kampf spüre ich sie; doch ich wiederhole: Dieser Kampf ist voller Liebe zu führen.

WARUM ICH DIESE AUFZEICHNUNGEN MACHE. Woher stammt diese meine Aufzeichnungswut? Schon einmal habe ich mir diese Frage gestellt. Gegenwärtig sehe ich es so: Im Grunde beruht die gesamte Entwicklung des Menschen auf einem unausgesetzten Beurteilen seiner selbst. Im Augenblick denke und fühle ich so und so; der Fortschritt besteht darin, Schwächen dieses Denkens und Fühlens auszumachen und sich wenigstens ein Stück weit über sie zu erheben. Aus jedem solchen Kampf mit sich selbst und jedem Versuch dieser Art geht man etwas reifer hervor. Solange nun ein Gedanke in mir unausgesprochen bleibt und sich nur gleichsam skizzenhaft abzeichnet, ist es mir unmöglich, ihn angemessen zu beurteilen: Er ist ungreifbar und hat sich zu wenig von mir abgelöst. Man muß ihn in eine ausgeprägte Gestalt bringen und von sich werfen, wie ein Bild auf die Leinwand. Aufzeichnungen zu machen bedeutet einfach: verläßliche Dokumente beizubringen für den ewigen Prozeß, den ich gegen mich selbst führe.

Rebellion des Geistes. Es rebellieren nur Unfreie; die Rebellion des Geistes beweist die Unfreiheit des Geistes. Da im Geist jeder unmittelbar durch das einfache *Sic volo* frei sein kann, wenn er nur Kraft genug hat, er selbst zu bleiben, zeugt die Rebellion des Geistes davon, daß man schwach ist, unfähig, sein Selbst zu leben. »Ich rebelliere« bedeutet mehr oder weniger: Ich zwinge mich, dem fremden Denken zum Trotz zu denken; was für eine Servilität! [KD]

22.12.1911. Der Sieg einer Idee im Kampf gegen andere ist kein besserer Beweis ihrer Richtigkeit als ein Sieg auf dem Schlachtfeld: In beiden Fällen entscheidet die Kraft. Worin aber besteht die Kraft einer Idee? In der Angepaßtheit an die Mentalität einer Epoche, so daß im Falle einer niedrigen Mentalität die schlechtere Idee gewinnt. Es gibt Böden, auf denen der eine Pilz gedeiht und ein anderer nicht. In der Renaissance etwa gedieh der platonische Pilz, was nicht seine Überlegenheit über den anderen, aristotelischen, beweist, den er verdrängte.

Welche gemeinsame Eigenschaft läßt sich an den Gesichtern aller Männer und Frauen ablesen? Der *Eigensinn*: Bei den Männern ist er bewußt, bei den Frauen auf merkwürdige Weise unbewußt. »Stehen wie Felsen doch zwei Männer gegeneinander!«[10] Die Frau dagegen gleicht dem Wasser: Scheinbar gibt es nach, doch je mehr du versuchst, es zu pressen, desto triumphaler kehrt es zurück und überschwemmt alles.

Die Kultur – in ihrer vergeistigten Form – dürfte geschaffen worden sein von Epochen, die nicht an ewiges Leben glaubten (zumindest nicht an ein solches höherer Art, höchstens an eine Art Hades). Denn wer das ewige Leben besitzt, der kann auch in alle Ewigkeit etwas erwarten. Der vollständige Tod jedoch sperrt wie eine Barriere die Zukunft vor uns ab; da wir also keine Aussicht auf etwas haben, was jenseits seiner liegt, kontemplieren wir das, was wir hier gezeigt bekommen.

---

10 Goethe: ›Hermann und Dorothea‹, Euterpe, V. 229.

Und die Kontemplation dürfte doch wohl der erste Grad der Vergeistigung sein?

Die Objektivität als Tugend: sich für die Dinge um ihrer selbst willen interessieren und sie für sich genommen beurteilen, nicht im Hinblick auf ihr wie immer geartetes Verhältnis zu uns.

(Ohne Datum.) Alle hemmenden Philosophien sind ebenso schlecht begründet wie diejenigen, die aufrütteln und fruchtbar sind. Ist es da nicht besser, sich an eine Philosophie zu halten, die nicht hemmt? Comte ist genauso wacklig wie Hegel. Ist es da nicht besser, Hegel zu sein?

DIE KLASSISCHE BILDUNG UND IHRE FEINDE. Der Stein versteht nicht, was ein Samenkorn ist. Einer beklagte sich einmal darüber, daß sinnloserweise Schrotkörner auf ihn niederprasseln würden: »Wer macht sich da solch einen dummen Spaß?« Und gleich neben ihm schoß ein Roggenhälmchen auf.

22.2.1912. QUELLEN DES PESSIMISMUS. Das Unglück kann zwei entgegengesetzte Folgen haben: (1) Der Unglückliche sieht alles in einem schlechten Licht und wird zum Pessimisten. (2) Der Unglückliche benötigt Trost und findet ihn darin, die Welt optimistisch zu sehen. In welche Richtung er sich bewegt, hängt von weiteren Faktoren ab. Schlußfolgerung: Die Quellen des Pessimismus in persönlichen Unglücksfällen zu suchen ist ein Methodenfehler.

10.3.1912. Jeder, der zu der Überzeugung gekommen ist, daß sein Verhalten vernünftig, d. h. dadurch motiviert war, daß er die jeweilige Angelegenheit angemessen bedacht hat, ist in dieser Hinsicht beruhigt und strebt nicht nach einer anderen Freiheit. Das Problem der Willensfreiheit reduziert sich auf das des rationalen Handelns. *In praxi* ist unser Handeln niemals frei, denn unser Denken wird stets von Leidenschaften, Trieben usw. aus der Bahn geworfen. Doch wir können

danach *streben*, richtig zu denken: Die Handlungsfreiheit ist
mithin ein Ideal, nach dem wir streben, und das erste Gebot
der Ethik.

28.4.1912. Gegenüber allen sogenannten Spießern verteidige
ich stets den politischen Mord; tatsächlich bin ich auch nicht
imstande, einen moralischen Grundsatz zu nennen, in dessen
Namen ich ihn verurteilen sollte. Ich selbst jedoch würde gegen eine solche Tat Widerwillen empfinden. Warum? Weil die
Rolle des Schurkenbeseitigers nichts für einen Menschen ist,
der auf der Welt etwas anderes, *Ernsthaftes* zu tun hat. Für
jemanden, der sich zu einer positiven Aufgabe berufen fühlt,
bedeutet jede Negationshandlung eine Erniedrigung. Mit aufgepflanztem Bajonett ins Glied einzurücken – das geht an,
denn hier trage ich zu einem in gewisser Weise schöpferischen
Werk bei; aus meiner Mühe und der meiner Kameraden wird
vermutlich etwas Wertvolles erwachsen. Doch einem Minister
oder Polizisten eine Bombe vor die Füße zu werfen!

Krakau, 11.6.1912. Man verlangt von den Dichtern, »staatsbürgerlich« zu denken, den Dienst »fürs Vaterland« zu verrichten,
für Polen; welch ein Unsinn. Dieses Polen sind sie selbst, in
ihnen lebt es, durch sie gewinnt es an Wert. Laßt sie leben und
schaffen, laßt aus ihnen ihr Bestes sprudeln, an den »staatsbürgerlichen Dienst« denken andere. [KD]

15.6.1912. Was mich zum Philosophieren bewegt, ist stets die
Liebe zum Seienden, sei es in der niederen Form der Verbundenheit mit dem Dasein, sei es in der höheren: der Liebe
zur Schönheit. Wenn ich heftig lebe und mich der Gedanke
an den Tod heimsucht; wenn ich mich an dem pulsierenden
Leben außerhalb meiner erfreue und vor meinen Augen das
Bild der künftigen allgemeinen Vernichtung erscheint; wenn
ich mich schöner Natur, schöner Kunst, schöner Dichtung gegenübersehe und daran denke, daß dieser ganzen Schönheit ihr
Ende und ihre Zerstörung vorherbestimmt sind – dann gebieten mir der Schauder, die Angst, die Unruhe oder die Melan-

cholie, die dieser Gedanke gebiert, mich der Philosophie zuzuwenden und zu versuchen, ob sich nicht in ihr etwas finden läßt, das es einem erlauben würde, Tod und Zerstörung ruhig hinzunehmen. Andere weniger sentimentale Gründe zum Philosophieren sehe ich bei mir kaum. Weder stellt es bei mir die Antwort auf das Bedürfnis nach interesselosem Erkennen dar noch auf das ästhetische Bedürfnis, Ordnung in die Welt zu bringen; ästhetische Bedürfnisse treiben mich allein zur Kunst.

28.6.1912. STAFFS ›DER SCHATZ‹ [SKARB]. Der Schatz, das ist natürlich das Vaterland. Das Werk preist die Idee des Vaterlands trotz der Kritik der Kosmopoliten und derjenigen, die utilitaristisch denken: sie sei ebenso überflüssig wie blutrünstig, sei »zu nichts nütze« und fordere endlose Opfer. Darauf erwidert Staff in der ersten Hitze: daß er »zu nichts nütze« sei, eben darin bestehe der »unbefleckte, jungfräuliche, reine Stolz« des Schatzes; doch fast gleichzeitig fügt er – vernünftig geworden – hinzu: zu etwas sei er freilich doch nütze, und zwar zum Wichtigsten: daß wir das Glück haben, *ihm* »mit dem eignen Leben um keines Gewinnes willen zu dienen«. Denn so zu dienen, heiße »schön zu leben« und schön auch zu sterben. »Schön« bedeute »aufopferungsvoll und heldenhaft«: und damit beschenke uns der Schatz. Die Frage, ob er irgendwelche »realen« Vorzüge besitze, dürfe überhaupt nicht gestellt werden. Und wenn er gar nicht existiere (wenn das Vaterland ein Mythos ist), so existierten doch das Schöne und alle Tugenden, die der Glaube in uns freisetzt. Das reiche aus: Für den Schatz *müsse* man kämpfen und sterben.

Diesen Gedanken kann man natürlich überhaupt auf alle idealen Werte ausdehnen. Es muß etwas an ihm sein, das diese Generation tief bewegt, denn schließlich gibt es schon bei Wyspiański ähnliche Ansätze: in der ›Akropolis‹ und mehr noch in der elften Szene der ›Legion‹ (»Doch euer GLAUBE bleibt«); auch bei Żeromski, im ›Sułkowski‹, lese ich einen zumindest verwandten Gedanken heraus. Im übrigen ist das auch *mein* ganz eigener Gedanke. Polen ist selbstverständlich am besten zu seiner Verbreitung geeignet, doch überall sonst ist er auch am Platze, denn überall untergräbt der Utilitarismus die Ideale.

Staff hat den Gedanken in extremer und provozierender Form dargestellt. Er fordert Opfer ohne Maß und Grenzen (der Schatz wird ständig durch die Qualen und das Blut seiner Verteidiger vergrößert), verweigert aber das Recht, nach seiner Natur zu fragen. Sicherlich weiß er selbst nicht viel darüber; im übrigen scheint er auch keinen Erkenntnisdrang zu besitzen. Dafür ist er rücksichtslos: Das Vaterland sei ein »Heiligtum«, das Volk die »Steine«, aus denen der Tempel errichtet werde, und es habe keinen Sinn, »die Steine nach ihrem Willen zu fragen«. Die Unbeugsamkeit, mit der er seine Helden ausgestattet hat, ist unmenschlich: Das sind keine Charaktere mehr, sondern gespannte Federn. So stelle ich mir die schlechteren Einfälle in Corneilles späteren, bereits ganz verfehlten Tragödien vor. Doch man liest den ›Schatz‹ nicht ungern in einer Zeit, in der die eine polnische Parlamentariergruppe – in Petersburg – weisungsgemäß einer halben Milliarde für die russische Kriegsflotte zustimmt, während die andere – hier auf dieser Seite – den bereits verabschiedeten Beschluß zur Sprachenfrage deswegen zurückzieht, weil ein österreichischer Minister dagegen war. Wem das nicht gefällt, tröstet sich mit dem Unbeugsamen Wächter.

17.7.1912. Die Dichtung als Ausdruck seelischer Einsamkeit, der poetische Stil desgleichen. Eine kristallene Mauer zwischen dem Dichter und den Menschen.

24.7.1912. Ich bin kein Kritiker und will es nicht sein. Wenn ich schon über fremde Werke schreiben soll, dann nur als Ausrufer, als Herold, als »Prophet« der Größe eines anderen. »So spricht der Herr ...«

25.7.1912. Nichts ist so heilsam gegen das Deklamatorische im Stil wie das Schreiben für sich selbst – eventuell noch für den Herrgott. Alles Deklamatorische folgt daraus, daß man

»Eindruck machen«, in einem gewissen Grade *belügen* will – doch sich selbst und den Herrgott kann man nicht belügen. Daher schreibt man denn auch ehrlich, was sich wie verhält.

26.7.1912. Ich sagte einmal, es gebe »keinen drolligeren Anblick als einen Vernünftigen der über einen Großen zu Gericht sitzt«. Ich hätte hinzufügen können: »oder einen ehrlichen Menschen, der in seiner Naivität über einen Heiligen zu Gericht sitzt«. Zur Heiligkeit führt der Weg über die Sünde; wer nicht gesündigt hat, und zwar schwer gesündigt, wird kein Heiliger. Denn erst der Kampf mit der Sünde öffnet im Menschen die Gewissenstiefen, aus denen die Heiligkeit geboren werden kann. Ein ehrlicher Mensch dagegen sündigt nicht – doch er ist auch *bloß* ehrlich.

19.8.1912. EPOS. Im Drama befindet sich der Dichter tatsächlich in jeder Hinsicht im Herzen und im Brennpunkt, er wird zwischen so vielen Kräften hin- und hergerissen wie dort miteinander kämpfen; *scheinbar* ist er gar nicht vorhanden. Im Epos dagegen tritt die »Äußerlichkeit« und die Objektivität des Dichters gegenüber den Ereignissen als positives Element des Werks in den Vordergrund – es gehört zu seinem Inhalt. Das Epos ist, in dieser Hinsicht, ein Lied über die Meeresstille des Geistes. Der Geist wird hier zur Wasserfläche, zum Spiegel, zur völligen Ruhe und freut sich, daß er alle Konflikte, Qualen, Stürme und die ganze Welt nur noch *widerspiegeln* soll, als Dinge, die außerhalb seiner liegen. Darauf beruht ein bedeutender Teil der epischen Schönheit.

ZERRISSENHEIT UND EPOS. Wenn wir uns die fatale Notwendigkeit der Zerrissenheit klarmachen, die in der Welt herrscht, und in uns den Schmerz dieser Zerrissenheit spüren, dann ist es fürwahr schwierig, nicht von der Einheit, vom ἓν καὶ πᾶν [das All-Eine] zu träumen. Das muß man verstehen und verzeihen. Jedoch – ich weiß nicht, ob eine solche Welt möglich ist, aber vorstellbar ist sie: eine in sich zerrissene Welt, die kämpft, doch ohne diese innere Verzweiflung; eine Welt ritterlicher Menschen oder noch besser: kämpfender Götter. Dies eben ist das Bild des Lebens, welches uns das Epos vor Augen führt.

6.9.1912. DAS JUNGE POLEN, DAS GEWISSEN UND DAS VOLK. ... Und mir scheint, das allgemeinste Kennzeichen des Jungen Polen, und vielleicht das Kennzeichen seiner gesamten Generation in Europa ist – *die Beschäftigung mit dem Gewissen*. Nicht der Mystizismus; nehmen wir zum Beispiel unsere vier größten Namen, in der Reihenfolge ihres Ruhms: Wyspiański, Kasprowicz, Przybyszewski, Żeromski. Żeromski ist sicherlich kein Mystiker; von Wyspiański würde ich das auch nicht sagen. Kasprowicz? Schon; aber ob das überwiegt? Ein erklärter Mystiker ist allein Przybyszewski, aber wie ich schon oft bemerken konnte, handelt es sich dabei keineswegs um eine »Herzensangelegenheit«, die den ganzen Menschen beherrschen würde; es ist mehr Bestreben darin als etwas Vollendetes und Fertiges. Nehmen wir dagegen ›Die Befreiung‹ [Wyzwolenie], ›Die Hochzeit‹, ›Die Achilleis‹ [Achilleis], ›Die Legion‹ – dort wird verbissen mit dem Gewissen gerungen und mit sich selbst abgerechnet. Żeromski – unruhiges Suchen nach der moralischen Wahrheit *generell* sowie nach dem, was *für ihn selbst* wahr und recht ist; von Kasprowicz sei nur ›Salve Regina‹ erwähnt. Przybyszewski? Ganz und gar. Es lohnt sich, etwas genauer darauf einzugehen.

Goethe hat einmal bemerkt, wer ihm etwas zu sagen habe, möge ihm *Gewisses* mitteilen, denn »Problematisches hab' ich in mir selbst genug«. Nun gut – so mochte einer sprechen, der sich *Problematisches* im Überfluß leisten konnte. Doch bei dem Gros der Menschen verhält es sich umgekehrt. Sie zweifeln nicht; sie haben – auch in der Ethik – ihre fertigen, ein für allemal feststehenden Sicherheiten: So ist es gut, so schlecht, so soll man, so darf man nicht handeln; gleichzeitig jedoch handeln sie mit naiver Heuchelei diesen Sicherheiten *zuwider*. Solche Menschen haben nichts »Problematisches« in sich. Angesichts solch einer Lage jedoch erwirbt sich derjenige ein Verdienst, der ihnen die Ruhe nimmt, indem er die folgenden beiden Zweifel erweckt: (1) Habe ich recht, dies für gut und jenes für schlecht zu halten? (2) *Folge* ich tatsächlich meinem Urteil, oder sind meine wirklichen Handlungsmotive vielleicht andere und die ethischen lediglich *hinzugelogen*? Und wenn jene Generation sich um *solche* Fragen sorgt, dann ist es kein Wunder, daß ihr Großer Mann Nietzsche heißt und daß bei Nietzsche für uns nicht so sehr die »Bejahung des Lebens« wichtig ist – wie Eucken behauptet –, sondern eben die »Beschäftigung mit dem Gewissen«, diese jäh vor dem Menschen aufgerissenen Abgründe von Rätselhaftigkeit.

Nur daß diese umfassende Erschütterung der Gewißheit bei nahezu jedem von uns auf irgendeinen Glauben, auf irgendein sehr festes Dogma trifft, das man vielleicht theoretisch in Frage stellen kann, doch das seine Motivationskraft nicht verliert und im Leben eine Zuflucht bleibt; für viele Polen war diese Zuflucht über lange Jahre hinweg der Patriotismus. Für diese Leute hat der Gedanke etwas Tragisches, auch der Patriotismus könnte ethisch nicht zu begründen sein; diesen Zweifel überwinden sie auf unterschiedliche Weise und mit unterschiedlichen Folgen. Dies trifft auch auf die Schriftsteller zu: auf Żeromski ebenso wie auf Wyspiański. Das Ergebnis dieser Konfrontation ist jedoch, daß man sich die Frage stellt, ob unsere »patriotischen« Motive ehrlich sind, oder ob nicht auch der Patriotismus nur, im obigen Sinne, *hinzugelogen* ist. Läßt sich nicht – so wie Stańczyk zum Journalisten sagt, er habe »am Roulettetisch bankrott« gemacht – jeder unserer Ansichten und Handlungen in nationalen Fragen ein keineswegs »nationales« Motiv unterlegen? Ich meine hier keine wirtschaftlichen Motive, deren Aufdeckung Sache der Soziologen, nicht der Dichter ist. Aber zum Beispiel folgende Problematik (die in der ›Warschauerin‹ [Warszawianka] zumindest nahegelegt wird): Du nimmst am Aufstand teil – nicht vielleicht deswegen, weil du sterben willst? Und warum willst du sterben? Weil du nicht weißt, was du mit deinem Leben anfangen sollst? Und warum weißt du nicht, was du mit deinem Leben anfangen sollst? Weil ... und so weiter, immer tiefer; und hier tun sich Abgründe auf.

17.9.1912. »VOLK UND VATERLAND«. Nun ja. *Ein wenig* geht mich euer Volk an. Doch mehr geht mich mein Vaterland an.

25.9.1912. PROTESTANTISMUS. Meine liberalen protestantischen Theologen in Neuchâtel denken recht merkwürdig. Ihnen zufolge – und das gilt im übrigen, wie der alte Monsieur Alléon in Paris behauptet, für die meisten Protestanten – beruht das Christentum nicht auf einem bestimmten Glauben metaphysischer Art (die Neuchâteler Theologen erklärten sogar geradeheraus, daß sie sich in metaphysischen Fragen nicht auskennten), sondern allein auf dem Leben nach bestimmten ethischen Grundsätzen. Und wenn man sie fragt, nach welchen, dann antworten sie: Ein Christ ist, wer nach dem Evangelium lebt, d. h. den Geboten, aber noch mehr dem lebendigen Beispiel Christi folgt. Nun gut. Doch jetzt frage ich: *Warum* meint ihr, man müsse nach dem Evangelium leben, dem Beispiel und den Geboten Christi folgen? Darauf können sie zweierlei erwidern. Erste Antwort: weil diese Lebensweise, unserer Überzeugung nach, die richtige ist. Doch das würde bedeuten, daß ihre moralischen Überzeugungen nicht im Evangelium wurzeln, sondern daß sie das Evangelium auf der Basis von bereits vorher durch sie vertretenen Grundsätzen für gut halten und somit ethisch bewerten. Zweite Antwort: Nein, wir bewerten weder die Taten noch die Gebote Christi; was er gewiesen hat, ist gut, *denn er ist Christus*; oder: was das Evangelium verkündet, ist gut, denn es ist das Evangelium. Doch dann frage ich wiederum, woher dieses unerhörte Privileg stammt. Worauf sie nur erwidern können, daß die Worte Christi und das gesamte Evangelium eine »Offenbarung« seien, daß sie letztlich von einem unfehlbaren Wesen, von Gott stammten – was aber eine gewichtige metaphysische Vorannahme beinhaltet. Ich denke, daß die Protestanten, allen Schwierigkeiten zum Trotz, von diesen beiden Antworten dennoch die erste wählen würden, wenn auch in nuancierter und komplizierterer Form. Sie würden sagen: Recht wohl, wir *beurteilen* tatsächlich die Gebote des Evangeliums und halten sie unserem *eigenen* Gewissen nach für gut und richtig. Doch von selbst wären wir nicht auf sie gekommen – das Evangelium mußte sie uns erst nahelegen. Wir vermögen, Gut und Böse zu *unterscheiden*; wir vermögen nicht, das Bild des Guten selbständig zu ersinnen, hervorzubringen. Wenn der antike Heide gebot, sich zu rächen, das Evangelium aber zu vergeben, sehen wir deutlich, daß das Evangelium recht hat; doch von selbst wären wir nicht darauf gekommen. Und diese Antwort trifft den Kern der Sache; doch weitere Fragen bleiben.

2.10.1912. Warum trösten wir die Leidenden? Wohl eher aus Gleichgültigkeit gegenüber dem Leiden als aus Mitgefühl. Er leidet, ich empfinde kein Mitgefühl und dieser Gleichgültigkeit schäme ich mich. Um sie zu rechtfertigen und sie mir weiterhin gestatten zu können, rede ich daher das Leiden klein. »Ist nicht der Rede wert; ist nicht so schlimm; das wird alles wieder« – so spreche ich scheinbar zum anderen, im Grunde genommen jedoch aus Eigeninteresse. Der wahrhaft Mitfühlende tröstet den Weinenden nicht, sondern weint mit ihm.

DIE PSYCHOLOGISCHE SELBSTANALYSE. Wer sich bis ins Tiefste analysiert, macht bekanntlich oft Entdeckungen, die für seine Moral nicht eben schmeichelhaft sind. Frage: Macht er sie deswegen, weil die wenig edlen Motive und Bestrebungen schon vorher in ihm vorhanden waren, oder entstehen sie in ihm deswegen, weil er sich allzu eifrig analysiert – als ungesunde *Folge* dieser Manie? Eine paradoxe Vermutung, doch *ein wenig* Wahrheit mag wohl darin sein.

9.10.1912. DIE NATIONALDEMOKRATIE. In einer vor wenigen Tagen gehaltenen Rede räumte Dmowski in aller Klarheit ein, daß er den Kampf gegen die Juden für wichtiger hält als den Kampf gegen den äußeren Feind.

Die Nationaldemokratie hat sich unter dem Schlagwort des Unabhängigkeitskampfes aus rein nationalistischen Grundlagen, im Einklang mit der alten, immer noch lebendigen Tradition der Aufstände entwickelt. Doch sie traf auf einen in

Teilen Polens mächtigen wirtschaftlichen Aufschwung; daher die Mischform des Wirtschaftsnationalismus. Daher kam es auch, daß nicht der Unterdrücker des Volks zum Hauptfeind wurde, sondern derjenige, der uns in unserer wirtschaftlichen Entwicklung behindert: der fremde Konkurrent im eigenen Land.

Nun, das ist in der Tat eins der Probleme, an denen unsere Sache hängt. Doch ich würde mich gerne *a priori* entscheiden, ohne ins Detail zu gehen. Für eine Absage an die Nationaldemokratie spricht der Daseinszweck des Volks als solcher, ich würde geradezu sagen: der Sinn des Begriffs »Volk«. Denn um mit den Juden zu konkurrieren und sich mit ihnen herumzuschlagen, muß man nicht etwas so Erhabenes wie ein Volk sein; es reicht aus, ein Unternehmen, eine Interessengemeinschaft zu sein, die man irgendwie mit einem ethnischen Grüppchen identifiziert. Doch bei ihnen ist – unter dem Einfluß des Positivismus und der Spencerschen Ethik (Balicki![11]) – die ideale Auffassung des Volks ganz verlorengegangen. Und zusätzlich zum Wirtschaftsnationalismus ist etwas noch weniger Ehrenwertes aufgetaucht: der *biologische* Nationalismus. »Sein« im biologischen Sinne: das bekommt man von ihnen ständig zu hören.

18.10.1912. Die Kunst für die Kunst, sagt Nietzsche, sei »ein Wurm, der sich in den Schwanz beißt«. Nun gut; aber das Leben für das Leben? Beißt sich das nicht in den Schwanz?

ZWEI ARTEN, »DIE KUNST FÜR DIE KUNST« ZU VERSTEHEN. – Gestern fand ich bei Kozicki[12] einen (wohl von Miriam stammenden) Gedankengang angeführt, der den Standpunkt jener Schule völlig klar macht. Die Kunst sei ein Selbstzweck, sie sei »für die Kunst«, denn sie sei ein »Abbild des Ewigen«,

---

11 Zygmunt Balicki, einer der Führer und philosophierenden Theoretiker der Partei. Bekannt ist sein Buch u. d. T. ›Egoizm narodowy a etyka‹ [Der nationale Egoismus und die Ethik].
12 Władysław Kozicki. Sicherlich in ›Gaj Akademosa‹ [Der Hain des Akademos].

des Absoluten, des absoluten Seins. Unsere gesamte Welt sei ein Spiel der Maja, doch in der Kunst hätten wir vor uns, was *ist* und nicht nur zu sein scheint. Das ist ein metaphysischer Standpunkt. Für mich ist die Kunst auch »für die Kunst« und hat einen Wert an sich, einen absoluten Wert. Doch sie hat ihn, weil sie schön ist, und die Entfaltung dieses »weil« ist eine wertphilosophische Theorie. Die Metaphysik hat hier nichts verloren.

24.10.1912. Sind Werte etwas Absolutes? Auf jeden Fall will *ich* nicht, daß mein Leben etwas anderes ist als ein Kampf – erst um die Erkenntnis, dann um die Hervorbringung von Werten.

26.10.1912. Eine interessante Beobachtung: In der ›Legende vom Jungen Polen‹ [Legenda Młodej Polski] haben mich einige Attacken auf Dinge unangenehm berührt, die ich selbst am schärfsten bekämpfe. Wie kommt das? Vielleicht daher, daß man sich in das verliebt, was man über lange Zeit hinweg bekämpft? Nicht eher daher, daß der Mensch sich bei einer gewissen Kultiviertheit entschließt, nur das zu bekämpfen, worin er verliebt ist? Oder daher, daß bei einem solchen Menschen aller Kampf den *eigenen* Verirrungen gilt? Dann ist die Sache klar: *Ich* darf – doch wehe, wenn Brzozowski mir zu nahe kommt.

30.10.1912. In Kasprowiczs Dichtung bleibt man stecken wie in Lehm. Zwar ist es jener Lehm, aus dem der Herrgott Adam geknetet hat, doch ich persönlich bevorzuge Werke, bei denen weniger geknetet, sondern mehr geschmiedet wird.

31.10.1912. Kasprowiczs Dichtung in ›Der sterbenden Welt‹ [Ginącemu Światu] hat ihren Ursprung bereits auf dieser Seite der Großen Verzweiflung: Die Verzweiflung hat sich bereits früher, zu irgendeinem Zeitpunkt eingestellt, jetzt ist sie eine fertige Gegebenheit; seine Poesie ist nicht seine Stimme, kein Aufschrei, sondern eine – übrigens noch recht nahe am Ausgangspunkt befindliche – Etappe des *Sich-aus-der-Verzweiflung-Herausziehens*. Kasprowiczs Form – die für den Liebhaber und Adepten der romanischen Literaturen so schwer verdaulich ist – stellt eine äußerst merkwürdige Entsprechung zu dieser Grundsituation dar. Es handelt sich dabei – vulgär gesprochen – um ein Breittreten des Leidens; in etwas gewählteren Worten: Die leidende Seele versucht, ihren Schmerz in ein Gespinst von Poesie einzuweben und ihn so zu lindern und leichter erträglich zu machen. Diese Dichtung schockiert nicht; geboren aus Schmerz und Grauen, wirkt sie gerade *nicht* durch Schmerz und Grauen. Eher schläfert sie ein und beruhigt bereits erschöpfte Seelen. Der gequälte Mensch nimmt Kasprowiczs Poem zur Hand – und siehe da: sein Schmerz wird langsam, allmählich zu Nebel, Hauch und Dunst; die Seele läßt sich fallen in ein Gefühl des alles auflösenden Nichts. Pantheistische Akzente geben diesem Nichts und diesem Sich-Fallen-Lassen eine höhere, metaphysische Würde; doch hinter diesem »Verschmelzen mit dem Sein allen Seins« steht (sofern ich das beurteilen kann) so gut wie keine Erfahrung. Von Anfang an ist mir Kasprowiczs Unfähigkeit aufgefallen, eine vollwertige Emotion hervorzurufen, dabei wird doch kein fühlender Mensch seine Werke für »Rhetorik« oder auch nur, milder ausgedrückt, für »reine Literatur« halten. Doch diese langen, sich langsam dahinwälzenden, schweren Perioden, diese Litaneien halbflüssiger Bilder sind wie Wassermassen, in denen der herbe Geschmack des Seins untergeht und sich verliert. Noch einmal also: Diese Dichtung erweckt keine Emotionen, sondern dämpft sie eher; sicherlich entgegen den bewußten Absichten und Erwartungen des Dichters.

Für mich wird die Spitze der Pyramide vom Kunstwerk gebildet: Erst dieses vermag die Quintessenz der Schönheit in allem menschlichen Handeln ans Licht zu bringen. Bei Brzozowski dagegen soll das Kunstwerk zur Schaffung von Bedingungen beitragen – Bedingungen in der menschlichen Psyche –, aus denen eine Heldentat erwachsen kann. Auch gut! Es ist nur traurig, daß Brzozowski (wie er selbst sagt) für die

Berücksichtigung des Künstlerischen als Künstlerisches »keine Zeit hat«, so wie Słowacki keine Zeit hatte für »menschliche Vergnügungen«. Brzozowski sieht nicht, daß für den Künstler das Kunstwerk die gleiche Bedeutung hat wie für den Tatmenschen die Heldentat: Das Heldentum des Künstlers ist seine Kunst.

1.11.1912. Die Kritik, wie Brzozowski sie betreibt, beruht darauf, die Künstler ihres Künstlertums zu berauben, um zu sehen, was nach dieser Operation von ihnen übrigbleibt. Wer sich nicht so berauben läßt – das heißt: bei wem das Künstlertum in der Tiefe, im Kern, in der Wurzel sitzt –, wird dafür getadelt. Über Żeromski: »Die eigene Tragödie wird hier zum Phänomen.« Und was soll denn für den Künstler *als Künstler* seine »eigene Tragödie« wohl sein? Über Wyspiański: »ein vom künstlerischen Temperament ausgelaugter Wille«; wäre Brzozowski – bei einem Künstler! – ein vom Willen ausgelaugtes und vernichtetes künstlerisches Temperament lieber?

2.11.1912. »Eine völlige Unfähigkeit, diese Arbeit zu verstehen, als deren Ergebnis eine Träumerei (*une rêverie*) zu einem Kunstwerk (*un objet d'art*) wird« (Baudelaire über Musset). In dieser Form wäre das über Kasprowicz zu hart, wie es übrigens auch über Musset zu hart ist; doch etwas von dieser Kritik *trifft zu*.

13.11.1912. »Der Weg zum Klassischen führt durch den Tod.« So hatte ich ursprünglich geschrieben. Ich wollte sagen: »Durch die Zustimmung zum Tod als endgültige Grenze.«

18.11.1912. Die Poesie ist Gefühl? Jawohl, doch ein gepanzertes. Rhythmus und Reim sind der Panzer des Herzens.

26.11.1912. Eines Tages wollte der Elefant den Bären nachäffen, weil dieser so plump tanzt, und es entstand die Musik von Strauss.[13]

---

[13] Ich meine natürlich Richard Strauss.

29.11.1912. NACH DER KUNDGEBUNG FÜR DEN KRIEG.[14] Die Solidarität mit der Masse verengt die Skala der Vaterlandsliebe. Ich bin immer stärker davon überzeugt, daß das Vaterland ein individuelles Erlebnis ist, und ich begreife es immer mehr als etwas, wofür man sein Leben läßt. Gelebt wird von etwas anderem: von der Kultur. »*Mourir avec Léonidas et vivre avec Périclès.*«[15] [KD, erg.]

6.12.1912. Die Doppelbedeutung der polytheistischen Symbole: Elemente der Natur und zugleich innerseelische Kräfte. Hegel über Homer: Der Kampf der Mächte in der Welt und der Mächte in meiner eigenen Seele sind ein und dasselbe; die Welt und mein »Ich« sind noch nicht auseinandergebrochen, befinden sich nicht im Zustand der Getrenntheit.

›Madame Bovary‹: Die Charakterisierung einer Figur dadurch, worauf sie bei einer anderen achtet. Auf diese Weise charakterisiert man zugleich zwei Personen und dazu noch – wenigstens teilweise – das Verhältnis, das sich, unabhängig von der Handlung, aus der bloßen Begegnung zwischen ihnen entwickelt.

21.12.1912. Psychologisch gesehen unterscheidet sich das schlechte Gewissen kaum von der schlechten Meinung der Gesellschaft über uns. Doch wirft das irgendein Licht auf die *Entstehung* des Gewissens?

(Ende Dezember.) DAS JUNGE POLEN UND DER UNTERSCHIED ZWISCHEN DEN GENERATIONEN. (1) »Das Geheimnis der Welt«, »die Nacht«: *Sie* liebten diese Nacht und begaben sich überaus gern in ihre Winkel, nicht mit einem Licht, Gott bewahre, sondern um sich diesen Stimmungen der Finsternis und des Grauens hinzugeben. Wir dagegen bemühen

---

14 Ich erinnere mich weder an diese Kundgebung noch daran, was mich an ihr so abstieß.
15 »Sterben mit Leonidas und leben mit Perikles« (Chateaubriand).

uns, dieses Dunkel gründlich, mit Hilfe des Denkens zu erhellen, und verspüren nicht die geringste Lust, uns dort herumzutreiben, nur um der Befriedigung des Herumtreibens willen. (2) Sie waren, wenigstens ihrer Vorstellung nach, Pantheisten; das Gefühl der Einheit aller Dinge und der Wunsch danach, sich in sie aufzulösen, verkündeten sie als das letzte Wort des Poetischen. So Wasilewski aus Anlaß von Kasprowicz und Matuszewski aus Anlaß der gesamten neuen Kunst (und Słowackis). Doch sind wir heutzutage *Polytheisten*. Wir lieben die Vielheit, den Bruch, den Kampf von als *centres de force* verstandenen Subjekten, die gänzlich unfähig sind, sich in irgendeiner »Einheit« aufzulösen. Mit dem »Sein allen Seins« ist Kasprowicz »verschmolzen«; wenn ich mir die Welt in möglichst schöner Form vorstellen soll, dann sehe ich sie als Arena, in der Götter kämpfen.

3.1.1913. »Die Kunst gegen das Leben«? Nein, das ist unmenschlich. Doch »das Nachdenken über die Kunst gegen das Nachdenken über das Leben«, das läßt sich hören. Wer über die Kunst nachdenkt, dem muß in diesem Augenblick das Leben gleichgültig sein.

5.1.1913. Die Poesie ist nicht der Ausdruck von Gefühlen, aber die Gefühle sind das *Material*, aus dem der Dichter, seinem ästhetischen Empfinden gemäß, sein Werk gestaltet.

Jeder Gedanke und jedes Gefühl, die unausgesprochen bleiben, hemmen die weitere gedankliche wie emotionale Entwicklung; was ist, aber keinen Ausdruck gefunden hat, lastet auf dem noch Ungeborenen. Am Ende stirbt das Unausgesprochene ab und läßt, so könnte es scheinen, einen Freiraum zurück; doch der Mensch hat sich bereits so an den Zustand der Stagnation gewöhnt, daß hier nichts mehr geboren wird: Die Last verschwindet, doch die Bedrückung bleibt.

9.1.1913. Seinerzeit habe ich bereits bemerkt, daß der Egoismus als einziges Motiv nicht so sehr eine objektive Wirklichkeit darstellt, sondern - vergleichbar dem Raum bei Kant - vielmehr eine gewissermaßen subjektiv notwendige Bedingung, um unsere Handlungen zu begreifen. Wenn wir uns von dem Motiv einer Handlung »Rechenschaft geben« wollen, bedeutet das eigentlich, daß wir diese Handlung mit einem allseits wohlbekannten allgemeinen Gesetz erklären wollen; das einzige Gesetz dieser Art jedoch, das wir *a priori* voraussetzen, besteht darin, daß das Handeln vom Egoismus bestimmt wird. Eine unegoistische Handlung ist eine unverständliche Handlung. Wir schieben daher unserem Handeln egoistische Motive unter, um es irgendwie zu verstehen, und in vielen Fällen haben wir recht; doch weil es allgemeingültig ist, handelt es sich nicht um das Gesetz einer von uns unabhängigen Wirklichkeit.

10.1.1913. Einen Menschen zu »verstehen« bedeutet für mich: zu sehen, auf welcher Linie sein innerer Kampf zwischen Gut und Böse verläuft, genauer gesagt zwischen dem, was seine Stärke und dem, was seine Schwäche ausmacht. Ferner: wie groß sein Bewußtsein von diesem Kampf ist.

Niedrige Instinkte treten immer dann auf, wenn das Bemühen nachläßt.

»Künstlerische Arbeit« und »Inspiration« sind keine Gegensätze. Die ganze künstlerische Arbeit beruht gerade darauf, unter den sich aufdrängenden Ideen die inspirierten von denjenigen zu unterscheiden, die uns der Zufall oder eine gewöhnliche Reminiszenz zutragen.

DAS TRAGISCHE DER GRIECHISCHEN KUNST. »Die griechische Kunst ist tragisch«? Mag sein, doch ganz anders als in der ›Geburt der Tragödie‹ behauptet.

Der Anblick einer griechischen Skulptur, die so ideal ist, wie man es sich nur vorstellen kann, und aus der im alleridealsten Sinn klassischen Epoche stammt, vermittelt keine Beruhigung: keine Beruhigung von der Art, meine ich, wie wir sie erfahren, wenn wir das Gesetz der Individuierung und die schmerzlichen *Grenzen* jeder – also auch unserer eigenen – Individualität vergessen. Dies kann man empfinden, wenn man die Madonna Fra Angelicos betrachtet; dort spürt man, daß diese bestimmte Gestalt hier nur das Symbol eines Unbestimmten, Unendlichen ist. Im griechischen Polytheismus kommt das nicht vor; jede griechische Skulptur – und sei es die Aphrodite von Knidos – ist geradezu streng durch ihre unerbittliche Bestimmtheit. Sie sagt uns: Du bist ein Sklave deiner Grenzen, ein begrenztes Wesen in einer Welt begrenzter Wesen, in einer heillos zerrissenen Welt; so hoch du auch aufsteigen magst in den Bereich des Göttlichen und Vollkommenen, überall, selbst unter den Olympiern, wirst du eben das finden: Zerrissenheit und Begrenztheit. Die griechischen Skulpturen, die – auf heitere oder majestätische Weise – so überaus ruhig sind, stellen die Götter und Menschen in einem solchen Zustand der Ruhe dar, daß man jene unerbittliche, endgültige Individuierung spürt; und das ist tragisch. Dieses Tragische ist die Unwiderruflichkeit: Du bist, was du bist, dir ist keine Möglichkeit zur Wiedergeburt, zur Umgestaltung gegeben; die Ruhe der griechischen Statuen ist die Ruhe dieses »Ein für allemal«, und vielleicht hat man aus diesem Grunde manchmal das Gefühl, als ob diese Kunst doch irgendeine metaphysische Tiefe enthüllte.

14.1.1913. Leere und Nüchternheit werden, wenn sie lächeln, nicht allein dadurch schon zur lächelnden Weisheit.

17.1.1913. VON DICHTERN, DIE STILISTEN, UND SOLCHEN, DIE ES NICHT SIND, SPEZIELL VON MICKIEWICZ. »Stilist« zu sein bedeutet, meinem Verständnis nach, so mit der Sprache umzugehen, daß sie unmittelbar und als solche wirkt und den angestrebten Eindruck erzielt: durch den Klang, die Verbindung von Wörtern oder den Satzbau. Zahlreiche Beispiele gäbe es bei Horaz, doch ich will sie in größerer Nähe suchen. Nehmen wir die zwei Verse von Vigny, von denen uns Faguet sagte, er zitiere sie so gerne, um die Vielfalt und die große Variabilität des *Tempos* im Alexandriner zu demonstrieren. Der eine über jenen Adler, der

»*Monte aussi vite au ciel que l'éclair en descend*«,

der zweite aus ›La maison du berger‹:

»*Les grands pays muets longuement s'étendront.*«

Der erste ist – gerade als Sprachkunstwerk – ganz Eile, blitzartig entladene Spannung, »pfeilschnell«; der zweite, langsame ist das feierliche Sich-Öffnen weiter Räume; das »Geschehen« (*s'étendront*) geht im erzählenden Element, diesen drei Epitheta, unter; die Nasale bewirken eine Verlangsamung sowie jene eigenartige Tiefe des Tons, und das Verschmelzen der Vokale innerhalb der Wörter glättet gleichsam noch zusätzlich diese Ebene aus Klängen. Von den polnischen Dichtern ist Słowacki ein Stilist wie er im Buche steht. Nehmen wir den Vers über die »Regenbogenkuppel«:

»Buntbemalt, hell, gleichend dem Monde ...«

Diese drei Epitheta wiederum deuten mit ihrer Anordnung und ihrem Rhythmus an, worum es dem Dichter eigentlich geht: den Zustand der Verträumtheit, des faulen Baumelns der Phantasie – weder Nacht noch Licht. Vergleichen wir dies mit einem anderen Vers, der ausschließlich aus Adjektiven besteht: mit jenem Vers aus ›Pan Tadeusz‹ (IV 500) über die irgendwo im Herzen des Waldes absterbenden Bäume:

»Ganz kahl und verzwergt, von Würmern zerfressen und krank.«

Diese Reihe von Epitheta erfüllt eine völlig andere Funktion. Dies ist ein rein sachlicher Stil: Mickiewiczs Methode besteht darin, ein getreues Bild der Dinge zu zeichnen, und *dieses Bild soll wirken*, nicht die in der Beschreibung verwendeten Wörter. Wenn Mickiewicz – was häufig geschieht – eine solche Reihe anbringt, ist es, als würde er um sein Objekt *herumgehen*, um es besser zu sehen und vor Augen zu führen. Die

Aufgabe der Sprache besteht nur darin, eine vollkommene Anschaulichkeit zu bewirken.

Wer hat nun recht: der Stilist oder der andere (in unserem Fall Mickiewicz)? Hier mögen die Meinungen auseinandergehen, doch daß die Methode des ersten nicht nur ein romantischer Egozentrismus oder ein Bedenken des Lesers mit sprachlichen Effekten ist, darin bestärken mich die klassischsten Klassiker der Antike (*vide* Horaz), die sie systematisch anwenden.

Bei der Gelegenheit noch eine andere Zusammenstellung, die nicht in allen Punkten zum Vorteil des polnischen Großmeisters ausfällt: die Beschreibung der Wolkenszenen im ›Pan Tadeusz‹ (III 630-653) mit der Parallele bei Lukrez (IV 129 bis 142), aber auch mit Shakespeare in ›Antonius und Kleopatra‹ (IV 14), dort wo Mark Anton bereits vor dem Selbstmord steht. Mickiewicz spielt mit Bildern; bei Lukrez findet man Konzentration und das strenge Bewußtsein des *Scheins*, der unser gesamtes menschliches Erkennen so tief durchdringt; bei Shakespeare die melancholische lyrische Stimmung eines Menschen am Rande des Todes, der den Kampf endgültig aufgegeben hat und sich in der Meditation über sich selbst und sein persönliches Schicksal erhebt. Man kann kaum bestreiten, daß unter den drei Beschreibungen die von Mickiewicz am virtuosesten ausfällt und einen gewissen neuartigen, einzigartigen Tonfall besitzt: Diese Beschreibung der litauischen Wolken hat, was die Stimmung betrifft, eine gewisse Ähnlichkeit mit dem, was später von den polnischen Fröschen gesagt wird; die Liebe zur Heimat ist elementar und gleichzeitig etwas kindlich; der Dichter ist sich dieser Kindlichkeit bewußt, lächelt ein wenig über sich selbst, gibt aber doch am Ende sein Placet als reifer, ernsthafter Mensch. Das ist, wie gesagt, neu und einzigartig, und dennoch: Sind die anderen beiden nicht tiefer?

»Das Fräulein stand am Meere,
Es seufzte schwer und bang.
Es rührte sie so sehre

> Der Sonnenuntergang.
> Mein Fräulein, sei'n Sie munter.
> Das ist ein altes Stück:
> Hier vorne geht sie unter,
> Und kommt dort hinten zurück.«
>
> (Heine)

Hier wird der symbolischen Empfindungsweise programmatisch widersprochen. Wenn wir diese akzeptieren, hat das Fräulein hundertprozentig recht. Und wie klingt das bei Słowacki?

»*Wenn ich auch weiß*, daß neues Morgenrot erstrahlt ...«

Und so weiter: Hier macht man sich die symbolische Empfindungsweise bewußt zu eigen. Dieser Słowacki ist doch der Klügere von beiden!

23.1.1913. Künstler sein, eine eigene kreative Welt haben, bedeutet: auf hoher See der Ereignisse seinen Hafen mit sich tragen. [KD]

8.2.1913. DER UNTERSCHIED ZWISCHEN NATIONALGEFÜHL UND VATERLANDSLIEBE: Jenes ist die Solidarität mit den »Landsleuten«, diese die Liebe zu etwas höchst Geheimnisvollem. Was das ist, läßt sich schwer sagen. Auf jeden Fall spielt es die Rolle eines Verbindungsgliedes, dank dem wir in Kontakt kommen mit einer Sphäre großen Ernstes, mit dem Problem und dem Drama von Leben und Tod.

Ein wichtiger Aspekt bei der Versöhnungspolitik: Wenn man der Gewalt der Teilungsmächte unterliegt und ungerecht behandelt wird, stellt sich ein Widerwillen gegen das ein, was das Wesen des Staates – also auch des eventuellen späteren eigenen Staates – ausmacht, da man es als unethisch empfindet. Da ist es schon besser, sich zu sagen: »Kein Unrecht ist geschehen; so waren eben die Kräfteverhältnisse.«

HISTORISCHER AUGENBLICK. Für die Generation, die der meinen vorausging, waren solche Dinge wie Krieg, bewaffneter Kampf, sein Leben auf *so* primitive und »barbarische« Art aufs Spiel zu setzen etwas Unwahrscheinliches, Exotisches, was sich – so meinten die Seriösen – nie mehr wiederholen würde. In dieser Art zu denken sind wir aufgewachsen. Deshalb sind uns einige Tugenden, die nur in Gemeinschaft mit dem Mut aufzukommen pflegen, darunter die Kultur zeugenden Elementarkräfte, abhanden gekommen. Also müssen wir – und das ist die historische Aufgabe der Generation – uns überwinden und wieder, trotz allem, unser Leben auf eben diese primitive Art in die Waagschale werfen; als eine Art Disziplin zur Wiedergewinnung der verlorenen Eigenschaften. Das politische, das äußere Ziel kann dabei sogar im Hintergrund bleiben. Was mich betrifft, so sehe ich klar: Rücke ich aus in den Krieg, besiegele ich damit mein ganzes bisheriges Denken als Wahrheit, Ernst und Aufrichtigkeit; tue ich es nicht, dann brandmarke ich es als Spielerei und Heuchelei. Was kann schon die Rede eines Mannes taugen, der sich nicht freiwillig Aug' in Aug' mit dem Tod gemessen hat? »Selbst seine Gedanken sind sklavisch.«[16] [KD]

FREIWILLIGENVERBAND UND KLASSE. Der Angehörige eines Freiwilligenverbandes zu Kriegszeiten, ein Mensch also, der das Kriegsrisiko selbst, ohne Zwang auf sich genommen hat, gehört zu keiner der schon vorhandenen Klassen, sondern zu einer, die sich erst herausbilden wird. Er hat ein Gefühl seiner Besonderheit, daß es etwas gibt, was ihn unter seinen bisherigen Klassengenossen auszeichnet; daher gibt er die Solidarität mit ihnen auf und entsagt sowohl der Klasse selbst als auch ihren speziellen Interessen. Und alle diese Söhne des Krieges sind verbunden durch ein Gefühl der eigenen Überlegenheit; sie bilden eine neue Aristokratie.

---

16 Das stammt, glaube ich, von Carlyle.

12.2.1913. DER GERINGE WERT VON BEKENNTNISSEN. Nur diejenigen Erkenntnisse über einen Menschen haben gewichtigere Bedeutung, zu denen wir ohne seinen Willen, ja gegen seinen Willen gelangt sind. Wenn sich mir jemand anvertraut, lautet die interessanteste Frage stets: Was *bringt* ihn nur dazu, sich so anzuvertrauen? Welches Bedürfnis wird dadurch befriedigt?

Kein Fehler liegt in dem Widerspruch zwischen Poesie und Leben, ein Fehler liegt eher darin: seine Poesie leben zu wollen. Was die spezifische Schönheit der Poesie ausmacht, ist die um die Bedingungen der Wirklichkeit unbekümmerte Phantasie; sein wirkliches Leben gewaltsam mit ihr in Einklang bringen zu wollen, ist unnatürlich. Und umgekehrt: Wie groß ist der Wert einer Poesie, die zur Gänze gelebt werden kann?

18.2.1913. »Im Zweifelsfalle zögern.« – Oder gerade umgekehrt: Im Zweifelsfalle handeln, die Alternative wählen, die im höheren Sinne Tat ist, die die größere Einsatzkraft abverlangt? [KD]

Das Vaterland hat die Funktion, im Individuum wertvolle, im Alltag nur potentiell in ihm vorhandene höhere Formen des Handelns und Fühlens freizusetzen.

Die Romantiker hatten recht, aus dem großgeschriebenen VATERLAND ein symbolisches Heiligtum, eine Gottheit zu machen: das ist so; darin liegt der Sinn des Vaterlandes. Den »nationalen Besitzstand« kann man den Balickis überlassen. [KD, erg.]

5.5.1913. Der Ruhm ist die Ausstrahlung der Schönheit.

Es ist das Zeichen einer gewissen Würde, sich mit dem Beobachten zu begnügen und nicht gleich zu praktischen Folgerungen überzugehen; sich aber gar sofort daran zu machen, anderen einen Rat zu erteilen, das ist vollkommen pöbelhaft.

23.5.1913. Die Vertreter der Unabhängigkeitspartei sind häufig Menschen, die nach Macht gieren, doch in den Teilungsstaaten nicht den geringsten Anteil an ihr zu erringen vermögen: Sie streben daher einen eigenen Staat an, in dem sie diesen Anteil hätten und – wenn möglich – ganz einfach herrschen würden. Daher die Abneigung derjenigen Polen, deren Wort in den Teilungsstaaten etwas gilt, gegen die Idee der Unabhängigkeit.

HOMER UND LA ROCHEFOUCAULD. Homer wußte so ziemlich alles, was La Rochefoucauld wußte, doch er machte nicht viel Aufhebens davon. Véron[17] wirft ihm »moralische Niedrigkeit« vor: egoistische Motive bei den Helden; Andromache nach Hektors Tod. Doch das ist gerade redlich. Véron möchte eine Dichtung haben, die auf psychologischer Ignoranz beruht.

Es ist nicht so, daß wir im Interesse unseres Ich agierten, sondern wir erkennen *post festum* denjenigen Bestandteil unserer Natur, in dessen Interesse wir gehandelt haben, als unser Ich an, weil sich seine Rolle als entscheidend erwiesen hat.

Alle eloquenten Versicherungen, daß »die Macht nichts gegen den Geist vermag«, dienen nur der Ermutigung des Geistes; wenn wir uns dessen so sicher wären, müßten wir uns nicht dauernd darin bestärken. Durch Stärke kann man sich nicht nur zum Herrn über Körper und Handeln, sondern auch über Denken und Fühlen eines anderen Menschen machen. Die Frau kann – wie wir mehrfach in der griechischen Dichtung sehen – denjenigen liebgewinnen, der ihre Stadt zerstört und ihre Eltern getötet hat; so liebt Briseis den Achill. Der Sklave handelt zum Vorteil seines Herrn anfangs aus Zwang, später allmählich immer mehr aus Gewöhnung und schließlich aus Solidarität: Eine große Rolle spielt hierbei die Kunst für die Kunst, die Befriedigung, daß man etwas gut gemacht hat,

---

17 Ein außergewöhnlich schlechter französischer Ästhetiker der zweiten Hälfte des 19. Jahrhunderts.

doch, angesichts des *Bedürfnisses* zu handeln, ebenso die – zumindest im Alltag – praktische Unmöglichkeit, anders als zum Vorteil des Herrn und in seinen Diensten zu handeln. Am Ende ist der Sklave bereit, dem Herrn *dankbar* zu sein, daß er ihm dienen darf. Daher sind die Gestalten von unbeugsamen, in der unzugänglichen Zitadelle ihres Geistes eingeschlossenen und dort einen düsteren Haß verbergenden Sklaven, wie man sie bei den Romantikern findet, falsch und konstruiert.

Bei der Formulierung unserer Gedanken wenden wir uns unwillkürlich an jemanden, mit dem das Leben uns verbunden hat und den wir möglichst gut und gründlich kennen. Wenn dieser Jemand wenig intelligent ist, so sind wir auch im Hinblick auf die Qualität unserer Formulierungen wenig wählerisch und umgekehrt. Folgerung: Man muß sich um intelligente Beziehungen bemühen.

25.9.1913. Einen Menschen zu trösten bedeutet: in dessen eigenen Augen sein Leiden zur höchsten Würde zu erheben.

(September 1913). Schöpferisch zu sein heißt, wie sich bereits aus dem Inhalt des Begriffs ergibt, sich auf unbekanntes Gebiet zu wagen. Und es gibt nur zwei Welten, die etwas gänzlich und uneingeschränkt Unbekanntes enthalten können: die Welt des Todes und die Welt des Wahnsinns. Wahnsinn und Tod sind daher die besten, deutlichsten *Symbole* des Schöpferischen. Was aber nicht bedeutet, daß sie dessen beliebtester *Inhalt* werden sollten.

22.10.1913. Der grundlegende Reiz der Blumen und des pflanzlichen Lebens überhaupt beruht nicht nur, wie ich einst vermutete, auf der Ziellosigkeit, darauf, daß es sich rein aus sich selbst heraus und für sich entwickelt; er beruht ebenso auf dem Fehlen von Anstrengung. Das Gänseblümchen besiegt in sich keinerlei Widerstände, um aufzublühen – so erscheint es uns wenigstens, und das gefällt uns auf irgendeine Weise.

27.10.1913. Goethe ist gleichzeitig sehr streng und sehr nachsichtig: streng zur Unnatürlichkeit, nachsichtig mit allem Natürlichen. Für ihn ist der wahre Dichter derjenige, der sich in seiner schöpferischen Tätigkeit mit natürlicher Einfachheit ausdrückt (dies umfaßt leider auch u. a. ein Fehlen des Übersich-hinaus-Strebens und einiger der höchsten Formen von Arbeit an sich selbst). Doch ein Dichter im höchsten Sinne sei derjenige, der sein Werk als einen Teil der Natur empfindet, als etwas mehr oder weniger Notwendiges, in jedem Fall aber als etwas, das nicht das Zeichen der Zufälligkeit trägt, als Ausdruck des Seins eher denn als Ausdruck seiner selbst. Ein solcher sei Shakespeare: der einzige unter den Modernen, vor dem Goethe sich beugte.

Aus der Literatur statt eines Herumtaumelns eine Disziplin machen. Brzozowski *idem verbis docebat*, doch mit seinem Buch hat er ein denkbar schlechtes Beispiel gegeben.

11.11.1913. Zwei Einflüsse oder vielmehr zwei Kulturgewalten, die es mir erlaubt haben, mir einiger meiner tiefsten Bedürfnisse bewußt zu werden und sie zu befriedigen: Epiktets Stoizismus und Flaubert. Beide halfen mir, mich aus Bedrängnissen zu befreien: Epiktet durch die Kraftanstrengung, sich um das äußere Übel nicht zu bekümmern und alles, was der Mensch benötigt, aus sich selbst heraus zu erzeugen; Flaubert durch die ironische Erhebung über die *Häßlichkeit* der mich peinigenden Wirklichkeit. Beide gingen in die skizzenhafte »Ethik« ein, die ich gegen Ende 1907 in Paris auszuarbeiten begann. Und Goethe? Goethe war das absolute Ideal, ein Vertreter der Lebensform, die ich mir wünschen würde, wenn ich mich frei hätte entwickeln können, ohne die Notwendigkeit, mit dem Leiden zu kämpfen. Er war ja auch nur undeutlich, von fern und wie durch Nebel sichtbar, ewig unerreichbar. Jetzt, da ich der größten Bedrängnis einigermaßen entronnen bin, ist Goethe mir näher gekommen.

Weil es mir nicht gelang, die Kultur in dem mich umgebenden Kreis herauszuspüren, begann ich sie in der Vergangenheit zu suchen. Kultur und Vergangenheit wurden für mich zu Synonymen: schlecht! Als weitere Konsequenz folgte die Suche nach einem unvergänglichen Bestandteil, der aus dieser Vergangenheit doch auf irgendeine Weise auch in die Gegenwart reichen mußte: Daher die überzeitliche Auffassung von Kultur und die Abneigung dagegen, sie historisch zu behandeln.

»CHARAKTER« UND »SEELE«. Der »Charakter« ist ein ein für allemal aufgedrückter »Stempel«, die »Seele« eine Quelle und selbstschöpferische Macht. Ein »Charakter« kann häufig als Beweis gelten, daß wir vor den Determinanten, die unsere zuweilen unlöblichen Grenzen bestimmen, kapituliert haben. Wenn die Seele aus sich selbst heraus ihre Grenze und ihre Endlichkeit bestimmt, so ist das bereits kein »Charakter« mehr, oder allenfalls in einer edleren Bedeutung: Form, nicht Stempel.

VERZWEIFLUNG UND VERTRAUEN. Die Fähigkeit zum Glück und das Vertrauen: das sind ehrenwerte Dinge. Die christlichen Tugenden Glaube, Liebe und Hoffnung bringen ein sehr tiefes »bejahendes« Verhältnis zur Welt auf den Begriff, das dem Menschen von der Welt, als dessen Tugend, abverlangt wird. Mich hat das früher empört: Der Unglaube (positiv: die Redlichkeit im Erkennen) war die Basis für alles; die Hoffnung verurteilte ich bewußt (ihre Stelle sollte die Resignation einnehmen), und über die Liebe erhob ich das Ideal der stoischen Ataraxie. Heute jedoch empfinde ich tief, was an diesem System richtig ist. Man kann sagen, daß dem Glauben bei mir letztlich das Gefühl für Werte entspricht; der Hoffnung das Streben nach deren Verwirklichung; und die Liebe wäre die Liebe zu bereits vollbrachten wertvollen Dingen. Jetzt würde es jedoch darum gehen, die *Welt* in diesem Lichte zu sehen, und nicht nur die eigene kleine Innenwelt.

29.11.1913. Jeder menschliche Charakter oder Typus trägt das Element der Selbstzerstörung in sich; in jedem stecken andere Keime davon. Dem Künstler droht der Untergang durch Nichtanpassung ans Leben; dem Tapferen durch Waghalsigkeit; einer sinnlichen und kapriziösen Frau ... Nicht anders verhält es sich mit Gruppen, ganzen historischen Zeitaltern. Man könnte drastisch sagen, der Charakter ist eine eigene Variante des Untergangs, der einen jeden erwartet. [KD]

ÜBERWINDUNG DES PESSIMISMUS. Anläßlich von Kleiners Krasiński-Buch: Diese in letzter Zeit bis zum Überdruß verkündete »Überwindung des Pessimismus« liegt auch mir am Herzen. Krasiński liefert ein abschreckendes Beispiel, denn die von ihm gewählte Methode ist ja auch denkbar schlecht. Sie beruht darauf, das – in der Tat zur Verzweiflung Anlaß gebende – Bild der Welt auf irgendeine Weise so umzuarbeiten und zu retuschieren, daß es unseren Bedürfnissen Genüge tut und tröstlich wird. Dadurch kommt in das ganze Denken etwas Falsches, und im Ergebnis fällt man von Höhen, die doch zumindest *tragisch* waren, in die Niederungen eines ziemlich erbärmlichen Eiapopeia hinab. Der umgekehrten Methode bediente sich Nietzsche. Hier wird nicht das Bild abgemildert (im Gegenteil: man *sucht* sogar nach bedrohlichen Zügen), sondern unsere Gefühlseinstellung ihm gegenüber wird gebrochen: nicht an die Kandare genommen, wie bei den Stoikern, sondern geradezu *vergewaltigt*. Diese Methode ist edler als jene, doch es ist viel Willkür in ihr und schließlich auch ein Mißton in Gestalt der Differenz zwischen dem spontanen und dem aufgezwungenen Gefühl. Meine Methode gleicht eher der von Nietzsche, doch es steckt noch etwas anderes in ihr, das ich bis jetzt nur schwer definieren kann.

28.12.1913. CONTRA GOETHE (ZU BEDENKEN). Sein gönnerhaftes Verhältnis zur Wirklichkeit; alles ist gleichzeitig keinen Pfifferling wert und irgendwie in Ordnung. Als Künstler verstand es Goethe mit den Effekten der Tragik wie der moralischen Größe zu operieren; als Mensch hatte er für beides eher wenig Sinn.

Maeterlinck: Theoretiker und Herold der Konzeption, der zufolge der Sinn des Lebens in den innerlichsten Erlebnissen liegt, in den »stillen« Stunden der Seele mit sich selbst, die alles Äußere zu wildem Honig verdaut. Aber kann man nicht einwenden, was nur innerlich erlebt werde, sei wie gar nicht gewesen? Daß die Innerlichkeit nur als Beginn des Handelns existiere?

Da der Selbsterhaltungsinstinkt am stärksten ist, kostet auch die Überwindung dieses Instinktes die größte Anstrengung – und dies nennen wir gewöhnlich »Heldentum« im engeren Sinne. Im weiteren Sinne jedoch ist *jede* Anstrengung, die über die Instinkte triumphiert, Heldentum. Auch Flaubert war ein Held, indem er, gänzlich unbekannt, in seiner Einsamkeit ausharrte, an seinen Sätzen feilte und sich nach dem ›Heiligen Antonius‹ gegen seine Natur zum Schreiben von ›Madame Bovary‹ zwang.

Geliebt werden eigentlich nur die Glücklichen. Die Unglücklichen werden bloß ausgebeutet. [KD]

22.2.1914. Das Ziel des ernstzunehmenden, des »großen« Schriftstellers besteht darin, seiner Generation von ewigen Dingen zu künden, und sein Werk dauert, wenn nicht ewig, was den Menschen nicht gegeben ist, so doch für lange Zeit. Das Ziel des weniger ernstzunehmenden besteht darin, der Ewigkeit von seiner Generation – und natürlich von seiner eigenen Person – zu berichten, und sein Werk stirbt mit dieser Generation.

5.4.1914. Einst freuten die Menschen sich, wenn es ihnen wohl erging, und waren traurig, wenn sie es schwer hatten; wir heutzutage sind traurig über die Trauer und freuen uns an der Freude. Und wir *suchen* die Freude oder die Trauer, um uns jetzt freuen oder um traurig sein zu können. Das ist schlecht – und beileibe nicht nur dann, wenn wir die Trauer um der Trauer willen suchen. Denn auch die gesuchte Freude ist schlecht. Du solltest allein von dem, was du tust, so in Beschlag genommen sein, daß du erst einmal gar nicht darüber nachdenkst, ob es dich freut oder traurig macht.

23.4.1914. Wenn mein äußeres Leben – aber *nur* das äußere – vollkommen von den Machthabern beherrscht wird, so daß es keinen Einfluß hat auf das Innenleben und umgekehrt, dann entsteht eine scharfe Trennung zwischen den beiden Bereichen, und das Innenleben stellt eine eigene, unabhängige, abgesonderte Welt dar. Das setzt jedoch voraus, daß die Machthaber – sei es aus Achtung, sei es, wie es Sklaven gegenüber geschieht, aus Verachtung – *überhaupt* nicht ins Innere eindringen. In dieser Lage bilden sich die selbständigsten, die am wenigsten den Einflüssen der Umgebung ausgesetzten, die am stärksten vergeistigten und kohärentesten Weltanschauungen. Und die machtlosesten.

»Einer Stunde gedenk ich des Lebens«: ein Erlebnis in der Schweiz, im Frühling in Neuchâtel, vor drei Jahren. Wagner; Nebel über dem See; sein Inhalt? Nicht Erkenntnis, nicht ein Sein bestimmter Art; etwas anderes. Ein deutlich mystisches Erlebnis; das Gefühl als eine in sich ruhende Wirklichkeit, die auf nichts außerhalb ihrer verweist, die selbstgenügsam ist.

Das Gefühl vermag uns nicht darüber zu belehren, was ist, denn sein Wesen beruht auf der gleichzeitigen Auflösung der Kategorien des Seins und des Erkennens. Doch es selbst *ist*. Und das reicht aus, obwohl das Denken dies nicht begreift.

27.6.1914. Die Werke der größten Schöpfer sind stets Vorräume zu etwas anderem. Im Hintergrund die Allee der Sphinxen. Und an deren Ende?

8.7.1914. Rationalist kann man, unter anderem, aus moralischen Gründen sein (um redlich zu bleiben, um nicht der Versuchung zu erliegen zu glauben, was man gerne möchte). Doch auch aus ästhetischen. Urteile sind Steinchen, aus denen ich etwas erbaue, was eine vollkommene Form besitzt.

16.7.1914. In manchen Augenblicken scheint mir Goethe das zu sein, wovon die Allergrößten nur ein Zerrbild sind. Pascal war ebenfalls als ein Goethe geboren. Und – bei Zeus – auch der heilige Hieronymus; dem es gelang, von seiner goethischen Seele noch am meisten zu retten; als er unter die Löwen ging, in die Wüste. [KD]

21.7.1914. In einer ziemlich verzweifelten Lage. – *Omnia quae extra me, contra me*: Wie hervorragend das klingt! Und noch dazu ist es wahr.

II
Erster Weltkrieg

Zakopane, November 1914. ZWEI NICHTPARADOXE GRUNDSÄTZE IN PARADOXER FORMULIERUNG.

(1) Grundsatz der Individualisierung des Handelns (der Berücksichtigung all dessen, was an der Situation und an mir einzigartig ist):

So handeln, daß mein Handeln von niemandem als verbindliches Vorbild und Beispiel angesehen werden kann.

(2) Grundsatz der vorrangigen Berücksichtigung des inneren Gehalts einer Handlung vor ihren Folgen:

So handeln, als ginge morgen die Welt unter.

Rapperswil, 2.1.1915. »Der Früchte des Handelns entsagen« (›Bhagavadgītā‹); in erster Linie im Hinblick auf das kriegerische Handeln. – Das ist eine Einstellung so recht wie sie sein muß: einverstanden sein mit der Zwecklosigkeit der lebensgefährlichen Handlung, die man unternimmt.

Wien, 13.2.1915. Es ist nicht leicht, aus einem Traum zu erwachen, aus dem Land des Vergessens, und statt der Welt, wie sie der Herrgott geschaffen und Homer und Shakespeare mit Poesie vergoldet haben, das Bleigewölbe des Todes und das unfruchtbare Stoppelfeld der Politik vorzufinden. [KD]

24.2.1915. *Höchst fatal!* Die Russen müßten mich hängen für das, was ich tue, und die Österreicher für das, was ich denke. [KD]

1.3.1915. Im Abteil mit zwei deutschen Soldaten; beide sichtlich intelligent. Erzählung von einem fünfzehnjährigen Mädchen und andere Erotica – und von einer Villa bei Lodz: »*Da haben wir gehaust! Beweis von Kraft; daß es eine Entgleisung des Deutschtums sei, möchte ich nicht behaupten.*«

Von diesem entfesselten Nachtgespenst der Kriegserotik und dem zweiten apokalyptischen Nachtgespenst, dem deutschen Glauben an die eigene Überlegenheit und Berufung, wird es mir ganz sonderbar. Mit ungesunder Neugier beobachte ich zwei Kategorien von Wesen: die Deutschen und die Frauen. Seltsames Gefühl, angesichts dieser Macht der Polnischen Legion anzugehören! [KD]

Petrikau, 10.3.1915. »Es geht nie um den Schuß, nur um das Spannen der Sehne, das Ziel ist nur die Zweckursache; alle Ziele sind nur dazu da, um in der Seele deren rein innere Möglichkeiten zu befreien; und nur diese Befreiung ist wertvoll.« Das ist mein vorrangiger Standpunkt.

Auf der anderen Seite: War es nicht auch einer meiner Leitgedanken, daß der Wert sich gerade in den Dingen außerhalb unser realisiert, daß es um die »Formung der Welt« geht, um das Schöpferische, daß schließlich – wie ich es nicht ohne Leidenschaft gegen Maeterlinck vertreten habe – das innere Werterleben selbst und eigentlich überhaupt unsere gesamte Innerlichkeit nur als Ausgangspunkt des Handelns dienen sollte, als dimensionsloser Punkt, der sein Sein nur als Strahlungszentrum der Tat hätte?

Ohne Zweifel verbirgt sich hier eine der ernsthaftesten Schwierigkeiten meines Denkens wie Lebens. Wer weiß, ob psychologisch gesehen jene erste Auffassung nicht ein Ausdruck meiner trotz allem gründlich maeterlinckschen Natur ist, die zweite ein Ausdruck dessen, was es doch in mir an Vitalität gibt – folglich: ein Ausdruck meines Kampfes gegen mich selbst. Logisch gesehen jedoch stellt die Angelegenheit sich wohl so dar: Ein wesentlicher Wert kann immer nur der innere Gehalt des Menschen sein, doch dieser Gehalt wird überhaupt erst dann zu *etwas*, wenn er sich verkörpert und auskristallisiert. Nicht verkörpert und nicht auskristallisiert ist er ein Nichts. Er muß seinen Ausdruck finden – in einer Tat oder einem Werk. Eine Tat verlangt eine gewisse Fiktion – weniger scharf formuliert: eine gewisse beliebige und subjektive Hilfskonstruktion –, damit wir uns wirklich zur Gänze und mit all unserer Energie in sie einbringen können: den Zweck, den man angeblich anstrebt. Ein Werk ist ein *Selbstzweck* und steht daher höher in der Hierarchie: Das Kunstwerk ist der Archetyp jeglichen Werts, denn es stellt in Reinform die Verkörperung des wesentlichen Werts des Menschen dar. Die beiden gegensätzlichen Konzeptionen verschmelzen also gewissermaßen zu einer Ganzheit in der Erhöhung des künstlerischen Schöpfertums, das einerseits unmittelbarer Ausdruck des Subjekts ist, andererseits aber verlangt, daß dieses sich von sich selbst losreißt und den Blick – sowie das Handeln – nach außen richtet.

An der Front vor Konary, 8.6.1915. Mir ist rasch klargeworden, daß der Horizont dieser natürlich recht einfachen Kerle ganz und gar nicht bei »leichten Mädchen« und »H...söhnen« endet. Schon früher einmal fiel ein Zitat aus der ›Ungöttlichen Komödie‹ [Nieboska komedia] und eine Bemerkung über Nietzsche; heute wurde ich Zeuge eines Gesprächs zwischen Ludor und Witkowski über ... Ovid. Was den Wert der Ovidischen Poesie betrifft, so waren sie nicht ganz einer Meinung ... Unglaublich; wer hätte gedacht, daß ich Interesse an den Klassikern endlich bei den ... einfachen Soldaten der Legionen finde!

Ich habe bei ihnen einen im Grundsatz gesunden, wenn auch primitiv ausgeübten Sinn für das Redliche und Natürliche in der Kunst bemerkt. Gestern P. über die »erbärmliche«, »gekünstelte« »Reimerei« Tetmajers; heute lobte Witkowski bei Mickiewicz das Natürliche und Schlichte; Słowacki sei, so sagte er, schon eher »künstlich und aufgeblasen«. Interessant, daß sie in diesem Zusammenhang auch über den *Charakter* der Dichter sprechen.

16.6.1915. Zwei Beobachtungen:

(1) Heere sind auf dem Kriegstheater *dünn* gesät; das Bild einer »sich heranwälzenden« Armee ist völlig verkehrt; die Soldaten sind über das Gelände eher verstreut, und wenn sie zahlreicher sind, kann man höchstens von einem »Ausschwär-

men« sprechen. Wie groß die Armeen auch sein mögen, die Räume sind noch größer. Im Zusammenhang damit: eine viel erheblichere Bedeutung des Individuums, als ich vermutet hatte. Daher tötet der Krieg nicht das Selbstgefühl des einzelnen; im Gegenteil, es entwickelt sich stärker: Das habe ich, bis jetzt, überall festgestellt, nicht nur bei den Legionären, sondern ebenso, wenn Gelegenheit war, bei den Deutschen und Österreichern.

(2) Bei ihnen allen gibt es ein stark ausgeprägtes rein objektives Interesse, an *Dingen*. Vor diesem Hintergrund haben sie die Fähigkeit zu kernigen, plastischen, wahrhaft »epischen« Erzählungen. P. über das Interesse an allem, was während der Schlacht geschieht.

Offensive, 23.6.1915. Gefangene Russen, ihre gute Laune. Es stimmt jedenfalls, was man bei uns gesagt hat: Mit einer solchen Armee kann man nicht siegen. Das Verhältnis unserer Leute zu den Russen: sentimental, freundschaftlich, kameradschaftlich. Selbst die Bezeichnung »Moskowiter« klingt hier nicht verächtlich, sondern *vertraulich*. Sicherlich ist das Sentiment für die »Moskowiter« stärker als für die Deutschen und die Österreicher, eigentlich gibt es für die letzten beiden überhaupt kein Sentiment. Für die Österreicher – Ironie; für die Deutschen – Bewunderung, Angst und Haß. [KD]

24.6.1915. Wie sich im Wasser nur eine bestimmte begrenzte Menge Salz auflöst, wonach das eintritt, was man technisch als »Sättigung« bezeichnet, so nimmt das Bewußtsein nur ein bestimmtes begrenztes Quantum des Gefühls der Bedrohtheit auf und ist danach gesättigt; der Mensch kann nicht dauernd unter ein und demselben Eindruck bleiben. Und so entsteht gewissermaßen automatisch diese Ruhe der Soldaten im Feld und sogar vor dem Einsatz.

Krakau, 24.10.1915. An der Front sind die äußeren Lebenserscheinungen an sich so interessant, daß sie ohne Beimischung der inneren Elemente, ohne psychologische Analyse die ganze

Aufmerksamkeit in Anspruch nehmen können. Die äußeren Erscheinungen decken sich so vollkommen mit dem Lebensinhalt, daß es überhaupt kein »Innen« mehr gibt, das sich dem Außen widersetzen würde; der Mensch identifiziert sich mit seiner Handlung. Diese Äußerlichkeit freilich ist nicht seelenlos; jede Erscheinung hat einen Inhalt, und zwar einen kostbaren; nur existiert dieser Inhalt nicht unabhängig von einer Erscheinung. Und gerade der »reine Inhalt«, ohne jede Erscheinung, war vor dem Krieg eine der Grundeigenschaften unseres Lebens und zugleich das Hauptinteresse der Literatur. Das Individuum, in seinem inneren Leben erfaßt, war das Thema; heute ist es dasselbe Individuum als Expansivkraft, die auf die Welt wirkt und diese Welt formt. [KD]

4.11.1915. »KRIEGSGEWINNE«. Der Krieg erfüllte dennoch viele der Hoffnungen, die ich in ihn gesetzt hatte. Er zeigte, daß im Streit der sogenannten »Poesie« mit dem sogenannten »Leben« das Leben der Poesie gegenüber im Unrecht war. Es stellte sich heraus, daß dieses »Leben« nur Vegetation, Routine, auf Jahre verteiltes Krepieren war, und was man so geringschätzig »Poesie« zu nennen pflegte, war eben das Programm eines Lebens, wie es sich heute dank des Krieges in seiner Fülle, seinem Reichtum, seiner Tragik und Herrlichkeit offenbart.

Was mich betrifft: Obwohl mein seelischer Zustand nach der Rückkehr von der Kampflinie nicht diese Ekstase war, von der ich geträumt hatte, so war ich doch, *was das betrifft* – einmal im Leben –, nicht enttäuscht. Mein gutes Selbstbefinden ist durchaus nicht ekstatisch, aber vollkommen; ich nenne es die Zufriedenheit mit der Anpassung, endlich, endlich, an die Bedingungen, die die Welt dem Leben schafft. Das Leben ist jeden Augenblick bedroht: Mit diesem Sachverhalt, gewissermaßen zugespitzt, bin ich *vertraut* geworden, und das ist ein Riesengewinn. [KD]

»Die Vielzahl der möglichen Handlungsweisen kommt beinahe der Freiheit gleich« (Rémy de Gourmont). – Könnte man nicht, davon ausgehend, die Freiheit – nun ohne »beinahe« – aufzufassen als *Unendlichkeit* möglicher Handlungsweisen?

Das biologische Wirtschaftlichkeitsprinzip würde, wenn man es akzeptierte, im Grunde genommen meine gesamte Moralphilosophie ruinieren. Es handelt sich dabei jedoch wohl lediglich um ein apriorisches Postulat: Es gibt Leute, die sich einbilden, so wäre es am vernünftigsten, und diese Vernunft in die Natur hineinreden. Dagegen scheint jedoch eine Reihe konkreter Beispiele zu sprechen: Wie unpräzise sind in der Tierwelt die Organe an ihre Funktionen angepaßt! Wie viele Vorrichtungen sind dort unzweckmäßig! Das hat mit Wirtschaftlichkeit *nichts zu tun*! Und diese Verschwendung! Dieser Luxus! Die Federn des Pfaus, des Leierschwanzes, des Paradiesvogels: Die Fortpflanzung würde ohne sie ganz und gar nicht schlechter vonstatten gehen. Im übrigen ist man versucht zu sagen, daß bereits die bloße Formenvielfalt *als solche* dem Wirtschaftlichkeitsprinzip widerspricht: Wozu der Pfau und der Hahn, wozu das Eichhörnchen und der Axolotl, wenn es doch auch nur ein einziges Universalvieh geben könnte, das in allen Umwelten auf der Grundlage einfachster Mechanismen funktioniert? Doch vorsichtig mit der Phantasie!

8.11.1915. Wie viele Motive, die wir unserem Handeln zuschreiben, sind bloß Scheinmotive! Doch sind dies beileibe nicht nur die edlen, sondern auch die kleinen, üblen, erbärmlichen, egoistischen. Tiefe Motive, die sich aus unseren dauernden Eigenschaften und Bedürfnissen ergeben, genügen uns anscheinend nicht; zu grau sind sie, zu schwach heben sie sich vor dem Hintergrund des einfachsten, animalischen Lebens ab: Denn wie oft sind sie nicht selbst animalisch!

16.11.1915. Ziel des Lebens: In seiner kleinen Einzelseele ein Höchstmaß an Kosmos widerspiegeln. [KD]

17.11.1915. Kalt und abstrakt heißt es die »Liebe zur Kultur«; tatsächlich ist es die Liebe zu der Fähigkeit des Menschen, sich von sich selbst, von utilitaristischen Zwecken loszureißen, um sich für das Schöne – natürlich auch für das moralisch Schöne – zu interessieren, das er betrachtet oder erschafft. Diese Fähigkeit bei Menschen zu beobachten – sei es das sorglose Glück des Malers, der sich in dem Gemalten verliert, sei es die aufopferungsvolle Tat des Frontsoldaten – bewegt mich stets am meisten; was jedoch Begeisterung erweckt, ist die Tatsache, daß es einige darin so weit bringen. Und es erhält einen aufrecht und macht Mut, daß man dieser Sache *dienen* kann; daß man ein Glied in der Kette ist, ein Verbindungsmann, der das Signal empfängt und weiterleitet. *C'est un cri répété par mille sentinelles*[1]: Habe ich doch sogar meine Teilnahme am Krieg als Dienst auf dem Posten vielleicht nicht einmal des Vaterlandes, sondern der auf eben diese Weise verstandenen »beflügelten« Kultur begriffen.

27.11.1915. Es gibt meine Seele, und es gibt den Kosmos; alle Kreise dazwischen verschwinden, oder sie kommen nur als *media* in Betracht, durch die eine Kommunikation der Seele mit dem Kosmos stattfindet. [KD]

1.12.1915. DIE NEUE »POLEN-IDEE«? Nur Völker, die an diesem Krieg teilgenommen und etwas aus sich heraus eingesetzt haben, werden bei der Fortentwicklung der europäischen Kultur stimmberechtigt sein. Polen hat teilgenommen, und zwar allein, auf eine so spezielle Art. Denn beide »Orientierungslager« haben doch ein Bündnis mit den Feinden, und auf der Gegenseite – haben sie Freunde! Daher das Fehlen der Verbissenheit, die Ironie; »*mais vous êtes d'un calme, vous*«, wie mir Frau Ch. in Neuchâtel vor fast einem Jahr sagte. Und diese große innere Zerrissenheit! Aus Gründen der nationalen Selbsterhaltung wird eine Aussöhnung notwendig sein – was durch gegenseitiges Begreifen erfolgen kann, durch das Eintreten in den Gesichtskreis der Gegenseite und durch die

---

1 »Ein Ruf ist dies, von tausend Wächtern wiederholt« (Baudelaire: ›Die Blumen des Bösen‹, Les Phares; Ü.: Kemp).

von Bader[2] zu Unrecht bekämpfte Theorie der »Arbeitsteilung«. Andere Völker, einheitlich im Innern, werden dem Fanatismus und der Einseitigkeit verfallen; uns wird der nationale Selbsterhaltungstrieb das Sicherheben über das eine wie das andere aufzwingen. Deshalb werden wir ein Faktor der Aussöhnung sein und, unter günstigen Bedingungen, zum Retter der europäischen Kultur werden. Wir, und nicht die Schweiz, obwohl auch sie zerrissen ist; sie hat aber [an diesem Krieg] nicht teilgenommen und nichts eingesetzt. [KD]

8.12.1915. Was mir heutzutage am menschlichen Charakter am meisten auffällt, ist das Fehlen scharfer Konturen, geradliniger Logik und innerer Widerspruchsfreiheit. Überhaupt beunruhigt mich der Mensch. Zum Problem wurde mir zuerst die Frau, doch als hier mein Interesse geweckt war, kam ich rasch zu der Überzeugung, daß bereits der Mensch an sich ein Rätsel ist.

Und wie soll man sich gegen die Menschen verhalten: Soll man sie eher nach ihren Tugenden oder nach ihren Fehlern behandeln? »Nach den Tugenden natürlich«, spricht eine Stimme, der man gerne folgt; mit Güte, nicht mit Rücksichtslosigkeit. Doch hier ergibt sich eine beträchtliche Schwierigkeit: Nachsichtigkeit mit Fehlern wird als Zustimmung zu diesen Fehlern aufgefaßt. Die Leute nehmen eine teilweise Anerkennung nicht zur Kenntnis; für sie ist die Anerkennung vollständig, und Einschränkungen nehmen sie nicht wahr.

13.12.1915. Ohne Glück auszukommen, ist eine Kunst. Eine bekannte Kunst: Ihr Name lautet »Weisheit«.

(Ohne Datum). Mach: Es gibt keine Dinge, nur Prozesse. Ohne Substrat; und so verschwindet der Unterschied zwischen dem Physischen und dem Psychischen. Er kam auf den Gedanken, aber angeblich durch die Beobachtung – des Innenlebens. Interessant!

---

2 Karol Bader, später unser Abgeordneter in einer der Hauptstädte, damals Funktionär des Obersten Nationalkomitees (NKN) im Ausland.

»... eine zweite moderne Kulturschicht, deren Träger, in den siebziger und anfangs der achtziger Jahre geboren, die frühere Grobgeistigkeit kaum selbst erlebt haben. (...) kann man auf eine überaristokratische Verachtung des Volks und des Mittelstandes und dann wieder auf einen nicht immer ganz entschiedenen Anarchismus besonders in sittlichen Fragen stoßen. Die Überlieferung hat für sie Wert behalten, aber sie tasten haltlos von einer Form zur anderen. (...) Sie sind zu verfeinert, um dem Staat ein öffentliches Ärgernis zu geben, (...) es fehlt ihnen zugleich jede Wirkung auf das öffentliche Leben des Landes (...). Sie deuten nicht auf einen Fortschritt der Menschheit, weil sie glauben, daß die Höhepunkte des Menschlichen in großen Gestalten oft erreicht wurden und vielleicht auch wieder erreicht werden können, daß aber Staat und Volkswirtschaft nicht dafür entscheidend sein werden, ob wieder ein Buddha oder Alexander ... oder ein Goethe aufersteht. Sie hegen die Weisheit aller Vergangenheit und jauchzen über die Buntheit des Augenblicks. (...) Form und Inhalt sind ihnen eins, denn das Sinnbild ist für sie ... gewissermaßen verdichtete Wirklichkeit. (...) sie vernachlässigen künstlerisch (...) den Kampf ums Brot berührende Fragen. (...) Darum hat man geglaubt, sie vertreten die Weltanschauung derer, die von ihren Zinsen leben, ja das zweckhafte Handlangertum unserer Zeit hat sie gewissermaßen als entartete Söhne des Großbürgertums gebrandmarkt, welche die nötige Muße haben, allerhand phantasievolle Gespinste auszusinnen. (...) Sie scheuen das gewaltsame Brechen mit gefälligen, wenn auch unvernünftigen Überlieferungen. Lächelnd ertragen sie die gesellschaftlichen Übereinkommen und ebenso lächelnd setzen sie sich über die hinweg, aber ohne Feindseligkeit, ohne Besserwisserei. (...) sie sind zu feingeistig, um lehrhaft zu werden. (...) Jedes Ding ist in sich und im ganzen Sein begründet. Keine Forderungen in das Leben tragen, die immer etwas von einem Geschäft an sich haben.

(...) Es ist die eigentlich künstlerische Lebensauffassung; (...) sie war (...) zu allen Zeiten mehr oder weniger die innere Überzeugung derer, die von kleinlichen Banden losgelöst lebten«

(Oskar A. H. Schmitz: ›Die Geistigkeit vor dem Krieg‹, in: ›Der neue Merkur‹, März 1915, S. 657-659).
Eine gute Analyse. Vieles davon kann ich gebrauchen!

14.1.1916. »Durch den Haß auf alles Ungeistige kann der Geist handeln wie ein Feind« (›Bhagavadgītā‹).[3]

20.1.1916. »Die Schönheit ist der Glanz der Wahrheit«? Ich denke nicht. Die Schönheit ist zuweilen ein Glanz, mit dem wir in die leeren Felder unseres Erkennens leuchten.

Der Mensch lebt nicht vom Brot allein, er lebt auch von den Täuschungen seiner Seele. [KD]

Neue Welten entdecken? Wozu? Um alte Leiden in sie hineinzutragen?

Die reine Kunst und die reine Wissenschaft sind die einzigen reinen Dinge dieser Welt. [KD]

Die Sprachkunst hat in Europa eine traurige Zukunft angesichts der zweifellos wachsenden geistigen Einheit und Kohärenz bei andauernder Zersplitterung in verschiedensprachige Stämme. Der Musiker und der bildende Künstler werden in der eigenen Sprache zur Welt reden; der Schriftsteller wird auf Übersetzungen bauen.

Es gibt nichts Schöneres als einen Tatmenschen, der des Denkens und Fühlens fähig ist.

17.2.1916. Über einige Kenner des Lebens auf dem Weg über die Kunst: Sie huschen mit scharfen Augen kreuz und quer über die ganze Oberfläche, diesen Siemiradzkivorhang, der ihnen die Welt und den Menschen verdeckt.

---

3 In der sehr »verwestlichten« Übersetzung von Bronisław Olszewski (nach Burnouf).

20.2.1916. DREI BEMERKUNGEN ÜBER MICH SELBST.

(1) Nach der Lektüre von Chołoniewskis Artikel über den Grottgerismus im ›Głos Narodu‹ [Volksstimme]. »Der Blick auf die polnische Geschichte aus der Perspektive des 19. Jahrhunderts«, den der Autor den letzten Generationen vorwirft, war in geradezu außergewöhnlichem Grade auch mein Fehler. Polen ging mich erst nach den Teilungen an; was vorher war, war »das andere Volk«, das uninteressante. Damit verbunden: die Philosophie der Niederlage, etwas Traurigeres als das, was in Pascals berühmtem Protest gegen die Gewalt liegt: die unbedingte Bejahung des Geistes bei der gleichzeitigen Überzeugung von seiner Schwäche. Alle Revolten enden mit einer Niederlage; alle sind eben lediglich ein *Protest*, der zwar notwendig, doch fruchtlos ist. Und damit verbunden: der Kult der Besiegten.

(2) Das Verhältnis von Gefühl und Intellekt: Je nach Gesichtspunkt kann es scheinen, daß entweder das eine oder das andere dominiert. Für einen reinen Intellektuellen halten mich gerne Frauen, ebenso einige Künstler; für einen Gefühlsmenschen natürlich Politiker, doch ebenso Gelehrte und sogar Philosophen, obwohl sie es mir aus Höflichkeit nicht ins Gesicht sagen. Tatsächlich ist es wohl so, daß *ich gefühlsbestimmt lebe, doch auf emotionale Erlebnisse ständig mit Gedanken reagiere*; meine gefühlsmäßigen Probleme beherrsche ich dadurch, daß ich versuche, sie zu verstehen, ihre Ursachen zu ergründen und sie begrifflich zu erfassen; im Endeffekt: eine Theorie über sie zu entwerfen. Von der gewöhnlichen, krankhaften und verderblichen Selbstanalyse dürfte sich dieses Denken jedoch dadurch unterscheiden, daß *es zielgerichtet* ist, daß es eine gewisse Bemühung zur Selbstgestaltung darstellt, zur *Selbstzucht* gewissermaßen. Außerdem: Obwohl ich von mir ausgehe und wieder zu mir zurückkehre, gelingen mir anscheinend unterwegs Beobachtungen, die auch für andere wertvoll sind. – Optimistisch gedacht!

(3) Einst quälte mich der *Egotismus*, die Beschäftigung mit der eigenen Person im Gegensatz zu den anderen; heute quält mich der *Subjektivismus*, die Beschäftigung mit dem eigenen

Bewußtsein im Gegensatz zu *den Dingen*. Dabei ist es doch eine korrekte – merkwürdigerweise angeblich von Weininger stammende – Feststellung, daß »der Mensch um so mehr bedeutet, je mehr ihm die Dinge bedeuten«.

Doch die Quelle dieses Defekts ist die tatsächliche *Schwierigkeit, mit mir zurechtzukommen*. Meine Natur stellt mir ständig irgendwelche ganz praktischen Probleme; ständig muß ich mich erziehen; ständig muß ich, um zu leben, verschiedene Methoden zur Anpassung an die Umstände erdenken. Und dennoch: andauernd innere Kämpfe.

25.2.1916. Was den Krieg betrifft, gibt es bei mir – und bei vielen Angehörigen unseres Lagers – zwei Standpunkte, die an sich nicht gegensätzlich sind, doch realiter im fürchterlichsten Widerspruch zueinander stehen: in Polen Anhänger der Legionen (man muß bewaffnet für den eigenen Staat kämpfen), in Europa ebenso glühende Anhänger der Alliierten (die Zerschlagung Deutschlands ist eine zivilisatorische Notwendigkeit). In der Praxis ist das grauenhaft; die Bewertung einzelner Ereignisse wird ungeheuer erschwert, und wie sehr man darunter leidet, wissen wir allein. Dieses Frankreich treibt einen in den Wahnsinn!

Die Kunst ist der einzige Lebensbereich, in dem wir ohne Kompromisse tätig sein können. [KD]

26.2.1916. Wir haben in Polen praktische Menschen, die sich von der Politik verabschieden, weil sie »Kartoffelhändler« sind; doch das ist bereits die unterste Kategorie. Ein ernsthafter Kampf spielt sich ab zwischen dem *Romanismus*, d. h. dem Geist der Staatlichkeit und der »Erlösung auf Erden«, sowie einer religiös-unsozialen, unpolitischen und unstaatlichen Lebensauffassung, zwischen dem Ideal der *civitas* und dem Ideal des »Königreichs nicht von dieser Welt« (wie, in bezug auf die Antike, Renan in seiner ›Geschichte des Christentums‹ formuliert). Man müßte diesen Gegensatz herausarbeiten: den Polen bewußt machen, worum gekämpft wird; mögen sie wählen.

Ich stehe grundsätzlich auf der Seite Roms. Doch gemäß meinen kritischen Grundsätzen muß ich mich nicht nur fragen, was, absolut gesehen, besser ist, sondern was für das Volk in dieser Lage und mit diesen Fähigkeiten erreichbar ist. Vielleicht muß man zugeben, daß die Polen wesenhaft unfähig zum staatlichen Leben sind, und wozu sollte man in diesem Fall seine Kraft damit verschwenden, ihnen diesen Weg aufzuzwingen?

DAS DEUTSCHE ERZIEHUNGSVORBILD. Ich lese im Deutschlandreferat[4] deutsche Periodika – die ›Neue Rundschau‹ und andere – zugleich auch ›Myśl Polska‹ [Polnisches Denken]. Bei den polnischen *ernsten* (von den anderen spreche ich hier nicht) politischen Köpfen fallen mir auf: die Emotionalität, der Mangel an Sachlichkeit, die Neigung zur Phrase, zur Weitschweifigkeit, und zwar gerade dort, wo es um äußerst verantwortungsvolle Dinge geht. Das ist es eben: Bei uns fühlen sich die Menschen nicht verantwortlich, wenn sie in der Politik mitzureden haben. Freilich: wieder eine Folge der Unfreiheit. Der Pole unserer Zeit ist davon überzeugt, daß das, was er denkt und schreibt, nur sehr geringen – man könnte sagen: überhaupt keinen – Einfluß auf die Gestalt der Welt haben wird, weder heute noch morgen: demzufolge ist es erlaubt, in Unfaßbarkeiten zu versinken. Die Eigenschaften der Deutschen sind anders. Der Deutsche spürt, daß – wenn er jemand ist und in seiner Gesellschaft Einfluß hat – seine Gedanken für die Gestaltung der Welt große Bedeutung haben können: daher sein – in diesen Dingen – ungewöhnliches Verantwortungsgefühl, seine Sachlichkeit und männliche Zielstrebigkeit im Denken. [KD, erg.]

---

4 Beim Generalsekretariat des Obersten Nationalkomitees in Krakau (Michał Sokolnicki) gab es ein Referat für die Auslandspresse. Ich bearbeitete die Presse der Entente. Die Abteilung für die deutsche Presse wurde geleitet von Tadeusz Wałek-Czernecki, einem Historiker und späterem Professor an der Universität Warschau. Ich übernahm diese Verantwortung in jener Zeit höchstens vertretungs- oder aushilfsweise (in Anbetracht dessen, daß jene Abteilung am meisten zu tun hatte).

3.3.1916. Das Klassische in mir war nur ein Streben nach dem Klassischen. Das klassische Ideal war für mich der Gegenstand einer romantischen Sehnsucht.

SICH NUR MIT DEM BEFASSEN, WOFÜR WIR GESCHAFFEN SIND. Der Mensch kommt solange nicht zur Ruhe, »bis er ein für allemal den Entschluß faßt, zu erklären, das Rechte sei das, was ihm gemäß ist« (Goethe: ›Dichtung und Wahrheit‹).

»Der geistig Schaffende empfindet stets Gewissensunruhe, wenn er mit Dingen sich abgibt, die nicht zur Aufgabe seines Lebens gehören« (Max Dessoir: ›Ästhetik und allgemeine Kunstwissenschaft‹, Stuttgart ²1923, S. 215).

21.3.1916. Die Sache des Grandseigneurs ist das Schöpfertum, die Sache von uns Plebejern – die Theorie.

Daß wir sterblich sind, macht aus uns – um Krasińskis Bild in völlig anderer Absicht zu gebrauchen – »Söhne der Hellsicht«. Je größer das Bewußtsein von der Sterblichkeit, desto stärker der Drang nach Höherem. Der Tod untergräbt die Unbedingtheit nicht nur der egoistischen, sondern überhaupt aller auf die Wirklichkeit gerichteten Bestrebungen; er bewirkt, daß wir Befriedigung in weniger primitiven Bereichen suchen.

(März 1916). Heute im NKN [Oberstes Nationalkomitee] ein unangenehmer Moment während des Gesprächs von N.[5] mit mir und Z., der aus der Stadt gekommen war. Man sprach über Żeromski und darüber, wie pessimistisch unsere großen Schriftsteller und geistigen Führer eingestellt seien, ja wie sie der um die Legionen gruppierten Bewegung geradezu ablehnend gegenüberstünden. Darauf bemerkte N., daß man »Federn gewinnen kann, indem man gut zahlt«; »wenn das CBW[6] Żeromski für den Druckbogen 300 Kronen statt der üblichen 100 bezahlte, würde er etwas für das CBW schreiben«; das

---
5 Stanisław Wędkiewicz.
6 Centralne Biuro Wydawnictw [Zentrales Verlagsbüro] oder so ähnlich.

NKN solle sich auf diese Weise »einige Talente kaufen«. Noch dazu fuhr er fort, darüber zu räsonieren, daß man Menschen dafür bezahle, im Druck bestimmte Überzeugungen zu vertreten. Z., der weniger intelligent war, ging gleich grobschlächtig auf das Problem los, indem er fragte, ob überhaupt die ganze Vorkriegsideologie Żeromskis »eine Sache des Herzens oder der Tasche« sei (das Volk habe eine solche Ideologie *gewollt*, also hätten die Schriftsteller sie ihm gegeben); mich deprimierte diese Episode.

Żeromski läßt gegenwärtig ›Der Traum vom Brot‹ [Sen o chlebie] drucken; seit Kriegsbeginn erklärt er übrigens, er bereue seine bisherige Tätigkeit, denn er habe vielen jungen Menschen den Geist verwirrt (wieder N. zufolge). In etwa das gleiche sagte mir vor über einem Jahr Wyrzykowski[7], nur diskreter: Żeromski sei sehr niedergeschlagen, denn er fühle sich teilweise verantwortlich für das, was geschehe.

2.4.1916. Kunst: ein Maximum an Uneigennützigkeit bei gleichzeitig maximalem Einbringen seiner selbst. Und es gibt hier nicht denselben Betrug wie bei anderen Formen des Handelns: Der Künstler schafft sich kein äußeres Ziel, zu dem er erst streben müßte, um seine geistigen Inhalte zu befreien, sondern er objektiviert einfach den bereits in ihm vorhandenen Inhalt, errichtet ihm ein Denkmal.

13.7.1916. Genau so viel, wie unsere Träume vor dem Krieg wert waren, wird auch unsere Wirklichkeit wert sein, wenn sie endlich aus dem Furiosum auftaucht. [KD]

Es gibt auf der Welt soviel Gutes, wie böse Mächte als Köder für edle Menschen benötigen.

»Die Unvollkommenheit, die uns trennt, ist nicht annähernd so groß wie die Unvollkommenheit, die uns verbindet« (frei nach Franz Werfel).

---

7 Stanisław Wyrzykowski, ein bekannter Kritiker und Literat, der mit Żeromski in engem Kontakt stand.

27.7.1916. Die Menschen ganzheitlich, als lebende Wesen betrachten oder nur im Hinblick darauf, was sie in der Ökonomie dieser Welt, in ihrer »Maschinerie« leisten können – das sind zwei gegensätzliche Sichtweisen: Man muß zwischen ihnen wählen.

4.8.1916. ›MADAME BOVARY‹. Emmas Tod ist eine Folge ihrer Verschwendungssucht, nicht ihrer amourösen Entgleisungen. Daher der Vorwurf: Wo bleibt da die künstlerische *Logik*? Doch ich antworte: Die Verschwendungssucht ist ein Symptom desselben psychischen Faktors wie jene Abenteuer; es handelt sich um parallele, oder besser: um untrennbar miteinander verbundene Dinge; aus Emmas Verschwendungssucht und deren spezifischen Manifestationsformen schließt ein guter Psychologe, daß sie Geliebte hat. Darauf beruht das, was die Franzosen bezeichnen als *un personnage qui se tient*; ein Gefühl für derartiges haben namentlich Balzac und Flaubert. *Es gibt* also eine Logik: Der Tod der Heldin ist eine Folge ihrer *Natur*, die sich *unter anderem* in amourösen Entgleisungen manifestiert (wenn uns auch diese im Roman natürlich am meisten interessieren).

9.8.1916. Lernen, die Menschen unter dem Gesichtspunkt einer *Komik* im großen Stil zu betrachten, die unerbittlich die Begrenztheit und Determiniertheit des einzelnen in ihrer Extremform aufzeigt: im Automatismus. *Jeden* kann man so betrachten, obwohl nicht jeder dauernd so ist.

PSYCHOLOGIE DES NACHGEBENS BEI GERINGEREN VERSUCHUNGEN. Es wäre leicht, sich zu überwinden, aber gerade diese Leichtigkeit führt uns in die Irre. Da ist eine kleine Versuchung; ein unerledigter, nicht abreagierter psychischer Prozeß; wir reagieren ihn ab, indem wir nachgeben. Wenn zum Sich-Überwinden eine schmerzhafte, auf einen bestimmten Augenblick konzentrierte Anstrengung nötig wäre, dann stellte *diese* das Abreagieren dar, und ein Nachgeben wäre nicht mehr nötig.

13.8.1916. Allen Lebensweisen die gleiche Anerkennung? Aber ich bin doch tragisch in der meinen eingeschlossen, eingemauert! Und das führt zum *Kampf* mit den anderen!

In wessen Namen soll ich jedoch diesen Kampf führen, wenn mir klar ist, daß meine Einseitigkeit erstens determiniert ist, zweitens nicht besser ist als andere und ich drittens unter ihr leide? Und dennoch ist ein solcher Kampf eine Notwendigkeit.

(Ohne Datum). Ein Vaterland, dessen höchstes Ideal es ist, zu *dauern*, wird keine Liebe erwecken.

»Die Götter sind sein Lächeln, und seine Tränen die Völker der sterblichen Menschen« (Orphik).

21.2.1917. »Wer viel lernt, der muß viel leiden« (Prediger 1,18). Doch das läßt sich auch sinnvoll umkehren: Wer mein Leid vergrößert, der vergrößert mein Wissen beträchtlich.

16.3.1917. *Le génie n'est qu'une longue audace.*

Das Wesen der Mystik liegt im Überschreiten der Kategorie des Seins. »Ist« und »ist nicht« verlieren ihre Bedeutung. [KD]

WEISHEIT. Ist die Weisheit die von der ungetrübten Erkenntnis ermöglichte Beherrschung der Affekte oder die von der Herrschaft über die Affekte ermöglichte ungetrübte Erkenntnis? Was ist hier primär und was sekundär?

Anläßlich von Rollands Optimismus und anderer ähnlicher Erscheinungen (Maeterlinck und der Postdekadentismus).

Man muß es verstehen, sich dem Glauben *zu widersetzen*, daß man aus allem etwas Gutes extrahieren könne, daß man nur weise, *das heißt* verständnisvoll (eine solche Gleichsetzung ist bezeichnend für diese Konzeption) hinsehen müsse, und das Gute werde zum Wesen der Wirklichkeit und des menschlichen Lebens. Den Mut haben zu denken: »Das letzte Wort kann hier ebensogut das Böse haben«; diesen Mut hatte Tacitus. So über die Politik denken (das ist einfach!), doch ebenso über die Liebe, über die Frau, die man liebt ...

Daß er seine Reflexe beherrscht, macht einen Menschen im Grunde kein bißchen besser oder edler. Denn was hilft es, daß ich meine Reaktionen unterdrücke, wenn dieser Reflex in mir entstanden ist, sich meine Phantasie mit eben diesem Objekt befaßt hat, mein Begehren sich zu ihm hinziehen ließ, mein ganzes Wesen, wie Wasser im Vakuum, in eben diese Richtung stürzte! Was ich *wirklich bin*, ist durch diesen Prozeß bereits vollständig bestimmt; eine spätere Beherrschung kann nur noch praktische Bedeutung haben. Beherrschung ist nicht genug, nötig ist eine *Umgestaltung*. Eine Erschütterung, die die Seele zerschlägt und aus ihr etwas völlig anderes macht. Andere Gegenstände ziehen sie an, andere Wünsche entstehen in ihr. Und dafür ist keinerlei Wunder notwendig. Durch eine Art Filtrierung oder Katharsis wird eine Reihe anfangs ziemlich trüber natürlicher Instinkte zu einer Quelle von Werten: Machthunger, Ruhmbegierde, sinnliche Liebe. Es kommt zu einer Art *amorçage*, zu einem Ködern durch ein sehr mittelmäßiges Ziel, dann verschwindet dieses Ziel und meine Bewegung am Haken muß, um sinnvoll zu bleiben, sich ein höheres Ziel zurechtmachen, das nicht mehr mittelmäßig ist. Ein subtileres Beispiel: der Egotismus. Den gesamten Inhalt, der mich bis jetzt als meiner gefangenhielt, kann ich heute, nach meiner Verwandlung, als Inhalt der Welt wahrnehmen: Eine Wende, die ebenso radikal wie einfach ist.

10.4.1917. Unser Urteil über einen Menschen ist ein erheblicher Faktor bei der Gestaltung dieses Menschen. Der Mensch ist nicht Vollendetes – und kennt sich selber nicht. Was ich, durch meine Interpretation, aus seinem Inneren ans Tageslicht befördere, kann für ihn als Bestimmung des eigenen Wesens maßgeblich werden.

(April 1917). Goethe: Was mir bei ihm verhaßt ist, ist seine Zufriedenheit mit allem, seine geistige Sattheit. Wo gibt es aber ein Gegengewicht zu ihm? Wer ist ihm gleich und frei von dieser unangenehmen Beimischung? [KD]

21.5.1917. DER CHARAKTER MEINES DENKENS. Er ist *nicht durch das Erkennen geprägt*: Von vornherein bin ich sicher, daß ich zur Erkenntnis – der unumstößlichen Art – nicht gelangen werde. Vielleicht eher: ein Heraussuchen dessen, was schön ist in der Welt, und ein Zusammenfügen dieser Elemente zu einem Bild, das nicht den Anspruch erhebt, das Ganze widerzuspiegeln? Doch auch das ist es nicht: Schließlich berücksichtige ich ebenso unangenehmere Aspekte.

»*La houle des océans du mal.* Das Gute ist eine Insel, die von ihr ewig unterspült wird.« Das schrieb ich an der Front; heute habe ich es wiedergefunden. Leider taucht in den letzten Jahren immer deutlicher ein neuer Pessimismus an die Oberfläche meines Bewußtseins empor – ein neuer, denn diesmal ist es ein ethischer.

Die Leugnung des Ichs durch die phänomenistische Analyse und auf der anderen Seite die Notwendigkeit, es als ethisches Subjekt gelten zu lassen: damit muß man fertig werden. Wenn dieses Subjekt sich mit keinem »Ich« deckt, dann muß man ein Ich *konstruieren*; ohne es kommen wir nicht zurecht.

Es gab Zeiten, da geborene Dichter zu Rhetoren wurden, Philosophen zu Exegeten und Bildhauer zu Malern (oder umgekehrt); und doch ist das, was in ihnen steckte, irgendwie wirklich, plastisch geworden, und irgendwie »mußte es gehen«.

21.5.1917. Man täusche sich nicht, daß man für die Ewigkeit arbeitet: Alle schönen Taten haben ihr Ende. Und man darf keine Einrichtungen schaffen, Staaten oder Kirchen gründen mit dem Anspruch, daß sie blühen und bis ins Unendliche weiterwachsen sollen.

22.5.1917. Über den Charakter der Epoche entscheidet nicht das, was in ihr geschieht, sondern das, was die Zeitgenossen davon ins Bewußtsein aufnehmen. [KD]

29.5.1917. Was schafft eine »starke Persönlichkeit«? Ist es nicht die Kraft des Unbewußten? [KD]

»Staat und Kultur«: In dieser Zusammenstellung verbindet das »und« ungleichrangige Dinge. Die Kultur ist ein Wert an sich; der Staat schöpft seinen Daseinszweck aus seiner Unterordnung unter etwas anderes.

Die Politik und das Erledigen von Staatsgeschäften sind in einem Land ebenso erforderlich wie in einem Haushalt das Bohnern der Fußböden oder das Stopfen der Socken. Doch zum Lebensinhalt sollten diese Dinge nicht werden: Das wäre ganz so, als wenn man die Socken ständig stopfen und niemals tragen würde. Und daher habe ich für Menschen, die aus der Politik ihren Lebensinhalt machen, entweder Mitgefühl oder Verachtung übrig: Mitgefühl, wenn sie sich aufopfern, Verachtung, wenn sie ihr Metier gern ausüben. Politiker sind laut und arrogant, doch im Grunde genommen handelt es sich bei ihnen um Hausmütterchen auf nationaler Ebene: Socken zu stopfen und Fußböden zu bohnern macht ihnen große Freude.

Es gehört zur Würde des Menschen, daß er selbst für eine kleine Sünde mit allem bezahlt und mit dem GESETZ nicht zu diskutieren versucht.

(Frühling/Sommer 1917). Nicht zu verstehen, nicht verstehen *zu wollen*, kann zuweilen ein Gebot der Selbsterhaltung von überragender Bedeutung und Mächtigkeit sein.

Auf jedem Gebiet des Lebens sind die großen und die kleinen Seiten der Dinge untrennbar verbunden: in der Politik, in der Liebe, in der Literatur. Wer die einen will, muß auch die anderen in Kauf nehmen. Der Politiker muß ein wenig Rüpel sein, der Verliebte ein wenig Hampelmann, der Schriftsteller ein noch viel größerer Hampelmann. Der Verliebte an der Schnur seiner Dame. Der Schriftsteller an der Schnur von Kräften und Faktoren, die wenig weiblichen Charme besitzen.

(Sommer 1917). »Der Sophismus, der meinen Untergang verschuldete, ist den meisten Menschen eigen, die darüber klagen, nicht genug Kraft zu haben, wenn es schon zu spät ist, sie anzuwenden. Die Tugend wird uns nur durch eigene Schuld so schwer, und wenn wir immer vernünftig sein wollten, würden wir es selten nötig haben, tugendhaft zu sein. Aber leicht zu besiegende Triebe reißen uns widerstandslos fort (*nous entraînent*), wir geben leichten Versuchungen nach, deren Gefahr wir verachten. Unmerklich geraten wir in gefährliche Umstände, vor denen wir uns leicht hätten bewahren können, denen wir uns aber ohne heldenhafte Anstrengungen, vor welchen wir zurückbeben, nicht mehr zu entziehen vermögen, und so sinken wir denn schließlich in den Abgrund hinab und sprechen zu Gott: ›Warum hast du mich so schwach gemacht?‹ Er aber antwortet unserem Gewissen: ›Ich habe dich zu schwach gemacht, aus dem Abgrund emporzuklettern, da ich dich stark genug gemacht hatte, nicht hineinzustürzen‹« (Jean Jacques Rousseau: ›Bekenntnisse‹, übertragen von Ernst Hardt, Frankfurt/M. 1955, S. 81 f.).

Die Prosa ist nicht ohne Tadel, doch die Analyse hervorragend. Und die moralische Lehre gilt für ein ganzes Leben.

9.8.1917. »Das verstehe ich nicht, was für dummes Zeug!« (Heute, am 9. August 1917, aus dem Mund eines zehnjährigen Mädchens gehört.)

Fünfundzwanzigjährige sind zu derartigem auch imstande. Überhaupt hat die Frau, wenn sie nicht versteht, was man ihr sagt, zwei Reaktionsmöglichkeiten: Dies ist die normale. Wenn sie aber am Gesprächspartner Interesse hat, dann sagt sie: »Wie klug Sie sind!«

(Ohne Datum). Über den Wert eines Buchs entscheidet nicht nur das, was in ihm steht, sondern auch das, was unter den jeweiligen Umständen leicht dort hätte stehen können, jedoch nicht vorkommt. Ehre gebührt dem Autor, der sein Material beherrscht und Kraft genug besitzt, sich vor einer Überflutung zu schützen.

Verachte dich nicht, weil du die Schlacht verloren hast. Es bedarf der Kraft, selbst dorthin vorzudringen, wo Schlachten verloren werden. [KD]

Der Künstler drückt sich selbst aus? Richtig; doch er ist selbst nichts anderes als eine Linse, ein Mikrokosmos, in dem die Strahlen des Makrokosmos zusammentreffen und sich brechen. Das »Ich« ist ohne Stoff und Inhalt; es ist eine Form und eine gewisse Kraft; in diese Form fließt aller Inhalt von außen, und die Kraft gestaltet ihn gemäß den Erfordernissen der individuellen Form. Was der Künstler ausdrückt, sind nicht seine Erlebnisse (die sind *der Stoff, das Rohmaterial*), sondern die Gesetze, nach denen sein Bewußtsein die Welt auf eigene Weise rekonstruiert. Ist das Subjektivismus? Durchaus; doch ein *strenger* Subjektivismus.

26.1.1918. Die alte Frage »Soll man eher Furcht oder Liebe erwecken?« würde ich im Hinblick auf die praktische Nützlichkeit zugunsten der Furcht entscheiden. Wer dich fürchtet, wird tun, was du willst, »denn sonst geht es ihm schlecht«. Wer dich liebt, wird immer tausend Wege finden, sich selbst und dir zu erklären, warum das, was er will, auch für dich nützlich und gut sei.

29.1.1918. Ich habe mir einmal etwas notiert über die »Psychologie des Nachgebens bei Versuchungen«. Heute sehe ich, daß Höffding (in der ›Psychologie in Umrissen auf Grundlage der Erfahrung‹) schreibt, eine Versuchung müsse sehr stark werden, bevor sie überwunden werden könne. Genau das gleiche wie in meiner Notiz. Denn es war ja tatsächlich so, daß ich häufiger leichten Versuchungen nachgab, die mir nicht wichtig waren und deren Tragweite ich nicht erkannte: Bei ihnen schlief der Wille; starke Versuchungen riefen eine heftige Reaktion hervor.

Ebenfalls bei Höffding ein Zitat aus ›Corinna oder Italien‹[8]: »Wenn wir leiden, glauben wir leicht, wir seien schuldig, und heftige Anfälle von Traurigkeit belasten gar das Gewissen.« Das geht mich ganz persönlich an: Eine unerhörte Neigung, an die eigene Schuld zu glauben – zuweilen entgegen dem, was offensichtlich der Fall ist –, gehört zu den Eigentümlichkeiten meiner Natur. Ob sich das jedoch, mit Höffding, als Phänomen der bloßen Ausdehnung eines schmerzvollen Gefühlszustandes erklären läßt? Ich würde es vielleicht anders erklären, wobei ich auf spezifisch moralischem Gebiet bliebe: Es ist mir *früher einmal* passiert, schuldig zu sein, und dadurch ist mein Selbstbewußtsein auf diesem Gebiet ein für allemal erschüttert. Und sobald meine Widerstandskraft durch Leiden geschwächt ist, bin ich – entgegen den Tatsachen – bereit, an meine Schuld zu glauben.

13.2.1918. ÜBER DIE KUNST DER BEEINFLUSSUNG; NICHT ALLZU MORALISCH. Wenn wir den Willen eines anderen Menschen in die von uns gewünschte Richtung lenken wollen, ist es besser, ihm eine Reihe von Scheingründen anzubieten, als den wirklichen zu enthüllen. Dabei rede ich gar nicht davon, daß der wirkliche Grund meistens egoistischer Natur ist, und selbst wenn nicht, so doch fast immer unsere Individualität widerspiegelt, also nur begrenztes Gewicht hat – es gibt noch andere Argumente. Erstens: Wer seinen wirklichen Grund enthüllt, hat mit wenigen Worten alles gesagt, hat seine Karten aufgedeckt und nichts mehr hinzuzufügen. Um auf den Willen des anderen einzuwirken, ist es indes erforderlich, vielmals auf ihn einzudringen, ihn von dieser, von jener und noch einmal von dieser Seite zu erschüttern; der

---

8 Von Madame de Staël.

erste Stoß, so heftig er auch sein mag, zeigt keine Wirkung; man muß schrittweise, mit vielen kleinen Erschütterungen den gewünschten Gefühlszustand hervorrufen und dadurch auf den Willen einwirken. Zweites Argument: die Suggestionskraft, die im Unausgesprochenen, im Geheimnisvollen liegt. Wenn der wahre Grund erst einmal enthüllt ist, gibt es darüber hinaus nichts Weiteres mehr; dein Partner hat dich völlig erkannt und ist bereit zu sagen: »Was? Das ist alles?« Wenn du dagegen den wahren verbirgst und tausend Scheingründe anführst, wird dein Partner genau spüren, daß du etwas Allertiefstes, Endgültiges für dich behältst; dies nimmt in seiner Vorstellung riesenhafte Ausmaße an, und entsprechend wächst in seiner Vorstellung auch du. Ganz zu schweigen davon, daß die kurze Darlegung seines wahren Grundes als Beweis einer lauen Überzeugung verstanden werden kann; daß ich von meiner Angelegenheit, wie man sagt, »durchdrungen« bin, glauben die Leute, wenn ich viele Argumente verschiedenster Art von mir gebe und die unterschiedlichsten Dinge mit ihr in Verbindung bringe.

Das war (dem Shakespearschen) Mark Anton wohl bewußt, nicht jedoch Brutus. Moralisten neigen hier überhaupt zum Irrtum. Auf lange Sicht mag der so von ihnen gesäte Samen sogar aufgehen; die Zivilcourage, die im Aussprechen der nackten Wahrheit liegt, die strenge Sachlichkeit, sich auf das Wesentliche zu beschränken: *auch das* sind Kräfte; doch eine unmittelbare Wirkung haben sie nicht. Ich selbst hatte diesen Anspruch: meinen wesentlichen Grund ohne etwas hinzuzufügen oder zu verbergen, in seiner ganzen individuellen »Relativität« so genau wie möglich darzulegen; und einige Male habe ich es auch, nicht ohne Anstrengung, getan. Doch mein Gegner, selbst ein Egoist und in seinen Gründen mehr als bedingt, unterließ es nie, sich auf den Egoismus und die Bedingtheit des meinen zu stürzen und mich bei allem, was heilig ist, niederzumachen: »Ist das die Möglichkeit? Wie kann man nur so sein? Ein solcher Zyniker, ein solches Ungeheuer!« Nein, verratet nie ehrlich eure Gründe!

Wir verspüren niemals das Bedürfnis, uns vollständiger Siege zu rühmen; stets nur unserer Teilerfolge, besonders solcher, die im Rahmen einer umfassenderen Niederlage errungen wurden. Wer sich rühmt, gibt damit schon beinahe zu, daß er verloren hat. Der Grund dafür ist, daß man das Bedürfnis verspürt, sich durch das Vergegenwärtigen seiner Teilerfolge zu trösten oder durch den Hinweis auf sie den Eindruck auszulöschen, den die eigene Niederlage bei anderen hinterlassen hat.

Wien, 15.5.1918. Abends – leider in der Volksoper – ›RHEINGOLD‹. Eine schwache Aufführung; und sicherlich ist sie dafür verantwortlich, daß ich hauptsächlich die Schwachpunkte des Werks empfand. Der erste besteht in seiner Langatmigkeit: zu lange Erzählpassagen, Szenen ohne Bedeutung für die Handlung, die übermäßig ausgeführt sind; Wiederholung von Effekten ohne Abstufung; Situationen, von denen man von vornherein weiß, wie sie ausgehen, werden in die Länge gezogen (wie Alberich der Hort genommen wird; ebenso, wie mir scheint, das Werben um Freia). Was die Musik betrifft, so würde vielleicht auch sie durch Kürzungen gewinnen; doch kann man sich diese Musik mit ihren großartigen Zügen überhaupt ohne Übermaß vorstellen? Keinerlei Eindruck hinterließ das schlecht vorgetragene ›Nur wer der Liebe Macht entsagt‹; hervorragend gelungen dagegen das Riesenmotiv in dem Moment, als Fafner und Fasolt auftreten (sollten sich die ehrenwerten Ausführenden hier etwa unter ihresgleichen gefühlt haben?). – Zweiter Mangel: Zur Intention des Werks paßt nicht die furchtbar grobe Materialität der Handlung (am deutlichsten in der Beraubung Alberichs); die Schwierigkeit liegt bereits darin, alte brutale Mythen zum Ausdruck eines religiös-metaphysischen Inhalts zu verwenden, doch Wagner macht die Sache noch schlimmer, indem er jene Materialität so aufdringlich vor Augen führt und einem keine Einzelheit erspart. Dritter Mangel: *Moralisch* grob kam mir (vielleicht infolge des ordinären Spiels) die erste Szene vor, wo die Rheintöchter Alberich, ganz im Stil der abendlichen Kärtnerstraße, ansprechen und necken. – Dagegen erscheint mir die geradezu humoristische Wankelmütigkeit und allgemeine *Schwäche* Wotans nicht als Fehler; sie lehrt, daß hehre Ansprüche und ein bei ihrer Umsetzung konsequenter Wille selten gemeinsam vorkommen – und das ist wahr.

21.5.1918. Ich empfinde immer mehr die Gefährlichkeit Goethes als erzieherisches Vorbild. Erstens: Er ist unerreichbar, ein Glücksfall, der sich einmal in tausend Jahren ereignet, bei dem die Veranlagung des Menschen und die äußeren Bedingungen so vollkommen übereinstimmen, daß sie einen großen Akkord ohne Dissonanzen ergeben. Zweitens: Der Inhalt dieses Vorbilds selbst, »die Fülle des Lebens«, der »Paganismus«, der »schöne Genuß«; das alles kann auf Holzwege führen. Geschwächte Willensanspannung, geringe asketische Anstrengung; die Versuchung der allzu großen Toleranz den sinnlichen, hedonistischen Seiten des Lebens gegenüber. Zum Vorbild sollte man sich eher Menschen nehmen, die erbitterter *kämpfen mußten*, und zwar unter Bedingungen, die den unseren mehr ähneln. Menschen, deren Programm *etwas Bestimmtes bewirken* wollte, die Lösung von Problemen – und die sich einschränken mußten, einschränken ... [KD]

»In der Welt ist nichts als Pöbel. Die Wenigen finden nur dann eine Stelle darin, wenn die Vielen keine Stütze haben, an die sie sich lehnen können« (Machiavelli, ›Der Fürst‹, übersetzt von Gottlob Regis, Stuttgart/Tübingen 1842, Kap. XVIII, S. 73).

Brutal angewendet: Der Idealismus eines Mickiewicz und Słowacki fand deswegen Gehör, weil unser Schlachta-Pöbel ihn als Argument benötigte, um gegenüber den Teilungsmächten auf seine Rechte zu pochen. Weniger Gewalt tue ich mir an, wenn ich sage: So war es mit der französischen Philosophie des 18. Jahrhunderts, vor der Revolution.

Denkst du uneigennützig, gerät dein Denken immer in Vergessenheit, wenn es nicht zufällig zur Waffe in den Händen einer kämpfenden Partei wird.

Boissier stellt in ›La fin du paganisme‹ bei der Besprechung der Auseinandersetzung im Senat über den Altar der Viktoria die Frage, in wem die Gewissensfreiheit damals ihren *wirklichen* Fürsprecher hatte: in Ambrosius oder in Symmachus. Darauf mag man versucht sein zu antworten, das sei nicht wichtig: Auf welche Ideen man sich beruft, hänge von der Situation ab; wer unter den gegebenen Umständen aus einer bestimmten Idee Profit schlagen kann, der führe sie als Argument an. Soweit die pessimistische Auffassung. Kann man aber, selbst wenn man der Hypothese zustimmt, daß so stets die *Entstehung* von Ideen beschaffen ist, nicht annehmen, daß eine Idee, wenn sie einmal entstanden ist, ein selbständiges Leben gewinnt und zu einer auf eigene Rechnung operierenden Kraft wird? Leconte de Lisle unterschrieb angeblich eine Petition für die Aufhebung der Sklaverei auf La Réunion, was für ihn den Ruin bedeutete. Natürlich wird so jemand am Ende immer der Dumme sein, denn unter den Anhängern einer Idee werden stets diejenigen die Mehrzahl bilden, die Vorteil aus ihr ziehen; wer kein Eigeninteresse verfolgt, ist dazu gut, daß man sich vor der Welt mit ihm brüstet. Aber war es wirklich so dumm von ihm, daß er sich von der Idee mitreißen ließ und ihre sachliche Begründung zu erfassen vermochte? Verliert die Gewissensfreiheit ihren objektiven Wert, weil ein karrierebesessener Publizist Nutzen aus ihr zieht, oder verliert ihn die nationale Idee, weil heutzutage Krämerseelen versuchen, sie in Beschlag zu nehmen?

23.5.1918. Wyspiański: Ist er nun ein Dichter »der Nation« oder der Menschheit allgemein? Für Wyspiański sind Vaterland und Volk *Probleme*; »hat es Sinn, ein Volk zu sein?« so charakterisiert Brzozowski den Inhalt mancher der späteren Werke Wyspiańskis. »Und sei's als Opfer für das Volk«, es ist uns nicht erlaubt, die »heilige Kraft« aufzugeben, die uns für etwas völlig anderes gegeben wurde. So in der ›Befreiung‹; und in der ›Achilleis‹ empfinden Achilles und Hektor ihre jeweilige Volkszugehörigkeit, jeder zu seinem Volk, zumindest als ein Hemmnis; die Republik der Edlen reicht über diese unwesentlichen Grenzen hinaus. Für Hektor aus der ›Akropolis‹ ist das Vaterland das beflügelnde Ideal; aber in der ›Warschauerin‹ [Warszawianka] ist es ein Gespenst, und in der ›Novembernacht‹ [Noc listopadowa] führt der Dienst fürs Vaterland zur Mißachtung der moralischen Rücksichten. Hier *ist* das Problem, aktuell und kraß; und Wyspiański ist ein Dichter dieses Problems. [KD]

24.5.1918. Ich habe einmal behauptet, die sog. Kraft der Individualität habe ihre Quelle in der Kraft der unbewußten Instinkte, die den Menschen bewegen. Das läßt sich folgendermaßen begründen: Was unbewußt ist, steht nicht zur Diskussion; Handlungen, die aus dem Unbewußten fließen, kann sich das Individuum einfach nicht anders *vorstellen*. Also rechtfertigt es sie auch nicht vor sich selbst, und das ist ein Gewinn, kein Verlust: Die Einheitlichkeit und Sicherheit des Handelns wird so durch nichts beeinträchtigt.

PARADOXA ÜBER DIE SELBSTBESTIMMUNG DER VÖLKER. Man sagt: Das Volk hat das Recht, über sich selbst zu bestimmen. Aber was ist das Volk? Sowohl die gegenwärtigen als auch die vergangenen und die künftigen Generationen. Bei Einzelentscheidungen kommt jedoch nur die gegenwärtige Generation zu Wort. Also: Verpflichtet eine solche Entscheidung auch die künftigen Generationen? Nehmen wir an, nein: Dann garantiert nichts die Beständigkeit weder der Politik noch der höchst grundsätzlichen Richtung der *Geschichte* des Volkes: Das Volk, sagen wir das slowakische, kann sich heute an Polen anschließen, morgen an die Tschechei, übermorgen an Ungarn, und wieder steht alles in jeder Generation unter einem Fragezeichen. Nehmen wir dagegen an, ja: So gibt es eine andere Schwierigkeit: Gab eine Generation die Richtung an, wo bleibt dann die Selbstbestimmung der folgenden Generationen? Wir bestimmen heute, sagen wir, über das Schicksal unserer Nachkommen nur dadurch, daß wir ihnen in der Zeitfolge voraus sind: Dieses Recht ist schwach! In der Praxis sieht es wiederum wie folgt aus: In der Vergangenheit wurden

Entscheidungen gefällt, die den unsrigen von heute widersprechen; unsere Generation annulliert jene, erwartet aber Folgsamkeit von den Nachkommen für diese. Wie sieht das also, nüchtern betrachtet, aus: Wir sind an die Entscheidungen unserer Vorfahren nicht gebunden, unsere Nachkommen aber sollen an die unseren gebunden sein? Die Generation fühlt sich im Recht, den Nachkommen aufzuzwingen, was sie sich selbst von den Vorfahren nicht hat aufzwingen lassen? Logisch ist das wahrlich nicht in Ordnung – und moralisch doch sicher auch nicht. [KD]

»Wenn man die Sünden allzusehr haßt, liebt man die Menschen nicht.« So spricht nicht jemand, der der »Gefühlsduselei« verdächtig wäre, sondern Thrasea bei Plinius dem Jüngeren (›Epist.‹ VIII 22).

25.5.1918. Abends ›Rheingold‹ in der Großen Oper. Ich korrigiere meinen Eindruck: Es war schön. [KD]

27.5.1918. »Warum um Rechte kämpfen, wenn allein derjenige zählt, der sich vom Recht befreit?« – So spricht der »unverantwortliche Ästhet« von der Sorte, wie es sie vor dem Krieg so zahlreich gab. Aber ist nicht etwas von diesen »unverantwortlichen Ästheten« auch heute noch in uns zurückgeblieben?

29.5.1918. APOSTEL DER LIEBE. Wenn dir Paul in den Ohren liegt: »Liebe die Menschen«, dann bedeutet das nur allzu häufig »Liebe Paul, sei sein Bruder«. Groß wird seine Verwunderung sein, wenn es dir einfällt, diesen Hinweis auch auf Peter anzuwenden, mit dem Paul wegen dreier Groschen im Streit liegt.

6.6.1918. Was die Grundlagen des Materialismus von Strindberg wert waren, sieht man an seiner Bekehrung. *Memento*: menschliche Überzeugungen sind Sand; der Wind weht sie herbei, der Wind weht sie davon. [KD]

7.6.1918. Variationen zu einem bekannten Thema. Ein wenig Koketterie betört den Mann und bringt ihn womöglich zur Kapitulation; viel Koketterie rettet ihn. [KD]

Von einer kleinen Portion Dummheit fühlst du dich verstimmt und krank; von einer großen – kommst du zu dir. [KD]

Warum faßt man allgemein die physiologischen Erscheinungen als Bedingungen der psychischen auf und nicht umgekehrt? Neben vielen anderen, wichtigeren Gründen wohl auch deswegen: Physiologische Fakten lassen sich mit verständlichen, eindeutigen Worten beschreiben, psychologische nicht; das Physiologische ist gewissermaßen in der Sprache »verwurzelt«, ist solider. Doch falls jemand die Gabe hat, psychische Fakten so zu beschreiben, daß jeder sie wiedererkennt, wenn er in seiner Erfahrung auf sie stößt, dann ist *für ihn* dieses Privileg nicht mehr vorhanden. Diese Gabe haben häufig große Schriftsteller; daher ist ihre Neigung, an die grundlegende Rolle des Physiologischen zu glauben, sehr gering.

9.6.1918. DIE KAISERLICHE GALERIE. Warum hasse ich Rubens? Etwa für seine Üppigkeit, vor der sich meine im Leben schwächliche, im Kreativen dem Ziselieren zuneigende Natur ängstlich zusammenkrümmen würde? Nein, denn woanders – bei den Griechen, bei Tizian oder bei Shakespeare – *liebe* ich doch das Üppige (und nicht so wie Fräulein Lulu Schillerlocken »liebt«, die es momentan nicht gibt). Für diese Beimischung des Ordinären, durch die sich die Rubenssche Üppigkeit so fatal von der Tizianschen unterscheidet? So meinte ich eine Zeitlang. Doch heute habe ich ›Das Fest des Bohnenkönigs‹ von Jordaens betrachtet, wo man schreit, frißt, sich übergibt und die Weiblein beim Kinn faßt – und ich war begeistert; es ist also nicht einfach das Ordinäre. Eher schon das: Bei Rubens gibt sich das Ordinäre als Erhabenheit, als Gipfel des Lebens. Bei Jordaens amüsieren sich die Kleinbürger, sie erheben keinerlei Anspruch: Sie sind *franche-*

ment canaille, Punkt, und der nachsichtige Künstler findet Gefallen daran und hält sie für nichts Besseres. Rubens dagegen malt gewissermaßen ein Ideal, ein Musterbild des Lebens, und in dieses Ideal fügt er das Ordinäre als Bestandteil ein. Wobei er triumphierend ausruft: »Seht her, seht her, so und nicht anders sieht es aus: das großartige Leben, das Leben auf dem Gipfel!« Er singt das Lied des Sieges, doch dieser Sieg ist ein Sieg der ungezügelten Vitalität, von Körpern, in denen niemals Seelen wohnten; ein Sieg des Reichs, ein Sieg der Mächtigen, ein Sieg des römischen Schwerts. Sein Romkult ist ein Kult der Gewalt, des Machthabens, der Unterdrückung und des Hochmuts; niemals werde ich den Gestus und die Bewegung vergessen, mit welcher ein Soldat in der ›Leichenfeier des Decius‹ eine Frau an den Haaren wegschleppt; wie sehr man hier spürt, daß der Schöpfer des Bildes sich von ganzem Herzen mit ihm identifiziert! Heute wieder dieser phantastische »Held« zwischen Minerva und einer Art Nike, die ihn bekränzt. Ein Feind lebendig, gefesselt; zwei andere tot; von denen wiederum einer mit dem Gesicht nach oben liegend, und auf dieses Gesicht hat der »Held« seinen Fuß gestellt. Den bekannten Rubenschen Effekt der blitzenden Rüstung und des Scharlachmantels haben wir hier in der allergroßartigsten Ausführung vor uns; rote Lichter spielen auf dem Stahl des Panzers, auf dem Schild spiegelt sich Minervas Donnerkeil; alles ruft mit einer Stimme: »*Vae victis!*« Rubens fühlt sich zugehörig zur Rasse der Sieger, der mit dem Recht des Stärkeren Herrschenden. Und die Herrschenden, sie gehen einher in Gold und Brokat, trinken Rebensaft, umarmen und drücken die prächtigsten Frauen und lachen über die Spekulationen, die irgendwo da unten, unter ihren Füßen, die Besiegten und Schwachen betreiben. Ist das, was sich in mir voller Haß empört, also vielleicht meine Zugehörigkeit zur Rasse derjenigen, die es nicht verstehen draufzuschlagen und umzuhauen? Das oben erklingende Lachen der Sieger ruft ein Echo des Abscheus unter den Ruhigen und Versonnenen hervor, die sich eine Welt ohne Fanfaren und dieses ganze Posaunenorchester wünschen würden.

Kunst? Durchaus! In dieser seelenlosen Herrlichkeit liegt etwas Geniales. Es ist dies ein seltener, sehr komplexer, eigentümlicher Zusammenklang, in dem Vulgarität und großartige Repräsentation in eins verschmelzen. Über einer Orgie von Satyrn und Mädchen breiten Putten mit Schwung den königlichen Purpur aus; die Weintraube ist zugleich das Symbol der Ausschweifung und so etwas wie eine diese adelnde Pracht.

Außer dem ›Venusfest‹, das ich näher betrachtete als beim letzten Mal, sah ich mir an: den ›Ildefonso-Altar‹, die ›Heilige Familie unter dem Apfelbaum‹, ›Theodosius‹, das ›Selbstporträt‹, das ›Pelzchen‹, ›Angelika und den Einsiedler‹, jenen Held mit der Minerva und den großartigen Kopf der Medusa. Rubens' religiöse Malerei ist ein reiner Hohn; weder in der ›Heiligen Familie‹ noch im ›Altar‹ gibt es eine Spur von Religiosität; im Betstuhl sinnt die Frau des Statthalters über die Würden ihres fürstlichen Gemahls nach; beide Madonnen (die auf dem Altar besitzt eine Hofdame!) erinnern in nichts mehr an die Muttergottes; der kleine Täufer faltet die Hände, weil man es ihm so beibringt, und der kleine Jesus scheint, wie Eva, im Apfel das höchste Lebensgut zu erblicken. Doch was soll man sagen? Durch seinen Glanz und seine Farben ist das letztere Bild – blendend!

Begeistert hat mich der Kopf der Medusa, angeblich hauptsächlich eine Arbeit von Snyders (wenn auch der Einfall wohl sicherlich die mächtigere Einbildungskraft des anderen verrät). Dieser Realismus des verwesenden Gesichts! Schlangen – die einen aus den Haaren, die anderen aus dem Blut, von dem jeder Tropfen seine Otter gebiert –, Schlangen, die stählern, golden oder kupfern glänzen und solche von der Farbe des Grünspans kriechen in alle Richtungen davon, um nun ein eigenes Leben zu führen; die jüngsten sind wie kleine Würmer, winzig, zart und rosa; ein phantastisches Wesen mit Köpfen an beiden Enden ist zu sehen, ebenso einige Spinnen und ein Skorpion. Mir fiel ein Homerischer Vers ein über Fische, die herbeischwimmen, um das Fett von den Därmen abzunagen;[9]

---

9 ›Ilias‹ XXI 203 ff.

doch ist jenes reiner Realismus, dieses noch etwas darüber hinaus.

10.6.1918. Wenn sich jemand rühmt, daß er etwas Böses, das er hätte verüben können, nicht getan hat, und mit großer Beredsamkeit argumentiert, es habe sich »nicht geziemt«, »nicht gehört«, dann bedeutet das, daß er seine Tugend bereut. Er hat sein Interesse nicht verfolgt, weil er sich geniert hat; nun wurmt ihn die versäumte Gelegenheit. Folglich versucht er sich davon zu überzeugen, er habe »nicht anders gekonnt«.

17.6.1918. Gestern in der Kaiserlichen Galerie. Acht Porträts von Tizian – ein großartiges Material für den Psychologen.

Drei sind echte »Renaissancemenschen«.

Der Herzog von Parma, in der Gehbewegung eingefangen; die Hand rafft mit einer resoluten Bewegung die Falten des Mantels unterhalb der Schulter zusammen. Resolut ist auch der ganze Mensch; wenn Dummköpfe ihn aus der Ruhe bringen, wird er keine langen Umstände machen; vor allem aber ist er wohl ein »offener« Mensch: offen nämlich für alles Wertvolle, das von außen, durch den Geist oder die Augen, auf ihn kommen kann.

Benedetto Varchi. Keine Spur von Energie oder Schwung; die Pose ist ausgesucht und leger; er hat das Buch aus der Hand gelegt und denkt jetzt darüber nach; ein schöpferischer Funken läßt sich im Gesicht nicht entdecken, doch das Auge ist aufmerksam und nachdenklich; wir sehen in ihm jene höchst merkwürdige Lust der kritischen, überlegenden Intelligenz in den Augenblicken, wenn die Ideen laufen, das Denken voranschreitet, und der ganze Mensch von der Freude durchdrungen wird, daß er auf diese Weise im Einklang mit seiner wahrsten Natur, mit einem Maß an angenehmer Anstrengung, das weder zu groß noch zu klein ist, tätig sein kann. Ein Betrachter, der ein wenig in der Geschichte Bescheid weiß und etwas Phantasie besitzt, spürt in diesem Bild die ganze Horizonterweiterung der damaligen Zeit, zumindest aber denkt er ganz sicher, daß ein Humanist, der etwas auf sich hielt, genau so ausgesehen haben muß.

Jacopo Strada: im Pelz und einem schönen, farbigen »Gewand«, das an die Tracht der polnischen Schlachta erinnert (ich kenne mich mit Kleidungsstücken und ihren Bezeichnungen nicht aus), mit einer goldenen Kette auf der Brust; ein Edelmann von Kopf bis Fuß, mit einem Degen bewaffnet (den er mit Sicherheit zu gebrauchen versteht!), doch zugleich ein sanfter Mensch, der sich ganz dem Gast und seinen Schätzen unterordnet, die er diesem zeigt und für die er in ihm ebensolche Liebe erwecken möchte, wie er selbst sie fühlt; er geht ganz in seiner Rolle des Vorführenden auf, so daß er als die Hauptperson hier sicherlich nicht sich selbst ansieht, sondern diese antike Statue, die er anscheinend kürzlich irgendwo erworben hat. Liebe zur Kunst sowie vor ihr – und sicherlich *nur* vor ihr – zurücktretendes Standesbewußtsein. Die Farbenpracht ist außergewöhnlich.

Schwerfällig und eher stumpfsinnig – wenn auch die Deutschen etwas Majestätisches in ihm ausmachen – wirkt der dicke Kurfürst von Sachsen, übrigens eine erstklassige Arbeit. Am durchschnittlichsten, selbst was die Arbeit betrifft, ist sicherlich Filippo Strozzi. Keinesfalls, wie Suida es darstellt, der trotzige Aristokrat, der den Medici die Stirn bietet; eher ein schwächlicher Mensch aus einer überlebten Rasse, der nur noch zum Opfer des ersten Homo novus bestimmt ist, dessen Zähne stark genug für ihn sein werden. – Völlig ordinär dagegen ist Salvarasio: Von sich selbst eingenommen, rotgesichtig, das Barett schief auf dem Kopf, die Hand hinter dem Gürtel (man vergleiche diese Geste bei Rembrandt!), läßt er sich mit offenem Mund von seinem Negerdiener bewundern, der den in der Tat unbezahlbaren Vorteil aufweist, noch dümmer zu sein als sein Herr. Dieses Porträt ist bereits eine Satire, doch die größte Satire auf die menschliche Natur wäre es wohl – wenn es tatsächlich so gewesen sein sollte –, daß das Modell sich nicht beleidigt gefühlt hat. Unerklärlich sind mir jene Uhr auf dem Kamin und dieser grüne Stoffetzen, der so sorglos dahingeworfen ist, um eine Ecke des Bildes irgendwie mit einem passenden Fleck auszufüllen.

Die beiden letzten Porträts – wenn wir in ihnen wirklich

eine, später zerschnittene, Einheit sehen wollen – sind wohl so zu verstehen: Der Jüngling legt einen Eid ab, der Mann nimmt ihn entgegen. Der Mann hat die zusammengekniffenen Lippen und das Gesicht eines Rigoristen; er stützt sich auf etwas, das mich persönlich spontan an Wotans Lanze erinnerte. Von den hiesigen Tizianporträts hat dieses den prägnantesten Ausdruck; folglich ist es, je nachdem welche Stellung in Kunstdingen man vertritt, besser oder schlechter als jene; *mir* sind jene lieber.

Tizian war für mich lange der Maler *par excellence*; heute ist er vielleicht nicht mehr ganz so sehr »mein« Maler; dennoch habe ich diese Besichtigung unter seinem Zeichen begonnen. Wie denke ich jetzt über ihn? Nun, schlecht schneidet er sicherlich nicht ab. In religiösen Szenen ist er, bei einem gewissen – verständlichen! – Mangel an Wärme, erhaben; einen Madonnentypus hat er nicht geschaffen; in Akten und mythologischen Szenen ist er großartig, blendend; in Porträts (vielleicht mit der einzigen Ausnahme Rembrandts) übertrifft er alles.

Palma Vecchio. Wir verlassen die Höhen; doch auch hier vermag – vom Malerischen her – das eine oder andere zu begeistern, das eine oder andere zu amüsieren. Ich habe mir die ›Santa Conversazione‹ mit den hl. Johannes dem Täufer, Cölestin, Barbara und Katharina angesehen. Am wenigsten Charakter besitzt Maria; nicht allzuviel auch das Jesuskind. Der hl. Johannes führt ihm ein Lamm zu, wobei er niederkniet, das Lamm desgleichen. Von dieser symbolischen Handlung ist der hl. Cölestin übermäßig schockiert, so daß er gar mit aufgerissenen Augen nach einem Ast greift, um nicht umzufallen. Mit wahrlich größerer Noblesse verhält sich die hl. Barbara. In der bequemen Pose einer großen Dame, mit der Neugier eines ruhigen, kultivierten Salongeschöpfs gegenüber einem Wunderling blickt sie auf den Heuschreckenesser, als sei er von der Theaterbühne gesprungen; die Rechte hat sie auf ein Buch gelegt, mit buchstäblich derselben Bewegung, wie wir sie beobachten, wenn die schönen Damen in den Logen ihre Lorgnetten beiseite legen. An die Farbe der Gewänder

II Erster Weltkrieg

kann ich mich nicht mehr erinnern, hervorragend jedoch an den orangefarbenen Glanz von Katharinas Kleid und den drapierten Purpur des auf die Füße fallenden Mantels. Und woran erkannte ich (allein, ohne Hilfe!), daß es sich eben bei dieser Dame um Katharina (d. h. die Braut Christi) handelt? Wohl am Gesichtsausdruck, der sagt »Ich bin die deine«, was man bei Palma, ohne übermäßig bösen Willen, übersetzen kann mit »Ich bin die eure« (euer aller, die ihr mich anschaut). Der Kopf erinnert an eins der Porträts im selben Saal: Eine reife rotblonde Frau, *en trois quarts* mit dem Rücken zum Betrachter stehend, zeigt ihm ihre – königlichen! – Schultern und wendet den Kopf soweit um, daß ihr Gesicht gut sichtbar ist; die Hand richtet etwas am Kleid. Nur ist diese Person – wenn es sich denn um dieselbe handelt – als Katharina jünger.

Eine knappe Stunde in der Galerie Liechtenstein.

Rembrandt; zwei Selbstporträts: ein jugendliches, auf dem er ein Barett mit zwei Federn trägt, und ein späteres aus der gleichen Zeit wie das »heroische« in der Kaiserlichen Galerie. Dieses hier ist wesentlich schwächer: Man kann immer wieder hinsehen und entdeckt doch nichts. Das jugendliche dagegen ist ein Meisterstück; mich faszinierten die Augen. Ich würde sie so beschreiben: Sie blicken zwar nicht nach innen, sondern forschend auf den Betrachter; doch es handelt sich nicht um die gewöhnliche sogenannte Scharfsichtigkeit, die gleichmäßig mit aufmerksamem Blick alles durchdringt, was in das Gesichtsfeld gerät; dieser Blick *überspringt* das Oberflächliche oder Gleichgültige, um entweder irgendwo ganz in der Tiefe zu ruhen oder dort, wo er unterwegs auf etwas ihm Kongeniales trifft. – Bedenkenswert ist für mich dieses wahnhafte Sich-selbst-Abbilden, diese Aufmerksamkeit, die er sich selbst und seinen Zuständen widmet. Dies ist ein moderner Zug, zumal wir in der Art seiner Darstellung *den Grübler* spüren, den Selbstanalytiker, der ergründet und nichtet. Wir sind meilenweit von Tizian entfernt; diese Rembrandtsche Serie ist beinahe so etwas wie das ›Tagebuch‹ Amiels.

18.6.1918. Zum letztenmal in der Kaiserlichen Galerie.
In Würdigung dessen, daß mich meine Stimmung und meine Sehnsucht zu Beginn dieser Wanderschaft, als ich sehr trübsinnig war, zu Ribera geführt hatte, sah ich mir heute von neuem seine Werke an und wurde belohnt. (...) Ein Meisterstück ist vor allem der junge Jesus, der im Tempel mit den Schriftgelehrten diskutiert. Der erste Gelehrte hat eine unbezahlbare Physis: Diese Runzeln! Dieser zahnlose Mund, wie zum Schmatzen geschaffen! Diese Verbissenheit, dieses leidenschaftliche Kollationieren von Texten, um jemanden (mit etwas Schwierigem, Talmudischem, Masoretischem) zu »kontern«! Wie sehr man hier sieht, daß ein listig gewähltes Zitat eine Frage von Leben und Tod ist! Ein starker malerischer Akzent sind die schwarzen und weißen Streifen seines Gewandes vor dem Hintergrund des bräunlichen Schattens, aus dem eine weitere Gruppe hervortritt. In dieser scheint man eher bei der Nachbesprechung von etwas bereits Erörtertem. Die Satire übertreibt hier: Einer der Weisen studiert die Schrift unter der Lupe! Das Gesicht dessen, der ihm das Buch reicht, ist wie zu einem böswilligen Lachen halb verzogen (und mit einem nicht weniger böswilligen, vermute ich, hat Ribera es gemalt); ein Dritter zwängt seinen Kopf zwischen die beiden und will auch sehen, was geschrieben steht. Ein vierter Kopf, im Profil, dient nur noch dem Abschluß der Komposition. Auf der rechten Seite des Bildes Jesus; seine Absonderung erfolgt u. a. auf die Weise, daß der Mann mit der Lupe, dem sein über den Kopf gezogener Mantel herabgerutscht ist, diesen mit einer Handbewegung wieder zurechtzupft und sich und die Gruppe so wie in eine Muschel einschließt (als würde er sich von »dem da« abgrenzen). Jesus ist rot gekleidet; das ganze Licht fällt (wie es scheint, ohne einen sachlichen Grund) auf sein Gesicht; in der Hitze des Disputs ist er von seinem Sitz aufgestanden und hat die Hand belehrend erhoben. Merkwürdig ist der Kontrast zwischen dieser herrischen und beinahe bedrohlichen Bewegung und dem Gesichtsausdruck, der wegen des geöffneten Mundes etwas geradezu Dümmliches hat; da steht ein verschreckter einfacher Mensch mit häßlichen Zü-

gen, einem ungestalten Ohr, einer gemeinen Haartracht – und über all dem dieser Blick und diese erhobene Hand. (Natürlich *spricht* Jesus und *deswegen* ist sein Mund geöffnet, doch nichtsdestoweniger ist der Ausdruck so, wie ich ihn beschrieben habe, und zweifellos hat der Künstler es so *gewollt*.) Im Hintergrund zwei bereits etwas edlere Köpfe, die vielleicht zu Menschen gehören, welche nicht nur am Buchstaben kleben. Das ganze Bild, nicht zuletzt seine – für Riberas Maßstab – grellen Farbeffekte, ist höchst speziell, eigenartig, mit nichts vergleichbar.

(...) Nur im Vorbeigehen bemerkte ich die Pietà von Andrea del Sarto, deren anilinartige Farben mich recht unangenehm überraschten. Eine völlige Palinodie bin ich dagegen Raphaels Madonna (der ›Madonna im Grünen‹) schuldig. Was ist das doch für eine großartige Plain-air-Malerei! So sieht man das Tageslicht, Gottes liebe Sonne, Raum, Horizont und Himmel auch heute nicht allzu häufig! Die Tageszeit würde ich gerne auf 11 Uhr vormittags bestimmen, die Jahreszeit auf Juni: noch nicht der volle Mittag, noch nicht die Hundstage. Das wäre einigermaßen symbolisch: Dieser ganze geschichtliche Moment ist so.

Die poetischen »Antizipationen« der Wirklichkeit, von denen Goethe mit Eckermann sprach. Nach dem Schreiben des ›Götz‹ beispielsweise stellte er fest, daß die Welt wirklich so ist, wie er sie dort dargestellt hatte. Aber rührt das nicht daher, daß wir auch im Nachhinein nur die Aspekte bemerken können, für die wir ein Erkenntnisorgan besitzen?

Zakopane, 15.8.1918. Es ist keine Kunst, mit Illusionen zu leben, aber sich ihrer zu entledigen und zu leben, das ist eine Kunst; und noch eine größere: ohne Illusionen zu bleiben, doch das Edle und Schöne zu lieben. Daher sind die großartigsten Beweise für die Größe und Erhabenheit des menschlichen Geistes für mich die pessimistischen Dichter. Ein solcher Pessimist zu sein wie Leopardi und dennoch das Schöne zu lieben und schöpferisch tätig zu sein: Das *ist* eine Art von Größe, eine Art von Sieg!

Argument für das Gefühlsgedächtnis: die Assoziation von Vorstellungen, wobei zumindest eine von ihnen eine Erinnerung ist, allein aufgrund ihrer Gefühlseigenschaften. Diese müssen im Gedächtnis aufbewahrt worden sein, wenn es auf ihrer Grundlage zur Assoziation kommen konnte.

Petrikau, 3.9.1918. Heldentum meiner Zeitgenossen. Was ist von den ewigen Klagen über die Dekadenz geblieben? Die Völker stehen fest wie Felsen, wie große Panzertürme. Wann hat man so viel verbissene, unbeugsame Ausdauer gesehen? Wodurch war Rom nach Cannae besser als das heutige Frankreich? [KD]

18.9.1918. Auf den Trümmern wieviel heiliger Dinge sind die Standarten aller Sieger aufgepflanzt!

21.9.1918. Eine schwere Arbeit, auf deren Früchte kein Dürstender wartet!

6.10.1918. Im Kampf mit dem Bösen in sich selbst, mit der Gemeinheit, mit dieser ganzen Flut von Erbärmlichkeit, die unser geistiges Wesen bedroht, stellen viele von uns das Streben nach moralischer Reinheit an die Spitze. Doch diese Reinheit, zweifellos eine Bedingung aller anständigen schöpferischen Tätigkeit des Menschen, hat mit deren *Wesen* wenig zu tun; mehr noch, an und für sich ist sie unfruchtbar; ja mehr noch: sie kann bedrohen, was ich neulich die »dämonische Explosivität« der menschlichen Natur genannt habe. Doch in dieser Explosivität, in der Elementarität, in der schöpferischen Kraft, nicht in der moralischen Reinheit, liegt – so denke ich im Augenblick – auf ewig der höchste Wert des Menschen.

Was vor allem macht die schöpferische Kraft des Menschen aus? Sicherlich die Phantasie: zweifellos nicht das *sanctissimum*, aber das *vivissimum* unseres Wesens.

8.10.1918. Neulich hat mich wieder einmal die aus Anlaß von ›Monsalvat‹ aufmerksam durchgelesene ›Große Improvisation‹

stark berührt. Ein Werk großer Höhe, über den höchsten Gipfeln; doch bei der Analyse bin ich keinen Schritt weiter!

9.10.1918. Das Lyrische ist die einzige Schönheit; in ihm verdampft dieser traurige Tropfen aus Nichts, den wir »Mensch« nennen, wieder in den Raum und verschwindet.

12.10.1918. Diejenigen, welche auf Kosten des Restes so sehr die *Logik* einiger im Denken führender Geister loben, sind wie Menschen, die am Auto nur die Bremse schätzen würden.

13.10.1918. Inspiration und Überwindung: zwei Varianten der Machtergreifung des höheren Wesens im Menschen. [KD]

25.10.1918. Paradoxe Lektüre: ›Die Familie Polaniecki‹ und im Wechsel damit ... Słowackis *Korrespondenz*.

Słowackis Korrespondenz ist nicht zu verachten; doch für das Nachdenken ist die von Krasiński ergiebiger.

Die ›Familie Polaniecki‹ wiederum ist sicherlich das Schwächste, was ich von Sienkiewicz kenne, schwächer als ›Ohne Dogma‹, das immerhin der trotz allem einigermaßen brauchbare Heldentypus rettet. Hauptschwäche: die fehlende Sympathie für individuelle Unterschiede, die der Autor als Abweichungen von der Norm, als eine Art von Krankheit und gewissermaßen unangenehmen äußerlichen Belag behandelt, unter dem die »gesunde, unverdorbene«, d. h. allen Zweibeinern gemeinsame Natur überdauert und sich wieder auffinden läßt.

Herbst 1918. Das Leben ist keine freudige Angelegenheit; seine wertvollsten Kleinodien sind, wie die Sterne, in Dunkelheit gefaßt.

(Ohne Datum). AUSEINANDERSETZUNG MIT DEM STOFF. Der Stoff des Handelns bringt, wenn er widerspenstig und unseren Wünschen und Absichten gegenüber völlig gleichgültig ist, eben dadurch in das Leben des größten Subjektivisten ein Element der Objektivität.

Diese Leidenschaft des *Sich-Überwindens,* des Sich-Herumschlagens mit Anforderungen, die von außen kommen und unserer Natur überhaupt nicht entsprechen ... Bei mir solche Erscheinungen wie die Neigung zur Politik; zur vollständigen Abstraktion; zur demütigen Liebe. Welchen Zweck mag das nur haben? In der letzten unbewußten Tiefe sicherlich diesen: an die eigenen Grenzen zu stoßen, den Grad seiner Endlichkeit zu messen.

»König Zeus, die Heere des männerreichen, stolzen Persiens hast du in den Staub geworfen und seine Städte hast du mit Trauer erfüllt. Nicht mehr werden wir, zitternd vor der Gewalt unsrer Herren, zur Erde uns werfen: *Gebrochen ist des Königs Macht*« (frei nach Aischylos; Chor in den ›Persern‹).

Zwischenkriegszeit

I
1919 bis 1930

Krakau, 16.3.1919. *Un art vaut mieux qu'une patrie.* So habe ich es heute, ohne jeden akustischen oder optischen Kontext, im Traum gehört. Interessant!

25.4.1919. Poesie gibt es im Leben keineswegs weniger als Schmutz und Dreck. Man muß nur einen kleinen Winkel haben, um sie aufzunehmen.

Man muß es verstehen, mit durchdringendem Wohlwollen auf die Menschen zu blicken, ihre verborgenen Tugenden ans Licht zu heben.

30.4.1919. WARUM MAN AUTOREN IN DEN EIGENEN AUSFÜHRUNGEN ZITIERT. Ich habe mich schon oft gefragt, woher eigentlich das – auch bei mir vorhandene – Bedürfnis stammt, in den eigenen Ausführungen an die Aussagen bekannter Autoren anzuknüpfen, oder auch sie im Text wörtlich zu zitieren. Zuweilen dachte ich, es gehe möglicherweise darum, die eigene Meinung durch eine anerkannte Autorität zu stützen: ein natürlich wenig löbliches Motiv. Daß dies jedoch bei den meisten Autoren keine wesentliche Rolle spielt, wird am klarsten dadurch bewiesen, daß man beinahe ebenso gern Meinungen anführt, die der eigenen entgegenstehen (sie dienen dann als Sprungbrett), wie solche, die sie unterstützen. Ein zweiter, verbreiteter Grund liegt in der Absicht, seine Bildung herauszustellen: eine schwere Sünde, die ich wohl nicht begehe, da ich solche Zitate schließlich auch in Aufzeichnungen einfüge, die für mich selbst bestimmt sind. Ein dritter Grund ist die treffendere Wortwahl des anderen, an die unsere nicht heranreicht. Ein vierter Grund besteht darin, daß die Formulierung des anderen mich zum Gebrauch von Wendungen angeregt hat, die ohne Anknüpfung nicht verständlich sind: z. B. wenn er eine interessante Metapher verwendet hat, die ich weiterspinne. Dies erweckt jedoch den Eindruck eines gewissen Mangels an selbständiger Einbildungskraft und häufig darüber hinaus den einer übermäßigen Stilisierung sowie gleichsam von Schöntuerei und Liebedienerei; denn wenn der andere den Gegenstand spontan und mit einem gewissen Schwung gezeichnet hat, kann ich nur dadurch etwas hinzufügen, daß ich es raffinierter und subtiler gestalte. Es gibt noch einen fünften Fall, der jedoch nur in Aufzeichnungen für sich selbst sinnvoll ist: wenn nämlich ein Gedanke von mir für mich selbst noch nicht klar genug ist, und ich mich zu seiner vorläufigen Fixierung und angenäherten Formulierung fremder Worte bediene, die *in etwa* das gleiche bedeuten. Die Grenzziehung zwischen der einen und der anderen Fassung überlasse ich dann dem erwarteten Fortschritt meines Denkens.

Tiefer jedoch, interessanter, besonders gerechtfertigt und wohl auch bei mir am zentralsten erscheint mir das folgende Motiv. Im allgemeinen hat ein Mensch, der über einigermaßen subtile Dinge schreibt, ein großes Gefühl der Vereinsamung; beim Leser spürt man im voraus nicht nur Gleichgültigkeit, sondern geradezu Feindschaft; das wirkt deprimierend. Indem er an geachtete und berühmte Menschen erinnert, die sich ebenfalls mit diesen Dingen befaßt haben, fühlt sich der Schreibende einfach weniger einsam und der Ablehnung des Lesers gegenüber auf gewisse Weise gestärkt. Er fühlt, daß er doch das Mitglied einer geistigen Gemeinschaft ist, kein Paria und ausgestoßener Sonderling. Zugleich bringt er auch dem Leser zu Bewußtsein, daß diese Gemeinschaft existiert, wodurch er ihn entweder, wenn dieser ein Durchschnittsmensch ist, ermutigt sowie zum Nachdenken anregt, oder, wenn er nicht zum Durchschnitt gehört, aufmuntert und gewissermaßen in den Kreis einlädt.

Schließlich kann das Anführen fremder Worte ein Ausdruck der Dankbarkeit für einen Autor sein, dem ich mich in vielem verpflichtet fühle und dem ich in Gestalt einer anerkennenden Erwähnung gewissermaßen ein kleines Denkmal errichten möchte. Nicht ohne Scham gestehe ich, daß ich mir dieses Motivs nur wenig bewußt bin.

1.5.1919. DIE BEWERTUNG VON LEBEN UND TOD. Eine Sache, die objektiv wertvoll, doch zugleich von kurzer Dauer ist, hört deswegen nicht auf, wertvoll zu sein: eine aufopferungsvolle Handlung, ein Blitz schöpferischer Inspiration, ein richtiger Gedanke, eine mystische Verzückung. Wenn also das Leben objektiv wertvoll ist, nimmt ihm auch seine Vergänglichkeit nicht den Wert. Da aber zahlreiche Lebensweisen schön sind; da das Leben die *Existenzbedingung* alles Wertvollen ist; da das Wertvolle sich in ihm abspielt und im Bewußtsein lebender Wesen ins Sein tritt, folgt daraus, daß das Leben tatsächlich wertvoll ist. Und damit, wenn auch vergänglich, besser als das Nichtsein: Das Nichtsein nämlich kann, da es nichts ist, nicht wertvoll sein.

Bleibt jedoch die subjektive Auffassung, der Gesichtspunkt dessen, was man gewöhnlich »Glück« nennt. Mag das Leben auch, so heißt es dann, an und für sich die Quelle einer gewissen Befriedigung sein, wie dicht ist diese doch verwoben mit Leiden und allen erdenklichen Qualen. Der Verlust des Lebens wiederum ist etwas Schreckliches – warum eigentlich, ist schwer zu sagen. Und die Endbilanz fällt wohl so aus: Sterben ist ein größeres Übel, Leben ein kleineres Gut. Subjektiv gesehen also, vom Standpunkt des Lebenden aus, ist das Leben letztlich eine Niederlage, und es wäre besser, im Nichtsein zu verbleiben. Jeder objektive Wert tritt, insofern wir fühlende Wesen sind, auf unsere Kosten ins Dasein, erkauft mit unserer unvermeidlichen subjektiven Niederlage. Wenn auch in den Augen der letztgültigen Weisheit dieser Preis nicht allzu hoch sein mag, so ist dieses Schicksal für den Lebenden doch traurig: Als Subjekt ist ihm übel mitgespielt worden.

Was kann am Tod als Übel im subjektiven Sinne gelten? Ein Leiden? Wenigstens nicht das Leid, daß ich nicht existiere. Es ist wahr, daß der Lebende das bloße Faktum des Bewußtseins als positiv empfindet; aber da nur das Bewußtsein selbst seiner

Existenz bewußt ist, erlischt mit seinem Erlöschen zugleich dasjenige, das sich um das Erlöschen bekümmern könnte. Doch wir stellen es uns anders, und zwar ganz merkwürdig vor: als ob mit dem Tod alles verginge und allein ein nacktes Bewußtsein bestehen bliebe, dessen einzigen Inhalt sein Beraubtsein von allem Inhalt, seine Nacktheit darstellen würde. Der Gedanke, zu Lebzeiten in einem Raum mit nackten einfarbigen – sagen wir: grauen – Wänden sowie ohne Einrichtungsgegenstände und Fenster drei, vier Monate lang eingeschlossen zu sein, würde bei uns Grauen erregen. Stellen wir uns vor, daß dort auch keine Töne hineingelangen und daß wir durch irgendein Wunder ohne Nahrung auskommen, so daß sich nicht einmal die Hand eines Wärters mit einem Eßnapf durch eine geöffnete Tür hereinschiebt; Türen gibt es im übrigen nicht. Ebensowenig Ritzen im Fußboden, Flecken an der Decke, Mäuse, Spinnen oder irgend etwas Bewegliches; und auch wir selbst können keinerlei Bewegung ausführen. Nehmen wir weiter an, daß der Raum Kugelgestalt hat: Es gibt auch nicht die kleinste Kante oder Biegung, nicht den geringsten Winkel zwischen zwei Flächen, an denen der Blick sich aufhalten könnte. Auch zu riechen gibt es nichts; nichts zu schmecken. Und am Ende verschwinden auch die leiblichen Eindrücke: Ich höre auf, meinen Arm, mein Bein, meinen Atem zu spüren; der Puls verebbt, ich habe keine Sinne mehr, keinen Körper, keinen Denkinhalt; *nichts* – aber *nichts* nur außer mir, denn »ich« existiere immer noch als reines Subjekt, das ein Bedürfnis verspürt zu sehen, zu berühren, sich zu bewegen, zu denken; dieses Subjekt dauert fort und wird fortdauern. Stellt sich uns unser Bild vom Tod nicht so dar? Als dieser endlose Druck des Nichts auf das Subjekt, welches das Sein begehrt? – Doch dieses Bild ist falsch: denn im Tod wird es kein Subjekt geben.

3.5.1919. Noch eine mögliche Analyse. Das Nichts können wir nicht anders denken, als indem wir den gesamten Inhalt des Bewußtseins voraussetzen und ihn dann auf der Stelle zur Gänze negieren; wodurch wir den Eindruck haben, als ob vor unseren Augen dieser Inhalt verwehen und verschwinden würde. Daher bilden wir uns ein, daß wir das Nichts auch nicht anders »erleben« können, als indem wir dauernd unseren Inhalt bekräftigen und zugleich dauernd dessen Verschwinden erfahren. Wir stellen uns das Fortdauern nach dem Tode also als Zustand vor, in dem man in jedem unendlich kurzen Augenblick aus dem Dasein in das Nichtsein übergeht, ohne daß dies ein Ende hätte: *un mourir éternel* – und darin liegt das Erschreckende.

5.5.1919. Die Einschränkung des jeweils gerade vorgetragenen Gedankens auf den angemessenen Umfang, indem man ihn mit Vorbehalten versieht, ist überall dort angezeigt und notwendig, wo es ausschließlich um die Wahrheit geht, also in der rein sachlichen Prosa. In der Poesie und der zumindest ansatzweise künstlerischen Prosa ist dies schlecht und schädlich. Metaphysiker mögen im allgemeinen dergleichen Vorbehalte und Einschränkungen nicht; und vielleicht sind unter anderem deswegen so viele Menschen geneigt, die Metaphysik als eine Art von Poesie zu betrachten.

21.5.1919. Oft habe ich den Versuch unternommen, den ungreifbaren Eindruck in Worte zu fassen, der mir einmal in Neuchâtel zuteil geworden ist, als ich mich in den Text und die musikalischen Hauptmotive von Wagners ›Tetralogie‹ vertiefte. Mit einer besonderen mystischen Kraft riß mich das Siegfriedmotiv hin. An einem bestimmten Tag nun – es war zu Frühlingsbeginn – ging ich entlang des im Nebel schwimmenden Sees spazieren, als dieser mystische Eindruck sich aufs äußerste verstärkte. Zwei Dinge erfüllten mein Bewußtsein: Wagners Motiv und diese im Nebel verschwimmende Wasserfläche, außer der nicht das Geringste zu sehen war; ich spürte so etwas wie eine Offenbarung, vor der alle Gegenstände, Kategorien und Begriffe wie Rauch verwehten: bis ich schließlich bemerkte, daß ich sogar die Kategorie des Seins als unangemessen, als bloßes Hindernis empfand; daß ich keinesfalls eine Offenbarung der Art hatte, daß etwas *ist* oder auf eine bestimmte

Weise ist, sondern daß man zuweilen über nichts mehr sagen kann, es »ist« oder »ist nicht«, weil man sich jenseits dieser Alternative befindet. Später habe ich häufig darüber nachgedacht, wie ein solches Erlebnis wohl zu verstehen sei. Handelt es sich dabei nicht um eine solche Steigerung des *Gefühlszustandes* und ein so gewaltsames Bestreben danach, ihn noch mehr zu steigern, daß alle Beimischungen von Erkenntnis als unerträglich empfunden werden, da man sich ganz in der Seligkeit des reinen Gefühls auflösen möchte?[1] »Die Welt« gibt es nicht; die gesamte Wirklichkeit ist unmittelbar in Gestalt eines Gefühls gegeben. Dieses »ist«, und wir selbst »sind«, während wir fühlen; doch das ist bereits nicht mehr die gewöhnliche Bedeutung des Ausdrucks »sein«, sondern eine andere.

27.5.1919. Besser der Letzte sein in einer hohen Sphäre als der Erste in einer verdorbenen und niedrigen; besser Ausfeger im Tempel als Anführer auf dem Markt.

20.6.1919. Die Traurigkeit nimmt einem die Lust und damit auch die Fähigkeit zu schöpferischen Unternehmungen. Die Fähigkeit und in gewissem Sinne sogar die Lust zur Erfüllung selbst der schwersten Pflichten läßt sie unberührt.

Die im banalsten Sinne ehrlichen Menschen sind es, welche die Gesellschaft erhalten: Sie sind die Armee Vishnus. Die rücksichtslosen und egoistischen tun alles, was in ihrer Macht steht, um sie zu sprengen: Sie sind die Armee Shivas, des Fürsten der Zerstörung.

Der begehrliche Mensch hat sich von der Gesamtheit des Seins nur soviel abgeschnitten, wie ihm unmittelbar nützt, und verschlingt dieses Stück: Welche eine Armut! Der Mensch, der entsagt hat, kümmert sich nicht darum, was ihm mehr und was ihm weniger nützt; das persönliche Leben hat er auf das

---

[1] Diese Interpretation auf Gefühlsbasis ist vollkommen verfehlt.

Einfachste reduziert; doch dafür erscheint ihm verändert, im vollen Glanz ihrer unbefleckten Objektivität diese ganze Welt, in der er keine, *gar keine* Aktien oder Investitionen mehr hat, denn er hat alle Habgier aufgegeben und »begehrt nicht mehr die Frucht seiner Taten«. Wenn er auf den Gipfel eines Berges steigt und mit dem Blick den Horizont umfaßt und weiß: »Kein Stück dieser fruchtbaren, großen Erde ist mein Eigentum«, gerade dann wird die ganze Erde zu *seiner*. Er hat sie mit keinem selbstischen Vorteil befleckt, den er aus ihr gezogen hätte; sie ist rein, und mit reinem Gewissen kann er sich an ihren Schönheiten erfreuen.

21.6.1919. DIE STILARTEN DER PROSA. Die Stilarten der Prosa würde ich danach unterteilen, für wen man schreibt, welches Bild des Lesers oder der Leser sich im Bewußtsein abzeichnet. Ideal wäre es, wenn man sich beim Schreiben in dieser Rolle ein Publikum oder eine uns nahestehende Einzelperson vorstellen könnte, die sich im gleichen Grade für die gleichen Dinge wie wir interessiert; doch nur durch hundertprozentiges Eintauchen in eine optimistische Phantasiewelt ließe sich ein solcher Rezipient oder ein ganzes Rezipientengremium vor unsere Augen zaubern. Darüber hinaus kenne ich drei markante und reine Stilarten, und zwar:

(1) Wenn ich für mich schreibe. Ein zwangloser Stil, bildhaft oder gefühlvoll, je nachdem, wonach mir im Moment zumute ist; auch ungleichmäßig und immer wieder nachlässig; nachlässig auch die Sprache. (Diese Fehler kann man jedoch vermeiden, wenn man das starke Bedürfnis verspürt, alles, was man macht, gut zu machen, wenn man Schlampigkeit verabscheut.) Dieser Stil steht der Poesie am nächsten, denn er ist gestaltet vom Willen, sich auszusprechen, oder vom reinen Bedürfnis zur Kontemplation. Es gibt dort kein Pathos, keinen Witz, nichts Deklamatorisches, keine Pointen – und wenn doch, so nur insofern und genau in solchem Maße, wie die anschwellenden Wogen des Enthusiasmus, der Rührung, des Humors oder der Boshaftigkeit dies mit sich bringen. Er ist der lebhafteste und elastischste Stil, der alle Seeleninhalte vor

Augen führt. Auf seiner Basis kann durch formale Abrundung und Harmonisierung ein echter großer Kunststil entstehen.

(2) Wenn ich mich beim Schreiben direkt an jemanden wende (d. h. ganz konkret an eine bestimmte Person oder Gruppe), um ihm meine Meinung aufzuzwingen – wobei ich ihn also gewissermaßen als Widersacher behandle und daher mit polemischem Eifer begegne (extremes Beispiel: Polemiken in Zeitschriften). Der Stil wird hier einerseits geprägt durch den Versuch des Aufzwingens, andererseits durch die Ablehnung fremder Gedanken und die entsprechende Schärfe, häufig auch durch Witz, der sich manchmal daraus ergibt, daß man den Gegner nicht ernst nimmt, manchmal aus dem Bedürfnis, einen allzu heftigen Angriff abzumildern. Dieser Stil, der einheitlicher als der erste ist, kann, wenn ausgearbeitet, ebenso künstlerisch sein wie dieser; in reiner Form eignet er sich jedoch ausschließlich für ziemlich spezielle Fälle. Er blühte, als eine der literarischen Hauptgattungen die – politische oder gerichtliche – *Rede* (*oratio*) war. Prinzipiell kann man jedoch diesen Typus in der Weise ausdehnen, daß man nicht schreibt, um seine Gedanken einer Einzelperson oder kleinen Gruppe aufzuzwingen, sondern einem uns gut bekannten Publikum (das intelligent ist und in dessen Niveau wir Vertrauen setzen). Dieses ist dann kein Widersacher mehr; es ist jemand, den man für seine Ansichten gewinnen will (ein Widersacher ist jemand, der den unseren entgegengesetzte Ansichten vertritt und der das gleiche will). Man spricht dann von »rhetorischer« Prosa im weiteren Sinne. Von dieser Art sind beide Werke, an denen ich in letzter Zeit Prosastudien betrieben habe: die von Mochnacki[2] und Taine. Doch dabei gibt es einen Haken: Dieses vernünftige Publikum muß man haben – oder zumindest an es glauben.

(3) Wenn ich für einen mir völlig gleichgültigen Leser schreibe, einfach um ihm etwas zu referieren. (Es ändert nichts am Stil, wenn das nur ein konsequent aufrechterhaltener

---

2 ›Der Aufstand des polnischen Volks in den Jahren 1830 und 1831‹ [Powstanie narodu polskiego w roku 1830 i 1831]. [Erstausgabe Paris 1834]

Schein ist, während man eine andere Absicht verfolgt.) Wir stellen den Sachverhalt rein objektiv dar, während wir nichts von uns aus in den Text hineinlegen; höchstens kann eine knappe, eng mit dem Thema zusammenhängende Bemerkung weitere Denkhorizonte eröffnen; Phantasie und Gefühl sind ausgeschlossen. Dieser kühle, präzise und strenge Stil läßt sich trotz allem durch ein geschicktes Ausnutzen eben dieser Merkmale auf ein gewissermaßen künstlerisches Niveau heben; Cäsars Stil ist schließlich genau von dieser Art. Es kann in ihm auch eine gesammelte, gewissermaßen asketische Schönheit stecken, oder auch die Schönheit einer alles durchleuchtenden *lucidité* (was mehr bedeutet als »Helligkeit«). Zum *Ausdruck* eines Künstlers jedoch kann dieser Stil nicht werden; es handelt sich wirklich und wortwörtlich um eine geistige Askese. Einen etwas eigentümlichen Beigeschmack kann ihm das Verachtungsvolle verleihen, das darin liegt, vor den Menschen arrogant alle Seeleninhalte zu verbergen und mit ihnen rein sachlich von den Angelegenheiten zu reden. Wenn mich jedoch der Gegenstand, über den ich schreibe, wenigstens ansatzweise emotional berührt, dann paßt dieses Gefühl nicht zu der den Lesern zugewandten Kühle, und es entsteht ein Widerspruch, der sich in bestimmten Momenten zuspitzen und für den Schreibenden unerträglich werden kann.

(Sommer 1919). »Kunst für die Kunst«, das bedeutet Verschiedenes, doch unter anderem: »Persönlichkeit für die Persönlichkeit«. Die Kunst ist der ungehemmte Ausdruck einer wertvollen Persönlichkeit, die sich in Taten nur stückweise und bedingt aussprechen kann und auch im Denken nur als Impuls in der Bewegung, als Gesetz im Phänomen gegenwärtig ist. Die Kunst ist eine adäquate Form des Sichaussprechens, sozusagen verkörperter Geist, in Kristall geschnitten und greifbar.

16.9.1919. Am praktischsten ist es, mit dem Verzichten zu beginnen, denn am Ende wird es einem so oder so bevorstehen.

Inwiefern kann man existieren, ohne an die Ewigkeit der von einem anerkannten und am höchsten geschätzten Werte zu glauben? Man muß an eine Objektivität der von ihnen handelnden Gesetze glauben, die derjenigen der mathematischen Gesetze gleicht (im Russellschen, außerempirischen Sinne verstanden): Sie sind dann »ewige« (vollkommen überzeitliche) Wahrheiten, haben jedoch keine *Existenz*, befinden sich nicht in der Welt der Dinge, haben daher auch kein »Leben« und können, auch wenn die Werte selbst sterben, nicht sterben.

VON DER IRONIE. Was Norwid in einem bekannten Gedicht über die Unvermeidlichkeit der »Ironie« – eigentlich der *Selbstironie* – als Begleiterin aller Unternehmungen sagt, scheint mir nicht sonderlich korrekt zu sein. Die Ironie ist das Gefühl einer gewissen Relativität dessen, was man tut, denkt und fühlt (in dem Sinne, daß es nur relativ gerechtfertigt, relativ und nicht vollkommen korrekt ist): »Ich werfe mich hier ganz in die Waagschale, und es zeigt sich, daß man sich ebenso sinnvollerweise für etwas ganz Entgegengesetztes in die Waagschale werfen kann; in meiner Wahl, in meinem zuweilen fanatischen Durchdrungensein von einer Sache bin ich mir nicht gar so sicher, daß ich recht habe.« Mir scheint nun, daß man wenigstens zwei Arten dieser Ironie unterscheiden kann. Im einen Fall kann sie *alles* betreffen was ich tue, denke und fühle: *mich selbst*, als Mensch, im Ganzen; diese Art ist schmerzvoll; und es ist verständlich, daß jeder sie in möglichst geringem Maße empfinden möchte. Doch ich behaupte, *daß es gerade diese Ironie dort nicht gibt, wo Norwid sie sehen möchte*: dort, wo man als erster jene »Wege« betritt, auf denen man *Schöpfer* ist. Denn woher rührt das Gefühl der nur relativen Richtigkeit meiner Sache? Daher, daß ich mich nach anderen umsehe; doch wo hätte man je gehört, daß ein Schöpfer, in seinem ersten *feurigen* Schwung, sich nach anderen umgesehen hätte! Erst wenn der Schwung nachläßt, beginnt das Sichumsehen; solange er andauert, wird die Ironie vom Gefühl der eigenen Fülle und Autarkie, kurz: vom schöpferischen Solipsismus ausgeschlossen.

Es gibt jedoch eine andere, milde und schmerzlose Ironie, wenn ein Mensch von reicher Individualität – wie z. B. Goethe – sich *abwechselnd* erst auf die eine, dann auf die andere Waagschale wirft; so jemand spürt während jeder dieser Phasen zugleich, daß er die Möglichkeit vieler anderer »Hingebungen« in sich trägt – daß er heute ganz Griechenland ist, und morgen ganz romantischer Norden sein wird –, und dann steht er als kritischer Beobachter nicht über *sich selbst*, sondern – eben vom Gesichtspunkt *seiner selbst* als Ganzheit – über seinen einzelnen Werken, Gefühlen und Gedanken. Da sie aus einem Gefühl des Reichtums, des Thronens über dem Augenblick, der Erhebung über dessen Einseitigkeit fließt, kann diese Ironie nicht nur ohne Verdruß, sondern mit Lust erlebt werden. Sie ist vermutlich unvermeidlich, aber es gibt keinen Grund für ein »Könnte man doch«: Die Ironie dieses Typs »knarrt« nicht.

Noch soviel: Ist bei völliger *Selbstgenügsamkeit* eines Menschen (in dem Sinne, daß er sich auf nichts als sich selbst *stützt*) Ironie überhaupt möglich? Sehr wohl: dort, wo unter dieser Selbstgenügsamkeit die *Beliebigkeit* als Boden und letzter Grundsatz zum Vorschein kommt und überdeutlich sichtbar wird – und damit auch die Unsicherheit, ob mein ganzes Leben in seiner Besonderheit irgendeine *Rechtfertigung* hat. Eine solche Ironie kann, denke ich mir, alle möglichen Formen annehmen: von nahezu purer Verzweiflung, wenn wir spüren, daß alles unter unseren Füßen wankt, und wir uns bewußt machen, daß wir im Grunde genommen einen nackten Nihilismus betreiben, bis nahezu zur Selbstvergötterung: daß sich – während das objektive Sein mir als Material nur *nihil*, *nichts*, zur Verfügung gestellt hat – in mir eine magische Kraft befand, die in der Lage war, aus diesem »Nichts« eine Welt hervorzuzaubern und aufzubauen – und was für eine!

(September 1919). Das Verhältnis zu eigenen Fehltritten. Wenn man sich auf eine Weise verhalten hat, deren Korrektheit einem im nachhinein zweifelhaft erscheint, besteht die natürliche Neigung, sich selbst davon zu überzeugen, daß man alles in allem doch *korrekt gehandelt* hat: Im gegenteiligen Fall drohen einem das ständige Zurückkehren zum Gedanken, wie es hätte sein sollen und können, und ewige Selbstvorwürfe. So meinen wir wenigstens. Dagegen habe ich an mir selbst festgestellt, daß man sich zuweilen besser fühlt, wenn man anerkennt, nicht korrekt gehandelt zu haben. Wie ist das möglich?

Zum einen deswegen – denke ich –, weil das Bestreben danach, sich von der Korrektheit des eigenen Handelns zu überzeugen, immer von vornherein zu einem teilweisen Mißerfolg verdammt ist, so daß stets ein Stachel, ein »Wer weiß ...« im Herzen zurückbleibt, und die Unruhe immer wiederkehrt: Absolute Korrektheit nachzuweisen, ist schwierig. Wer kann sagen, ob das demütige *Peccavi* im Endeffekt nicht für größeren Frieden sorgt. Doch ganz überzeugend ist das nicht.

Wichtiger ist vielleicht folgendes: Wenn ich mein Handeln kurz und bündig für korrekt erkläre, heißt das, daß ich alle diese äußeren Faktoren – Menschen und Sachen –, die uns zur Einkehr, zur Kontrolle aufgerufen haben, gewissermaßen nicht ernst nehme. Wir *schließen* uns gleichsam in unsere Korrektheit *ein* und weisen – möglicherweise wertvolle – Anregungen von uns, die uns von außen erreichen. Das *Peccavi* dagegen ist ein Ausweg aus dem primitiven Egoismus.

Und drittens: Das Bewußtsein, einen Fehler begangen zu haben, ruft verschiedene *Bestrebungen* hervor: stets das Bedürfnis, Dinge in Ordnung zu bringen; und wenn es sich um einen moralischen Fehler handelt, zusätzlich Bedürfnisse wie Buße, Versöhnung u. dgl. Wenn man sich zubilligt, korrekt gehandelt zu haben, ist die Rechnung abgeschlossen – es bleibt Passivität.

Alte terminus haerens (Lukrez I 77). Welch eine Freude, wenn ich feststellen kann, daß meine Persönlichkeit einen Schriftsteller oder Denker trotz bedeutender Vorzüge ablehnt, daß es in mir ein festes *Sic nolo* gibt, das bestimmten Dingen kategorisch und ein für allemal die Zustimmung versagt! Genug dieses trägen Anspruchs: alles zu verstehen, jede Lebensweise anzuerkennen und sich in jede einzufühlen. Man muß die

Konturen achten (die eigenen und die des anderen), sich selbst in seiner Besonderheit spüren, sich in der Ablehnung seiner Endlichkeit vergewissern – und dessen, daß die Grenzsteine fest sitzen.

(Sommer/Herbst 1919). Wer ist der neuzeitliche Philosoph, mit dem es lohnen würde, sich in der Todesstunde zu unterhalten? Im 17. Jahrhundert gab es Spinoza – und das ist wohl auch schon alles.

10.10.1919. Die Kunst ist zuweilen ein Gebiet, auf dem sich ein ehrgeiziger Schöpfer und ein fauler Rezipient messen. Dieser will von der Kunst nur Genuß, der Künstler strebt nach *Macht*, er will sich *aufdrängen*. Für ihn bedeutet »Kunst für die Kunst« soviel wie »Kunst für mich, für meine Herrschaft, für mein Königtum und meinen Einfluß«. Darauf empört sich der Rezipient: »Die Kunst ist für mich da, damit ich ein möglichst buntes Leben habe.« Beide verfehlen den Sinn der Sache.

24.10.1919. Es gibt eine Schönheit, die wir verschlingen, es gibt eine Schönheit, die uns verschlingt: die von der Aura der Unendlichkeit umwehte. [KD]

2.11.1919. Der wirtschaftliche Ehrgeiz, dem die Völker bei ihren territorialen Ansprüchen verfallen, ist widerlich. Nicht nur mit Rücksicht auf die andere Seite, die um das ärmer wird, um was der Angreifer sich bereichert. Es kommt hinzu: Von den hinzugewonnenen materiellen Gütern hat nicht das ganze Volk einen Nutzen, sondern nur sein schlimmerer Teil: diejenigen, die sich am habgierigsten darauf stürzen, weil ihnen das andere wenig bedeutet. [KD]

Um so besser, daß Kunst und Wissenschaft heutzutage keinen Profit versprechen. Die Spreu trennt sich vom Weizen: Nur diejenigen werden sich diesen Dingen widmen, denen an ihnen selbst, nicht am Profit liegt.

15.11.1919. »WERKE«. Als ich neulich die ›Bhagavadgītā‹ kurz nach dem hl. Paulus las, fiel mir auf, daß bei beiden Autoren, die doch so weit auseinanderliegen, eine bestimmte eigenartige Begriffsverwischung, und zwar genau die gleiche, zum Vorschein kommt, sobald sie von den Werken zu reden beginnen. Beide nämlich gehen von den »Werken des Gesetzes«, d. h. bestimmten formalen Tätigkeiten »gottgefälligen« Charakters (bei Paulus Fasten und Beschneidung, in der ›Bhagavadgītā‹ Opfer und bestimmte, bereits ritualisierte Formen von Askese) ohne Unterscheidung zu den »Handlungen« im weiteren Sinne über, und was von den einen gilt, gilt für sie auch von den anderen. Wenn also das Opfer oder das Sichenthalten von bestimmten Fleischsorten nicht zur Erlösung führt, dann tut dies auch keine Handlung, und sei sie noch so edelmütig. Zieht denn der religiöse Mensch die Bedeutung der Handlung als rein menschliches Faktum überhaupt nicht in Betracht, sondern sieht in jeder Handlung ausschließlich etwas einem »Werk« Analoges? Wie neben dem Opfer und dem Fasten manchmal das Almosen genannt wird, nicht im Hinblick auf seine Bedeutung für den Nächsten, dem geholfen wird, sondern als Weise, Gott zu ehren, so wäre auch die Arbeit, die wir zum Wohl anderer auf uns nehmen, die Hilfe für den Freund, der Kampf für das Vaterland etc. ein Handeln zur Ehre Gottes. Jener andere Aspekt des Handelns bliebe gänzlich gleichgültig: Es wäre nur eine Gelegenheit, ein Gebiet, auf dem die Verehrung Gottes äußere Formen annehmen kann.

17.11.1919. RELIGION UND ETHIK. Wie falsch ist die Ansicht, die ich bei den Schweizer Protestanten angetroffen habe, wonach die Ethik das Wesen der Religion darstelle!

Je mehr man sich religiöse Phänomene ansieht, desto deutlicher erkennt man, daß es hier im wesentlichen um das Erleben Gottes sowie das Gefühl geht, mit ihm in Verbindung zu stehen, und daß die Ethik nur ein hochehrwürdiger Anhang dazu ist: Ein durch das Leben in Gott geheiligter Mensch kann sich nicht mehr niederträchtig verhalten.

(Ohne Datum). ›Der Falke und die Taube‹ (›Mahābhārata‹ III 36). – Wie lautet die eigentliche Moral dieser Fabel? Sie ist traurig: Mit dem Körper und der Substanz der Besten müssen die Ritzen in dem schlecht ausgeführten Bauwerk gestopft werden, das diese im übrigen schöne Natur darstellt.

Unter »Geist« verstehe ich die Summe derjenigen Bestrebungen und Triebe des Menschen, die weder ihn selbst zum Ziel haben – genauer: nicht sein eigenes Sein und seinen eigenen Vorteil – noch das Sein oder den Vorteil anderer Menschen, sondern wertvolle Sachverhalte in ihm und außerhalb seiner; Bestrebungen und Triebe, die nicht zu ihm »zurückkehren«, die weder im Sinne des Individuums noch der Gattung *selbstzentriert* sind. Allgemein: die Summe der uneigennützigen Triebe (extremer und bewußt provokativ könnte man sie als »Luxustriebe« bezeichnen). All das, was sich in der Kultur ausdrückt, vor allem also die Kunst sowie das, was auf anderen Gebieten eine Analogie zur Kunst darstellt. Pathetisch: was im Menschen wie eine Flamme emporsteigt und nicht auf ihn selbst zurückgerichtet ist.

(Ohne Datum). Gespräch mit dem Psychologen Z. Aus der von dessen Schwester verfaßten Biographie Nietzsches leitet Z. Argumente gegen das Werk und den Philosophen selbst ab: Im Grunde sei es also »nur das« gewesen; wie erbärmlich! – Dabei ist diese Verfasserin doch wahrlich eine Person von ziemlich beschränktem Niveau! Wie würde denn deine eigene Biographie in der Fassung eines Vierjährigen aussehen, Meister? Man mag gar nicht daran denken, welche Tätigkeiten dort an erster Stelle stehen würden!

Die Prosa des Alltagslebens wirft keinen Schatten auf das Werk.

7.1.1920. TEILWEISE ÜBERZEUGUNG. Was kann eine »teilweise Überzeugung« sein? Wohl etwas in der Art: Ich verfüge nicht über Daten, die die Wahrheit meiner Ansicht garantieren würden, doch bei aller kritischen Prüfung kann ich mir die Dinge nicht anders *denken* (sie mir nicht anders »vorstellen«) als in eben dieser Form.

Ist es in solchen Fällen erlaubt, sich darum zu bemühen, anderen seine Denkweise einzupflanzen? Durchaus; jedoch habe ich kein Recht dazu, Behauptungen darüber aufzustellen, was *ist*, sondern nur darüber, was ich *sehe*, und zu raten: Blickt auf die gleiche Weise hin. – Doch wozu ihnen raten, wenn du selbst dich nicht sicher fühlst? Das liegt einfach in der Natur: Es lebt sich angenehmer mit Menschen, welche die Dinge sehen wie ich, und mit denen man daher leichter übereinkommt.

29.12.1920. Der Selbstmord sollte eine normale Weise sein, das Leben zu beenden, und als etwas Normales erwartet werden, so wie man heute den Tod im Kriege und in Friedenszeiten den Tod durch Krebs oder Schlaganfall erwartet.

(Ohne Datum). Sind Taten nach ihren Folgen zu beurteilen? Wenn ich jetzt eine unmoralische Handlung begehe, bin ich unausweichlich bereits im selben Moment tatsächlich befleckt; gute Folgen sind problematisch. Sie können daher keine Bewertungsgrundlage abgeben. Handlungen sind *vor allem* insofern gut, als sie meinen inneren Wert offenbaren. Man *kann*, wenn man möchte, von der Tugend sagen, sie sei eine »Disposition zum Begehen guter Handlungen«, doch damit ist die Tugend keineswegs definiert. Denn eine Handlung ist gerade deswegen gut, weil sich in ihr die Tugend offenbart: Es liegt also ein Zirkel vor.

(Anfang 1921). Wenn man als Heiliger begonnen hat, kann man gerade eben dahin gelangen, nicht als großer Schurke zu enden.

4.2.1921. Kulturelle Umwälzungen. Wenn man durch irgendein Wunder einem französischen Aristokraten aus der Zeit vor der Revolution den geistigen Gehalt, und zwar den besten, des Frankreichs von 1830 – mit Victor Hugo, Zola, Manet und dem 14. Juli als Nationalfeiertag seiner Landsleute – zeigen könnte und ihn fragte: »Möchtest du dein Leben verlängern, um an solch einem Leben teilzunehmen?«, dann würde er wohl antworten, er ziehe es vor zu sterben. Ebenso wenn man (beispielsweise) Hadrian die christliche Welt zeigte: romanische Kathedralen, Mönche, Kruzifixe, Beichtstühle, die ›Nachfolge Christi‹. Was würde es für sie ausmachen, daß auch dies Menschen sind? Weder die Zweibeinigkeit macht die Menschen zu Brüdern noch die gemeinsame Überzeugung, daß vier minus zwei gleich zwei ist, sondern nur Weisen des Fühlens und Wertens.

Ebenso ist es in unserer Gegenwart. Die bisherige Kultur hat ihren bestimmten Charakter, ist die Verwirklichung bestimmter Formen des Fühlens; dieser Charakter, diese Formen des Fühlens sind *mein* Charakter und *meine* Formen. Nehmen wir jetzt an, daß ein völlig anderer Menschentyp zu Wort kommt: Vielleicht wird er nicht einmal die Kultur als solche zerstören – zumindest nicht endgültig –, doch die Kultur, die nach dem Schock aufblüht, wird *nicht mehr unsere* Kultur sein, sondern eine völlig fremde. *Unsere* geistige Heimat wird es nicht mehr geben; für uns wäre das genau so ein Weltuntergang wie für Hadrian der gekreuzigte Jupiter. Ich persönlich könnte mit Sicherheit nicht in einer Welt leben, in der es, zum Beispiel, keinen Platz mehr gäbe für die Renaissance oder Spinoza, für Słowacki oder die eine oder andere meiner geliebten Symphonien. In dieser Lage eröffnen sich zwei Wege. Der erste besteht darin, sich zu bemühen, die andrängenden Kräfte der Zukunft aufzuhalten, und sei es auf Kosten eines zivilisatorischen Versteinerns: Immer noch besser, als demütig zu kapitulieren. Besser, aber noch lange nicht gut. Der zweite Weg: zu versuchen, diese Kräfte irgendwie teilweise in die Welt der bisherigen Kultur einzuführen, den kulturellen Werten der Vergangenheit auch in den zukünftigen Konstellationen eine Stimme zu sichern. Diese zweite Konzeption ist vernünftiger; man muß jedoch bedenken, daß sie auf zwei verschiedene Weisen versagen kann. Erstens kann der Umbruch so plötzlich kommen, daß für eine Vermittlungsaktion keine Zeit bleibt. Zweitens kann sich, selbst ohne Plötzlichkeit, herausstellen, daß sich von der bisherigen Kultur den andrängenden Generationen nichts einpflanzen läßt. Dann darf man nicht der Versuchung erliegen, »faule Kompromisse« einzugehen: Man muß in die Bresche springen und wie ein Mann seine geistige Heimat verteidigen.

6.2.1921. Was ich – im ontologischen Sinne – »Geist« nenne, *ist* doch irgendwie, stellt doch nicht bloß eine Fiktion dar. Es geht nur darum, ob es ein Faktor ist, der die Welt oder die Welten gestaltet, oder aber ein Epiphänomen, eine Art Vagabund.

Soll ich deswegen aufhören, mich als anständiger Mensch um mein Bestes zu bemühen, weil bei dieser Gelegenheit irgendein Lump seinen Lumpenvorteil daraus schlägt? An jedem – geistigen oder kulturellen – Feuer kocht irgendein Vielfraß sein Süppchen. Ist das ein Grund, gar keine Feuer mehr zu entfachen?

2.3.1921. Ein Klassiker ist ein Mensch, der sein Verhältnis zur Welt definitiv bestimmt hat, aus diesem Verhältnis heraus lebt und ihm Ausdruck verleiht, »das Andere« sucht er nicht. Es ist jedoch nicht wahr, daß auf diese Weise klassisch zu sein Üppigkeit, innere Bereicherung, Entwicklung und Wachstum ausschließen würde. Es schließt lediglich eine heraklitische Veränderlichkeit aus, eine Vorliebe für das Werden gegenüber dem Sein; ein Klassiker ist ein Mensch, von dem wir *nicht sagen könnten*, daß er »nicht zweimal mit derselben Seele fühlt«. Während der andere ständig aus sich herausläuft und schaut, wohin er seinen Verankerungspunkt verlegen könnte, bereichert sich der Klassiker einzig und allein *durch Vertiefung*; er glaubt an das Gewicht und an die Wesentlichkeit dessen, was *ist*; sein Bestreben ist nicht, immer weiter und weiter nach vorn zu stürmen, sondern von der Peripherie zum Zentrum durchzudringen. Wenn man mir die Frage vorlegte: »Welches Bild der Wirklichkeit ist die ideale Entsprechung zur Klassik?«, würde ich antworten: das eleatische.

»*La colère d'un dieu vaincu par la matière*« (Hérédia über Michelangelo). Ein sehr schönes und wahres Gedicht; warum hat es sich mir heute so aufgedrängt? Weil Hérédia auch ein Klassiker ist. Tausend Fehler und unlebendige Gedichte lassen sich bei ihm finden; auf jeder Seite kann man Dinge anstreichen, die nichts Eigenes haben, die »gemacht« sind; die Machart ist die der Parnassiens, ohne größeren Eigenbeitrag; und doch ist es gerade das, was den Eleaten ausmacht. Als Hérédia in der symbolistisch-dekadentistischen Strömung erscheint und ihn seine prädestinierten Feinde enthusiastisch begrüßen, ist das wie ein Symbol der ewigen Klassik, die in aller Veränderlichkeit ihre Stärke bewahrt. Soll ich hinzufügen, daß Kunas Skulpturen, die ich neulich in Warschau betrachtet habe, einen ganz ähnlichen Eindruck – natürlich nicht im Hinblick auf den Charakter des Talents – bei mir hervorgerufen haben?

3.3.1921. Renan ist ein einziger großer Akt der Resignation vor der Humanisierung der gesamten Menschheit.

28.3.1921. Das reine und unbegehrliche Denken ist wie ein Meer, auf dem sich die Flottille der Gesamtheit aller Dinge nach Belieben wiegt.

›Gitanjali‹. Tagores Freude ist eine Freude darüber, daß die Welt ihrem Wesen nach gut und harmonisch ist, daß sie den tiefen Bedürfnissen des Menschen entspricht. Meine Freude ist eine Freude darüber, daß der Mensch – obwohl die Welt *nicht* gut ist, *nicht* den Bedürfnissen des Menschen entspricht und in ihr *keine* Harmonie herrscht – gute und harmonische Inhalte aus sich selber herauszuentwickeln vermag. Das Leben sehe ich tragisch, den Menschen enthusiastisch.

21.5.1921. Der ethische Skeptizismus ist dann eine saubere Angelegenheit, wenn er erstens aus geistiger Redlichkeit entspringt und wenn zweitens der Skeptiker sich seinetwegen grämt und sich mit ihm herumschlägt. Denn auf moralischem

Gebiet ist der Skeptizismus wirklich eine unerquickliche Angelegenheit.

10.10.1921. Die letzte Schwäche eines Menschen, der keine Schwächen mehr hat, ist die, daß er überall »der Starke« sein will. [KD]

(Ohne Datum). Das ästhetische Erlebnis ist kein Vergnügen. Es ist ein Glück, und zwar ein schmerzliches Glück. Denn es ist Glück, der Schönheit zu begegnen, doch Schmerz – zu spüren, wie unbedeutend man ist.

Der Reichtum des Lebens wird an der Zahl der Lebensgüter gemessen, auf die wir verzichten. [KD]

Warschau, 30.7.1922. In Polen gibt es wenig Freude am Denken. In allem, was die Leute hier denken, ist ein Beigeschmack von Mißmut, daß man nicht ganz ohne diese beschwerliche Tätigkeit auskommt.

23.8.1922. Die Ethik ist die Lehre des tapferen Verhaltens gegenüber dem Sein.

Der Wert strebt nicht nach Existenz.

(Ohne Datum). Bei der Beurteilung einer Ethik nie fragen: Was wäre, wenn sich alle nach ihren Geboten richteten? Jede vernünftige Ethik setzt von vornherein voraus, daß nur eine gewisse Minderheit sich danach richtet.

19.1.1923.

> »Die Toten werden dich, Herr, nicht loben,
> keiner, der hinunterfährt in die Stille;
> aber *wir* loben den Herrn
> von nun an bis in Ewigkeit.«
>
> (Psalm 115,17-18)

Welch schöner Ausruf der Freude, daß das Leben Leben ist! Und wo? In den Psalmen!

15.1.1923. *Lasciate ogni speranza, e pur – entrate.* Den Menschen jeglichen Ausweg abschneiden, ihnen alle Hoffnung nehmen, daß auch nur ein einziges ihrer tiefsten Bedürfnisse irgendwann einmal im Rahmen dieser Welt erfüllt werden könnte; sie überzeugen, daß sie im Jenseits nicht das Geringste zu erwarten haben; nachdem sie überzeugt sind, sie mit wütender Leidenschaft einem großen Ideal zutreiben, auf daß sie verstehen, daß unter diesen Bedingungen das Leben sich hundertmal auszahlt, daß es sich lohnt, geboren zu werden und danach die grauenvollen Pforten des Todes zu durchschreiten: Das wäre ein Programm! Doch dafür muß man ein Dante sein, nicht weniger rücksichtslos als jener.

ALLUMFASSENDE ZWECKLOSIGKEIT. Die Hoffnungslosigkeit, die in der Umgangssprache zu einem Synonym der Verzweiflung geworden ist, ist dies nicht von Natur aus; das Fehlen der Hoffnung, nichts von irgendwoher zu erwarten, ist kein Grund, sich der Trauer hinzugeben – geschweige denn der Verzweiflung. »Hoffnungslosigkeit« bedeutet einfach, daß ich von meinem Handeln weder für mich selbst noch für die Welt etwas erwarte: Der Sinn, der Gehalt und der Wert der Welt liegen ganz in dieser bestimmten Handlung, die einen Ausdruck meiner Seele darstellt, wie sie in diesem bestimmten Moment beschaffen ist. Wenn dem überhaupt ein Begriff besonders nahekommt, welcher wäre das? Wohl »Tapferkeit«: die Tapferkeit unserer gesamten Haltung gegenüber der Existenz.

TAGORE UND LUKREZ. Bei Mystikern und Spiritualisten gibt es eine gewisse Weichlichkeit, die ich vielleicht so beschreiben würde: Um die Menschen zum geistigen Leben anzuregen, wollen sie dem Geist die Welt komfortabel einrichten, damit er es dort bequem und heimelig habe. Folglich legen sie ihm dar, daß die Welt ihrem tiefsten Wesen nach ebenso Geist sei, oder daß der Geist sie zumindest durchdringe. Und das muß man ihnen vorwerfen. Damit ich eine »Person« und ein Schöpfer sein kann, müssen Persönlichkeit und Schöpfertum keineswegs – wie Tagore meint – Attribute der Welt als solcher darstellen; damit ich ethische Ideale haben und nach ihnen handeln kann, muß in der Welt keine objektive ethische Ordnung herrschen; damit ich von der Göttlichkeit des Lebens ergriffen sein kann, muß kein Gott das Leben regieren. Mein Schöpfertum, mein geistiges Leben haben ihren Ursprung in meiner eigenen Persönlichkeit; ob diese wiederum gestützt wird von etwas Gleichwesentlichem oder etwas Letztgültiges, Unzurückführbares in einer ihr fremden Welt »der Atome und der Leere« (wie das alte Wort lautet) darstellt, ist für die Hauptsache ohne Bedeutung. Im Gegenteil: Wenn in letzterem Fall der Geist, ohne äußeren Brennstoff, aus sich selbst heraus seinen Brennstoff schöpft und brennt, dann ist gerade das ein großartiger Triumph. Ein solcher Triumph ist neben Leopardis Schaffen ebenso die Dichtung des Lukrez, doch um eine Stufe höher: denn jener besiegt im Grunde genommen nur seine eigenen temperamentbedingten, keinen Erkenntniswert besitzenden Reaktionen auf die Welt, während Lukrez von seinen Atomen aus – an die er fest glaubt – direkt in die Höhe schießt, ohne emotional im Pessimismus zu versinken.

22.1.1923. Das »System«, das ich errichten möchte, ist keineswegs ein System von *Behauptungen*. Es ist ein gewisses durchdachtes *Verhältnis zum Leben* (eine gewisse »Haltung«); und von »errichten« spreche ich insofern, als ich ihm eine innere Logik und Schlüssigkeit verleihen möchte. *Attitude raisonnée*, doch nicht *rationelle*: rational nicht in ihren (intuitiven!) Grundlagen, sondern in ihrer internen Struktur.

14.4.1923. Ich hatte leider das Unglück, in der Epoche eines aggressiven, um sich greifenden Historismus erzogen zu werden, und obwohl ich für die von ihm gezüchtete Unselbständigkeit des Denkens und Fühlens immer voller Verachtung war, bin ich doch mehr als billig dem Zauber der Verschiedenartigkeit der geschichtlichen Formen, dem Zauber des Sicheinfühlens in verschiedene, voneinander weit entfernte – und mir fremde! – Denkweisen erlegen. Und ich steckte mich an mit dem krankhaften Mißtrauen gegenüber dem eigenen Urteil, das der Historismus einimpft. Daher die üble Angewohnheit: mich nicht direkt auszusprechen, sondern mich hinter dem Rücken eines mir unter irgendeinem Gesichtspunkt nahestehenden Schriftstellers oder Denkers zu verstecken und nur auf diese indirekte Weise zu verstehen zu geben, was ich denke. Das hat mir sehr geschadet.

17.4.1923. EINFLÜSSE, IHRE ARTEN UND GRADE. Mir war es immer – als etwas ganz Offensichtliches – bewußt, daß mir bestimmte Weisen, Probleme aufzuwerfen oder zu beantworten, von großen, mir mehr oder weniger nahestehenden Meistern suggeriert wurden, und zwar so, daß die Probleme oder Lösungen mit meinem vollen Einverständnis zu meinen eigenen wurden. Von Goethe übernahm ich das Lebensideal, von Flaubert den Kunstfanatismus, von Epiktet und der Stoa eine spezifische Form von Askese; wieder etwas anderes von Renan; viel mehr von Leconte de Lisle; von Nietzsche zahlreiche Impulse; und ich will hier gar nicht von der Antike als ganzer reden. Doch ich nannte das nicht »Einflüsse«; ich sprach davon, daß sie »eine Rolle gespielt« hätten in meinem Leben. Erst später wurde ich mir allmählich darüber klar, daß unter diesen Einwirkungen einige weiter gingen, daß es eine, zuweilen höchst mächtige, unterbewußte Wirkung gab, die den Umfang dessen, was ich ursprünglich wahrgenommen hatte, weit übertraf. Ich möchte heute für mich die Begriffe »eine Rolle spielen« und »Einfluß« ungefähr definieren und verschiedene Arten und Grade unterscheiden.

Der niedrigste Grad wäre der, wenn ich *ex post* bei einem Autor von mir selbst bereits Gedachtes besser und kraftvoller gesagt finde, so daß der Autor mich lediglich bestätigt und mir seinen Segen verleiht. Derart war vielleicht meine Begegnung mit einigen Gedanken Wyspiańskis, besonders aus der ›Legion‹.

Ein höherer Grad: Ein Autor suggeriert mir ein Problem oder eine Lösung (und wenn er ein Künstler ist, dann auch eine Art zu fühlen, sogar zu schreiben), von denen ich, wenn ich sie zur Kenntnis genommen habe, merke, daß sie mir *entsprechen*; die Probleme gehen in die Gesamtheit meiner geistigen Interessen ein, die Lösungen werden zu einem festen Element meiner Konstruktionen; von Gefühlen zehre ich lange. Auf diese Weise habe ich mit zwanzig Jahren den mächtigen Einfluß Goethes, Epiktets und Flauberts in mich aufgenommen; noch früher und vollständiger: den Leconte de Lisles.

Dritter Grad: ein Einfluß, bei dem der Meister zugleich das Vorbild oder geradezu das Ideal ist, die Verkörperung der Vollkommenheit. In bestimmten speziellen Fragen war Flaubert für mich Vorbild und Ideal (im Hinblick auf die Redlichkeit und Präzision seiner Arbeit); einst stellte ich unter diesem Gesichtspunkt den Namen von Descartes dem seinen zur Seite; tatsächlich jedoch (vielleicht war hier etwas Unbewußtes im Spiel?) schwebte mir als Vorbild des strengen Denkens eher Spinoza vor. (Er war wohl mein Bezugspunkt, als ich für den Rationalismus eine Lanze brach.) Und in Angelegenheiten des nationalen Lebens wiederum stellte ich mir dauernd die Frage: Was würde Mickiewicz dazu sagen?

NOCH EINMAL GOETHE UND VERWANDTES. Goethe steht mir nicht im geringsten »nahe«; dem Versuch, ein Leben nach Goetheschem Muster zu verwirklichen, stehen schon allein meine Lebensumstände allzu offensichtlich entgegen. Und dennoch war er für mich eine Art Absolutum, sei es als Künstler (nicht im Sinne der perfekten Ausführung, sondern der Haltung), sei es, vor allem, als herrliches, höchstes, unerreichbares Vorbild denkenden und schöpferischen Menschentums. Daß er auf diese Weise mein »Erzvorbild« war, war mir immer bewußt, wobei ich manchmal enthusiastisch zustimmte, manchmal rebellierte und sowohl den Menschen selbst als auch meine Fixiertheit auf ihn einer sogar recht scharfen Kritik unterwarf; heute jedoch habe ich den Eindruck, daß die Quelle dieses Einflusses in Bereichen liegt, die der Argumentation unzugänglich sind, daß ich sie in mir trage und doch nie erreichen werde. Der unbewußte Einfluß war, wie es scheint, unvergleichlich viel mächtiger als der bewußte.

Ihm entgegengesetzt ist in gewissem Maße der Einfluß *Beethovens*. Wenn Goethe für mich das Vorbild des Menschseins überhaupt darstellt (d. h. seiner schönen, sieghaften Gestaltung), dann ist Beethoven für mich das Vorbild in der *Weise zu fühlen*. Mir scheint, daß eben dieser Mensch, und er allein, auf dem Gebiet des Fühlens jene letzte Grenze der Erhabenheit und Tiefe erreicht hat, die unmöglich zu überschreiten ist, und daß er ein ebensolcher Meister des Fühlens ist wie Goethe ein Meister des Lebens, Napoleon ein Meister der Tat und Christus ein Meister der Heiligkeit. Er steht mir näher und ist mir lieber als Goethe, und bereits zweimal habe ich bewußt bei ihm Unterstützung gegen Goethe gesucht.

17.4.1923. *À propos* Nietzsche und sein Einfluß, nun von der schriftstellerischen Seite betrachtet: Sich vor grundsätzlich irrationalen literarischen Formen, wie dem Aphorismus, hüten; besser ist da schon eine gewöhnliche, anspruchslose Abhandlung.

19.4.1923. Die Getrenntheit ist zwar schmerzlich, doch immer noch besser als die Einheit (die pantheistische im Kosmos, die kosmopolitische auf der Erde).

27.4.1923. System der Wertphilosophie: Ein Gebäude von in letzter Instanz auf Intuition beruhenden, doch geordneten Wertungen, deren jede mit dem gesamten Rest verbunden wäre, wobei alles – in vernünftigen Grenzen – *ne varietur*, nicht Launen, Stimmungen oder einer seichten Veränderlichkeit unterliegen würde.

10.5.1923. GRAVAMINA GEGEN DIE WISSENSCHAFT.

(1) Die Wissenschaft erkennt keine Wertewelt an. Diese ist für sie unzugänglich, also leugnet sie sie. Daher führt die Hegemonie der Wissenschaft in einer Kultur bei den meisten

Menschen dazu, daß sie entweder die Werte ignorieren oder sie bewußt mit Füßen treten und mißachten.

(2) Was man in den exakten Wissenschaften für die Wirklichkeit hält, ist eine bestimmte Spezialwirklichkeit, die zu anderen im Gegensatz steht. Das Wort der Wissenschaft für das letzte Wort zu halten, führt dazu, eben diese (physikalisch-mathematische) Wirklichkeit auf die höchste Stufe zu heben und die anderen als unwichtig herabzusetzen. Dabei ist es so, daß, aufs Ganze gesehen, gerade einige dieser anderen die wichtigeren sind.

Wozu das ganze Denken und die ganze geistige Arbeit und Mühe, wenn sie nicht dazu führen, daß man die durch fremde Gedanken, das Milieu, die Tradition, praktische Vorurteile usw. aufgebauten Schranken und Hindernisse durchbricht und der Wirklichkeit *Auge in Auge* gegenübersteht, auf diese ganze Welt, die unsere eigene ist, mit unvoreingenommenem, ungetrübtem Blick schaut?

22.8.1923. Der Feind des Geistes sind nicht die Sinne und der Leib; der Feind des Geistes ist die »Welt«, die Gesellschaft.

25.9.1923. Wertvolle Dinge vergehen mit Sicherheit: Wer nicht in Pessimismus und Depression versinken möchte, muß dieses Faktum ruhig hinnehmen. Worauf kann sich diese Ruhe gründen? Lebt nicht wenigstens in mir persönlich irgendwo der »tröstliche Glaube«, daß es neben den wertvollen *Dingen* noch einen Wert an sich, ungefähr im platonischen Sinne, gibt, und daß dieser überzeitlich ist?

25.10.1923. Folgenden Eindruck hatte ich bei der Lektüre von Russells Abhandlung über den Begriff der Ursache: Eine rein logische Erklärung ist keine Erklärung; mag ich sie auch noch so gut verstehen, die Sache, um deren Verstehen es mir geht, verstehe ich dadurch nicht. Indem Russell (ganz vortrefflich) die Kausalbeziehung als wesentlich funktional interpretiert, wird klar, daß er durch das Reinigen des betrachteten Begriffs von allen Widersprüchen und Unklarheiten ihn zugleich von allem »Inhalt« reinigt, d. h. von allem an ihm, was man als Widerspiegelung einer Wirklichkeit ansehen konnte.

Es gibt kein Verstehen ohne Intuition (oder das, was Rauh[3] in seiner Sprache als *sentiment de familiarité avec les choses* bezeichnete). »Verstehen« bedeutet, eine diskursiv-logische Entsprechung *zu einer gegebenen Intuition* zu erschaffen. Doch wenn man *nur* diese Entsprechung mitteilt und die Intuition aus dem Bewußtseinsfeld entfernt, dann gibt es auch kein Verstehen. Als Folge des perfekten Durchleuchtens und Erhellens ist uns das verlorengegangen, was wir erhellen wollten.

Ist das ein Vorwurf? Vielleicht nicht, doch nur so lange nicht, wie dieser Erkenntnistyp kein Monopol beansprucht. Und trifft der Vorwurf jeden Rationalismus? Auch den von Descartes? Oder trifft er nur bestimmte Formen, speziell die am algebraischen Denken orientierten?

19.11.1923. DER NACHKRIEGSGEIST IN POLEN. Wenn ich heute die »junge Generation« beobachte, das heißt diejenigen, die während des Krieges heranreiften und heute durchschnittlich etwa fünfundzwanzig Jahre alt sind, und wenn ich die junge Literatur lese und das eine mit dem anderen ausleuchte, sehe ich, wie sehr ich zurückgeblieben bin. Ich gehöre der »alten« Generation an, dem geradezu vorsintflutlichen Geschlecht jener, die vor dem Kriege Reife erlangten und eine Persönlichkeit wurden.

Ich versuche hier also bestimmte, mir mehr oder weniger fremde Eigenschaften dieses Nachkriegsgeistes für mich zu ordnen.

(1) Schwächung des Nationalgefühls, im besten Falle aber seine gründliche Umbildung und Umformung. Patriotismus von fast religiöser Spannung, der Patriotismus nach Art der großen Romantiker ist heue ein Anachronismus. Ihn ersetzt entweder ein deutlicher Internationalismus oder – bei anderen – ein grauer, alltagstauglicher Patriotismus, einer für den

---

3 Frédéric Rauh, französischer Philosoph, einer meiner Professoren in Paris.

Alltag. Der letzte ist, versteht sich, überhaupt keine Kraft im geistigen Bereich; der Internationalismus *ist* eine Kraft. »Die Entfernungen verschwinden«: daher »die auch psychische Annäherung«. »Von Petersburg nach Tokio und von Timbuktu bis zum Mars«; diese Schlußzeile und Pointe habe ich vor ein paar Jahren im Warschauer »Picador« gehört.[4] Selbst dort, wo ein Land mit seiner Eigenart Aufmerksamkeit erregt, welche Eigenart findet man da interessant? *Sa manière d'être international*[5] (Morand oder jemand über Morand).

(2) Verlust der Bindung an die Tradition, eine allen Jungen, solange die Welt besteht, gemeinsame Eigenschaft, aber heute um so bedrohlicher, weil uns auch vom Sozialen her starke Zerreißproben erwarten, der Faden könnte ganz und gar reißen. Ich sympathisiere freilich eher mit dem Traditionalismus (des lateinisch-mittelmeerischen Typus, wie ihn ›La Ronda‹[6] pflegt).

(3) Mangel an Ernst und Durchgeistigung. Geistige Unruhe, Religion, Metaphysik, ethische Ansprüche – gibt es nicht; und gibt es etwa starke Überzeugungen? So ganz im Ernst wohl nur bei den Kommunisten. Im allgemeinen wird mit Ideen jongliert. Nicht umsonst gehören in der neueren Poesie der Zirkus und die Zirkusleute zu den Lieblingsmotiven.

(Hier widersetzt sich der Hauptströmung eine zweitrangige, mehr oder minder mystische Strömung, die spiritistische, theosophische, okkultistische und ähnliche Formen annimmt; in ihrer ernsthaftesten Gestalt ist sie – wie es scheint, nur in Deutschland – buddhistisch. Aber die Strömung als Ganzes ist *nicht* seriös; sie geht auch oft eher spaßige Kombinationen mit anderen ein.)

(4) Kommunismus, jugendlich erlebt, mit Hoffnungen, Enttäuschungen, Erschütterungen. Das ist etwas, was den Seelen einen völlig neuen Inhalt gibt: Hoffnungen, Erschütterungen, Enttäuschungen – alles ist *anders*.

---

4 Der Titel des Gedichts lautete: ›Ananas in Champagner‹ [Ananasy w szampańskim]. Bis heute ist mir der Autor nicht bekannt.
5 Um einem hier drohenden Mißverständnis vorzubeugen, übersetze ich gleich: »seine spezifische Art, international zu sein«.
6 Italienische Literatur- und Kunstzeitschrift der Zwischenkriegszeit.

(5) Kult der Technik, selbstverständlich also: die Maschine, aber – seltsam – vor allem die *Kommunikation*, das »Überwinden des Raums«. Flugzeug, Auto und, wo das nicht möglich ist, wenigstens die biedere Lokomotive. Diese Bevorrechtung der Kommunikation ist wiederum ein unseriöses Zeichen: das Sich-Begeistern an effektvollen – in Ziffern faßbaren – Wundern und Rekorden der Geschwindigkeit. Auch hier kennt man die lebensfremden Phantasten (Faulpelze auch!), die »tatenlosen Söhne der Bourgeoisie«, wie Brzozowski die Modernisten nannte. Die *Produktions*maschine erfreut sich einer geringeren Beliebtheit und Beachtung, spricht die Phantasie der Herrensöhnchen weniger an.

(6) Geographie und dabei – Exotik. In Verbindung mit dem Internationalismus und jenem »Überwinden des Raums«. Wie mit den Ideen, so jongliert man auch mit den geographischen Namen (siehe oben); tief reicht das freilich nicht. Mit Ausnahme immerhin der Exotik als des Rückzugs zum Primitiven: Neger, Papuas, jede Art Schwarze. Darin steckt ein heftiger Trotz der Tradition, der Zivilisation, der Kultur gegenüber. Doch gelegentlich gibt es wertvolle Ergebnisse: Man lernt diese Völker tatsächlich kennen und gewinnt mehr Sympathie im Verhältnis zu ihnen.

(7) Stadt, Urbanismus. Im allgemeinen kommt dabei nichts heraus, weil man die Stadt hauptsächlich aus dem Kaffeehausfenster sieht; auf dem zweiten Plan sind wohl vor allem ... die Straßenbahnen sichtbar (wieder diese Kommunikation!) – die wesentlichen Dinge bleiben unberücksichtigt.

(8) Jugendlichkeit: Auch das war bezeichnend; hier besitzt Wierzyński sein wohlbekanntes Blatt. Aber es erwies sich als kurzlebig; es verging, ohne eine Spur zu hinterlassen.

Am repräsentativsten für die Atmosphäre ist – von den Dichtern – wohl nicht Tuwim (und nicht Lechoń selbstverständlich), sondern Słonimski.

Das Ganze scheint mir etwas kleiner geraten zu sein als der Modernismus. Der Modernismus hatte Kraft und seine besten Vertreter auch Tiefe; man war fasziniert und kämpfte mit einem Gegner, der es wert war, bekämpft zu werden. Hier ist alles irgendwie flacher und neigt – trotz des Feuerwerks – leichthin zur Banalität. Aber wir haben Zeit; wir werden sehen. [KD, erg.]

UNAKTUELL GEWORDENE ELEMENTE MEINES DENKENS. Seit dem großen Umbruch, hervorgerufen durch den Krieg, und vor allem durch die Revolution, wurden viele meiner Konzeptionen größtenteils unaktuell, bekamen so hoffnungslos lebensfremde, »akademische« Züge, daß ich nicht einmal davon träumen kann, durch sie auf dieses Leben einwirken zu können. Dazu zähle ich: meine eigenartige Philosophie des Nationalismus, den Aristokratismus und – leider – den Ästhetizismus zusammen mit dem Ideal der Hegemonie der Kunst in der Kultur.

Unter »Philosophie des Nationalismus« (im Gegensatz zum Nationalismus selbst, dem polnischen z. B. oder dem russischen) verstehe ich folgendes: »Daß die Menschheit geteilt ist in scharf voneinander abgegrenzte, sogar sich mit Waffen bekämpfende, im Grund territoriale Gruppen (»Völker«), ist gut, und diesen Zustand sollten wir aufrechtzuerhalten versuchen.« Diese Konzeption steckt heute in der Krise; was bei der Jugend am vitalsten und auf den Gipfeln des Intellekts am ernsthaftesten ist, entfernt sich von ihr immer mehr; die Lebenspraxis selbst zwingt im beschleunigten Tempo, als den grundsätzlichen und dominierenden Stand der Dinge, die Internationalität auf. Die Philosophie des Nationalismus ist heute eine Marschmusik, nach deren Klängen niemand mehr marschieren kann, weil die Verhältnisse einen anderen Rhythmus aufzwingen. Die Welt der Vaterländer geht zu Ende; in diesem ihrem Untergang (herrlich purpurrot, wahrlich!) könnte sie den künftigen epischen Poeten ein wunderbarer Stoff werden: Die *Ethik* der Vaterländer hat keine Zukunft.

Das aristokratische (das schöne) Ideal läßt sich heute möglicherweise auf dem Aldebaran verwirklichen. Wir haben die Zeit der Demokratie, und diese bleibt. Wenn aber aus dem Chaos und dem Kampf dieser Jahre doch noch eine Aristokratie schlüpfen sollte, dann wird es eine Aristokratie von solchen

Rohlingen sein, daß Premier Barcioch und Minister Fąfała mit ihnen verglichen um einen ganzen Himmel höher und besser dastehen.

Ästhetizismus? Hegemonie der Kunst? Ein hervorragendes Programm für Zeiten des Wohlstands, des Friedens, in denen es wenn schon nicht gänzlich »nicht arbeitende« Schichten gibt, so doch maßvoll arbeitende, ausgestattet mit viel freier Zeit zur Kontemplation. Heute haben wir eine Zeit von Marius und Sulla, Spartakus und Catilina, eine Zeit des Kampfes und der Brutalität; die Existenz eines jeden ist bedroht, und gespielt wird jeden Augenblick ums Leben. Obenauf ist der Typus eines harten Menschen, besessen vom Kampf ums Dasein und ums Herrschen. Diejenigen aber, die dieser Kampf anwidert, die sich davon erholen möchten, die die Ruhe und den »Tempel der Heiterkeit«[7] herbeiwünschen, die brauchen heute besser befestigte Plätze, als es Böcklins Wiesen und Burne-Jones' Paläste sind. Wer sich dem »Leben« (ein schönes »Leben«, keine Frage!) widersetzen will, muß zu schärferen Formen greifen. Das Ideal der Unbeugsamkeit, alle harten stoischen Gebote gewinnen ihre Bedeutung zurück; aber auch das ist zu wenig: Das Endziel ist die Thebais. Auf diese Weise, unter dem Druck der Ereignisse, verschiebt sich alles von den verhältnismäßig freudigen, heidnischen und auf ihre Art von der Liebe zu dieser Erde durchdrungenen Konzeptionen zur Askese, zur *Weltverneinung* und Strenge, mit einem einzigen Licht – wenn sich ein solches erspähen läßt – in Gestalt eines reinen Geistes, der sich dem »Leben« deutlich widersetzt. [KD]

31.3.1924. ÄSTHETIZISMUS. Mein Ästhetizismus ist asketisch; mit einem mehr oder weniger epikureischen, als *Genießen* verstandenen Ästhetizismus hat er absolut nichts zu tun. »Genießen macht gemein«, sagt Müller-Freienfels (›Psychologie der Kunst‹, Bd. 2, Leipzig/Berlin 1912, S. 241); das unterschreibe ich. Der Typus des »vornehmen Ästheten« im Stile des Petronius: das ist mir fremd.

---

7 Lukrez II 8: »*templa serena*«.

Eine bestimmte Form von Ästhetizismus stellt wohl auch das Ideal dar, das gesamte praktische Leben mit Schönheit zu durchdringen (Crane, Ruskin; bei uns wird es heutzutage von Warchałowski verkündet). Doch das *Gegenargument* (daß man das Schöne nicht zu etwas allgemein Zugänglichem machen dürfe) kommt mir recht überzeugend vor. Das Schöne sollte etwas bleiben, dem zu begegnen – falsch: das zu *suchen* – man *sich aufmachen* muß.

26.2.1924. VERLANGT DAS SCHÖPFERTUM ENTBEHRUNGEN? Gestern hatte ich während des Szymanowski-Konzerts folgenden starken Eindruck: Sieh da, vor dir hast du Künstler, die freudig und ohne diesen verrückten Zwiespalt zwischen Ideal und Leben schöpferisch tätig sind. Ich blickte auf Frau Szymanowska, ich blickte auf den konversierenden Iwaszkiewicz: auf den eleganten, bestens gelaunten, reichen Posteninhaber, der doch – da gibt es keine Diskussion – ein *Dichter* ist; ich blickte auf Szymanowski selbst und dachte mir, wieviel Himmel und Sonne darin liegen müsse, immer weitere neu erscheinende Gedichte mit Musik zu durchstrahlen, wobei er stets jugendliche, trotzige, schwungvolle auswählt und sich mit diesem Schwung und dieser Freudigkeit eines anderen verbindet; und aus all dem erwächst eine Schönheit ohne Hokuspokus und Allüren. Wie käme er dazu, sich über eine »Welt des Ideals« den Kopf zu zerbrechen, die dem Leben grundsätzlich entgegenstünde? Und indem ich über meine eigene Überspanntheit in bezug auf diese Themen nachsann, fiel mir Nietzsche ein: »Idealismus, höherer Schwindel«.

Doch auf der anderen Seite dachte ich bei mir: Würdest du die Seele von Iwaszkiewicz haben wollen? Genauso denken und schaffen, wie er denkt, fühlt und schafft? Sind die Gedichte, zu denen Szymanowski die Musik komponiert, von der Art, daß ihre Lektüre meine tiefen Bedürfnisse stillt? Würdest du, sagen wir, ihr Autor sein wollen? Keine Frage: Für mein Gefühl wäre das eine Kapitulation. Im gleichen Saal aber saß, in einer der hinteren Reihen, Berent – vielleicht derjenige Mensch in Polen, dem ich am meisten gleichen möchte: im

Hinblick auf die Perfektion seiner Arbeit, seine Haltung, seine innere Reife und seinen Ernst, mit dem er künstlerische und menschliche Probleme behandelt. Dieser Mann, so überlegte ich, erkauft seine Werke, die in der Tat gereinigt sind von Beimengungen des Rohmaterials, wohl sicherlich mit zahlreichen Entsagungen? Ferner erinnerte ich mich daran, was mir Wallis neulich zu Bewußtsein brachte: daß es selbst bei Goethe (demjenigen Schaffenden, der nach der landläufigen Meinung für sein Schaffen auf nichts verzichten mußte) Entsagungen gab, und sogar tragische. Nein, das Schlagwort »Kunst auf Kosten des Lebens« ist keine Lüge!

27.5.1924. Je mehr eine Aussage (d. h. eine korrekte Aussage) rein rational ist, um so weniger erfaßt sie die Wirklichkeit; doch das dürfte sich kaum bis ins Unendliche fortsetzen. Das Denken nähert sich in dem Maße, in dem es seine intuitiven Stützen verwirft, asymptotisch dem Akosmismus an; wenn es ihn nicht erreicht, dann deswegen, weil es in ihm selbst etwas gibt, was es schützt, oder deswegen, weil es beim besten Willen die Intuition nicht ganz von sich abschütteln kann?

»Platon wußte vielleicht besser als irgendein anderer, welcher Bestandteil des menschlichen Lebens einen Platz im Himmel verdient« (Russell: ›L'étude des mathématiques‹[8]).

26.6.1924. ÜBER DAS IRRATIONALE DENKEN.

Eindeutig irrational ist jede Aussage des Typs »A ist c«, in der ich »wirklich«, »im Grunde genommen« gar nicht vorhabe, dem Objekt A die Eigenschaft c zuzuschreiben, sondern nur einen persönlichen Zustand oder ein Gefühl zum Ausdruck bringe. (Wie bei den Ausrufen »Los!« oder »Leider!«) Es ist beispielsweise keineswegs paradox anzunehmen: Wenn ich sage: »A ist gut«, »Dieses Bild ist schön«, »Herr X ist ein edler Mensch«, dann schreibe ich im Grunde genommen diesem A, diesem Herrn oder Bild keine *Eigenschaft* zu, son-

---

[8] So lautet der Titel in der von mir benutzten Übersetzung.

dern fasse lediglich in die Gestalt eines Urteils, was ich nicht schlechter in die Gestalt eines Ausrufs fassen könnte (nur daß dieser eine Ad-hoc-Schöpfung, keiner der bestehenden Ausrufe wäre). Man kann daher solche Urteile als »Ausrufsurteile« bezeichnen, doch ich bevorzuge den Terminus »symbolische Urteile«; denn ich meine, daß Urteile in ähnlicher Weise auch bestimmte Wirklichkeiten *außerhalb* des Subjekts symbolisieren können – solche, die rational nicht zu erfassen sind. Dies wären Urteile vom irrational-objektiven Typ: die für mich interessantesten, denn die anderen erregen in mir heftigen Widerstand, insofern sie in den wichtigsten Fragen, denen der Werte, einen Rückzug in die Subjektivität implizieren.

Eine verbreitete Form von irrational-objektiven Urteilen ist die Metapher. Eine andere ist die bewußt widersprüchliche Aussage: *A* ist und ist nicht, *A* ist nicht *A*, *A* ist *c* und ist es (gleichzeitig) nicht. Auf dem bescheidensten Niveau kommt dieser Widerspruch nur in geläufigen Ausdrücken vor: »Dieses Gedicht ist kein Gedicht«, »Nur die Kraft wird durch die Kraft beherrscht« (d. h. es gibt Gedichte, die keine Gedichte sind, Kräfte, die keine Kräfte sind). Doch hier findet sich mühelos eine Lösung; das ist noch keine Irrationalität. Extremere Beispiele sind einige Aphorismen Heraklits, das Platonische »Es ist und ist nicht« (im ›Parmenides‹) und schon gar das indische »Das Brahman ist Sein und Nichtsein, Wahrheit und Falschheit« usw. – die ganze Litanei. Ferner gibt es komplexe Formen, in denen der Widerspruch mit der Metapher kombiniert wird: »Das Brahman ist Finsternis und Licht.« Ebenso kommen irrationale Aussagen vor, in denen eine Irrationalität auf der anderen aufbaut. In der vedischen ›Schöpfungshymne‹ wird vom Zustand vor der Schöpfung gesagt: »Der Abgrund atmete ohne Atem.« Rational hat das keinen Sinn. »Abgrund« ist sinnlos, denn vor der Schöpfung gab es keinerlei Abgrund. Ferner kann ein Abgrund nicht »atmen«. Und schließlich kann es kein Atmen ohne Atem geben. Das ist genauso – wird der Rationalist einwenden –, als wenn wir sagten: »Das Küken im unbefruchteten Ei fuhr im eigenen Auto, ohne zu fahren.«

Doch in diesem Punkt dürfte die Rechnung des Rationalisten nicht aufgehen. Der Satz über das Küken ist *nur* sinnlos; das Urteil über den Abgrund ist an der Oberfläche sinnlos, doch es macht irgendwie den Eindruck, als ob es einen symbolischen Sinn hätte, wie uns gemäß der »Ausrufshypothese« die Wörter »dieses Bild ist schön« durchaus über etwas informieren, wenn auch nicht darüber, worauf sie direkt verweisen. Die Wörter der ›Hymne‹ haben eine Entsprechung in etwas, das der Autor tatsächlich *zu sagen hatte*, und zwar über die Welt *außerhalb* seiner, obwohl diese Entsprechung sich in rationaler Sprache auf keine Weise ausdrücken läßt. Es sei noch auf die Eigentümlichkeit hingewiesen, daß die Ausdrücke »atmete ohne Atem« sich hier nicht gegenseitig aufheben wie die Einsen in der Kombination -1 + 1, und daß der faktische Gehalt dieser Ausdrücke beileibe nicht gleich Null ist.

28.6.1924. Grundintuition und System. »Eine Flamme habe ich; nun muß ich mir nur noch eine Fackel dafür zurechtmachen.«

11.10.1924. »... fern vom Jahrmarkt der Völker ...« (Berent).

12.10.1924. Zur »Erlösung« ist keine Unsterblichkeit vonnöten; die Erlösung ist etwas, das man vor dem Tod erlangt, das uns bereits vor dem Tod aus dem Leben hinausführt.

Die Erlösung ist die Reinigung von Schmutz, Armut, Sünde, Übel, Schuld, doch ebenso – von aller Empirie.

7.2.1925. DER BEGRIFF DES »VERSTEHENS«. Unter »Verstehen« wird vielfach die Zurückführung auf mathematische Termini verstanden (so Russell über die Begriffe der Ursache und Funktion).

Bei mir entsteht das Gefühl des »Verstehens« dann, wenn ich eine Sache nicht rein begrifflich, sondern mit einem mich völlig zufriedenstellenden Bild umschrieben habe. Ein solches Bild – so sehe ich es – erfaßt etwas für das gegebene Objekt Wesentliches, das durch das Netz der reinen Begriffe geschlüpft ist; wahrscheinlich handelt es sich um eine spezifische *Qualität*, die in der mathematischen Formulierung völlig verschwindet. Eine abstrakte nichtmathematische Formulierung dagegen, d. h. eine solche, die einen gewissen Rest an qualitativem Gehalt bewahrt, ist eine halbe Sache, mit der wir uns meistens zufriedengeben müssen, wenn sie auch keines der beiden großen Bedürfnisse des Geistes – das intuitive und das analytische – befriedigt.

Die großen Rationalisten, die klassischen Metaphysiker des 18. Jahrhunderts, beriefen sich trotz ihres Rationalismus immer auch auf die Intuition. Sie bemühten sich um eine möglichst gute begriffliche Formulierung, hielten sich dabei aber stets in den Grenzen, die durch eine bestimmte Anzahl von Primärbegriffen gesteckt wurden, deren Inhalt wiederum, ob es ihnen bewußt war oder nicht, letztlich intuitiv erfaßt werden konnte und mußte.

(Juli 1925). DAS INDIVIDUUM IM MEER DER KULTUR. Die quantitative Überproduktion an Kultur hat die unangenehme Folge, daß sie von einem Individuum, und sei es noch so gebildet, unmöglich ganz erfaßt werden kann. Wie also sollen wir uns angesichts dessen verhalten?

(1) Wir sehen Menschen, die – aller völlig offensichtlichen Unmöglichkeit zum Trotz – versuchen hinterherzukommen, mit der Produktion um die Wette laufen, alles verfolgen und alles »wissen wollen«. Diese Haltung ist unter anderem deswegen verhängnisvoll, weil sie aus Produkten, deren ganzer menschlicher Sinn darin besteht, absorbiert, assimiliert, wie Wein getrunken zu werden, Objekte bloßen Erkennens macht – was das Ende der Kultur bedeutet.

(2) Einige suchen sich unter den etablierten, anerkannten Gebieten eine Spezialität heraus und wollen lediglich »alles wissen«, was in dieses Gebiet, diese Spezialität fällt. Peter will in allen Einzelheiten die spanische Dichtung kennen, Paul die modernen Theorien der Materie. Auch hier wird das wirkliche Ziel nicht erreicht: Ganz zu schweigen davon, daß auch in

diesem Fall – wenngleich aus anderen Gründen – die Erkenntnis als Erkenntnis dazu neigt, den ganzen Rest zu verdrängen, haben wir noch zusätzlich die Situation, daß im Bereich der gewählten Spezialität zahlreiche unwesentliche Erscheinungen beachtet werden, und zahlreiche wesentliche – die außerhalb dieses Bereichs liegen – dem Spezialisten völlig entgehen.

(3) Viele halten es für vorteilhaft, sich nur aus zweiter Hand zu informieren, ohne sich einem unmittelbaren Kontakt auszusetzen. Natürlich sind solche Informationen unentbehrlich: Wir müssen wissen, womit wir eine Begegnung suchen können. Doch es bei der Information zu *belassen*, nur die Berichtseiten der Wochenschriften zu lesen heißt, sich vom Wind zu nähren.

(4) Das einzig sinnvolle Verhalten: daran denken, daß all unser Umgang mit Kulturerzeugnissen zum Ziel hat, uns selbst auf ein höheres Niveau zu heben, zu bilden, zu »kultivieren« – und unter diesem Aspekt alles auswählen, mit dem wir umgehen. Leider lauern auch hier Gefahren. Der sehr persönliche Charakter der Neigungen, die hierbei zu Wort kommen, birgt das Risiko der Vereinsamung, der Absonderung. Eine auf Objektbasis unterschiedene Spezialität (ein bestimmtes Stück, eine bestimmte Epoche) bringt eine *Gruppe* hervor, zu der jeder Kenner des jeweiligen Gebiets automatisch gehört; die anderen beiden Tendenzen führen im Ergebnis ebenfalls zu einer gewissen – wenn auch gewöhnlich oberflächlichen – Gemeinschaft verwandter Seelen: die Gemeinschaft der sogenannten »wandelnden Lexika« und die Gemeinschaft der Snobs. Hier dagegen muß das Individuum sehr achtgeben und nach Wegen suchen, um sich nicht in der Einsamkeit zu verlieren; die kultivierte Gesellschaft wiederum ist auf halbem Wege, zu einem Schwarm unverbundener menschlicher Atome zu werden.

Daher muß der Freund der Kultur für diese eine quantitative Beschränkung der Produktion wünschen, muß hier zum Feind allen Übermaßes, aller Überladenheit werden. So daß aus dem Geiste der reinsten Kulturliebe eine Art stiller Savonarolismus hervorgeht: »Drei Viertel von all dem sind es wert, verbrannt zu werden.« Ohne so radikale Forderungen: Eine kulturelle Pflicht des schöpferischen Individuums besteht darin, nichts zu produzieren, das nicht etwas Unersetzliches und Einzigartiges in die Welt brächte. Man sollte ein präventiver Savonarola in eigener Sache sein. Wie ich einmal in jugendlicher Leidenschaft an die Adresse einiger Leute gerichtet herausplatzte: »Nach dem Erscheinen eines Werks sollte die Sonne anders aufgehen.« Rhetorik; doch in der Sache hatte der Rotzlümmel recht!

September 1926. Ich würde keinen roten Heller für ein Leben geben, das der reinen Erkenntnis gewidmet ist, und ich wünschte mir, daß andere zumindest nicht ihre ganze Seele dafür geben würden.

20.5.1927. Der Begriff der Erlösung, der sich in letzter Zeit in meinem ethischen Denken so sehr in den Vordergrund geschoben hat, ist nicht leicht zu definieren. Man kann ihn jedoch ziemlich deutlich von anderen verwandten Konzepten unterscheiden, mit denen ich seinerzeit gearbeitet habe. Es geht in ihm weder nur um Leidlosigkeit, wie in der eng und negativ verstandenen stoischen Ataraxie (man kann erlöst sein, und doch leiden), noch ausschließlich um Vollkommenheit (die, im Gegenteil, in der Erlösung impliziert ist). Denn erstens enthält die Erlösung, im Gegensatz zur Ataraxie, ein Element der positiven Beglückung. Zweitens ist sie nicht einfach und ausschließlich ein Zustand des Subjekts; sie setzt den Umgang mit der Welt des Guten und gewissermaßen die Zugehörigkeit zu ihr voraus. Schließlich noch ein Merkmal, das zwar in eine andere Kategorie gehört, aber wohl doch sehr wesentlich ist: Die Erlösung ist ein *endgültiger* Zustand; ein Rückfall ist nicht mehr möglich; eine bestimmte *Schwelle*, die zwei Welten trennt, ist ein für allemal überschritten.

17.8.1927. Die Welt hat viele Aspekte, dergestalt, daß man sie unter jedem von ihnen unverzerrt erfassen und verstehen kann. Ich habe ein Recht zur Wahl meines Gesichtspunkts gemäß den Bedürfnissen meiner Persönlichkeit.

7.9.1928. »Warum ist etwas, und warum ist es so« (»so« als Ganzes, nicht in den Einzelheiten, die wir normalerweise auf Basis der Ganzheit zu erklären versuchen)?

Wir fragen nicht nach dem Grund des Nichtseins; doch daß es überhaupt etwas gibt, ist eine Quelle des Erstaunens. Dieses Erstaunen verschwindet zwar, wenn wir ein Sein voraussetzen, daß einzig und bestimmungslos (ohne Vielheit und Prädikate) ist; ein solches unterscheidet sich kaum vom Nichtsein. Sobald jedoch Prädikate und Begrenztheit auftauchen, taucht auch die Frage auf. Warum Zeitlichkeit? Warum Körperlichkeit? Warum Geistigkeit? Jedes Prädikat ist ein Wunder.

Sind all diese Fragen sinnlos? Das hängt davon ab, welchen greifbaren Sinn wir in das »Warum« zu legen verstehen.

9.9.1928. Wodurch erfreut uns die Natur? Dadurch, daß sie eine blühende Stille ist – das volle Leben ohne die Leiden, die sich aus dem Bewußtsein ergeben.

12.9.1928. Unerläßliche Entsagungen sollten wir mit einem einzigen scharfen Schnitt hinter uns bringen, indem wir uns in diesem bestimmten Moment selbst bezwingen, selbst überwinden. Und kehren wir nicht mehr mit weinerlicher Sehnsucht zu den Gegenständen unserer Entsagung zurück! Stellen wir einmal gemachte Entsagungen nicht in Frage! Entsagen wir nicht im Gedanken, daß es sich einmal auszahlen wird – oder daß wir sogar dafür »belohnt« werden!

23.9.1928. Das Entstehen kann anscheinend auf dreierlei Weise gedacht werden. (1) Als Entstehung *ex nihilo*; hierher gehören leider alle angeblichen »Erklärungen« genetischen Typs, denn was in einer späteren Phase *neu* ist, das gerade *gab es* in einer früheren *nicht* – wir aber fragen doch ausschließlich nach der Entstehung dieses Neuen. (2) Als Entstehung *ex identico*, also aus einer Sache, die sich von der entstehenden nur scheinbar unterscheidet; das setzt die Existenz desselben *ab aeterno* voraus, und die Entstehung wird zu einem bloßen Schein. (3) Es kann der Fall einer Präexistenz *in eminente* (wie die

Scholastiker sagen) vorkommen, d. h. daß dasjenige, das heute besteht und dessen Herkunft wir suchen, *ab aeterno* in einem volleren Sein enthalten war, das außer ihm auch andere (heute vielleicht noch unbekannte) Dinge enthielt. Dies nennt man wohl »Emanation«, und es ist unter einem gewissen Gesichtspunkt das Gegenteil der »Evolution« in unserem gewöhnlichen, aus den Naturwissenschaften übernommenen Verständnis (erst das »Kleinere«, dann das »Größere«). Doch das ist nicht so ohne weiteres klar genug. Denn in welchem Sinne ist hier von »enthalten« die Rede? So wie Schwefelsäure Sauerstoff, Wasserstoff und Schwefel enthält (so daß man sie daraus isolieren kann)? So wie das Dutzend drei Vieren enthält (denn $12 = 3 \times 4$)? So wie eine Serie geplanter und der Reihe nach ausgeführter zielgerichteter Handlungen die *bereits* ausgeführten Handlungen ebenso enthält wie die *erst* noch auszuführenden? Die Möglichkeiten dürften hier unbegrenzt sein.

Die (persönliche und vorläufige) Moral aus all dem in bezug auf die Begriffe »Genese«, »Evolution« (in allen Schattierungen) und den der »Entstehung« selbst lautet: Es handelt sich um ausschließlich beschreibende, nicht erklärende Begriffe. Der Begriff der »Evolution« insbesondere ist einerseits ein (durchaus glücklicher) denkerischer Kunstgriff, um, unter Ausschließung von *ex eminente*, die Wahl zwischen *ex nihilo* und *ab aeterno* zu vermeiden; andererseits eine suggestive, völlig sinnreiche und pädagogische Methode, um die Phantasie anzuregen. Ich melde dagegen keinen größeren Protest an (solche Schemata sind notwendig); doch auch die Schwächen sollte man nicht übersehen.

25.9.1928. Mit seinen Bestrebungen nicht hinter dem Berg halten; ihnen vor den Menschen Ausdruck verleihen. Nicht in der Hoffnung, Einfluß auszuüben, sondern um innerer Vorteile willen, die ihre Enthüllung *mir* verschaffen kann.

5.10.1928. Die Belohnung, die uns das Lob des eigenen Gewissens gewährt, kann geringfügig sein, wenn unser Gewissen eine unsichere Autorität besitzt und im Namen einer Person spricht, die gewissermaßen selbst nicht recht gefestigt ist. Daher so manche Enttäuschung.

8.10.1928. Lohnt es sich, in seinem Innern neue und bisher nicht dagewesene Auffassungen der Wirklichkeit zu erarbeiten? Ich persönlich denke, daß es sich lohnt. Nicht deswegen, weil die Neuigkeit an sich, als Neuigkeit, so wertvoll wäre, sondern weil dadurch in uns diese schöpferische Spannung entsteht, die aus einem nur halb existierenden, passiven und abgestumpften Wesen etwas wirklich Lebendiges macht.

11.10.1928. Ein herrliches Muster uneigennützigen, natürlichen und schlichten Wohlwollens: Menschen, die hoch in den Bergen Paßwege markieren und dabei darauf achten, daß der Wanderer die Zeichen möglichst einfach erkennen und möglichst sicher steigen kann. Sie erwarten dafür weder eine Belohnung noch kennen sie diejenigen, die es dank ihrer Mühe leichter und besser haben, doch sie sind engagiert bei der Sache. Dies wäre ein Wohlwollen den *Menschen* gegenüber. Doch es sind sicherlich dieselben Menschen, die beim Sammeln von Leberblümchen darauf achtgeben, sie dicht unter den Blättern abzuschneiden und um Gottes willen die Wurzel nicht zu verletzen. Wohlwollen und Achtung vor den Lebewesen umfassen, wenn sie einmal im Menschen Wurzeln geschlagen haben, rasch selbst dasjenige, was ihm, als Menschen, am fernsten steht.

13.10.1928.

»Die Welt, die hält dich nicht: du selber bist die Welt,
Die dich in dir mit dir so stark gefangenhält.«
(Angelus Silesius)

13.10.1928. Indem sie Abstand schafft zu kleinlichen Problemen, wirkt die Natur nicht nur allgemein reinigend und beruhigend, sondern wird insbesondere zu einem außergewöhnlich wirksamen Heilmittel gegen Ehrgeiz, Eigenliebe und Eitelkeit.

14.10.1928. Die Wärme des eigenen Körpers, sinnvolle und sinnlose Bilder, die unsere Phantasie bevölkern, die Straße vor unserem Fenster, die Tapeten in unserem Zimmer: Solche Dinge sind es – eher als die großen Ziele, die wir uns im Leben setzen –, die uns an sich fesseln, in Bande schlagen und gefangen halten, und die bewirken, daß wir uns vor dem Tod fürchten. Wenn wir mit dieser Furcht fertig werden wollen, müssen wir vor allem uns selbst ehrlich und demütig gestehen, daß es hauptsächlich gegen dieses Spinnengewebe geht, nicht gegen das Eisen – oder Gold – der großen Ketten.

Nur für das religiöse Erleben ist der Tod ein ebenso gutes Material wie das Leben.

16.10.1928. Es hat eigentlich keinen Sinn, die Ursachen des eigenen Leidens zu vermehren, doch *am Menschen zu leiden*, uneigennützig aufgrund der menschlichen Unvollkommenheit zu leiden, ist etwas, das sowohl als Erlebnis als auch unter erzieherischem Gesichtspunkt zu wertvoll ist, als daß wir uns vor diesem Leiden schützen sollten.

20.10.1928. Von Zeit zu Zeit ist es lohnenswert, sich daran zu erinnern, wie ein Mensch auf dem Gipfel aussieht, im Anblick des Erzvorbilds zu versinken, sich als ein Nichts zu fühlen und den gewaltigen Weg zu ermessen, von dem wir im besten Fall einige Etappen werden zurücklegen können. Dann aber müssen wir möglichst rasch wieder zu Vorbildern zurückkehren, die uns näherstehen: näher vom *Menschentyp* her – denn nur solche vermögen warme Sympathie zu erwecken – und näher dem *Niveau* nach – d. h. daß sie uns nicht allzusehr überragen: nur solche nämlich vermögen uns *anzuspornen*.

22.10.1928. Man muß stets ein Ziel vor Augen haben, das hoch genug ist, um uns dazu zu motivieren, unsere Kräfte anzustrengen, aber nah genug, um nicht unerreichbar zu erscheinen. Doch im Hintergrund sollte das Bild des Endziels immer sichtbar bleiben.

24.10.1928. Ich sollte mich über die Ablehnung freuen, auf die ich bei einigen stoße; dadurch werde ich abgeschnitten, werden die »Befestigungslinien« meiner Natur instand gesetzt. Dank ihr bin ich, der ich schon am Einnicken war, von neuem im Kampfzustand, schüttle den Staub der Kompromisse von mir ab und kehre – wenn auch nicht ohne Blessuren – auf den eigenen Weg zurück. Ehre und Dank sei denen, die mich ablehnen, die mich zu mir selbst zurückrufen!

30.10.1928. Im Namen der großen Liebe sollte man kleine Freundlichkeiten praktizieren. [KD]

(Jahresende 1928). ZUR PSYCHOLOGIE DER KLASSIK. Die Romantik ist bekanntlich das Nichteinverstandensein mit der Wirklichkeit, die Klassik das Einverstandensein. Häufig das Einverstandensein der Zustimmung, der Ruhe; zuweilen das Einverstandensein der endgültigen Verzweiflung. Doch zwischen diesen beiden Varianten fällt die Unterscheidung manchmal nicht leicht. Es ist dies ein eigenartiges psychologisches Paradoxon, das aber immer wieder vorkommt: Die Verzweiflung wandelt sich irgendwie in Kontemplation und ruhige *Bejahung*. Hierunter fallen wohl sogar die späteren Jahre Schopenhauers; anders und in einer Weise, die mehr des Kommentars bedarf, das, was mit Nietzsche geschehen ist; vor allem jedoch der ungeheure griechische Kasus, wie ihn Nietzsche uns sehen lehrte und wie ihn Thomas Mann im ›Zauberberg‹ in der Beschreibung von Hans Castorps Vision synthetisch dargestellt hat.

6.1.1929. Sie achten nur darauf, wo sie hier ihre Rinnen unter den Wasserfall stellen können, um das Wasser auf die Beete ihrer Kleingärten zu leiten. Alle pfeifen auf die Schöpferkraft und sehen nur die Arbeitskraft.

14.1.1929. DAS KLEINLICHE DES STERBENS. Auf den Tod muß man sich nicht nur grundsätzlich, sondern auch unter Berücksichtigung aller realen Bedingungen und Begleitumstände vorbereiten. Früher habe ich über den Tod nur *in abstracto*, in Begriffen von Sein und Nichtsein nachgedacht; zum Glück hatte ich vor einigen Jahren einen Vorgeschmack seiner anderen Aspekte und vor ganz kurzer Zeit eine Generalprobe mit allen Requisiten. Ich weiß nun, unter welch ungünstigen Bedingungen sich die Sache abspielt. Körperliche Schmerzen und Leiden erschöpfen einen so sehr, daß es schwierig ist, die Geisteskraft aufzubringen, die nötig ist, um angemessen Widerstand zu leisten. Dauernde kleine Maßnahmen zerstreuen den Geist, und die dauernde Anwesenheit fremder Personen erfordert es, sich andauernd auf *ihre* Denkweise einzustellen; man kann sich kaum dagegen wehren, in kleinliche und unbedeutende Angelegenheiten gewissermaßen hineingezogen zu werden. Von einem erbaulichen Gedankenaustausch über den Tod kann keine Rede sein; die Leute haben nicht die geringste Lust zu solchen Plaudereien. Sie reden sich ein – da es für sie bequem ist –, daß man dem Patienten bis zum letzten Augenblick etwas vorspielen müsse; so daß man, obwohl man weiß, daß man stirbt, seiner Umgebung nicht zeigen darf, daß man es weiß: Das brächte die Lebenden in Verlegenheit und wäre eine häßliche Taktlosigkeit.

4.3.1929. »... dank seiner früheren Anstrengungen wird er gegen seinen Willen fortgerissen« (›Bhagavadgītā‹ VI 44 – und die ganze Passage).

Arjuna fragt, welches Schicksal denjenigen erwarte, dessen »Herz vom Yoga abfällt« (in unserer Sprache: von der Arbeit an sich selbst), obwohl er der Absicht nach nicht aufgehört hat, dem letzten Ziel treu zu sein. Verliert er nicht sowohl dieses Ziel (durch seinen Abfall) wie auch die Welt (weil er sich bereits von ihr abgewandt hat) und vergeht er nicht »gleich einer zerrissenen Wolke«? – »Nein«, sagt Krishna. Die Frucht seiner unvollkommenen Anstrengungen gehe nicht verloren; sie schlügen sich in künftigen Geburten nieder; der Faden knüpfe genau dort an, wo er abgerissen wurde.

Seit ich diese Passage »entdeckt« habe (vor ungefähr einem Jahr, in der Übersetzung von Michalski, obwohl ich die ›Bhagavadgītā‹ in anderen Übersetzungen seit langem kenne), ist sie mir eine Quelle der fortwährenden Stärkung und Beruhigung. Wirkt doch auch innerhalb des individuellen Lebens diese Kraft der unternommenen Anstrengungen. Nicht nur, daß ich in Momenten des Schwankens in mich gehen und dort die angesammelten Ressourcen wiederfinden kann, auch unabhängig von diesen bewußten Rückzügen darf ich darauf vertrauen, daß der gewonnene Schwung nicht verlorengegangen ist, und muß in jenen schlechten Momenten nicht zittern, daß dies bereits das Ende und das »Zerreißen der Wolke« bedeutet. Und darüber hinaus, nicht mehr mein individuelles Leben betreffend: Meine Anstrengungen werden von *jemandem* aufgenommen, *jemand* spürt ihre Wirkungen, wird von ihnen »gegen seinen Willen fortgerissen«. Nicht ich werde es sein; doch ist das nicht der bekannte Anfang aller Weisheit: »Ob ich oder mein Nächster, das ist eins?«

5.3.1929. TOLSTOJS TAGEBUCH. Ich habe mich dem glücklichen Eindruck hingegeben, daß hier einer der ganz Großen – und das auch noch im hohen Alter – genauso an sich gearbeitet hat, wie ich es heute versuche. Ich fühlte mich wirklich gestützt. Meine besondere Aufmerksamkeit galt dabei der Passage, die ich hier abschreibe:

»Mein Gott, wie schwer es ist, nur vor Gott zu leben, zu leben wie Verschüttete in einem Bergwerk, die wissen, daß niemand jemals erfahren wird, wie sie dort gelebt haben. Doch man muß es tun, man muß so leben, denn nur ein solches Leben ist Leben.«

So ist es, genau darum muß man sich bemühen.

7.3.1929. ›NACHFOLGE CHRISTI‹ III 38. – Wenn man vor einer praktischen Entscheidung steht, nicht nur »den äußeren Schein« »mit den Augen des Fleisches« betrachten, sondern »in die Stiftshütte« hineingehen und sie aus dem »Kabinett des Herzens« heraus treffen. – All das läßt sich in eine ganz weltliche Sprache übersetzen und wird auch in dieser Gestalt seine Richtigkeit haben.

11.3.1929. Man muß von sich aus die Initiative ergreifen und sich damit abfinden, daß praktische Abweichungen von der Linie, die wir grundsätzlich verfolgen möchten, unvermeidlich sind; andernfalls erliegen wir früher oder später einer fremden Initiative und damit einer einzigen großen Abweichung und Verdrehung.

14.3.1929. DIE TUGEND DES SCHWEIGENS. Das Schweigen ersetzt die Einsamkeit, indem es uns von den Menschen abgrenzt und vor den Belanglosigkeiten beschützt, die beim Aussprechen unnötiger Worte zusammen mit deren Inhalt in die Seele eindringen würden. Denn von Nichtigkeiten zu reden bedeutet automatisch, (zumindest flüchtig) über Nichtigkeiten *nachzudenken*: Es gibt kein strafloses Plappern. Und was ist mit dem Reden über ernsthafte Dinge? Das heißt leider nur allzu häufig, ihnen ihre Lebendigkeit, ihre Kraft, ihre Fähigkeit, sich in der Seele auszubreiten, zu nehmen: als würden wir einen Stengel mit unentwickelten Knospen abschneiden. Die Sprache der ernsthaften Angelegenheiten ist die Kunst; die Sprache der unentbehrlichen Dinge ein möglichst kurzes Zeichen sprachlicher oder anderer Art; Nichtigkeiten sollten keine Sprache besitzen.

4.4.1929. Das Verhältnis zur Gegenwart sollte natürlich nicht von der widerlichen Manier geprägt sein, sich bei ihr einzuschmeicheln, weil es sich ja um die Gegenwart handelt. Doch genausowenig sollte man in dummer Weise darüber beleidigt sein, daß sie gerade *so* ist. Es ist völlig sicher, daß – unabhängig davon, welcher Unfug das »Heute« kennzeichnet – zumindest *einige* Traditionslinien sich eben durch dieses Zwischenglied zu den Jahren und Jahrhunderten der Zukunft hin verlängern, und daß man sich hier in die Entwicklung einschalten kann. Wer gut sucht, wird diese Linien finden.

20.4.1929. Man muß das Leid als etwas annehmen, das uns von außen trifft, als ob ich mich an der Ecke einer Kommode stoßen oder mit einem Taschenmesser schneiden würde. Man darf das Leiden nicht als etwas annehmen, das von innen her an uns nagt und weniger Schmerz als vielmehr Zerfall bedeutet. Man muß lernen, auf den Teil seiner selbst, der leidet, wie auf einen verletzten Finger zu schauen: Es tut fürchterlich weh, doch nicht ich bin es, sondern nur ein Finger.

14.8.1929. Wenn ich unerschütterlich und felsenfest daran glauben würde, daß es so etwas wie das absolut Rechte gibt und ich in dessen Besitz bin, dann wäre die Sache einfach: Ich würde mein Samenkorn in die Erde legen und wüßte, daß ich etwas Gutes tue. Doch welcher Ausweg bleibt angesichts der bestehenden Lage? Man kann versuchen, sozusagen in die Luft zu schreiben, »für sich und die Musen« zu singen und sich ein für allemal der Sorge um die Folgen, den Sinn und die eventuelle zwischenmenschliche Funktion dieser Tätigkeit zu entschlagen. Oder: sich versteifen (»Ich bin es, *also* habe ich recht«); alles, was man schreibt, als Kampf mit der Umgebung begreifen und aus dem Kampf immer von neuem die Leidenschaft schöpfen, auf seinem Standpunkt zu beharren. Eine teuflische Alternative, doch immer noch besser, als das ewige Opfer zu sein.

15.8.1929. NOCHMALS ÜBER DEN GLAUBEN, SELBST IM RECHT ZU SEIN. Diesen Glauben haben andere von sich aus, bedingt durch ihr Temperament; er ist bei ihnen beinahe ein biologisches Faktum. Wenn man eine ihrer Überzeugungen angreift, greift man das Recht, die Vernunft, den lieben Gott und die Natürliche Ordnung an. *Ich* muß meinen Glauben durch nahezu mystische Zustände erringen: in mich gehen, bis sich mir das Böse oder das Gute wie in einer Offenbarung aufdrängt. Die Solidarität mit mir selbst: das ist es, was bei mir erschüttert ist.

14.9.1930. Es gibt keinen gründlicheren Tod als die Allwissenheit. Daher ist das Streben nach Wissen ein halbes Todesstreben.

28.9.1930. GANDHI. Gandhis Existenz ist ein lebender Beweis dafür, daß ethische Gipfel erreichbar sind, seine Gegenwart unter uns, als Lebender unter Lebenden, ist eine Gewähr dafür, daß die größten Ideen nicht unwiederbringlich der Vergangenheit angehören, daß die Quellen der Heiligkeit nicht versiegt sind. Und eine große Lehre und Ermutigung ist der Anblick eines Vielmillionenvolkes, das sich von dieser Heiligkeit hat mitreißen lassen. Indien ist heute so etwas wie das Gelobte Land für diejenigen, »die hungern und dürsten nach der Gerechtigkeit«. Dort kann ein Mensch – selbst wenn er in der Hierarchie die bescheidenste Stellung einnimmt – sich freuen, daß er an dieser Stelle einer frommen und gerechten Sache dient.

»PANIDEAL«. Daß Holzapfels Ideal ein »Panideal« ist, stellt einen Grund seiner Schwäche und relativen – *sit venia verbo* – Schlappheit dar. Ich werde es immer wiederholen: Meinetwegen kann das Ziel eines Strebens auch weniger hoch angesiedelt sein, wenn es nur bestimmt ist. Der Mensch sollte in seine Idee *verliebt* sein, und diese Idee sollte *einseitig* sein: Auf diese Weise gibt er der Menschheit mehr, als wenn er mit lauem Herzen »alles Schöne« liebt.

5.10.1930. Die sogenannte »Liebe zur Menschheit« ist an sich eine rein biologische Angelegenheit, die »Liebe« zur eigenen Gattung. Die Liebe zur eigenen Gattung als solche aber, ohne Berücksichtigung ihres Niveaus als ganzer oder des Niveaus einzelner ihrer Vertreter, ist nichts besonders Ehrenwertes. Es ist mit ihr sogar eindeutig eine Gleichgültigkeit gegenüber Gut und Böse verbunden: Mit dieser Liebe werden wir den Menschen sogar dann lieben, wenn seine Natur sich als ganz erbärmlich erweist. Außerdem enthält sie eine bedrohliche Ausschließlichkeit: Wer seine Gattung als eben die *seine* liebt, der wird kein Herz für andere haben und bereit sein, ihnen grenzenloses Unrecht anzutun.

Es ziemt sich im allgemeinen, den Menschen zu lieben – das ist wahr –, doch mit einer eher sekundären Liebe, die auf ihn übertragen wird von einem der großen Güter, die er in sich zu verwirklichen imstande ist. Es ist klar, wieviel Tiefe und Schönheit in solch einer Liebe sein kann. Doch *an erster Stelle* muß die Reinheit, die Durchgeistigung oder die Weisheit stehen, dann erst der durchgeistigte, der reine oder der weise Mensch (im übrigen auf gleicher Höhe, und *bloß* auf gleicher Höhe, mit seinem durchgeistigten, reinen oder weisen Erzeugnis: z. B. ein Kunstwerk oder eine Weltanschauung). Ja, das ist es: Eigenschaften, nicht Menschen, sind der primäre Gegenstand der »rechten Liebe«.

»Wer die Entwicklung der Menschheit über alles liebt ...«, beginnt einmal ein Satz bei Holzapfel. Nein! Bevor man die »Entwicklung der Menschheit« liebgewinnen kann, muß man das liebgewinnen, worauf diese Entwicklung hinausläuft. Selbst wenn man annehmen würde – was Holzapfel eindeutig und konsequent vermeidet –, daß die Entwicklung ausschließlich auf quantitativen Änderungen beruht, auf bloßer Bereicherung und zunehmender Komplexität, muß man *zuerst* Reichtum und Komplexität liebgewinnen. Andernfalls beruht die »Liebe zur Entwicklung« weiterhin auf der rein biologischen Liebe zur Gattung, wie ich sie eben beschrieben habe, und teilt all ihre Unzulänglichkeiten und Sünden.

12.10.1930. SELBSTMORD. Die positive Einstellung zum Selbstmord stellt eines der bleibenden Elemente meines Denkens dar. Welche Gegenargumente sehe ich? Eigentlich nur zwei: Das eine, das nicht im geringsten ernst zu nehmen ist, operiert mit dem Vorwurf der angeblichen Feigheit; das andere, etwas höherklassige, behauptet, durch den Selbstmord entzöge ich mich sozialen Verpflichtungen und fügte darüber hinaus bestimmten Einzelnen ein Unrecht zu.

Über die »Feigheit« lohnt es sich nicht zu diskutieren. Wer fähig ist, den Selbsterhaltungsinstinkt zu überwinden, beweist einen beachtlichen Mut, und es ist lächerlich, sich im nachhinein darüber Gedanken zu machen, ob das Ertragen von Scham und Schande, der Leere nach einer verlorenen Liebe oder der Verzweiflung nach dem Untergang des Vaterlandes von einem größeren oder geringeren Mut zeugt. Im übrigen tun diejenigen, die den Selbstmord aus Patriotismus, aus Liebe usw. so scharf verurteilen, dies gewöhnlich deswegen, weil sie in ihrer inneren Armut die mit diesen Geschehnissen verbundenen Leiden nicht würdigen und auf den Selbstmörder böse sind wie Greise auf Verliebte, Bankiers auf Poeten, Philister auf Romantiker und Enthusiasten: weil diese kleine Unannehmlichkeiten ernst nehmen, über die es nicht lohnt, sich aufzuregen. Gallensteine, *die* sind unangenehm; doch Julias Tod? Die Niederlage bei Thapsus?

Das Hauptargument jedoch ist das soziale. Und hier scheint es mir, daß in außergewöhnlichen Fällen, wenn jemand völlig auf unsere Hilfe und Unterstützung angewiesen ist, die Rücksicht auf den Nächsten überwiegen sollte. Doch das ist Mitgefühl für die Schwachen, nicht eine soziale Pflicht, der Gruppe (dem Volk, der Familie) zu dienen. Dieses letzte Problem möchte ich so zuspitzen. Das Recht, den unbedingten Anspruch an uns zu stellen, um jeden Preis am Leben zu bleiben, billigen wir der Gesellschaft zu, insofern wir selbst von ihr Dienstleistungen und Wohltaten entgegennehmen, die über den Austausch von Leistungen zwischen gleichermaßen am Vertrag interessierten Partnern hinausgehen. Doch dieser Fall ist eher selten. Meistens und normalerweise ist es so, daß alles, was das Individuum von der Gesellschaft erhalten hat, abgezahlt ist; der Selbstmord stellt keine Schädigung des Gläubigers dar; sein Wesen ist die Aufkündigung eines Vertrages; oder, wenn man so will: das Aussteigen aus einem Spiel, an dem wir nach vereinbarten Regeln teilgenommen haben. Die Spielregeln sind für mich nur so lange bindend, wie ich spiele; sobald ich sage: »Ich will nicht mehr spielen«, erlange ich meine Freiheit zurück. Ebenso binden mich die sozialen Verpflichtungen nur so lange, wie ich mich durch meine Anwesenheit im Leben zum Mitspieler erkläre; doch mir steht jederzeit das Recht zu, mich zu beseitigen, und in diesem Augenblick hören alle Verpflichtungen auf. Noch schärfer formuliert: Der Mensch als Mitglied einer Gesellschaft hat soziale Pflichten; doch die Zugehörigkeit zur Gesellschaft selbst ist keine soziale Pflicht. Sie ist der freiwillige Akt eines Menschen, der am Spiel teilnehmen, d. h. leben und von den kollektiven Lebenseinrichtungen profitieren will. Dieser freiwillige Akt wird täglich schon allein durch das Faktum erneuert, daß wir am Leben bleiben; doch wir haben jederzeit die Möglichkeit, ihn nicht zu erneuern, und dem Individuum steht es frei, sich umzubringen, ebenso wie es ihm freisteht, sich durch Naturalisierung einer anderen Gesellschaft anzuschließen oder sich in die Einsamkeit einer unbewohnten Insel zurückzuziehen.

Wenn jedoch einzelne Individuen als *Individuen* durch meinen Selbstmord deutlich Schaden nehmen, dann antworte ich darauf (außer in dem Extremfall, den ich eben ansprach): Euer Anspruch, ich solle gegen meinen Willen am Leben bleiben, ist nicht weniger egoistisch als mein, durch die Ereignisse aufgezwungener, Wille zu scheiden. Meistens sogar egoistischer: denn das Opfer, das ich bringen würde, indem ich am Leben bliebe, wäre größer als dasjenige, das ihr durch meinen Abgang aus dem Leben brächtet. Und wenn ihr mich – wie ihr gerne sagt, wenn man euch in die Enge treibt – »liebt« und aus diesem Grunde, nicht um des eigenen Vorteils willen, wünscht, daß ich bleibe, dann ist das doch wohl eine Inkonsequenz: Denn wenn ihr mich liebt, solltet ihr meinen größten Wunsch unterstützen.

Und nun zu den schamhaft verborgenen Motiven, derentwegen der Selbstmord verurteilt wird. Durch seine Tat zeigt der Selbstmörder allen Gefangenen den Ausgang, allen Sklaven den Weg zur Freiheit: in den Augen der Aufseher und in den Augen der Sklavenbesitzer ist das ein Verbrechen. Doch auch die Mitsklaven – und das sind unter einem gewissen Gesichtspunkt alle, einschließlich der besagten Besitzer – nehmen ihm seine Tat übel: denn sie selbst haben sich aus Feigheit eingeredet, ihre Unfreiheit sei eine Notwendigkeit, ein Verhängnis, gegen das man machtlos ist. Der Selbstmörder erinnert sie daran, daß sie durch eigene Schuld unfrei sind; er belastet sie wieder mit der Verantwortung, die sie auf das Schicksal abgewälzt hatten. Seinetwegen fühlen sie sich erbärmlich, unglücklicher als zuvor; sie würden ihn beneiden, doch ihnen fehlt der Mut. In ihren Mündern bedeutet das Verbot des Selbstmords ungefähr soviel: »Niemand soll die Ketten zerreißen dürfen, die wir nicht zu zerreißen imstande sind.«

Schließlich – und das hätte man vielleicht an erster Stelle sagen sollen – führt uns der Selbstmord die Grauenhaftigkeit von Verhältnissen vor Augen, die wir lieber nicht sehen würden. Der Selbstmörder unter Leuten, die mit dem Leben zufrieden sind, ist wie ein Bettler in der Konditorei: Er erinnert zur Unzeit an eine andere, weniger süße Wirklichkeit.

9.11.1930. TIERLIEBE. Man sagt, die Tierliebe sei häufig nur die Kehrseite der Abneigung gegen die Menschen, ja sogar des Hasses auf sie. Früher habe ich mich darüber aufgeregt; heute denke ich, daß etwas Wahres daran ist. Doch die ganze Wahrheit ist es nicht; dabei bleibe ich. »Der Pfadfinder ist ein Tierfreund«: so steht es an bedeutender Stelle im Pfadfinderhandbuch; und der Pfadfinder ist nun wirklich kein Misanthrop. Und bei kleinen Kindern ist die Tierliebe in erster Linie der Ausdruck eines ursprünglichen, ungetrübten Wohlwollens für alle Wesen. Doch nähern wir uns von der anderen Seite her. Die Abneigung gegen die Menschen hat vor allem zwei Gründe: zum einen das Mißverhältnis zwischen den Menschen, wie sie sind, und dem, was der Mensch eigentlich sein könnte; zum anderen die Tatsache, daß uns die Menschen so sehr in unseren besseren Gefühlen verletzen. Wir nehmen es ihnen übel, daß sie so weit unter dem Maßstab bleiben, den sie selbst theoretisch anzuerkennen bereit sind, und daß sie unser Bedürfnis nach Liebe oder zumindest gegenseitiger Sympathie mit Füßen treten. Tieren kann man beides nicht übelnehmen: Das Tier verstößt weder gegen die Kultur noch gegen die Ethik und vermag uns geistig nicht zu verletzen. Daher kann unsere natürliche Sympathie für die Wesen, die in bezug auf die Menschen gehemmt wird, in bezug auf die Tiere weiterleben, und aus Dankbarkeit darüber, daß sie nicht absterben mußte, wird sie sogar noch stärker. Wir mögen Tiere dafür, daß sie weder zum unmoralischen Handeln in der

Lage sind, noch dazu, uns in schmerzliche, geistig aufreibende Konflikte zu verwickeln.

23.11.1930. EINIGE GEDANKEN ZU ETHISCHEN FRAGEN. Wäre die einsame Tugend, die einsam ist auf der Erde und im Himmel, wenn sie sich erreichen ließe, wirklich ein Trost? Selbst die Stoiker verfügten, sofern sie nicht ohnehin – wie Seneca und Mark Aurel – ein personalistisch gefärbtes Gefühl des Verkehrens mit der Kosmischen Vernunft oder der Weltseele hatten, hier, unter den Menschen über Strebensgenossen: denn die Stoa war eine Strömung, beinahe eine Sekte. Sie waren also nicht vereinsamt.

– Wer denkt heute an den moralischen Fortschritt? Einige katholische Gruppen und eine Handvoll ... Theosophen. Immer wieder diese Verbindung zur Religion.

– Wie gut hat es der Ehrgeiz, der Wille, sich emporzuschwingen, zusammen mit seinem ganzen Gefolge von abgeleiteten Erscheinungen, stets verstanden, sich sein Nest genau inmitten der herrlichsten ethischen Bestrebungen zu bauen.

– Ohne den Kampf um das ethische Niveau wäre das Leben nur noch etwas Totes, ein reiner Mechanismus von Bestrebungen und Handlungen, etwas Steriles, Nacktes, schlimmer als »Prosa«; wir würden durch diese Kapitulation alles verlieren, was uns von einem Automaten, einer biopsychischen Maschine unterscheidet.

12.12.1930. »Das wahre Wesen eines jeden ist sein Glaube, o Bhārata. Aus dem Glauben besteht der Mensch. Wie der Glaube, so der Mensch« (›Bhagavadgītā‹ XVII 3).

Woraus also besteht der Skeptiker? Nicht aus dem Nichts? Aus dem Nichtsein? *Mol oreiller pour une âme bien faite?*[9] Nein, wohl eher *inexistante – qui ne demande pas à être mieux qu'un néant.* Montaigne irrt sich.

---

9 Montaigne; ein häufig zitierter Satz (doch mit *tête* statt *âme*).

Zuweilen tun wir Übles, um uns nur ja nicht zu unterscheiden. Ich ebensosehr wie andere. Ich erzähle Anekdoten; schlage meinen Nächsten etwas ab; lache über dumme Witze; denke in niedrigen Bahnen; verwende viele Worte an Dinge, die kein einziges wert sind.

Vor dem Hintergrund eines ungenügend gefestigten Weltbildes nimmt unser Ego eine besondere Dichte an. *Ego sum*: das ist der harte Steinpfeiler, der bleibt, wenn alles andere schwankt. Bei mir haben seit zwanzig Jahren oder mehr keine phänomenistischen Stürme diesem elementaren Gefühl etwas anhaben können. Und leider geht damit die in meinen Augen schwache Realität aller Wesen einher, die nicht dieser Steinpfeiler – d. h. ich – sind. Es ist ein merkwürdiges Paradoxon! Auf der einen Seite unterliege ich mit unveränderter Leichtigkeit der Suggestionskraft und dem Druck eines fremden Willens oder auch nur Wunsches; ich bin bereit, der »Suggestion« eines Hundes, den ich an der Leine führe, nachzugeben, wenn er nach rechts gehen will, ich aber nach links. Auf der anderen Seite gibt es in mir unermeßliche Ressourcen an Gleichgültigkeit für das Glück und Unglück dieser Geschöpfe, deren Launen ich tatsächlich jederzeit bereit bin über weit wichtigere eigene Interessen zu stellen. Ich muß an La Bruyères zornigen Satz über den Egoisten Gnatho denken, der »das eigene Leben gerne mit dem Erlöschen des Menschengeschlechts erkaufen würde«. Ich frage mich ganz ernsthaft, ob nicht der eine oder andere oberflächlich kultivierte Halbskeptiker – mich eingeschlossen – imstande wäre, das gleiche zu tun.

13.12.1930. INNERE TARTÜFFERIE. Allgemeine Anklagen gegen sich selbst schmecken nach Pose, ja sogar nach Heuchelei. »Seht her, wie ich mich verdamme; doch wer weiß? Vielleicht sind das nur kleine Schwächen, die mein zartes Gewissen zu Verbrechen aufbauscht?« Selbst bei Abrechnungen mit uns selbst dienen sehr scharfe, aber allgemeine Verdammungsformeln dazu, uns die konkreten, uns beschämenden Fakten nicht klar und deutlich vor Augen führen zu müssen. Wie heißt es doch bei Molière?

»Nun ist mein ganzes Dasein besudelt und befleckt,
Ein Haufe, trüb und faul, von Schmach und Schmutz
bedeckt.«[10]

Doch ich soll Elmire verführt haben?? Unerhört!

AKEDIE UND VERZWEIFLUNG. »Es gibt keine Kraft außer mir, die mich im Kampf um das Gute unterstützen würde; es gibt keinen Strohhalm, nach dem man greifen könnte. Das Böse herrscht, die Zivilisation neigt sich dem Untergang entgegen; Gewalt regiert die Welt; keine Unbeugsamkeit besteht vor den körperlichen Qualen, welche uns die Verbrecher zuzufügen imstande sind, die die Geschicke der Menschheit lenken; die Welt ist ein Dschungel, und der Geist ist machtlos.« So ungefähr würde es klingen. Ein Glaube, der nicht stark genug ist, und die Verzweiflung sind das erste und letzte Glied einer zum Kreis geschlossenen Kette.

Die Quellen des Bösen sind zu tief, gewissermaßen zu absolut und metaphysisch, als daß die Willensanstrengung oder der Vorsatz hier etwas ausrichten könnten. Hier bedarf es einer Wandlung, einer Transmutation des gesamten Wesens: »Nicht dies sei dein Kern, sondern ein anderer.« Erforderlich ist das paulinische »Abwerfen des alten Adams«: ein Blitzstrahl, der den Menschen ganz verbrennen würde.

Doch in bescheidenerem Umfang ist auch die gewöhnliche, traditionelle Gewissensprüfung hilfreich. »Den Kot Kot zu nennen, das ist schon eine große Gnade«, habe ich neulich in einer Erzählung von Mauriac gelesen. Nun, »Kot« – das muß nicht gleich sein; doch das Böse Böses zu nennen, das *ist* ein Fortschritt. Eine große Erleichterung und Reinigung ist bereits die bloße Objektivierung, die in seiner Erfassung und Bestimmung durch Wörter liegt: Der Feind hier, der in mir war, verbunden und vereinigt mit meinem Willen, der durch mich wollte, zeigt sich mir jetzt, greifbar und begrenzt, außerhalb meiner. Ich sehe ihn, benenne ihn und kann ihn

---

10 ›Tartuffe‹ III 6 [Ü.: Weigel].

bekämpfen. Dieses Ich, das auf solche Weise sein Böses festnagelt und verdammt, ist bereits nicht mehr dasselbe, das mit ihm identisch war. Ich verdamme: also glaube ich an das Gute, mein Unglaube ist nicht vollkommen. Ich verdamme meinen Egoismus, meine Lustlosigkeit, meine Verzweiflung: also steckt in mir etwas, das unberührt ist von Egoismus, Lustlosigkeit, Verzweiflung. Von da ist es noch ein weiter Weg zur Wandlung, doch man hat ihn betreten.

15.12.1930. DAS ETHISCHE STREBEN ALS ERSATZ? Jedem, selbst dem Stärksten, kann es geschehen, daß er von einem wesentlichen Lebensinhalt abgeschnitten wird, daß er gerade auf dem Gebiet zur Untätigkeit verurteilt wird, das allein ihm wichtig ist. Jedem Politiker kann es geschehen, daß die Politik für ihn ein Ende hat; jedem Krieger, daß plötzlich die »Plage des Friedens« auf ihn fällt; jeder Reisende, jeder Entdecker kann der Geldmittel beraubt werden, die für die Verwirklichung seiner Reisepläne oder Entdeckungen unentbehrlich sind; ganz zu schweigen von dem, was jedem Verliebten zustoßen kann. Das Ende kann endgültig sein; praktisch jedoch kommt es selten vor, daß jemand an diese Endgültigkeit glaubt. Und dann ergibt sich eine Alternative: gegen die Mauer anrennen und ausdauernd, leidenschaftlich seine Sache verfolgen – oder sich eine Ersatzvorliebe suchen, irgendeinen anderen Instinkt, der stark genug ist, daß seine Befriedigung es erlaubt, zu leben und den Glauben an dieses Leben nicht zu verlieren. Ein aus der Arena verbannter Politiker schreibt ein Pasquill auf seine Kollegen; was aber ist mit den anderen? Und hier nun meine Frage: Kann das ethische Streben ein solches Ersatzstreben sein? Wohl kaum: als Ersatz betrachtet zu werden dürfte der Natur ethischer Interessen widersprechen. Das ethische Streben, wenn es wirklich in uns erwacht ist, drängt sich automatisch als vorrangig auf. Es für eine begrenzte Zeit, »anstelle« einer anderen Sache zu verfolgen, ist ein Sakrileg. Und wie könnte man wohl ersatzweise in sich immer wieder den schrecklichen Kampf zwischen der Natur und der Wertewelt entfesseln? Und so *nebenbei* sein ganzes Leben umgestalten? Das haben wir doch überhaupt nicht gewollt: Wir wollten uns nur die unangenehme Wartezeit darauf erleichtern, uns auf ganz irdische Weise für die Niederlage schadlos zu halten. Natürlich kann es geschehen, daß wir in die *ethische Falle* gehen, und es keinen Ausweg mehr gibt. Doch wenn wir nicht hineingeraten und uns weiterhin nach Politik, Krieg, Entdeckungen oder Liebe sehnen?

Doch Achtung: Die ganze »Ethik«, von der hier die Rede ist, ist nur eine bestimmte Spezialform von Ethik: die asketische, in der es um die Gleichgültigkeit nicht nur gegenüber den egoistischen, sondern gegenüber allen »irdischen« Zielen überhaupt geht. Daneben gibt es jedoch eine andere – von mir viele Jahre lang vertretene – Ethik, die sehr irdische Güter berücksichtigt, die im Grunde genommen alles Schöne, von einer tapferen Tat bis hin zu Delias[11] Lächeln, bejaht – wenn nur die innere *Freiheit* gegeben ist. Ist angesichts dessen die ganze Spaltung, dieser ganze »entfesselte Kampf«, von dem ich spreche, vielleicht gar keine Spaltung zwischen »Ethik« und »Natur«, sondern innerhalb der Ethik selbst? Erwägen wir die Lage.

Diese alte Position ist eigentlich immer noch mein theoretischer Standpunkt. Wenn ich das Problem in theoretischer Form stelle, ist die Lösung, die sich mir aufdrängt, immer noch eher im Sinne dieser weniger exklusiven Ethik.

Doch neben dieser alten erwuchs langsam, aus schweren Erlebnissen, die das »Alter der Niederlagen« niemandem erspart, eine andere Ethik, deren Schlagworte sind: »Entsagung«, »Erlösung von der Erde«, die Eckhartsche *Abgeschiedenheit*, zumindest aber »Reinheit« – und nicht bloß innere »Freiheit«. Sie wuchs in mir von innen heraus und zog die Aufmerksamkeit auf sich, während die andere gleichzeitig schrittweise den Rückhalt in der Erfahrung verlor und immer mehr zu einer *bloßen* Theorie wurde. Doch jetzt droht ihr, daß sie bald auch diesen Status verliert. Denn die asketische Ethik, die anfangs nur eine, etwas schamhafte, Direktive *pro foro interno* war,

---

11 Die Adressatin von Tibulls Elegien.

wird schrittweise zu einer Art spekulativen Konzeption. So daß für heute das letzte Wort wohl darin besteht, mir einen gewissen Widerspruch bewußt zu machen zwischen dem, was ich heute *noch* und dem, was ich *schon* denke: eine ganz normale Sache, wenn man allzu persönlichen Erfahrungen gestattet, in die Sphäre des Denkens einzudringen.

16.12.1930. UMKEHR DER WILLENSRICHTUNG. Es gibt Momente, da kommt es mir so vor, als wenn das Böse und das Kleinliche in mir so etwas wie Unkraut im Garten darstellen; reiße es geduldig Stück für Stück aus, laß nicht zu, daß es sich von neuem sät, und der Garten wird langsam davon gereinigt werden.

Doch es gibt andere, in denen ich diesen ganzen Prozeß in einem völlig anderen Licht sehe. Die kleinen Unkräuter Stück für Stück ausreißen? Dafür sind sie denn doch etwas zu zahlreich. Unaufhörlich bringt die Tiefe meines Wesens aus unerschöpflichen Ressourcen häßliche Entscheidungen, Impulse und Worte hervor; ihre Zahl ist Legion; der Kampf gegen diese Heuschrecken ist hoffnungslos. Und überhaupt: Hat dieser ganze – eben angestellte – Vergleich einen Wert? Kann man die Seele wie einen Garten betrachten, in dem neben Blumen auch Unkräuter wachsen? Immer öfter kommt es mir so vor, daß sie eine Art Motor darstellt, der so eingestellt ist, daß er mich mit ganzer Kraft auf ein bestimmtes Ziel hintreibt – auf eine Weise des Lebens oder Verderbens. Sich ethisch zu wandeln, bedeutet, diese Richtung zu ändern, den Motor umzustellen. Oder – um noch einmal das Bild zu wechseln – sich an die Quelle zu begeben und den Fluß dazu zu zwingen, von nun an einen anderen Hang hinabzufließen. Sich zu »bekehren«, doch nicht im Denken, sondern im Wollen: seinen Blitz zu finden, seinen Weg nach Damaskus, eine neue Inkarnation.

31.12.1930. DAS »TABITA«[12] IN SKOLIMÓW. Kaum zu glauben, daß man ständig nur umgeht mit einer Welt voll von Getümmel, widerstreitenden Interessen und Gemeinheit, und einfach nichts hört von den immerhin zahlreich über die Welt verstreuten Inseln der Reinheit und Güte. Diese Heiterkeit, diese Harmonie, diese Freude und fromme Sammlung! Jeder der hierhin gerät, muß sich umfangen fühlen von einer Atmosphäre der großen Erneuerung.

Zum erstenmal befinde ich mich in einem Milieu, dessen tägliches Leben religiös organisiert ist, und das abweichende Weltbild erscheint mir keinen Augenblick lang als etwas, das mich von dieser Menschengruppe entfernen könnte. Das hat einfach keine Bedeutung! »Atome oder Weltvernunft oder Vorsehung: Laßt uns das Unsere tun.«

Und dann gab es auch einen Weihnachtsbaum! Ich beginne Überlegungen darüber anzustellen, wie sich in den »Weihnachtsbräuchen« auf so merkwürdige Weise eine mythische und legendäre Welt, mehr noch: ein mythisches und legendenhaftes Denken in einer bereits völlig veränderten Welt hat erhalten können und weiterlebt. Jeder von uns, der z. B. Weihnachtslieder singt oder ihnen zuhört, wiederholt in sich lang verklungene geistige Prozesse; ferne heidnische Echos, jahrtausendealte Stimmen verbinden sich mit christlicher Vergeistigung zu einer einzigen schönen menschlichen Harmonie.

Nicht im Schreibheft, aber in meiner Seele muß ich viele Seiten weiterblättern, um dort weit entfernt von diesen kindlich-angenehmen Dingen das andere Wertvolle wiederzufinden, das in diesen Tagen mein Erleben erfüllt hat: Holzapfels Leben und Werk, mit dem ich mich wieder beschäftige.

Vorbehalte und Zweifel habe ich viele; ich empfinde weder Enthusiasmus noch Begeisterung. Aber es ist doch recht bemerkenswert, daß in dieser Generation, nicht im unzugänglichen halbmythischen Indien Gandhis, sondern in Europa, ja

---

12 Ein Haus von protestantischen Diakonissen, die zur Deckung der Baukosten dort eine zeitlang eine Pension betrieben.

sogar auf diesem unserem etwas unfruchtbaren Boden Menschen geboren werden, die der Menschheit die Erlösung bringen wollen, die fähig sind, diesem Ziel alles zum Opfer zu machen und alle ihre Kräfte darauf zu konzentrieren. Nun, und die – doch auch fähig sind zum *Denken*! Auf jeden Fall haben wir hier ein Werk vor uns, daß zur Gänze Fragen gewidmet ist, die es wert sind, daß man sich ihnen widmet. Die Erlösung? Vielleicht nicht; ich denke sogar: *eher* nicht. Und doch: eine Ermutigung und reichliche Quelle der Weisheit.

II
Die dreißiger Jahre

1.1.1931. »Er hat weltliche Begierde verworfen und verweilt begierdelosen Gemütes; von Begierde läutert er sein Herz.«[1]

2.1.1931. »Gehässigkeit hat er verworfen; mit haßloser Seele verweilt er; voll Liebe und Mitleid zu allen lebenden Wesen läutert er sein Herz von Gehässigkeit.«

3.1.1931. »Matte Müde hat er verworfen; von matter Müde ist er frei; das Licht liebend, einsichtig, klar bewußt, läutert er sein Herz von matter Müde.«

4.1.1931. »Stolzen Unmut hat er verworfen; er ist frei von Stolz; mit innig beruhigter Seele läutert er sein Herz von stolzem Unmut.«

5.1.1931. »Das Schwanken hat er verworfen, der Ungewißheit ist er entronnen; er zweifelt nicht am Guten; vom Schwanken läutert er sein Herz.«

---

1 Diesen und die folgenden Texte habe ich zu Meditationszwecken dem buddhistischen Kanon entnommen. Benutzt wurde die Übersetzung von Neumann, die, als deutsche Prosa, außerordentlich schön, jedoch sehr ungenau ist. Bei meiner Übersetzung ins Polnische habe ich von mir aus zahlreiche weitere Ungenauigkeiten, ja sogar – aus buddhistischer Sicht – unzulässige Häresien hinzugefügt. Z. B. »Seele«: So etwas gibt es im Buddhismus nicht. Da diese Texte hier jedoch eine ausschließlich erbauliche Funktion haben, und zwar für jemanden, der nicht aufgehört hat, ein westlicher Mensch zu sein, verspüre ich in dieser Hinsicht keinerlei Skrupel. [Die Übersetzung orientiert sich eng an den hier zugrundeliegenden Texten von Neumann: vgl. ›Die Reden Gotamo Buddhos‹. Aus der Längeren Sammlung Dīghanikāyo des Pāli-Kanons übersetzt von Karl Eugen Neumann, Zürich/Wien 1957, 2. Rede, S. 46 f. sowie ›Die Reden Gotamo Buddhos‹. Aus der Mittleren Sammlung Majjhimanikāyo des Pāli-Kanons zum erstenmal übersetzt von Karl Eugen Neumann, Zürich/Wien 1956, 75. Rede, S. 540 u. 61. Rede, S. 455-457. Anm. d. Ü.]

6.1.1931. »Lebendiges umzubringen hat er verworfen; Lebendiges umzubringen liegt ihm fern; ohne Stock, ohne Schwert, fühlsam, voll Teilnahme, hegt er zu allen lebenden Wesen Liebe und Mitleid. Das eben gilt ihm als Tugend.«

7.1.1931. »Die Unkeuschheit hat er verworfen, keusch lebt er; fern zieht er hin, entraten der Paarung, dem gemeinen Gesetze. Das eben gilt ihm als Tugend.«

8.1.1931. »Lüge hat er verworfen, von Lüge hält er sich fern; die Wahrheit spricht er, der Wahrheit ist er ergeben, standhaft, vertrauenswürdig, kein Heuchler und Schmeichler der Welt.«

9.1.1931. »Barsche Worte hat er verworfen, von barschen Worten hält er sich fern; Worte, die frei von Schimpf sind, dem Ohre wohltuend, liebreich, zum Herzen dringend, höflich, viele erfreuend, viele erhebend, solche Worte spricht er.«

10.1.1931. »Plappern und Plaudern hat er verworfen; von Plappern und Plaudern hält er sich fern; zur rechten Zeit spricht er, den Tatsachen gemäß, auf den Sinn bedacht, der Lehre und Ordnung getreu; seine Rede ist reich an Inhalt, gelegentlich mit Gleichnissen geschmückt, klar und bestimmt, ihrem Gegenstande angemessen. Das eben gilt ihm als Tugend.«

11.1.1931. »Später hab ich dann eben des Begehrens Entstehen und Vergehen, Labsal und Elend und Überwindung der Wahrheit gemäß verstanden und die begehrende Lust verworfen, das begehrende Fieber verleugnet, habe den Durst bezwungen und die Ebbung des eigenen Gemütes erlangt.«

12.1.1931. »Und ich sah wie die anderen Wesen, dem Begehren hingegeben, von begehrendem Dürsten verzehrt, von begehrendem Fieber entzündet, den Begierden frönen; und ich konnte sie nicht beneiden, keine Freude daran finden. Und warum nicht? Weil ja meine Freude, gar fern von Begierden, fern von unheilsamen Dingen, bis an himmlisches Wohl heranreichte: Solcher Freude genießend mocht ich Gemeines entbehren, keine Freude daran finden.«

13.1.1931. »Was immer du, Rāhula, für eine Tat begehen willst, eben diese Tat sollst du dir betrachten: ›Wie, wenn diese Tat, die ich da begehen will, mich selber beschwere, oder andere beschwere, oder alle beide beschwere? Das wäre eine unheilsame Tat, die Leiden aufzieht, Leiden züchtet.‹«

14.1.1931. »Was immer du, Rāhula, für ein Wort sprechen willst, eben dieses Wort sollst du dir betrachten: ›Wie, wenn dieses Wort, das ich da sprechen will, mich selber beschwere, oder andere beschwere, oder alle beide beschwere? Das wäre ein unheilsames Wort, das Leiden aufzieht, Leiden züchtet.‹«

15.1.1931. »Was immer du, Rāhula, für einen Gedanken hegen willst, eben diesen Gedanken sollst du dir betrachten: ›Wie, wenn dieser Gedanke, den ich da hegen will, mich selber beschwere, oder andere beschwere, oder alle beide beschwere? Das wäre ein unheilsamer Gedanke, der Leiden aufzieht, Leiden züchtet.‹«

* * *

1.2.1931. Achtung: Der Atheismus ist seinem Wesen nach nicht antireligiös. Ein religiöses Verhältnis zum Leben kann fortdauern, nachdem nicht nur aus dem Intellekt, sondern auch aus dem Gefühl und der Vorstellungskraft der Gedanke an eine Gottheit entfernt worden ist.

RELIGION UND ETHIK. Der Unterschied zwischen einer vertieften (d. h. einer nicht ausschließlich sozialen) Ethik auf der einen sowie der Religion in ihrer Besonderheit auf der anderen Seite ist nicht leicht zu fassen. Versuchen wir es, indem wir die Ethik als dasjenige betrachten, das in einem besseren Zustand ist.

Zuerst also die Terminologie: nicht »das Gute«, sondern »das Heilige«; nicht »Schuld«, sondern »Sünde«; nicht »Selbstvervollkommnung«, sondern »Erlösung« oder »innere Wandlung«. (»Befreiung« ist ein Grenzbegriff.) Jeder dieser religiösen Begriffe bringt eine ganze Litanei von Problemen mit sich.

Besonders wichtig ist derjenige der »Wandlung«. Die Ethik betrachtet die Tat, sogar das Motiv und selbst die Tugend – immerhin eine relativ stabile und dauerhafte Eigenschaft des Individuums – bis zu einem gewissen Grade sozusagen losgelöst von dem Substrat all dieser Dinge. In der religiösen Auffassung ist immer – selbst wenn sie, wie der Buddhismus, das Ich und die Substanz ablehnt – ein Ich-Substantialismus lebendig, zumindest auf der Vorstellungsebene: Der Mensch *sieht* sich selbst als etwas, das »Tiefe«, »Gehalt«, ein »Innen« besitzt.

Ferner, wenn wir unser Tun rein ethisch auffassen, *vergessen* wir die Welt; es geht uns um die Verwirklichung des »Moralgesetzes«, unser Handeln zeichnet sich als ein Lichtstreifen, als die Trajektorie einer Rakete vor der *Leere* ab: Das Entscheidende ist, welche Bahn die Rakete beschreibt, bevor sie erlischt. In der religiösen Auffassung kommt hier noch etwas hinzu, das ich neulich, mit einer sehr unvollkommenen Wendung, als *un halo de cosmicité* bezeichnet habe. Auf eine geheimnisvolle Weise wird das Weltall und unser Verhältnis zu ihm in das Problem unseres Handelns – ob wir so oder anders handeln – mit hineingezogen. Als ob es für die Welt nicht gleichgültig wäre, welche Bahn die Rakete vor ihrem Verlöschen nimmt, als ob es hier um die Mitarbeit an einem (in seinen Einzelheiten nicht weiter bekannten) kosmischen Werk ginge; als ob unsere Tat einen Einfluß hätte auf das innerste Wesen des Alls.

4.2.1931. DIE TUGEND DES GLAUBENS AN DEN SIEG. Oft genug habe ich mich gewundert, daß die Fähigkeit, sich zu täuschen – denn in der Hälfte aller Fälle ist der Glaube an den Sieg nichts anderes – in den Augen der Menschen als eine so große praktische Tugend gelten kann. Und doch hat das eine gewisse Berechtigung: Ein Objektivismus, der im gleichen Maße mit der Niederlage rechnet wie mit dem Sieg, kann ins Verderben führen.

10.2.1931. Kulisiewicz und sein ›Herrgottsschnitzer‹. Kulisiewicz, der jünger ist als ich, muß auch tiefer in dieser zweifelhaften, gefährlichen Welt der Moderne stecken. Ihren üblen Einflüssen ist er jedoch nicht erlegen: weder den negativistischen Inspirationen noch dem formalistischen Haß auf alle Inspiration. Sein ›Herrgottsschnitzer‹ ist eine würdige Gestalt. Und der Künstler selbst? Wohl ebenfalls.

11.2.1931. Das Leiden ist etwas Gefährliches. Es droht, das Leben zu erniedrigen, zu ersticken, einzuschnüren, zum Schrumpfen und zum Verschwinden zu bringen. Gefährlich ist es auch, sich eine Weltanschauung ausschließlich unter dem Diktat des Leidens zu erschaffen; dagegen muß man sich wehren.

Wenn es jedoch mit Verstand angenommen und ohne zusammenzubrechen ertragen wird, bereichert es das Leben um drei, vier überaus wertvolle Dinge.

Das erste ist ein – durch persönliches Erleben und Verständnis bedingtes – Mitgefühl für andere Leidende. *Haud ignara mali* etc.[2]

Das zweite: Das Leiden lehrt, wesentliche von unwesentlichen Dingen, Schein und Lüge von reellem Gehalt zu unterscheiden. In sich selbst, in anderen, in der Kultur.

Das dritte ist das Brechen von Dünkel und Hochmut.

Die vierte Gabe des Leidens besteht in einer Horizonterweiterung, in dem vielseitigeren Eindringen in das, was das Leben ist und was die Lebewesen sind. Wir lernen, die Welt aus einer anderen Perspektive zu sehen als zu der Zeit, als wir ein ruhiges Leben hatten; veränderte Bedürfnisse bewirken, daß auch die Beobachtungen andere werden; sie ziehen Erlebnisse, Handlungsweisen und Bemühungen nach sich, an die man vorher nicht gedacht hätte. Das betrifft unseren eigenen Bereich; doch darüber hinaus ist das Leiden ja eine über alle

---

2 Vergil: ›Aeneis‹ I 630 [Dido zum hilfesuchenden Aeneas: »Da mir das Leiden vertraut, so lern ich, den Armen zu helfen«; Anm. d. Ü.].

Maßen verbreitete Erscheinung; es kennenzulernen bedeutet, etwas kennenzulernen, das man später auf Schritt und Tritt wiederfinden wird. Daneben ist es ein Phänomen, das bei allen Lebewesen in ungeheurem Ausmaß das Verhalten bestimmt: Verwenden sie doch die Hälfte ihrer Lebenszeit auf Handlungen, deren Ziel darin besteht, Leid zu vermeiden oder auf Leid zu reagieren. Wer das Leiden kennengelernt hat, versteht diese Handlungen viel besser: Er dringt in die Motive ein, fühlt sich von innen in die Impulse ein. Und in diesem Sinne läßt sich sagen, daß das Leiden die Schule der Weisheit ist.

Daß ich den Schwerpunkt von Problemen der Ästhetik, der Schönheit und Kultur hin zu Problemen des religiösen Erlebens, der Askese und des halbmystischen Irrationalismus verschoben habe, ist an sich vielleicht nicht besonders glücklich; mein früheres hellenisierendes Heidentum war vermutlich gesünder. Doch es ist so sicherlich besser, als wenn ich – die bei mir eingetretenen Veränderungen ignorierend – ein Epigone meiner eigenen, fünfzehn Jahre alten ästhetischen Konzeptionen geworden wäre, ein Heide aus Gewohnheit, aus Rollenbewußtsein, von Amts wegen. Vielleicht werden die Bedingungen ja leichter, und das alles nimmt harmonischere Formen an?

14.2.1931. Niederlagen hemmen unsere Fähigkeit, sich im Handeln zu entladen, sie lenken das Leben in die Bahnen eines reinen »Psychismus«, sozusagen. Die Gefahr dabei: Wer seinen »Psychismus« allzusehr genießt, verliebt sich am Ende in die Niederlage als die Spenderin dieses Genusses.

15.2.1931. Das Handeln Pomirowskis, der, obwohl Redakteur[3] der ›Polska Zbrojna‹ [Bewaffnetes Polen], einen Protestbrief gegen die Brester Vorkommnisse unterschrieb, ist moralisch ehrenwert. Es bedrohte ihn mit dem Verlust seines Postens, der

---

3 Wenigstens war er es noch im September vergangenen Jahres, als ich ihn sah.

ihm ein ruhiges Auskommen sicherte, und bedeutete gleichzeitig (wie man so sagt) keine »Werbung« für ihn: denn sein Name ging unter in der Masse der anderen.

Solche Handlungen, auch wenn sie noch weit vom Heldentum entfernt sind, *geben* doch *eine Richtung vor*, verpflichten für die Zukunft. Helden, vermute ich, rekrutieren sich aus Menschen, die schon einmal etwas Derartiges getan haben, Kriecher aus solchen, welche die Gelegenheit zur Abhärtung verpaßt haben.

Am Rande: Ich war immer geneigt, Pomirowski – mit seinem roten runden Gesicht, seiner Mittelmäßigkeit und Bequemlichkeit – gering zu schätzen. Die Moral von der Geschichte: Fälle keine voreiligen Urteile. Und fange endlich einmal an, die Menschen mit der berühmten »durchdringenden Güte« zu betrachten.

16.2.1931.

»Größres wolltest auch du, aber die Liebe zwingt
All' uns nieder, das Leid beuget gewaltiger;
Doch es kehret umsonst nicht
Unser Bogen, woher er kommt.«

(Hölderlin)

Das sind diese Hölderlinschen Ambivalenzen! Ich bin »niedergezwungen«, doch ist es nicht auch Glück, durch die Liebe »niedergezwungen« zu sein? Und weiter über das Leiden. Der Bogen »kehret umsonst nicht«, denn der Mensch hat gelernt, dem Leiden seine Schätze abzugewinnen, vor allem

»die Freiheit
Aufzubrechen, wohin er will«.

Kaum ein Vers in der Weltliteratur hat eine so beflügelnde Wirkung!

17.2.1931. Sokrates in der ›Apologie‹ ist ein wunderbares Vorbild nicht nur für Zivilcourage, sondern auch für die Art und Weise, *wie* man Zivilcourage üben soll.

20.2.1931.

»*Si les astres, troçant en l'air leur courbe immense,*
M'emportent au hasard dans l'espace inconnu,
Si j'ignore ou je vais et d'ou je suis venu,
Si je souffre et meurs seul, du moins dans ma souffrance
Je me dis: – Nul ne sait, nul n'a voulu mes maux.

S'il est des malheureux, il n'est pas de bourreaux,
Et c'est innocemment que la nature tue.
Je vous absous, soleil, espaces, ciel profond,
Étoiles qui glissez, palpitant dans la nue!
Ces grands êtres muets ne savent ce qu'ils font.«
(Guyau: ›Vers d'un philosophe‹)

Schöne Verse für einen Philosophen! Und eine schöne moralische Haltung. Eine lukrezische Weltsicht, und dann vergibt er der Welt in christlicher Weise.

22.2.1931. Hölderlins Griechenlandbegeisterung ist wohl die am meisten mit Sehnsucht durchtränkte, am vollkommensten lyrische, die ich je getroffen habe. Es ist gewissermaßen genau umgekehrt wie bei Ronsard: denn Ronsard *steckt* mit seiner Vorstellungskraft in der antiken Welt wie in der gegenwärtigen.

24.2.1931. MOTIVE DES FORTGEHENS. Gautamas Rückzug in die Einsamkeit hat zum Ziel, die gesamte gequälte Menschheit vom Leiden zu erlösen. Ihm geht eine Vision dieser Leiden voraus; und um für sie ein Heilmittel zu finden, verläßt das verwöhnte Prinzlein sein Heim und seine Familie und begibt sich in die Einsamkeit. Das ist das moralisch Höchste.

Niedriger steht, wer fortgeht, um *sich selbst* vom Leid zu

heilen. Er hat offensichtlich nicht die Gnade erfahren, die Leiden seiner Nächsten wenigstens annäherungsweise als seine eigenen zu empfinden.

Doch verachten sollte man ihn nicht. Darin, daß er für sein Leiden dieses und kein anderes Heilmittel sucht, liegt sowohl Mut als auch Tatkraft und gewöhnlich ein recht tiefes Eindringen in die wahre Natur des Leidens. (Oder vielleicht noch etwas anders: Gehört das Leiden, für das man in der Einsamkeit ein Heilmittel sucht, nicht mit ziemlicher Sicherheit einer höheren Ordnung an?)

26.2.1931. »... da Gott, der dich furchterregend gemacht hat, mich furchtlos gemacht hat.« (Apollonios von Tyana zu Domitian. Zumindest bei Flaubert, bestimmt einer antiken Quelle zufolge. Sicherlich legendär – schade!)

Damit die Tugend der Selbstachtung keine allzu drastischen Formen annimmt, sollte man daran denken, daß man letztendlich ein »Werk des Töpfers« ist; wenn nicht, wie Apollonios will, ein Geschöpf Gottes, so doch ein Produkt der Natur. Ich erinnere mich undeutlich, daß es in den ›Gesprächen mit Eckermann‹ eine Stelle folgender Art gibt: Goethe spricht von Vorzügen höherer Art, die er besitze, und sagt dann, er dürfe freimütig darüber sprechen, denn er könne ja nichts dafür. Da hat er wohl recht.

28.2.1931. ›GESPRÄCHE MIT ECKERMANN‹. Von Goethes Persönlichkeit, wie sie in diesen Gesprächen erscheint.

Zuerst nun finde ich ein freies, natürliches Herauswachsen des Denkens aus dem Leben, eine Harmonie zwischen den Geistesfunktionen und dem Rest des Menschen. Selbst das durchdringendste Denken ist hier stets eine ungezwungene Verlängerung sei es des Gefühls, sei es der augenblicklichen Tätigkeit oder der Angelegenheiten, Verhältnisse und Ereignisse, in die *der Mensch* Goethe verwickelt ist; umgekehrt sind alle Gefühle, Handlungsweisen und Verhältnisse vom Denken durchleuchtet und infolgedessen geadelt. Heute hört man dauernd, wie die Gattung Homo sich in ihrer späteren Entwicklung durch ein übermäßiges Wachstum des Hirns und Denkens biologisch zugrunde gerichtet habe; wie in unseren Gesellschaften, besonders aber in den Großstädten, den Kulturmetropolen, jener Typus des unglücklichen, unausgeglichenen, schwächlichen, blassen, kränklichen Kopfmenschen herangezüchtet worden sei, der einen großen Kürbis von Intellekt auf einem kleinen, halbverfaulten organischen Stengel herumtrage. Guyau – oder vielmehr Fouillée in seinem Buch über Guyau – bringt die Hoffnung zum Ausdruck, daß es vielleicht nicht immer so bleiben möge; daß eine Zeit kommen werde, da die unbehinderte Ausübung der Denkfunktion zur Vitalität, zum Gedeihen des Organismus beiträgt; daß unser *gesamter* Organismus aus der fröhlichen Entfaltung der Geisteskräfte Befriedigung schöpfen werde. Es scheint, daß es bei Goethe tatsächlich schon so weit war. Er benötigte das Denken zum vollen organischen Leben; er fühlte sich gesünder, wenn er dachte; er neigte nicht zur Einseitigkeit, und nichts in ihm nahm Schaden infolge des Denkens.

Der zweite Zug ist das Interesse an *allem*. An allem, das heißt nicht nur an geistigen Fragen, sondern beispielsweise auch an den Baumarten, aus denen sich – wie Eckermann es ihm fachmännisch und präzis erklärt – am besten Bogen anfertigen lassen. Diese große »fröhliche Tugend« des sachlichen Interesses!

Der dritte Punkt ist die – nicht auf Kosten des Restes gehende – Privilegierung des genialen Schöpfertums, der Kultur und der Kunst. Denn hier liegt doch das Zentrum, der Fokus. Hier erst wird Goethes ganzes Gewicht fühlbar! Jedoch nicht als Kritiker und »Kenner«, der ein rein intellektuelles Bedürfnis nach Erkennen und Verstehen stillen möchte, und nicht als launenhafter, hier und dort genießender Dilettant, sondern – wie man wohl sagen kann – als »Bekenner«: denn ernstzunehmende Schöpfungen des menschlichen Geistes sind für ihn das Höchste in der Welt; in ihnen ist Licht, göttlicher Glanz, sie sind des Erkennens am *würdigsten*. Dies wird in der Gelehrtensprache als Goethes »Humanismus« bezeichnet und stellt einen bedeutenden Teil seiner Religion dar – ein genaues Gegenteil sowohl des Buddhismus wie auch des Christentums. Eine Kampfstellung im bezug auf »die Religion« im engeren Sinne nimmt dieser Humanismus jedoch nicht ein: Er ist selbstkritisch, vergißt nicht das Geheimnis und hört nicht auf, das Göttliche auch im Kosmos zu verehren, ja spricht sogar – auf seine Weise – von der Weltseele und (wie neulich eine im übrigen nette Positivistin zu mir sagte) »dem ganzen Kram«. Doch das finden wir vorwiegend woanders, z. B. im ›Faust‹; die ›Gespräche mit Eckermann‹ sind vor allem die rein »menschliche« Version Goethes.

1.3.1931.

> »*Yet not in vain our mortal race has run,*
> *We have had our reward – and it is here;*
> *That we can yet be gladden'd by the sun* ...«
> (Byron)

Da haben wir wieder Hölderlins »Bogen«! Da wird wieder – zum wievielten Mal in der Geschichte der Menschheit – das ewige »Doch nicht vergebens« laut. Aber im weiteren trennen sich beider Wege, und nicht so, wie man vermuten würde. Das Programm des schüchternen Tübinger Jünglings ist das ehrgeizigste, das sich ein Mensch vornehmen kann: *Freiheit* – und dieser »Aufbruch«, der unendlich viele Mißerfolge enthält. Das Programm des aristokratischen »Rhetorikers« (nun, ich persönlich halte Byron nicht für einen Rhetoriker!) ist der Gipfel der Bescheidenheit: sich ein wenig »an der Sonne erfreuen«, dann noch ein wenig »an Erde und Meer« – und das ist schon die ganze »Belohnung«. Tatsächlich, von den beiden ist der Welterschütterer der Dichter des »Sich-mit-wenig-Bescheidens«.

3.3.1931. KRIEGSFRIEDHOF. Nirgendwo anders, seit langer Zeit, habe ich so stark das Band gespürt, das die Polen als Volk verbindet. Die Summe gemeinsamen Lebens, verkörpert in diesen Grabmälern und Kreuzen, ist ungewöhnlich. Hier ist alles: die Opferbereitschaft der Gefallenen, der Schmerz ihrer Angehörigen, die Pietät der Allgemeinheit, der Atem einer großen, geistigen Gemeinschaft, Heldentum und Kult des Heldentums: Man schreitet durch diese Alleen und wird hingerissen von einem solchen Gemeinschaftstrieb, wie man ihn im alltäglichen Leben nicht für möglich gehalten hätte.

Außerdem: Das war doch nur eine Episode. Beide Völker leben weiter, koexistieren einigermaßen, wenn auch mit Schwierigkeiten. Aber wieviel restlose Ausrottung hat es schon in der Geschichte gegeben, wo die ganze Substanz des betreffenden Volkes mit allen seinen Errungenschaften von der Erdoberfläche verschwand, weil dieses Volk im Kampf der Kräfte unterlegen war: Seine Taktik war primitiver, die Truppen waren weniger zahlreich, die Schwerter aus Bronze, während die anderen schon welche aus Eisen hatten. Der Zusammenstoß der Kräfte entschied über das Fortbestehen ganzer Kulturen – über den Geist.

Eine traurige Moral: Dein Geist ist nichts, wenn du ihn nicht gefestigt hast durch Kraft, Poesie, Liebe, Kunst, Träume – alles das, immer und überall, blüht nur im Schutze des Eisens. [KD]

8.3.1931. RELIGION MIT UND OHNE KOSMOS. Mit dem Gedanken an den Kosmos verbinden sich gewöhnlich bestimmte eigenartige Gefühle der »Weitung«, doch auch der Bewunderung und, sehr verständlicherweise, des Grauens vor der ungeheuren räumlichen und zeitlichen Weite; diese Gefühle stellen bei recht vielen den Ausgangspunkt eines bestimmten religiösen Erlebnisses dar. Nur bei einer eindeutig mechanischen Auffassung des Kosmos regt der Gedanke an ihn das religiöse Erleben nicht mehr an, sondern lähmt es eher.

Auf der anderen Seite kann man der Meinung sein, die Religion bestehe vor allem darin, sich innerhalb des eigenen Geistes zu bewegen, seine Gedanken aus sich heraus, in sich und für sich zu spinnen, sowie in sich das Gefühl der eigenen Tiefe und Wirklichkeit aufrechtzuerhalten – diese Wirklichkeit zu *verdichten*, ihr Konsistenz zu verleihen. Ohne die so verstandene Religion – könnte ein Anhänger dieser Konzeption sagen – fühle ich mich gewissermaßen wie ein Irrlicht im Moor; wenn ich sie habe, werde ich zu einer Art Flamme, die sich selbst verbrennt und wieder entfacht. Die Abwendung vom Kosmos wird er geneigt sein als eine Art Vorbedingung aufzufassen: Ich will *keinerlei* Weltsicht; dem Sein und der Wirklichkeit außerhalb meiner, wie auch immer sie beschaffen sein mögen, stelle ich mein eigenes Mich-Verbrennen und Mich-Entfachen entgegen, meine eigene Schöpfertätigkeit unter Verwendung des einzigen mir direkt gegebenen Materials: des eigenen Subjekts.

14.3.1931. »Wir können keine einzige Seite aus unserem Leben reißen, doch das Buch ins Feuer werfen, das können wir« (George Sand).

Der Selbstmord ist die Reserve, die letzte Verteidigungslinie, die uns garantiert, daß nichts und niemand uns unter einen bestimmten Punkt an Erniedrigung, Demütigung, innerer Zerrüttung usw. herabzudrücken vermag. Das Bewußtsein, daß man jederzeit Selbstmord begehen kann, ist unser sicheres Rückzugsgebiet im Lebenskampf. Dadurch läßt sich zu jedem Problem eine völlig andere Einstellung gewinnen; das Leben ist nicht nur ruhiger, sondern auch um vieles schöner.

19.3.1931. ›GEBET AUF DER AKROPOLIS‹. »*Lorsque je fus parvenu à en comprendre la parfaite beauté.*« »*Verstehen*«: Wie Goethe, so *verstand* auch Renan die Schönheit des Parthenon, doch in einem fulminanteren Prozeß, in dem er die Offenbarung einer Sache empfing, die in seinen Augen alles andere absolut überragte. Dies ist nicht die Einführung einer neuen Gottheit in das alte Pantheon, die Erweiterung seiner auch so schon pluralistischen Weise zu sehen und zu fühlen: es ist eine Einweihung, in deren Folge aller Pluralismus verschwindet. Alles, was nicht *das* ist, läßt man hinter sich. Zu Recht oder zu Unrecht? Ich hätte Lust, ein wenig salomonisch zu antworten: zu Unrecht, doch recht so; ein Ideal *sollte* einseitig sein.

Wenn man das ›Gebet‹ liest, ermißt man die ungeheure Abwendung von der Klassik, die sich in dieser Generation vollzogen hat. Mich erfaßt hier sogar eine Art Unruhe: Wenn dort die Vollkommenheit *war*, was haben wir Unglücklichen getan?

23.3.1931. NOTWENDIGKEIT DER SELBSTREKLAME. Wenn sie nicht sehen, daß ich selbst etwas ziehe, versuchen mich die Nachbarn vor ihr eigenes Fuhrwerk zu spannen; daraus entstehen tausend Mißverständnisse. Daher reicht es nicht aus, etwas zu ziehen, man muß sich auch noch darum bemühen, daß das den Nächsten ständig in die Augen fällt.

24.3.1931. »Den Überfall von idealistischen Philosophen auf eine Zivilisation muß man als Symptom des Alterns ansehen. Es handelt sich dabei, ganz wörtlich, um die Sklerose der Intelligenz« (Maritain, Jacques: ›Réflexions sur l'intelligence et sur sa vie propre‹, Paris 1924). Und der Rest des Kapitels im selben Geist. Doch die vom Autor angeführten Gründe sind völlig kindisch. Daß dies zu einem gewissen Agnostizismus führt? Daß sich die Trennlinie zwischen zwei verschiedenen »Ordnungen der Wirklichkeit« (der natürlichen und der übernatürlichen) verwischt und daß dem Verstand »Leben und Gewißheit« nicht durch außerhalb seiner befindliche »Grundwahrheiten« verliehen werden können? Daß der Mensch, angesichts der idealistischen Annahmen, Lust bekommt, autark zu werden? Seine Persönlichkeit unabhängig von den Belehrungen aus der äußeren Realität zu verwirklichen? Nichts von all dem ergibt sich notwendig aus dem Idealismus; und wenn es sich ergäbe – was wäre schlecht daran?

Außerdem hat der Idealismus gerade eindeutig *jugendliche* Züge; für alternde Kulturen stellt er zweifellos eine Auffrischung, eine Regeneration dar.

15.4.1931. »ABGESCHNITTENHEIT«. Ich muß wohl – wenn auch ein gewisses Sentiment mich noch bei ihr hält – meine übersteigerte jugendliche Konzeption der sog. »Abgeschnittenheit« aufgeben: eine Sichtweise, der zufolge die menschliche Welt ein System aus verschiedenen, für einander undurchdringlichen Kraftzentren darstellt und jedes Individuum in seiner Besonderheit eingeschlossen, »eingemauert« ist. Aufgeben muß ich auch die These, daß dies ein Stand der Dinge ist, der bei all seiner Tragik im Grunde bejaht werden kann. Wenn ich heute irgendwo diese scharfe, undurchdringliche, in sich abgeschlossene Endlichkeit wahrnehme, betrachte ich sie als Tatsache, die nicht nur tragisch ist, sondern nach Änderung verlangt. Ich habe ebenso aufgehört, in den menschlichen Gemeinschaften höchster Stufe, den Völkern, solche undurchdringlichen Absoluta zu sehen.

Welcher Anschauung ich jedoch *nicht* untreu werde, ist die Pluralismusthese, wonach eine Vielfalt miteinander koexistierender – und zuweilen auch miteinander kämpfender – separater, qualitativ unterschiedlicher Entitäten einer Einheit und Einheitlichkeit vorzuziehen ist. Ich nehme die These von der Schönheit und Überlegenheit einer solchen Welt nicht zurück, ebensowenig diejenige, wonach eine in separate und mit Individualität versehene Völker zersplitterte Menschheit einer ungespaltenen und einheitlichen überlegen ist. Und der hohe Wert des Polytheismus als des großartigen »Ablegers« dieser Konzeption im religiösen Bereich ist für mich auch heute noch unzweifelhaft.

16.4.1931. Chestertons Gegenwart in der heutigen Welt ist, unparteiisch betrachtet, ein Lichtblick, der sehr viel heller ist als die Gegenwart George Bernard Shaws. Chesterton ist für uns ein großer Lebensansporn; Shaw ist ein Wadenbeißer.

22.4.1931. Am Samstag wurde bei uns ein Leuchter von (dem aus Gorzeń stammenden, durch die ›Die Vagabunden der Beskiden‹ [Powsinogi beskidzkie] bekannten) Wawra aufgehängt, ein »mächtig häßliches« Stück, wie Karol Husarski offen und mit seinem entwaffnenden Tonfall urteilte. Doch mir gefällt er irgendwie sehr. Für uns entartete Städter ist er wie ein Gruß aus jener bäuerlichen, ursprünglichen Welt, gesandt von

Zegadłowiczs »wirtschaftlich zurückgebliebenen« anständigen Goralen. Mich rührt dieses Werk mit seinem so engen Horizont, das so ernsthaft mit einfachsten Mitteln ausgeführt ist: diese Engel, diese Vögel, diese Blumen, diese ganze innere Redlichkeit und Ehrlichkeit. Diese Welt *hat* ohne Zweifel ihre Vorzüge, soweit ist Zegadłowicz im Recht.

23.4.1931.

> »*Considerate la vostra semenza:*
> *Fatti non foste a viver come bruti,*
> *Ma per seguir virtute e conoscenza.*«
> (Dante)

»Tugend und Wissen«: Ich habe denen immer widersprochen, die behaupten, diese beiden müßten Hand in Hand gehen. Doch sie *können* durchaus Hand in Hand gehen, wenn man, wie in dieser Episode, voraussetzt, daß der Wissensdrang mit Gefahren verbunden ist. Die Wißbegier kommt hier in reiner Form als etwas *Heldenhaftes* vor: denn die Männer wissen nicht einmal, was und worüber sie etwas wissen möchten; sie wollen einfach »wissen«, und für dieses noch völlig unbestimmte Wissen sind sie bereit, ihr Leben aufs Spiel zu setzen.

10.9.1931. Szymanowskis ›Chopin‹: In der absoluten Verdammung dieses Denkmals zeigt sich in extremer Form jene Unbeständigkeit des Urteils, die verlangt, daß man die gestrige Kunst verwirft, sobald sich ein entgegengesetzter Wind erhoben und die flatterhafte Schar der Snobs mit sich genommen hat. Ich habe es gestern aufmerksam betrachtet: Mit Sicherheit gibt es hier sehr Schönes. Die Weide ist nicht geglückt, das Ganze für ein Denkmal allzu malerisch, sicherlich auch allzu weich, allzu weiblich; doch die Bewegung ist gut, ebenso die Komposition, der Kopf als ganzer, insbesondere das schöne linke Profil, und beide Hände; nun, und das schwierige Problem der *Kleidung* ist sinnvoll und ästhetisch gelöst.

11.9.1931. »Doch alle Anstrengungen der Gewalt können die Wahrheit nicht schwächen und dienen nur dazu, ihren Glanz zu erhöhen. Alles Licht der Wahrheit vermag der Gewalt keinen Einhalt zu tun; es reizt nur noch mehr ihren Zorn. (...) Gewalt und Wahrheit aber vermögen nichts gegeneinander« (Pascal: 12. ›Brief in die Provinz‹).

Wenn er die Sache so formuliert, hat Pascal natürlich recht. Versuchen wir jedoch, für den eigenen Gebrauch, »Wahrheit« hier durch »das Rechte« (was mich sehr viel mehr interessiert) zu ersetzen. Wie stellt sich *dann* der Kampf dar?

»Die Gewalt« – allgemeiner gesprochen: die Macht – »vermag nichts gegen das Rechte«: das hieße, im Einklang mit der Wahrheit, daß sie nicht bewirken kann, daß, was richtig ist, unrichtig wird, oder umgekehrt. Sie kann das Rechte jedoch in die Ecke oder besser: an den Rand des Nichts drängen. Sie kann den vernichten, der das Rechte *verkündet*, und im Prinzip sogar restlos *alle*, die es verkünden. Wenn man nicht ganz soweit gehen möchte: Sie kann bewirken, daß das Rechte bei niemandem Anerkennung findet, oder daß der eine, der es anerkennt, bei niemandem Gehör findet. Sie kann das im übrigen nicht so sehr als physische Gewalt, sondern vielmehr als gesellschaftlicher Druck bewirken. Gar nicht zu reden von etwas so Einfachem wie davon, daß die Macht die *Verwirklichung* des Rechten behindern kann.

Und nun: Wie ist die Situation, wenn meine Überzeugung davon, daß ich recht habe, alles ist, was ich besitze und was mich aufrechterhält? Dann muß ich mir sagen, daß ich durch das Rechte mit einer anderen, besseren Welt in Kontakt stehe als die, in der die Macht herrscht, doch das hilft wenig, wenn ich nicht überzeugt bin, daß jene Welt auf ihre Weise wirklich ist. Kurz gesagt, ich muß an »ideale Gegenstände«, an eine »ideale Welt« glauben. Wenn man recht hat, aber im Streit der Schwächere ist, ist man zu einer bestimmten Philosophie verurteilt: Wenn ich sie mir nicht zu eigen mache, verliere ich *de facto*, und die Berufung auf ein *de iure* kommt überhaupt nicht in Frage.

Auf der anderen Seite ist es nicht ganz wahr, daß das Rechte nichts gegen die Macht vermag. Die Macht ist in sich nicht einheitlich; auf der Welt gibt es Mächte, nicht einfach »die Macht«; und diese Mächte bekämpfen sich gegenseitig. In diesem Kampf überschneidet sich immer in irgendeinem Punkt zufällig eine der Mächte mit dem Rechten und unterstützt dessen Interessen, natürlich nicht als die Interessen des Rechten, sondern als seine: Und so wächst aus den Rissen, den Ritzen und den Spalten zwischen diesen sich gegenseitig zu Staub zermahlenden Felsblöcken manchmal ein schüchternes Sträuchlein des Guten hervor.

Doch weiter: Selbst die Gegenüberstellung ist nicht so absolut, wie sie erscheint. Denn *auch* das Rechte hat eine gewisse Macht. Die Menschen unterliegen nicht nur der Gewalt, sondern auch dem Drängen des glühend verkündeten Rechten, und selbst wenn dies ein ungleicher Kampf ist, so kann es doch vorkommen, daß die Macht einmal nicht ausreicht und aus den tiefsten Tiefen der menschlichen Natur eine Unbotmäßigkeit entsteht, die sie erschüttert. Und so geschieht es trotz allem, daß im Lauf der Geschichte ein Felsblock zerbröckelt und ein Sträuchlein sich zu einer weit ausladenden Zeder auswächst. Nur daß diejenigen, die sie in der Zeit der Felsenherrschaft zu pflanzen versuchen, gewöhnlich die vollständige Vernichtung erwartet – und dagegen gibt es kein Mittel.

Fast unbemerkt bin ich auf einen Weg geraten, der sich ganz langsam von den »Wegen dieser Welt« entfernt, wenn er auch anfangs immer wieder zu ihnen zurückkehrte, oder zumindest nicht weit von ihnen wegführte. Jetzt jedoch ist die Gabelung endgültig, und man muß sich sagen und zur Kenntnis nehmen: »Diese Richtung wähle ich und verlasse jene anderen, die ich anfänglich ausprobiert habe.«

Und man muß konsequent alles akzeptieren, wozu man auf diesem Weg gelangt. Was heute halb erledigt ist, wird man einmal zu Ende zu führen haben; was heute erst mein Denken *färbt*, wird sein essentieller Inhalt werden müssen; den Raum, der sich jetzt *vor mir* öffnet, werde ich dereinst als meine Heimat *um mich* haben. Eine Idee aber, die man sich einmal zu eigen gemacht hat, sollte für das Leben und Handeln Geltung besitzen: Ich habe nicht die geringste Lust, so wie »die« zu werden – analytischer Philosoph und Zuschauer.

15.9.1931. Der Glaube ist nicht etwas, das man im Speicher verstaut wie ein Glas Marmelade oder auf das man sich legt wie Fafner auf den Hort und spricht: »Ich besitze ihn, ihr besitzt ihn nicht.« Hier gilt mehr als irgendwo anders der Grundsatz, daß man »täglich aufs neue erwerben« muß – ein im übrigen schmerzloses Erwerben, wenn man die einmal entfachte Flamme nur noch aufrechterhält. Worin besteht dieses Aufrechterhalten? Darin, ständig mit dem *Gegenstand* unseres Glaubens in Kontakt zu bleiben, den Glauben ständig mit immer neuen Lebenserfahrungen zu konfrontieren und schließlich darin, ständig neue Errungenschaften in das einmal angenommene Denksystem einzufügen.

18.9.1931. THEOKRIT UND DER SPIRITUALISMUS. Kürzlich habe ich zwei von Theokrits ›Idyllen‹ – was für ein unglücklicher Name! – wiedergelesen, die mir von früher her bekannt waren, und war nicht nur ehrlich begeistert, sondern nahezu erschüttert, was damit zusammenhing, daß ich gegenwärtig eine neue, in gewissem Sinne »mystische« (nun, sagen wir: »paramystische«) Phase durchlebe. Denn hier fand ich eine auf höchst wundersame Weise flüchtige, leichte, unstoffliche Schönheit, die erreicht worden war, ohne auch nur einen Fußbreit von einer ganz und gar konkreten empirischen Welt abzuweichen. Kein Deut von Träumerei, und gleichzeitig eine völlige Loslösung vom Erdboden: keine Spur von Idealismus, doch eine reine Atmosphäre von Licht und Äther. Das Endziel, das in einem besseren und reineren Leben besteht, ist hier ohne irgendwelche Verschönerungen, »Rosigfärbungen« der Wirklichkeit erreicht; alles hat der Schöpfer allein, von innen heraus vollbracht, und zwar dergestalt, daß er sich als – ästhetisch eingestellter und mit verständnisvoller Sympathie erfüllter – Betrachter radikal und vollständig *außerhalb* der

Welt plaziert, die er darstellt. Das Poem, das auf den ersten Blick als bloße Wiedergabe der Realität erscheint, ist auf der anderen Seite eine einzige große Explikation der Unabhängigkeit des Dichters, seiner *Freiheit* im Kontakt mit der Wirklichkeit. Es klingt paradox, doch dies ist, unter einem gewissen Gesichtspunkt, ein extremer, seiner selbst unbewußter, doch siegreicher Spiritualismus: Der Dichter ist hier ein reiner, selbstgenügsamer Geist, der keinen Halt in einer sogenannten idealen, geistigen »Welt« benötigt; ganz gesammelt in diesem einen, dimensionslosen Punkt, der »er selbst« ist, erfaßt er von diesem Punkt aus die Empirie und spielt, unbefleckt durch diese Berührung, mit ihren ungezählten Bestandteilen, wie der Musiker mit Tönen und Intervallen spielt. Wobei die Empirie nicht im geringsten geisterhaft wird; der Dichter betrachtet *sie* als die Wirklichkeit, als das Objekt; er selbst ist ein gewichtsloses »Bewußtseinsnichts«, dessen Rolle einzig und allein darin besteht zu *gestalten*.

Wenn diese großartige, bei den Griechen wohl nicht seltene Haltung sich weder stärker verbreitet noch überdauert hat, so dürfte der Grund darin liegen, daß eine solche Selbstgenügsamkeit des »punktförmigen Subjekts« außerhalb der Empirie, ohne jeglichen Halt (sei es in einem Gott, einem Absolutum, der Weltseele, der Welt der Ideen oder dem »objektiven Geist«), auf lange Sicht nicht auszuhalten war; daß dies ein Wunder und gleichsam einen Augenblick Großer Gnade in der Menschheitsgeschichte darstellte. Schließlich jedoch mußte man sich diesen Halt suchen; der Spiritualismus nahm gewissermaßen Substanz an, verfestigte sich; doch eigentlich wären nach dieser Auffassung das Christentum und alle seine Ableger gröbere und – so lächerlich es klingen mag – materiellere Konzeptionen, so etwas wie mühsam erarbeitete und aufrechterhaltene *Surrogate* dieses einfachen, geheimnisvollen, vollkommenen Etwas, das die Griechen in vollendeter Form besaßen.

Überrascht uns Renan in dem ›Gebet auf der Akropolis‹ nicht durch die Worte, mit denen er sich an Pallas Athene wendet:

»*Fais de nous des spiritualistes accomplis*«? Er mit seiner christlichen Kultur, der Erbe so vieler Generationen voll Glaubenseifer? Anscheinend fühlte er an jenem Tag etwas Ähnliches, wie ich heute.

26.9.1931. MUSIK. Ein volles musikalisches Erlebnis schenkt einem etwas, was nicht einmal die Dichtung schenkt: dabei meine ich nicht die – wie allgemein bekannt – im Vergleich zur poetischen heftigere Exaltation; sondern eine Art Erneuerungsbad, durch das die Seele zu ihrer Unbestimmtheit, zum Ausgangspunkt zurückkehrt und, frei von dem Druck der Vergangenheit, eine neue Richtung einschlagen kann. Alles wird – um das gleiche prosaischer zu wiederholen – gewissermaßen im Mörser zerstampft, und die elementaren Lebenskräfte können – o Wunder! – wieder in elementarer Weise zu wirken beginnen. Die Poesie spricht mehr das an, was sie im Menschen *vorfindet*, das Fertige, Gestaltete.

27.9.1931. BÜCHER. Was für die oberflächlichen Schichten der Seele die alltäglichen Begegnungen mit Menschen sind, das ist für die tieferen das Buch, die Lektüre. Das Buch darf man nicht zu einseitig als »Werk« ansehen; man sollte daran denken, daß es auch ein »Rundschreiben an unbekannte Freunde« darstellt.

30.9.1931. BEETHOVEN. Beethovens gesamte Musik ist, so könnte man sagen, eine einzige ›Eroica‹ in hundert Variationen. Der »Stoff« dieser Musik ist überaus oft dasjenige, was dem Schöpfer – nicht als Künstler; als Mensch! – den größten Widerstand entgegensetzt; es beliebt ihm, nur das zu assimilieren, zu verdauen, zu *dem Seinen* zu machen, was ihm anfänglich feindlich gegenübersteht: »Wozu sich damit abgeben, was uns streichelt?«

23.10.1931. Es gibt Fälle, in denen man zwischen zwei und mehr Urteilen oder Gruppen von Urteilen wählen muß, aber keine hinreichenden Argumente, geschweige denn Beweise sieht, die mehr für die eine als für die andere Seite sprechen würden. Der reine Rationalist empfiehlt in dieser Lage die absolute Epoché[4] und hat damit, an seinen Grundsätzen gemessen, zweifellos recht. Die Epoché wird hier seine Tugend darstellen und ist überaus ehrenwert. Doch die Angelegenheit ist nicht so einfach, denn seine Grundsätze lassen etwas außer acht. Gar nicht zu reden von dem Fall, daß die Wahl aus praktischen Hinsichten notwendig ist: Ich *muß* handeln, mag meine Entscheidung auch nach der Devise »Kopf oder Zahl« fallen. Doch es gibt noch einen anderen Gesichtspunkt: Erst durch die Wahl bestimme ich mich, werde ich *jemand*. Wenn ich nicht wähle, und wenn derartige Situationen sich wiederholen, werde ich zum Projekt eines Menschen, zu einem unbeschriebenen Blatt, wie all jene, die es sich zur Lebensaufgabe gemacht haben, fremde Gedanken wiederzugeben und zu analysieren, ohne von sich aus etwas Bestimmtes beizutragen. Und ein Jemand zu sein ist wichtiger, als sich nicht zu irren! Unter diesem Gesichtspunkt also ist nicht die Epoché die höherwertige Tugend, sondern die *Entscheidungsfähigkeit*. Die Epoché kann manchmal geradezu als Symptom dafür aufgefaßt werden, daß es hier keinen »Jemand« gibt. Zu diesem Gedanken lassen sich unzählige Vorbehalte machen, doch dafür ist hier nicht der Platz.

28.10.1931. ZWEI SELBSTKRITISCHE BEMERKUNGEN.

(1) Irgendwie wirkt auf mich immer noch die materialistische Suggestion aus ältester Zeit. Denn wenn ich im Zuge axiologischer Überlegungen auf eine zweifellos nichtmaterielle Wirklichkeit stoße, erscheint das mir (d. h. einem Residuum jener Angewohnheiten in mir) nicht ganz rational. Wenn der erste Philosoph, dessen Weisheit man mir in der allerfrühesten Jugend pries, nicht der unglückselige Büchner gewesen wäre; wenn ich, sagen wir, die hegelianischen oder fichteanischen Traditionen geerbt hätte, würde das Nichtmaterielle für mich zur gewöhnlichen Natur gehören, und all diese Erschütterungen gäbe es nicht.

---

[4] Urteilsenthaltung.

(2) Mir ist bewußt, daß ich die in Rede stehende axiologische Wirklichkeit *kenne*, »besitze«, unabhängig von den rationalen Formeln, in die ich ihre Beschreibung irgendwie fassen, *hineinpressen* will. Die gesamte rationale Arbeit ist eher exponierender, explikativer Art; sie ist ein Versuch, sich selbst und die anderen Inhalte zu explizieren, die mir schon vorher gegeben sind. Diese Inhalte leisten im übrigen erheblichen Widerstand, wenn man sie in Begriffen der normalen diskursiven Sprache ausdrücken will. Und man könnte die keinesfalls absurde Frage stellen, ob es nicht besser wäre, auf die künstlerische Sprache zurückzugreifen. Doch auch das ist wohl nicht der Fall, denn diese Sprache ist: (a) expressiv; (b) auf Effekte ausgerichtet – und darum geht es hier schließlich nicht. Man träumt von einer dritten Sprache – doch wo soll man die auftreiben?

3.11.1931. Die Tugend der Liebe zum Leben. Daran denken:

(a) Man kann nicht lieben, was nicht schön ist, doch man kann Schönheit bereits in der bloßen Üppigkeit, im Überfluß des Lebens wahrnehmen. Nicht nur das Gestaltete ist schön.

(b) Die Liebe zum Leben muß als grundlegenden Bestandteil Wohlwollen für diejenigen enthalten, die konkret am Leben sind: für die »Geschöpfe«. Ohne das ist die »Liebe« zum Leben nur ein Name für die selbstische *Gier* nach Leben.

(c) Man darf an keinem einzigen Ereignis im eigenen Leben oder in dem von Personen seiner Umgebung teilnahmslos vorübergehen, und sei es noch so klein. Hat deine Köchin familiäre Probleme? Dann interessiere dich für ihre Probleme.

(d) Man muß es verstehen, in den Menschen seiner Umgebung das wahre Leben unter der Hülle all dessen aufzufinden, was in ihnen Konvention, Stumpfheit und Monotonie ist. Zwar sind sie Marionetten und Automaten: doch nicht ausschließlich.

11.11.1931. Noch einmal Ethik und Religion. Ich habe heute über eine Frage nachgedacht, die mich in letzter Zeit immer wieder beunruhigt: Wie kommt es, daß Texte rein ethischen Inhalts, ohne jede Anspielung auf religiöse Vorstellungen, manchmal einen so religiösen *Eindruck* machen können, während in anderen, zuweilen tieferen, keine Spur von dergleichen zu finden ist? Heute nun habe ich, als Versuchsmaterial, folgende Verse der ›Bhagavadgītā‹ unter die Lupe genommen. Die wenigen im Text vorkommenden religiösen Vorstellungen habe ich aus den Zitaten entfernt:

»Wer keins von allen Wesen haßt, wer liebevoll und mitleidig, ohne Eigennutz und ohne Selbstsucht ist, wem Schmerz und Freude gleich gelten, wer geduldig,
Zufrieden, immerdar ergeben, voll Selbstbeherrschung und von fester Entschlossenheit ist (...), der ist mir[5] teuer.
Vor dem die Welt nicht zittert und wer vor der Welt nicht zittert, wer frei ist von Freude, Ärger, Furcht und Unruhe, auch der ist mir teuer.
Wer unbekümmert, rein, tatkräftig, unparteiisch und unverzagt ist, wer alle Unternehmungen aufgibt (...), der ist mir teuer.
Wer weder Freude noch Haß, weder Kummer noch Verlangen empfindet, wer weder des Angenehmen noch des Unangenehmen achtet (...), der ist mir teuer.
Wer der Gleiche ist gegen Feind und Freund, und ebenso in Ehre und Verachtung, wer der Gleiche ist bei Kälte und Hitze, bei Freude und Schmerz, frei von dem Hange,
Wem Tadel und Lob dasselbe gelten, wer schweigsam ist und zufrieden mit allem, heimatlos, standhaften Sinns und voll Liebe, der Mann ist mir teuer.«
(›Bhagavadgītā‹ XII 13-19 [Ü.: Garbe, mod.; d. Ü.])

Diese Verse sind es übrigens wert, daß man sie sich unter sachlichem Gesichtspunkt zu Herzen nimmt – doch davon ist jetzt

---

5 Es spricht ein göttliches Wesen, also *ist* die Vorstellung im Geiste des Dichters eine religiöse. Doch im Zitat ist das »Ich« durch nichts als ein solches Wesen gekennzeichnet.

nicht die Rede. Zu dem mich augenblicklich interessierenden Thema habe ich zwei Beobachtungen gemacht:

(a) Ein ethischer Text wird religiös, wenn in ihm ein sehr fernes, sehr schwer zu erreichendes, irgendwo weit weg als Wunschziel vorschwebendes Ideal so dargestellt wird, *als wäre es bereits erreicht*. Wenn die ethischen Postulate in ihm nicht in der Form von Forderungen, Geboten und Imperativen vorkommen, die eine Art Angriff auf unsere natürlichen Neigungen darstellen, sondern in der Form eines schon fertigen Musterbildes. Dies betrachten wir dann wie eine schöne Vision, die uns mit ihrer Poesie berauscht, und vergessen die harte, kleinliche *Technik*, die *Disziplin*, die man sich erarbeiten muß, um es wenigstens teilweise zu verwirklichen.

Dieses Ergebnis überraschte mich etwas, mehr aber noch das folgende, im höchsten Maße verwunderliche:

(b) In einem nicht näher definierten Sinne religiös wirken bestimmte Stileigenschaften! Es sei vor allem die hier so ins Auge springende, an eine *Litanei* erinnernde äußere Form der *Aufzählung* genannt. In dieser nicht enden wollenden Reihe von Bestimmungen ist bereits an sich etwas Berauschendes, Betäubendes; man läßt sich einschläfern von diesem monotonen Redestrom: Und das *ist* religiös. Ferner: etwas, das im Rhythmus liegt, oder vielmehr in dem, was die Deutschen den *Tonfall* nennen. Ferner: der aus der Bibel wohlbekannte Gliederparallelismus. Ferner, neben der Aufzählung: (sachlich unnötige) gewöhnliche Wiederholungen. »So belehrte er ihn«, würde weltlich klingen; »So belehrte er ihn, so belehrte er ihn« (›Chāndogya-Upanischad‹ VI 16), klingt religiös. Und schließlich ein feierlicher – wenn auch eher *verhalten* feierlicher – *Ton*: Das ist wichtig. All das läßt sich – mit gebotener Vorsicht – auf andere als ethische Texte übertragen, deren Inhalt zuweilen sogar wenig vergeistigt ist. Und hier das Letzte, worüber ich mich gewundert habe: »Religiös« – wenn auch in einem sehr abgemilderten Sinne – erscheinen bestimmte Landschaftsschilderungen bei Flaubert, in der ›Versuchung‹.

14.11.1931. »Wann immer man dir sagt, du seiest kein Mann deiner Worte (*l'homme de vos paroles*), denke lächelnd: Noch nicht« (Duhamel: ›La Possession du monde‹).

Die Antwort bedeutet wohl einfach: »Ich bemühe mich und hoffe, eines Tages den Unterschied zum Verschwinden zu bringen.« Doch die Absicht der ganzen Bemerkung dürfte tiefer reichen. Der Kritiker erhebt den banalen Vorwurf des Widerspruchs zwischen Wort und Tat. Darauf antwortet Duhamel: Ein Ideal zu verkünden, das man nicht imstande ist zu verwirklichen, als Apostel von Tugenden aufzutreten, die ich nicht besitze, aber besitzen möchte – das sind Dinge, die *verpflichten*, die gewissermaßen zu moralischer Anstrengung *nötigen*. Und das ist, unter zwei Bedingungen, korrekt: Man muß *ernsthaft* an die Notwendigkeit der Tugenden glauben, die man anpreist, und gleichzeitig mit aller Klarheit sehen, daß man selbst sie nicht besitzt. Was den letzten Punkt betrifft, so kommen geradezu komische Mißverständnisse vor.

18.11.1931. »Das eigentliche, einzige und tiefste Thema der Welt- und Menschengeschichte, dem alle übrigen untergeordnet sind, bleibt der Konflikt des Unglaubens und Glaubens« (Goethe: ›West-östlicher Divan‹, Noten und Abhandlungen: Israel in der Wüste).

Was an diesem Zitat am meisten erstaunt, ist wohl seine Herkunft. Doch »Glaube« scheint hier zu bedeuten: »Bejahung bestimmter Werte«, »Unglaube« dagegen: »grundsätzliche Ablehnung einer solchen Bejahung«. Und dann ist der Satz völlig goethisch. Und darüber hinaus korrekt.

2.12.1931. Etwas anderes ist es, sich von der Welt zu entfernen, etwas anderes, sie gewissermaßen auf ihrem eigenen Niveau zu hassen.

6.12.1931. STOIZISMUS. Man kann einen großen Halt, so etwas wie einen Lebenssinn für sich bereits in der bloßen Aufgabe selbst finden, sich nicht zu beugen, sich nicht zu ergeben sowie Niederlagen, Widrigkeiten und Leiden zu ertragen. Dazu sollten alle imstande sein; einige jedoch sind aufgrund ihres Schicksals – manchmal auch aufgrund ihrer Begabungen – speziell berufen, um gleichsam zu Zentren und Vorbildern dieser Kunst zu werden. Man spricht dann von Stoizismus. Doch dem so verstandenen Stoizismus droht die Entartung, wenn das Individuum seine Kraft ausschließlich aus sich selbst, aus der Willensanspannung *als* Anspannung, aus der Anstrengung schöpft. Die Aufmerksamkeit konzentriert sich dann auf diese Anspannung, also auf etwas sozusagen »Formales«, und es kommt zu einer *Theatralisierung* der eigenen Haltung, dieses unbeugsamen Etwas. (Extremes historisches Beispiel: Seneca.) Vor dieser Gefahr kann nur etwas bewahren, das den Menschen von sich selbst, von der Konzentration auf sich selbst losreißt: Dies war bei den Stoikern der alten Schule die feste Verwurzelung ihrer Ethik in ihrer Ontologie.

7.12.1931. SELBSTKRITIK UND GEBET. Vor einem Jahr unternahm ich ungefähr zur selben Jahreszeit eine große moralische Selbstkritik, die sogar – Gott erbarme! – schriftlich vorliegt. Ich ging tatsächlich gestärkt aus ihr hervor, mit dem Eindruck, daß ich es zumindest mit *einem* Teil meines Wesens vermocht hatte, mich über all diese unschönen Dinge zu erheben. Doch diese Selbstkritik war nicht von höchster Güte; es war zuviel von jenem *Selbsthaß* in ihr, über den Holzapfel richtig sagt, er sei eine Form von Egoismus. Aber da finde ich nun in Bennetts ›A Philosophical Study of Mysticism‹ einen frappierenden Abschnitt über die Selbstkritik im religiösen Leben, im *Gebet*. Der Gedankengang würde ungefähr folgendermaßen aussehen: Gegeben ist ein Zustand der Liebe zu Gott und des Strebens hin zu ihm, und in diesem Zustand – *nicht* im Zustand der Zerknirschung, der Selbsterniedrigung u. dgl. – empfindet man unwillkürlich, im Kontrast, in schmerzlicher Weise seine Unzulänglichkeiten und kritisiert sie: nicht in jener verbissenen und destruktiven Geisteshaltung, sondern in einer solchen, die bereits am Ausgangspunkt positiv und sich selbst gegenüber wohlwollend ist. Eine derartige Selbstkritik ist wertvoller: Ich *spucke* nicht voller Abscheu einiges an Bösem aus, sondern ich *bessere* mich auf bescheidene Weise, ich trete in einen besseren Kreis ein.

8.12.1931. EHRE DEINE FEINDE. Meine Denkweise hat viele Feinde gefunden, die mich ihretwegen aus der Klasse der denkenden Wesen gestrichen haben. Ich weiß noch gut, wie zornig ich deswegen war; doch Tatsache ist, daß mir diese Leute auch einen großen Dienst erwiesen haben. Meine theoretischen Ideen stellten einst, in meiner Jugend, für mich gewissermaßen eine spezielle Form von Kunst dar; sie sollten – wenn auch vielleicht nicht in erster Linie – interessant und schön sein. Ich hielt es für natürlich und selbstverständlich, daß sie als solche, in reifer Gestalt, dankbar angenommen werden würden; denn war das kulturelle Leben nicht ein freier Wettbewerb von Blumen in einem Garten? Blumen stören einander nicht und können hervorragend nebeneinander gedeihen. Und ich war verwundert, als ich schließlich nicht nur auf Widerstand, sondern auf verbissenen Zerstörungswillen stieß. Damals mußte ich meine Haltung ändern und mir Schönheit und Harmonie als Schmuck des konstruktiven Denkens aus dem Kopf schlagen. Was an meinen Gedanken nicht zum innersten, festesten Kern gehörte, hatte abzufallen; mit dem Rest mußte ich mich auf Gedeih und Verderb verbinden, d. h. ihm schlicht mit vollem Ernst begegnen. Ich begriff, daß es doch besser ist, *croire lourdement*, wie Renan vom hl. Paulus sagt (und wie man auch von Lukrez sagen könnte), als einen solchen Ästhetizismus der Ansichten und Behauptungen zu betreiben (wie es Renan ganz gewiß tut!). Hier lauerte eine Gefahr, vor der mich meine Feinde bewahrten. Bin ich ihnen da nicht zu Dank verpflichtet, und sei es in der Form, daß ich nun meinerseits beginne, *ihre* Sünden und *ihre* Naivität zu geißeln?

12.12.1931. »Wenn du an mich geglaubt hättest [sagt Violaine], wer weiß, ob du mich nicht geheilt hättest?« (Claudel: ›Verkündigung‹).

13.12.1931. DIE TUGEND DER BEHARRLICHKEIT. Es ist nur ein kleiner Unterschied, ob ich einen Monat ausharre oder zwei oder ein halbes Jahr, wenn ich nicht bis zum Ende ausharre. Die Beharrlichkeit ist etwas Absolutes; in diesem Fall bewahrheitet sich in buchstäblicher Form das stoische Paradoxon von der Tugend im allgemeinen: Wer sie nicht ganz besitzt, besitzt sie überhaupt nicht.

16.12.1931. Wenn man für äußere Ziele kämpft und statt dessen ein geistiges Gut erlangt (moralische Vertiefung, eine Prise Weisheit), dann ist das zweifellos ein Gewinn. (Siehe den ›Sułkowski‹ und was ich in der ›Renaissance contemporaine‹ über ihn geschrieben habe.) Doch ist es nicht gut, allzu ausschließlich und allzu frühzeitig in dem Bewußtsein zu handeln: »Falls ich den äußeren Kampf verliere, macht das nichts«, wenn ich nur »inneren Gewinn davontrage«. Das schwächt nicht nur die Energie, sondern bringt in das menschliche Leben einen bedenklich theatralischen Zug. Wer so denkt, möge sich lieber gleich von den äußeren Zielen ab- und sich selbst und seinen geistigen Angelegenheiten zuwenden.

22.12.1931. SICH NIE MIT DER WIRKLICHKEIT ABFINDEN! Ich arbeite viel daran, mich irgendwie mit der Wirklichkeit »zu versöhnen«; das heißt, mich innerlich an sie anzupassen und sowohl kleinliche Abneigungen als auch überflüssiges Leiden zu eliminieren. Doch man darf nicht vergessen, daß diese ganze Arbeit des Sich-Anpassens nicht das Wesentliche, nicht das »letzte Wort« ist. Das letzte Wort ist der unvollkommene, schlechte Charakter der Wirklichkeit. Natürlich vor allem der menschlichen Wirklichkeit; die Natur entspricht in unvergleichlich höherem Maße dem, was man vernünftigerweise von ihr erwarten kann. Doch der *Inhalt der menschlichen Seelen*: das ist das Schreckliche, mit dem man sich nie abfinden darf! Sowohl der Inhalt ihrer Bestrebungen als auch all das, was sie aus ihrem Leben machen.

Die – durchschnittliche – Romantik antwortete darauf mit rhetorischem Protest oder der Flucht in Traumwelten. Die Hauptsünde der Romantik besteht, so meine ich, darin, auf halbem Wege stehengeblieben zu sein. Denn was not tut, ist, außerhalb dieser unvollkommenen Wirklichkeit einen Stützpunkt zu finden und sich ihr von diesem aus aktiv, revolutionär entgegenzustellen. Und was man ihr entgegenstellt, dürfen keine nebelhaften Ahnungen und Traumbilder sein, sondern eine konkrete, vom Boden, aus der Tiefe emporgehobene Gegenwirklichkeit. Gerade die heutige Zeit läßt es nicht zu, daß man sich einlullt, sich betäubt. Die Romantik war eine unreife Metaphysik, vielleicht eine Religion? Sie war die Morgendämmerung einer Sonne, die nicht aufging. Nötig gewesen wäre, sozusagen, ein Schritt von Lamartine hin zu jemandem in der Art ... warum nicht? Vielleicht gar in der Art Mohammeds? Der hätte es dieser erbärmlichen Wirklichkeit schon gezeigt!

29.12.1931. Wer etwas für die Welt tun will, darf sich mit ihr nicht gemein machen (sinngemäß nach Harnack: ›Mission und Ausbreitung des Christentums‹).

20.1.1932. ERFÜLLUNG DER LAUFENDEN VERPFLICHTUNGEN. Die sogenannten »laufenden Verpflichtungen« sind häufig überhaupt keine Verpflichtungen, sondern ganz gewöhnliche Zwänge; dennoch hat ihre peinlich genaue Erfüllung einen Wert. Sie verleiht ein Gefühl der Stärke, denn um den Verpflichtungen gerecht zu werden, muß man sich dauernd überwinden und bezwingen. Sie gewährt einem Ruhe, weil man dank ihr formal und äußerlich, wie man so sagt, »sauber« ist; die Welt kann uns keine Vorwürfe machen. Sie schützt die Eigenliebe vor Demütigungen, denn sie erschwert es, uns in die Rolle von Schuldigen oder Angeklagten zu drängen. Und sie stellt eine hervorragende Übung dar, wohingegen eine Nachlässigkeit, die man sich hier zuschulden kommen läßt, sich leicht auf die echten Verpflichtungen (ohne Anführungszeichen) übertragen kann.

22.1.1932. KONTROLLE DER IMPULSE. Sich bei Gedanken, Worten und Taten möglichst weitgehend bewußtmachen, aus welchen Gefühlsimpulsen sie entspringen. Wenn der Impuls moralisch zweifelhaft ist, ihn beim Namen nennen, »festnageln« und die Solidarität mit ihm aufkündigen.

Der Buddhismus ist mystisch *in toto*, *in singulis* jedoch zuweilen von geradezu frostiger Nüchternheit. Darin liegt ein Teil seiner Stärke.

25.1.1932. Einer, der glücklich ist, ist schön, und er hat es auch leichter, vollkommen zu sein. Im Unglück, selbst wenn man es mannhaft erträgt, stecken immer Elemente der Häßlichkeit. [KD]

4.3.1932. Das Glück ist etwas »Verehrungswürdiges« und »Vollkommenes« (wie Aristoteles sagt) aus wenigstens zwei Gründen. Zum einen als Frucht des Siegs über das Schicksal und sein Übelwollen; als Ausdruck der erlangten Freiheit. Zum anderen als etwas Schönes, als reibungslose Seelenharmonie. Im Unterschied zum Genuß freut und begeistert das Glück auch denjenigen, der von außen darauf blickt, nicht nur den, der es erfährt.

6.3.1932. NACH DEM WIEDERLESEN DES ›PHAIDON‹. Die Ruhe des Sokrates im Angesicht des Todes fällt durchaus nicht als etwas Besonderes, Eigenständiges auf; sie ergibt sich allzu natürlich aus seinem Verhältnis zum Leben. Was hier als schön bewundert wird, ist vor allem das letztere. Es besteht in einer völligen Uneigennützigkeit ohne jeden doppelten Boden; in einem Fehlen persönlichen Ehrgeizes gleich welcher Form. Von anderen musterhaft redlichen Denkern, wie etwa von Descartes, unterscheidet sich Sokrates besonders dadurch, daß sein Erkenntnisdrang untrennbar mit seiner Liebe zum Guten verbunden ist und daß durch jede seiner Handlungen, durch jedes seiner Worte letztlich *beide* Motive hindurchschimmern. Es gibt Seelen und es gibt Seelenzustände, in denen diese Motive in Konflikt geraten können; doch bei Sokrates gibt es keinen Konflikt, es herrscht eine vollkommene Harmonie.

1.4.1932. »Gesellschaftsmitglied wider Willen«: Titel zu einer überaus amüsanten und traurigen Tragikomödie.

20.8.1932. Mangel an Ausdauer ist stets, zumindest teilweise, Mangel an Glauben. [KD]

27.8.1932. WANN KANN MAN MENSCHEN EINE PERSÖNLICHKEIT ZUBILLIGEN? Ich habe mir zuweilen deswegen Vorwürfe gemacht – doch habe ich nicht eigentlich recht, Menschen manchmal so kategorisch eine Persönlichkeit abzusprechen? Wenn ich sie wenigen zubillige und vielen abspreche, dann vielleicht einfach deswegen, weil ich genauer sehe als andere? Vielleicht ist es wirklich so: Die einen *sind* Persönlichkeiten, haben es verstanden, sich als im Denken und Handeln selbständige Wesen zu »konstruieren«, während die anderen einfach gewissermaßen gehende und redende »Teile der Natur« geblieben sind, so wie die Flüsse fließende und rauschende Teile der Natur sind?

Dennoch: Die Persönlichkeit hat Abstufungen; und es gibt ja immer Ansätze in ihre Richtung. Es ist die Pflicht oder eher die Weisheit oder vielleicht die ganz gewöhnliche Anständigkeit des äußeren Betrachters, daß er diese Ansätze sieht, in den Unerwachten ihr Erwachen ahnt, bei den Schlafenden das wahrnimmt, was am Schlaf lebendig ist.

29.8.1932. »Sehr frühzeitig entdeckte ich, daß es einfacher ist, auf einen Anspruch zu verzichten, als ihn zu befriedigen. Da ich nicht alles erhalten konnte, was den Begierden meiner Natur entsprach, verzichtete ich ein für allemal auf alles (...). Gemäß der stoischen Methode beugte ich allen Enttäuschungen vor, nur ließ ich es zu – was ein logischer Fehler war –, daß ich Bedauern über das empfand, was ich verloren hatte, und daß ich eine Handlungsweise, deren Ursprung in außergewöhnlichen Grundsätzen liegt, mit gewöhnlichen Augen betrachtete. Man muß asketisch sein bis zum Ende.«

Wie man so sagt: »Kein Kommentar.« Alle, die diesen Weg versuchen, haben mit ihm die gleichen Schwierigkeiten.

30.8.1932. DIE TUGEND DER GESCHLECHTLICHEN ENTHALTSAMKEIT. Gewisse höhere Formen des menschlichen Lebens, gewisse besonders schöne, berauschende Spielarten des Glücks scheinen nur insoweit erreichbar zu sein, wie der Geschlechtstrieb *nicht* befriedigt wird. Nicht jeder, der sich die Befriedigung versagt, erreicht diese Gipfel; daher die zahlreichen Asketen, die heruntergekommen oder, um ehrlich zu sein: geradezu vor die Hunde gegangen sind. Doch *ohne* diesen Verzicht sind sie nicht zu erreichen: und immer neue Scharen von Menschen, die nur eine undeutliche Ahnung von jenen höheren Lebensformen haben, versuchen diesen schweren Weg. Viele geben auf, viele auch gehen auf diesem Weg – *durch ihn* – zugrunde, doch einige gelangen ans Ziel.

31.8.1932. AMIEL. Wie kam es, daß mit der Zeit nicht nur der christliche Glaube, sondern auch das religiöse Weltverhältnis bei Amiel immer schwächer wurde? Mich beunruhigte und erschreckte, wie das Vertrauen versiegte, wie das Bild der Wirklichkeit, die anfangs als etwas auf ihre eigene Weise Heiliges, Verehrungswürdiges leuchtete, immer blasser wurde. Wie? Kann man also auch das, wie alles andere, gewinnen, verbrauchen und verlieren?

6.9.1932. Sowohl das Schwert wie auch der Stock sind schlecht; doch es gibt einen Unterschied. Der Stock ist *nur* schlecht; im Schwert dagegen liegt – wenn auch der andere eines in Händen hält – eine eigenartige Form von Erhabenheit.

11.9.1932. Ehrgeiz, sinnliches Verlangen und andere Bestrebungen dieser Art drängen uns über den gegenwärtigen Augenblick hinaus hin zu angeblichen zukünftigen Gütern, sie töten die Fähigkeit, aus dem Augenblick zu schöpfen, der *ist*, der gegenwärtig ist. Indem sie dabei den Nachdruck auf unser Ego als Interessenzentrum legen, die Welt dagegen als uns von dienstfertigen Gottheiten zur Verfügung gestelltes Lebensmittellager betrachten, machen sie ein angemessenes Verhältnis zu dieser unmöglich: Sie lassen es nicht zu, daß man in der Welt diese selbst wahrnimmt, wie sie in sich ruht und bereit ist, mit uns in ein anderes als dieses traurige Verhältnis der Ausbeutung zu treten.

12.9.1932. NOCH EINMAL MEINE RELIGION. Als ich gestern auf den Wielka Czantoria stieg, dachte ich noch lange darüber nach, was ich Przyboś am Vortag hätte erwidern können und sollen. Przyboś sagte: »Das ist keine Religion, sondern Poesie.« Ich hätte entgegnen sollen: Solange das Ausflüge sind, von denen man zurückkehrt, ist es Poesie; sobald man aufhört zurückzukehren, ist es Religion. Das heißt, Poesie ist es so lange, wie wir nur in bestimmten Augenblicken ein kosmisches Leben leben und danach, wie ein an der Schnur herbeigezogener Ballon, zur Eigennützigkeit, zum Ego zurückkehren; zur Religion wird es, wenn wir dauerhaft beim kosmischen Leben bleiben, den Hauptakzent darauf verlegen und überhaupt aufhören, anders zu *leben* als im Kontakt mit dem Kosmos. Die ganze andere, eigennützige Seite des Lebens wird dann zu einer unwesentlichen Staffage in einer Landschaft, die gerade als reine Landschaft wichtig ist. Vorher war nur die Staffage wirklich, und die Landschaft hatte die Farbe des Traums.

Doch jetzt kommt mir der Gedanke, daß es vielleicht zweitrangig ist, ob diese Zustände andauern oder nicht, und daß es tatsächlich nur um jenen Hauptakzent geht. Im poetischen Erleben haben wir natürlich *Kontakt* mit dem Kosmos, doch auf diesen Kontakt wenden wir nicht die Kategorie der Realität an. Im religiösen Erleben wenden wir sie an: Wir fühlen uns, wie Norwid, *höchst* wirklich und fühlen, daß wir auch im Kosmos eine unbezweifelbare Wirklichkeit berührt haben. Das religiöse Erleben ist eine Substantialisierung, eine Realisierung des poetischen Erlebens.

Daraus folgt weiterhin: Der spezifisch religiöse Wert in subjektiver Hinsicht ist einfach diese gewisse *Dichte* unseres Lebens: seine Essentialität, Wesentlichkeit im Gegensatz zur Geisterhaftigkeit, Nichtigkeit und Unwesentlichkeit des Lebens, von dem wir uns täglich nähren. Und ich bin nicht weit entfernt davon zu behaupten: Der religiöse Wert ist die Wirklichkeit, so wie das Schöne der ästhetische und das Gute der ethische Wert ist.

Es gibt keine Religion, die in ihrem letzten Wort über die Welt, in ihrem Amen pessimistisch wäre. Es gibt nur Religionen, die pessimistisch sind in bezug auf die Empirie, welche sie als etwas Übles dem reinen Kern der Welt gegenüberstellen. Der Samsara ist von Übel, doch wer ins Nirwana eingeht, erfährt eine höchst positive Freude; die Buddhisten haben diese Freude vielmals beschrieben.

Die Religiosität ist, ich wiederhole es, eng verbunden mit der *Weltfreude*, dem Gegenpol des *Weltschmerzes*. Die Religion ist, man könnte beinahe sagen: »ein Seelenakt, durch den die Welt zu Freude wird«, jene »Glücksmusik«, von der Tagore in ›Gitanjali‹ spricht.

13.12.1932. Laßt uns dem Druck, laßt uns der Versuchung nicht nachgeben, mit der Welt zu einem billigen Einverständnis zu gelangen.

»Do what thy manhood bids thee do, from none but self
expect applause;
He noblest lives and noblest dies who makes and keeps his
self-made laws.
All other life is living death, a world where none but
phantoms dwell;
A breath, a wind, a sound, a voice, a tinkling of the
camel-bell.«
(Richard Burton: ›The Kasidah‹)

Nicht anders ›Bhagavadgītā‹ III 35: »Besser das eigene Gesetz [*svadharma*] unvollkommen als das eines andern vollkommener; besser der Tod bei der Erfüllung des eigenen Gesetzes; ein fremdes Gesetz bringt Gefahr.« Hier geht es nicht, wie mir ein »vernünftig« eingestellter Feind des »ethischen Pathos« suggerierte, um – höhere oder niedere – Pflichten der Kaste, welcher der Handelnde jeweils angehört. Es geht – wie zwei Verse weiter oben gesagt wird – um die eigene *prakṛti*, was an dieser Stelle die Übersetzer einhellig mit unserem Begriff *natura*, Natur usw. wiedergeben. *Svadharma* bedeutet also: das Gesetz meiner eigenen Natur. Und das dürfte sich decken mit dem, was Burton sagt: denn das Gesetz, das »ich mir selbst gegeben«, ist schließlich nicht aus der Luft gegriffen: Es wurde mir diktiert von meiner Natur.

6.2.1933. Unbewußte List: wenn einer Unerreichbares wagt, um nicht gezwungen zu sein, es zu verwirklichen. [KD]

20.2.1933. Eine kleine Probe des griechischen Geistes: ein Grab auf einer Landspitze:

»Bin des Gescheiterten Grab. Doch du, Freund, spanne
                      dein Segel!
Als ich ertrank, da durchfuhr mancher zufrieden das Meer.«
           (Theodoridas, aus der ›Anthologia Graeca‹,
           im Original zitiert bei James,
           wohl im ›Pragmatismus‹.)

(Herbst 1933). Nach den praktischen Vorteilen der Tugend sollte man lieber nicht fragen. Hier eine kurze Fabel zu diesem Thema:

Moralischer Predigt zu lauschen
Kamen Bestien von nächst und fernst.
Wie sie sich dran täten[6] berauschen!
Der Ochse, der nahm sie ernst.

---

6 »Täten« statt »taten«: eine Dialektform, die mir hier am Platz zu sein scheint.

Wohin ist der Ochse geraten?
Wie kommt's, daß ich nicht mehr ihn seh?
Nach der Predigt ward er als Braten
Serviert bei dem Gala-Diner.

(Ohne Datum). DAS UNMUSIKALISCHE UNSERER DICHTUNG. Die heutige Zeit ist für die bildende Kunst deutlich günstiger als für die Musik. Im Zusammenhang damit sind auch die Gedichte plastischer – vor allem malerischer – geworden, wenn man sie mit der Epoche des Jungen Polens vergleicht. Wer hätte wohl damals so etwas zu schreiben vermocht wie Tuwims ›Juden‹ [Żydzi] oder – um ein ganz anderes Beispiel anzuführen – jenes Gedicht von Pawlikowska, in dem die »traurigen Dreiecke« auf »weiße Kreuze« und »gelbe Haken« blicken? Die *Musikalität* der Poesie dagegen ist völlig im Abnehmen begriffen; es ist kaum noch etwas von ihr zu sehen.

Vielleicht möchte jemand protestieren. Ist Tuwim nicht auch auf seine Art musikalisch? Singsaglich? Und Szymanowskis Kompositionen zu den Texten eben von Tuwim, von Iwaszkiewicz und der Iłłakowiczówna?

Nun, was Szymanowski betrifft: Musik läßt sich zu einem völlig unmusikalischen Gedicht schreiben; mehr noch: eine allzu spürbare Musikalität *stört* bei der Arbeit des Komponisten und erschwert es, beide Künste zu einer Ganzheit zu verbinden. Versucht, eine Musik zu Poes ›Helen, thy beauty is to me ...‹ zu schreiben: im Endeffekt zerstört ihr nur das Gedicht.

Und was Tuwim betrifft, so nenne ich hier einige wichtige Elemente der Musikalität, von denen wohl jeder zugeben wird, daß wir sie bei ihm (und umso weniger bei anderen) nicht finden: (1) das Operieren mit der Klangfarbe als solcher – wie hier bei Poe oder in Verlaines ›Les sanglots longs‹; (2) Temposchwankungen oder – in Fachbegriffen – Rallentandi und Accelerandi; (3) Schwankungen der Dynamik, d. h. Crescendi und Decrescendi. Die beiden letzten Merkmale sind frappierend: Eine Ode des Horaz oder eine Oktave Słowackis kann man mit musikalischen Bezeichnungen versehen – wie ich es selbst, nicht ohne redlichen Gewinn für ihr Verständnis, bei einigen von ihnen getan habe. Mit all dem operiert unsere heutige Dichtung nicht oder nur in sehr geringem Maße. Auch wenn sie singsaglich ist.

13.1.1934. ÄSTHETIK UND AXIOLOGIE. Um die Welt vollkommener zu machen, muß man sie nicht, wie der im übrigen großartige Omar Chajjam will, »in Stücke spalten« und dann »nach unsres Herzens Sehnsucht neu gestalten«. Im Gegenteil, man muß ihre beiden Hälften verbinden, die einander fremd, doch axiologisch auf einander angewiesen sind. Die Welt in vollkommener Form wieder aufbauen heißt die Objektivität mit Subjektivität durchtränken, aus den äußeren Dingen Symptome und Symbole des inneren Gehalts machen. Das vollbringt die Kunst, sie ist eben eine solche »neugestaltete« Welt.

1.2.1934. SICH MIT DEM BÖSEN IN SICH ABFINDEN. Ich habe häufiger gesagt, man müsse sich »mit dem Bösen in sich abfinden«, »seine Schuld annehmen«. Als ob das dasselbe wäre. Doch es sind zwei deutlich verschiedene Gedanken. Erstens: sich durch seine Schuld nicht zerbrechen lassen, nicht an sich verzweifeln. Zweitens: die Verantwortung für sie übernehmen.

Betrachten wir den letzten zuerst. Was heißt: »die Verantwortung übernehmen«? Um diese Formel mit Inhalt zu füllen, sehe ich nur die folgenden drei Möglichkeiten, die mich nicht ganz zufriedenstellen, bei denen ich es jedoch angesichts des heutigen Stands meines Denkens und Gewissens belassen muß:

(a) Das Böse in sich deutlich, *expressis verbis*, als Böses, die Schuld als Schuld anerkennen. Man muß sie so *nennen*; ansonsten kommen wir nicht aus dem Gewirr der Ausflüchte hinaus.

(b) Wenn mir im Zusammenhang mit meiner Schuld ein Unglück zustößt, dies nicht als Bosheit des Schicksals ansehen, sondern als Folge dessen, was ich selbst in die Welt gebracht habe. Sich nicht ungerecht behandelt fühlen dadurch, daß mein eigenes Böses, in veränderter Gestalt, zu mir zurückkehrt.

(c) Ohne Murren ein negatives Urteil der Leute über mich annehmen, sofern es eine Folge meiner Schuld ist, auch wenn diese den Urteilenden nicht genau bekannt sein und auch wenn das Urteil im einzelnen Ungerechtigkeiten enthalten mag. Die Leute kennen im allgemeinen sowieso nicht den ganzen Umfang meiner Verfehlungen, und ihr *Gesamt*urteil über mich fiele sicherlich noch negativer aus, wenn er ihnen bekannt wäre. Wir sollten uns also nicht über Details streiten.

Ich komme nun auf den ersten Punkt zurück: sich nicht *zerbrechen* lassen. Wenn ich sage: »Man muß sein Böses annehmen«, so heißt das sicherlich unter anderem: Man soll darunter nicht so sehr leiden, daß mich dieses Leiden zerstört, mir die Lust zu den Dingen nimmt, die das Leben wertvoll machen. Auf der anderen Seite jedoch bedeutet es mit Sicherheit auch: das Böse nicht vergessen, es im Bewußtsein gegenwärtig haben. Unter diesen Bedingungen ist es schwierig, die richtige Linie zu finden und beizubehalten. Ausgeschlossen sind natürlich alle Gewissensdramen: Von den Furien gejagt zu werden ist keine Tugend, sondern eine Krankheit. Man muß seine Schuld fühlen, sich anhand ihrer seine Schwäche bewußt machen; man darf jedoch nicht zulassen, daß sie uns erdrückt. Dieses schwierige Gleichgewicht kann man wohl nur bei einer der folgenden Annahmen verwirklichen:

(1) Daß man bei der betreffenden, konkreten Handlung zwingend determiniert war. Dann hört das Böse nicht auf, böse zu sein, aber es ist keine Schuld mehr. Doch dann verschwindet die Verantwortlichkeit. Das theoretische Problem von Determinismus und freiem Willen ist mir hier gleichgültig. Praktisch *darf man* nicht der Ansicht sein, daß man das Böse, das man begangen hat, begehen mußte. Dies entfällt also.

(2) Daß das Übeltun allen Wesen meiner Gattung zukommt, so daß ich zwar nicht zu diesem speziellen, von mir begangenen Bösen determiniert war, wohl aber überhaupt zu *irgendeinem* Bösen, denn dies liegt in der menschlichen Natur. Ist

das nicht nur eine rein verbale Behauptung, darauf berechnet, es der geistigen und moralischen Faulheit recht zu machen?

(3) Daß das Gute, zu dem ich fähig bin, das von mir tatsächlich verübte Böse überwiegt; daß ich bei hinreichendem Willen die Chance habe, mein Dasein mit einer positiven Bilanz abzuschließen.

Im Moment scheint mir, daß diese letzte Annahme die richtige ist. Das unerschöpfliche Potential an Gutem, das bewirkt, daß die Schuld schließlich von dieser Welle *überschwemmt* wird; die unbegrenzte Möglichkeit der Neugeburt, infolge derer sie einfach *verschwinden* kann, zusammen mit dem Menschen, der sich schuldig gemacht hat (in dem Sinne, daß er forthin ein anderer Mensch ist); und sogar einfach das Bewußtsein meines guten Willens, der in mir bereits jetzt, während ich sündige, wach ist: das dürften die Faktoren sein, die bewirken, daß man sich doch mit seinem Bösen »abfinden« kann. »Abfinden« ist ein schlechtes Wort, doch mir fehlt ein besseres.

4.2.1934.

»*Sans plus nous soucier et sans jamais descendre
Évanouissons-nous.*«

(Moréas)

Mir gefällt dieses Bild: sich auflösen, doch nach oben hin. So sollte – das etwa war mein Gedanke – auch die Menschheit selbst enden: nicht auf die Abkühlung des Planeten oder auf einen Zusammenstoß mit einem anderen Himmelskörper warten, sondern sich durch ein Übermaß an Geist verflüchtigen, verdampfen in das Nicht-Leben.

13.2.1934. »Der Mensch ist zwar fähig, sich zu verachten; doch sich gerade ins Gesicht zu sehen, das ist zu schwierig für ihn« (Strowski: ›Pascal et son temps‹).

Richtig: denn wenn ich mich verachte, dramatisiere ich mich, und das schmeichelt mir. Wenn ich mir aber gerade ins Gesicht sehe, erblicke ich nichts Aufregendes: hier einen hellen Fleck, da drei, vier dunkle, viel Grau. Uninteressant; kein Drama.

19.2.1934. Wir können uns nicht frei entwickeln; neunzig Prozent unserer Energie verwenden wir darauf, uns Steine von der Brust zu werfen, die uns unsere lieben Nächsten darauf wälzen.

20.2.1934. Man darf sein Denken nicht verwischen, um ihm die pessimistische Schärfe zu nehmen.

Es ist schlecht, den Pessimismus – sei es als Weltanschauung, sei es als Lebensweise – zu genießen. Doch man muß mutig denken: der Wirklichkeit in die Augen sehen und nicht zurückschrecken, wenn sich uns dabei entsetzliche Ausblicke eröffnen. Kühl die Möglichkeit erwägen, daß in einem Jahr die Deutschen in Warschau sein werden; oder – auf weltanschaulichem Gebiet – daß das Denken nichts ist, und daß die Welt von Absurdität und Sinnlosigkeit regiert wird. Sich nicht davor fürchten, etwas Schreckliches zu denken, und es als eine Möglichkeit unter anderen ruhig betrachten; und wenn die Wahrscheinlichkeit dafür spricht, es sich offen eingestehen.

»Geistige Überlegenheit ist eine bessere Methode, sich zu verbergen, als Lüge und Verstellung« (Vauvenargues).

21.2.1934. Pascal, ein beinahe übermenschliches Genie, verschmähte es nicht, sich in seinem Schreiben an die Bedürfnisse derjenigen, die ihn lesen sollten, anzupassen; er schrieb, um den Leser für sich zu gewinnen, und ließ kein Mittel und keinen Kniff außer Betracht, die zu diesem Ziel führen konnten. Der *art d'agréer* war neben dem *art de persuader* ein zentraler Bestandteil seiner schriftstellerischen Theorie.[7] Doch Herr H. E., der so viel Ursache hätte, sich den Menschen höflich

---

7 *Art d'agréer*: die Kunst zu gefallen; *art de persuader*: die Kunst des Überredens.

zu »empfehlen«, denkt nicht an die Bedürfnisse der Leser und bringt dem *art d'agréer* nichts zum Opfer. Sobald er den Stift in die Hand nimmt, schließt er sich in einer Welt von für sich seienden Gestalten ein, und der Rest ist ihm egal. Unklug von Herrn H. E., höchst unklug. Denn je mehr er seine Sachen ausarbeitet, desto fremder werden sie dem Leser, der vor sich eine glatte, polierte Fläche oder Wand sieht, etwas, das ihm keinerlei Zugang bietet.

26.2.1934. MILDE IN DER SELBSTKRITIK. Man sollte sich selbst ermahnen, nicht sich hassen; sein Erzieher sein, nicht sein Henker. Selbsthaß ist Egozentrismus. Und seine Schwächen nicht zu ertragen ist der Wille, sich über andere zu erheben und der Erste zu sein.

ÜBLE GEDANKEN. Was soll man tun mit üblen Gedanken, die ganz plötzlich auftauchen und ein Ausdruck wirklich widerlicher Möglichkeiten unserer Natur sind? Gibt es einen Weg, diejenigen ihrer Regionen zu erreichen, in denen solche Dinge ausgebrütet werden und sich an die Oberfläche entleeren?

10.5.1934.

> *»Et je continuerai la rude ascension*
> *Qui ressemble à la chute.«*
> (V. Hugo)

Unser Leben verläuft gleichzeitig entlang zweier Entwicklungslinien. Die eine führt hinab: Schwinden, Welken, Erschöpfung, häufig Verhärtung; sinkende Ansprüche, Sich-Abfinden mit allen Unzulänglichkeiten, ein zunehmender häßlicher Zynismus der Enttäuschung – und ganz am Ende der eigene Tod, eingeleitet vom Tod jeglicher Hoffnung. Die zweite: Bemühen, Drang nach oben, Sich-Reinigen, Sich-Überwinden, immer mehr guter Wille, mehr Seele und Weisheit, auch ein Tod, doch ein anderer: ein Sich-Verflüchtigen durch das

Abwerfen von Belastungen. Beides ist ein Faktum, beides ist gegeben; beides findet täglich, stündlich statt. Es hängt jedoch von uns ab, ob wir unser persönliches »Ja«, unser Selbstbewußtsein, unser »Ich bin« auf dem einen oder auf dem anderen dieser Entwicklungswege investieren.

24.6.1934. *Homo lupus*: Der Egoismus der Individuen wird nur durch den Egoismus der wahrlich nicht besseren Gemeinschaften eingeschränkt; alles, was sie umgibt, ist für sie ein Gegenstand der Ausbeutung oder des Konkurrenzneids; die Starken pfeifen auf die Gerechtigkeit, die Schwachen berufen sich winselnd auf sie, während sie darauf warten, daß ein Zustrom von Lebensenergie nunmehr *ihnen* erlaubt, auf sie zu pfeifen; bis dahin lügen und betrügen sie, machen traurige Mienen, unterwühlen wie Maulwürfe die Starken und schauen darauf, wer bei der Verteilung der Beute auf die Nase fällt. Die großen Tugenden sind Fertigkeiten, die man beim erfolgreichen Rauben benötigt; die Liebe ist Parasitentum oder Machtgier; das Gesellschaftssystem ist die Resultante all dieser Niederträchtigkeiten und Unsauberkeiten sowie eine in sich verlogene, hinterlistige Ausbeutungsorganisation.

Was läßt sich dem entgegenhalten? Diese wenigen flüchtigen, unverbindlichen Reflexe, vergleichbar jenen zwei Orangen des Herrn Krausiewicz von der Wäscherei »Blask« in Rusineks Roman? Nun, nicht nur das: auch ein schwächliches Streben nach etwas Besserem, das über die Jahrhunderte hier und da zu einigen schüchternen Korrekturen geführt hat. Die stets auf halbem Wege aufgehaltenen Moralisten, Heiligen und Reformatoren. Und neben Versuchen, dem Guten durch Gutes zu dienen, auch Versuche, dem Guten durch Verbrechen zu dienen: Kann man sich darüber wundern, wenn man einmal die Augen geöffnet hat für das ungeheure Ausmaß an Ungerechtigkeit, das den Inhalt der Geschichte bildet?

16.11.1934. GLÜCK IN DER ASKESE. Gibt es Glück in der Askese? Und welches? – Vor allem das Gefühl der Stärke, das der Kampf gegen die Instinkte verleiht. Dann die Freiheit:

denn ich bin *ausgebrochen*. Drittens das Gefühl der Kompaktheit meines Ichs und der Sinnerfülltheit meines Lebens: denn ich verzettele mich nicht in Dummheiten. Ja, im asketischen Leben *gibt* es Glück; allerdings ein gepanzertes Glück.

18.11.1934. KULTUR UND KONVENTION. Der Haß gegen die Kultur ist fast immer ein Haß gegen die Konvention. Wahre Kultur jedoch *ist keine* Konvention. Ein Mißverständnis also? Ein komplettes. [KD]

KULTURELLE KONVENTIONEN IN DER WISSENSCHAFT. Die wissenschaftliche Arbeit ist eine Sparte der kulturellen Arbeit: nämlich diejenige, die das gemeinsame Ziel, welches in der immer weiteren Vervollkommnung des Menschen besteht, durch Wissen anstrebt. Innerhalb der Wissenschaft gibt es jedoch definierte und feststehende Spezialgebiete, die von Expertengruppen bearbeitet werden. Diese Gebiete müssen naturgemäß ein weitgehend isoliertes Eigenleben führen; und ebenso naturgemäß ein jeweils spezifisches Ziel herausbilden. Als eine Folge ergibt sich: Was den jeweiligen Adepten als Mensch nicht interessiert, beginnt ihn »als« Linguisten, Biochemiker oder Ornithologen zu interessieren. Doch im Gegensatz zum ersten ist das zweite »als« rein konventionell. Auf diese Weise wird alles interessant, sogar die Sprünge von Chairephons Floh[8] werden es, doch nur im Rahmen der Konvention. Die Wissenschaft verliert die Verbindung zur Kultur und wird zu einer fröhlichen Wissenschaft von Millionen Flöhen und ihren Sprüngen – wobei für die Mitglieder der unterschiedlichen Gilden jeweils *ihr* Floh an erster Stelle steht.

20.11.1934. LIEBE ZUR IDEE UND LIEBE ZUM MENSCHEN. Die Liebe zu einer Idee ersetzt nicht die Liebe zu einem anderen Menschen. Indem ich eine Idee liebe, liebe ich etwas, das noch bis zu einem gewissen Grade ich bin, das im Verhältnis

---

8 Siehe die ›Wolken‹ des Aristophanes. Vgl. jedoch vor allem Jan Łukasiewicz: ›Über die Wissenschaft‹ [O nauce].

zu mir nicht wirklich und unwiderruflich etwas Äußeres ist. So etwas wirklich Äußeres kann, als Liebesobjekt, nur ein anderer Mensch sein; nur indem ich *ihn* liebe, gelange ich wahrhaft aus mir heraus.

27.11.1934. »Man kann selbst dann auf geistigen Positionen leben, die uns durch das innere Gefühl der Wahrheit angewiesen werden, wenn wir in unserem Denken keinerlei Mittel haben, um uns auf ihnen zu erhalten« (Brzozowski).

Richtig und wichtig, auch wenn der reine Rationalist sich empört. Wichtig ist jedoch ebenso, daß wir auf unserer Position auch wirklich *leben*, nicht nur *ausharren*. Auf ihr zu leben heißt vor allem, ihr Ausdruck zu verleihen. Das bedeutet, zweitens, sie mit den Positionen anderer zu konfrontieren und so auf die Probe zu stellen. Und dies schließlich impliziert, daß man, wo immer nötig, sein Handeln mit ihr in Einklang bringt.

30.11.1934. »Dem Individuum ist eine effektive Tätigkeit nur in Richtung des Fortschritts, d. h. der allgemeinen Gesellschaftsentwicklung, möglich.« (Ein Gedanke Comtes, der von einigen späteren Denkrichtungen akzeptiert worden ist.)

So formuliert dürfte die Behauptung falsch sein. Tamerlan hat die Anzahl der Menschen auf der Welt und die Heilige Inquisition den Umfang des Wissens durchaus effektiv reduziert. Zuweilen trifft man eine subtilere Formulierung an, wonach in jeder Epoche vor jeder Gesellschaft *Aufgaben* stehen, die gelöst werden müssen; und daß ein Individuum nur insofern effektiv handeln kann, als es bei deren Lösung mitwirkt. So denkt man heute, wenn ich richtig informiert bin, in Sowjetrußland. Doch auch das ist nicht unbedingt korrekt. So wie ein Einzelmensch, der vor einer großen Aufgabe steht, dennoch über Freizeit verfügt, sich fortbildet, liest und uneigennützig mit anderen verkehrt, so gibt es auch für eine Gesellschaft – mit Ausnahme von Momenten außergewöhnlicher Anspannung – neben den vor ihr stehenden Aufgaben auch andere, gleichfalls wichtige Angelegenheiten, und sie ist dankbar, wenn man ihr hilft, dieses andere Leben zu leben, das frei ist von Druck und Bedrängung durch die Aufgabe. Indem man also in dieser zweiten Sphäre tätig ist, kann man grundsätzlich auf andere Weise effektiv handeln als in Richtung der Entwicklung. Das dürfte hauptsächlich auf Künstler zutreffen.

22.12.1934. Die Berufung des Menschen ist einfach: eine Welt gegen die Welt zu bauen. [KD]

25.8.1935. Zwei verwandte Fragen aus dem Bereich der Moral.

(1) Soll man als Ziel den höchsten Gipfel des Guten und der Vollkommenheit vor Augen haben oder nur das: gewisse Fortschritte zu machen und zumindest ein wenig besser zu werden?

Als Ziel *muß* uns die Vollkommenheit vorschweben, denn nur sie ist imstande, uns mit Eifer zu erfüllen, und ohne Eifer erreicht man in der moralischen Sphäre nichts. Ein solches Ziel jedoch nimmt sich recht merkwürdig aus, wenn man es neben das niedrige Niveau und die ständigen Stürze des täglichen Lebens hält. Es ist daher gut, es eher als kollektives Ziel aller Strebenden zu betrachten denn als unser persönliches Ziel, das sich von denen der anderen unterscheidet. Wenn ich mich nicht als eine der »Wellen der Menschheit« betrachte, sondern als dieses Individuum hier, das in bestimmte Situationen verstrickt ist und unter bestimmten Defekten leidet, dann ist es besser, sich darauf zu beschränken, an kleine Teilfortschritte zu denken.

(2) Wie soll man seine moralischen Ziele formulieren: als Tugenden, die zu erlangen oder als Fehler, die zu überwinden sind?

Nötig ist beides. Die graue Alltagsarbeit besteht darin, seine Fehler zu überwinden. Hier hat man mit sich selbst zu schaffen und hier unternimmt man die größten Anstrengungen. Doch die ausschließliche Konzentration auf das Böse, das man herausreißen will, wie auch die einseitige harte Mühe des

Herausreißens selbst sind gefährlich: Man gerät in ein hauslehrerhaftes, nörglerisches Verhältnis zu sich selbst und verliert den moralischen *Schwung*. Man muß daher von Zeit zu Zeit den Blick von der Arbeit emporheben, ihn auf die Tugenden richten und sich durch *Vorbilder* anziehen lassen.

27.8.1935. DIE SÜNDE DER KULTURELLEN UNBEWEGLICHKEIT? Ich finde nicht den geringsten Gefallen am Wandel als solchem, an der Suche nach »neuen Wegen«, nach »etwas anderem« oder daran, mit etwas zu brechen nur um des Brechens willen. Ich habe auch nicht die geringste Sympathie für Leute, in denen sich solche Instinkte breitmachen; ich kann sogar ehrlich sagen, daß ich Abscheu vor ihnen empfinde. In meinen jugendlichen Träumereien über das schöne Leben setzte ich implizit eine völlige Stabilisierung der Kultur inner- und außerhalb meiner voraus. Das schöne Leben bestand darin, sich zuerst an dem Ertrag der Jahrhunderte zu erfreuen, um sodann sein ganzes Bemühen dareinzusetzen, das zu verfeinern und zu vertiefen, was man von ihnen als Erbe erhalten hat. Zu verfeinern und zu vertiefen, nicht jedoch zu erweitern oder zu ändern. Das alles ist vielleicht wenig realistisch – möglicherweise sogar fehlerhaft? –, doch es lag darin wenigstens Achtung vor den uns vorausgegangenen Generationen; und ist das nicht auch eine gewisse Tugend?

29.8.1935. TUWIM. Es gibt die Redensart: leeres Stroh dreschen. Und bei Tuwim wird wahrhaftig gedroschen, daß es knallt, kracht, teuflisch pfeift und unheimlich zischt, dann wiederum, wenn auch seltener, sanft säuselt. Kein einziger voller Klang dabei – und keine Spur von *Harmonie*.

VOLK UND GENERATION. Ich habe es stets als etwas Gegebenes, Natürliches und Selbstverständliches empfunden, zu diesem Volk und keinem anderen zu gehören; als Angehöriger des Volks fühlte ich »ohne Wenn und Aber« kollektiv; dies war für mich immer ein unschätzbarer Beitrag zum inneren Gleichgewicht. Einer Generation aber gehören wir ebenso natürlich und zwangsläufig an wie einem Volk: Im einen wie im andern Fall entscheidet darüber das bloße Faktum unserer Geburt. Warum also habe ich meine Zugehörigkeit zum Volk ruhig hingenommen und sogar bejaht, mich jedoch im Verhältnis zur Generation nicht dazu durchringen können, sondern habe stets das Gefühl, nicht zu ihr zu passen, in sie hereingeraten zu sein wie Pilatus in das Credo, der Eichelhäher unter die Elstern oder der Hund auf die Kegelbahn?

30.8.1935. Die Welt ist ganz mit Goldfäden durchzogen, die für den Ästheten nur eine nette, charmante Verzierung darstellen, die jedoch auch in die Tiefe führen und für die »Weisen und Stillen« (wie Blok in einem berühmten Gedicht sagt) zu Ariadnefäden werden können: nicht um herauszufinden; um *einzudringen*.

30.8.1935. Was tun, damit dieser ekelhafte Gedanke mir nie wieder durch den Kopf geht? – Nur eins: ein anderer Mensch werden. [KD]

3.10.1935. Wir leben nur, indem wir zusammenleben. Nur insofern wir es schaffen, uns in einem fremden Bewußtsein wie in einem Spiegel zu reflektieren. Und insofern Samen, die wir gestreut haben, in anderen Wesen aufgehen.

Meine Persönlichkeit ist für das Publikum in reiner Form unannehmbar; doch wenn ich sie abmildere, verdünne, mit ihr meine Gedanken zu diesem oder jenem Thema einfärbe – doch *nur einfärbe*! –, wird sie in dieser Verbindung und Verdünnung durchaus recht gern gesehen. Hering ißt man nicht alleine, aber auf Brot schmeckt er. Doch ist das generell so, oder sind nur einige auf diese Weise benachteiligt? Denn andere Persönlichkeiten wiederum finden doch gerade in unverdünnter Form Anerkennung. Der Hering Tuwim wird von unserem Publikum mit großem Appetit ohne Brot verzehrt.

Wird diese ganze Tragik, diese ganze fürchterliche Schlinge, in die wir zur Stunde unserer Geburt geraten sind, nicht zur Fiktion, wenn unser »Ich« sich verflüchtigt und nur der berühmte »Strauß«, das »Bündel von Erscheinungen« übrigbleibt? Sind all meine Leiden mit ihrem ganzen Grauen vielleicht genauso ein Produkt der Täuschung wie die Leiden derjenigen, die an die Moira und das delphische Orakel geglaubt haben? Dort die Moira, hier das »Ich« – gleichermaßen unangetastet vom kritischen Denken, vielleicht auch: gleichermaßen unwirklich?

MORALITÄT UND PERSÖNLICHKEIT. »Sei, was dir möglich ist, doch entsprich dem Moralgesetz.« »Tu, was du willst, doch sei ein *Jemand*, keine Amöbe.« Muß man zwischen diesen Extremen wählen?

28.12.1935. Die kulturelle Publizistik ist notwendig, wenn auch wenig reizvoll. Damit eine Kultur wirklich lebendig ist, *lebendig* als kollektives und als Alltagsphänomen, müssen all ihre Angelegenheiten *beredet* werden, muß sich zu diesem Thema der Kultur ein fühlbares und dichtes Netz von Gedanken herausbilden, die sich dauernd zwischen den Gehirnen fortspinnen. Auch die kulturelle Atmosphäre hat ein Minimum an Dichte, das unerläßlich ist, wenn nicht für den »brausenden Flug der Riesenvögel«, so doch für die Allgemeinheit.

29.12.1935. Wir leben in einem ungeheuren Ausmaß von dem Inhalt, den uns das kollektive Leben liefert. Niemand würde das Leben aushalten, wenn es sich auf sein privates Schicksal beschränken würde. Niemand würde Alter, Unglück und schon gar nicht den Tod als das Ende von allem ertragen. So aber ertragen wir es, weil wir am kollektiven Leben teilnehmen.

Wir würden es ebensowenig aushalten, wenn ausschließlich das unseren Lebensinhalt bilden würde, was tatsächlich mit uns geschieht. Auch unsere Hoffnungen, vielleicht sogar nur unsere Träume und Wünsche, bilden einen Teil dieses Inhalts. Ebenso der Mythos von uns selbst.

31.12.1935. Teilnahme am kollektiven Leben. Wie vorgestern bereits bemerkt, ist die Teilnahme daran für das Individuum eine Rettung und ein Segen. Wie schrecklich wäre das Leben, wenn sein gesamter Inhalt von unserem persönlichen Schicksal, von unseren Erfolgen und Mißerfolgen gebildet würde! Etwas stockt in *meinem* Leben und schon bricht für mich alles zusammen. Wahrscheinlich wäre auch in den Erfolgen etwas Mittelmäßiges, höchst Kurzlebiges, Kleinliches. Kollektive Interessen bewirken, daß ich mit anderen Menschen kommunizieren kann. Sie reichen über meinen Tod hinaus und mildern folglich dessen Grauen ab. Sie sind weit vielfältiger als die mit lediglich meinem eigenen individuellen Los verbundenen: quantitativ also bereichern sie mich zweifellos. Und wenn ich keinen Erfolg habe, binden sie mich noch mit tausend Fäden an die Welt, von der ich durch mein Unglück abgefallen bin.

Ich verstehe daher hervorragend, daß einige darauf geradezu eine Mystik des Kollektivs aufbauen: »Du, Mensch, existierst in jedem Sinne nur durch das Kollektiv: durch das Kollektiv atmest du, durch das Kollektiv bist du mit der Welt verbunden.« Doch diese Mystik ist nicht richtig, und man darf ihrer Suggestion nicht erliegen.

All diese sozialen Inhalte aber begründen das Leben nicht, bringen keinen einzigen wesentlichen Wert in es ein. Sie sind unschätzbare *Hilfen* für das Leben; in großem Maße *erlauben* sie es dem Individuum erst zu leben. Doch an und für sich, *als kollektive* (denn zuweilen können sie noch eine andere, eigenständige Bedeutung haben), stellen sie (äußerst wohlwollend betrachtet) eher ein Ausfüllen unserer Leere mit einem ziemlich minderwertigen Inhalt dar, jenes »Strohflechten«, von dem Vigny einst so traurig in seinem ›Tagebuch‹ schrieb. Und was bedeutet es schon, daß die Herstellung dieser Flechtereien kollektiv erfolgt und sich über Jahrhunderte erstreckt? In ihnen soll der Sinn des Lebens liegen? Das ist unannehmbar. Dieser Sinn muß ganz entschieden höher hinausreichen oder tiefere Wurzeln haben.

KULTURELLES SCHAFFEN UND KULTURLEBEN. Ich will heute nachdenken über das Verhältnis zwischen demjenigen, was ich vor einigen Tagen (28.12.1935) als »Verdichtung« der kulturellen »Atmosphäre« bezeichnet habe, und dem wirklichen kulturellen *Schaffen*. Was ich meine, wenn ich von »kultureller Atmosphäre« oder »Kulturleben« spreche, habe ich bereits damals ungefähr formuliert. Es geht mir – um die Sache möglichst einfach zu fassen – um einen andauernden und lebhaften *Gedankenaustausch* in kulturellen Dingen. Die Bedeutung dieses Austauschs liegt vor allem darin, daß die kulturellen Erlebnisse nicht unnütz in den einzelnen Seelen herumliegen und verwelken, sondern daß sie sich objektivieren und kreisen, daß sie – indem sie gemeinsam ein »Leben« bilden oder sich zu einer »Atmosphäre« verdichten – eine bestimmte eigentümliche Wirklichkeit schaffen, die in der Lage ist, sich gegen den Andrang all dessen zu behaupten, was im kollektiven Leben menschlicher Wesen *nicht* Kultur ist. Die einen teilen den anderen mit, was sie zu sagen haben; dadurch regen sie wiederum *diese* an; es entstehen neue Gedanken; es beginnt das gegenseitige Bewerten. Als Anreiz und geradezu als *Nahrung* für schöpferische Menschen wird ebenso das *Echo* ihrer Arbeiten in der Gesellschaft unentbehrlich; damit ist noch eine weitere Tätigkeit verbunden, die einfachste: das *Informieren*.

Doch nun geschieht weiteres: Diese Phänomene der »Kommunikation« werden ihrerseits zum Objekt des Interesses und zum Ansatzpunkt für weitere Äußerungen. Nehmen wir einen Zeitschriftenartikel: Hier kann man immer fragen, ob genau informiert oder korrekt bewertet wird. Man kann auf Fehler hinweisen; wieder ein anderer wird zu zeigen versuchen, daß es keine Fehler gibt. Und so haben wir im Handumdrehen eine Diskussion, die nicht allein den Gegenstand der Bewertung oder Information selbst betrifft, sondern zahlreiche fernerliegende Fragen und gänzlich marginale Einzelheiten. Man kann auch immer fragen, ob die Sache selbst gut »gemacht« (geschrieben, komponiert) ist; ebenso lassen sich stets Erörterungen über Persönliches wie auch über Einteilungen in Gruppen und Cliquen ideologischer Natur anschließen.

Und die Gefahr besteht, daß diese ganze Diskutiererei sich am Ende *verselbständigt*, daß sie die Verbindung mit den allein wichtigen Fragen verliert, von denen sie ausgegangen war. Jemand hat ein Buch geschrieben; jemand anders schreibt eine Rezension dieses Buchs; der Autor antwortet; der andere repliziert; ein Dritter schaltet sich ein und spricht völlig andere, eigene Probleme an; ein Vierter fügt eine Prise persönlicher Animosität hinzu; die Kontrahenten setzen sich hart zu; der Pöbel freut sich. Vom Ausgangsproblem entfernen wir uns immer weiter: Es ist untergegangen in Diskussionen zweiter und höherer Stufe. Wir schreiben Randnotizen, Randnotizen zu Randnotizen usw. *ad infinitum*.

Und so vollzieht sich hier in großem Maßstab jener ungute Prozeß, in dem sich das Kultur»leben« vom eigentlichen kulturellen Schaffen ablöst. Und die Menschen stecken in dieser Strömung fest, nehmen Anteil an ihr, treiben eifrigen »Gedankenaustausch« und bemerken nicht einmal, daß sie schon lange in einer Welt sekundärer Angelegenheiten leben, die keinen eigenständigen Sinn besitzen. Hier erwachsen eigentümliche Größen, die ausschließlich im Kultur»leben« groß sind, im Hinblick auf das kulturelle Schaffen jedoch bloß die Statur von Grillen haben. Diese Leute nehmen sich selbst ernst, sie unterliegen tausend Illusionen; indem sie dritt- und viertrangige Dinge betreiben, fühlen sie sich, als würden sie mindestens zur Eroberung der fünften Himmelssphäre ausziehen. In den Augen und in der Meinung des Publikums verdunkeln sie immer wieder die Schöpfer.

Das alles würde gänzlich anders aussehen, wenn in der Überzeugung einiger, wonach »Kultur gleich Wissen« ist, ein haltbarer Sinn verborgen wäre. Doch wenn eines feststeht in dieser Problematik, dann die Tatsache, daß Wissen und Kultur nicht dasselbe sind. Die Kultur als Prozeß ist eine Umgestaltung des Menschen, und durch ihn auch der Welt, in Richtung eines immer größeren Wertes. Die Kultur als Ergebnis dieses Prozesses ist die Summe der bereits erreichten Umgestaltungen. Wenn »Kultur« »Wissen« bedeutete, dann würde jeder Aufsatz, der das Wissen irgendeines Menschen auch nur um ein weniges vergrößert, damit auch die »Masse« der Kultur vergrößern. Doch diese ist eine Umgestaltung, daher zählt nur das an unserem Wissen als kultureller Beitrag, was solche Umgestaltungen befördert. Wenn wir dieses Kriterium anwenden, sehen wir sofort, daß der Großteil unserer publizistischen »kulturellen« Arbeit keine kulturelle Arbeit im eigentlichen Sinne ist; sie ist das Schlagen von Sahne zu einer Schokolade, die ohne Sahne besser wäre.

(Dezember). IMPERIALISMUS DES GUTEN. Einer der Wege, über die man immer und zu allen Zeiten nachgedacht hat: im Namen des »Guten« oder des »Geistes« oder der »Vervollkommnung des Menschen« nach der realen Macht greifen. Nach der, welche die Stärke einem verschafft: nicht die »geistige«; die im weiteren Sinne *physische* also. Die Macht erringen und endlich einmal die Welt im Namen des Guten organisieren, wie sie so oft im Namen von gleichgültigen oder niederträchtigen Parolen organisiert worden ist.

Doch wenn man auf die Schlechtigkeit der Menschen und die Herrschaft des Bösen in der Welt sieht, gesellt sich ein anderer Gedanke dazu. Falls die Vervollkommnung nicht möglich ist, dann soll das Böse zumindest gewaltsam gebändigt werden. Herrscher, Gesetzgeber, Regierungen und die Polizei bändigen es auf diese Weise – doch sie sind selbst nicht besser; sie bändigen es nicht im Namen des Guten, sondern im Namen der äußeren Ordnung (die natürlich ein Gut *darstellt*, doch eines, das nur vorbereitenden Charakter hat, nicht eigenständig und als Endziel ohne Bedeutung ist). Nun, und auch im Namen des Eigeninteresses. Daher der Gedanke: So muß man es bändigen, doch im Namen des wirklichen Guten. So wie der edle Herr von Monsalvat mit dem Schwert *ein* Verbrechen im Zaum hielt, ebenso sie alle im Zaum halten. Und in der Phantasie entsteht ein Orden von Bezwingern, die im Namen der Gerechtigkeit in die menschlichen Zwistigkeiten eingreifen, ohne einen persönlichen Egoismus zu kennen.

Nicht verwirklichte Ideen zur »Vervollkommnung der Menschen« sind in erklecklicher Anzahl entstanden; das großartigste Beispiel ist natürlich Platon. Den »Orden der Bezwinger« sollte in seinem idealen, utopischen Programm die Ritterschaft darstellen; sie hat diese Aufgabe übrigens niemals anders als zum Schein übernommen. Das Paradebeispiel einer Organisation dieses Typs schließlich, die eine reale Exekutive besitzt und ihre Aufgabe ernst nimmt, ist die – nachkonstantinische – Kirche. Ich weiß nicht, in welchem Maße unter Ashoka etwas Ähnliches mit dem Buddhismus geschehen ist.

In einigen Fällen entstehen solche Bestrebungen auf einer mehr oder weniger unbewußten häßlichen Grundlage: Die ungeschminkte Wirklichkeit besteht dann ganz einfach in Machtgier. Oder auch in Rachegelüsten. Jemand fühlt sich ungerecht behandelt, mißachtet, zurückgesetzt. Er kommt sich unterdrückt vor. Daneben weiß er auch, daß Unterdrückung und Ungerechtigkeit Übel sind. Während er Macht begehrt, bildet er sich daher ein, daß er sie begehrt, um der Gerechtigkeit zu dienen; dabei kann das wesentliche Motiv das gewöhnliche sein: »Euch werde ich es heimzahlen, ihr Lumpen.« So handeln auch Gruppen; daraus entstehen neue Verbrechen, und die Herrschaft der Gerechtigkeit ist wieder in weite Ferne gerückt. Zuweilen ist es einfach der Traum der Schwäche von der Stärke: der widerliche Imperialismus der Schwächlinge, die Befriedigung in der Phantasie, wenn die Wirklichkeit es nicht zuläßt.

Die erste, einleitende Kritik nun, die man am Imperialismus des Guten üben kann, besteht eben in dessen psychologischer Analyse. Ihr fallen viele angebliche waffentragende Cherubim, in Wirklichkeit Ehrgeizlinge und Fanatiker, zum Opfer. Doch es kann auch echte Cherubim geben; hier aber setzt die Kritik von Seiten der Fakten, der Bedingungen und der objektiven Schwierigkeiten ein. Bei der Verwirklichung aller ernsthaft im Dienst des Ideals unternommenen Versuche dieser Art sehe ich zahlreiche derartige Schwierigkeiten, noch dazu von kolossaler Größe; ich halte sie sogar für unüberwindlich.

Erstens: Zur Machtausübung ist eine einigermaßen gewichtige *Gruppe* vonnöten – keine Handvoll, sondern tatsächlich eine recht zahlreiche Gruppe: die künftige »Herrschaftsschicht«. Eine fertige Schicht von »Guten« werden wir fürwahr in keiner Gesellschaft entdecken. Die unglückselige Intelligenz, die ich früher – bevor sie in defätistische Stimmungen verfiel – dafür gehalten hatte, ist es nicht. Ebensowenig sind es Renans »Gelehrte«: Auch Gelehrte pflegen, wie es gerade kommt, gut oder schlecht zu sein. Platons »Philosophen« sind es nicht: denn einen solchen Menschentyp gibt es überhaupt nirgendwo auf der Welt.

Was tun angesichts dessen? Die Menschen aus *verschiedenen* Schichten herausfischen? Aber wie? Durch Propaganda? Durch Missionierung? Durch Erziehung? In unserer Zeit haben Frontkämpferideologien zuweilen die Konzeption verkündet: durch Teilnahme an der Landesverteidigung, durch den Dienst an der Front. Die gekämpft haben, das seien die »Besseren«. Meine eigene jugendliche Konzeption aus den Jahren kurz vor dem Krieg und aus dessen erster Phase (der in den Legionen) war zumindest weniger primitiv; sie ließ sich in den Worten zusammenfassen: Selektion durch *freiwillige* Kriegsteilnahme. Echos ähnlicher Konzeptionen waren später in unserer Sanacja zu vernehmen. Doch leider stellt auch die Meldung als Freiwilliger keine Selektion der Besten dar. Rasch mußte ich meine Naivität einsehen: Heldentum ist keine Gewähr für andere Tugenden, und leider sind Helden nur allzu oft Schurken. Weniger drastisch, doch völlig im Einklang mit meinen Beobachtungen und Erfahrungen: Auf einen, der, wie man so sagt, »sein Leben zum Opfer bringt«, kommt ein halbes Dutzend »Abenteurer«, Leute vom Schlage des Kmicic, Leichtfüße und Draufgänger. Meine Methode führte im Endergebnis zu nichts anderem als zu jener in den ersten Jahren zweischneidigen, dann schon mehr als zweifelhaften Sache: den Tribunalen der Sanacja.

Doch weiter, nehmen wir an, eine Gruppe sei bereits geschaffen, zusammengeschweißt und auf irgendeine Weise (auch das ist ein Problem!) dauerhaft und fest an der Macht. Im Handumdrehen wird sie den *Versuchungen* der Macht erliegen: denn Macht korrumpiert. Das ist die Quadratur des Kreises: Einen Ausweg gibt es hier nicht. Selbst Orden – »Orden« im engen, katholischen oder buddhistischen, Sinne – wurden zu Satansdienern, sobald sie an die Macht kamen. Und neben der Hauptversuchung, die Macht für eigene Interessen einzusetzen, drohen andere üble Fallen. Höchst triviale irdische Angelegenheiten der Verwaltung, Organisation, Ökonomie usw. beanspruchen einen Großteil der Aufmerksamkeit – und damit geht der idealistische Schwung verloren. Ein Heiliger und zugleich ein großartiger Verwalter zu sein: Das kann *einem* außergewöhnlichen Menschen gelingen, vielleicht auch zwei, drei oder zehn; doch fünfzigtausend heilige Verwalter sind eine Utopie.

Eine weitere Schwierigkeit: das Übermaß an Disziplin. Eine herrschende Elite wäre im Verhältnis zur beherrschten Gesellschaft immer wenig zahlreich. Sie könnte sich daher, bis sie diese erzogen hätte – und das ist eine langfristige Angelegenheit – nur so halten, wie es alle Aristokratien tun: durch strenge Disziplin. Doch der Geist der Disziplin birgt wiederum eine Reihe von Gefahren für den (nicht näher qualifizierten) »Geist«. Ich brauche dieses Thema nicht auszuführen; es versteht sich von selbst.

Und schließlich die Notwendigkeit zur Härte. Der Herrschende muß hart sein; er muß zügeln und bestrafen. Das tötet eine Reihe von Tugenden und fördert eine Reihe von Eigenschaften, die menschlich gesehen nicht schön sind: Wer das »weltliche Schwert« führt, kann nicht mehr ganz das sein, was man einen »guten« Menschen nennt.

So ergibt sich: Die Macht im Namen des Guten zu übernehmen, ist schwierig, und wenn man sie einmal übernommen hat, ist es schwierig, nicht aufzuhören, gut zu sein. Die Folgerung aus all dem ist ziemlich hoffnungslos. Faktisch regieren Verbrecher die Welt; manchmal, für kurze Zeit, Schlitzohren; fast immer Ausbeuter. Soll man ihnen die Welt überlassen? Das will ich trotz allem nicht gesagt haben.

Es kann einen Kampf, und zwar einen organisierten Kampf, um das Gute geben, bei dem man nicht nach der Macht greift. Und darin dürfte doch ein gewisser Weg *bestehen*. Der Weg des Christentums in den ersten drei Jahrhunderten, den Jahrhunderten *vor* Konstantin; der Weg des Buddhismus. Und einfach, ganz bescheiden: der Weg all jener über die Welt verstreuten Individuen und Gruppen, die für unwägbare und nichtmaterielle Ziele mit ebenfalls unwägbaren Mitteln kämpfen. Die Grenze ist hier natürlich recht fließend. In *jeder* Organisation gibt es ein Element der Macht (über ihre Mitglieder), und im Verhältnis zu den Nicht-Mitgliedern ein Element nicht nur rein seelischer Stärke. Die größte auf das öffentliche Leben zielende Offensive des Geistes, die gegenwärtig stattfindet – eine der größten, die seit Anbeginn der Welt jemals stattgefunden hat –, ist die Bewegung Gandhis. Dabei weiß ich selbst nicht ganz genau, wie ich sie unter dem zur Debatte stehenden Gesichtspunkt beurteilen soll, wie groß hier der (innere) Machtfaktor, wie hoch der Organisationsgrad ist und inwieweit die ganze Bewegung – im moralischen Sinne – zum Sieg geführt hat oder möglicherweise zusammengebrochen ist. Das wäre, wenn nötig, mein großes, aktuelles Paradebeispiel. Auf jeden Fall gibt es hier kein Schwert, überhaupt keine Exekutive im gewöhnlichen Sinne. Und *Zwang* hat Gandhi stets vermieden.

1.1.1936. GESCHICHTE ODER AUSSERGESCHICHTLICHKEIT? Dieses Jahr werde ich mit einem defätistischen Gedanken beginnen; diese Aufzeichnung wird darauf abzielen zu zeigen, daß es keinen Sinn hat, vom Guten und von moralischen Bestrebungen einen Einfluß auf den Lauf der Geschichte und eine nennenswerte Verbesserung der Menschheit zu erwarten, und daß der rechte Weg daher darin besteht, sich von der Geschichte loszulösen und selbständig, auf eigene Faust, die Erlösung zu suchen. Ein rein soteriologischer Standpunkt – religiöser Natur? Eher bloß moralischer. Meine – in sehr übler Stimmungslage entstandene – Begründung der These würde folgendermaßen lauten:

»Alle Versuche, aus dem Menschen ein etwas anständigeres Wesen zu machen, sind fehlgeschlagen. Das Christentum hat versagt, es versagen alle Erziehungssysteme: Steht nicht die Erziehung, als Massenphänomen, stets, zumindest indirekt, unter dem Einfluß von Mächten, die selbst einer langen und mühseligen Erziehung bedürften? Wann immer eine große Idee erscheint, die den Menschen emporheben soll, trifft sie auf einen Nährboden niedriger oder geradezu niederträchtiger Bestrebungen, geht mit ihnen eine Symbiose ein und bringt schließlich eine Lebensform hervor, die vielleicht nicht immer ohne relativen Wert ist, vielleicht auch vor dem allgemeinen Hintergrund ein kleineres Übel darstellt, doch, was das Emporheben betrifft, eine Karikatur des in der Idee Vorgesehenen darstellt. Gehört nicht zu den Quellen des Hitlerismus – vielleicht bringe ich hier Dinge durcheinander, doch so wurde es mir dargestellt – eine bestimmte sehr vergeistigte, halbmystische, elitäre Bewegung einer kleinen Gruppe von besonders kultivierten Menschen, die sich um Stefan George gesammelt hatten? Wenn wir die Antezedenzien irgendeiner Gemeinheit suchen, finden wir unter ihnen immer etwas Engelhaftes.

Doch weiter: Wenn sich etwas von der großen Idee erhalten hat, nicht versickert und nicht eine Symbiose mit dem Übel eingegangen ist, dann nehmen wir sofort wahr, wie die Leute beginnen, sich von diesem Rest loszumachen, sich ihm aalglatt zu entwinden, indem sie lügen, lavieren und Sophisterei betreiben. Beide Erscheinungen beobachten wir in klassischer Form am europäischen ›Christentum‹ (leider in Anführungszeichen!). Zuerst also die besagte Symbiose: Kompromisse mit dem Imperialismus, der Tyrannei, der Raffgier usw. Einige sehr zentrale Postulate blieben jedoch bestehen. Im Verhältnis zu ihnen geht man daher im Sinne der zweiten Erscheinung dazu über, sich herauszulügen: ›Die Nächstenliebe ist eine Tugend, das bestreitet ja niemand; aber ...‹ Daraus errichtet man ganze Systeme: Siehe den Unsinn, den man bei dem im übrigen klugen Scheler über die christliche Demut zu lesen bekommt. Von der großen Idee bleiben am Ende nur einige Formen übrig: ›Man soll vor dem Altar niederknien.‹ Bestenfalls bestimmte Direktiven oder Institutionen, die *unabhängig* von jeder Idee – vollständig oder teilweise, tatsächlich oder scheinbar (ich will nicht übertreiben) – gesellschaftlich begründet sind: ›Die Ehe soll nicht geschieden werden.‹

Denn es ist nun einmal so: Unser geringer Wert beruht nicht auf irgendeiner ›menschlichen Schwäche‹, sondern auf echter Böswilligkeit. Der Wille ist böse in zweierlei Weise: Erstens, weil er nach wenig löblichen Zielen strebt, zweitens, weil er hartnäckig wider unser besseres Wissen handelt. Im Verhältnis zum Guten kennen wir eigentlich nur zwei Möglichkeiten: zum einen systematische Verlogenheit, die mit einem Fundus von die Wirklichkeit maskierenden Ausdrücken und Gesten operiert und unter dem Deckmantel dieses Systems dem ›Leben‹ freie Hand läßt; zum anderen offenen oder verborgenen Haß und heimliche oder offene *Rebellion*, je nachdem, wie sehr man uns in die Enge treibt. Etwas Normales ist auch die Anpassung der Ansichten an die Interessen, die Prostitution des Denkens und Glaubens.«

So würde das Plädoyer des Staatsanwalts lauten; betrachten wir nun einige Gegenargumente.

(1) Man könnte versucht sein zu zeigen, daß es, um ein Beispiel zu nehmen, doch einen kleinen Unterschied gibt zwischen dem Zustand Europas vor zwanzig Jahrhunderten und dem heutigen. Was den privaten Bereich betrifft: Fühlen wir uns von bestimmten Aussagen der griechischen Tragiker – also einiger der empfindlichsten Gewissen der damaligen Zeit – über das Verhältnis zu persönlichen Feinden etwa nicht unangenehm berührt? Und sind die alltäglichen zwischenmenschlichen Feindschaften mitsamt ihren Folgen nicht deutlich abgemildert worden? Was den öffentlichen Bereich angeht: Sind etwa Mussolini und seine Leute nicht doch weniger gräßlich als Sulla und die Sullaner? Das sind lediglich Beispiele.

(2) Auch unsere eigene Epoche hat zwei Versuche gigantischen Umfangs hervorgebracht, den Menschen emporzuheben, ihn zum Besseren zu führen. Erstens die kommunistische Revolution: Hier versucht man den Menschen umzugestalten, indem man seine äußeren Daseinsbedingungen ändert, ihm einen neuen materiellen, wirtschaftlichen und gesellschaftlichen Boden schafft und so seine Entwicklung wie die einer Pflanze bestimmt. Auf diese Weise lassen sich zweifellos gewisse Ergebnisse erzielen, obwohl sich häßliche Mittel immer

rächen und wenngleich die Bewegung in ihrer Masse sich nicht in erster Linie um das moralische Ergebnis kümmert: Wenn man die Frage der Moral anschneidet, reagieren viele dieser Leute sogar gereizt; im allgemeinen ist das für sie ein Randproblem. Den zweiten Versuch, der in seiner Offensive gegen das Übel direkter und in seinen Mitteln absolut ehrenwert ist, stellt Gandhis Bewegung dar. Mein heutiger Pessimismus wäre nur dann korrekt, wenn wir diesen Versuch bereits heute für gescheitert erklären müßten. Wie verhält es sich damit also im Moment? Über den Westen braucht man nicht zu reden; doch wie sieht es mit der indischen Welt aus? Sollte dieser gräßliche Goetel etwa recht haben?[9] Ich denke nicht; alles deutet darauf hin: und *das wäre* ein Argument. Soweit die Verteidigungsrede.

Wie ist zu entscheiden? Eines kann man leider nicht in Frage stellen: Alle erreichten Fortschritte sind, langfristig gesehen, unsicher. Es gibt hier keinerlei κτῆμα ἐς ἀεί, alles Erworbene können wir vergeuden, wenn nicht heute, dann morgen; uns droht stets die Rückkehr zum Gorilla. Tatsache ist, daß auch unsere Epoche, in der ich vielleicht gewisse Ansätze ausgemacht habe, zugleich eine Epoche des Verlusts von Errungenschaften ist, die wir geneigt waren für dauerhaft, ja beinahe für ewig zu halten. Tatsache ist, daß wir auf vielen Gebieten in eine Phase der Regression eingetreten sind. Und daß der Glaube an einen »axiologischen Fortschritt« (selbst an die *Möglichkeit* dieses Fortschritts), der eine unerläßliche Bedingung für eine bejahende Haltung gegenüber demjenigen darstellt, was man so großartig »Geschichtsarbeit« nennt, stark erschüttert ist. Die »Geistesmenschen« hat man an den Rand geschoben, in vielen Fällen programmatisch und ostentativ. Ist es da nicht ganz in Ordnung, daß sie sich nicht aufzudrängen versuchen, sondern ihre eigenen Wege gehen?

Und die Geschichte ist für sie nur ein Teil dieser Welt,

---

9 Ferdynand Goetel: ›Reise nach Indien‹ [Podróż do Indii], Warszawa 1933. Neben dem Buch desselben Autors über Ägypten dürfte es sich dabei um eine der barbarischsten Publikationen der Zwischenkriegszeit handeln.

von der sie sich lösen. Ein Teil des Gegebenen, der »Natur«. Die Grenze verläuft ihrer Auffassung nach nicht zwischen der »Natur« im gewöhnlichen Sinne und dem Menschen samt der Welt der Geschichte, sondern zwischen der »Natur« samt der Welt der Geschichte auf der einen und der übergeordneten Welt der axiologischen Arbeit auf der anderen Seite. Das erste sind alles nur Bedingungen, mit denen man rechnen muß; die historische Situation in meinem Land ist ebenso gegeben und beeinflußt mein Handeln genauso wie die Berge und Ebenen dieses Landes oder wie sein heißes oder gemäßigtes Klima.

Der Pessimismus dieser Konzeption ist offensichtlich. Sie geht von vornherein davon aus, daß es schlecht steht und nicht besser werden wird. Wenn der Geschichtsprozeß zu keinerlei wirklich wertvollen Ergebnissen führt, dann wird die Welt der Geschichte überhaupt zu einer Sache, von der man sich lossagen muß. Heutzutage ist dieser Gedanke dem abendländischen Bewußtsein zuwider. Doch das war nicht immer so. Jemand, der einen solchen Pessimismus vertritt, befindet sich in zahlreicher und guter Gesellschaft.

NATIONALISMUS. Es war bisher immer meine These gewesen, daß die Menschheit in qualitativ verschiedene, autonome, ja sogar einander bekämpfende Gruppen aufgeteilt sein *sollte*, die nicht vermischt, sondern örtlich getrennt zu leben hätten. (Unter anderem deswegen, weil eventuelle Kämpfe bei einem vermischten Wohnen unerträglich würden.) Und daß es eine Vielzahl von National*staaten* geben sollte. Das Ideal eines Universalstaats hielt ich für verfehlt und gefährlich. Alle meine alten Argumente stehen mir immer noch vor Augen und ich halte sie immer noch für stark. Doch wenn ich die Entwicklung der modernen Nationalismen betrachte, bin ich entsetzt über die Unmenge an Bösem, das diese ganze Aufteilung in Völker mit sich bringt. Logisch notwendig scheint es nicht zu sein, doch in der Praxis ist es immer so: Der Nationalismus ist seinem tiefsten Wesen nach mit dem Willen zum Unrechttun verwachsen. Jeder rechte Nationalist wird immer, wenn die Staatsraison ihn nicht davon abhält, instinktiv die Partei des

Unrecht Tuenden gegenüber demjenigen ergreifen, dem Unrecht geschieht; voller Genuß wird er sich an dem Anblick weiden, wie der Stärkere den Schwächeren mißhandelt. Jeder ist gepanzert gegen jegliches Ideal. Und keiner verfügt über eine historische Perspektive, denn die Menschheit als ganze ist ihm gleichgültig.

Und schlimmer noch: Die *Völker selbst* sind immer ungerecht. Sie schreien, wenn sie sich ungerecht behandelt sehen; sie zermalmen, wenn sie sich stark fühlen; Staaten, die sich erst in der Organisationsphase befinden, organisieren sich nicht für einen edlen Kampf um die Führungsrolle, wie ich mir das seinerzeit vorstellte, sondern um zu rauben und einen eigentümlichen, kollektiven Sadismus zu befriedigen. Von all den idealen Dingen, die ich mir einst erträumte, ist bei ihnen nicht die geringste Spur zu finden.

3.4.1936. ZUSAMMENLEBEN. Sich als Intellektueller und schöpferischer Geist damit zufrieden geben, am geistigen Leben seiner Zeit und seines Landes auf seinem jeweiligen Platz teilzunehmen, die Probleme zu erörtern, die hier und heute diskutiert werden; seine Auffassung neben anderen Auffassungen in die Waagschale zu werfen; bei der Lösung derjenigen Aufgaben mitzuwirken, die von der Epoche und den Umständen gerade gestellt werden – kann man darin sein Gleichgewicht finden, so daß man einen Sinn für sein Leben nicht mehr zu suchen braucht? Nein.

Denn was bedeutet dieses Programm des Sicheinschaltens und Mitwirkens? Es bedeutet, daß ich auf eine eigene Einstellung zur Welt verzichte, daß ich lediglich Material zur Weiterverarbeitung in Empfang nehme, das man mir von außen bereitstellt. Es bedeutet die Abhängigkeit meines (axiologischen) Schicksals vom Schicksal des Milieus und der Umgebung: Wenn sich herausstellt, daß mein Milieu und meine Umgebung gerade in dieser Zeit ein gewisses Niveau erreichen und sich zu Großem und Wertvollem aufgeschwungen haben, dann bin auch ich, als Teilnehmer und Mitwirkender, in meinem Sein gerechtfertigt, gerettet; wenn sich jedoch herausstellt, daß alles, was dieses Milieu war und tat, wertloses, nichtsnutziges und durchschnittliches Zeug oder geradezu ein Fehler und ein Abweichen vom rechten Weg gewesen ist, dann gehe ich mit ihm zusammen unter, kampflos und passiv wie das Opfer eines Schiffbruchs. Außerdem bedeutet dieses Programm auch, daß man auf das Recht verzichtet, Milieu und Umgebung zu *beurteilen*; ebenso auf das Recht zu reformatorischen Bemühungen, ganz zu schweigen von einer revolutionären Haltung. Ich darf kein eigenes Ideal haben, oder zumindest darf ich es nicht aktiv anstreben. Dabei möchte ich es doch verwirklichen! Entweder in der Geschichte, als kollektives und zukünftig erreichbares; in diesem Fall muß ich meine Epoche im Hinblick auf ihr Verhältnis zur erwünschten Verlaufsrichtung der Geschichte beurteilen und, falls nötig, bei der passenden Gestaltung dieses Verhältnisses mithelfen. Oder auf eigene Faust, in meinem individuellen Leben; doch das setzt voraus, daß ich mich von meiner Umgebung unabhängig mache, die mich behindernden Fesseln zerreiße und die volle Freiheit, in meinem Sinne zu handeln, erlange (wobei ich mich bei Bedarf eher an einsamen Meistern orientiere als an der Allgemeinheit, mit der ich zusammenlebe). Mit der Umgebung ist eine Zusammenarbeit auf zahlreichen Gebieten des Alltags nötig, mit seinem normativen Denken und seinem Wollen jedoch muß man über den ihr zugänglichen Bereich hinausgehen. Und die schönste Form des Zusammenlebens besteht doch darin, von diesen Reisen Beschreibungen seiner Entdeckungen und – sofern vorhanden – Muster seiner Errungenschaften mitzubringen.

5.4.1936. »Ein Ideal«, sagte ich, »soll lieber einseitig als ein Panideal sein.« Nun gut; doch eine allzu große Einseitigkeit des *Lebens* ist unserem menschlichen Gehalt abträglich. Wir sollten – im Leben – nicht allzu konsequent sein wollen. Zwar soll in der Polyphonie eine Stimme die Hauptrolle spielen und führen, doch man muß sehr unterschiedlichen Noten erlauben, in sich zu erklingen, und sehr unterschiedlichen Stimmen seine Tasten zur Verfügung stellen.

EINIGE BEMERKUNGEN ZUR EINSAMKEIT.

– Man kann sich nicht vervollkommnen, ohne sich in einem gewissen Grade abzusondern. Und man kann keine auch nur um ein weniges höhere Stufe erreichen, ohne dadurch mehr Menschen zu verlieren als für sich zu gewinnen.

– Wer an seiner Gestaltung arbeitet, ist alleine; das ist eine feste Regel. Er betreibt etwas, um das sich niemand kümmert und bei dem er unter normalen Bedingungen keine Hilfe zu erwarten hat: denn nur in ganz großen Ausnahmefällen trifft man einen Menschen, dem der Fortschritt eines anderen am Herzen liegt. So ist die Welt: In jeder Minute unseres Lebens finden wir hundert Bundesgenossen für die minderen, wertlosen unserer Bestrebungen; hundert Menschen, die bereit sind, all unsere Fehltritte, selbst die üblen, zu rechtfertigen – doch Bundesgenossen für unseren Drang nach Höherem zu finden, ist schwierig. Denn um ein Bundesgenosse zu werden, reicht es nicht aus, einfach »gut« zu sein. Der gute Wille muß einhergehen mit einer aktiven Haltung, die verbunden ist mit Menschenkenntnis, doch frei von dem, was man gemeinhin »Seelenfängertum« nennt; was nützt mir ein ethischer Bundesgenosse, dem es letztlich nur darum geht, meine Seele für seine eigene Sekte oder Gemeinde zu gewinnen? Gerade diese Leute sind gefährlich: Durch sie gehen Seelen verloren.

– Was verstehe ich unter »geistiger Einsamkeit« und worauf beruht ihr Schrecken?

Die »Maßeinheit der Einsamkeit« – wenn man sich in solchen Fragen so quantitativ ausdrücken darf – ist die Tatsache, daß eines meiner Erlebnisse allen anderen Menschen unbekannt bleibt. Merklich und schmerzhaft wird die Einsamkeit in dem Maße, wie erstens die Anzahl dieser Erlebnisse und zweitens ihre Wichtigkeit für mich zunimmt. Den Gipfel der Einsamkeit würde eine Situation darstellen, in der keines meiner Erlebnisse, von denen jedes unendliche Bedeutung für mich besäße, irgend jemandem bekannt wäre.

In der Praxis sieht die Einsamkeit im allgemeinen so aus, daß der *überwiegende* Teil der für uns wichtigsten Erlebnisse niemandem bekannt ist. Der *Schrecken* der Einsamkeit wiederum kann, wie mir scheint, in zweierlei Weise aufgefaßt werden. Erlebnisse, die für die Umgebung unzugänglich sind, können zwangsläufig keine Sympathie erwecken. Wenn dies aber für unsere *wichtigsten* Erlebnisse gilt, folgt daraus, daß dasjenige, was – unserer Auffassung nach – am wertvollsten an uns ist, unser Wesenskern, von der Sympathie ausgeschlossen bleibt. Gerade hier, wo es am wichtigsten wäre, empfangen wir keine Ermunterung; auf diesem Gebiet findet der Austausch von Gedanken und Gefühlen, an den wir uns bei weniger wichtigen Angelegenheiten gewöhnt haben, nicht statt. Das ist das eine; und das ist bereits etwas Schweres. Doch es gibt noch etwas Schwereres. Im Grunde genommen empfinden wir die Wirklichkeit so, daß das, wovon niemand weiß, was sich in niemandes Bewußtsein widerspiegelt, nicht existiert; wir sind von Geburt an Berkeleyaner, ja mehr noch als das. Denn für Berkeley existieren der Geist und seine »Ideen«; unser instinktives Gefühl dagegen sagt uns, daß selbst »Ideen«, von denen kein anderer Geist etwas weiß als der sie enthaltende, eigentlich gar nicht vorhanden sind. Wenn sich meine Erlebnisse in keinem von mir aus gesehen äußeren Bewußtsein widerspiegeln, existieren sie nicht; und wenn es sich dabei gerade um diejenigen Erlebnisse handelt, die, meinem Gefühl nach, meinen wesentlichen Inhalt bilden, dann existiere auch ich gewissermaßen nicht. Es ist tatsächlich so: Ein in diesem Sinne einsamer Mensch fühlt sich *negiert*; jedesmal, wenn sich in ihm das Gefühl regt zu leben, antwortet ihm die Einsamkeit: »Dich gibt es nicht«; so wird ein Mensch langsam *ermordet*, und deswegen ist der Schrecken der Einsamkeit ebenso düster und unheimlich, ebensowenig bis in die letzte Tiefe dem Denken zugänglich wie der Schrecken des Todes. Daher hat kaum jemand über ihn nachgedacht.

16.4.1936. »Dem Menschen ist es nicht genug, daß er glücklich ist: Es muß noch hinzukommen, daß die anderen es nicht sind« (Mauriac: ›La vie de Jean Racine‹).

(Mai 1936). Rechtfertigung oder Feststellung? Bei der Lektüre von Croces ›Ariost. Shakespeare. Corneille‹ (Zürich/Leipzig/Wien 1922) stieß ich im Kapitel »Shakespeares Empfinden« unter anderem auf folgende Aussagen: Shakespeare sei (anders als Corneille) nicht »ein Dichter von Ideen« (S. 131), »das Leben« werde, seiner Auffassung zufolge, »nicht von einer Glaubensmeinung erhellt« (S. 133); die negativen Bestimmungen würden den positiven nicht untergeordnet und auch sonst auf keine Weise »überwunden« (S. 135); tatsächlich behielten »positive und negative Bestimmungen in seinem Empfinden die gleiche Stärke, verflechten sich und stoßen gegeneinander, ohne daß sie sich wirklich zu einer höheren Einheit verbänden« (S. 135); die Welt seiner Dramen sei eine Welt der »ungelösten Gegensätze« (S. 135); der Dichter finde »nie und nimmer das geruhige Endziel, den Frieden nach dem Kriege, das Annehmen des Kampfes um eines höheren Friedens willen« (S. 139). Ich mußte über dieses Bild nachdenken, da all das in tiefem Widerspruch zu meiner Natur und meinen Ansprüchen steht; das wäre, nebenbei gesagt, eine Erklärung, warum mich Shakespeare im allgemeinen doch weniger »fesselt« und fasziniert als Aischylos oder Sophokles. Doch als ich so zu überlegen begann, fiel mir auf, daß man sich vor allem gründlich klarmachen müßte, was diese Redensarten von »Überwindung«, »höherer Einheit« usw. bedeuten, ebenso wie die Redensart von der »Rechtfertigung« der Welt, an die ich bei den anderen gleich denken mußte. Was ist diese Kosmodizee, die es bei Shakespeare angeblich nicht gibt, deren Bedarf ich aber spüre?

Indem ich diese Dinge zu verstehen versuchte, gelangte ich in etwa zu folgenden annähernden und vorläufigen Ergebnissen:

Gegeben sei eine komplexe Ganzheit (eine Welt oder irgendein kleineres geschlossenes System), deren Bestandteile entweder wertneutral oder – vielleicht sogar mehrheitlich – mit einem Minuszeichen versehen sind; nur sehr wenige sind »gut«. (Da ich vom Drama ausgegangen war, erscheint mir diese Ganzheit im Moment als komplexe *Folge*, deren Elemente

Ereignisse sind; so steht es mir vor Augen, doch das ist nicht wesentlich.) Diese Elemente sind entweder zusammenhanglos wie nacheinander abgeschossene Leuchtraketen, oder der Zusammenhang zwischen ihnen ist ein reiner Kausalnexus; was jedoch fehlt, ist eine gegenseitige Unterordnung, ganz zu schweigen von einem zielgerichteten, sinnvollen Plan. Solch eine Sachlage würde mich nicht besonders befriedigen; welche Haltungen kann ich nun ihr gegenüber einnehmen?

Erstens: Ich kann sie einfach *konstatieren* und auf die Suche nach einem Sinn in dieser Folge gleichgewichtiger Ereignisse verzichten: Sie *sind* einfach, die einen gut, die anderen, und zwar die meisten, gleichgültig oder schlecht (auch *das* ist eine Feststellung). Nichts weiter; ich kann das Übergewicht des Schlechten bedauern, doch das ändert nicht das Geringste an meinem Bild von dieser Welt. Keinerlei Verschönerungen kommen in Frage. Indem ich in dieser Haltung ausharre, verdiene ich mir den Titel eines objektiven Menschen, der sich nicht selbst zu betrügen versucht, der wenigstens auf diesem Gebiet mutig und unbeugsam ist, eines Wahrheitsverehrers. Einer von diesen Mutigen soll Shakespeare gewesen sein, und das wäre eines der Merkmale seiner Größe.

Doch hier eine andere mögliche Haltung: Ich kann im Namen des Guten, das es doch auf der Welt *gibt*, das Schlechte oder bloß Gleichgültige in ihr *rechtfertigen* und ihr selbst einen »Sinn« zuerkennen wollen – und das wäre jene »Überwindung« des Schlechten, dort befände sich das von Croce in Aussicht gestellte »geruhige Endziel«. Doch worauf kann nun eine derartige »Rechtfertigung« beruhen?

Ich sehe nur eine Möglichkeit: Ich muß daran glauben, daß das Gute – bildlich gesprochen – ein größeres spezifisches Gewicht besitzt als das Schlechte und das Gleichgültige; daß es »wirklicher« ist; daß ein wenig Gutes, wenn in die Waagschale geworfen, überwiegt, und daß die Welt, in der es dieses wenige Gute *gibt*, in der Endabrechnung nicht mehr negativ zu bewerten ist. Doch »glauben« war kein gutes Wort. Ein solcher Glaube wäre reine Phantasie, solange er nicht durch ernsthafte Analysen (von denen ich mich hier fernhalte) gestützt wird.

Tatsächlich befinden wir uns in der Sphäre des *Erlebens*; es geht darum, das Gute als das zu *erleben*, was schwerer wiegt. Nicht um das Erkennen also, sondern um eine solche – mir von einem gnädigen Schicksal geschenkte oder durch eigene Mühe erworbene – Eigenschaft meines Bewußtseins, durch die das Gute für mich »schwer«, zentral und mindestens so wirklich wie ich selbst wird, das Schlechte dagegen »leicht«, peripher und höchstens so wirklich wie die Dinge der Außenwelt. Diese uns verliehene Fähigkeit, die Akzente der Wirklichkeit zu verteilen, wendet jeder von uns auf seine Weise an; wer den Hauptakzent auf das Gute legt, rechtfertigt damit die Welt.

Gefährlich? Äußerst gefährlich. Es drängen sich die Vorwürfe des Rückzugs vor der »nackten Wahrheit«, der geistigen Feigheit, der Weichlichkeit, der *tender-mindedness* und der Verfälschung des Bildes auf. Tatsache ist, daß die *Objektivität* des Bildes verlorengeht und daß *wir* es sind, die dem Guten sein Privileg zuerkennen. Und auf Dauer können wir jene Analysen, denen ich eben ausgewichen bin, nicht vermeiden. Soviel jedoch läßt sich sagen, daß die besprochene Haltung nicht darauf beruht, daß man etwas *feststellt*, doch ebensowenig darauf, daß man etwas *fühlt*. Es ist etwas Drittes, das sich diesen Kategorien entzieht und doch *etwas* ist, nicht nur eine Phantasie.

Eine andere Gefahr ist rein moralisch und beruht darauf, daß das Übel in unseren Augen verbleicht und verblaßt und nicht mehr zum Kämpfen anregt: Dies ist die Achillesferse der harmonisierten, »optimistischen« Weltanschauungen, nach denen alles irgendwie »eigentlich schon erledigt« ist. Doch man verstehe mich recht. Das Gefühl der »geringeren Wirklichkeit« all dessen, was nicht gut ist, kann nicht unser tägliches, praktisches Lebensgefühl ausmachen. Seine Sache ist es, allein unsere kosmischen Erlebnisse zu färben, in deren Natur schon liegt, daß sie uns selten zuteil werden. Es ist dies eine geistige Reserve, eine tiefe und nicht immer zugängliche Strömung, in die man eintaucht, um sich zu erfrischen und neue Lebenskräfte zu sammeln. Es schadet daher nicht, das Übel mit größter Heftigkeit auf einer anderen, der praktischen Ebene des täglichen Lebens hervorzuheben. In der Kunst wiederum (denn mit der Kunst begann ja diese ganze Meditation) gibt es noch zusätzliche Mittel, sich zwischen verschiedenen Gesichtspunkten hin- und herzubewegen, Protest mit Harmonisierung zu verbinden, welch letztere eher im Hintergrund fühlbar ist und so etwas wie die Aura des Werks darstellt, während ein plastisches Bild des Bösen und des Kreuzzugs dagegen den Vordergrund bilden.

Überhaupt weiß ich nicht, ob Croce recht hat und Shakespeare wirklich so einseitig ein Dichter der reinen Feststellung ohne Korrekturversuche ist. All das im ›Macbeth‹ und in den englischen Königsdramen dargestellte Böse ist in einem gewissen Sinne abgebüßt durch die – vom Dichter so überaus stark empfundene! – Unüberwindlichkeit und mächtige, unnachgiebige Wirklichkeit dessen, was wir gewöhnlich kurz das »moralische Faktum« nennen. Denn das ist noch hinzuzufügen: Das Gute, das den ganzen Rest rechtfertigt, muß nicht etwas sein, das in der »Welt« ist; es kann etwas sein, das ich von mir aus hinzubringe. Die Welt kann *zur Gänze* von Übel sein; doch wenn ich sie so sehe und verurteile, dann können meine Fähigkeit zur Verurteilung und mein moralischer Sinn eben dieses Einzige darstellen, das die Existenz als Ganze rechtfertigt. Der Faktor des Guten befindet sich dann zwar nicht im Kosmos außerhalb meiner, doch zumindest ist er in der absoluten *summa rerum* vorhanden, die sowohl das Objektive als auch das Subjektive umfaßt.

11.7.1936. »Im gesunden Menschenverstand steckt ein gewisses subtiles Mißtrauen des logischen Vermögens gegen sich selbst; er führt einen unausgesetzten Krieg mit dem intellektuellen Automatismus, mit fertigen Begriffen und mit der linearen Deduktion; seine Hauptaufgabe sieht er darin zu sondieren, alles auf die Waagschale zu legen, keiner Sache seine Aufmerksamkeit zu verweigern; er stoppt die Ausweitung jedes Grundsatzes und jeder Methode genau an dem Punkt, an dem ihre rücksichtslose und brutale Anwendung eine Vergewaltigung von etwas so Zartem darstellen würde, wie es die Wirklichkeit ist« (Bergson).

13.8.1936. GEFAHR DER SINNE. Das in den Sinnen liegende Übel beruht natürlich nicht auf der sinnlich schönen Sache selbst; nicht einmal auf ihrem normalen, ruhig hingenommenen weiteren Einfluß auf das Leben. Es beruht auf dem, was der Sache vorangeht. Auf dem Denken an sie, dem Begehren, dem Verlangen, der unablässigen Beschäftigung mit ihr in der Phantasie, auf allen erniedrigenden Bestrebungen, vor denen wir nicht zurückscheuen, um sie erleben zu können. Auf dieser Obsession, die Geist und Seele in den Bann schlägt, die von ernsthaften Interessen ablenkt und bewirkt, daß man jeden Augenblick bereit ist, alles fahrenzulassen – jede Aufgabe, jede Pflicht, jeden Willen zum Schöpferischen –, wenn die schöngesichtige Hoffnung sich zeigt. Die Folgen sind überaus verheerend. In diesem Sinne ist die Frau für uns Männer tatsächlich jener »Tiger«, jene Sache, schrecklicher noch als der Tiger, von dem die buddhistischen Texte reden. Ein Tiger, der natürlich oft weniger schuldig ist als der, den er verschlingt; und doch verschlingt er ihn.

WEGE ZUM HIMMEL. Die Stille der Obstgärten im Nachmittagslicht; die Pracht der Felder an den letzten Tagen vor der Ernte; die Waldschluchten, die alten Birken, die Farne ... Die Haine voll Nachtigallen; die scheinbar gewöhnliche und doch so tempelartige Landstraße mit ihren zwei Reihen im Winde rauschender Pappeln ... Die Ufer großer Flüsse; der Purpurschein der Uferböschungen beim Sonnenuntergang; das zur Dämmerung einschlafende Wasser, das in allen Farben spielt und dann in warmen, düsteren Samt übergeht ... Die Täler der Tatra im Morgennebel; die Hänge des Adlerpfades; der Wind über den Schluchten; die enzianbewachsenen Hänge; die Felsen; die Bäche. Die Alpen, die schrecklichen und schönen Alpen; die grünlichen Gletscher, die Felsnadeln; und, vor nunmehr dreißig Jahren, die erste Offenbarung der großen Schneefelder zwischen den schwarzen, sich auftürmenden Gipfeln des höchsten Massivs ... Und das Meer: die graue Morgendämmerung am Meer, und diese eine Welle, auf deren Spitze jener eine Funken des aufgehenden Tages tanzte ...

All das sind Wege zum Himmel, durch all das führt ein Weg zum Himmel, der immer offensteht, doch den wir mit solch merkwürdigem Widerstreben betreten, denn wir fürchten, daß aufgrund dieser Begeisterung etwas von uns, von unserer früheren Natur, tot zurückbleiben könnte.

19.8.1936. »Zur Ruhe gelangt nur, wer zu einem beständigen und sicheren Urteil gekommen ist« (Seneca: ›Epist.‹ XCV 58).

Mir scheint dagegen, daß man Senecas *tranquillitas* vor allem dann erlangt, wenn man *überhaupt kein eigenes Urteil besitzt,* sondern ein fertiges übernimmt: Die größte Ruhe garantiert immer die Heteronomie, in jeder Autonomie dagegen liegen Unsicherheit und Zittern. Am sichersten ist es natürlich, wenn die Autorität selbst in ihren Urteilen beständig ist. Aber mag die Autorität auch unbeständig sein, wir können ihr dennoch folgen und beruhigt sein, wenn wir darauf vertrauen, daß die Änderungen des Urteils begründet sind. Hierher gehören alle Fälle, in denen man auf das Urteil von lebenden Meistern und Anführern vertraut. Aber eine solche unbeständige und doch schützende Autorität vermag auch die Gesellschaft selbst darzustellen. Unter normalen Umständen ist die Gesellschaft in ihren Urteilen im allgemeinen weniger unbeständig, als es Individuen zu sein pflegen, doch nicht so unbeständig wie z. B. die Kirche oder eine reine, kodifizierte Tradition. Sie hat eine *Tendenz* zur Beständigkeit, ändert aber schamlos ihr Urteil, sooft das in ihrem Interesse liegt. Beim Individuum wird jene Beständigkeit, von der Seneca spricht, dann zu etwas Asozialem, gesellschaftlich Strafwürdigem und damit zu etwas, das für es selbst gefährlich und verderblich ist; der perfekte Konformist dagegen, der sich zusammen mit der Gesellschaft entwickelt, führt ein sorgloses Leben. *Incertissimo regimine utitur, fama*; doch was kümmert ihn das, wenn er sich auf diese Weise eine unerschütterliche Ruhe sichert?

Eine neue Welle von Unlust gegen die Geschichte; was ich seit ein paar Jahren beobachte, läßt mich diese immer zwingender als eine düstere, blutig irre Groteske sehen. Die einen

Völker und Zivilisationen vergehen, und die anderen gedeihen im Verbrechen. »Und wenn es Frankreich nicht mehr geben wird, dann wird es immer noch die Menschheit geben, und es wird heißen: Es war einmal ein edles Volk ...« (Renan). Das ist nicht wahr; welch idyllische Täuschung! Man wird sagen: »Es gab einmal ein Volk von Degenerierten, auf dessen Ruine und Tod *wir* unsere Herrlichkeit errichtet haben. Gelobt seien *wir* und unsere Stärke! Hoch lebe der Gorilla!« [KD]

21.8.1936. NATIONALISMUS II. Es ist ein Elend mit diesen Völkern! Gnadenlos springt mir all das Böse ins Auge, das ja doch aus dem Nationalgefühl geboren wird. Ungerechtigkeit, Gewalt gegenüber Schwächeren: Die meisten Völker betreiben das und heißen es gut. Doch darüber habe ich bereits ausführlich geschrieben; heute führe ich einige andere, ebenfalls wenig schöne Züge an.

(1) Verachtung für die Wahrheit, die Bereitschaft, sie sogar jahrhundertelang zu fälschen, wenn sich zeigt oder man vermeint, daß dies im nationalen Interesse liegt. Und nicht nur bei der Masse und bei Demagogen, sondern auch bei Intellektuellen, bei Rechtsgelehrten und Historikern: Wie schamlos diese Schlitzohren die Quellentexte verdrehen!

(2) Damit verbunden oder auch als separate Erscheinung: die Einstellung zu den eigenen Übeltaten. Soweit möglich, setzt man die ganze erwähnte, unheimliche Betrugsmaschinerie in Gang, um sich herauszulügen: »Wir? Wir sind immer Engel gewesen.« Und wenn es nicht mehr geht? Nun, nichts leichter, als sich auf die Apotheose dessen zu verlegen, was man empört zurückgewiesen hat. »Wir haben geraubt? Gemordet? Vergewaltigt? Verträge gebrochen? Die Würde der Gegenseite mit Füßen getreten? Aber sicher! Das ist *der echte deutsche Geist*, oder irgendeine andere für unser Volk spezifische Kraft.« Von der Lüge zur Apotheose, von der Apotheose zur Lüge.

(3) Höchst aktuell: Der Begriff »Nationalismus« selbst macht eine beschleunigte Evolution durch, und gerade in der Sprache der Nationalisten ist das »Volk« zu einem bloßen

Schlagwort geworden und hat seinen früheren Inhalt verloren. Die heutigen »Nationalismen« setzen sich aus folgenden Elementen zusammen: 1. ein wenig »Nationalismus« des alten Typs, in dem ehrenwerten, anständigen Sinne, in dem z. B. Mickiewicz oder Wyspiański »Nationalisten« gewesen sind; 2. viel bourgeoises Klassenbewußtsein oder, allgemeiner gefaßt, Feindseligkeit gegenüber dem Proletariat und dem Marxismus; 3. etwas (aber nur wenig) Traditionalismus; 4. eine Apotheose der Stärke, ein Kult des Stärksten, eine Hochschätzung der Gewalt und des Eroberungswillens; 5. im Zusammenhang damit generell eine große Dosis Immoralismus, insbesondere eine Abneigung gegen das Gerechtigkeitsideal; 6. eine ebensolche, nur noch stärker betonte, Abneigung gegen die Kultur und den Intellekt. Dieser ganze »Nationalismus« ist seinem Wesen nach eine völlig internationale Strömung; faktisch existiert schon heute eine *Internationale der Nationalisten*. Doch ich habe noch nicht auf Punkt Nr. 7 hingewiesen: Der moderne Nationalismus ist sowohl dem Elitismus wie auch der Demokratie feindselig gesinnt. Mit dem Elitismus hat er gemein, daß er einen Teil der Gesellschaft der vollen Bürgerrechte beraubt; doch das ist stets gegen irgendeine *Minderheit* gerichtet, während der Elitismus gerade eine Minderheit mit besonderen Rechten ausstattet. Aber dem Nationalismus geht es ja auch um etwas anderes: nicht um die Schaffung einer klugen, kultivierten Aristokratie, sondern um die Ausgrenzung von Gruppen innerhalb der Gesellschaft, die im Alltag als Haßobjekt für den Rest fungieren können. Dazu bedient man sich der »Fremden«; am besten, man hat Juden, doch wenn man mit diesen nicht gesegnet ist, kommen auch Andersgläubige, Freimaurer, verhältnismäßig frisch Immigrierte oder politische Abweichler in Frage. Als »Volk« bezeichnet man dann die im Besitz voller Rechte befindliche Mehrheit, die sich gegen die unterprivilegierte Minderheit richtet. Unter diesem Aspekt ist der Nationalismus ein Versuch, der weltweiten Krise zu entkommen, indem man Sündenböcke erfindet. Wie bei Schiffbrüchigen auf dem Meer: Man ißt einen Schwächeren, damit der Rest überleben kann;

und unter den Schwächeren wiederum denjenigen, der am »fremdesten« ist.

KORREKTUR ZUM VORHERGEHENDEN. Gegen all das ist das gesamte Gute in die Waagschale zu werfen, das mit der Existenz von Völkern und der Teilung der Menschheit in Völker doch auch verbunden ist. Weisen wir auf einiges hin. Von der Organisation her: daß die Menschheit vor der Katastrophe der Vereinigung beschützt wird, vor einem Universalstaat – oder besser: einem Imperium – mit seinen beiden Plagen, der allgemeinen Tyrannei und der allgemeinen Erstarrung. Vom Leben des Individuums her: daß trotz allem eine gewisse Uneigennützigkeit in das Leben kommt, daß man sich selbst im Namen von etwas verleugnet, das außerhalb von einem liegt und das man für größer als sich selbst erachtet; wenn selbst die verächtlichsten Götzen die Gnade zu gewähren vermögen, daß man sich etwas Höherem unterordnet, dann vermag das Volk dasselbe. Ferner: die Tugenden der Opferbereitschaft, der Tapferkeit, der Disziplin, im Kriegsfall zwar nicht die einzige Gelegenheit zum Heldentum, doch die einzige zum kollektiven Heldentum in so weitem Umfang, zum Sich-Vertrautmachen mit dem Tod, zur Überwindung des despotischen »Willens zum Leben«. Und schließlich diese bescheidene, doch so überaus notwendige Gabe: die Gemeinschaft, ein Milieu von ähnlichen Wesen, in das der Mensch eingetaucht ist; jene Atmosphäre verdichteter Geistigkeit (denn um eine gewisse Geistigkeit handelt es sich ja doch), die das Individuum von den leeren Räumen des Kosmos trennt. Nicht jedem reicht »der reine Intellekt und die Wega« als Lebensinhalt aus; im allgemeinen verspüren wir das Bedürfnis, einander zu wärmen, und sei es im Hühnerstall.

31.8.1936. DENNOCH AUF DIE KARTE DER GESCHICHTE SETZEN! Höchst eigenartig: Von der eigenen Vollkommenheit zu träumen macht nicht glücklich, von der Vollkommenheit anderer und der Welt zu träumen dagegen schon.

Außerdem liegt in jenem Programm eine gewisse Sterilität,

welche derjenigen gleicht, die ich dem Hedonismus vorgeworfen habe: Das Erreichen der individuellen Vollkommenheit hat, wie das Empfinden von Lust, keinerlei *Folgen*; es ist ein Endpunkt, etwas Statisches.

Warum also nicht doch auf die Karte der Geschichte setzen, die zumindest schon einmal den Vorteil aufweist, daß sie dynamisch ist und ein offenes Ende besitzt.

Sicher, der gesamte augenblickliche Geschichtsverlauf erfüllt einen mit Pessimismus. Es ist erschreckend mit anzusehen, mit welcher Lust und Überzeugung die Masse der Menschen den Weg der Barbarei betritt und wie sie ihr Barbarentum – oder ihre Bestialität? – pflegt. Hoffnungslosigkeit überfällt einen, wenn man bedenkt, daß all das nach der antiken *humanitas* geschieht, nach dem Evangelium, nach der franziskanischen Bewegung, nach den mildernden Einflüssen der beiden letzten Jahrhunderte, nach der Arbeit so vieler Propheten, Heiliger, Moralisten und meisterhafter Künstler. Alles war also umsonst! Und das Endergebnis soll derselbe, uns seit Urzeiten bekannte alte »Gorilla« Taines sein, nur daß er eine bessere Technik besitzt?

Und doch weiß ich schließlich sicher, daß irgendwelche Enthusiasten von neuem die alte Sisyphusarbeit auf sich nehmen werden, dieses Geschöpf zu vermenschlichen; daß hier und dort jemand sich ihnen anschließen wird; daß sie Heilmittel gegen den Wahnsinn suchen werden. Wenn ich das aber weiß, wäre es da nicht eine sträfliche Kapitulation angesichts der mir durch die Ereignisse aufgezwungenen Stimmung, falls ich mich nicht bemühen würde, einer von den Helfern zu sein? Vor einigen Tagen rührte es mich, als ich in einem Artikel Irzykowskis las, mit welchem Stolz es ihn erfülle, bei einem bestimmten edlen Werk (es ging um etwas wahrlich nicht Weltbewegendes: die Herausgabe von Brzozowskis Gesammelten Werken) »zu Diensten sein« zu können. Das ist richtig: Man muß bei edlen Werken »zu Diensten sein«, bescheiden die Hand anlegen beim Wälzen des Sisyphusfelsblocks, um die Menschlichkeit kämpfen, nicht nur für sich selbst, sondern für die Welt, für die Zukunft, für die Ungeborenen, für die »Fernsten«, für den »Geist der Geschichte«, der heute in Seelenlosigkeit versunken ist. Und nebenbei wird einem das große Gut zuteil, das zugleich ein moralisches Gut wie auch die besondere Form von Glück ist, die nach so vielen Niederlagen im Leben erreichbar bleibt: das *Gut der Selbstvergessenheit*.

8.9.1936. »So mancher kämpft nicht deswegen gegen die Gewalt, weil er sie haßt, sondern weil er sie liebt. Bloß daß er im Innersten seiner Seele nur sich allein zu ihrer Ausübung berechtigt fühlt« (Maria Dąbrowska).

Wilna, 26.12.1936. Das Fehlen mystischer Qualifikationen versperrt unwiderruflich den Weg zum Glück, der mit bloß asketischen Tugenden erreichbar ist.

GEDANKEN ÜBER DIE TUGEND.

– »Damit ich in der Tugend Zufriedenheit finden könnte, wäre es nötig, daß meine Verwirklichung der Tugend von meinen Nächsten als Verwirklichung ihrer eigenen Bestrebungen empfunden würde. Denn wir *streben* alle, nur daß dies bei den einen in aktiver Weise geschieht, bei den anderen lediglich in der Form der Aspiration, des Wunsches. Und wenn einer das Ziel des Strebens erreicht, erreicht er es stellvertretend für alle, *zugunsten* aller; er hat den Menschen etwas *gegeben*, und sie freuen sich am Erreichten, das uns allen gehört, und sehen darin den Vorboten möglicher anderer Errungenschaften in der Zukunft – die dann vielleicht von ihnen verwirklicht werden und die sie mit mir teilen.« – Zu solchen Überlegungen muß man Zuflucht nehmen, um den immer wiederkehrenden Vorwurf des »ethischen Egoismus« abzuwehren, der denen gemacht wird, die sich um die eigene Vervollkommnung sorgen und bemühen. Es ist dies kein Egoismus, sofern der sich der eigenen Vervollkommnung widmende Mensch das Bewußtsein hat, ein gemeinsames Bestreben zu verwirklichen.

– Die Tugend und das Streben nach Tugend: Die Grenze dazwischen ist fließend. Das Streben ist in einem gewissen

Maße bereits Tugend, und die Tugend enthält das Streben nach bislang nicht erreichten Stufen.

– Unsere Tugend erlangen wir zuweilen erst dadurch, daß wir sie unter Beweis stellen wollen.

31.1.1937. Eine Revolution, das sind im Endeffekt *gesta Dei per sceleratos*. Man muß es verstehen, gerecht zu sein: sowohl die *sceleratos* als auch die *gesta Dei* zu sehen.

11.9.1937. GRENZEN DER ETHIK. Es ist eine unerschütterliche, felsenfeste Tatsache: Einige Sünden, die ich als Sünden anerkenne, doch in denen ich gewisse Werte verwirklicht sehe, verursachen mir *keinerlei* Gewissensbisse.

Die Bewertung dieser Erscheinung hat, *in abstracto*, vor kurzem niemand anders als ich selbst vorgenommen: als Theoretiker vor einem Theoretikerpublikum auf der Descartestagung am 6. August im Anschluß an das Referat von Utitz. Utitz sprach über Konflikte zwischen der sogenannten Selbstverwirklichung und dem sogenannten ethischen Gesetz. Ich meldete mich daraufhin zu Wort und führte einige Probleme an, die Utitz meiner Ansicht nach nicht mit genügender Deutlichkeit herausgearbeitet hatte, u. a. das folgende: Wie ist das Handeln eines Menschen zu beurteilen, der vor der Alternative steht, einen ethischen oder einen anderen Wert zu verwirklichen, und den außerethischen wählt, also einen negativen Eintrag in seiner ethischen Bilanz mit einem axiologischen Plus in einem anderen Bereich erkauft. Mein Vorschlag war: Das normale, aufgeklärte Wertbewußtsein wird immer dazu neigen, die Partei desjenigen zu ergreifen, der den ethischen Wert wählt, und sein Mißfallen mit demjenigen zum Ausdruck zu bringen, der auf ihn verzichtet; es kann lediglich, im Hinblick auf besondere Umstände und Komplikationen, Verständnis zeigen und auf eine Verurteilung verzichten.

In der Praxis ist es dagegen umgekehrt. Ich habe in einigen derartigen Fällen nicht nur kein schlechtes Gewissen, sondern empfinde – weniger ausgeprägt, doch in gewissen Momenten mit völlig ausreichender Deutlichkeit – eine echte *Freude* und

Hochstimmung, daß ich mich außerhalb des von der ethischen Norm gesteckten Rahmens befinde. Dabei bin ich keineswegs rebellisch; es kommt mir überhaupt nicht in den Sinn, schlecht von der Ethik zu denken; ich beabsichtige ganz und gar nicht, mich ihren Sprüchen zu entziehen oder vor der Verantwortung zu fliehen. Nein, ich bin ganz einfach zufrieden, daß ich es vermag, sie in einem gewissen Maße nicht zu beachten und bewußt die Norm hinter mir zu lassen.

Was hat es damit auf sich? Wir befinden uns hier in einer Welt von Problemen, die der Analyse nur schwer zugänglich sind; alle meine Bemerkungen können nur Annäherungen darstellen. Mir drängt sich jedoch die Analogie dazu auf, wie mein Verhältnis zum rationalen Weg im Denken beschaffen ist. Wenn ich denke und meine Gedanken anderen Geistern zur Kontrolle vorlege, fühle ich mich nicht nur an die Direktiven der Rationalität gebunden, sondern arbeite leidenschaftlich daran, den – gemessen an meinen Fähigkeiten und der Spezifik des jeweiligen Gebiets – maximalen Grad an Rationalität zu erreichen: Ich unterscheide, definiere, argumentiere, erschüttere meine Argumente und versuche den – von Bergson nicht geschätzten – »linearen« Weg einzuschlagen. Das gleiche erwarte ich von anderen. Gleichzeitig setze ich jedoch voraus, daß all das nicht das letzte Wort ist, daß es sich nur um »Formen der Auffassung« handelt, ohne die wir nicht auskommen; die Basis ist der »Kontakt mit der Wirklichkeit«. Und ich freue mich, wenn ich in meinen besseren Arbeiten sehe, wie dieses Etwas, das kein Begriff ist, durch die Begriffe hindurchscheint und zum Leser spricht. Etwas Ähnliches nun, wenn auch nicht in dieser Schärfe, dürfte mit meiner Art und Weise, auf die ethische Norm zu blicken, vorgehen. Mir scheint dann, daß die Norm notwendig und gut ist und das Recht hat zu fordern, daß man sogar das Leben in ihrem Dienst hingibt; doch wenn man den »Kontakt« erlangen will, muß man in der Lage sein, einen Standpunkt außerhalb ihrer zu beziehen. Die Norm ist die Rationalisierung des Handelns, und ebenso wie die Rationalisierung des Denkens – wenn auch sehr viel seltener – muß man sie durchbrechen, um zu dem vorzudringen, worum es wirklich geht.

Intellektuell befriedigt mich das alles selbstverständlich nicht. Präzisere Formulierungen ließen sich in mehreren, recht unterschiedlichen Richtungen suchen. Man mag daran denken, daß – auch meiner eigenen Ansicht nach – das Urteil über die Richtigkeit einer Tat stets nur wahrscheinlich ist und daß der Ausbruch aus der Norm daher einen Protest unseres *Zweifelns* darstellt, der gegen den Dogmatismus gerichtet ist, in den naturgemäß jeder gehorsame, disziplinierte Verehrer der Norm immer verfällt. Man kann sagen, daß die Norm ja nur Handlungs*schemata* betreffe, nicht jedoch konkrete Handlungen, die sich immer durch irgendeine Einzelheit von dem Vorhergesehenen unterscheiden; dann ist das Ausbrechen ein Protest der *Individualität und Konkretheit* gegen die Hegemonie der allgemeinen Begriffe. Man kann betonen – wie ich selbst es mehrfach getan habe –, daß jedes wertende Einzelbewußtsein stets begrenzt und die auf ihm beruhende Ethik stets einseitig ist, denn ihre Einheitlichkeit und Kraft verdankt sie der Tatsache, daß sie viele wirkliche Werte unbeachtet läßt; dann würde es sich um einen Protest der *Allseitigkeit* gegen die Einseitigkeit handeln. Ferner könnte man die Frage auch noch psychologisch angehen und vermuten, daß das Einnehmen einer außerethischen Haltung gewissermaßen ein – erholsames – Zurücktauchen in den natürlichen Urzustand darstellt, aus dem wir in dem Moment herausgetreten sind, als wir uns fragten: »Was dürfen wir? Was sollen wir?« Doch das hätte bereits den Ruch des Immoralismus.

14.9.1937. DREI GEDANKEN ÜBER DAS LEBEN AUSSERHALB DER GESCHICHTE. Erstens: Im individuellen Leben außerhalb der Geschichte läßt sich Größeres erreichen als im geschichtlichen. In letzterem kann es nur um eine gewisse anständige Durchschnittlichkeit gehen; eine Menschheit, die aus Heiligen und Weisen besteht, ist kein sinnvolles Ziel. Doch im Leben eines um seine Vollkommenheit ringenden Individuums schillern all diese großen Wörter – Weisheit, Heiligkeit, Freiheit, Erlösung – in allen Farben der wirklichen, leidenschaftlichen Versuchung; hier *können* diese Dinge erlangt werden, und je größer der Fall und die Sünde, um so stärker ist die Sehnsucht und der Drang nach ihnen.

Zweitens: Das *Denken* ist historisch wirkungslos. Die Wirklichkeit geht stets ihren eigenen Weg und schleppt dabei Fetzen des Denkens mit wie Strohhalme in den Speichen eines Leiterwagens. Jeder Denker beobachtet allmorgendlich, wie sich Räuber oder Banditen, die er am liebsten in eine Anstalt für geistig Zurückgebliebene geben würde, um sie wenigstens einigermaßen zu vermenschlichen, seine Ideen an die Mütze heften. Anders verhält es sich mit der Kleinen Geschichte, derjenigen aus der Kirchturmperspektive; in der Großen Geschichte ist das Denken ein Ornament.

Drittens: Neben anderen ärgerlichen Tricks, mit denen gesellschaftliche Eliten ihre Existenz sichern, kann man auch die folgenden, verhältnismäßig harmlosen, nennen: Den Sinn des Lebens in großen geschichtlichen Formationen als solche, als Formationen zu erblicken. Man sagt z. B.: das römische Imperium, die ägyptische Zivilisation, das Rittertum, der Katholizismus, die Romantik, der Positivismus, ja sogar – doch das füge ich unter Vorbehalt hinzu, denn schließlich handelt es sich um *Vaterländer* – Polen oder Spanien. Und man redet den Menschen aus Fleisch und Blut ein, daß eben diese Formationen das Fleisch und Blut der Geschichte darstellten, daß sie das Wichtige in der Geschichte seien. Und daß man sich für sie interessieren müsse. Doch wenn überhaupt irgendwo, dann ist in dieser Frage ein gesunder Nominalismus am Platze. Letztendlich geht es nicht um große Formationen, nicht um Institutionen, Vaterländer, Religionen oder geistige Strömungen: Es geht darum, daß lebendige Menschen zu bestimmten Zeiten und an bestimmten Orten auf eine bestimmte Weise denken und fühlen; daß sie das *sind*, was dem Menschsein Wert verleiht. Wenn ihnen dabei das römische Imperium oder der Katholizismus nützen können, dann sollen sie hochleben! Gelobt sei das Imperium, gelobt der Katholizismus und seine Weisungen. Doch vergessen wir niemals, daß ihre Rolle gegenüber den konkreten menschlichen Seelen und den konkreten, durch diese Seelen auf eine bestimmte Weise verwirklichten Werten eine rein dienende ist. Was es letztlich verdient hat, aus dem Nichtsein emporgehoben zu werden, ist nicht Rom, sondern dieses bestimmte Ausharren des Legionärs auf seinem Posten (obwohl es Rom war, das ihn gelehrt hat, daß »der Soldat seinen Posten nicht verläßt«), und nicht der Katholizismus, sondern dieser bestimmte inspirierte Flug der heiligen Theresia oder die fromme Andacht des Einfältigen (obwohl es ohne Katholizismus weder den Flug noch die Andacht gegeben hätte). In konkreten Errungenschaften konkreter Wesen verwirklicht sich der Sinn des Daseins; die Geschichte stellt nur die Leinwand und den Rahmen, die Ausrichtung der Perspektiven und den Untergrund dar.

15.9.1937. NOCH EINE BEMERKUNG ZUR GESCHICHTE. Wenn wir auf die Vergangenheit der Menschheit zurückblicken, bringen wir automatisch Kontinuität und Ordnung in sie hinein, und die auf diese Weise kontinuierliche, mehr oder weniger in den Rahmen dieser Ordnung eingepaßte Vergangenheit nennen wir Geschichte. Doch wir dürfen nicht vergessen, daß es sich dabei nur um unsere Konstruktion handelt. Zwar leben einige wenige, die sogenannten »Staatsmänner«, tatsächlich in der geschichtlichen Kontinuität, in dem Sinne, daß sie mit ihrer Arbeit danach streben, einen bestimmten gegebenen Gesellschaftszustand in einen anderen zu überführen, den sie schaffen wollen und von dem sie wohl wissen, daß sie ihn nicht alleine schaffen und absichern werden, sondern daß sich ein anderer finden muß, der ihr Werk weiterführt. Nun, und in der Regel wissen sie auch, wessen Werk *sie* fortführen. Doch das sind eben Ausnahmen; normalerweise sieht man sich nicht als Glied in einer Kette. Wir sind es, die *ex post* feststellen, daß in einer bestimmten rekonstruierbaren Folge Lucius ein Verbindungsglied zwischen Quintus und Marcus war; Lucius selbst dachte nicht nur nicht daran, sondern wäre ernsthaft besorgt gewesen, wenn er gewußt hätte, daß man ihn einmal so auffassen würde. Ein lebendiger Mensch hat stets seine eigenen Ziele und strebt sie wie etwas Endgültiges an; ein lebendiger Mensch will etwas Absolutes sein, er will mit seiner Problematik, seinen Wünschen und Errungenschaften ein Zentrum sein, in dem die Linien zusammenlaufen, nicht ein Punkt auf einer Kurve. Der Künstler will ein »ewiges« Werk schaffen, der Liebhaber eine »ewige« Liebe erleben, der Philosoph ein »ewiges« System errichten; »ewig« bedeutet hier: »in keine Kontinuität ähnlicher Geschehnisse eingebunden«, »außerhalb der Zeit«, »außerhalb der Geschichte«. Doch dann fließt die Zeit weiter dahin, und die Wellen schließen sich über der Liebe, dem Werk, dem System. Und siehe da, es zeigt sich, daß wir von dem Werk des Quintus zu dem des Marcus durch das dazwischen liegende Werk des Lucius die Kurve, auf der sie selbst sich *nicht* fühlten, sinnvoll hindurchführen *können*; wir können sogar in gewissen Fällen ihren weiteren Verlauf vorhersehen. Doch das ist bereits das Ende, der Tod, das Mausoleum. Es gibt einen »Geschichtstod« so wie es einen »Wärmetod« gibt; er besteht in dem Einfließen selbstbedeutsamer, durch sich selbst sinnvoller menschlicher Angelegenheiten, Werke, Bestrebungen, Wünsche und Taten in einen klugen Kanal, der durch die Hand des Historikers von einem Ort, wo das Leben sprudelt, von einem widerspenstigen, selbstherrlichen Bach zum nächsten geführt wird. Der Historiker hat natürlich viel verstanden. Doch um das Leben zu »verstehen« im Sinne des »intuitiven«, »einfühlenden« Verstehens von innen, ist ganz etwas anderes nötig als die historische Einordnung. Das Leben auf diese Weise zu »verstehen« bedeutet, es in seiner Selbständigkeit, seiner Selbstbejahung und seinem Anspruch auf Letztgültigkeit zu erfassen; es bedeutet, die Geschichte zu vergessen, und ebenso, wozu Lucius geführt und was er fortgesetzt hat.

16.9.1937. »Sätze pflegen dadurch schön zu sein, daß sie einen Rest von stürmischer Unruhe enthalten« (Alain).[10]

---

10 Der schwer genauer zu übersetzende französische Satz lautet: »*C'est un reste de tumulte qui fait les phrases belles.*« Für *tumulte* in dieser Verwendung gibt es keine polnische Entsprechung; annäherungsweise bezeichnet das Wort Unruhe, leidenschaftliche Aufgeregtheit und eine massive Veränderlichkeit von Gefühlszuständen, die den Menschen hin und her zerren.

Dieser Ausspruch gefällt mir recht gut; ich denke, an ihm ist viel Wahres. Bleibt nur die Frage, wie man demzufolge das Verhältnis des Schriftstellers zu dem von ihm gestalteten Text auffassen soll. Alain meint – sofern ich ihn hier richtig verstehe und auch sonst einigermaßen kenne –, daß der Schriftsteller prinzipiell danach streben sollte, die »stürmische Unruhe« zu beherrschen und zu einer solchen Klärung der Gedanken zu gelangen, wie sie nur bei vollständiger Beruhigung möglich ist; dennoch wäre er der Meinung, daß Prosa nur dann schön sein kann, wenn dieses Ziel *nicht* vollständig erreicht wird. Nun gut; aber wie kann das konkret, im Hinblick auf die schöpferischen Bestrebungen des Künstlers aussehen? Was soll er wollen? Sich ganz von diesem »Tumult« befreien, mithin bewußt danach streben, seine Prosa aller Schönheit zu berauben? Oder soll er Reste des Tumults *pflegen*, an einem bestimmten Punkt haltmachen und nicht nach größerer Luzidität und weiterer Klärung streben? Was die wirkliche Ansicht Alains betrifft, so bin ich mir nicht ganz sicher. Was meine eigene betrifft, dagegen um so mehr: Ich pflege in meinem Schreiben (wenigstens dem besseren, nicht dem schulmäßig korrekten) tatsächlich jene Elemente, sicherlich nicht von »stürmischer Unruhe«, aber eines gewissen *Wallens* und Wogens der Emotionen; ich mache – geleitet von einem eigentümlichen, rein künstlerischen Instinkt – dort halt, wo dem Text die endgültige Sterilität drohen würde. Und ich achte darauf, daß der Satzverlauf nicht nur mein Denken, sondern auch mein Erleben wiedergibt, wobei ich, wo es nötig ist, an der Präzision, so hoch ich sie auch schätze, Abstriche mache. Aber ich bin völlig einverstanden, daß die Schönheit nicht im Tumult als Tumult, nicht im Aufruhr als Aufruhr liegt, sondern darin, daß es sich eben um einen *Rest* von Aufruhr, oder besser: um einen beherrschten Aufruhr handelt und gleichzeitig im Stil das Bemühen, ihn zu beherrschen und zu beruhigen, spürbar bleibt.

Das erinnert mich an ein verwandtes Thema, das einmal in einem Gespräch mit dem jungen Perelman in Brüssel zur Sprache kam. Soll man sich im philosophischen Schreiben darauf beschränken, die bloßen *Ergebnisse* des Denkens mitzuteilen, oder soll man in seiner Schreibweise auch den Denk*prozeß* selbst, die denkerische *Arbeit*, das denkerische *Erleben* mit abbilden? Für Perelman stand fest, daß allein die Ergebnisse zählen, für mich dagegen, daß die Wiedergabe des Prozesses mindestens ebenso wesentlich ist; die andere Möglichkeit stieß mich ab, da ich sie als Verarmung, ja sogar als Verstümmelung empfand.

19.9.1937. Die Rolle der Mystik für die Gesamtwirtschaft des Lebens. Die Mystik ist für das Leben unerläßlich. Leben, handeln, denken, mit Begriffen manipulieren und mich, ganz einfach, unter Dingen und Ereignissen bewegen – all dies vermag ich nur deswegen, weil ich in bestimmten Momenten »dort« gewesen bin, außerhalb der Welt der Begriffe, Dinge und Ereignisse, und »dort« einen Vorrat an Kraft gesammelt habe, der es mir erlaubt, »hier«, auf »dieser« Seite auszuharren. Für den Menschen, der in seine praktischen Alltagsfragen versunken ist, kann die Erinnerung an einen Freund, der Gedanke an eine geliebte Frau oder die Lektüre einiger schöner Verse seines Lieblingsdichters erquickend und stärkend wirken: Eine solche Erquickung und Stärkung, nur in einem wesentlich größeren Maßstab, stellt der Gedanke an die mystische Sphäre für denjenigen dar, der sich mit dieser ganzen Empirie hier abmüht und herumquält. Und dabei handelt es sich nicht nur um eine *Erinnerung*: Dieser Mensch weiß, daß sein ganzes Hin und Her auf dieser kleinen Bühne nicht seines Lebens letztes Wort darstellt, daß es eine Rettung gibt und daß man mit der entsprechenden Anstrengung wieder »dorthin« durchbrechen kann. Dann wird alles sinnvoll, durch alles scheint jenes andere hindurch, alles nimmt die Züge eines tiefen, unausschöpflichen Symbols an. – Soweit zu denen, die ein mystisches Erlebnis gehabt haben. Doch das ist noch nicht alles. Die nie eines gehabt haben, leben, denken, handeln und fühlen von Gnade derer, denen es bekannt ist. Nur deswegen vermag der gelehrte Spezialist sein Abgeschnittensein von der belebenden Synthese und dem weiten intellektuellen Raum zu ertragen, nur deswegen vermag der Politiker auf seinem Schachbrett der List auszuharren, nur deswegen vermag der »kleine Angestellte« in dem erbärmlichen Gedanken der »Pflichterfüllung« Trost zu finden – nur deswegen, so behaupte ich, weil dort in weiter Ferne, in völlig anderen Grenzgebieten der menschlichen Welt ein Mystiker *statt ihrer und für sie* an einen anderen Ort gelangt ist, weil er die Wände eingerissen hat, in denen das Leben erstickt. Niemand kann sich diesem *influxus* entziehen, und selbst der junge Russell hätte sich nicht so straflos in seine Antinomien verbeißen können, wenn hinter seinem Rücken nicht ein Mystiker gestanden und ihn vor dem Tod in der reinen Mathematik gerettet hätte. Es ist weder scherzhaft noch boshaft gemeint: Mystische Denkweisen, die im kollektiven Bewußtsein verbreitet und in minimaler Dosierung unbewußt auch bei Russell, dem Politiker und dem Spezialisten vorhanden sind, wirken als Tonikum und Gegengift, sie bewahren vor der Vernichtung.

21.9.1937. Machen wir uns frei von der Psychose, das Erkennen stehe in der Hierarchie ganz oben. Unsere Ehre und unser Menschsein hängt nicht an diesen immer wieder zerreißenden, dünnen Fäden von Wahrheit und Falschheit.

22.9.1937. Eigentlich hege ich keine Zweifel daran, daß ich in Fragen der Axiologie recht habe, daß dieser Perfektionismus richtig ist, den ich – anknüpfend an zahlreiche erstklassige Denker – vertrete, und daß die axiologischen Termini (»das Gute«, »das Schöne« usw.) tatsächlich auf etwas verweisen und sich nicht eliminieren lassen, wie die Naturalisten es gerne hätten (und, wie ich lese, heutzutage auch andere, die dem Naturalismus fernstehen). Doch es gibt Augenblicke, da es mir scheint, daß gerade dieser Perfektionismus den Menschen zur Schwäche verurteilt: denn indem er ihm das Ziel zeigt, nimmt er ihm gleichzeitig alle stärkeren Motive des Strebens (d. h. die hedonistischen und utilitären). Und dann diese Verwicklung in den Widerspruch zwischen einem allzu ehrgeizigen Programm und dessen faktischer Umsetzung, die bis an die Grenzen der Heuchelei geht – eine Sünde, von der die »zweitklassigen« Denker so herrlich frei sind.

25.9.1937. Es ist schwierig, sich als Mitglied einer Gemeinschaft zu fühlen, die von der Spitze bis zur Basis verbrecherische Neigungen erkennen läßt; nationale Gemeinschaften haben heute leider ein wenig diese Tendenz. Daher nehmen bei vielen anständigen Menschen in den letzten Jahren »ideologische« Gemeinschaften ihren Platz ein: Man ist »Kommunist«, »Marxist«, »Demokrat«, Anhänger der »Volksfront« oder zumindest – was man so ins Lächerliche zieht – »Liberaler«; das sind unsere neuen Vaterländer. Doch obwohl mein Platz in diesem System einigermaßen feststeht, bin ich doch nicht so anspruchslos, mich damit zufriedenzugeben. »Demokrat«? *Hic et nunc* zweifellos. Doch ich werde die Naivität nicht so weit treiben zu behaupten, die demokratischen »Ideale« stellten letzte Zwecke dar, für die es *dulce et decorum* sei zu sterben. Alles möge in der Hierarchie an seinem Platz bleiben!

4.10.1937. GRENZEN DES WOHLWOLLENS. Feinden gegenüber muß man eine Einstellung vermeiden, die uns weniger hart macht, und uns in ihren Augen als Weichlinge der Verachtung aussetzt. Feinde muß man nicht nur bekämpfen, sondern auch die psychische Bereitschaft zum Kampf mit ihnen aufrechterhalten. Wohlwollen ihnen gegenüber kann nur darauf beruhen, daß man außerhalb der Schlacht nicht mit Haß an sie denkt.

17.10.1937. Jede einmal errungene Freiheit ist immer wieder von neuem bedroht. Am besten wäre es wie mit Neapel: sich frei fühlen und sterben.

18.12.1937. Die Welt der denkenden Menschen hatte zu allen Zeiten wenig Kontakt mit der Welt der Geschichte (der *tatsächlichen* Geschichte; anders verhält es sich mit den Politeiai, den Utopien). Heute wohl weniger als je. Die Sturmabteilungen und ihre Führer haben mit uns nicht mehr gemein als die Wölfe, die doch auch auf dem Globus recht zahlreich mit uns koexistieren, ohne daß wir uns für sie verantwortlich fühlen würden. Manchmal muß man die Arbeit ruhen lassen und Widerstand leisten, doch das ist stets nur eine Verteidigung gegen die Wölfe. Daher darf man selbst dann, wenn man einen solchen Kampf aufnimmt, nicht vergessen, daß sein letztes Ziel darin besteht, den denkenden Menschen das Denken, den schöpferischen Menschen das Schaffen, den fühlenden Menschen das anständige menschliche Fühlen und allen dies zu ermöglichen: einen echten, ununterbrochenen Lebensfaden außerhalb der Geschichte zu spinnen, in einer Sphäre, zu der den Sturmabteilungen auf alle Ewigkeit der Zutritt verwehrt ist.

1.1.1938. POESIE UND TERUEL. Den Sylvesterabend verbrachten wir im kleinen Kreis mit der Rezitation und dem Vorlesen von Dichtern. Große waren vertreten: Ronsard, Vigny, Słowacki, und auch der weniger große Wierzyński. Ich lauschte und las auch selbst einiges vor, doch dauernd hörte ich zwischen den Versen den Lärm der Geschütze von Teruel, wo, wie es scheint, wieder eine große Auseinandersetzung verlorengegangen ist.

Jedes Leben in der Poesie oder im Schönen muß vor einem Teruel errungen und erkämpft werden. Jedes muß sich irgendwo im Kugelhagel Ruhe und Sicherheit erstreiten, damit in ihm eine sanfte Stimme hörbar wird, die Stimme der Zärtlichkeit und Anbetung. Und immer kommen die Stunden heran, wo man sich wieder losreißen und losziehen muß, um für seine einfachsten Rechte zu streiten. Die dort im Schlamm liegen, erkaufen für die Abwesenden die Anmut und die Schönheit des Daseins. Nicht von uns hängt es ab, wer erkaufen und wer vom Erkauften profitieren soll. Die Geschichte verteilt ungleichmäßig, ob einem die Qual des Trommelfeuers oder die Teilnahme am Symposion erwartet: Auf wen das Los fällt, der macht sich auf, und alles Murren ist vergeblich. Jeder muß jederzeit bereit sein, den Kelch zu leeren und sich aufzumachen, um zu töten oder vom anderen getötet zu werden: denn auch das gehört zur Bestimmung des Menschen.

Wenn es nach mir ginge, würde ich der Welt ganz kindisch wünschen wollen, daß dieses Jahr für sie ein Jahr der Poesie werden möge. Leider zwingt der Gang der Angelegenheiten zu einem anderen Wunsch. Ich wünsche den Menschen den *Sieg auf den Schlachtfeldern*: den Menschen, die sündig, schwach und voller Schuld sind, doch hungern und dürsten nach der Gerechtigkeit. Fürchterlich: nicht Vernunft, nicht Edelmut, nicht Liebe, sondern Sieg. Denn was nützen Vernunft und Liebe und Edelmut, wenn man hinabgestoßen ist in die Kaste der ewig Besiegten, der Diener seiner Feinde?

1.2.1938. GEISTIGE UNABHÄNGIGKEIT beruht nicht nur darauf, nicht in unkritischer Weise für Einflüsse offen zu sein, sondern auch darauf, möglichst wenig *reaktiv* zu denken und zu fühlen. Das heißt: daß Gefühle und Gedanken in möglichst geringem Maße eine Antwort auf fremdes Verhalten darstellen, sondern unter dem Eindruck dessen, was wir selbst in uns und der Außenwelt konstatieren, völlig spontan in uns entstehen.

4.2.1938. Angesichts der Versuche von außen, uns sogenannte Pflichten aufzuerlegen, bei denen es sich im Grunde um Dienstbarkeiten, Belastungen und Frondienste handelt, muß man unnachgiebig bleiben. In neun von zehn Fällen entspringen sie aus dem schamlosen Egoismus des oder der anderen, eines Individuums oder einer Gruppe.

13.2.1938. VOLK UND VATERLAND. Das Volk setzt sich aus so und so viel Millionen Durchschnittswesen zusammen, mit einem bestimmten Anteil an Dummköpfen, Schelmen, Taugenichtsen; einer Masse, die allen Zuflüsterungen des Bösen, ja des Verbrechens zugänglich ist, rücksichtslos, hin und her geschleudert, zu Psychosen neigend. Ein *ganzes* Volk lieben ist Unsinn, man kann – ist man nicht verblendet – nur seine bestimmten, meist bescheidenen Vorzüge lieben und einige seiner besten Vertreter. Doch eng mit dem Volk verbunden ist das *Vaterland*, und damit ist es anders. Das Vaterland ist ein Idealgebilde, durch die Leistung der Besten im Volk aus dem Nichtsein gehoben, etwas, das über den Menschen steht, ein großes Symbol, ein großer Brennpunkt, in dem sich Sehnsüchte, Höhenflüge und Ansprüche bündeln. Sich einem Volk zu entfremden ist verhältnismäßig leicht; doch das Vaterland kann einem, allen Ernstes, niemand nehmen. [KD]

20.2.1938. DER KRIEG STEHT VOR DER TÜR. Der Krieg nahe, er naht, er wird jeden Tag ausbrechen, unangekündigt. Man muß sich seelisch darauf vorbereiten.

Der kommende Krieg wird tiefer in unser Leben eingreifen als der vorhergehende. Er wird ein Schlag gegen *alles* sein, uns *alle* Grundlagen entreißen. Er wird uns nicht soviel Gelassenheit lassen wie einst, als es noch möglich war, während des Krieges zu lieben, sich zu streiten und sich zu versöhnen, philosophische Abhandlungen zu schreiben, sie in Akademien vorzutragen, als Stipendiat nach Wien zu fahren und sich wochenlang dem Besuch der Bildergalerien und der Lektüre von Werken über Rembrandt zu widmen. Der kommende Krieg wird uns keinerlei Hoffnung lassen; es wird schon gut sein, wenn er nur Veränderungen zum Schlimmeren mit sich bringt und keinen totalen Ruin. Denn er könnte uns ja in eine Welt werfen, in der man nicht mehr atmen kann. Für jene, die auf das Denken, die Kunst, die Kreativität gesetzt haben, könnte das *das Ende* – wörtlich – bedeuten. Dann bliebe nur übrig, sich das Gleichgewicht und die Unbeugsamkeit zu bewahren und mit wachem Intellekt dieses einzigartige Schauspiel der zusammenstürzenden Welten zu erleben. Und sollte man noch arbeiten und schreiben können, dann in dem vollen Bewußtsein des Risikos, daß niemand je davon Gebrauch machen wird. Das wird zweierlei Bedingungen voraussetzen, die sich eigentlich gegenseitig ausschließen: das *Festhalten* an bestimmten Dingen des Lebens und zugleich das *Sich-Loslösen* davon, die Umsiedlung in die totale Leere, mit dem ganzen geistigen Gepäck. [KD]

21.2.1938. Mir war nie klar, wie ernst man bei Nietzsche solche Dinge wie das »Lob des Bösen«, das Schlagwort der »Härte«, die Aufrufe zur »Grausamkeit« und diesen ganzen grellen, schrillen Immoralismus zu nehmen hat, den er so gerne zur Schau trug. Wieviel ist davon literarische Effekthascherei, wieviel Hysterie und Erregtheit, wieviel Aufrichtigkeit? Die jüngste Lektüre des ›Willens zur Macht‹ hat mir zum erstenmal erlaubt, einige für dieses Problem wesentliche psychische Merkmale herauszuspüren. Nietzsche hatte tatsächlich wenig »Herz« im gewöhnlichen, etwas weibischen Sinn; ebenso ist er fast ganz frei von der Sinnlichkeit in allen ihren Spielarten, unter anderem auch von der weichen, umarmenden, aus der in Beziehungen zu Schwächeren Zärtlichkeit erwächst. In ihm war nichts von dem, was die Franzosen (im positiven Sinne) als *se laisser aller* bezeichnen; »Distanz« ist eins der Schlüsselwörter zu seiner Seele. Und mit diesem Zug seiner Natur befand er sich in völligem Einverständnis und war ängstlich darum besorgt, ihn auch nicht einen Augenblick lang zu verlieren. Zu den Abschnitten des ›Willens zur Macht‹, die besonders lehrreich, ja geradezu enthüllend sind, gehört derjenige, in dem Nietzsche sich vor der Gefahr der (eigenen!) *Anmut* warnt, denn diese verringere die Distanz und wirke auf diese Weise verweichlichend. Und aus Angst vor diesen Resten von Herz, auch vor möglichen äußerlichen Versuchungen zur Weichheit, versteift er sich, spannt sich an und grenzt sich ab: Und hier endet in einem bestimmten Moment der Mensch und beginnt der Operndrachen.

5.3.1938. »Alles Gelehrtenhafte aufgesaugt in die Tiefe«, sagt Nietzsche im ›Willen zur Macht‹; und das ist ganz nach meinem Geschmack. Weitere Punkte dieses schriftstellerischen Programms: »Alle Akzente der tiefen Leidenschaft, Sorge (...); absolut persönlich (...); die abstraktesten Dinge am leibhaftigsten und blutigsten. – Die ganze Geschichte wie persönlich erlebt und erlitten.« – Nun, überall wäre das nicht angebracht! Aber wenn Nietzsche es tut, dann ist es gut; und gut, *daß* jemand es tut. Keine Frage: Es gibt Dinge, in denen die nichtschulmäßige der schulmäßigen Philosophie überlegen ist.

Das Unangemessene und Gefährliche daran, sich allzusehr an die Durchschnittlichkeit anzupassen und anzugleichen, gewöhnlich zu werden: Anfangs pflegt man das Durchschnittliche an sich als Mimikry, doch am Ende wird man wirklich gewöhnlich.

7.4.1938. DER PLATZ DES IDEALISMUS[11] in der Gesellschaft. Das Pflänzchen des Idealismus blüht harmlos in seiner Ecke, doch die Gärtner ziehen es vor, kräftigere Lebensmittel zu züchten.

8.4.1938. Das Böse im Menschen versteckt sich, wenn er geschlagen wird; es kommt zum Vorschein, wenn es ihm gutgeht. Für die Geschlagenen und Besiegten ist die gute Meinung von ihnen der letzte Verbündete; um sie zu bewahren, enthalten sie sich sogar dort des Bösen, wo es ihnen kurzfristig nützen würde. Dafür werden sie sich reichlich schadlos halten, wenn sie wieder obenauf sind!

10.4.1938. Wenn man sich aufopfert, sollte es durchdacht und aus der Überzeugung heraus geschehen, daß es gut so ist. Ein Sichaufopfern aus Schwäche, aus Instinkt, aus Konformismus, aus Nachgiebigkeit, aus Herdentrieb: eine Sünde und ein Ekel.

Wir lieben es, uns Ziele zu stecken, von deren Unerreichbarkeit wir von vornherein überzeugt sind. Das verringert die Verantwortung: »Es ist nicht gelungen, denn das Ziel war zu hoch.« Bei realistisch gesteckten Zielen fehlt diese Ausrede.

Es ist nicht völlig ausgeschlossen, daß im Kampf um die Macht manchmal das verbrecherische Lager trotz allem, objektiv gesehen, den besseren Zielen dient, und daß die Welt letztlich mehr von dem kurzfristigen Sieg der Verbrecher als von dem der Anständigen profitiert. Doch das darf unsere Stellungnah-

---

11 Der Ausdruck ist hier zu beziehen auf das Leben, nicht auf die Philosophie.

me nicht beeinflussen. Wir müssen uns am Wert der Taten orientieren, nicht an deren unvorhersehbaren, höchstens möglichen Folgen. Die Sorge um die Zukunft der Menschheit ist nur in den Grenzen angezeigt, in denen man mögliche, doch ferne Folgen überhaupt in Betracht ziehen darf: und das sind keine weiten Grenzen.

In historischen Kämpfen ist das ferne und endgültige Resultat im allgemeinen ein höchst merkwürdiges Amalgam aus dem, was beide Seiten beigetragen haben. Daß die Individuen sich auf die eine oder andere Seite stellen, ist also – von der Zukunft aus gesehen – nicht viel mehr als eine *Rollenverteilung*, und sogar die Konfrontation ganzer Lager ist gewissermaßen eine Rollenverteilung: Alle Kämpfenden dienen im Grunde einer Sache, die mit keinem ihrer jeweiligen Ziele genau übereinstimmt, sondern sich nach einer gewissen Zeit aus allen diesen Zielen auf merkwürdige Weise herauskristallisiert und herausschält.

14.4.1938. Der Streit ist ebenso alt wie zerredet: Soll man den Kampf um eine bessere Zukunft führen, indem man die äußeren Bedingungen ändert oder indem man, durch moralpädagogische Anstrengungen, auf den inneren Menschen einwirkt? Doch vielleicht wäre gerade hier eine Arbeitsteilung angebracht, eine Art »kritisches Bündnis« zwischen den Aposteln in der Welt der Moral und den Organisatoren, den Politikern, den Planern neuer Systeme? Ein Bündnis, das der Sache nach keineswegs unnatürlich wäre; nur schade, daß die Bündnispartner einander so gar nicht ertragen können!

15.4.1938. Einigen starken Persönlichkeiten verleiht das völlige Fehlen jeglicher Unterstützung eine geradezu majestätische Ruhe. Und wird zu einer Quelle ihrer Autorität.

18.11.1938. Unter Problemen höherer Art sollte der Intellekt in der Lage sein sich so zu bewegen, daß er seine kritische Unabhängigkeit bewahrt, doch die Probleme nicht in niedere Sphären hinunterzieht.

25.11.1938. EIN GEMÄSSIGTER IRRATIONALIST ÜBER DEN EXTREMEN RATIONALISMUS. Auf jeder Brücke gibt es ein Geländer, damit die Menschen nicht ins Wasser fallen. Wenn es aber nur das Geländer gäbe, würde niemand den Fluß überqueren.

31.12.1938. DIE SELBSTVERVOLLKOMMNUNG – EIN VERFEHLTES IDEAL? Zweifel daran, das ethische Programm als Programm der »Selbstvervollkommnung« zu formulieren, haben mich immer heimgesucht; jüngst zwang mich Hartmann[12] dazu, wieder darüber nachzudenken. Senecas *Ut exeam melior* ist mehr als jemals zuvor ins Wanken geraten.

Was läßt sich diesem Ideal vorwerfen, nicht im Hinblick auf das Glück und die Ruhe des sich Vervollkommnenden (worüber ich seinerzeit bereits geschrieben habe), sondern unter streng ethischen Gesichtspunkten? In dem Sinne, daß die Selbstvervollkommnung als Ideal gerade dazu führen würde, daß der Mensch und seine Handlungen nicht besser, sondern schlechter würden? Der Hauptvorwurf würde natürlich in übermäßiger Rücksichtnahme auf sich selbst, in Egotismus und Egozentrik bestehen. Und darin, sich von den Nächsten und der Welt zu isolieren. Wer in erster Linie vollkommener werden will, alle anderen Ziele dagegen für verhältnismäßig unwesentlich hält, schließt sich in sich selbst ein, wird jeglichem Nicht-Ich gegenüber gleichgültig und transponiert seine schädliche Selbstverliebtheit lediglich in ein anderes Register. Vielmehr aber ist es so, daß seine Handlungen (und viele andere Weisen des Verhaltens) Tatsachen sind, die seine *Beziehungen* zu den Nächsten und zur Welt berühren; eine angemessene ethische *Bereitschaft* muß daher unter Berücksichtigung dieser Beziehungen sein eventuelles, zukünftiges *Verhalten* in bezug auf Menschen und Dinge betreffen. Darauf also, auf ein bestimmtes Verhalten in bestimmten Situationen, muß man eingestellt sein und sich in dieser Hinsicht üben und seine Fähigkeiten verbessern, nicht jedoch allein darum sich küm-

---

12 Natürlich Nicolai Hartmann.

mern, in seinem Inneren etwas Bestimmtes zu *sein*. Nicht »Ich will besser sein«, sondern »Ich will im entsprechenden Fall auf bestimmte Weise reagieren können«. Soweit der erste, praktisch orientierte Teil der Kritik.

Darauf läßt sich allerlei erwidern. Vor allem das: Mein Verhalten in einem bestimmten Moment hängt schließlich davon ab, was ich in diesem Moment »in meinem Inneren bin«; gerade im Hinblick darauf also, wie ich mich dann verhalten will, sollte ich mich darum kümmern, was ich sein werde. Doch hier geraten wir schnell an die Schwelle einer allzu subtilen Diskussion, in die ich heute nicht eintreten möchte.

Betrachten wir nun das Problem aus der Perspektive meines eigenen »Systems«, meiner »Wertphilosophie«. In der Logik dieses Systems liegt es, daß man *das Seiende überhaupt* zu vervollkommnen hat, ohne daß der eigenen Person dabei eine Sonderstellung zukäme. Ob ich mich selbst oder einen anderen, gleichrangigen Bestandteil der Wirklichkeit verbessere, der Nutzen ist der gleiche, und *prima facie* ist kein vernünftiger Grund zu sehen, weshalb ich mich selbst wählen sollte. Für diese Wahl (von der mein Instinkt mir immer sagte, daß sie nötig sei) muß man über Gründe verfügen, die im System *prima facie* nicht zu finden sind – Gründe eher praktischer Art. So sagte ich mir beispielsweise, daß ich selbst für mich das nächste, »natürliche« Rohmaterial darstellte, das mir gleichsam »zur Hand« sei, und daß sich daraus meine besondere Berufung ergebe, mich mit mir selbst zu beschäftigen. Doch mir war immer bewußt, daß diese Behauptung etwas an Präzision zu wünschen übrig läßt, und daß, *insofern* mit ihr etwas Bestimmtes ausgesagt wird, ihre Wahrheit keineswegs so offen zutage liegt.

1.1.1939. Meine zweite Begründung wäre wie folgt: Wie kann ich an die Verbesserung von etwas außer mir Liegendem auch nur denken, wenn ich selbst nichts wert bin? Man muß sich selbst vervollkommnen, um ein berufenes Werkzeug zur Vervollkommnung der anderen Menschen oder der Welt zu werden. Daß die Vervollkommnung der Welt durch jemanden erfolgen soll, der sich um seinen eigenen Wert nicht kümmert, scheint absurd. Doch es ist nicht leicht zu sagen, worauf diese Absurdität eigentlich beruht. Handelt es sich vielleicht nur um eine Art Ehrensache? Oder ist es vielleicht so (und das klingt realistisch): Wenn jemand den Prozeß der Vervollkommnung nicht aus eigener Erfahrung kennt, kann er die Vervollkommnung keiner Sache effektiv befördern?

– Ich komme jetzt noch einmal auf eine Frage zurück, die ich gestern beiseite ließ: Wie weitgehend muß ich mich bei der Beschäftigung mit meinen Handlungen und meinem Verhalten darum kümmern, was »ich selbst« im »Inneren« bin? War mein Argument korrekt? Zu diesem Thema drängt sich mir folgender – vorläufiger! – Gedankengang auf:

Bei Menschen, denen ihre Selbstvervollkommnung am Herzen liegt, kann die Bedeutung der Wörter »ich selbst« auf zweierlei Weise verstanden werden. Manchmal handelt es sich – und bei mir persönlich war das wohl in hohem Maße der Fall – um den eigenen, für andere unzugänglichen Seeleninhalt, um die eigenen (*primo*) Gedanken und (*secundo*) reinen (nicht mit Bestrebungen verbundenen) Gefühls*zustände*. Dieses Ideal ist in einem gewissen Grade ästhetisch: Man will *rein* sein. Die Vollkommenheit in *diesem* Sinne nun scheint keine Bedingung des richtigen Handelns darzustellen, denn Handlungen wachsen ja nicht aus Gefühlszuständen und Gedanken hervor. Sondern sowohl unsere Handlungen als auch unsere Gedanken und Gefühlszustände wachsen aus einer gemeinsamen Wurzel hervor: Aus Begierden, Wünschen, Bestrebungen und Impulsen. Hier erst befindet sich das eigentliche Zentrum, hier ist das wirkliche »Ich«, und dieses »Selbst« muß ich vervollkommnen, sowohl wenn es mir auf den Wert meiner Handlungen, als auch wenn es mir auf die Reinheit meiner Gedanken und Gefühlszustände ankommt. Bei diesem »Selbst«-Verständnis bewahrheitet sich, daß die Selbstvervollkommnung die Bedingung des richtigen Handelns darstellt; und die Sorge um den eigenen moralischen Wert als um etwas Primäres und Grundlegendes gewinnt an Berechtigung. Doch es muß stets ein Aber geben. Bei diesem Verständnis, so scheint mir, eignet sich der Begriff der »Vervollkommnung« weniger gut. Das *Ich*, das nun in Rede steht, ist nichts Aktuelles und Fertiges, nichts, was man ziselieren, bearbeiten, gestalten könnte. Es ist nichts, das mir überhaupt *gegeben* wäre, sondern ein Name für einen gemeinsamen Ausgangspunkt meiner Impulse und Bestrebungen. Vereinfacht gesagt: eine *Willensrichtung*. Die Willensrichtung aber kann man nicht in dem Sinne »vervollkommnen«, daß man in ihr bestimmte Eigenschaften pflegt; man kann sie nur *ändern* oder geradezu *umkehren*. In der Praxis bedeutet dies, sich die richtigen Impulse und Bestrebungen *anzugewöhnen*, was kaum den ästhetischen Charme der »Selbstvervollkommnung« im engeren Sinne aufweist. Ein strenges Ideal, das in keiner Weise unserer Selbstliebe schmeichelt: Und so landen wir, wenn wir diesen Kurs einschlagen (d. h. meinem eben vorgebrachten Argument folgen), doch an einem etwas anderen Ort als ursprünglich geplant.

2.1.1939. Die Gesellschaft befindet sich in einem fortdauernden Kriegszustand mit aller wahrhaften Moral. Es ist dies ein Konkurrenzkampf: um die Seelen, die beide Seiten ganz für sich allein haben möchten.

24.2.1939. Die Weisheit führt zu schärferen Grenzziehungen als der Haß und als der Machtkampf.

14.3.1939. Im christlichen Verständnis wird der Grundsatz des »Sich-selbst-Absterbens« in natürlicher Weise durch das Gebot ergänzt: »Liebe etwas außer dir.« Doch so wie ich die Welt allmählich sehe, gibt es in ihr nichts, ich wiederhole es bedrückt: *nichts* Liebenswertes. Somit gibt es auch keine Kompensation für den »Tod für sich selbst«. Ich entsage – und alles ist vorbei.

(Juli 1939). In einem beträchtlichen Teil dieser Meditationen habe ich wenigstens *eine* Pflicht eines Menschen erfüllt, der sich kritisches und selbständiges Denken gestattet: Ich habe durchaus heftig mir selbst *zuwider* gedacht.

Der Zweite Weltkrieg und die Zeit danach

I
Zweiter Weltkrieg

Wilna, 2.5.1940. Aus dem Aufsatz von Jan Władysław Dawid: ›Die Intuition in Mystik, Philosophie und Kunst‹ [O intuicji w mistyce, filozofii i sztuce], zuerst erschienen in: ›Krytyka‹ 14 (1912), hier zitiert nach desselben: ›Letzte Gedanken und Bekenntnisse‹ [Ostatnie myśli i wyznania], Warschau 1935.

»SICH SELBST ABSTERBEN.« »... eine völlige Negation seiner selbst (...). Ein langer, schmerzhafter Prozeß (...): sich selbst absterben, um für das All wiedergeboren zu werden, das sukzessive Absterben aller Ichs: des körperlichen, des geistigen, des emotionalen und des intellektuellen, sich in der Nacht der Sinne und des Intellekts verlieren, zum Nichts werden. Das Motiv und der Anreiz auf diesem Weg ist das verzehrende Verlangen des Menschen, sich von der Qual des Lebens, des ständigen Kreislaufs von Verlangen, Übersättigung und neuem, stets trügerischem Verlangen zu befreien ...« (S. 134).

DIE INTUITION UND IHR GEGENSTAND. »Die Intuition (...) ist ein Vermögen, das *zusammen mit seinem Gegenstand gegeben*, auf ihn beschränkt und untrennbar mit ihm verbunden ist; sie kann nicht beliebig auf irgendwelche ihr fremden, zufälligen Gegenstände und Probleme physikalischer, biologischer, psychologischer oder sozialer Art übertragen und angewendet werden. Sie ist solange und in dem Umfang aktiv, wie und insofern der ihr entsprechende Gegenstand existiert ...« (S. 207; Hervorhebung von Dawid).

7.5.1940. Auszüge aus dem in demselben Buch, auf der Grundlage von Materialien aus dem Jahre 1913 postum veröffentlichten Aufsatz: ›Die geistige Wirklichkeit‹ [O rzeczywistości duchowej]. Alle Hervorhebungen stammen von Dawid selbst.

IN DER MYSTIK GEHT ES UM DAS LEBEN, nicht um ERKENNTNIS. »In ihren Darstellungen der Mystik beachten die Autoren zuwenig den *aktiven Aspekt*; es scheint, als wäre die Mystik ein *Erkenntnisvorgang* (...). *Die Mystik ist eine persönliche Quelle* (...). Ihre ganze Entwicklung geht dahin, eine neue *Formel für das Leben*, nicht für die Erkenntnis zu finden (...). Hier wirkt nicht das Bedürfnis nach Wahrheit, sondern das Bedürfnis nach moralischer Rettung ...« (S. 63).

WESENTLICHE UND UNWESENTLICHE BESTANDTEILE DER MYSTIK. Zu den unwesentlichen (ganz zu schweigen von den »okkulten«, von »Visionen«, »Hellsehen« u. dgl.) zählt Dawid: (1) das Theologische, d. h. verschiedene »aus religiösen Glaubensinhalten übernommene« Vorstellungen; (2) das Gnostische, d. h. Bilder, die auf verschiedene Weise das Sein darstellen. Für wesentlich hält er zwei, die in verschiedenen Varianten vorkommend, von denen nicht alle meiner Denkweise entsprechen würden. Am nächsten wäre mir wohl die »Hyperästhetisierung des Geistes, der geistigen Wirklichkeit« (S. 80). Doch das »Gefühl der moralischen Ordnung«? In der Welt?? Kaum!

DAS BEDÜRFNIS, IN EINEM ANDEREN BEWUSSTSEIN AUSSER DEM EIGENEN ZU EXISTIEREN. Jeder Mensch existiere dadurch, »daß andere von ihm wissen ...« (S. 75). Daher »will der Mensch (...), daß man von ihm weiß« (S. 74). Daß andere einen spüren, Sympathie und Verständnis zeigen oder einen wohlwollend bewerten, das komme erst in zweiter Linie; grundlegend sei das Wissen. Vergleiche meine Gedanken über die Einsamkeit vom 5.4.1936.

24.5.1940. Das Gute in der Welt entdecken wir in dem Maße, wie wir selbst besser werden; daß man sich ethisch vervollkommnet, stellt eine unumgängliche Bedingung dar, zur Wertewelt vorzudringen.

Man sagt häufig, das Gute und Böse im Menschen beruhe auf der Richtung seines *Willens*; doch es gibt etwas, das tiefer ist als der Wille: die Richtung des *Interesses*, die Fähigkeit, auf bestimmte Dinge zu *reagieren*. »Etwas wert zu sein« bedeutet im Grunde, die Neigung zu haben, sich wertvollen, »edlen« Dingen zuzuwenden. Doch diese Neigung muß man gestalten und die Konsequenzen aus ihr ziehen; eben darin besteht die »ethische Selbstvervollkommnung«, und mit ihrem Fortschreiten wächst die Fähigkeit, den verborgenen Wert der Welt zu entdecken. Man könnte es auch so formulieren: Das Organ, das die Welt als wertvoll erkennt, ist der persönliche Wert des Erkennenden. Werde ein besserer Mensch als du warst und du wirst in dieser Welt Dinge erblicken, die du dir vorher nicht hättest träumen lassen.

Die Selbstvervollkommnung, als letztes Ziel betrachtet, weist allgemein bekannte Fehler und Mängel auf: Sich-in-sich-selbst-Einschließen, ethischen Egoismus, eine gewisse Kühle, Gleichgültigkeit gegenüber Handlungsfolgen, eine Neigung, nach der Devise zu leben: »*feci* (oder lediglich *conatus sum*) *et salvavi animam meam*«. All diese Fehler verschwinden, wenn man die Arbeit an sich selbst einem höheren und schöneren Ziel unterordnet: der Welt Gerechtigkeit widerfahren zu lassen, indem man das Wertvolle in ihr wahrnimmt.

24.5.1940. SPRACHE ALS SCHLECHTER AUSGANGSPUNKT. Die Wirklichkeit setzt sich aus individuellen Inhalten zusammen; die individuellen Inhalte haben keine Entsprechungen im Wortschatz; der Wortschatz ist eine Sammlung von Zeichen für Begriffe; die Begriffe sind lediglich ein über die Wirklichkeit gelegtes Raster. Deshalb ist, unter anderem, das Vertrauen auf die Sprache, sie könnte uns die Wirklichkeit erkennen helfen, ein schlechter Ausgangspunkt. [KD]

27.5.1940. Je ausschließlicher rational eine Aussage ist, desto weniger erfaßt sie von der Wirklichkeit, bis sie schließlich, am Extrempunkt, absolut nichts erfaßt. Ein rein rationales Denken ist akosmistisch.

7.3.1941. ÜBER DAS INNENLEBEN DES MENSCHEN. Quelle und Mündung ist das Gefühl, aber der Fluß sind die Gedanken. [KD]

8.3.1941. Klugheit ist unter anderem Gewöhnung an die Dummheit: Sich über sie nicht zu wundern, mit ihr vertraut zu werden – traurig, aber was sonst? –, sich ihrer zu bedienen. [KD]

3.11.1941. AUS ANLASS DER LEKTÜRE VON ZDZIECHOWSKIS BUCH ÜBER DIE ROMANTIK. Statt Renés Träumereien als mystische Flut oder zumindest als deren erste Welle zu verstehen, konstruierte Chateaubriand einen nichtexistenten Gegensatz zwischen Mystik und Religion und rief die Religion als Polizisten herbei, um den Träumer wieder zu den Angelegenheiten und Aufgaben des praktischen Lebens zurückzuzwingen. Das war falsch von ihm; in der Religion Disziplin zu suchen rächt sich immer. Die Disziplin hat einen anderen Ursprung.

Im übrigen muß man bei René die Träumereien von der Sinnlichkeit trennen, die bei ihnen mitschwingt (eigentlich sogar mehr als nur mitschwingt). Nur diese ist »verdorben«.

4.11.1941. Ich benötige Begriffe als Klammern, nicht als das Material, aus dem mein Weltbild gebaut wäre.

12.11.1941. Der sicherste Weg, selbst moralisch zu fallen, ist: andere zu verachten und zu verdammen. [KD]

23.11.1941. Folgendes Zitat von Charles Secrétan (›La philosophie de la liberté‹) finde ich bei Zdziechowski: »Alles, was sich in Gedanken verbinden läßt, stellt in der Wirklichkeit eine Einheit dar.« Dabei handle es sich um ein »Axiom« des philosophischen Denkens. Würde ich es nicht eher so sehen, daß die Philosophie beginnt, sobald man dieses Axiom verwirft? Der Geist verbindet auf unauflösliche Weise miteinander, was in der Wirklichkeit einander fremd ist; darauf beruht das Wesen jeglichen Urteils, jede Verwendung des logischen »ist«. Wie lautete noch jener Satz von Platon, den sich Meyerson einst zum Motto wählte?

Der Ort, auf dem sich alle menschlichen Angelegenheiten abspielen, ist die Erde; auf ihr steht, ihre Luft atmet, von ihrer Nahrung lebt, mit ihren Bildern denkt und schafft selbst der abgehobenste Mystiker. Und die Bedingungen des Aufenthalts auf der Erde, ob sie besser oder schlechter sind, darf man nicht geringschätzen; das ist ein Verbrechen.

»Erlösung auf Erden«, das kann bedeuten: »auf der Erde erlangte Erlösung«; in diesem Sinne findet jede Erlösung auf der Erde statt, und eine andere kann es gar nicht geben. Doch es kann ebenso bedeuten: »Erlösung im Hinblick auf die irdischen Angelegenheiten«, »Ende der Höllenqualen, die wir auszuhalten haben«. Letzteres ist ebenso der Mühe wert, und die Kämpfer für diese Sache verdienen unsere Achtung.

27.11.1941. »Nicht gewaltsam alles erhellen, im Dunkel lassen, was dunkel ist«: etwas in dieser Art schreibt Zdziechowski. Wenn man die »Dunkelheit« als ein bestimmtes Verhältnis des Geistes zum Gegenstand interpretiert (und zwar als die Unfähigkeit, angemessen in ihn einzudringen), dann ist der Grundsatz offenkundig falsch: Der Geist soll sich gefälligst etwas bemühen. Doch wenn man sie als innere, »inhärente« Eigenschaft bestimmter Gegenstände auffaßt, ist viel Wahres daran: Wenn ich mir eine Sache, die »an und für sich« dunkel ist, »klar mache«, dann verfälsche ich sie. Den Künstlern ist das wohlbekannt; die Philosophen sollten es auch wissen.

1.12.1941. Die Weisheit ist ein Nebenprodukt des Strebens nach Wahrheit oder nach der Systematisierung von Gedanken und Taten. Und oftmals ist sie das einzige Produkt.

4.12.1941. Vignys Verhältnis zu Gott und die Frage: war er gläubig oder nicht? Ist z. B. in der Tagebucheintragung über das »Strohflechten« das Wort »*Seigneur*« Ausdruck einer Überzeugung oder eine poetische Wendung? Antwort: Vigny war von Natur aus unfähig, anders als symbolisch zu denken. Die Frage der wörtlichen Korrektheit seiner Gedanken stellte sich für ihn nicht, denn Dinge wie »Wahrheit«

oder »Erkenntnis« in ihrer gewöhnlichen realistischen Bedeutung waren ihm – seinem tiefsten Wesen nach – radikal fremd; er lebte ohne sie.

5.12.1941. Es ist interessant, daß der gegenwärtige Krieg keine anderen als politische Überlegungen in mir auslöst, daß es keinerlei Verbindungen zwischen dieser Sphäre und der Sphäre meiner eigenen Probleme gibt. Wie anders sah das vor einem Vierteljahrhundert aus! Damals regte das historische Geschehen das Denken in allen Richtungen an. Diesmal ist es einfach ein stumpfer Gegenstand, mit dem man Schläge auf den Kopf bekommt. Zu denken gibt es hier nichts: Man sagt »nein« und wartet das Ende ab.

Doch in der Tiefe muß sich irgendein Verhältnis zu den Geschehnissen herausbilden. Bei mir bestand dieses Verhältnis anfänglich darin, die pessimistische Geschichtsphilosophie bis zum Extrem, bis zu ihren äußersten Grenzen zu treiben; endgültiger Zweifel an der Sinnhaftigkeit der Geschichte und weitgehend am Menschen überhaupt. Das ging vorbei, oder vielleicht habe ich mich eher (denn schwer ist es, sich in der eigenen Seele zurechtzufinden!) daran gewöhnt und leide nicht mehr darunter. Doch dieser Prozeß spielte sich völlig in der Sphäre des Gefühls und Instinkts, nicht des Denkens ab. Was ist an die Stelle der Verzweiflung getreten? Vorerst lediglich ein ruhiges Bekenntnis zur Kultur; ein geschärftes Gefühl ihres Gewichts, ihrer Würde und Substantialität. Der Wegfall all dessen, was als »Spiel mit der Kultur« gelten konnte. Das Stärkerwerden der Überzeugung – nein! die Bejahung, die wichtiger ist als alle Überzeugungen –, daß es trotz allem lohnt, diese alten Grundmauern zu stützen, inmitten einer Welt des Verbrechens dieses Gebäude der Aufhellung zu errichten. Und vielleicht noch: das Gefühl von einer absoluten Zweigleisigkeit der Geschichte – daß die Geschichte des Verbrechens und die Geschichte des Geistes ohne die geringste gegenseitige Beeinflussung nebeneinander herlaufen und von Gattungen geschaffen werden, die sich ontologisch ferner stehen als in der Zoologie die Eidechsen und die Ammoniten.

9.12.1941. Man muß asubstantiell denken, doch nicht um des »Staubs der Phänomene« willen, sondern um der reinen Qualitäten willen. (Diese Sichtweise drängt uns wenigstens mit großem Nachdruck die ästhetische Problematik auf.)

20.12.1941. Die Mystik ist keine »Ergänzung« zu den von Praxis und Wissenschaft gelieferten Erfahrungen; sie ist eine innere Revolution, die alles bis auf den Grund zerschlägt.

Die Mystik ist kein Kennenlernen von Tatsachen, die vorher unbekannt gewesen wären, sondern ein Umbau der geistigen Grundlagen und damit ein Umbau unserer Sicht der Wirklichkeit. Der Kosmos zerspringt in tausend Stücke, und außerhalb seiner erscheint eine andere Welt, die kein Kosmos mehr ist.

VIVEKANANDAS VERHÄLTNIS ZUR RELIGION, wie ich es aus Rollands Buch entnehme. Es liegt darin eine große Gefahr: »Schenken« wir uns die Kritik der sogenannten religiösen Erfahrung und vertrauen wir ihm – obwohl doch, wie allgemein bekannt, die Inhalte dieser Erfahrung irreal wie ein Traum sein können. Dies führt auf den verdächtigen Weg der Suche nach speziellen »Zuständen«, die es uns erlauben, jene Erfahrungen zu »erleben«, und in weiterer Konsequenz auf den Weg, innere Techniken zu betreiben, die uns diese Zustände verschaffen können. Und das darf man nicht: Die Religion ist eben *kein* Opium, und schon gar kein Haschisch.

Ferner: Der Empirismus ist korrekt, er ist einfach eine Tautologie, was die Erkenntnis der »Wirklichkeit« im Sinne des »Gegebenen« betrifft. Doch er versagt, wenn wir versuchen, im Bereich des »Gegebenen« die »Wirklichkeit« im engeren Sinne von dem zu unterscheiden, was mehr oder weniger »Schein« ist. Diese Unterscheidung aber ist schließlich nicht nur für die normale menschliche Erkenntnis unentbehrlich, sondern auch für die mystische Religion: denn jede Mystik erhebt den Anspruch, uns aus der Welt teilweiser oder völliger Illusion heraus- und in die tatsächliche »Wirklichkeit« einzuführen.

Meiner Ansicht nach hat die »Dialektik«, von der Rolland hier mit so großen Vorbehalten spricht, bei diesen Fragen ein entscheidendes Wort mitzureden. Denn nur durch eine Analyse der sogenannten Erkenntnisprozesse und durch eine Kritik der Urteile und Begriffe als der Werkzeuge dieses Erkennens erschüttern wir den naiven Glauben des naiven Rationalismus, und nur durch eine Analyse von Begriffen wie »Ding«, »Gegenstand« usw. bringen wir die Welt unserer ursprünglichen praktizistischen Konstruktionen zum Einsturz. Die mystische Intuition vermag nur auf dem Boden einer äußerst destruktiven skeptischen Analyse und einer nahezu nihilistischen Zerschlagung der ursprünglich angenommenen Wirklichkeit zu gedeihen: Und all das ist keine Frage der Erfahrung, sondern vielmehr der dialektischen Anstrengung. Daher ist die Rolle von Denkern wie Plotin und seinesgleichen (womit ich den Typus des Denkens meine, nicht die Doktrin) bei einem mystischen Werk größer und entscheidender als die Rolle der reinen Empiriker.

Verfehlt sind bei Rolland und bei Vivekananda ebenso die Versuche, die Mystik der Wissenschaft anzunähern, wobei als Vorbild der »Wissenschaft überhaupt« die biologischen Disziplinen vorschweben: wieder Empirismus. Mit der Wissenschaft übereinzustimmen, ist die letzte Sorge des Mystikers, der doch wohl der Auffassung sein dürfte, daß die Wissenschaft *konstruiert* und ihre eigenen Konstruktionen erforscht, während das Wesen der Mystik darin besteht, aus Konstruktionen herauszukommen. Der wahre Mystiker ist überzeugt davon, daß nur das von ihm Erkannte die »Wirklichkeit« ist, das von der Wissenschaft Erkannte dagegen nicht. Die von Rolland und seinem Meister hergestellte rührende Übereinstimmung tötet die Eigentümlichkeit der Phänomene; Bergson hat all das viel besser gesehen.

20.12.1941. »Der Mensch ist nur insofern Mensch, als er darum kämpft, sich über die Natur zu erheben« (Vivekananda).

»Das ist elementar und offensichtlich; was gibt es da noch bei Montaigne zu suchen?« – diesen Kommentar wollte ich hier in der ersten Hitze hinzusetzen. Doch ich biß mir auf die Feder. Auch Montaignes Weisheit kann von Nutzen sein; man darf sie nicht allein deswegen hintansetzen, weil sie eine der Hauptquellen von Boys Weisheit darstellt.

21.12.1941. Es widerspricht geradewegs dem Wesen der Religion, ihr generell den Charakter eines Erkenntnisaktes zuzuschreiben, auch wenn man diese Auffassung später ergänzen mag. Bereits der erste Schritt des Bekenners ist ein Fehler, wenn er seinen Besitz als »Glauben« und sich selbst als »Gläubigen« bezeichnet.

Was mich so schmerzt: daß mein Milieu – und möglicherweise auch der überwiegende Teil meines Volks? – den ungeheuren Geschehnissen der Gegenwart nur Trägheit entgegenzusetzen vermag. Keine Spur eines schöpferischen Reflexes. Dem Orkan zum Trotz ausharren in dem, was war, und dorthin zurückkehren, das ist das ganze Programm: nicht selten sogar heroisch in der Ausführung, vielleicht auch indirekt nützlich als Bremsklotz für das wahnwitzige Tempo der Geschichte, doch nützlich in der Weise, wie es die »Weltkugel« war, die Mickiewicz bewegen wollte: als Widerstand, Grenze, undurchdringliche Barriere, dank der die brodelnden Mächte, anstatt zusammen mit Feuer und Rauch in die Leere zu verdampfen, zu Gestaltungsmächten werden. Dies ist die Rolle, die in vielen Traditionen der Materie beim Bau der Welt durch die Kräfte der Tat zugedacht war. Doch nur Materie, nur eine Kugel, nur ein Hindernis auf dem Weg der Geschichte zu sein, das ist keine Rolle für vernünftige Wesen, und das Programm, als Programm, ist *stumpfsinnig*, unvernünftig und tot; außerdem ist es verbrecherisch, denn wir wollen dann auch alles *Schlechte* bewahren, das es gab.

Hegel sagte, der Mensch könne von seinem Geist »nicht groß genug denken«. Richtig; doch von mir aus würde ich hinzufügen: *Vom Menschen* kann man nicht pessimistisch genug denken.

Eine ruhige, ausgewogene, in sich ruhende, volle Mystik (eine solche, die einen nicht daran hindert, Goethe zu verehren). Ohne einen persönlichen Gott und eine individuelle Unsterblichkeit, doch mit Äquivalenten für beides.

Das Christentum ist für den Europäer eine Versuchung in den Augenblicken größter Schwäche; denn in den Augenblicken größter Schwäche lechzen wir nicht bloß nach Religion, sondern nach einer gemeinsamen Religion, die uns mit der Umgebung vereint.

Wenn ich einen heiligen indischen Text lese, dann nehme ich die in ihm enthaltenen mythischen[1] Beimengungen entweder als Poesie auf oder entferne sie sanft. Wenn ich einen christlichen Text lese, kann ich mich des Eindrucks nicht erwehren, daß man sie mir dogmatisch aufzwingt, und ich nehme eine Abwehrhaltung ein. Dieser unterschiedliche Eindruck ist in hohem Maße objektiv begründet; doch selbst wenn er es nicht wäre, bliebe das Faktum bestehen, daß Indien fern und exotisch ist, während hinter den christlichen Texten Mächte stehen, die mich hier in Europa umgeben und ihren Druck ausüben.

22.12.1941. Von verschiedenen Flüchen habe ich mich in meinem Leben befreit, von anderen befreite mich das Leben ohne mein Zutun und Verdienst, doch einige belasten mich weiterhin, tatsächlich ihrer Kraft beraubt oder in dunklen Winkeln vor sich hinschlummernd und zum Wiederaufleben bereit. Derjenige, den ich in letzter Zeit am stärksten und schmerzlichsten empfinde und dem meine tiefsten Instinkte – anfangs ohne mein Bewußtsein und Wollen – in diesen Monaten den Kampf auf Leben und Tod angesagt haben, ist der Fluch des Rationalismus rein formaler Machart, des dummdreisten Logizismus, der so verbissen ist in seinen Angriffen

---

1 »Mythologischen«; aus Rücksicht auf meine katholischen Herausgeber und *Freunde* von mir geändert.

auf hohe Bestrebungen, auf edles Schaffen, auf die Wertewelt, auf die Musik der Qualität, die stumm die Ufer der Welt der Wesen und Bedeutungen umspült, auf jeglichen wertvollen Inhalt, in den einzudringen und dessen Erhellung seine gedanklichen Energien zu widmen dem Menschen geziemt. Der Fluch dieser ganzen, im intellektuellen Gewand daherkommenden hochmütigen geistigen Erbärmlichkeit, die ich immer gehaßt, doch gegen die ich mich nicht beizeiten zu Widerstand und Gegenoffensive aufgerafft habe, weil ich es nicht verstand, eine Grenzlinie zu ziehen zwischen ihr und der wahrhaft *verstehenden* Rationalität: die menschlich, völlig offen für *jede* Wirklichkeit und fruchtbar ist.

23.12.1941. Es gibt zwei Formen des Kampfs gegen das Übel: sich von ihm befreien und die Fesseln zerreißen, und sei es, indem man sich in die Leere wirft, oder: sich darum bemühen, daß das Gute einen positiven Sieg davonträgt. Das erste Streben ist mit weniger Illusionen verbunden, das zweite wird von Bejahung und Hoffnung getragen. Die Wahl hängt ab vom individuellen Charakter und der jeweiligen geschichtlichen Notwendigkeit.

Frage: Ist ein schreibender Mystiker ein Mystiker reinen Typs? Ich meine nicht den Fall, wenn er ausschließlich in apostolischer Absicht schreibt (und das ist sicherlich oft das Hauptmotiv). Abgesehen davon jedoch hat er, sofern er schreibt, offenbar noch andere Interessen als die, von denen er in mystischen Momenten bewegt wird: Vielleicht reizt ihn die Kunst der Sprache, vielleicht verspürt er ein Mitteilungsbedürfnis, vielleicht strebt er nach Einfluß oder gar nach Berühmtheit? Häufig ist er gewissermaßen ein bißchen Künstler, also auch Schauspieler, in dem Sinne, in dem jeder Künstler ein Schauspieler ist.

Ich habe die Bezeichnung »Empirie« gebraucht für die »Alltagswelt«, dies Produkt von Sinneswahrnehmungen und intellektuellen Konstruktionen. Doch dieser Begriff ist nicht gut, genausowenig wie »vorhandene Welt« und »gegebene Welt«. Zwar ist diese Welt »gegeben«, »vorhanden«, »empirisch« in bezug auf das Subjekt, das ich *in diesem Moment* bin: In einer reinen Momentaufnahme »sehe« ich sie, »nehme« ich sie tatsächlich als solche »wahr«. Doch *in rigore* ist sie nicht so, denn sie wurde *vorher geschaffen* aus Material, das in ihr immer noch zu finden ist; und nur dieses Material ist wirklich und uneingeschränkt »gegeben«. Die Welt selbst aber ist bereits eine Konstruktion. »Die Welt der Praxis«? Das trifft es auch nicht besonders gut, denn diese Welt ist zugleich der Ort, an dem sich die intellektuelle Vordergrundanalyse abspielt: jene Analyse, die nicht versucht, in eine destruktive skeptische Dialektik überzugehen. Ich habe keinen Namen dafür, und doch ist das, worum es mir geht (gerade »empirisch«) völlig greifbar.

»Gott« ist beim Areopagiten nicht Seele noch Intellekt, er ist nicht Denken, nicht Vernunft, nicht Licht, nicht Macht, noch verfügt er über Macht. Er lebt nicht und ist nicht Leben. Er ist nicht Geist (hier Einschränkungen); und wiederum: er kennt die seienden Dinge nicht, in ihm ist kein Wissen (Dionysius Areopagita: ›Mystische Theologie‹ V. Zitiert in Rollands ›La vie de Vivekananda et l'évangile universel‹, Paris 1930, S. 233 ff., in Darboys französischer Übersetzung von 1845). – So sieht das aus, wohin eine konsequente Mystik gelangt. Nun gut.

Doch jetzt zwei Fragen. Erstens: Hat es auch nur den geringsten Sinn, einen solchen Gegenstand noch Gott zu nennen? Und zweitens: Was kann man hier noch lieben?

Zum Unbestimmten vorzudringen und es sich vor Augen zu halten ist für uns ungeheuer hilfreich, da uns dies – in einem bestimmten beschränkten Sinne – von den Fesseln der ungenau so genannten »Empirie« und des Diskurses befreit, die uns bedrängende Welt zerstört und uns unsere Freiheit zurückgibt. Das Gefühl jedoch, das hier entstehen kann, dürfte eher Freude oder Begeisterung als Liebe sein. Das Unbestimmte hat keine Vorzüge, Attribute, Tugenden, keinerlei Wert: nichts, woran die Liebe sich halten könnte.

Es ließe sich höchstens folgendes sagen: Wer zum Unbestimmten vorgedrungen ist, kann – wenn er dazu in der Lage ist – die wiedergewonnene Freiheit dazu verwenden, um sich mit dem Aufbau einer eigenen Welt zu befassen, die besser ist als jene, die er hinter sich gelassen hat. Und erst zu dieser kann er, weil sie besser ist, Liebe empfinden.

27.12.1941. So etwas wie volle Zufriedenheit empfinde ich dann, wenn ich nur für mich selbst ein Buch lese oder ein Problem durchdenke. Doch wie rasch verschwindet diese Zufriedenheit spurlos, sobald ich diese Dinge tue, um die Ergebnisse publik zu machen. Der Wunsch oder die Verpflichtung, mit seinen Gedanken vor die Leute zu treten, verdirbt die ganze Freude am Denken.

30.12.1941. Die Ethik gehört in ihrer Gänze zur Welt der Fesselung und Einschränkung; ihre Sache ist es, die Verhältnisse zu regeln, die sich aus der Einschränkung ergeben. In der Welt der Befreiung wird die Ethik gegenstandslos. Doch es deutet alles darauf hin, daß es eine *Bedingung* der Befreiung ist, ihren Anforderungen zu genügen. Daraus ergeben sich einige regelrechte Antinomien: Teilweise bindet uns die Ethik (durch die Pflichten), teilweise befreit sie uns (dadurch, daß sie uns reinigt, uns unabhängig macht von den Begierden und uns über die Bedürfnisse erhebt); sie ist zum Teil ein Verbündeter, zum Teil ein Feind des nach Erlösung Suchenden.

Das Streben nach mystischer Unbestimmtheit kann unter Umständen nur vorübergehend sein. Denken, um aus dem Nichtsein eine Welt zu errichten, die uns entspräche – dafür ist es in einer Übergangsphase erforderlich, die vorhandene Welt zu zerschlagen: sie mit den Methoden der Skepsis und der Mystik zurück in die Unbestimmtheit zu stoßen. Man zerstört diese bestimmte Welt, um an ihrer Stelle eine andere zu errichten; doch diese wird dann wieder bestimmt sein.

3.1.1942. Einst hatte ich den Ehrgeiz, mein Denken auf endgültige Formeln zu bringen, es in eine Reihe von Wahrheiten zu fassen, an die ich mich hätte halten können. Widersprüchliche Aussagen ebenso wie ungenaues und unbeständiges Denken hielt ich für disqualifizierende, tödliche Unzulänglichkeiten. Heute weiß ich, daß jede Aussage nur einen bestimmten Aspekt meines Denkens sichtbar macht: meines Denkens, das sich verändert, andere Nuancen annimmt, sich wie ein Bach durch Widersprüche hindurchwindet und das nur auf dem Weg über Widersprüche, in ständigen Annäherungen, Wandlungen und in ständiger Bewegung seinen eigentlichen Inhalt zu enthüllen vermag, der sich nicht auf Formeln bringen läßt.

5.1.1942. Die Basis besteht darin, daß der Denker eine eigene, neue Sicht der Wirklichkeit hat und diese vor anderen Menschen ausbreitet. Solch eine Sicht liefert selbst ihre Begründung, indem sie im Bewußtsein des Rezipienten schlafende Inhalte weckt. Dieser soll sagen: »Natürlich, so ist es, ich habe mir das bisher nur noch nicht bewußt gemacht.« Die Begründung durch Argumente hat ihre Bedeutung, aber in einer späteren Phase.

9.1.1942. Wenn wir auf dem Boden von ordentlichen, redlichen, vernünftigen Überlegungen etwas Irrationales (ich würde hier eher sagen: Transrationales) vorfinden, dann haben wir die Garantie, es mit der Wirklichkeit zu tun gehabt zu haben. Wenn dagegen alles bis zum Schluß wunderbar aufgeht, bis zum Schluß »durchsichtig« und dem diskursiven Denken zugänglich bleibt, haben wir den Beweis für das Gegenteil: daß wir die Wirklichkeit nicht erfaßt haben, daß sie außerhalb des Bereichs geblieben ist, von dem die ganze Zeit die Rede war, und daß wir uns die ganze Zeit unter reinen Gedankenkonstrukten bewegt haben.

»Die Wirklichkeit ist irrational«: Das ist heute so etwas wie ein Dogma, von dem ich kaum abzurücken vermag. Wenn man mich fragte, woher ich das weiß, könnte ich hinweisen auf die Veränderlichkeit der Wirklichkeit und die Starrheit der Begriffe, auf die unendliche Menge ihrer Bestandteile bei einem begrenzten Reservoir an Begriffen (und Termini), auf die Unerschöpflichkeit des Individuellen in Verbindung mit dem Faktum, daß alles Wirkliche individuell ist usw. Doch das wären – ganz zu schweigen sogar von der fragwürdigen Berechtigung einiger der aufgeführten Thesen – stets nur Beispiele. Daß die Wirklichkeit irrational ist, weiß ich, weil ich es *erfahren* habe; denn nur wenn ich über das rationale Denken hinausging, wurde mir das zuteil, was man als die *Erfahrung der Wirklichkeit* – d. h. der eigentümlichen Sache, der dieser Terminus meinem Verständnis nach zukommt – bezeichnen kann.

Wenn es sich so verhält, wozu dann rationale Überlegungen anstellen, noch dazu »redliche«? Neben vielen anderen Gründen auch deswegen, um sich durch das Vordringen zum transrationalen Boden diese Erfahrung der Wirklichkeit zu verschaffen, die man auf anderen Wegen nicht gar so oft erlangt.

15.2.1942. »Wenn man nicht mächtig sein kann, muß man sich dazu entscheiden, freundlich zu sein, und wenn man nicht aggressiv sein kann, dann muß man eine Tugend aus der Vernünftigkeit machen« (Lin Yutang: ›My Country and my People‹, New York 1935).

27.2.1942. Ein persönlich aufgefaßter Gott; die Unsterblichkeit; eine Kirchenorganisation: Wer diese drei Dinge hat, kann völlig anders an seiner moralischen Vervollkommnung arbeiten als derjenige, der nicht über sie verfügt. Ein allwissender, wohlmeinender Zeuge meiner Bemühungen; die unendliche Dauer meines Lebens, die ihm volle Würde verleiht; organisierte Hilfe auf der Erde: All das wirkt unterstützend, beflügelnd, ermöglicht die Überwindung der Natur und verleiht darüber hinaus unserem moralischen Streben einen unzweifelhaften *Sinn*. Wie anders sieht es ohne all das aus! Wenn man das Gute – dessen man sich nicht sicher ist – allein aus Liebe zu ihm mit eigener Kraft aus sich hervorbringen muß, ohne damit irgendwelche Hoffnungen zu verbinden, vor allem aber *einsam*, ja sogar in Opposition zur Welt, die zwar will, daß wir »moralisch« seien, doch gemäß *ihrer*, der Gesellschaftsmoral und im Einklang mit *ihren* Interessen, nicht der Wahrheit gemäß.

28.3.1942. Ein Meister ist, wer einer Anzahl seiner Nächsten dabei geholfen hat, ehrenvoll aus der Bedrängnis des irdischen Lebens zu entkommen.

14.4.1942. »Es gibt so trockene Anlagen der Seele, mit so dürftiger Kraft des Tiefbewußtseins ausgestattet, daß sie leicht einer Anpassung an die Umwelt, unter völliger Mißachtung der phantasievollen Komplementierung und des Irrationalen anheimfallen. Zu Zeiten einer Bewußtseinsebbe, die weitere Schichten eines Volkes oder eines ganzen Menschheitsgeschlechtes umfaßt, kommen (...) Vertreter dieser Geistesrichtung zu Macht und Ehren, bis eine Reaktion ihrer zerstörenden, wenn auch unumgänglichen und zeitweilig nützlichen Kraft ein Ende bereitet. Die Sophisten in der griechischen Kultur, die Sankhya in der indischen, um nur einige Beispiele hervorzuheben, in der Neuzeit die Enzyklopädisten, die Positivisten, Materialisten, Naturalisten, Empiriokritiker, sie alle haben die Arbeit des Vollbewußtseins auf Kosten des irrationalen und organisierenden Tiefbewußtseins überschätzt.

Da sie nicht selten einen gewissen denkformalen, wenn auch oft phantasielosen und leeren Scharfsinn entfalten und die Allgemeinheit, durch den Verfall ihrer Komplementierungskräfte ermattet, keinen erheblichen Widerstand zu leisten vermag, so erstreckt sich die suggestive Wirkung ihrer Autorität auch auf gesündere Kreise.

Zahllose Menschen mit tief religiöser und künstlerischer Anlage fallen ihnen zum Opfer und leihen ihre reichere Schaffenskraft der fremden Sache, die ihren instinktiven Neigungen durchaus nicht entspricht« (R. M. Holzapfel: ›Welterlebnis‹, 1. Teil, Jena 1928, S. 46 f.).

16.4.1942. »Die Logik und Sachlichkeit mancher Erkenntnis beruht (...) auf Trockenheit der Seele. Wo der Mangel an religiösen und künstlerischen Anlagen die Sachlichkeit und Richtigkeit des Denkens und Beobachtens vor subjektiven Deutungen zugunsten der Wünsche bewahrt, kann sich eine gewisse kleinliche Virtuosität objektiven Begreifens entwickeln [bravo! – H. E.]. Aber niemals vermag dann diese die reichsten und bedeutendsten Gebiete zu umfassen und zu lebendig konkreter Gestaltung ihrer beseeltesten Zusammenhänge vorzurücken. Stets bildet sich eine solche Objektivität der Orientierung auf Kosten umfassendster und geistigster Erkenntnisse, *die dann einer völlig unlogischen, unsachlichen Verstümmelung zum Opfer fallen*« (Hervorhebungen von mir; ebenda, S. 72 f.).

17.4.1942. Wenn ein Denker anderen seine Einschätzungen und Bewertungen nahelegen möchte, besteht die effektivste Methode darin, dies möglichst gut hinter sachlichen Ausführungen zu verstecken. Wenn die Wertung besonders pointiert sowie deutlich und bewußt von Beschreibung und Analyse abgehoben erfolgt, kann das ein Grund dafür sein, daß die Suggestion nicht stark genug ausfällt.

22.4.1942. Irgendwo in der ›Wandlung‹[2] empfiehlt Astrow im Zusammenhang mit Ausführungen über Holzapfel (einigermaßen wörtlich) die Herrschaft eines Ideals und eines Lebensgefühls, die alle wesentlichen Kräfte des Menschen umfassen und nur das ausschließen würden, was objektiv hinderlich und minderwertig ist. Eine gute Formel; da ich selbst der entgegengesetzten Ansicht bin (daß ein Ideal, um effektiv zu wirken, in gewissem Maße einseitig sein muß), könnte ich mich ihrer Umkehrung bedienen. Also: Ein Ideal sollte nicht *alle* menschlichen Kräfte engagieren, es sollte gewisse vollwertige Dinge *ausschließen*: Nur auf diese Weise erhält der Drang zum

---

2 Eine von Holzapfels Schülern nach seinem Tod in der Schweiz herausgegebene Zeitschrift.

Ideal Schärfe und Schwung. »Eine Tugend ist besser als zwei«: Darin steckt ein richtiger Gedanke.

6.5.1942. Das Schreiben verschlingt einen Teil der Zeit, die man auf das Denken verwenden könnte. Daher stehen Menschen wie ich, die langsam und mit Mühe schreiben, vor einer tragischen Alternative: entweder die Gedankenbewegung anhalten oder darauf verzichten, sie offenbar zu machen.

Kotarbiński und Genossen: das Verbrechen, dem Menschen die Wege zu versperren.

7.5.1942. Es gibt in der Welt Banditen und Heilige. Nur bewegen sich die Heiligen in Rahmen, die von den Banditen abgesteckt sind. [KD]

12.5.1942. Die Weisheit ist die subtilste, vergeistigste Form der Herrschaft. Nicht über Menschen natürlich, sondern über die Natur.

23.5.1942. Die Treue zur Gruppe ist alles in der Gruppenmoral; in der Vollmoral stellt sie auch eine Tugend dar, doch eine bescheidene, zweitrangige, mit tausend Einschränkungen versehene. Nur unter außergewöhnlichen Umständen – kollektive Gefährdung, verzweifelte Selbstverteidigung – tritt sie in den Vordergrund; doch auch hier hat sie lediglich das Recht, Opfer im Bereich der menschlichen Beziehungen, und zwar der äußeren, zu fordern, niemals jedoch das Recht zur Herrschaft über die Gesamtheit des Gewissens und Lebens.

30.5.1942. ÜBERLEGUNGEN NACH DER LEKTÜRE VIGNYS. Wenn ein uns persönlich betreffender Sachverhalt uns sehr schmerzt, uns mit Zweifeln, düsterer Trauer und Verzweiflung erfüllt, dann beginnen wir nach ebenso tiefen Quellen von Trauer und Verzweiflung auf unpersönlichem Gebiet zu suchen, in Sachverhalten, die nicht mehr nur uns, sondern andere Menschen, Menschengruppen, Gesellschaften, Geschichtsepochen, die gesamte Menschheit oder den Kosmos betreffen. So erblickt Vigny, bedrückt von seiner Einsamkeit als höherer und schöpferischer Mensch, in der Einsamkeit ein allgemeines Gesetz, dem alles Höhere unterliegt; so beginnt ein anderer nach Mißerfolgen im Leben die gesamte Geschichte als ein mißglücktes Experiment, als eine einzige große Niederlage zu betrachten. Das Phänomen ist bekannt: Persönliche Anlässe zu Verzweiflung und Zweifel bringen Pessimismus hervor. Doch nun zur Interpretation. Gewöhnlich nimmt man an, daß es sich hierbei um ein normales Überfließen oder Ausstrahlen des Gefühls handelt: um einen Prozeß, in dem das Individuum passiv ist und, beinahe mechanisch, gewissen Gesetzmäßigkeiten seiner Psyche unterliegt. Die allgemein pessimistische Anschauung sei einfach eine *Verlängerung* der persönlichen Traurigkeit, ein *Hinzufügen* von neuen traurigen Umständen zu dieser, wodurch sie zugleich vertieft würde. Tatsächlich jedoch scheint es sich anders zu verhalten. Die erweiterte pessimistische Anschauung ist *keine neue Quelle der Traurigkeit, sondern ein Trost*. »Nicht nur ich leide so heftig, den anderen, der Allgemeinheit geht es genauso; nicht nur ich erleide Niederlagen, die Niederlage ist nach einem geschichtlichen Gesetz jedem höheren Drang beschieden; nicht nur ich bin dazu verurteilt, verurteilt waren ebenso Moses und Julian und jeder große Geist, verurteilt ist mein Volk und die gesamte Menschheit.« Was für eine Erleichterung! Ich bin also kein Verdammter, kein Ausgeschlossener mehr, ich muß die Ursache der Niederlage nicht mehr in meiner eigenen Natur suchen, in diesem einmaligen, einzigartigen Stempel, der meiner Persönlichkeit eingeprägt ist – oder vielleicht, wie Ödipus, in meinem einmaligen, absurden, unverdienten Schicksal. Ich muß mich nicht mehr vor Schmerz am Boden wälzen, mir aus Verzweiflung in die Hände beißen und schreien: »Warum bin ich so?« oder: »Warum hat mich dieses schreckliche Übel betroffen?« Das Gefühl, ein persönliches Unrecht erlitten und in der Lotterie des Seins auf unwiderrufliche, bösartige und »metaphysische« Weise verloren zu haben, verschwindet; ich unterliege einem *Gesetz*. Und die ruhige, kontemplative Melancholie des Nachsinnens über das Gesetz dämpft den persönlichen Schmerz. Es ist also nicht so, daß sich unsere Traurigkeit ausdehnt, »überfließt«, »ausstrahlt«, sondern *wir* dehnen sie gezielt aus, *wir* suchen nach Begründungen für den Pessimismus, um in ihm unsere Niederlage zu ertränken. Ich sagte einmal, die Tragik sei die Überwindung des Pessimismus. In der Tat, das wäre der nächste Schritt; doch bereits der Pessimismus als solcher ist eine Art Überwindung der Verzweiflung. Oder ein prophylaktisches Mittel: Wenn wir spüren, daß die Verzweiflung nahe ist, das Unmenschliche, Schreckliche, an dem wir unfehlbar zerschellen werden, steuern wir unser Boot rasch hinaus auf die hohe See der großen Fragen und schützen uns durch eine niederschmetternde *Sicht* des Daseins vor einem niederschmetternden *Schlag* gegen unser persönliches Dasein.

– Wodurch rettet sich Vigny vor dem Pessimismus? (Denn daß er sich rettet, ist sicher.) Das Gefühl der Getrenntheit von den Menschen (zumindest von deren Masse), von der Natur und dazu noch von Gott, stürzte ihn in eine außergewöhnlich tiefe Finsternis. Dennoch ist Vigny weit entfernt von der Selbstzerfleischung eines Leopardi oder auch Leconte de Lisle. Was bewahrte ihn davor? Oberflächlich und vorläufig vielleicht: sein literarischer Freundeskreis (*cénacle*), diese ganze leicht komische Gesellschaft gegenseitiger Verehrung, deren Beziehungen und Liaisons wir aus dem Briefwechsel kennen. Etwas Liebe, doch vor allem Sinnlichkeit; beides aber ist zweischneidig. Ehre und die Religion der Ehre? Das ergäbe, vor dem Hintergrund seiner allgemeinen Weltsicht, eine tragische Konzeption, und es ergibt sie tatsächlich – doch das macht nur einen Teil von Vigny aus. Der ihm in dieser Hinsicht verwandte Conrad ist *tiefgründiger* tragisch. Der Kult nicht allein der Ehre, sondern der Moral? Hier rühren wir tatsächlich – z. B. in ›Daphné‹ – an etwas Letztes, doch nur der *Absicht* des Dichters nach; psychologisch ist das nicht völlig überzeugend. Vielleicht ist »Weisheit« das angemessenste Wort? Libanios schwebt hoch über Pessimismus und Tragik. Doch »Weisheit« ist nur der Name für eine gewisse Summe von Errungenschaften, nicht für eine bestimmte psychische *Kraft*, mit der sich etwas erklären ließe. Dann sind da noch die Politik, die Verwurzelung in der Gesellschaft (denn trotz »Einsamkeit« gibt es auch das!) und das lebhafte Interesse an öffentlichen Fragen; ferner die Herkunft und das Aristokratische. Doch mir reicht keine dieser Erklärungen aus. Welche »Gegengewichte« hat Alfred de Vigny gegen den Pessimismus gefunden? Dieses Problem bleibt für mich bestehen.

31.5.1942. Aus meiner letztjährigen (wohl etwa um die gleiche Jahreszeit unternommenen) Lektüre von ›Rot und Schwarz‹, der zweiten in meinem Leben, ist mir unter anderem im Gedächtnis geblieben, daß Stendhal schreibt, das schlechte Gewissen sei ein stellvertretender Prozeß, der andere Leiden maskiere. Auf der Grundlage meiner eigenen Erfahrungen würde ich dieses Problem jedoch etwas anders sehen. Stendhal sagt, Madame de Rênal leide tatsächlich an Julians Abwesenheit, doch es scheine ihr, sie leide aufgrund ihres Ehebruchs: Das durch die Abwesenheit verursachte Leid *komme zu Bewußtsein* als Leiden an der begangenen Sünde, als schlechtes Gewissen. Eine recht primitive Konstruktion, würde ich sagen; unerklärt bleibt der *Mechanismus* dieses angeblichen Prozesses. Ich würde das Problem spezieller (und nietzscheanischer) damit verknüpfen, daß der Mensch *schwach* ist und im Leben Niederlagen erleidet. Eine Variante dieses Gedankens sähe wie folgt aus. Ein Mensch leidet aufgrund einer Niederlage (oder anderer, weniger dramatischer Folgen seiner eigenen Schwäche) und müßte sich in aller Ehrlichkeit eingestehen: »Du bist ein Tölpel und ein Schwächling.« Doch hier tritt die unbewußte Selbstverteidigung auf den Plan: Weil er sich nicht zur Sünde der Tölpelhaftigkeit bekennen möchte, was am erniedrigendsten wäre, sucht sich der Mensch als Gegenstände seiner Selbstkritik andere, weniger erniedrigende, dafür dramatischere Defekte: solche moralischer Art. Die Vorwürfe von Seiten des Gewissens maskieren die schmerzhafteren Vorwürfe, die auf seine Schwäche zielen. Wenn ich, als Mann, mich in einer analogen Situation wie Madame de Rênal befände, würde ich sicherlich an dem Gedanken leiden: »Du hast gesündigt«, »Du hast die heiligen Bande der Ehe zerrissen«; doch wenn das tatsächlich stellvertretend geschehen sollte, dann sicherlich nicht für das Leiden daran, daß die Geliebte fern ist, sondern z. B. dafür, daß die Sinne stärker waren als ich oder, vulgärer gesprochen, daß ich mich »von einem Weib einwickeln ließ«: In beiden Fällen ginge es um meine Schwäche, und vor diesem Bewußtsein der Schwäche würde ich mich in ein schlechtes Gewissen flüchten.

1.6.1942. »Was ihr nicht versteht, das führt ruhig als Erklärung für alles andere an« (Hodgson, über den ich übrigens nichts weiß! – zitiert bei L. Brunschvicg). – Ist das bloß satirisch gemeint? Schließlich trifft es das Wesen unserer Erkenntnis gar nicht schlecht.

Als ich neulich den Versuch unternahm, zur ›Großen Improvisation‹ zurückzukehren, bestätigte das meine negativen Ergebnisse, zu denen ich bereits früher gelangt war. Trotz meiner vollen, auf Verständnis gegründeten Bewunderung sowohl für die in diesem Ausbruch zum Vorschein kommende menschliche und seelische Macht als auch für die berauschende Genialität des Ausbruchs selbst bleibt die ›Improvisation‹ mir menschlich fremd und greift mir als Dichtung nicht ans Herz. Ich stoße hier an eine der unüberwindlichen, letzten Grenzen meiner Natur.

Fremd sind mir vor allem – was offensichtlich ist; doch interessant, daß diese Fremdheit so stark hervortritt – gerade die erwähnten Machterlebnisse, die dort eine grundlegende Rolle spielen. Das Nächstverwandte, das ich aus Erfahrung kenne, ist ein gewisses – besonders nach dem Anhören bestimmter Musikstücke auftretendes – Durchflutetwerden von einem Machtgefühl, das in eine Art »Hurrastimmung« übergeht, in ein Bedürfnis nach grenzenloser, aber grundsätzlich richtungsloser Weitung (»ins Unendliche, überall«): Das jedoch ist etwas ganz anderes, und durch das Zitat habe ich bereits zu verstehen gegeben, zu wem in dieser Hinsicht eine Verwandtschaft bestehen könnte. Mickiewicz hat ein völlig anderes Machtgefühl, ein solches, wie Napoleon es hätte haben können, ein Gefühl real wirksamer, deutlich gerichteter Macht, die in der Lage ist, greifbare und bestimmte Veränderungen herbeizuführen. – Ferner: Fremd ist mir diese verbissen konkrete, selbstverständliche »Gegebenheit« des transzendenten Gottes, eines Gottes, der herrscht und regiert; und daher ruft auch die Tragödie der gegen einen solchen Gott gerichteten *Revolte* in mir keinerlei Echo hervor. – Ich liebe nicht »das ganze Volk«; weder verstehe ich, wie so etwas möglich ist, noch wünsche ich es für mich: Ich *schätze* so eine pauschale Liebe nicht. Obwohl ich mich als Teil dieses Volks und mit ihm solidarisch fühle, mehr noch: dem Schicksal dankbar bin für diese Möglichkeit der Teilnahme und Gemeinsamkeit, fühle ich mich doch nicht »eins« mit ihm, ebensowenig wie mit irgendeiner anderen Gemeinschaft auf der Welt. – Fremd ist mir die heroische Schlichtheit und diese gewissermaßen trockene Sachlichkeit, mit der Mickiewicz nackt seinen Hochmut vorzeigt (den sich an sich selbst berauschenden, rhetorischen Hochmut Słowackis verstehe ich dagegen gut). – Und obwohl ich einst nach so etwas wie Führungsaufgaben und Einfluß gestrebt habe, sind mir sowohl die Ungeduld fremd, mit der Konrad nach der Macht greift, als auch die Formen, in denen er sie sich vorstellt, ja sogar die Ziele, zu denen er sie verwenden will.

Soviel zum menschlichen Aspekt; nun zu Fragen des Stils und der Phantasie. Hier drängen sich mir zwei Erinnerungen auf: die Charakterisierung von Mickiewicz in Matuszewskis ›Słowacki und die neue Kunst‹ [Słowacki i nowa sztuka] sowie meine eigene Notiz von 1913, die in paradoxer Weise mit den Worten beginnt: »Mickiewicz ist kein Stilist« (ein Stilist sei dagegen Słowacki). Heute weiß ich, daß Mickiewiczs Stil – gerade auch hier, in der ›Improvisation‹ – Höhen erreicht, zu denen sich kaum ein anderer Meister je emporgeschwungen hat, doch auch dieser Stil und diese Phantasie rufen bei mir lediglich ein Höchstmaß an ruhiger Anerkennung hervor. Der Stil ist erstaunlich, großartig, meisterhaft in seiner Verbindung von Logik und Konkretheit angesichts unkonkreter und der Logik unzugänglicher Gegenstände. Keine Makel noch Brüche, keinerlei Schwächen; keine Spur von Manieriertheit (die in den Sonetten und im ›Konrad Wallenrod‹ noch so verbreitet ist). Höchste Redlichkeit. Homers Plastizität und Prägnanz in der Beschreibung von Erlebnissen, die auf einem gewissermaßen Schellingschen, Boehmeschen, cherubinischen und luziferischen Boden erwachsen sind. Und doch: Wenn ich Homers Namen nenne, spüre ich, daß dies bereits zwei verschiedene Welten sind. Und gerade diese schmale Grenze zwischen den beiden vollkommenen »Plastikern« in Ribots Sinne ist für mich alles entscheidend.

Es ist klar: Mickiewiczs Stil ist nicht weitschweifig, und seine Poesie ist in keinem Sinne Musik. Sie singt nicht – doch ebensowenig wogt sie dahin; sie ist kein Meer noch das Rauschen großer Bäume. Auch Homers Dichtung ist all dies nicht; doch hier gibt es einen feinen Unterschied. Homers Poesie legt sich auf die Dinge *en nappes* (ich finde keinen polnischen Ausdruck), *nappes de contemplation* in dem Sinne, in dem man von *nappes d'eau* spricht. Sie fällt vom Himmel auf sie herab wie Licht, das Nachmittagslicht der letzten Sommertage, doch zugleich wie eine große Ruhe, und vergoldet mit ihrem gleichmäßigen Glanz den gesamten Kreis der von ihr erfaßten Dinge; Einzelheiten heben sich nicht von der Ganzheit ab, sind nicht mit besonderem Eifer herausgemeißelt. Mickiewicz betreibt das Herausmeißeln mit solcher Verbissenheit, daß er manchmal zu weit geht. Das »Plastisieren« nimmt hier Ausmaße an, bei denen – für mein Bedürfnis – das innere Gleichgewicht der Poesie bereits erschüttert ist. »Mit der Hand spür ich, wie rund sie sind« – von Tönen gesagt! – das wäre so etwa das Symbol dessen, worum es mir geht. Bei diesem Fall oder auch bei: »wie ein Insekt auf dem Rosenblatt« handelt es sich schon nicht mehr um ein Herausmeißeln, sondern um Juwelierkunst, um Gemmenschneiderei, um Onyxschnitzerei; wenn man den *Geist* dieser Dichtung wegdenkt, bleibt Gautier. Ein solcher Stil angesichts eines solchen Themas grenzt an ein Wunder, und darin sehen einige den Gipfel der Kunst; mir jedoch wäre eine sozusagen einheitliche, unmittelbarere Harmonie zwischen Thema und Stil lieber.

Und dann diese Logik, in der jedes Bild, als Argument, konsequent ausgeführt wird. Das Gefühl ist das »Blut in der Adern Tiefe«; woraus folgt: »Sowenig man mein Blut sieht in meinem Gesicht, / Sowenig sichtbar sind Gefühle im Gedicht«; oder: »ich hab ihn im Ohr«, präzisiert als »am Pfeifen hör ich seinen Flug« – ebenso wird »ich hab ihn im Auge« gleich genau erklärt: »ich seh ihn im Wolkengewand«. Schließlich: In beiden Fällen wird die Genauigkeit der Parallelen durch den Satzbau unterstrichen.

Nach der Lektüre der ›Improvisation‹ verspürte ich das Bedürfnis mir gewissermaßen zu beweisen, daß nicht der stürmische Schwung dieser Dichtung und nicht ihre religiöse Größe es sind, die mich abstoßen. Ich griff nach dem ›Beniowski‹ und las aus dem berühmten Credo die Strophen über Gott. Der Eindruck war nicht im geringsten beeinträchtigt, er fiel mächtiger aus als je. Durch das ganze Experiment wurde also nur das gefestigt, vertieft und genauer ins Bewußtsein gehoben, was seit dreißig Jahren in mir lag.

7.6.1942. Über eine im übrigen kluge Frau aus der intellektuellen Welt Wilnas: Es gibt Menschen, die niemals und zu nichts ihren Senf dazugeben, sondern ihn gleich über allem ausgießen.

23.6.1942. Tuwim: viel, viel Lärm. Viel Schäumen auch, viele Bläschen. Wenn Tuwim »Leben« sagt, denke ich »Schlagzeug«, und wenn er ruft: »Blut«, dann denke ich »Asti spumante«.

Tuwim hat kein Rückgrat. Doch das ist ja das Ideal eines Akrobaten!

1.7.1942. Das Geheimnisvolle verbinde die Menschen, während das Rationale sie entzweie, sagte ein gewisser Herr Sauter aus Wien (nachzulesen im Konferenzband ›Deuxième Congrès international d'esthétique et de science de l'art‹, Bd. 1, Paris 1937, S. 389).

In meiner Version lautet das etwas anders: Es »verbindet«

die Menschen weniger, als daß sich die Menschen besser *verstehen*, wenn sie *nicht völlig* rational denken und in einem gewissen Grade metaphorisch reden. Ein klassisches Beispiel ist für mich ein Gespräch, das ich mit Berent (im Zusammenhang mit der Zeitschrift, die er damals gründete)[3] über polnische Kritiker und Schriftsteller führte. Wir sprachen in Metaphern – und verstanden uns hervorragend!

3.7.1942. Wenn ein ernsthaftes Lebensproblem auftaucht, werden präzise Termini und die gesamte theoretische Fassung zum sprichwörtlichen »Gewand« dessen, was sich im Bewußtsein des Betreffenden abspielt. Im Kern geht es darum, sich einen Weg durch das Dickicht und die Hindernisse zu bahnen – mit seinem ganzen Wesen, nicht allein mit dem Denken.

»WEISHEIT« UND DER »KRISTALL DER INDIVIDUALITÄT«. Die »Weisheit« des fortgeschrittenen Alters zerschlägt den »Kristall der Individualität« der Jugendjahre. Die Künstler schaffen dann Werke, in denen vom »Kristall« beinahe nichts mehr übrig ist, doch die dafür eine vierte Dimension aufweisen, eine Art überindividuelle Breite, eine synthetische Kraft, etwas Allumfassendes. Ich habe einmal eine Bemerkung dieser Art über Beethovens Sonate op. 111 gelesen; bei wem, weiß ich nicht mehr.

4.7.1942. Eine wahrhaftige, starke menschliche Individualität ist wie ein Diamantnagel, der für alle Ewigkeit, ohne schützende Papierunterlagen direkt in den Kosmos geschlagen ist. Mit solchen Diamanten ist der Boden des Alls übersät wie der Nachthimmel mit Sternen; nichts verbindet sie außer der bloßen Tatsache, daß sie so sind: fest und eingeschlagen – und darin besteht ihre herrschaftliche Gemeinschaft.

Warum beenden wir unsere schönsten Erlebnisse so schnell: das Versunkensein in das Anhören eines Musikstücks oder in

---

[3] ›Pamiętnik Warszawski‹ 1929.

den Anblick einer schönen Landschaft? Weil wir Angst haben: Angst vor der inneren Anstrengung, die es uns kosten würde, uns auf das Niveau des Gegenstands emporzuheben; Angst vor der Ruhe, die uns unsere fade Alltagserregung verleiden würde; und Angst vor der Ekstase, die uns spüren ließe, daß unser gewöhnlicher Lebensinhalt der Tod ist. Man muß so etwas wie eine Agonie durchleiden, um mit seinem ganzen Wesen in die Fülle einzugehen; vor dieser Agonie fürchtet sich das Leben und zieht sich möglichst schnell in die Kleinheit zurück.

6.7.1942. Wie oft ist nicht ein schlechtes Gewissen bloß ein transponiertes Unglück: Wenn ich unglücklich bin, fühle ich mich sündig. Dafür mag es mehrere Erklärungen geben, doch die Tatsache steht fest: Große Unglücksfälle bewirken, daß wir das Messer gegen uns selbst richten und damit wütend in den Wunden herumwühlen.

7.7.1942. Heute habe ich ein gutes Dutzend Gedichte aus ›Der brennende Inhalt‹ [Treść gorejąca] gelesen. Das ist nun doch »Klasse«dichtung. Aber hier ist auch der – in der gegebenen Konstellation segensreiche – Einfluß eines anderen Dichters am deutlichsten sichtbar: der von Leśmian.

»Ein Viertel Dichter, drei Viertel Kobold«: Aufs Ganze gesehen wäre dieses Urteil über Tuwim vielleicht sogar ziemlich richtig. Doch im ›Inhalt‹ (den ich heute zu Ende gelesen habe) ist das Verhältnis günstiger. Woher rührt dieser Fortschritt? O du arme Menschennatur! – Die Jugend ist vergangen, der Herzensbund mit der geliebten Frau zerbrochen, Schmerz, Trauer, Niederlagen und Verluste haben sich eingestellt.

11.7.1942. Erlösung als Auflösung: gute Formel zur Charakterisierung des Buddhismus.

13.7.1942. »Die Poesie wird mit jenem namenlosen Chaos identifiziert«, schreibt über Tuwim der ehrwürdige und durchaus scharfsinnige Zawodziński. Doch das gälte eher (stellenweise) für Tjuttschew; bei Tuwim brechen sich alle Strahlen, die aus der Welt in seine Richtung führen, im Medium, das für ihn die *Alltäglichkeit* darstellt; diese allein ist ihm wirklich nah; der ganze kosmische Inhalt ist »hohl«. Tuwim ist ein aus der Umlaufbahn geworfener Realist der Alltäglichkeit, der sich, um nicht in eine völlige Leere zu fallen, an kosmische Themen klammert, ohne für sie geschaffen oder begabt zu sein: ein Dichter der Straßenbahnplattformen, der Ratten und der Cocktails, der sich unnötigerweise in einer erlogenen vierten Dimension herumtreibt.

14.7.1942. Die Theosophie und verwandte Strömungen verhalten sich zur ernsthaften Mystik wie die Vielschreiberei zur wahren Poesie. Die Theosophen sind die Vielschreiber der Mystik.

17.7.1942. Drei Schlüsselwörter zu Beethoven: Macht – Ergriffenheit – Hero-Tragik. [KD]

Schopenhauer zum Trotz gibt es im Verlangen drei unter hedonistischem Aspekt positiv zu bewertende Faktoren: (1) die in der Phantasie vorweggenommene Erfüllung; (2) das Gefühl der eigenen Lebendigkeit und Initiative, in den günstigsten Fällen der »Ursprungshaftigkeit« und Spontaneität; (3) ein gewisses positives Moment beinhaltet – paradoxerweise! – *sogar das Gefühl des Mangels selbst*: Es ist ein Gefühl, daß man sich absondert und Umrisse gewinnt, gewissermaßen ein Gefühl der eigenen *Konturen*. All das jedoch ist etwas auf seine Weise Ästhetisches und erinnert ein wenig an die Vorstellung von einem spannenden, interessanten Kampf oder Drama.

Religion: *organisation de l'irrationel*.

21.7.1942. Wenn der Geist ein »Messer« ist, dann dürfte – indem man die Metapher weiter spinnt – folgendes Paradoxon gestattet sein: Nur mit einem Messer, das zumindest noch ein wenig stumpf ist, kann man Brot oder Fleisch schneiden; mit einem Messer im Zustand vollkommener Schärfe läßt sich nur noch die Luft zerteilen.

22.7.1942. ZUR TAKTIK DER SELBSTERZIEHUNG. »Sprich oft verächtlich von ... [hier sagt der Autor ›der Eitelkeit‹, doch vermutlich kann es sich hier auch um irgendein anderes Laster handeln], auch wenn es dir scheint, daß du es nur ungern tust, denn dadurch *bist du es dann deinem Ruf schuldig, zur Gegenpartei zu halten* [*vous vous engagerez même de réputation au parti contraire*]. Außerdem regen wir uns selbst zum Haß gegen das an, was wir mit Worten bekämpfen, wenn wir auch früher Zuneigung dafür empfanden« (Franz von Sales: ›Anleitung zum frommen Leben‹ IV 10; Hervorhebungen von mir).

Am wichtigsten ist das von mir Hervorgehobene. Diese Taktik ist riskant und gefährlich: Wenn sie nicht gelingt, müssen wir uns vor unseren Nächsten eines Widerspruchs zwischen Worten und Taten schämen. Doch manchmal kann sie wirksam sein.

Habe ich etwas von einem Pragmatiker? Durchaus, wenn man diesem Satz (von Sobeski über ›Don Quijote‹ in der Interpretation von Unamuno) recht geben will: »Als Aufgabe der Philosophie betrachtet man letztlich sowohl hier [d. h. bei Unamuno] wie dort [bei den Pragmatikern] nicht die Erkenntnis der Welt, sondern das Errichten der Welt: Die Welt ist und ist auf eine solche Weise, insofern und wie der Mensch sie sich schafft.« – Eben.

29.7.1942. VON DER MUSIK. Ich habe kein großes Verständnis für all das in der Musik, was sie der Architektur ähnlich macht: für perfekte, durchsichtige Konstruktionen formaler Art; überhaupt liegt mir ihre ganze strukturelle Seite fern. Und wenn sich diese Seite verselbständigt und zur ganzen Musik wird, verliere ich den Kontakt: Daher das Hermetische, das bereits ein beträchtlicher Teil von Bachs Werk für mich hat. Die Struktur ist für mich lediglich ein (natürlich unerläßlicher) Rahmen, durch den sich die Klang»masse« mit ihrer Dynamik, Harmonie, Farbigkeit und sinnlichen Schönheit ergießt; unter den Strukturelementen ist der Reim das einzige, das ich angemessen herausspüre. Von der Melodie spreche ich hier nicht: Die wird von jedem erfaßt. Soweit zu meiner – überaus umfangreichen – negativen Seite.

Doch blicken wir tiefer: Die Musik ist für mich eine durch und durch symbolische Kunstform; nur solche Werke, die sich symbolisch interpretieren lassen, sind für mich ganz »ernst zu nehmen«. Der Symbolismus ist vordergründig noch recht elementar: Töne sind Gefühle, Harmonien sind Verbindungen und Kombinationen von Gefühlen in ihrer Vielgestaltigkeit; Schwankungen der Tonstärke und des Tempos sind ebenfalls Schwankungen der Stärke und des Tempos im emotionalen Fluß, dieser zentralen Strömung des menschlichen Lebens. Doch tiefer betrachtet sind diese Kombinationen, ist dieses Stärker- und Schwächerwerden, dieses Anspannen und Entspannen, dieses Schneller- und Langsamerwerden mehr als das: Gestalten des Seins selbst, und die Töne stellen die reine, sublimierte Substanz dar. Das Sein ist den Hörern großer Werke zweimal unmittelbar gegeben: flüssig in Gestalt der Gefühle und in kristallisierter – wenn auch bewegter! – Form, insofern es in Töne transponiert ist.

30.7.1942. Die Hölle in Bewegung, die Hölle im Fluß: das ist die Geschichte, der Strom des kollektiven Lebens. Am Ufer dieses Phlegethon hat sich ein kleines Wesen niedergesetzt und sieht zu; dieses Sitzen und Zuschauen hat einen Namen: das »Sichbefreien des Geistes«.

1.8.1942. Mit der Prosa läßt sich nicht der gleiche formalistische Hokuspokus anstellen wie mit der Poesie. Daher werfen die Formalisten so gern die Prosa über Bord.

Ich versuche unbedingt Conrads ›Sieg‹ aufzutreiben, um es noch einmal zu lesen; ich verspüre einen unwiderstehlichen Hunger nach dieser Lektüre. Denn mit Heyst verbindet mich ja eine mehr als enge Verwandtschaft. Bin ich nicht ein wenig wie ein Heyst, dem es an Mut gefehlt hat?

10.8.1942. »Nicht der Staat ist ein Teufelswerk, sondern die Gesellschaft. Die Gesellschaft – nicht die Summe der Menschenseelen, sondern tatsächlich die Gesellschaft als Gemeinschaft – ist jene ›Welt, die im Argen liegt‹ und von der man sich loszureißen hat. Wenn wir beim Versuch, uns loszureißen, unsere Anstrengung gegen etwas anderes richten – gegen die eigene Seele, das eigene ›blutige Menschsein‹, das Leben, die weit, als Kosmos, als Sein verstandene ›Welt‹ –, dann sind das nur psychologische Umstellungen.« (Einige Tage alte Notiz, die ich hier einfüge; nicht alles in ihr findet meine Zustimmung.)

12.8.1942. »Was für eine Philosophie man wähle, hängt sonach davon ab, was man für ein Mensch ist« (Fichte).

13.8.1942. CONRADS ›SIEG‹. Diese zweite, aufmerksamere Lektüre hat meine Achtung vor dem Werk etwas vermindert; auf jeden Fall hat sie es vom ersten Platz gestoßen, den ich ihm – vor ›Lord Jim‹ und vor ›Nostromo‹ – zuzuerkennen geneigt war. – Was meine kürzliche Notiz anbelangt, so ist sie ganz und gar falsch. Erstens ist Heyst als Typ mir *wenig* verwandt; er stünde vielleicht, durch bestimmte Züge, Amiel näher, wenn da nicht diese etwas flache Verachtung wäre, in die sich sein Pessimismus verwandelt. (Obwohl auch für Amiel die Welt niemals Heysts »sich im Sonnenlicht drehender Schatten« war.) Zweitens war es falsch, von Heysts »Mut« und seiner »Tat« zu sprechen. Es gibt hier weder Mut noch eine Tat. Heyst ist nicht nach Samburan gefahren, weil er an diesem Ort fern von den Märkten des Ehrgeizes und der Zivilisation sein Leben hätte beschließen *wollen*, sondern er ist passiv dort *geblieben*, als die anderen sich zurückzogen. Sich wiederum von London aus zu den Sundainseln aufzumachen und sich dort fünfzehn Jahre lang als eine Art Tourist herumzutreiben – gehört dazu irgendein Mut?

Inwiefern Heyst als Figur einen Schlüssel zu Conrads Psyche liefert, bleibt eine offene Frage. Pessimismus und Unwillen gegenüber den Märkten: das schon; doch Conrad *liebte* schließlich das Handeln.

FICHTE: ›DIE BESTIMMUNG DES MENSCHEN‹ (bisher nur eine oberflächliche Begegnung; erste richtige Lektüre). – Ich mußte mich etwas dazu zwingen, das Buch durchzulesen; ob ich davon in größerem Maße profitieren werde, wird sich erst nach der Inkubationszeit erweisen. Mit der Deontologie befindet sich meine Axiologie seit einer Reihe von Jahren im Konfliktzustand. Daher verspürte ich eine gewisse Zufriedenheit, daß der Gedankengang so unerhört schwach ausfällt, mit dem Fichte versucht, der Pflichterfüllung ihre Sterilität zu nehmen und zu zeigen, daß sie einen weiteren Sinn in Gestalt ihrer »überirdischen« Folgen besitzt. »Aber schlechthin für nichts und um nichts kann ich als vernünftiges Wesen, dem durch seinen blossen Entschluss schon ein Zweck hingestellt wird, nicht handeln. Soll ich jenen Gehorsam für vernünftig anzuerkennen vermögen, soll es wirklich die mein Wesen bildende Vernunft, nicht eine selbst erdichtete, oder eine irgend woher angeworfene Schwärmerei seyn, welche mir den Gehorsam gebietet, so muss dieser Gehorsam doch irgend einen Erfolg haben, und zu irgend etwas dienen. Er dient offenbar nicht für den Zweck der irdischen Welt; es muss sonach eine überirdische Welt geben, für deren Zweck er diene.« – Eine spaßige Argumentation. Zuerst wird gesagt: Ich werde das Gebot des Gewissens gehorsam befolgen, denn es ist ja das Gebot der Vernunft. Und dann: Wenn das Gebot keinerlei – in irgendeiner Hinsicht sinnvolle – Ergebnisse hervorbringt, wäre das Gebot nicht ein Gebot der Vernunft, sondern eine »Schwärmerei«, eine Illusion. *Weil* es jedoch mit Sicherheit vernünftig ist, muß es auch Ergebnisse hervorbringen; und da es diese auf der Erde nicht gibt, muß es sie im überirdischen Bereich geben und es muß eine überirdische Welt existieren. Und so gelangt man leichten Schrittes zur »überirdischen Welt«. Doch woher weiß Fichte, daß das Gebot »vernünftig«

ist in dem neuen Sinne, den er in diesem Moment postuliert, und nicht in dem völlig anderen, den er am Ausgangspunkt zugrunde legte? Es ist so, als würde ich argumentieren wollen: Goethe war mit Sicherheit intelligent; er wäre jedoch nicht intelligent gewesen, wenn er keine Gleichungen dritten Grades zu lösen vermocht hätte; *also* vermochte er sie zu lösen, wenn nicht im Wachzustand, dann im Schlaf. – Schwach scheint mir auch der Gedankengang, wonach »das Gesetz der übersinnlichen Welt« »ein Wille« sei; doch darauf werde ich hier nicht näher eingehen. Nur noch eine Bemerkung: Am schlechtesten ist es, Philosophen durch sogenannte »populäre« Darlegungen ihrer Philosophie kennenzulernen. Man hat damit die doppelte Arbeit, denn man muß die eigentlichen Argumente erraten.

22.8.1942. *Lacus, in quem vita defluit.* Weder für meine »Laute« noch für meinen »Namen« noch selbst für meine *Welt* werde ich einen Erben hinterlassen. Mit keiner Seele habe ich eine Welt gemeinsam; mit keiner Seele habe ich gemein, was mir den Weg erhellt, was mir Schwung und Leben verleiht. Und vergeblich ist es, solche Seelen zu suchen: Auf die Schönheit, auf zauberhafte Erlebnisse und auf das Spiel schwebender, vieldeutiger Symbole werden wir niemals eine Gemeinschaft gründen. In keinem brüderlichen Bewußtsein wird sich, was ich geliebt habe, so spiegeln wie in meinem, in keinem wird es ein neues Leben erlangen anstelle dessen, das es zugleich mit mir verliert. Nicht nur ich bin einsam, sondern auch meine Welt ist einsam inmitten unzähliger Welten, die getrennt sind durch das unüberwindliche Absolutum des gegenseitigen *Andersseins*. Dies ist jene gewaltige Melancholie, jener Ozean der Traurigkeit, ausgegossen über den Ozean der Schönheit, dies ist es, was bewirkt, daß man nicht fröhlich sterben kann. Wie also soll man sterben? – *Mit Liebe*, mit Liebe zu dem – um an die bekannten Worte des Dichters[4] zu erinnern und sie für meinen eigenen Bedarf umzuformen –, »was niemals zwei Seelen sehen werden«.

---

4 Vigny: »*Aimez ce que jamais on ne verra deux fois*« [»Liebt, was man nie mehr wiedersehen wird« – aus: ›La maison du berger‹].

30.8.1942. NORDEN: ›DIE ANTIKE KUNSTPROSA‹, Bd. 1 (die heidnische Antike – die Fortsetzung interessiert mich weniger). – Das Buch wird seinem Titel nicht gerecht: Das Thema ist hier weder die Kunst der Prosa noch die antike Prosa in ihren Hauptwerken, sondern der *Manierismus des Gorgias*, seine Ausläufer und Einflüsse, höchstens noch die durch ihn hervorgerufenen Reaktionen. Dennoch habe ich davon profitiert, und zwar dadurch, daß ich mir bewußt gemacht habe, wie normal einige meiner Probleme und Bestrebungen als Prosaiker sind. Zum Beispiel der durch κῶλα [Satzglieder] ähnlicher Größe erzielte Rhythmus; der Zusammenhang zwischen der versetzten Wortfolge und der Sorge um rhythmische Vorzüge; das Einschmelzen von Zitaten in den eigenen Text (Einheitlichkeitsgrundsatz!) durch ihre teilweise Zerschlagung; und noch einiges. Für die polnische Kritik sind all das böhmische Dörfer; sind es oder waren es, denn es ist nicht ausgeschlossen, daß Wóycicki *et consortes* hier etwas bewegt haben.

6.9.1942. Aus den ›Bekenntnissen‹ des hl. Augustinus: »Was den Reichtum betrifft (...), wenn der Geist nicht deutlich spürt, ob er ihn, während er in seinem Besitz ist, verachtet, kann er ihn verlassen, um sich davon zu überzeugen« (X 37). – In der ›Ethik der Entsagung‹ [Etyka wyrzeczenia] (1925, S. 66) habe ich behauptet, das sei kein Beweis.

9.9.1942. Augustinus: ›Bekenntnisse‹ – eine Lektüre, die unangenehm ist, zu der ich mich zwingen muß, die Ungeduld, Wut und schmerzlichen Groll in mir erweckt. Solche Bücher können einem nur seine Religion trüben.
Einige Details übernehme ich in die theoretischen Notizen.

10.9.1942. »Kenner der Höhen und Tiefen« (Goethe: ›Der Gott und die Bajadere‹). – Was ist von dieser Bezeichnung zu halten, wenn man sie auf Menschen anwenden will? Sie besagt entweder zu wenig oder zu viel. Zu wenig: denn es reicht nicht aus, ein Kenner zu sein, man muß dieses Material hoher und niedriger Dinge zu gestalten verstehen, in den Tiefen und auf den Höhen konstruktiv und schöpferisch tätig sein. Und man muß es verstehen, sein Wissen über sie anderen mitzuteilen, ein Verkünder zu sein. Bloße Kennerschaft ist fruchtlos. – Zu viel: denn wenn jemand zum Konstruktiven und Schöpferischen, zum Verkünden und dazu, die anderen Menschenseelen in die Tiefen und auf die Höhen mitzureißen, nun einmal nicht in der Lage ist, dann ist es besser, seinen Umgang weder mit den Höhen noch mit den Tiefen übermäßig zu intellektualisieren, nicht zum »Kenner« zu werden; zwar mit beiden möglichst oft Kontakt zu haben, in den die ganze Seele involviert ist, doch mehr instinktiv, ungezwungen, eher absorbierend als durchdringend, wie es uns einige edle Frauen und vielleicht einige Künstler vorleben.

Man sollte das – zumindest in bezug auf die Höhen – noch anders, einfacher und etwas rigoristisch formulieren. Der Briefmarkenkenner ist nicht verpflichtet, einer Marke ähnlich zu werden, ebensowenig wie der Weinkenner dem Wein. Doch wer die Höhen kennt, sollte – und diese Pflicht lastet schwerer auf ihm als auf irgendeinem anderen – selbst zu einem hohen Wesen werden; es ist ganz klar, was er *nicht darf*: in sich die Disproportion pflegen zwischen Erkenntnis und Sein, zwischen dem Guten, mit dem er umgeht und mit dem er sich »auskennt«, und dem eigenen Bösen oder auch einfach der eigenen Durchschnittlichkeit und Mittelmäßigkeit. Man darf nicht die Höhen kennen und selbst weiterhin klein bleiben; sich in Gedanken dort bewegen, doch mit seinen Bestrebungen und der Substanz seiner Seele am Boden kleben. Man darf nicht *bloß* Kenner sein; doch darüber hinaus muß man nicht in erster Linie Konstrukteur oder Schöpfer, Verkünder oder Meister sein, sondern nur *jemand, der die Höhen in sich verwirklicht*. Wenn man daher jemandem Kennerschaft und bloß Kennerschaft zuschreiben würde, wäre damit sogar ein impliziter Tadel verbunden.

13.9.1942. HERBSTGRAUE WEISHEITEN. – Das Leben ist vom Übel zerfressen; und von seinen anfänglich verführerischen

Gütern zerfressen wir durch unsere Analyse viele selbst. Doch wie wir aus einer wurmstichigen Frucht noch lange gesunde Stücke herausschneiden können, so ist es auch mit dem Leben: so daß wir bis zum Ende noch etwas zu essen haben. Den Wettlauf zwischen Wurm und Tod gewinnt gewöhnlich der Tod: Er kommt, ehe der Wurm es geschafft hat, uns alles zu nehmen.

24.9.1942. Goethe als Symbolist: »Das Wahre ist gottähnlich: es erscheint nicht unmittelbar, wir müssen es aus seinen Manifestationen erraten« (›Maximen und Reflexionen‹ XI 3).

24.9.1942. ZU DEN BETRACHTUNGEN ÜBER DIE GESELLSCHAFT. Der psychische Druck der Gesellschaft ist schwerer zu ertragen als der übliche, mehr oder weniger physische *Zwang* einer Staatsmaschinerie. Ich stelle das deutlich an mir fest: Das Erleiden physischer Zwänge, jetzt während des Krieges, versetzt nicht in einen solchen Zustand der Niedergeschlagenheit wie das Erleiden gesellschaftlicher Pressionen seitens der sonst in Friedenszeiten sogar erträglichen Mitbürger. Schrecklich, das zu sagen, aber ich fühle mich unter dem Eroberer in einem gewissen – vielleicht überfeinerten – Sinne *weniger als Sklave*. [KD]

Das Grauen des Totalitarismus beruht darauf, daß er gewissermaßen das eine mit dem anderen multipliziert – den physischen staatlichen Druck mit dem pseudomoralischen gesellschaftlichen Druck – und so etwas erzeugt, das der Mensch in diesem Grade wohl noch nie erfahren hat. Doch wir haben, uns vor der Gewalt der Deutschen beugend, ihren *Totalitarismus* eigentlich nicht zu spüren bekommen, da wir nicht als Mitglieder einer Gemeinschaft mit ihnen behandelt werden, sondern als *pecus*, und gerade das stellt für uns als Menschen eine gewisse Rettung dar.

INTELLEKTUELLE ANSICHTEN ALS AUSDRUCK DES MORALISCHEN INHALTS EINES MENSCHEN? »Umkommen müssen die Gottlosen vor deinem Angesichte, mein Gott, als die da

I Zweiter Weltkrieg

Eitles reden und Herzen verführen, wenn sie in ihres Herzens Rat zwei Willen wahrnehmen und zwei geistige Naturen, eine gute und eine böse behaupten. Sie selbst sind in Wirklichkeit böse, wenn sie jene bösen Gedanken haben, und dieselben werden gut sein, wenn sie wahre Gedanken haben, und dem Wahren beistimmen ...« (Augustinus: ›Bekenntnisse‹ VIII 10; Ü.: Lachmann).

Es verärgerte mich, wie hier aus einem tatsächlichen oder angeblichen intellektuellen Fehler ein moralischer Makel gemacht wird. Und doch bin ich selbst überzeugt davon, Böses an der Basis einiger Systeme zu entdecken, und verweise zustimmend auf Fichtes bekannten Satz: »Was für eine Philosophie man wähle ...« – Gibt es hier nicht doch einen Widerspruch?

Die Sache ist klar: bei Augustinus – und allen seinesgleichen – stört mich, daß nach seinem Verständnis das »Unmoralische« einer Philosophie erstens darauf beruht, daß die betreffende Philosophie nicht mit einem starren *Dogma* übereinstimmt, einer exakt präzisierten These, an die zu glauben *Pflicht* ist; und zweitens darauf, daß man Gott angeblich dadurch »beleidigt«, wenn man ihn durch seine Auffassung in seiner Macht, in seiner Wunderkraft, in irgendwelchen anderen Attributen beschneidet oder allgemeiner: wenn man ihn nicht zur Gänze genau so anerkennt, wie er angeblich (nach Überzeugung dieser Kenner) »ist«. Der zweite Punkt ist einfach nur grotesk; eine ernsthafte Abfuhr verdient dagegen derjenige, der aus der Zustimmung zu einer bestimmten Auffassung ein moralisches Gebot zu machen versucht. Die Auffassungen zweier Menschen können verschieden sein und denselben moralischen Wert besitzen; und umgekehrt: Selbst wenn zwei Philosophien genau denselben intellektuellen Gehalt aufweisen, muß man den moralischen Wert ihrer Schöpfer – wie er sich aus den Philosophien selbst ergibt! – zuweilen im einen Fall sehr hoch, im anderen negativ einschätzen. So verhielte es sich z. B. mit dem Materialismus des Lukrez auf der einen und dem von Hobbes und La Mettrie auf der anderen Seite. Moralisch entscheidend sind hier die *Willens-*

richtung, die Tendenz und die Wertungssysteme, die sowohl bei der Wahl der Auffassung selbst als auch bei der speziellen Weise ihrer Ausarbeitung zum Tragen kommen. Bei den Philosophen, denen ich »übel nehme«, empfinde ich nicht ihre Überzeugungen als etwas Böses, sondern ihren *Willen*, der sich diese Überzeugungen gewählt hat, um ihre – emotionale oder »allgemeinseelische« – Einstellung zur Welt zu begründen. Nicht deswegen erscheint mir Hobbes als Philosoph so antipathisch und nicht deswegen verdient La Mettrie, meiner Überzeugung nach, voll und ganz das häßliche Wort, das ich einmal von Tatarkiewicz über ihn gehört habe, weil sie die Welt so sehen, wie sie sie sehen, sondern weil sie sie unter dem Einfluß und im Dienst von meines Erachtens häßlichen und unedlen Tendenzen gerade so sehen. Durch eine edle Seele jedoch kann *jedes* Bild der Wirklichkeit ohne große Mühe auf ein hohes ethisches Niveau emporgehoben werden. Nur daß in der Praxis bestimmte Ansichten und ganze Systeme häufig eher schlechten Menschen und Tendenzen gedient haben: Doch das ist nicht die Schuld der Systeme, die reine Gedankengebilde sind.

Insofern also Augustinus zur moralischen Vernichtung der Manichäer das bloße Faktum ausreicht, daß sie von der christlichen Auffassung abweichen, begeht er einen Fehler. Doch wenn er zeigen könnte, daß ihr Dualismus auf ein unedles Streben zurückgeht, wäre ihm nichts vorzuwerfen.

27.9.1942. »Die Kunst der Erklärung ist, wie die Kunst der Verhandlungsführung, oft einfach die Kunst, Schwierigkeiten zu verschieben [*de transposer*]. In einigen Dingen, möchte man sagen, gibt es so etwas wie ein unangreifbares Residuum [*un fonds*] an Unbegreiflichem, das die Anstrengungen der menschlichen Intelligenz weder zu beseitigen noch zu verringern, sondern lediglich auf verschiedene Weise zu verteilen vermögen, indem sie das eine Mal alles im Halbdunkel belassen, ein anderes Mal einige Punkte auf Kosten anderer erhellen, welch letztere von noch tieferem Dunkel als vorher bedeckt werden« (Cournot). – Den letzten Eindruck – daß einige Punkte auf Kosten anderer gehen – hatte ich häufig, unter anderem in bezug auf meine eigene Axiologie. Nur daß ich, weniger vorsichtig als Cournot, immer anzunehmen geneigt war, daß es sich nicht mit »einigen Dingen« so verhält, sondern »mit der Wirklichkeit«, »mit der Welt«.

1.10.1942. Leśmians Dichtung ist mir weniger unangenehm als die von Tuwim: Sie ist leicht »verdaulich«; dagegen gestattet der Vergleich mit ihr, die elementare Gewalt des anderen, seinen Reichtum und seine Vielseitigkeit voll wahrzunehmen – und ebenso die schiere Größe seines Talents. Von den zahlreichen Beobachtungen über Leśmian ist eine recht unerwartet: Es gibt bei ihm eine deutliche »parnassische« Basis, wohl sogar ohne Anführungszeichen, d. h. daß ich bei ihm eine gute und detaillierte Kenntnis einiger französischer Parnassiens *sensu strictissimo* vermute. Ferner: Seine Form ist perfekter, als ich dachte (obwohl leichte Nähte immer noch zu sehen sind), Prosaismen sind recht verbreitet (vielleicht auch Prosaismus überhaupt), ebenso wie Sachlichkeit und Kühle. Beide Dichtungen sind für mich, ehrlich gesagt, eher etwas *Äußerliches*, selten berühren sie sehr lebendiges Gewebe meiner Seele. Doch weniger fremd ist mir die von Leśmian.

2.10.1942. »*La société, c'est le mal.*« Erotik und Sinnlichkeit sind schöne Dinge, die durch ihre Folgen Verwüstungen anrichten; die Gesellschaft ist eine unerläßliche Sache, die, indem sie dem Leben dient, es zugleich erniedrigt und zu Boden drückt. Im edlen Sinne tragisch ist nur die sinnliche Verstrickung; im Fluch der Gesellschaft liegt nichts Tragisches, denn auf ihn fällt keinerlei Abglanz des Schönen.

4.10.1942. »Warum verspottest du die Leere, wenn doch die Leere dich nicht verspottet?« (Leśmian in ›Dornentrank‹ [Napój ciernisty].) – Effektvoll, aber falsch. Über alles läßt sich spotten, nur nicht über die Leere; und daß die Leere uns verspottet, *dieses* Gefühl werden wir nie loswerden, solange vor unseren Augen diese Schwärme von Trugbildern tanzen, in die sich ihre Oberfläche kleidet – für uns, doch gegen unseren Willen. *Wir* haben nicht um dieses Schattenspiel gebeten.

11.10.1942. Lektüre: immer noch zeitgenössische, diesmal wesentlich jüngere Poesie: Piechal: ›Ganzopferelegien‹ [Elegie całopalne], 1931. Dürfte vor allem in Lechońs Tradition stehen (›Karminrotes Poem‹ [Karmazynowy poemat]); die Inspiration teilweise sekundär, Dichtung über Literatur: Norwid, Conrad, Shelley, Żeromski. Dünne silberne Fäden von Schönheit spinnen sich fort, reißen ab und verschwinden im Kanevas, ohne ein Muster zu ergeben.

12.10.1942. Die Musik eines Gedichts muß sich, um im Vollsinn Musik zu sein, stoßen und brechen am eisernen, unnachgiebigen Ufer der metrischen Gesetze und an einer weiteren unerbittlichen, messerscharfen Grenzlinie: an derjenigen, die dem Gedanken und dem Wort von den Gesetzen des Diskurses gezogen wird, die hier positiv nichts sind, doch als Ufer, Widerstand und Grenze entscheidende Bedeutung haben. Indem es sich an diesen Ufern bricht, türmt sich die wogende Masse der Klänge, die musikalische Masse zum Himmel auf.

18.10.1942. PESSIMISMUS UND SOZIALE WELT. Wenn ich die Welt zuweilen »schlecht« nenne, meine ich im Grunde nicht den Kosmos, sondern die soziale Welt, das Gemeinschaftsleben. Es ist jedoch interessant, daß ich mir dieser Absicht – besser: dieses verborgenen Hintergrundes – erst so spät bewußt geworden bin und lange Jahre hindurch ruhig und selbstverständlich angenommen habe, es ginge nur um den Kosmos. Meinem Eindruck nach ist es mit dem Pessimismus bei vielen Menschen so: Man tarnt den Hauptgrund vor sich selbst, ohne sich dessen recht bewußt zu sein. Warum? Wohl darum, weil wir uns schämen, uns zu ihm zu bekennen. Die Verzweiflung hat nichts Demütigendes an sich, wenn sie aufgrund der Welt eintritt; wenn aber aufgrund des Menschen, dann ist sie eine Demütigung.

Der Kosmos ist »schlecht« nicht so sehr wegen des Gesetzes von Tod und Vergehen, sondern wegen seiner Gleichgültigkeit gegen ethische Begriffe.

20.10.1942.

> »... haben die Sterblichen denn
> Kein Eigenes nirgendswo, und reicht
> Das Furchtbare denn ihnen bis ans Herz?«
> (Hölderlin: ›Empedokles‹,
> 2.Fassung, V. 463-465)

> »Allein zu sein,
> Und ohne Götter, ist der Tod.«
> (Ebenda, V. 475f.)

Elementar, doch eindrücklich.

30.10.1942. Es gibt in der polnischen Poesie der »Zwischenkriegszeit« – der »Piłsudski-Epoche«, des »Versailles-Polen« – weite Bereiche, die mir völlig unbekannt sind, da ich in meinem Widerwillen seit einiger Zeit fast ganz aufgehört habe, diese Poesie zu lesen. Von den mir bekannten Dichtern aber erkenne ich nur drei in der Tat als wirkliche Dichter an, als »Designate« dieses Terminus, wie ich ihn verstehe. Es sind dies: (1) Lechoń, der zumindest in ›Silber und schwarz‹ [Srebrne i czarne] ein vollwertiger »Klassiker« im losen, nicht-etikettierenden Sinne ist; (2) Zegadłowicz, von dem Berent richtig gesagt hat, daß »man bei ihm nie weiß, ob man einen Eimer Wasser oder einen Flakon Poesie bekommt«, doch der immerhin in diesen Flakons tatsächlich Poesie bietet und nicht etwas völlig anderes unter ihrem Namen: Rhetorik, »reinen Nonsens«, »Wortgeflechte« (wie von Słowacki dieser Verbrecher Witwicki sagte), Komödiantentum, Akrobatik, Konventionen oder was den Leuten noch alles einfällt. Und (3) in einigen Werken, besonders aber in seiner ganzen Haltung: Broniewski. (Es dürfte kein Zufall sein, daß ich in der Generation, die jünger ist als meine, zwei unorthodoxe Kommunisten, nämlich André Malraux und Broniewski, mit besonderer Sympathie betrachte: Sie sind nicht nur frei von bürgerlichen Konventionen und bringen bestimmte hochklassige menschliche Werte ein, sie sind ebenso frei von doktrinärer Verknöcherung.) Am Rande würde ich neben ihnen vielleicht noch die Pawlikowska ihrer ersten Publikationen gelten lassen. Darüber hinaus lediglich verstreute Werke: z. B. ›Wiegenlied‹ [Kołysanka] von Wittlin, ein schönes Gedicht dieser im übrigen so merkwürdig unsympathischen Szemplińska, eines von Jerzy Zagórski, sporadisch natürlich recht viel von Tuwim, gewissermaßen »zwischen den Zeilen« wiederum (wie traurig das von einem Dichter klingt!) gibt es auch bei Rymkiewicz Poesie, obwohl wir dort auch auf jene »Eimer« stoßen. Ich spreche hier nicht von der Größe des Talents: Tuwim ist ein Künstler anderer Größenordnung als Broniewski oder Zegadłowicz; darum geht es hier nicht. Es geht darum, daß die Genannten, auch wenn sie vielleicht weniger kraftvoll sind, sich auf einem *Weg* befinden, während das bei den anderen nicht der Fall ist, die ihre Kraft (wie Tuwim) auf ein Schaffen oder (wie viele andere) auf ein Pseudo-Schaffen verwenden, das von vornherein verfehlt ist. (Wie viele Sackgassen, wie viele Bäche, die im Sand versickern, gibt es nicht in der Geschichte der Poesie!) Als Literaturkritiker oder -historiker müßte ich anders sprechen; doch jetzt spreche ich als *ich* (»Ich, Miguel de Unamuno«[5]), als *der Einzige*: als das außerhistorische, souveräne und selbstbestimmte »Subjekt an und für sich«. Und das ist manchmal *nötig* – wenn man nicht verschlungen werden will, wie all diejenigen, die dem tadellosen Objektivismus auf den Leim und der vollkommenen Gerechtigkeit ins Netz gegangen sind.

Bąk: ›Himmlische Last‹ [Brzemię niebieskie] (»zeitgenössische polnische Poesie« – Fortsetzung). Nach dem Wirbel, den dieses Buch verursacht hatte, dachte ich, es sei etwas für mich.

---

5 Zitat aus dem Buch ›Das tragische Lebensgefühl‹ dieses Autors.

Doch nein: eine mittelmäßige Publikation mehr, ohne eigentümliche Vorzüge, wohl mit einem gewissen Hang zum Prosaischen. Piechal – der ihm formal nachsteht – ist *edler*.

1.11.1942. Man liebt im allgemeinen Unwürdige; für die »Würdigen« hat man manchmal Achtung übrig, meistens jedoch gutmütige Freundlichkeit.

2.11.1942. Lektüre: Bąk: ›Melodiöse Einsamkeit‹ [Śpiewna samotność]. – Es scheint mir, dieses Bändchen enthält mehr schöne Stücke als das erste. Und als Mensch und Christ ist Bąk wohl auch »wer« – zumindest ein halber Wer; Kott liegt völlig daneben, wenn er gerade von ihm behauptet, seine Religiosität sei bloß »symbolisch-dekorativ«. Nur von poetischer Originalität keine Spur. Und immer noch voller Reminiszenzen: von Tuwims »Friseur« bis zu Norwid.

Ein gewisses Merkmal Tuwims (und einiger anderer) scheint darin zu bestehen, daß sie im jugendlichen Protest verharren, den sie zur Würde eines konstruktiven dichterischen Elements erheben. Ich denke hier vor allem an eine Poetik, die sich gegen Auswahl, gegen Hierarchien wendet und gleichmacherisch ist in Hinblick auf Wörter und Gegenstände. Wenn man sie als Revolte, als *Herausforderung* betrachtet, dann kann eine solche Poetik kurzfristig sogar gute Effekte hervorbringen: ist sie »den Kinderschuhen entwachsen«, wird sie unerträglich.

9.11.1942. In einem gewissen Sinne dient die Mystik dem Individuum einfach dazu, seine Einsamkeit zu organisieren. Man muß jedoch den Ausdruck »Einsamkeit« verstehen, um zu begreifen, was ich damit sagen will.

11.11.1942. »Denn der innere Gehalt des bearbeiteten Gegenstandes ist der Anfang und das Ende der Kunst. Man wird zwar nicht leugnen, daß das Genie, das ausgebildete Kunsttalent, durch Behandlung aus allem alles machen und den widerspenstigsten Stoff bezwingen könne. Genau besehen, entsteht aber alsdann immer mehr ein Kunststück als ein Kunstwerk, welches auf einem würdigen Gegenstande ruhen soll ...« (Goethe: ›Dichtung und Wahrheit‹).

Diese Worte sind in meinem Exemplar angestrichen, vermutlich vor sehr, sehr langer Zeit, denn wann habe ich wohl das letzte Mal in ›Dichtung und Wahrheit‹ hereingeschaut? Und für *goldene* Worte halte ich sie heute mehr denn je.

15.11.1942. Wichtige Lebensregel: sich gegenüber einem anderen niemals auf Rechtsgleichheit berufen, sondern immer, wenn schon nicht auf ein Privileg, so doch zumindest auf ein Sonderrecht. Die Berufung auf die Rechtsgleichheit wird als Beweis der Unterlegenheit aufgefaßt und führt dazu, daß die Gegenseite einen verachtet.

27.11.1942. Eine tiefe, tiefe Ruhe ergreift den, der es gelernt hat, die Welt aus zwei Blickwinkeln zu betrachten: aus dem des Todes und dem der eigenen Schwäche. Der Tod macht alles gleich. Und die Schwäche verzichtet auf alle Ambitionen, selbst auf die Ambition, etwas höher gesteckten moralischen Ansprüchen gerecht zu werden.

10.12.1942. »... derjenige (...), der das Wesen des Weltalls in einen unendlichen Gesang verwandelt hat, auf daß es zur Religion [? *per la religione*] der Menschheit werde« (D'Annunzio: ›Il fuoco‹). Von Wagner gesagt. Doch es könnte jede wirklich große Musik gemeint sein.

20.2.1943. »Indem man ständig vom Himmelstor Gebrauch macht, kann man es vor dem Verrosten schützen« (›Tao te king‹).

4.3.1943. »... wenn das Heldentum auf der grenzenlosen Bereitschaft beruht, wieder von Null anzufangen ...« (Hocking: ›The Meaning of God in Human Experience‹, S. 73). Zum historischen Pessimismus.

5.3.1943. Nicht die Anerkennung ist wirklich wichtig, sondern die Teilnahme an einem gemeinschaftlichen Werk. Doch was soll man machen, wenn das gemeinschaftliche Werk auf keine Weise zustande kommen will?

Stolz auf die eigene Bosheit – so etwas gibt es. Handelt es sich dabei um Stolz auf die Stärke, die man (beim Brechen der herkömmlichen Rechte und Vorschriften bewiesen hat)? Oder um Stolz darauf, daß man, im Zusammenhang mit seiner Übeltat, ausgedehnte und tiefe Erfahrungen gemacht hat?

14.3.1943. Man soll nicht nur keine Eulen nach Athen tragen, sondern auch keinen heiligen Paulus, wie das Abenteuer auf dem Areopag zeigt. Jeder Gedanke hat sein eigenes Publikum, jede geistige Errungenschaft ihre Rezipienten: Menschen, die zu ihrer Aufnahme fähig, weil sie auf sie vorbereitet sind. Wer solche nicht vorfindet, möge lieber schweigen, als den Kult der »Göttin Anastasia«[6] zu verbreiten.

16.3.1943. »Es sind nicht in erster Linie äußere Niederlagen, die einen Menschen zur Religion bringen. Es ist einfach so, daß innerlich das zerfällt, das uns zur Tat anregte, daß das Segel des Ehrgeizes zusammenfällt, daß man der eigenen Weise zu fühlen überdrüssig wird, daß das Leben – das Feld, auf dem sich der Wille ausbreiten konnte – auf geheimnisvolle Weise seine Daseinsberechtigung verliert« (Hocking, ebenda). Nicht ohne eine gewisse Verspätung wird mir heute klar, wie sehr diese Bestimmungen ins Schwarze treffen.

26.3.1943. Grundsatz: aus dem Kreis meiner Interessen das nicht ausschließen, was mir antipathisch ist und was mir weh tut.

---

6 In der Apostelgeschichte steht nichts von einer »Göttin Anastasia«. Ich erinnere mich nicht, woher ich es hatte, daß angeblich einige Athener das Wort ἀνάστασις (»Auferstehung«) als den Namen einer neuen Göttin verstanden, deren Kult der hl. Paulus verbreiten wolle.

2.4.1943. Im genauen Gegensatz zu den bekannten pragmatischen Konzeptionen würde ich sagen, daß man sogar die Zukunft aus der Retrospektive betrachten sollte. Als ob die gesamte Menschheitsgeschichte bereits Vergangenheit wäre und es die Menschheit gar nicht mehr gäbe. Ist das ein düsterer Gesichtspunkt? Nicht unbedingt: Er gestattet es, die Geschichte so zu betrachten, wie wir beim Lesen den Verlauf eines großartigen Dramas verfolgen, dessen Ausgang wir bereits kennen.

14.4.1943. »Wäre hier kein Mensch gewesen, so hätte ich (...) diesem Stocke predigen müssen« (Meister Eckhart). – »Dem Stocke predigen«: wenn man sich nur zum Ausdruck bringen, sich *verwirklichen* kann.

25.4.1943. »Das wahre Ziel des Menschen besteht darin, sich über seinen Platz im System der Wirklichkeit klarzuwerden, nicht darin, sich in diesem System eine Hauptrolle herauszunehmen« (Bréhier über Plotin und das Christentum).

3.5.1943. »Wenn man das Denken eines Menschen bis auf den Grund kennenlernen will, muß man sich darauf beziehen, was er tut, nicht darauf, was er sagt« (Bergson). – Eine verbreitete Wahrheit, doch nichtsdestoweniger nur eine Teilwahrheit. Denn den allergrößten Teil von dem, was wir tun, tun wir aus Zwang; solche Taten sagen nichts darüber aus, wer wir sind und was wir denken. Das Wort ist um einige Stufen freier.

Charakteristisch ist vielleicht eher, *wie* wir etwas tun, als was wir tun.

9.5.1943. Der Mensch ist seinem innersten Wesen nach häufig etwas ganz Entgegengesetztes als das, wofür er sich selbst seiner ehrlichsten Überzeugung nach hält. Der angebliche Mystiker ist ein Epikureer, der kühle Rechner ein enthusiastischer Gefühlsmensch, der Schöpfer ein Epigone, der Epigone ein Schöpfer und der abgehobene Idealist ein ganz und gar erdverhaftetes Instinktbündel.

14.5.1943. Seitdem sich mir in so endgültiger Weise die Sinnlosigkeit der Geschichte und diese elende Halbhölle unserer irdischen Wirklichkeit enthüllt haben, sind mir alle menschlichen Wunder, die ich liebe – Kunstwerke, Dichtungen, große Taten, große Gestalten – wie Perlen von der Schnur geglitten. Nichts verbindet sie mehr zu einer Ganzheit; sie zerstreuen sich hierhin und dorthin; man kann sie jede für sich in die Hand nehmen, betrachten und bewundern, doch die Halskette ist fort – jene herrliche Kette, die den Schmuck des Daseins bildete und zu der etwas hinzuzufügen erstrebenswert war.

3.6.1943. In der Jugend betrachtet man den Skeptizismus gewöhnlich als eine böse Kraft, denn er untergräbt den Glauben an das Gute: an das Gute, das wir in der Welt sehen und an das Gute, das wir selbst schaffen möchten. Wenn man älter wird, nimmt der Skeptizismus den Charakter einer Segnung an, denn er stellt den einzigen Ausweg angesichts der Überzeugung dar, daß alles schlecht ist und schlecht sein wird, und daß sich nichts Gutes schaffen läßt.

13.6.1943. Die Schwäche ist eine Quelle der Stärke, die Stärke eine Quelle der Schwäche. Hängst du an den Menschen? Dann schöpfst du Stärke daraus. Redest du dir Götter ein? Dann schöpfst du Stärke daraus. Hast du die Stärke, der Versuchung zu widerstehen: dich dort nicht gemein zu machen und hier ehrlich zu sein? Dann erwarten dich Schwäche, Niederlagen und die Katastrophe.

9.7.1943. Poesie ist Seelengröße multipliziert mit Sprachkunst. Kasprowicz besaß im höchsten Maße erstere, Tuwim letztere. Keiner von beiden ist wirklich das, was man einen *großen* Dichter nennt.

11.7.1943. »Mir ist es lieber, wenn ein Mensch höflich ist, ohne es so zu meinen, als wenn er ein Grobian ist und es tatsächlich so meint.« Diese kapitale kleine Sentenz entnehme ich einem im übrigen gänzlich törichten Machwerk von Roman.

12.7.1943. Die Dichter und ihre Leser bilden zusammen so etwas wie eine Kirche, die die Seelen in eine göttliche Welt versetzt und eine göttliche Welt auf Erden verwirklicht. Ein Dichter zu sein und nicht dieser Sache zu dienen bedeutet etwa soviel, wie als Unwürdiger ein Sakrament zu empfangen, in frevelhafter Weise zu beichten, eine schwarze Messe abzuhalten oder unter Eid zu lügen.

13.7.1943. Im Wesen des Rationalismus liegt eine Tendenz, den Geist von der Realität in Richtung auf rein formale Konstruktionen abzulenken. Um dem entgegenzuwirken, muß sich der Geist sozusagen »von unten« mit einer kräftigen irrationalen Nahrung stärken.

18.7.1943. VON DER SPRACHE. Ein bestimmtes Ideal sieht zweifellos so aus: bestimmten, definierten sprachlichen Zeichen bestimmte, ebenfalls definierte Inhalte präzise ein für allemal zuordnen; eine in jedem Detail terminologische Sprache, die »Formalisierung« der Sprache. Aber ist nicht auch ein Gegenideal möglich: eine solche Ausdrucksweise, in der die Wörter *niemals* eine einzige festgelegte terminologische Bedeutung hätten, sondern dank verschiedener, in ihrem sogenannten »Bedeutungsumfang« enthaltener Nuancen von Fall zu Fall die Aufgabe erfüllen würden, auf verschiedene Inhalte zu verweisen, die nur gewissermaßen miteinander verwandt wären? Wenn mir jemand etwas sagte, müßte ich seine Intention jedesmal aus der Gesamtheit seiner Aussagen »herausfühlen« (*sic!* herausfinden, herauslesen): der *esprit de finesse* in höchster Potenz. Ein Ideal, das wörtlich verstanden genauso unrealistisch ist wie jenes; im Prinzip jedoch würde es gestatten, das Erkennen zumindest teilweise von den Suggestionen zu befreien, die in der Sprache als etwas Fertigem, Starrem liegen, und damit den unerträglichen Bruch zwischen Denken und Wirklichkeit zu beseitigen.

21.7.1943. Es ist mir unverständlich, wie man darin seine volle Befriedigung, seine volle ontische Verwirklichung finden kann, daß man Mensch unter Menschen ist, mit ihnen lebt, sich freut und traurig ist, sowie Gedanken und Dienstleistungen austauscht, ohne daß man das Bedürfnis verspüren würde, mit einer anderen, über das Menschliche hinausreichenden Wirklichkeit zu harmonieren oder auch in die eigene Tiefe als in das Zentrum der Existenz hineinzuwachsen. Mir scheint, daß man dann ganz einfach *nicht ist*: Tausend mathematische Linien, die sich in einem Punkt kreuzen, bewirken nicht, daß an diesem Punkt *etwas* ist, wenn es nichts gibt. Und doch ist die große Mehrzahl der Menschen gerade damit zufrieden und schöpft aus einem solchen Beziehungsgeflecht (für mich eine bloße, traurige Komödie) sogar die Lust zur schöpferischen Tätigkeit und die Freude daran. Und ich bin es, der nicht normal ist, der an dem Willen und den Einrichtungen der Natur vorbeilebt.

25.7.1943. Es ist eine Sache, seine Subjektivität zu erweitern, sie auszudehnen, mehr Probleme in sie einzuschließen, und eine andere: seine subjektive Haltung grundsätzlich in eine objektive zu ändern. Ich bin wohl keine besonders arme Natur und vermag ersteres in beinahe uneingeschränktem Maße, doch zu einer wahrhaft objektiven Haltung bin ich nicht in der Lage. Denn objektiv zu sein bedeutet: sich für ein Problem nicht deswegen zu interessieren, weil es *mein* Problem ist, weil es mit *meinem* Leben zusammenhängt, sondern deswegen, weil es irgendwo in der Menschheit vorkommt, weil es *unabhängig* von mir wichtig ist. Ich habe nicht eine Reihe von Morden begangen, bin nicht vor Eifersucht über meine Frau verrückt geworden, und meine Kinder haben mich nicht vertrieben: daher frage ich mich manchmal ganz ernsthaft, »wozu« ich mich eigentlich mit der Interpretation von ›Macbeth‹, ›Othello‹ oder ›König Lear‹ beschäftigen soll. Aber auch Shakespeare war kein Mörder und hat doch ›Macbeth‹ geschrieben. Das ist ein tiefgreifender Unterschied. Überhaupt gibt es keinen Grund zur Sorge: Das Subjekt ist ja auf seine Weise unerschöpflich.

Doch – so möchte vielleicht mancher fragen – warum zieht

mich der unproblematische, »spiegelgleiche«, »reine« Objektivismus der ›Ilias‹ so uneingeschränkt an? Weil es erstens offensichtlich nicht stimmt, daß die ›Ilias‹ unproblematisch ist. Zweitens ist ihr Problem eines der mir subjektiv am nächsten stehenden: das Problem von Krieg und Heldentum.

27.10.1943. ÜBERLEGUNGEN ZUR HIERARCHIE VON MENSCHEN UND DINGEN. Es ist nicht so, daß man den Besen verachtet, weil die Putzfrau ihn schwingt, sondern man »verachtet« die Putzfrau (in Anführungsstrichen oder, wie es immer noch vorkommt, auch ohne Anführungsstriche), weil ihr Werkzeug der Besen und nichts Besseres ist. Die hierarchische Bewertung eines Menschen ergibt sich aus der Bewertung der von ihm ausgeübten Tätigkeit – und nicht umgekehrt. Das ist allen bekannt, doch nicht alle beachten, was daraus folgt: Die soziale Bewertung beruht auf einer Bewertung, die nicht sozialer Natur ist.

25.11.1943. Unsere irdischen Lieben bestehen häufig darin, daß wir die Hand eines Menschen ergreifen, der in der Wirklichkeit verankert ist, was uns hoffen läßt, daß mit seiner Hilfe auch wir uns indirekt in ihr verankern. Wir verwurzeln uns in einem Verwurzelten.

6.12.1943. Beinahe ein Vierteljahrhundert nach der ersten, von tiefer Sympathie geprägten Lektüre habe ich Wierzyńskis ›Frühling und Wein‹ [Wiosna i wino] wiedergelesen. Diese Retrospektive bestätigt den Eindruck, daß hier, und nicht in den späteren Sammlungen, sein eigener, angenehmer Ton zu vernehmen ist, sein bescheidener schöpferischer Beitrag zur polnischen Dichtung, wohingegen alles andere nur Handarbeit ist, Rhetorik zu vorgegebenen Themen. Hier finden sich hübsche Dinge, schöpferischer Schwung und, ich wiederhole es, jener spezifische poetische *Ton*, der vielleicht sogar recht leicht nachzuahmen ist, doch dessen erste Herausarbeitung ein mehr als nur durchschnittliches Talent erforderte.

9.1.1944. »Nachdem ich mich lange nur mit der Methode der Dichter und Mystiker, durch die Introspektion, in den Begriff des Ichs vertieft hatte, drang ich durch Sand, der keinen Widerstand leistete, tiefer hinab, bis ich endlich den Boden und das Fundament [*support*] erreichte: die Gemeinschaft« (Barrès). – Da liegt der Haken, das ist der Punkt, an dem sich unsere Wege trennen. Ich stehe hier auf Seiten Bergsons, der in dem von der Gemeinschaft gestifteten Zusammenhalt den Zusammenhalt von Blättern und Stengeln sieht, die auf einer Teichoberfläche miteinander verflochten sind; *Verwurzelung* jedoch ist etwas anderes; aus dem Grund wächst jede Pflanze für sich.

26.1.1944. »Ich glaube, daß jedes sogenannte romantische Gefühl, wenn man es auf ein höheres Kulturniveau hebt, einen klassischen Charakter annimmt. Ich habe gesehen, wie Moréas *in dem Maße* von der einen zur anderen Ästhetik überging, *wie er moralisch edler wurde*« (Barrès; Hervorhebungen von mir).

30.1.1944. Im Maeterlinck-Kapitel seiner ›Histoire de la littérature française contemporaine‹ spricht René Lalou davon, Maeterlinck habe sich »in Schweigen versenkt«, um dort »die Stimmen des tiefen Lebens« zu vernehmen, und fährt dann fort: »Das führte zum Scheitern, denn ein solcher mystischer Rückzug in die Tiefe der Seele hatte ein Ende der normalen Kommunikation mit den Lebenden zur Folge. Maeterlinck mußte das angesichts der Tatsache einsehen, daß eine mystische Ethik unmöglich ist.« Letzteres wundert mich etwas; solche Ethiken gibt es seit langem. Ich bin mit diesem Pessimismus daher nicht einverstanden; ich vermute, daß hier eher eine gewisse Beschränktheit von Maeterlincks Kräften im Spiel ist und daß seine mystische »Berufung« nicht entschieden genug war.

31.1.1944. »Ein mediterraner, tragischer Mensch; sein Geist schafft klare Gestalten, die in den Tod als Grenze eingefaßt sind« (Daniel Halévy über Maurras).

»Man muß so leben wie man denkt; andernfalls beginnt man früher oder später so zu denken wie man lebt« (Bourget). – Richtig; und das wäre schrecklich.

2.2.1944. »O Dichter, nichts erklärst du, doch durch dich wird jegliche Sache reif zur Erklärung« (Claudel).

6.2.1944. Der normale, durchschnittliche Mensch empfindet nicht das geringste Bedürfnis, anders zu sein, als »Gott ihn geschaffen hat«. Er bekennt sich zu irgendeiner Ethik, doch was hilft das, wenn er in der Lebenspraxis stets ihre Gebote an seinen Charakter anpaßt, niemals umgekehrt. Höchst verwundert weist er die wunderliche Einflüsterung von sich, daß seine vordringliche Aufgabe, wenn er ein Wesen sein will, das seine Existenz einigermaßen verdient, vielleicht doch darin bestehen könnte, sich ein wenig zu ändern.

Das Unglück ist etwas Alltägliches; es ist im Leben der Hauptpartner des Menschen. Sogar ein völlig redlicher Partner; doch wir spielen falsch mit ihm. Wir tun das vor allem in der Weise, daß wir uns aus dem Unglück *herauslügen*: z. B. wenn im Krieg alles darauf hindeutet, daß ein uns nahestehender Mensch gestorben ist, während wir uns hartnäckig einreden, er lebe noch. Und wenn doch nicht? Dann trösten wir uns mit der Hoffnung; man muß, auch wenn es keinen Grund dafür gibt, auch wenn alle Gründe dagegen sprechen, glauben, daß »es gut wird«; und das hält man für eine Tugend. Wenn die Hoffnung trügt, richtet man sie immer weiter in die Zukunft: Zur Endzeit wird es ein Gericht geben, das sich gewaschen hat, und dann werden diese Lumpen schon sehen! Nur von einem nehmen alle Abstand: davon, ihre eigenen Grundlagen umzubauen, damit das Unglück sie nicht zu fassen bekommt.

9.2.1944. BUDDHISMUS UND STOIZISMUS IM VERGLEICH. Der Buddhismus hat sich in den letzten Jahren auf einen der vordersten Plätze in meinem Leben geschoben; er hat dabei meine alte moralische Leibphilosophie in den Hintergrund gedrängt: den Stoizismus (mit dem ich ihn übrigens seit langem in eine Gruppe zusammenfasse, die dem Christentum teilweise entgegengesetzt ist). Über die Gründe dieser Verschiebung habe ich häufig nachgedacht und sie sind mir bis jetzt noch nicht klar. Denn wenn ich sage: »weil der Buddhismus mehr von einer Religion hat«, dann gerate ich erst recht bis über beide Ohren in ein Wespennest von Problemen; der Buddhismus als *Religion* – das ist paradox. Schayer schreibt in seiner Arbeit über die ›Religionen des Ostens‹ [Religie Wschodu], er sei insbesondere deswegen eine Religion, weil der Buddha, obwohl selbst kein Gott, durch seine übermenschliche und absolute *Autorität* eine gewissermaßen göttliche Funktion erfülle; durch seinen Mund spreche eine letzte und ewige Weisheit, die Weisheit des Universums selbst, wenn auch in Pāli formuliert. Das ist immerhin besser als bei Hocking, wo der »Gott« des Buddhismus das Karma ist, weil es die Eigenschaft besitzt, in einem künftigen Leben zu belohnen oder zu strafen; doch Autoritäten sind mir weniger wichtig.

Eher schon das: die weichere Stimmung des Buddhismus und etwas, das ich einen Unterschied im *Ton* nennen möchte. Bei den Stoikern findet man Aufdringlichkeit, Rauheit und Befehle, der Mensch wird durchgeschüttelt. Die hochgeschraubten Ansprüche des Stoizismus ermüden und verletzen einen; im Buddhismus gibt es mehr Sympathie, Wärme, Nachsicht und Güte. Nichts Krampfhaftes, nichts von der Art, was – ohne dem im übrigen so menschlichen Denker Abbruch zu tun – bei Seneca in so theatralischer Form erscheint. Die Worte des Buddha regnen von oben herab; sie sind stets vollkommen ruhig; es gibt in ihnen keine Ungeduld und keinen Zorn. Der einzige Konkurrent für den Buddha wäre unter den Stoikern Mark Aurel. Doch Mark Aurel habe ich mir wohl für immer verdorben, indem ich unter den bekannten fürchterlichen Bedingungen jenes bekannte unbedeutende und erbärmliche Büchlein schrieb.

Ferner: diese völlige Abwendung von der Welt, dieser Radikalismus auf Seiten des Buddhismus. Der Stoiker bleibt in der Welt, er unterstreicht seine Zugehörigkeit zur gesamten

Menschheit; der Adept des Hīnayāna geht fort, er wird zum Mitglied einer Gemeinde außerhalb der in ihrem Sumpf herumwatenden Menschheit und reißt sich von der (»großen«) Geschichte los; keine Spur von Bürgertum, keine Spur von Polis. Und das Nirvana: ein völliger, restloser, rückhaltloser Abschied vom Sein, von allem, was irgendwann einmal den Gegenstand der Erfahrung irgendeines Subjekts gebildet hat. Das hat die Anziehungskraft eines letzten Wortes – aber hier ist auch der kritische Punkt: Mit einem beträchtlichen Teil meiner Natur schrecke ich vor dieser Konsequenz zurück. Doch es ist dennoch mehr als die Ataraxie des stoischen Weisen: es *schlägt* stärker *in Bann*.

Da hätten wir also einige grobe Züge; vielleicht sind es noch nicht alle; vielleicht sind es nicht die richtigen. Was meine Neigung von der *subjektiven* Seite her bestimmt – zu diesem Thema könnte ich noch einiges hinzufügen: der in den letzten Jahren unerhört angewachsene Pessimismus im Hinblick auf den Menschen, seine Geschichte und Zukunftsmöglichkeiten; der Traum, sich einer »kleinen«, rein geistigen Gemeinschaft anzuschließen, bei einer sich gleichzeitig zum Paroxysmus steigernden Abneigung gegen die »große«, »umfassende« Gemeinschaft; dem, was ich eben sagte, entgegen vielleicht doch auch das Bedürfnis nach einem mir *unvergleichlich* überlegenen Meister (mit den Stoikern ist trotz allem ein Vergleich möglich); nun, und außerdem – was soll man darum herumreden – eine gewisse Abneigung gegen die argumentative Seite der Philosophie was die Gestaltung meines Lebens und meiner Haltung betrifft. Im Stoizismus nimmt das großen Raum ein: Logik, Beweise, Argumentationen. In den Pitakas[7] ist es mit der Logik manchmal nicht weit her; im allgemeinen jedoch unternimmt man überhaupt keine großen Versuche in dieser Richtung: Man argumentiert nicht, sondern man *enthüllt*.

Was im Buddhismus völlig fehlt: die Feststellung irgendwelcher Werte; zumindest in der Welt und außerhalb unser (denn moralische Werte werden anerkannt und sollen zum

---

7 Die in Pāli verfaßten Bücher des ältesten buddhistischen Kanons.

Glück beitragen, das der Arhat[8] durch seine Arbeit erlangt). Der Buddhismus *entwertet* die Welt, und ich finde es gerade in der *Welt* schwierig, ohne Werte auszukommen. Mir kommt der Gedanke: Wird jemand, der auf die ausschließlich moralische Karte setzt, am Ende nicht enttäuscht werden? Kann man sich Auge in Auge mit dem Abgrund des Seins und des Nichts (hier verlasse ich den Buddhismus, dort stellt sich die Sache anders dar) allein auf die »Tugend«, die Erfüllung des »Moralgesetzes« und das »reine Gewissen« stützen? Meine Antwort lautet nicht nein; die Frage ist für mich *von großer Aktualität*. Doch als ich selbst vor zwei Jahren versuchte, für mich Bilanz zu ziehen, beruhte das »Glück«, das mir als Saldo nach allen Berechnungen blieb, eindeutig nur zum geringen Teil auf ethischen Werten, zu einem viel größeren Teil jedoch auf anderen, die der »Schönheit« näherstanden – obwohl sie auch unter diese Rubrik nicht so ohne weiteres fielen.

11.2.1944. ÜBER MICH UND DIESE AUFZEICHNUNGEN. Was hat es, um Gottes willen, für einen Sinn, wenn man soviel anderes zu tun hat und die äußeren Möglichkeiten so beschränkt sind, Zeit und Kraft auf das Aufschreiben von Gedanken zu verwenden, von denen ich von vornherein weiß, daß sie kein sinnvolles Ganzes ergeben, die in die Mappe wandern und dort bleiben; noch schlimmer: die in einigen Wochen in Rauch aufgehen können, während ihr Autor, einen Rucksack auf den Schultern, zusammen mit einer ganzen Herde von Evakuierten Richtung Westen wandert? Und doch entspricht es einem übermächtigen, unwiderstehlichen Bedürfnis meiner Natur. Mein ganzes Leben lang habe ich dieses Gebot verspürt, von Zeit zu Zeit diese »Bilanzen« oder »Abrechnungen« anzufertigen. Und vergeblich sagte ich mir immer wieder, wenn es sich nur um Abrechnungen mit mir selbst, in meinem eigenen Inneren handle, könne ich sie genauso gut einfach als Meditationen vornehmen, ohne etwas aufzuschreiben. Und das kam

---

8 Arhat: ein Adept, der die vollständige Befreiung erlangt hat und nach dem Tod nicht wieder auf die Welt zurückkehrt.

auch vor. Doch sooft der innere Puls lebhafter wurde, sooft die Wellen höher schlugen, *mußte* ich, von einer höheren Kraft getrieben, zur Feder greifen. Mir scheint, daß meine Selbstkenntnis unvollkommen bleibt, wenn die Gedanken, die sie ausmachen, nicht aufgeschrieben werden. Außerdem hatte ich immer den merkwürdigen Eindruck, daß ich das, was sich in mir befindet, nur indem ich es so – nämlich schwarz auf weiß – formuliere, aus mir herauswerfe und auf diese Weise gewissermaßen sein Gewicht von lebendigen Kräften nehme, die in tiefen Schichten *unter* ihm wallen; Kräfte, die in das volle Licht des Bewußtseins hinausgelangen und dort ihr Spiel treiben wollen, doch auf denen das Fertige, Erstarrte lastet, das sich an der Oberfläche befindet und den Zugang zu ihr behindert. Und ferner den zweiten Eindruck, daß im Endeffekt »ich« nichts anderes als die Summe dieser Aufzeichnungen bin, die über Jahrzehnte angewachsen ist und in die sich allmählich im Laufe der Jahre die Wirklichkeit, die ursprünglich innen, im Bewußtsein, im Subjekt gewesen war, gewissermaßen *ergossen* hat. »Ich« bin dieser Stapel, bestehend aus Mappen und mit schwarzen Zeichen bedecktem Papier, der zwar unsolide und vergänglich, doch heute schon wirklicher als meine Subjektivität ist. Meine Subjektivität ist jetzt bereits nur noch die Quelle, aus der neue Ströme in diesen Behälter fließen. Und gegenüber diesem zweiten »Ich« beginne ich ein Gefühl der Verpflichtung zu empfinden: daß ich nur noch dazu da bin, um es zu bedienen.

Es war ein Fehler zu versuchen, mein Tagebuch vom November und Dezember 1941, das Tag für Tag die Geschichte und den Fortschritt dessen enthält, was ich einst wohl allzu hochtönend meine »mystische Krise« genannt habe, in inhaltliche Rubriken und Kapitel zu zerlegen. Es kommt nicht darauf an, daß es weder eine richtige Krise noch in klassischer Weise mystisch war; doch es war, »menschlich gesehen«, etwas Wertvolles, das seinen Wert dem verdankte, daß es organisch aus der Persönlichkeit herauswuchs. Und nun? Die inhaltliche Zerstückelung und der Versuch, eine Theorie aus etwas zu machen, das ein Erlebnis war, haben diesen ganzen Wert zerstört.

12.2.1944. Wie erschütternd ist die Zusammenstellung zweier Aussagen bei Shakespeare: des »*despair and die*« aus ›Richard III.‹ (V III) und jenes stillen »*think and die*« von Enobarbus in ›Antonius und Kleopatra‹ (III 13). Richard III. ist ein Barbar, für den außer dem Sieg auf dem Feld des Handelns nichts zählt; der Sieg ist ihm genommen – also stürzt er gleich in die letzte Tiefe hinab: in die Verzweiflung. Im »*think and die*« liegt – obwohl Enobarbus selbst Römer ist – das ganze Griechentum, in einem gewissen Sinne vielleicht auch der ganze Shakespeare; auf jeden Fall die ganze große *Bresche*, welche die Menschheit in die Natur geschlagen hat.

Ich habe auf einem völligen Umweg und zu meiner eigenen Verwunderung über mich selbst etwas erreicht, was ich stets nahezu als das letzte Ziel meiner Bestrebungen angesehen habe: mich im Leben von Werten leiten lassen, ohne mich darum zu kümmern, was sich daraus für mich ergibt. Nicht moralische Anstrengungen, die ich immer als Versuche empfand, meine Natur zu vergewaltigen, haben das herbeigeführt, sondern die *Situation*: daß ich der Vernichtung meiner selbst, meiner Errungenschaften, ja sogar der Menschen, die von diesen profitieren könnten, Auge in Auge gegenüberstehe. Und da die Bedrohung chronisch wurde und man sich ein für allemal mit ihr arrangieren mußte, blieb es nicht bei kurzen Ahnungen. Heute empfinde ich desto größeren Widerwillen, je deutlicher etwas einem persönlichen Ziel dient; je größer die »Nutzlosigkeit«, desto größer die Begeisterung dafür. Besonders der Umgang mit der Natur berauscht mich durch seine Zwecklosigkeit. Ein gewisser Sinn, der über die Sache selbst herausgeht, bleibt aber selbst dann: besser zu werden, sich innerlich zu bereichern. Doch am glücklichsten und zugleich am stärksten vom Wert des Augenblicks durchdrungen bin ich dann, wenn ich nicht daran denke.

Wenn ich im Sinne des Buddhismus oder Stoizismus versuche, *jegliches* Verlangen in mir auszumerzen, und wenn ich daran denken sollte, wie frei und vollkommen glücklich ich ohne es wäre, gerade dann erfaßt mich eine Angst, die ganz und gar nicht ungreifbar, sondern völlig deutlich ist. Der Buddha verspricht seinen Befreiten »himmlische Freude«. Über die Glückseligkeit ihres Weisen verbreiten sich die Stoiker ausführlich. Eckhart und seinesgleichen sprechen mit Begeisterung von ihrem unpersönlichen Gott, diesem mit nichts vergleichbaren Gut, das man um den Preis erringt, daß man sich von allem losmacht, daß man in sich eine absolute »Leere« schafft. Doch nun eine zynische Frage: Ist dieses Risiko akzeptabel? Was erwartet uns jenseits des einmal erreichten Durchbruchs? Wird es statt der versprochenen Fülle nicht vielleicht Leblosigkeit geben? *Ne impedias musicam*: vielleicht ... Doch wenn ich dadurch, daß ich in mir »Schweigen« schaffe, gerade *taub* werde für die Klänge, die ich »dort« vernehmen soll? Wenn ich, indem ich »mir absterbe«, überhaupt zum Toten werde?

12.3.1944. Ich mache mich an eine umfangreiche Lektüre: Maine de Birans ›Tagebuch‹. Das verdanke ich vor allem Thibaudet, der meine Aufmerksamkeit auf Maine de Biran als auf einen »*maître de la vie intérieure*« lenkte, wobei er einiges über dessen Einfluß auf die Reaktion gegen Taine hinzufügte. Außerdem dachte ich mir – ob mit Recht, vermag ich nicht zu sagen –, daß er vielleicht ein anderer Amiel ohne dessen Gifte sein könnte.

14.3.1944. »Das Öl kommt erst dann hinzu, wenn der Docht bereits verbrannt ist« (von der Situation, wenn man zu spät durch Erfahrung klug wird) (Maine de Biran).

17.3.1944. GRENZEN DES REALISMUS. Die – eher schmutzige – Wirklichkeit sollten wir zweifellos kennen; es ziemt sich nicht, von Täuschungen zu leben. Aber diese Wirklichkeit unverwandt anstarren sollten wir nicht. Was könnte uns das

Böse und Häßliche schon anderes bescheren als Häßliches und Böses? [KD]

19.3.1944. »*Le poète est un mystique manqué*« (Bremond). Meine eigene Formel wäre weniger prägnant, denn sie enthielte in beiden Gliedern Einschränkungen: »Ein romantischer oder symbolistischer Dichter ist ein auf halbem Wege stehengebliebener Mystiker.« Es geht jedoch noch anders; man könnte versuchen, das Wort »Dichter« zu streichen. Gemäß meinem ursprünglichen Gedanken wäre nicht die Dichtung eine solche »Kümmermystik«, sondern die Romantik. »Der Romantiker ist ein auf halbem Wege stehengebliebener Mystiker.«

Eigentlich, unter gewissen Umständen, ist die Romantik eine Erscheinung der Ebbe: eine Muschel am Ufer, vom Christentum zurückgelassen. [KD]

Gegen den naiven Glauben an die moralische Arbeit des Menschen an sich selbst hat man die scharfsinnige und überaus weise Bemerkung gemacht, daß »nicht wir unsere Laster aufgeben [*vices* – wie soll man das eigentlich übersetzen], sondern sie uns aufgeben«.[9] Dennoch wäre es unvernünftig zu behaupten, die Arbeit an sich selbst sei fruchtlos. Denn erstens ist sie es, die bewirkt, daß wir uns freuen, anstatt besorgt zu sein, wenn unsere *teuren*, geliebten und gehätschelten Laster uns verlassen. Bereits das ist nicht zu verachten, doch zweitens kommt noch hinzu, daß dank ihr eine lasterhafte Neigung, selbst wenn sie stark ist, sich nicht so leicht in ein Laster verwandelt. Entspringt doch der Großteil dieser Neigungen aus völlig realen Bedürfnissen, denen wir nicht zu widerstehen vermögen. Und solange ein solches Bedürfnis andauert, können die Ergebnisse der Arbeit an sich selbst äußerst bescheiden sein. Doch manchmal bleibt, auch nach dem Verschwinden des Bedürfnisses, die Neigung zurück: denn sie hatte Zeit genug, zum Laster zu werden. Dem wirkt die Arbeit

---

9 La Rochefoucauld.

an sich selbst entgegen: Indem sie jedesmal Widerstand leistet, läßt sie nicht zu, daß die tadelnswerte Handlungsweise zum Automatismus wird. So daß mit dem Verschwinden des Bedürfnisses auch das aus ihm geborene Laster verschwindet, während es ohne Arbeit an sich selbst noch darüber hinaus fortgedauert hätte.

»Wohltaten, die man einzelnen erweisen kann, wiegen nicht das Schlechte auf, das ein Mensch verursacht, indem er seinen Namen in den Dienst einer Partei stellt« (Madame de Staël).

22.3.1944. »Wenn unsere Fähigkeiten geringer werden oder von Natur aus unzulänglich sind – was unsere Eigenliebe kränkt –, dann können wir uns mit dem Gedanken trösten, daß es in unserer Macht steht, im Bereich der Moral und Tugend soweit wie möglich voranzukommen und diese Form von Überlegenheit unter Menschen zu erringen, die uns im übrigen ebenbürtig sind« (Maine de Biran).

Diese »ethische Rückzugslinie« ist mir wohlbekannt; ich habe sie mehrfach ausprobiert, wenn der Weg des Schaffens mehr oder weniger versperrt war – und ich bin von ihr nicht eben begeistert.

24.3.1944. In der Mehrzahl der Fälle ist ein Gedanke nur dann eindrucksvoll, wenn er nicht zu Ende gedacht ist. Ein zu Ende gedachter Gedanke hat weder eine geheimnisvolle Perspektive noch jene Suggestivkraft, die in der Unvollendung selbst steckt, in der Bewegung, im unerfüllten Streben. Er ist statisch, in allen Teilen gleichmäßig klar, in der Formulierung – durch das Übermaß an Genauigkeit – mühsam. Die Vollkommenheit und Offensichtlichkeit verleihen ihm den Ausdruck des Truismus, und das demütige Einvernehmen mit der Wirklichkeit setzt ihn dem Vorwurf der Platitüde aus. Das betrifft alle Erzeugnisse des Geistes: von der Ein-Satz-Sentenz bis zu den philosophischen Systemen. [KD]

26.3.1944. »Durch die Anstrengung, die ein Mensch unternimmt, um sich von der Außenwelt zu lösen (...), macht er sich für die Annahme und das Verstehen der Wahrheit bereit ...« (Maine de Biran: ›Tagebuch‹, 25.11.1816). – Richtig; doch anders als Maine de Biran meint, wäre der Satz genauso wahr, wenn es darin statt um die »Außenwelt« um die Innenwelt ginge. In gewisser Hinsicht vielleicht sogar wahrer. Was einen zur Annahme der Wahrheit prädisponiert, ist vor allem das Aufgeben des *Interesses*. Interessen können sowohl äußerlich als auch innerlich sein; doch da allen Interessen etwas Psychisches zugrunde liegt – ein Begehren, Verlangen oder Gefühl –, vollzieht derjenige sicherer und radikaler den Bruch mit dem Interesse, der sich von sich selbst löst, also z. B. jener Physiker, von dem sich Maine de Biran distanziert.

»Welches Motiv außer dem Bedürfnis nach Erkenntnis der Wahrheit könnte den Menschen dazu motivieren, sich in die Winkel der Seele zu vertiefen?« Wenn hier von der eigenen oder zumindest *auch* von der eigenen Seele die Rede ist (und das dürfte aus dem Kontext hervorgehen), dann ist die Frage unglücklich gestellt. Wir gehen in uns, um dort eine Stütze gegen die Welt zu finden; oder um uns zu formen; oder um eine innere, glückverschende Harmonie zu erlangen. Motive des Eigeninteresses, die geeignet sind, den Blick auf die Wahrheit zu trüben, wirken hier bei weitem stärker als bei der Erforschung der Atome.

Maine de Biran gehört meine ganze Sympathie; wie sehr spricht mich doch der dem zitierten Text vorhergehende Satz an: »Man muß in sich gehen, in der Windstille des eigenen Bewußtseins wohnen, um sich an der Wahrheit zu erfreuen und zur Wirklichkeit aller Dinge vorzudringen.« Doch man darf nicht vorhaben, die ganze Decke zu sich herüberzuziehen.

Zwei weitere Gedanken zu Maine de Biran. (1) »Wer weiß, was die konzentrierte Reflexion [*réflexion*, im Sinne Lockes] nicht alles vermag und ob es nicht eine neue Innenwelt gibt, die einmal ein metaphysischer Kolumbus wird entdecken können?«

»Wer weiß, was die konzentrierte Reflexion nicht alles vermag?« In der Tat, sie vermag viel. Man muß hier jedoch zwei verschiedene Arten von Errungenschaften unterscheiden. Auf der einen Seite: der Reichtum an einzelnen, unendlich nuancierten Erscheinungen, die von der reinen *Analyse* zutage gefördert werden: das, was Proust oder Amiel erhalten. Hier gelangt man zu sicheren Ergebnissen, doch man steckt nichtsdestoweniger in dem, was Biran die phänomenale Schicht genannt hätte. Auf der anderen Seite kann man versuchen, direkt in die innere »Substanz« des Geistes einzudringen, wie das unter Maine de Birans Nachfolgern im größten Stile Bergson betrieben hat ... nun, und - mit Verlaub gesagt - auf seine Weise auch Freud. Dann erst hat man es tatsächlich mit der geforderten »kolumbischen« Erkenntnis zu tun. Die Frage lautet also: Ist die »konzentrierte Reflexion« dazu in der Lage, Errungenschaften letzteren Typs zu ermöglichen oder nur solche der ersten, phänomenalen Art? Und ist zu jenen *großen* Errungenschaften außer der »Reflexion« nicht noch etwas anderes notwendig: die Fähigkeit zur *Konstruktion* - eine Fähigkeit, die nicht ohne Phantasie auskommt? Doch wo es sich so verhält, haben wir höchstens nur eine *Theorie*, über die wir uns immer streiten können, ob sie das Wesen der Sache erfaßt hat oder nicht. Man gewinnt also immer entweder empirischen Reichtum, doch ohne »metaphysische« Bewandtnis, oder eine metaphysische Vision, doch um den Preis der Gewißheit. Streng genommen, gibt es weder im einen noch im anderen Fall einen Kolumbus.

(2) »Ich mache nichts Vernünftiges, (...) plage mich nur sinnlos herum; es fehlt ein Ziel für die Arbeit und für das Leben.« - Das ist die Klage eines Menschen, dem es einmal um Politik geht, dann wieder um Erkenntnis, und der dadurch innerlich hin- und hergerissen ist. Und der künstlerische Instinkt? Die Leidenschaft und die Lust des Gestaltens, das hartnäckige Streben nach Vollkommenheit? Und diese Freude, wenn man eine Sache - und sei sie noch so klein - als eine *vollendete* aus den Händen gibt? Maine de Biran hatte nichts von einem Künstler; der Künstler steht nach jeder Niederlage wieder auf.

27.3.1944. Amiel hat völlig recht, wenn er sachlich feststellt, daß er, Amiel, als Autor eines ›Tagebuchs‹ Maine de Biran beträchtlich überrage. Maine de Biran hat in der Philosophie sicherlich größeres Format als Amiel in der Literatur, doch hier, auf diesem gemeinsamen und so speziellen Terrain, ist ihm Amiel zweifellos überlegen.

7.4.1944. VON DEM DENKEN ALLEIN FÜR SICH SELBST. Aus Maine de Birans ›Tagebuch‹ (Bd. 2, S. 7 der franz. Ausg.).

»Die meisten Menschen bemühen sich allein deswegen darum zu begreifen, zu erkennen und ihre Intelligenz auf bestimmte Weise zu formen, um mit ihr nach außen treten zu können. [Kritische Anmerkung: ›allein‹ wäre falsch, doch ›nach außen zu treten‹ ist völlig normal; die Anomalie bestünde darin, es nicht zu wollen oder zu können.] Wenn sie am tiefsten zu denken scheinen, interessiert sie immer noch der äußere Effekt [*effet*]. [Das hängt davon ab, welcher ›Effekt‹ gemeint ist – vielleicht das ›Ergebnis‹? Das französische *effet* ist zweideutig.] Daher verspüren sie das Bedürfnis, sich mitzuteilen [ist das ein Verbrechen?], ihre Konzeptionen in möglichst prächtige Gewänder zu kleiden [na na, nicht jeder, der für andere schreibt, ist gleich ein Rhetoriker] (...), und nie kommt ihnen der Gedanke, sie nicht möglichst reich und elegant auszuschmücken. Der Inhalt ihres Lebens besteht darin, Sätze zu bilden [oder ›Phrasen‹, im Original *phrases*: bereits die zweite, und zwar bösartige Zweideutigkeit].«

Meine Anmerkungen in Klammern sollen zeigen, daß Maine de Biran zumindest ungerecht ist, daß er durch eine pejorative oder zumindest zweideutige Charakteristik versucht, die Haltung von Menschen zu *entwerten*, die in der Absicht denken, ihre Gedanken anderen mitzuteilen. Das ist nicht in Ordnung; eine solche Haltung ist nicht nur, wie gesagt, normal, sondern auch korrekt: Es ist gut, wenn ein denkender Mensch seinen Beitrag zu einem gemeinsamen Werk leistet. Falls er es nicht kann, bedeutet das für ihn eine Niederlage und für das Werk einen Schaden; aus einer Niederlage darf man kein Privileg machen und aus einem Schaden keine höhere Errungenschaft.

Ich selbst, dessen ganze Anstrengung in letzter Zeit darauf gerichtet ist, im Denken rein *pro foro interno* für mich einen Lebenssinn und eine Daseinsberechtigung zu finden, bin ganz und gar nicht der Auffassung, daß mich das über irgend jemanden stellen würde. Ich wollte es anders; doch es war mir nicht möglich; ich habe mein Verhältnis zum Leben geändert, um in dieser Lage nicht umzukommen. Doch ich bin weit entfernt davon, mir einzureden, es sei besser so.

Insofern hat Maine de Biran jedoch recht, daß man – falls man denn wählen muß – dasjenige höher bewerten sollte, was unser *Innerstes*, unsere »Substanz« ausmacht, als bloß Namen, Ruhm und Anerkennung, ja sogar höher als den *Beitrag*, die greifbaren Ergebnisse.

MAINE DE BIRAN UND DAS INNERLICHE LEBEN (FORTSETZUNG). »Man hat bei uns keinen Begriff davon, was das innerliche Leben ist, man hält es für fruchtlos und verrückt, wohingegen diejenigen, die es kennen, genauso auf die Weltmenschen blicken, die ganz äußerlich leben. Wer ist hier im Recht? Diejenigen, die einer Sache widersprechen, die sie nicht kennen und nicht kennen wollen? Ich kenne die Außenwelt genauso gut wie ihr und beurteile sie; ihr habt nicht die geringste Vorstellung von meiner Innenwelt und wollt ein Urteil über sie abgeben« (›Tagebuch‹, Bd. 2, S. 42 der franz. Ausg.).

Dieses Argument stellt eine Analogie dar zu demjenigen, mit dessen Hilfe Mill im ›Utilitarismus‹ das Problem von Sokrates und dem Schwein entscheidet. Und *ad hominem* ist es korrekt: Man muß beide verglichenen Sachen kennen, um eine vergleichende Wertung abzugeben. Eine andere Frage ist es, ob jeder, der beide Glieder kennt, genauso urteilen würde, wie Maine de Biran es hier tut. Ich selbst habe, wie er, keine Zweifel, daß das innerliche Leben höher steht als ein rein äußerliches; noch höher jedoch stünde nach meiner Auffassung ein innerliches Leben, das seine Verwirklichung nach außen fände. Und bei Maine de Biran selbst stoße ich (ebenda, S. 45) auf einen Satz, der von diesem Autor eher überrascht: »Ich habe das Glück des intellektuellen Lebens empfunden, sooft ich schöpferisch tätig war und etwas *veröffentlichte*« [Hervorhebung von mir]. – Das ist keine Kleinigkeit!

16.4.1944. Gautier: ›Kapitän Fracasse‹. – Folgender Satz hat mich in der heutigen schrecklichen Zeit gerührt: »In diesem angenehmen [*plaisant*] Königreich Frankreich kann jemand, der eine schöne Frau begleitet, niemals lächerlich sein; jeder beneidet ihn nur.« Mich streifte die Erinnerung an eine reife und beruhigte Kultur und an ein Leben, das es sich erlauben konnte, seine Sattheit mit einer Aureole von Anmut und Eleganz, von Lächeln und ästhetischen Reizen zu umgeben. »*Plaisant royaume*«: Hat es denn wirklich einmal Zeiten gegeben, in denen man in einem glücklichen Moment einen ganzen Staat für »angenehm« halten konnte?

17.4.1944. Gestern überlegte ich mir, ob es wohl möglich wäre, daß ein Intuitionist und ein Diskursivist über diese beiden Formen des Denkens und ihre jeweilige Berechtigung diskutieren. Gibt es eine gemeinsame Grundlage? Wenn ja, welche? Und ich bin *nicht* zu einem Ergebnis gekommen.

Es ist jedoch nicht wahr, daß es entweder nur ein Denken für das Denken, *pro foro interno*, oder ein Denken, um es anderen mitzuteilen, gäbe: eine rein innerliche Haltung oder eine soziale Haltung. Es gibt noch etwas Drittes, sehr Wichtiges: ein Denken, das ausgesprochen wird im Hinblick auf die *vollkommene Form*, in der es sich verkörpert.

Wenn ich einen Gedanken aufschreibe, kann meine einzige Absicht dabei sein, ihn besser zu denken, ihn zu etwas Greifbarem zu machen, das sich infolgedessen in das System meiner bisherigen Gedanken einfügt. Das ist eine »innerliche« Haltung; mir wohlbekannt, denn ich praktiziere sie ständig. Ich kann einen Gedanken auch aufschreiben, um ihn publik zu machen: Auch das habe ich praktiziert. Doch hier tritt ein besonderes Phänomen auf. Wenn dem nicht ein übermächtiger Grund massiv entgegensteht, nimmt mein Interesse am Ziel des Publikmachens im Verlaufe der Arbeit nach einiger Zeit ab und wendet sich einem völlig neuen Ziel zu: etwas zu schaffen das als sprachlich-gedankliches Gebilde – wie schon gesagt – *vollkommen*, in sich perfekt, gestaltet ist. Seit den Anfängen hat das Motto meiner Arbeit stets gelautet: »Lieber zehnmal überarbeiten, Hauptsache, die letzte Version *hat Hand und Fuß*.«

Warum schreibe ich das hier jetzt auf? Der Ordnung halber, um allzu grobe Vereinfachungen zu vermeiden. Maine de Biran – mein Ausgangspunkt – hat hier eine ganz kindliche Auffassung: Man denkt entweder für sich selbst oder, um vor den Leuten großzutun. Aber schon weiter oben habe ich festgestellt, daß »für die Leute« nicht unbedingt bedeutet: »um vor ihnen großzutun«; manchmal geht es ganz ehrlich darum, bei einem Gemeinschaftswerk mitzuwirken. Und nun tut sich zwischen der gesellschaftlichen und der subjektiven eine dritte Sphäre auf: diejenige der Gedankengebilde, die gewissermaßen »sein wollen« und vom Schreibenden eine Gestalt, ein *Gesicht* verlangen.

17.4.1944. Etwas rein Theoretisches: »Ein ausschließlich nach innen gerichtetes Leben hat einen *Wert*, doch keinen *Sinn*.« Ergibt sich das nicht aus dem Begriff des – axiologischen! – Sinns, wie ich ihn vor mehr als zwei Jahren zu bestimmen versuchte?

1.5.1944. Stellen wir noch einmal ganz deutlich folgendes fest. Die Vertreter der exakten Wissenschaften rechnen es sich zur Ehre an, daß allein sie dazu in der Lage seien, anständige und endgültige Lösungen zu Problemen zu liefern, Lösungen, nach denen in Hinblick auf das besprochene Problem nichts mehr zu suchen übrig bleibe. Ich bin heute wieder auf diese Auffassung gestoßen, als ich Łukasiewiczs Artikel über ›Logistik und Philosophie‹ [Logistyka i filozofia] durchsah (›Przegląd Filozoficzny‹ 1936). Er schreibt dort von der »besonderen Freude, die aus der korrekten Lösung eines eindeutig formulierten wissenschaftlichen Problems entspringt, einer Lösung, die man jederzeit mit Hilfe einer exakt definierten wissenschaftlichen

Methode kontrollieren kann und von der man einfach weiß, daß sie so und nicht anders lauten muß und daß sie in der Wissenschaft für alle Ewigkeit als dauerhaftes Ergebnis methodischer Forschung verbleibt« (S. 124). Die Geisteswissenschaft und die Philosophie dagegen könnten sich derartiger Errungenschaften nicht rühmen.

Ich habe keinen Zweifel, daß es Menschen geben mag, für die jene »Freude« eine erstklassige Genugtuung bedeutet. Doch »wir« (die Geisteswissenschaftler und Philosophen) haben, wenn wir ehrlich sein wollen, eine völlig andere Auffassung davon. Für diese »Freude« sind wir wenig empfänglich. Die »endgültige Lösung« eines Problems (ist so etwas überhaupt möglich? Sind Lösungen nicht immer nur »persönlich« und vorläufig?) freut uns keineswegs: Wir empfinden sie eher als eine Art *Tod des Denkens* (in dem betreffenden Bereich): Alles ist hier zu Ende, es gibt nichts mehr zu tun. Ich sage es seit langem und wiederhole es an dieser Stelle, daß die Existenz endgültig lösbarer Probleme – wenn es sie denn tatsächlich gibt – zu *bedauern* ist. Und Łukasiewicz und seinesgleichen machen auf uns den starken – meist unbewußten – Eindruck, daß es sich bei ihnen um Apostel des Todes und der Stagnation handelt. Wir erfreuen uns gerade am Nachdenken über unlösbare Probleme; natürlich erliegen wir der Illusion, daß wir sie lösen wollen, doch im Grunde geht es uns um etwas anderes: darum, was *zwischen* dem Aufstellen des Problems und seiner »Lösung« (welcher Art auch immer) geschieht, sich abspielt, »an Sein gewinnt«, »ins Dasein tritt«; nur in dieser Gedankenarbeit liegt jenes Tiefe und Schöne, das ich, mangels einer besseren Bezeichnung, vorläufig »Kontakt mit der Wirklichkeit« nenne. Aus dieser spezifischen Sichtweise liegt übrigens auch in der Lösung etwas Wertvolles, jedoch nicht das, was jene darin sehen; nicht Endgültigkeit und Ewigkeit, sondern eine Selbstobjektivierung (?) des Denkers oder etwas in der Art. – Gerade habe ich den Ausdruck »Forscher« gestrichen und durch »Denker« ersetzt: denn in dieser Terminologie kommen unterschiedliche Haltungen zum Ausdruck.

2.5.1944. Ergänzung zum Gesagten. (1) Der Vorwurf, »Apostel des Todes und der Stagnation« zu sein, ist natürlich überspitzt; es ist eigentlich überhaupt kein Vorwurf, sondern ein bestimmter charakteristischer *Eindruck*. Der Opponent würde selbstverständlich einwenden, daß jede einmal gefundene Lösung *neue* Probleme aufwerfe; daß *wir* es seien, die auf der Stelle stünden, während sie sich fortbewegten, daß es bei uns Stillstand gebe und bei ihnen Fortschritt – wenn nicht in Richtung auf die »Wahrheit« im klassischen Sinne (nicht alle sehen es so), so doch in Richtung auf immer komplexere und höherrangige Probleme usw. Mein Gedanke bedarf also diverser Korrekturen, zu denen ich mich gegenwärtig nicht recht in der Lage sehe. – Statt dessen fällt mir in diesem Moment etwas Verwandtes ein: Wenn wir eine endgültige Lösung erreicht haben, wird die gesamte Gedankenarbeit, die dorthin geführt hat, entwertet. Indem sie zur Rolle eines Mittels hinabsinkt, dessen Ziel bereits erreicht ist, wird sie uninteressant und fällt ab wie trockenes Laub – dabei bildete diese Arbeit doch den Inhalt eines Lebens: des Lebens eines Wesens, das einen Selbstzweck, einen letzten und absoluten Wert darstellt. All das wird auf gewisse Weise entwertet, gilt als alter Plunder, bestenfalls noch als Material für die Wissenschaftsgeschichte. Die hier besprochene Konzeption führt also nicht, wie ich behauptet habe, eine »Stagnation« herbei; sie ist in einer anderen Hinsicht todbringend: indem sie das lebendige Gedankenleben dadurch auf die Rolle eines bloßen Mittels reduziert, daß sie ihm den *Eigen*wert aberkennt.

(2) Damit in Verbindung steht die Frage des Verhältnisses zu den Denkern der Vergangenheit. Wenn bei ihnen Fehler und Ungenauigkeiten vorkommen oder wenn ihre Ergebnisse nicht »gewiß« genug sind, dann werden sie von »den anderen« einfach abgelehnt und nicht weiter beachtet: So verhält sich Łukasiewicz Kant und Descartes gegenüber. Bei uns ist es anders. Wenn das Denken eines Denkers interessant und reichhaltig ist und wir ihn lesen, uns in seine Ideen von neuem hineindenken sowie *seine Denkakte in uns wiederholen*, dann begeben wir uns in eine mächtige Strömung des Gedankenle-

bens hinein, dann *leben* wir: wir leben im Denken – und wenn wir selbst nicht zu schöpferischem Denken fähig sind, finden wir in ihnen ganz einfach eine Lebensquelle; wenn wir dazu fähig sind, haben wir in ihnen Freunde und Genossen, mit deren Arbeit und deren Anstrengungen wir unsere Anstrengungen und unsere Arbeit konfrontieren; wir empfangen von ihnen die Gabe, wenn nicht des Lebens überhaupt, so doch des Zusammenlebens. Łukasiewicz und seinesgleichen jedoch sehen in den Denkern der Vergangenheit lediglich größere oder kleinere Behälter mit präzisen und bewiesenen Behauptungen; wenn dieser Inhalt gering ist, zählt der Denker überhaupt nicht.[10]

17.5.1944. Was bedeutet: »gut mit den Menschen auskommen«? – Leider, leider bedeutet es auch ein bißchen: schlecht von ihnen denken, doch gut mit ihnen »stehen«.

30.5.1944. Warum empfinde ich Kotarbińskis Materialismus als so unangenehm, verehre aber Lukrez, der doch auch Materialist ist? Eine erste und vorläufige Antwort würde folgendermaßen lauten. Vor allem: Kotarbiński ist, wie es scheint, mit seinen Konzeptionen auch *als Mensch* – nicht nur intellektuell – zufrieden (von einer Revolte ist auf jeden Fall nichts zu sehen); Lukrez *möchte* gerne zufrieden sein, doch er vermag es nicht. Und das könnte eigentlich, von meinem Gesichtspunkt aus, genügen. Doch allgemeiner: Bei Lukrez finden sich reiche emotionale Reaktionen, es verbreiten sich unendlich viele *Echos* des Grundgedankens; Begeisterung, Schrecken und Grauen verbinden sich zu einer Einheit von Konsonanz und Dissonanz; dieser Mensch erlebt seine Philosophie mit der ganzen Fülle seiner Seele. Bei Kotarbiński gibt es nichts von der Art: Fehlt das Bedürfnis oder ist die Disziplin so total,

---

10 Diese ganze Doppelnotiz trifft nicht den Kern der Sache. Der nicht ganz auskristallisierte Gedanke dürfte folgender sein: Der Mensch realisiert sich im Denken, nicht in den Ergebnissen seines Denkens. Da aber die Selbstverwirklichung am wichtigsten ist, ist das Denken wichtiger als sein Ergebnis.

sind die Bremsen so stark? Und schließlich von der objektiven Seite her: Im Lukrezischen Materialismus gibt es ein starkes Element der *Bewegung*; dort *geschieht* etwas; Atome verhaken sich, Welten entstehen und zerfallen; es spielt sich ein *Drama* dieser angeblich vollkommen toten Materie ab. Kotarbińskis Materialismus ist von rigoristischer *Starrheit*; seine Welt ist in einem merklicheren Sinne »tot« als die Lukrezische; und dazu noch so überaus *nackt*! Eine Sandwüste! Diese Starrheit, Nacktheit und Armut sind nicht, wie die strenge Unmenschlichkeit des Lukrez, tragisch; sie sind trocken und bedrückend.

All das wäre, formal gesehen, »jenseits von Wahr und Falsch«, eine Frage des »persönlichen Geschmacks« von Herrn E., der dort ästhetisiert, wo man nur korrekt denken sollte. Doch ganz so einfach ist die Sache nicht. Nur in der Sphäre des Formalen ist die Wahrheit starr; die Welt weist viele Perspektiven auf; wir können sie, ohne von dem Gegebenen abzuweichen, auf verschiedene Weisen wahrnehmen und die Akzente unterschiedlich verteilen.

1.6.1944. SOGENANNTE »FLIESSENDE« BEGRIFFE. »Fließende« Begriffe, »vieldeutige« Termini mit einer ganzen Skala von Bedeutungsnuancen und einer entsprechend breiten Anwendbarkeit? »Vielleicht kommen wir ohne sie wirklich nicht aus, doch sie bleiben immer nur Ersatz, *second best*, wenn es nicht anders geht.« So sprechen diejenigen, denen eine *Rekonstruktion* der Wirklichkeit gleichgültig ist, die damit zufrieden sind, sie in einem gewissen, sehr speziellen Sinne zu »verstehen« (grob gesprochen: ihre Struktur zu erfassen). Doch nicht alle sind so bescheiden; einigen ist die Rekonstruktion *wichtig*, denn sie wollen in der Welt wie in einer Welt leben, nicht wie in einer Zeichenwerkstatt oder einer Modellausstellung. Hier hören die »flüssigen Begriffe« auf, *second best* zu sein: Sie sind unerläßlich, wenn man überhaupt etwas von der Beschäftigung haben will, die man »Denken« nennt.

14.6.1944. Die Warschauer Schule und meine Abneigung gegen den Rationalismus. In letzter Zeit habe ich viel über die Gründe nachgedacht, die mich – mehr oder weniger – vom Rationalismus abgebracht haben; ich bemühte mich den Prozeß und seine Etappen zu rekonstruieren: von der eindeutigen Begeisterung für den Rationalismus, mit der ich noch den ›Leibniz‹ schrieb, von der Parteinahme für Russell gegen Bergson noch nach dem Krieg über verschiedene Wellen von Religiosität oder Quasi-Religiosität und die ganz und gar nicht ablehnende Lektüre der hl. Theresia im September 1924 bis ungefähr ins Jahr 1931, als ich mich bereits auf der genau entgegengesetzten Position befand. Die Gründe, die ich festgestellt habe, sind verschiedenartig: ein Skeptizismus, der meine rationalen Unternehmungen von Anfang an untergrub; die Unmöglichkeit, mir auf rein rationalem Weg eine einigermaßen anständige Lebens*haltung* zu erarbeiten; die Unzulänglichkeiten des Rationalismus, wenn es darum geht, diejenigen Phänomene zu erfassen, die mich immer am meisten interessiert haben (Individualität, Erscheinungen aus dem Bereich der Kunst), und damit verbunden die sich unabweislich aufdrängende Notwendigkeit, Irrationales in ihre Beschreibung aufzunehmen. Eine große Rolle jedoch – im Sinne einer überspannten Saite, die den gegenteiligen Effekt erzielt – spielte auch die Warschauer Schule. Mir schien der Rationalismus in ihr *ad absurdum* geführt, und so *j'en pris le contre-pied*, indem ich mich mit Leidenschaft auf das entgegengesetzte Extrem warf. Warum? Der Rationalismus im Stile des 17. Jahrhunderts hatte mich doch angezogen. Antwort: weil der Rationalismus eines Descartes oder Spinoza intuitive Elemente enthält, was beim Rationalismus von Łukasiewicz oder Kotarbiński nicht der Fall ist. Die »Vernunft«, die ich meinte, als ich den Rationalismus guthieß, war stets diejenige, welche die Wirklichkeit zuerst in bestimmten Grundintuitionen erfaßt, um diese danach – doch erst *danach* – diskursiv zu entfalten. Erst anhand der Warschauer Schule jedoch lernte ich aus genügender Nähe eine »Vernunft« kennen, die gründlich von dergleichen Elementen gereinigt war, eine rein algebraische Vernunft. Und da verstand ich, daß ein reiner »Diskurs«, ein Diskurs ohne Intuition nichts für mich ist. Und so war ich schließlich – teils unter dem Druck dieser Denker, teils meinem eigenen Hang folgend – bereit zu akzeptieren, daß *dies* der Rationalismus sei sowie daß *intuitio* und *ratio* Gegensätze darstellten; nun, und allmählich begann ich mich als einen Irrationalisten zu betrachten, wozu es sicherlich nicht gekommen wäre, wenn ich Descartes' Urenkel oder Spinozas Nachfolger vor mir gehabt hätte.

Was hat mich eigentlich so *fürchterlich* abgestoßen an dem Denken »der anderen«? Wohl vor allem, daß sie all das, was meinem Gefühl nach die »wirkliche« Wirklichkeit ist, *außerhalb* des Begriffsnetzes ließen, mit dem man die Wirklichkeit erfaßt. Dadurch wird im Erkenntnisakt der eigentliche *Gegenstand* der Erkenntnis getötet – worin ich nicht umhin kann, etwas geradezu Böses zu sehen. *Der Geist, der stets verneint?* Wahrhaftig nicht; doch *der Geist, der alles Positive fallen läßt* – dem alles Positive, alles »Sein« durch die Finger gleitet.

Valéry greift in seinem ›Leonardo‹ Pascal an, weil dieser den *esprit de finesse* gleichberechtigt zugelassen hat; zulässig sei nur eine einzige Form von Geist. Also nein! Hier weiche ich auch von Valéry ab.

Das Problem der Verbindung von rationalen und irrationalen Elementen. Daß ich – eher für den eigenen rein internen Gebrauch – zum Irrationalismus übergewechselt bin, schlägt sich in meiner schriftstellerischen Praxis nicht nieder: nicht im Schreiben *pro foro externo* und nicht einmal dann, wenn ich nur für mich selbst schreibe. In dieser Praxis *verbinde* ich intuitive und diskursive Elemente. Und bin ich im Grunde genommen – wenn man bestimmte mehr oder weniger »mystische« »Gipfel« ausnimmt – nicht *überzeugt* davon, daß nur eine solche Verbindung es ermöglicht, die menschliche, ästhetische und moralische Wirklichkeit zu erfassen, mit der ich mich soviel beschäftigt habe? Diese Wirklichkeit ist schließlich keine reine, einzig mit Hilfe von Symbolen erfaßbare »Unbestimmtheit«, sondern etwas, das sich zwar dem »nackten« Diskurs entzieht, doch dessen Erfassung und Erkenntnis mit beträchtlicher Hilfe von Seiten des Diskurses erfolgt. Meine Essays und Abhandlungen halte ich ja nicht für exoterisch!

Doch da ergibt sich eine große Frage: Wenn bei der Erfassung der Wirklichkeit sowohl »rationale« (d. h. diskursive) als auch »irrationale« (intuitive) Faktoren zusammenspielen, wer oder was soll dann ihren jeweils angemessenen Anteil daran – ihre jeweiligen Proportionen und Funktionsumfänge – bestimmen? Ist dieser Schiedsrichter und Dirigent etwas Rationales oder etwas Irrationales? Davon hängt es ab, ob ich mich letztendlich auf die eine oder die andere Seite neige. Darüber habe ich in letzter Zeit versucht nachzudenken, doch das sind schon keine Allerweltsüberlegungen mehr, sondern das ist strenge Theorie. In der Praxis ist es bei mir so, daß die Rolle des Schiedsrichters so etwas wie der »Instinkt«, das »Gefühl« übernimmt: »Jetzt die Schraube anziehen, jetzt lockern« – in Abhängigkeit vom Denkstil, den mir der Gegenstand vorgibt oder den ich selbst bei der Behandlung eines bestimmten Themas gewählt habe. Doch das ist eine sehr praktizistische Erledigung des Problems – und man kann kaum sagen, daß ich von ihr begeistert wäre.

29.6.1944. DIE KONVENTION ALS BESTANDTEIL DER KULTUR. In Antwort darauf, daß man Dichtung, Kunst oder geradewegs die gesamte Kultur auf bloße Konvention zurückführt, halte ich mich an die alte, einfache und naive Konzeption: Es gibt in der Kultur ein unkonventionelles Element, das wesentlich ist; hier liegt der Kern und der Wert der Kultur. Und es gibt ein ebenso starkes konventionelles Element: das, was die Kultur immer wieder, zuweilen grundsätzlich verzerrt, dem man sich ungeheuer schwer widersetzen kann und auf das man zuweilen, wenn es sich breitmacht, mit *Revolutionen* reagieren muß – gut, wenn es nur solche kultureller Art sind.

5.7.1944. Wie sehr ist unsere Kultur doch in der Tat (um mit Suchodolski zu sprechen) »zweischichtig«, auch die moralische Kultur! Oben spielen sich fortwährend großartige Dinge ab, aber wieviel davon dringt in die Seelen unten ein?

Letzte Nacht gab es während des Luftangriffs Unmut darüber, daß man in den »für Menschen vorgesehenen« Schutzraum Hunde mitgebracht hatte, anstatt sie ihrem Schicksal zu überlassen. Ich dachte an Yudhishthiras Hund[11] und ermaß den Abstand.

6.7.1944. Welch große Rolle spielen in den zwischenmenschlichen Beziehungen doch Bräuche und Rituale, und zwar manchmal auf Kosten völlig sachlicher Hinsichten! Gestern und heute war ich bei Frau B. außerhalb der Stadt: Sie drängte mir ein hartgekochtes Ei und – obwohl doch solcher Mangel daran herrscht – Butter zum Brötchen auf (denn das »gebietet die Gastfreundschaft«), doch sie vermied es (um dergleichen Geboten in Zukunft zu entgehen), mir ihre Veranda zur Verfügung zu stellen, um dort noch eine Bombennacht sitzend zuzubringen. Es ist wichtiger, mich mit einem Ei zu bewirten als mein Leben zu retten.

Znanieckis Konzeption des »Spielmenschen«, zu welchem Typus er Politiker und Krieger zählt – ist daran nicht vielleicht doch etwas Geniales?? Wieviel Spiel liegt nicht z. B. in diesen Bombardements – vielleicht mehr als Zweckmäßigkeit! Und das gilt überhaupt für den Luftkrieg, seinem Wesen nach. Nicht nur die Flieger vergnügen sich bei diesem Spiel: Ganze Völker probieren auf alle möglichen Weisen das neue Spielzeug aus und meinen, ihnen würde etwas entgehen, wenn sie es nicht angemessen nutzten.

2.8.1944. In letzter Zeit lese ich Historiker und konnte nicht umhin, über die klassische Frage nach dem Wesen der ge-

---

11 ›Mahābhārata‹ XVII.

schichtlichen Tatsache nachzudenken. Welche Tatsache ist eine geschichtliche? Heute würde ich zu folgender Antwort neigen: eine solche, die das Interesse der Gemeinschaft erregt hat, in deren Mitte oder vor deren Augen sie sich abgespielt hat. Das wäre eine unmittelbare Geschichtlichkeit; mittelbar würden Tatsachen an Geschichtlichkeit gewinnen, die als Ursachen – *privilegierte* Ursachen – der ersteren gelten.

Nach dieser Konzeption würde die Geschichtlichkeit einer Tatsache also von selbst, als Folge eines in der kollektiven Psyche verlaufenden Prozesses entstehen. Die Sache des Historikers aber wäre es, das aufzuschreiben, wofür sich die von ihm als Objekt seiner Geschichtsschreibung gewählte Gesellschaft interessiert hat.

Natürlich gibt es hier beträchtliche Schwierigkeiten. Wo beginnt eine Gemeinschaft, deren Interesse eine geschichtliche Tatsache schafft? Wie gering kann die Anzahl ihrer Mitglieder sein? Wie groß muß sie sein? Der Erklärung bedarf ebenso der Begriff des Interesses. Ich verstehe darunter ein Interesse, das – unabhängig vom Ausgangspunkt – zumindest am Endpunkt uneigennützig wird: Eine geschichtliche Tatsache zeichnet sich dadurch aus, daß sie von einer gegebenen Gemeinschaft als solche für wert befunden wird, daß man sie beachtet, über sie nachdenkt, sich ihrer erinnert und sie kommentiert.

12.8.1944. »Lächerlich ist die Dummheit derjenigen, die glauben, durch ihre gegenwärtige Macht könnten sie die Erinnerung an ihre Taten noch in künftigen Jahrhunderten auslöschen« (Tacitus: ›Annalen‹ IV 35).

16.8.1944. »Leichter glaubt man an Haß« (Tacitus: ›Historien‹ I 34). – Mit diesem Vorwurf trifft Tacitus sich selbst; sollte er das wirklich nicht bemerkt haben?

19.8.1944. »Das Schöne wider die Kunst«: welch herrlicher Titel für eine kämpferische Abhandlung! (Zum Thema der Rivalität zwischen der Ästhetik und der sogenannten »allgemeinen Kunsttheorie« sowie zwischen dem »Schönen« und der »Kunst« als Grund- und Ausgangsbegriffe.)

22.8.1944. *Le poète est un mystique manqué*: Wieder fällt mir dieser Satz ein. Mir will es manchmal eher scheinen, als sei der Mystiker ein nicht aufgeblühter oder verwelkender Dichter.

Heute morgen habe ich über zweierlei nachgedacht und bin dabei zu gewissen Ergebnissen gekommen. Erstens über die Frage unseres *faktischen* und in gewissem Maße auch unseres *angemessenen* Verhältnisses zum Bösen, das wir bei anderen feststellen: Wie sieht es damit bei einem sündlosen Menschen aus, wie bei jemandem, der mit seiner Sünde kämpft, wie bei einem, der sich seiner eigenen Sündhaftigkeit nicht bewußt ist, und wie bei einem, der seine eigene Sünde bejaht? Zweitens über den Konflikt zwischen dem moralischen und dem gesellschaftlichen Standpunkt in dieser Frage. All das aus Anlaß von ... Tacitus.

25.9.1944. Am Rande der Beschäftigung mit Tacitus stellte ich in den letzten Tagen Überlegungen zu Bergsons »geschlossener« und »offener« Ethik (und auch »Seele«) an: wie ich das anders ausdrücken würde und wie es sich damit in Griechenland und Rom verhielt. Der im übrigen so große Tacitus ist eine typische »geschlossene« Seele und insofern repräsentativ für die Römer, besonders für solche aus höheren Schichten. Unter diesem Gesichtspunkt übertrifft ihn der charakterlich schwächere Seneca, zu dem ich in dieser Konstellation neue Sympathie gewinne. Bei den Griechen ist es anders; dort gibt es immer wieder prächtige »Öffnungen«: die ›Orestie‹, ›Antigone‹, ›Philoktet‹ und auf seine schwächere Art auch Euripides – ganz zu schweigen von Sokrates; überhaupt auf Schritt und Tritt.

11.10.1944. Aus meinen kritischen Überlegungen zu den Engländern: Den Russen erschüttert das Leben, der Deutsche läßt sich vom Leben durchdringen, der Franzose genießt das Leben, der Engländer aber »empfängt« das Leben in seinem Salon oder Arbeitszimmer.

I Zweiter Weltkrieg

23.10.1944. Es gibt keinen siegreichen Führer, dem man nicht vorgeworfen hätte, er habe »lediglich« von fremden Fehlern profitiert; die Frage ist nur, ob dieses Profitieren – wie Tacitus (›Historien‹ II 34) will – einen *Ersatz* für Klugheit darstellt, oder ob nicht das Wahrnehmen und Ausnutzen von Fehlern echte Klugheit, ja bisweilen sogar Genie verlangt.

31.12.1944. Die Vorzüge eines Menschen, den man haßt, sind einem stärker verhaßt als seine Fehler.

3.1.1945. »Das Leben in seiner Gesamtheit hängt ganz von der Individualität der Einzelwesen ab« (Tarde: ›Les lois sociales‹; leicht modifiziert, da sehr schlecht geschrieben).

12.1.1945. »Sodann stellt vom Standpunkt des Empirikers jede rein mathematische Behandlungsweise biologischer Stoffgebiete stets eine einseitige Abstraktion dar, die aus der vollen Summe aller sinnlich wahrnehmbaren Merkmale nur einige wenige herausholt, *und zwar nicht die biologisch wichtigsten, sondern die zahlenfähigsten*« (Kretschmer; Hervorhebungen von mir – eine dank ihrer Prägnanz ausgezeichnete Formel).

25.1.1945. Wer Kunstkritik betreibt, liebt nicht die Kritik, sondern die Kunst. Ebenso liebt, wer Philosophie betreibt, nicht die Philosophie, sondern das Sein.

5.3.1945. Es gibt ein Heldentum des Egoismus, und sein Name ist: Selbstgenügsamkeit.

11.3.1945. »Der Künstler ist ein Produzent von Wirklichkeit.« Ein ohne Kontext unverständlicher Satz, der jedoch den Niederschlag von in letzter Zeit verhältnismäßig wichtigen Überlegungen darstellt.[12]

---

12 In Heideggers Arbeit über ›Hölderlin und das Wesen der Dichtung‹ stieß ich einige Jahre später auf folgende Formel: »Dichtung ist worthafte Stiftung des Seins.« Sehr prätentiös, doch im Zusammenhang ganz und gar nicht sinnlos.

II
Vom Kriegsende bis zum Jahre 1953

Lublin, 31.5.1945. FLAUBERTS KORRESPONDENZ. Sie ist Teil eines festen, unberührten Kerns in mir, der alle Wandlungen und Evolutionen überdauert. Flaubert hat einen engen Horizont und ist nicht sehr intellektuell, aber wie richtig sein zentraler Gedanke ist!

3.7.1945. »Freiheit und prächtige Namen dienen als Vorwände, und es hat noch niemand für andere Knechtschaft und Herrschaft für sich selbst begehrt, ohne sich dabei dergleichen Bezeichnungen zu bedienen« (Tacitus: ›Historien‹ IV 73).

22.7.1945. Striche man alles aus der Kultur, was Menschen ohne Glauben an die Menschheit und ihre Zukunft zu ihr beigetragen haben, dann bliebe nicht viel von dieser Kultur übrig.

15.8.1945. Warum wird es niemals Gerechtigkeit auf Erden geben? *Weil niemand nach Gerechtigkeit strebt.* Wer anders von sich denkt, hat die Tiefen seines Herzens nicht erkundet.

26.8.1945. Wie verhält es sich mit der Kulturgeschichte, mit den Werken des Geistes innerhalb der allgemeinen Geschichte? Die einen leisten sich Verbrechen, die anderen nutzen diese, um das Gute und die Schönheit zu säen und zu hegen.

ESCHATOLOGIE. Seit einiger Zeit lasse ich in mir immer stärker den Gedanken zu, daß die Menschheit den Gipfelpunkt ihrer Entwicklung – im kulturellen oder sogar im biologischen Sinne – möglicherweise bereits überschritten hat und daß nun der Abstieg beginnt. Seit kurzem vermute ich darüber hinaus, daß diese Bewegung nach unten recht schnell sein wird – schneller als jener heroische, sich über Jahrhunderte erstreckende Aufstieg – und daß sie vielleicht katastrophale Züge annehmen könnte. Einigen dieser Gedanken von mir möchte ich heute mit dem Skalpell der kritischen Analyse zu Leibe rücken, und zwar den Erwägungen, es könnte ein rein kultureller Niedergang, ohne Verbindung mit einer biologischen Rezession, stattfinden.

Ein katastrophales Phänomen dürfte vor allem das sein, was Curel in Hinblick auf seine ›Fille sauvage‹ als »moralische Anarchie« bezeichnet hat und was man sicherlich in etwa folgendermaßen beschreiben müßte: der Verlust jeglicher moralischer Rücksichten im Kampf der Menschen untereinander, vorerst im Kampf zwischen Gruppen, später – und immer extremer – im Kampf zwischen Individuen. Abgesehen von der Erkenntnistätigkeit – die bekanntlich mit der Barbarei hervorragend auskommt – würde infolgedessen ein Niedergang oder geradezu ein Verschwinden der als »Geistesleben« verstandenen Kultur drohen.

Hier drängt sich jedoch eine erste Frage auf: Ist unter dem genannten Gesichtspunkt die heutige Lage wirklich so viel schlechter als das, was in der Menschheitsgeschichte schon oft vorgekommen ist? Wenn nämlich nicht, dann ist die Kultur *nicht* in Gefahr: Wenn sie das andere überstanden hat, dann wird sie auch heute überleben. Und hier stelle ich fest: Die Vergangenheit war über weite Strecken hin ebenso schrecklich wie die Gegenwart. Einer merkwürdigen Form von Popularität erfreut sich in dieser Hinsicht Assyrien, von den Späteren sind Dschingis Khan und Timur zu nennen. Doch was ist mit den anderen orientalischen Despotien? mit Rom? mit dem Mittelalter? mit den Spaniern in Amerika und auf den Philippinen? Der Feldzug des Corbulo in Armenien, bei dem die Besiegten in Höhlen mit Rauch erstickt wurden, die Feldzüge des allerliebsten Germanicus, der Frauen und Kinder auf einer Front von fünfzig römischen Meilen dahinmetzeln ließ (um noch in einem weiteren Kontext aus dem tragischen Tacitus zu schöpfen)[1] – das sind nur beinahe unschuldige kleine

---

1 ›Annalen‹ XIV 23; I 50.

Versuche: und was für triumphale Blüten im geistigen Bereich gingen mit diesen Teufeleien einher! Und Melos?[2] Ist das nicht ein Symbol? Wenn man sich das bewußt macht, wächst das Grauen vor der Natur des Menschen, doch die Angst vor der Zukunft nimmt ab: Die Menschheit hat Melos und Artaxata ausgehalten, sie wird auch Oradour und Auschwitz aushalten.

Es bleiben jedoch Zweifel. Erstens: In den Verbrechen dieses Krieges ist etwas, das sie auf beunruhigende Weise von den größten bisherigen Verbrechen unterscheidet. Erschreckend ist, wie kaltblütig, systematisch und mit welcher technischen Perfektion sie verübt wurden, wie man die Wissenschaft und die größten Verstandeskräfte in ihren Dienst stellte. Das Urteilsvermögen zeigte keinerlei Risse – die Zustimmung zum Verbrechen war vollkommen. Das legt sehr nachdrücklich den Gedanken nahe (möglicherweise ist es der gleiche wie in Curels Drama), daß der Tod mythischer Illusionen und ein ungetrübter Blick auf die Wirklichkeit unfehlbar nicht nur zu bösen *Taten*, sondern zum Erlöschen jeglichen moralischen Bewußtseins führen. Zweitens: In der Leidenschaft, mit der wir alle heute die Deutschen verurteilen, spürt man nicht immer den Tonfall der Ehrlichkeit; in den Augen vieler Menschen wären diese Methoden gar nicht so schlecht, wenn *wir* sie gegen unsere Feinde anwenden würden. Daher kann ich mich nur schwer der Befürchtung erwehren, daß die Deutschen keineswegs nur ein Auswurf der Menschheit gewesen sind, nach dessen Ausgrenzung man Besserung erwarten darf, sondern daß sie eine *Vorhut* darstellten und daß bei der nächsten Auseinandersetzung viele von denen, die sie heute verdammen, eifrig den von ihnen gewiesenen Weg beschreiten werden.

3.9.1945. »Jedes Argument kann man in Frage stellen«, sagt der Skeptizismus. »Es lohnt nicht, und es gibt niemanden, dem man seine Argumente vorlegen kann«, fügt der moralische Pessimismus hinzu. Ob man »gute Argumente« hat, kann man also auf wenigstens zweierlei Weise für gleichgültig halten.

---

2 Thukydides V 84-116.

25.9.1945. In Nałęczów hatte ich den dritten Band von Kleiners ›Słowacki‹ dabei. Ich wollte, da ich momentan mit dem Autor verhältnismäßig häufig zu tun habe, zumindest ein wenig in seinen »Inhalt« eindringen – diesen Inhalt, der im persönlichen Kontakt von Professorengehabe, Lehrhaftigkeit und jenem eigenartigen Lubliner Lokal-»Führertum«[3] überdeckt wird. Mir schien der Inhalt – bei aller Achtung vor seinem Intellekt – nicht besonders »brennend« zu sein; nicht zu vergleichen mit Kołaczkowski!

1.10.1945. Mein massives Eintreten für einen »qualitativen Blick auf die Welt« im Bereich der Kunst und die Weise, wie Żółkiewski sich über das qualitative Denken ausdrückt. Man macht sich niemals ausreichend klar, wie sehr dasjenige, was für einen selbst das Schönste und Beste darstellt, für einen anderen ein Greuel sein kann. Zuweilen beginnt erst da, wo es dem Träumer so vorkommt, als hätte er ein Paradies der Eintracht und Harmonie betreten, der Kampf bis aufs Messer.

Thorn, 22.2.1946. »Fünfzig Jahre lang werden menschliche Probleme keine Rolle spielen« (Henri Lefebvre im Dezember 1932). Zumindest ist er ehrlich, das muß man ihm lassen; doch mein Mitleid gilt eher Lefebvre und seinesgleichen als dem von ihnen mit so leichter Hand abservierten »Menschen«.

10.5.1946. Es ist unter anderem deswegen reizvoll, sich mit der Geschichte des griechischen Geistes zu beschäftigen, weil die Phantasie dort so intelligent und die Intelligenz so phantasievoll ist.

3.6.1946. Spengler: der Bastard Nietzsches und einer Graphomanin. Doch erzogen durch die Graphomanin.

---

[3] In einer Lokalzeitung wurde Kleiner damals der Titel »Führer der Lubliner Intelligenz« verliehen.

5.6.1946. Die Schönheit der Welt ist kein Rückhalt. [KD]

13.7.1946. »Ich habe aber auch in der Tiefe meines Wesens eine Heiterkeit, einen Glauben, der noch oft in voller wahrer Freude hervorgeht, nur lassen sich zu dieser so leicht nicht Worte finden, wie zum Leide« (Hölderlin in einem Brief an seine Mutter vom 18.6.1799). Diese Feststellung ist nicht nur in bezug auf Hölderlin interessant. Sie illustriert gut die allgemeinere und von mir an anderer Stelle erörterte Tatsache, daß unter den Neigungen und Gefühlen eines jeweiligen Individuums nur einige »poesiogen« sind, Inspirationsquellen darstellen. Die »schöpferische Persönlichkeit« ist auch hier das Ergebnis einer unter den Ressourcen der realen Persönlichkeit vorgenommenen Auswahl.

16.7.1946. »Das größte Verdienst des Forschers ist, Daseyn zu enthüllen und zu offenbaren. Erklärung sei ihm Mittel, Weg zum Ziele, nächster – niemals letzter Zweck. Sein letzter Zweck ist, was sich nicht erklären läßt: Das Unauflösliche, Unmittelbare, Einfache« (Hölderlin).

Das Wesentliche ist hier die Formel des ersten Satzes. Ich würde nur statt »Verdienst« »Aufgabe« und statt »Forscher« »Denker« sagen – doch auch das ist vielleicht nicht der richtige Begriff.

18.7.1946. »Die vielberufene ›Humorlosigkeit‹ Hölderlins ist das Zeichen eines Lebens, das sich den großen Daseinsmächten *immer ›stellt‹, frontal und ohne List, weil ihm die Absicht, das kleine Ich unbeschädigt davonzubringen, vollkommen fremd bleibt.*« (Michel. Die Hervorhebungen stammen, als Zeichen vollster Zustimmung und Überzeugung, von mir.)

25.8.1946. »Die Anwendung des wissenschaftlichen Denkens auf die Ethik durch Leute wie Bentham hat mehr zur moralischen Besserung der menschlichen Gesellschaften beigetragen als Dutzende von Heiligen« (J. B. S. Haldane, ein kleiner Essay u. d. T. ›Die Zukunft des Menschengeschlechts‹ [Przyszłość rodzaju ludzkiego] – im Original: ›Man's Destiny‹ – in: ›Problemy‹ 1946, Nr. 3).

Hm ... Bentham war ein ganz schöner Primitivling. Mit der »Wissenschaftlichkeit« seiner Ethik ist es nicht gerade weit her. Daß er zur Besserung beigetragen hat, will ich gerne glauben, doch nicht durch seine Ethik, sondern durch seine konkreten Reformideen. Und was die Heiligen betrifft: Der Autor glaubt nicht recht an die Verbesserungskraft der Gipfel. Ich neige dazu, es zu tun. Doch selbst wenn sie keine Verbesserungskraft besäßen ...

28.8.1946. Unser Gastgeber in Popowo am Goplosee, der die landwirtschaftliche Schule leitet und sich für die Bauern und das Land interessiert, hat mir das kürzlich erschienene Buch von Pigoń in die Hand gedrückt: ›Aus Kombornia in die Welt. Jugenderinnerungen‹ [Z Komborni w świat. Wspomnienia młodości]. Starker Eindruck; seit vielen Wochen die *lebendigste* Lektüre.

7.10.1946. »Der größte Schwachpunkt jeder Erlösung besteht darin, daß niemand sie braucht.« (In Anführungsstrichen, denn nicht ich bin es, der hier spricht, sondern nur mein bissiger Geist.)

Die Menschen folgten Christus, sie folgten Buddha: Wie war das eigentlich möglich? Wenn man sich die heutige Menschheit ansieht, hat man den Eindruck, daß diejenigen von uns, die am Erlösungsgedanken leiden, höchstens einen Verein zur gegenseitigen Erlösung gründen könnten.

Das Christentum in seiner organisierten, massenhaften Form, das eine gesellschaftliche Kraft darstellte und noch darstellt, ist einfach eine Organisation zur Großen Abspeisung des Absoluten. Eine Religion, die so grundsätzlich das Irdische heiligt und die es zuläßt, daß im Krieg Gebete für den Sieg einer der Kampfparteien gesprochen werden, denen es gleichermaßen egal ist, worin das Rechte besteht, verfehlt ihre Berufung. Doch wird diese Berufung nicht sogar von einer Religion verfehlt, welche die Ehe oder die Familie heiligt?

Aber vielleicht bin ich ungerecht. Denn ist nicht *jede* Religion so, sobald sie in ihr organisiertes Stadium tritt? Und muß man nicht allgemein sagen, indem man »Religion« in diesem Sinne versteht und der Mystik gegenüberstellt: »Religionen sind Organisationen zur Abspeisung des Absoluten«?

13.10.1946. Es ist ein großes Unglück, eine Frau zu sein, doch noch ein größeres – ein Mann zu sein, der mit den Augen einer Frau gesehen wird.

14.10.1946. Ich schreibe hier zwei Zitate auf: Das erste ist einfach amüsant, das zweite bringt einige ganz zentrale Empfindungsweisen von mir auf den Punkt.

Das erste stammt aus einer (maschinenschriftlichen) Arbeit von Lidia Łopatyńska über Laforgue (Frau Ł. spricht *in* Laforgues *Namen*): »Am Sonntag träumt man von der Liebe, man möchte jemanden bei sich haben, um ihn seine schlechte Laune und seine Verstimmung fühlen zu lassen.« – Wundervoll! Mich begeistert die herzliche Schlichtheit, mit der man diesen Sachverhalt als etwas Natürliches und Normales feststellt.

Das zweite steht in Windelbands ›Platon‹ (6. Aufl., Stuttgart 1920, S. 35): »Seine Schriften zeigen, daß er schon früh zu den Eiferern gehörte, die geneigt sind, den Gegensatz der Meinungen in den sittlicher Richtungen umzudeuten und im Gegner den ethischen Widersacher zu wittern: war er doch davon durchdrungen, daß die rechte Einsicht notwendig mit dem rechten Wollen verbunden sei und daß in der Unwissenheit auch das Böse wurzele.«

Dazu habe ich folgende Anmerkungen:

(1) Der hier genannte Wesenszug ist ganz entschieden auch *der meine*; in bezug auf einige Schulen völlig bewußt.

(2) Ich glaube nicht, daß das mit einem besonderen »Eifer« zu tun hat; es scheint sich mir eher aus einer völlig ruhigen intellektuellen Haltung zu ergeben sowie aus einer spezifischen Auffassung der Rolle, welche die philosophischen Anschauungen eines Menschen in seinem Leben spielen.

(3) Ich fasse die Angelegenheit jedoch nicht so auf, daß das »rechte Wollen« aus der »rechten Einsicht« und das »Böse« aus der »Unwissenheit« *folgen* würde – sondern daß die philosophischen Auffassungen, da sie wesentliche Inhalte der menschlichen Persönlichkeit widerspiegeln, auch der Ausdruck und gewissermaßen das intellektuelle Symbol der ethischen Natur des Menschen darstellen. Eine armselige Weltsicht ist der Ausfluß eines armseligen Seeleninhalts.

21.12.1946. »Alle Wege führen nach Rom.« Und wovon führen sie weg? Von der ehrfürchtigen Achtung für die Erkenntnis und in einem gewissen Maße sogar von dem Glauben an die Erkenntnis.

»Aber es scheint, daß gegen nichts ein edler und tüchtiger Geist sich rascher, sich gründlicher abstumpft als gegen den scharfen und bitteren Reiz der Erkenntnis; und gewiß ist, daß die schwermütig gewissenhafteste Gründlichkeit des Jünglings Seichtheit bedeutet im Vergleich mit dem tiefen Entschlusse des Meister gewordenen Mannes, das Wissen zu leugnen, es abzulehnen, erhobenen Hauptes darüber hinwegzugehen, sofern es den Willen, die Tat, das Gefühl und selbst die Leidenschaft im geringsten zu lähmen, zu entmutigen, zu entwürdigen geeignet ist« (Thomas Mann: ›Der Tod in Venedig‹).

NB: Aus dem näheren und weiteren Kontext geht jedoch hervor, daß mit »Erkenntnis« hier ausschließlich die psychologische Erkenntnis gemeint ist. So muß man auch einige Seiten weiter oben die Rede von der »Möglichkeit sittlicher Entschlossenheit jenseits der tiefsten Erkenntnis« verstehen. Als Ramón Fernández sagte, man müsse manchmal »*passer sur le ventre des psychologues*«, ging es ihm vielleicht um etwas Ähnliches.

22.12.1946. »Fast jedem Künstlernaturell ist ein (...) Hang eingeboren, Schönheit schaffende Ungerechtigkeit anzuerkennen« (Thomas Mann: ›Der Tod in Venedig‹).

25.12.1946. »... ich sage, daß ich diesen Wurm verachte, *dafür, daß er die Wahrheit zu besitzen glaubt*« (Thomas Mann: ›Fiorenza‹; Hervorhebungen von mir).

3.1.1947. GROSSER STREIT MIT DEM GROSSEN THOMAS. »... ein Stümper ist, der glaubt, der Schaffende dürfte empfinden« (Thomas Mann: ›Tonio Kröger‹).

Falsch, und Mann selbst korrigiert sich kurz darauf: »Liegt Ihnen *zu viel* an dem, was Sie zu sagen haben, schlägt Ihr Herz zu warm dafür, so können Sie eines vollständigen Fiaskos sicher sein« (ebenda; Hervorhebung von mir). Nun, es ist ein erheblicher Unterschied, ob etwas uns *ganz und gar* gleichgültig sein oder uns lediglich nicht *allzusehr* beschäftigen soll; eben in dem Übergang von »nicht allzusehr« zu »ganz und gar nicht« liegt der Fehler und das Paradox. Doch das ist noch nicht alles. Es ist nicht das Übermaß an Gefühl, sondern seine allzu große *Massivität*, seine innere *Aufdringlichkeit*, die für den Schaffenden zum Hindernis wird. Nicht wer zu viel fühlt, verfehlt mit Notwendigkeit das Ziel, sondern wer *nicht auf die richtige Weise* fühlt: nicht flüchtig, nicht *unsubstantiell* genug.

»Das Gefühl, das warme, herzliche Gefühl ist immer banal und unbrauchbar« (ebenda).

Oho! Das dürfte einfach ein nicht ganz ehrliches Spiel mit Worten sein. Denn das eine ist ein »warmes, herzliches« Gefühl in dem Sinne, wie man sagt: »Hans liebt Gretel warm und herzlich«, und etwas anderes ein Gefühl im Sinne von »lebendig, tief, ehrlich«. Die ganze Zeit war nur von letzterem die Rede. Ersteres ist in der Tat gefährlich, denn es bewirkt Süßlichkeit, und sein Platz im Schaffen sollte eng bemessen sein. Letzteres dagegen ist für das Schaffen absolut und definitiv notwendig: erstens als Antriebskraft, doch ebenso als wesentliches, unentbehrliches Sinnelement. Und die psychische Operation, der sich der Schaffende zu unterziehen hat, ist nicht die »Entfernung« dieses Gefühls – als wenn es sich dabei um einen Zahn handelte –, sondern er muß es beherrschen, sich von seiner Tyrannei befreien und es dabei in sich bewahren. Ästhetiker und Psychologen, die sich mit der Kreativität befassen, wissen recht gut, worum es hier geht; man mag es kaum sagen, aber ich glaube: Der junge Thomas Mann ist in diesem Fall ... primitiv.

»Es ist nötig (...), daß man zum Menschlichen in einem seltsam fernen und unbeteiligten Verhältnis stehe« (ebenda).

Das erste Adjektiv ist durchaus in einem gewissen Sinne richtig. Doch mit dem zweiten liegt er schon wieder falsch. Darin besteht ja gerade die Kunst: Teilnehmen muß man, doch aus der Ferne.

»Die Begabung für Stil, Form und Ausdruck setzt bereits dies kühle und wählerische Verhältnis zum Menschlichen (...) voraus ...«

Ein wählerisches: ja; und natürlich ein auswählendes. Doch man ist nicht etwa deswegen wählerisch und wählt aus, weil man kühl wäre, sondern weil man warm ist, und zwar in der Weise, daß uns nur bestimmte Erscheinungen emotional erwärmen; diese stellen den Inhalt unserer ersten Auswahl dar. *Dann* erst folgt die zweite, kompositorisch-formale Auswahl, bei der man von »Geschmack« spricht.

»... ja, eine gewisse menschliche Verarmung und Verödung« (ebenda).

Mit beiden Händen daneben gegriffen.

»Es ist aus mit dem Künstler, sobald er Mensch wird und zu empfinden beginnt« (ebenda).

Nun, glücklicherweise zeigen der Fortgang der Novelle sowie das ganze spätere Leben und Schaffen Thomas Manns, daß es sich *nicht* so verhält. Im Endeffekt ist also alles in Ordnung. Doch die Sache ist heute noch aktuell.

5.1.1948. »Es gibt zwischen den Menschen keine größere und unbedingtere Trennung als diejenige zwischen dem Glück der einen und dem Leiden der anderen. Viele große und kleine Angelegenheiten trennen die Menschen, doch keine so merklich wie die Ungleichheit des Schicksals« (Andrzejewski: ›Warschauer Karwoche‹).

15.9.1948. Wen Gott auf Gipfel führen will, dem entzieht er den Halt.

21.10.1948. »Laßt die Mörder ihre Opfer in aller Ruhe ermorden. Andernfalls werden morgen die Opfer ihrerseits zu Mördern.« Sollte so etwa die Bilanz unserer geschichtlichen Erfahrungen ausfallen?

6.12.1948. Mystik: das entgesellschaftete Revolutionäre.

15.12.1948. Die Heuchelei ist die Huldigung, die der Despotismus stets bereit ist, der Freiheit zu erweisen.

6.8.1949. »Wenn man die Verzweiflung gewählt hat, so hat man gewählt, was die Verzweiflung wählt: sich selber ...« (Kierkegaard: ›Entweder – Oder‹). – »... in seiner ewigen Gültigkeit«, fügt der Autor hinzu. Ich weiß zwar nicht, was »ich in meiner ewigen Gültigkeit« bin, doch vielleicht können wir uns verständigen.

22.10.1949. »Schreckliche, aber interessante Zeiten«, hört man häufig gerade von den Vernünftigsten, die sich nicht immer nur beklagen wollen. Und dennoch ist es angebracht zu protestieren: denn ich bin nicht deswegen auf der Welt, um mir interessante Dinge anzusehen.

26.10.1949. Wenn es Eigenschaften in meiner Natur gibt, die ins Verderben führen, dann ist mein Verderben auf jeden Fall unvermeidlich. Denn wenn ich nicht den Widerstand meiner eigenen Natur breche, gehe ich zugrunde. Doch ich gehe ebenso zugrunde, wenn ich ihn breche: denn indem ich meine Natur breche, breche ich mich selbst.

Unglück grenzt besser ab als Feindseligkeit.

5.11.1949. Am exotischsten, in einem schlechten Sinne, ist für mich stets das reale Leben gewesen. Wie man sich dort zu verhalten hat, ist mir völlig unklar; welche Sitten, Notwendigkeiten, Gesetze und Regeln dort gelten, muß ich in jeder Situation von neuem lernen; wenn ich in einer realen Angelegenheit auf eine Meinungsverschiedenheit stoße, kommt es in einem von zehn Fällen vor, daß ich sie auf der Stelle und instinktiv nach meinem Sinn entscheiden kann: Ich muß sie grundlegend untersuchen. Übrigens ohne große Hoffnung, daß ich zu einem sicheren Ergebnis gelange: Alles hat sein *Für* und *Wider*. Dabei entscheiden sich andere so leicht und stürmen so sicher vorwärts! Und sie geraten im allgemeinen in geringere Schwierigkeiten als ich, der ich beim Nachdenken über die Entscheidung fast stumpfsinnig geworden bin.

22.11.1949. Was kann man mit größerer Uneigennützigkeit lieben als eine Epoche der Vergangenheit?

1.12.1949. Ist die Fähigkeit dazu, Halt außerhalb seiner selbst zu finden, nicht Ausdruck des Halts, den man von Beginn an in sich selbst hat?

18.1.1950. »Wie ist es *definitiv*?« – Leider weiß es nur der Dummkopf definitiv.

24.2.1950.

> *Erfüllt sein heißt: im Sein vergehen.*
> *Die wahre Gottheit atmet nicht.*
> *Stumm sind die allerhöchsten Höhen*
> *Und kühl des Lichtalls reinstes Licht.*

Das ist kein Zitat, das ist von mir. Doch wie komme ich dazu, auf deutsch zu schreiben?

1.3.1950. Mephistopheles in der Rolle des Baumeisters der Geschichte: Das wäre ein rechter Spaß! Und doch gibt es Leute, die ihn uns vorschlagen.

2.3.1950. Wie sagt doch mein Namensvetter bei Krasiński? »... immer zu gewinnen, und wenn die Zeit kommt zu verlieren – nur ein einziges Mal.« Wenn er auch nur ein wenig Sinn für Askese hätte, würde er es genau umgekehrt sehen: »Immer zu verlieren, zu gewinnen nur ein einziges Mal.« »Immer zu verlieren«, das bedeutet: jedes reale Unternehmen, jede Kampagne unter den Menschen mit einem Mißerfolg oder einer Niederlage beenden. »Zu gewinnen nur ein einziges Mal«, das bedeutet: aus all diesen Niederlagen und Mißerfolgen schrittweise, Stufe für Stufe einen einzigen großen Endsieg über die »Welt« in sich und über die eigene niedere Natur schmieden. *Weltüberwindung.*

7.3.1950.

»So wie der junge Mann mit dem jungen Mädchen
Sich ergötzt am grünsten Grün.
Der Heilige aber triumphiert an seinem letzten Tage,
                                                    wenn
Endlich
Der langgereifte Wohlgeruch tief in seinem Herzen
                                            aufbricht.«
                  (Paul Claudel: ›Mittagswende‹)

8.3.1950.

»J'ai péché fortement.
Et maintenant, sauvez-moi, mon Dieu, parce que
                              c'est assez.«
                  (Paul Claudel: ›Mittagswende‹)

Mir gefällt dieses Ultimatum, das dem Herrgott gestellt wird. So kann nur jemand sprechen, der stark ist: sowohl im Glauben wie im Gefühl des eigenen Werts. Eines Wertes, den ihm die Sünde nicht nehmen konnte, denn so tief reichte sie nicht.

22.3.1950. Etwas Böses zu tun, verleiht zuweilen ein Gefühl der Stärke. Dann, wenn wir ihm nicht als einer Versuchung erliegen, sondern es mit Entschlossenheit wählen. Jedoch nicht *deswegen*, weil es sich um etwas Böses handelt – das wäre noch etwas anderes –, sondern *obwohl* wir es für etwas Böses halten, wobei wir ihm gleichzeitig andere, geheimnisvolle Werte zuschreiben.

22.4.1950. Ergänzung zum Vorhergehenden. Etwas Böses mit voller Überlegung (nicht aus Schwäche, nicht einer Versuchung erliegend) zu tun, gewährt mindestens eine doppelte Befriedigung:

(1) ein Gefühl der Stärke (»Ich bin zu so etwas imstande«);

(2) Stolz auf die (aufgrund eigener Erfahrung) erlangte Erkenntnis von etwas, das die Guten nicht kennen (»Ich war *dort*, auf der Nachtseite, in der Minuswelt«).

»Daß der Mensch im Leben Fehltritte tut, ist bedauernswert; doch wenn er soweit geht, die qualitativen Werte der Welt zu negieren, weil er das Bewußtsein für den hierarchischen Sinn unserer Verwirklichungen verloren hat, und aufhört, mit aller Kraft nach einer höheren Existenzweise [*mode*] zu streben (...), dann erst droht ihm der schlimmste Tod von allen, denn er bleibt allein mit sich selbst zurück und findet Gefallen an der Rückwendung auf sich selbst« (Philippe Fauré-Fremiet: ›L'univers non-dimensionnel et la vie qualitative‹, Paris 1948).

In der Analyse habe ich das vor einer Stunde zerpflückt. Doch es bleibt der *Glaube* dieses Menschen, der Glaubensernst, der ehrliche Drang nach Verwirklichung – und daß er ganz allgemein ins Schwarze trifft, trotz der Willkürlichkeit seiner Behauptungen und der Fehlerhaftigkeit der abschließenden Begründung.

»Das Handeln (...) hat keinerlei Eigenwert und realisiert nur den Menschen« (ebenda).

28.4.1950. Ein Mensch mit fein ziselierten Ansichten fühlt sich manchmal merkwürdig ratlos gegenüber einem anderen, dessen Ansichten grob ausgehauen sind. Dabei ist der Dumme – *wenn* es denn einen Dummen geben muß – doch der letztere.

17.5.1950. Philosophie ist Dynamit gegen die Empirie. [KD]

5.7.1950.

»Kein Feind hat deine Seel' erdrückt,
Bis sie sich selbst ins Joch gebückt:
Selbstschändung ließ die Straße frei
Für Knechtesfron und Tyrannei.«
  (Byron: ›Der Giaur‹; Ü.: Gildemeister)

6.7.1950. Noch etwas aus dem Buch von Fauré-Fremiet:

»Wir lassen es nicht zu, daß wir in unserer Selbstverwirklichung behindert werden; symbolisch: Wir ertragen es nicht, daß jemand ›lauter spricht als wir‹. Wir verteidigen verbissen, ja sogar grausam, mit einer Art präventiver Aggressivität unsere Freiheit der Selbstbejahung, der Selbsterfüllung.«

Möge man mit einer ausreichenden Portion solcher »*agressivité préventive*« ausgestattet sein!

11.8.1950. Aus dem Artikel von H. Holborn im Sammelband ›The Interpretations of History‹, hrsg. von Joseph Reese Strayer, Princeton 1943: »Ranke hegte nie den geringsten Zweifel daran, daß die Bestimmung des Individuums nicht von seiner Teilnahme am geschichtlichen Prozeß abhängt.«

Nun ja; Ranke war eben ein intelligenter Historiker.

12.8.1950. »Nicht alle marxistischen Lehren entsprechen allen Fakten, doch viele von ihnen öffnen den Kolonialhistorikern die Augen für Dinge, die sie schon vorher hätten wissen sollen« (Richard Pares, zitiert von H. Heaton, ebenda).

»Kolonial-« kann man streichen, und der Satz bleibt trotzdem richtig. Eben darauf beruht der *Beitrag* des Marxismus; die Tragödie besteht darin, daß die Marxisten darin *par force* mehr als einen Beitrag sehen wollen.

»Der traurigste Beweis für die Kleinheit eines Menschen ist sein fehlender Glaube an große Menschen« (Carlyle).

16.8.1950. »Wer die Welt vernünftig ansieht, den sieht sie auch vernünftig an« (Hegel: ›Vorlesungen über die Philosophie der Geschichte‹). Daran glaube ich nicht; ich denke eher umgekehrt. – Doch wie herrlich das gesagt ist!

21.9.1950. Die Menschheitsgeschichte kann man unter anderem als Kampf darum betrachten, sich daraus hervorzuwühlen, was ich fürs erste ungenau als »Empirie« bezeichne. Das Tier hat seine *Umwelt*, im Verhältnis zu der die menschliche Empirie in bezug auf Umfang, Differenziertheit, Durchschaubarkeit für die Vernunft und Zugänglichkeit für die Analyse einen Fortschritt darstellt. Doch auch aus ihr muß man herausgelangen, und der Fortschritt sollte über sie hinausgehen; und es *gibt* einige Anstrengungen in diese Richtung.

Im Hinblick auf die sogenannte höhere Kultur befinden wir uns heute in einer Regression. Die Avantgarde der Menschheit ist stehengeblieben und sieht sich zum Rückzug gezwungen. Doch das dürfte unvermeidlich sein, damit die Massen, die man bisher so fürchterlich weit zurückgelassen hat, zum Zug aufschließen können.

Hier aber kommt mir folgender Zweifel. Es wäre eine vulgäre Vereinfachung der Angelegenheit, wenn man sagen würde, den Revolutionen gehe es nur um den sogenannten »Bauch«. Im Grunde geht es ihnen darum: Die Masse soll Zugang zu allen Freuden des Lebens erhalten, zu denen bisher nur Auserwählte Zugang hatten. Das Problem besteht darin, daß nur bestimmte dieser Freuden – und zwar solche eher bescheidener Natur – sowohl der Masse als auch unseren Zukunftsorganisatoren bekannt sind. Jeder soll die Möglichkeit haben, Basketball zu spielen, Artikel über die neuesten Entdeckungen zu lesen, sich von Zeit zu Zeit im Theater zu »amüsieren«, im Meer zu baden und von der Gubałówka aus die Tatra zu bewundern. Für subtilere Freuden dagegen – und seien es solche des Theaters, der Tatra oder des Meeres – haben sie kein Organ; dieses ganze Ideal ist ein »Durchschnittsideal«. Und in den Dienst dieser Durchschnittlichkeit stellt man Wissenschaft, Kunst, Philosophie, alle Kräfte des Menschen ... sowie die *Technik*, und mittels ihrer wiederum alle bisher bekannten Kräfte des Weltalls. Auf diese Weise entsteht eine Disproportion zwischen der ungeheuren Größe der Anstrengung und der gewissermaßen grauen Mittelmäßigkeit des Ziels, dem sie dient. Wir wollen einräumen, daß das Ziel lobenswert und die Heranführung der Massen notwendig ist. Doch dies ist kein langfristiges Ideal: Man kann sich nicht auf die Dauer an dem massenhaften und massiven Charakter von Erfolgen berauschen, die inhaltlich gesehen so bescheiden sind.

27.9.1950. »Meint er uns recht ergötzt zu haben, wenn er uns sagte, daß er zweifelt, ob unsere Seele etwas anders ist als ein wenig Wind und Rauch und besonders wenn er uns das mit einem stolzen und selbstzufriedenen Ton sagte? Ist das denn eine Sache lustig zu sagen und nicht vielmehr eine Sache traurig zu sagen wie die traurigste Sache von der Welt?« (Pascal: ›Gedanken‹).

Das gleiche läßt sich von vielen anderen Lehren sagen. Ich kann niemandem vorwerfen, daß er eine bestimmte Ansicht vertritt, wenn gewichtige Gründe dafür sprechen. Doch ich kann ihm vorwerfen, daß er es freudig oder gleichgültig tut, wenn es sich um eine Ansicht handelt, die das Todesurteil für etwas Schätzenswertes darstellt.

12.11.1950. Für die Gesellschaft ist stets das Problem der Gesellschaftsordnung am wichtigsten. Für das Individuum dagegen ist das Problem aller Probleme in allen Gesellschaftsordnungen das Problem des Todes.

25.11.1950. »... mir kommt aber immer vor, wenn man von Schriften, wie von Handlungen, nicht mit einer liebevollen Teilnahme, nicht mit einem gewissen parteiischen Enthusiasmus spricht, so bleibt so wenig daran, daß es der Rede gar nicht wert ist. Lust, Freude, Teilnahme an den Dingen ist das einzige Reelle, und was wieder Realität vorbringt, alles andere ist eitel und vereitelt nur« (Goethe: Brief an Schiller vom 14.6.1796).

20.1.1951. Die Niederlage des Marxismus als Philosophie ist von vornherein unausweichlich im Sieg des Kommunismus als Gesellschaftsordnung enthalten (*wenn* es denn einen Sieg gibt).

29.1.1951. In der Philosophie geht es nicht darum, definierte und endgültige Ergebnisse zu erreichen; eher um etwas genau Entgegengesetztes: darum, dem für jede Epoche spezifischen einseitigen Druck zum Trotz, alle vernünftigen Möglichkeiten, die Welt zu verstehen, offenzuhalten. Der Mensch *benötigt* diese nach allen Seiten offenen Perspektiven. Wer sagt: »Seht doch nur, wie weit die Naturwissenschaften vorangekommen sind, und was ist mit euch?«, der versteht nicht viel von der Sache.

29.3.1951. Von welcher Seite ich auch herangehe, wenn ich philosophiere, bekommt die Empirie immer Schläge; das scheint nun einmal eine Tendenz meiner Natur zu sein.

Je lebendiger und je konzentrierter ein Bewußtsein ist, desto weniger bedarf es dieses ganzen Weltspiels und desto stärker beschränkt es sich darauf, von seinem eigenen Inhalt zu leben.

31.3.1951. Nach langer Pause habe ich heute die Fünfte Symphonie gehört. Die Welt ist doch massiv gebaut, wenn Beethoven sie nicht in Stücke geschlagen hat.

26.4.1951. »Vor einer inneren Arbeit, die wir zu leisten haben, geben wir stets der von uns gespielten Rolle, dem Schein den Vorzug« (Proust). Leider. Doch sind immer wir daran schuld? Ist es nicht gerade das, was man von uns verlangt, von uns erpreßt?

28.4.1951. Kleines Anti-Hegelianum: »Was wirklich ist, das ist sinnlos, und was sinnvoll ist, das ist unwirklich.«

3.5.1951. ERLEBNISSE ANGESICHTS DER NATUR. In der Jugend ist ein weiter Horizont ein Symbol des Lebens; im Alter wird er zu einem Symbol des Todes. Stets symbolisiert er das, was sich unendlich weit vor uns erstreckt.

20.6.1951. »Für die moderne Kunst ist kennzeichnend, daß sie eine Sakralkunst (*un art de sacré*) in Abwesenheit des Sakralen (*en l'absence du sacré*) darstellt« (P. H. Simon: ›L'esthétique de Malraux‹, in: ›Terre humaine‹ [1951], Nr. 5).

30.8.1951. Bei wem fängt der Mensch an (in dem Sinne, in dem man einst sagte, daß »der Mensch beim Baron« – oder im Heer: »beim Zugführer« – »anfängt«)? Er fängt dort an, wo für jemanden die Gesellschaft und seine eigene Zugehörigkeit zu ihr zu einem *Objekt* geworden sind, wo jemand eine Position *außerhalb* der Gesellschaft einnimmt und es versteht, sie von außen zu erfassen: mit einem Blick, der mehr oder weniger wohlwollend oder ablehnend, von Sympathie oder Kritik geprägt, doch immer *auf Erkenntnis zielend* und nicht einfach solidarisch ist und der zumindest insofern den Blick eines Fremden darstellt, als es immer Fremdheit gibt zwischen dem Subjekt und demjenigen, das ihm gegenüber jeweils die Objektrolle einnimmt. *La société, c'est le mal*: Das ist nicht in dem Sinne wahr, daß die Gesellschaft keinen höheren Werten dienen würde. Doch es wird in dem Moment wahr, in dem das Individuum sich von der Gesellschaft restlos verschlingen läßt und sich in der Solidarität mit ihr mehr oder weniger *erschöpft*.

17.9.1951. Die Marxisten sehen immer alles voraus. Mit Ausnahme dessen, was sie in einem Monat voraussehen werden.

19.9.1951. Jegliche Liebe muß auf dem Boden der Selbstbejahung erwachsen und uns bei unserer Selbstverwirklichung helfen. Das bedeutet, daß ich mir mittels ihrer ein tiefes, wesentliches Element meiner Natur bewußtmachen und in mir festigen sowie diesem Bestandteil von größtem Wert meine Zustimmung geben und ihm möglichst viel Existenz garantieren soll. Das äußere Objekt der Liebe spielt hier eher nur die Rolle eines Symbols für diesen höchst wertvollen Bestandteil. Man darf sich nicht in den Besitz des äußeren Liebesobjekts begeben: Man muß es in Besitz *nehmen* – »nehmen« in dem Sinne, daß man es als ein solches Symbol zu einem Teil der Eigenwelt macht. Eine Liebe, die einfach nur buchstäblich auf das äußere Objekt gerichtet ist, die Liebe als Entfremdung, ist Selbstmord. Der Schwerpunkt liegt dann außerhalb meiner: Ich verliere das Gleichgewicht und komme zu Fall. Ich mache mich abhängig und begebe mich in Unfreiheit; gnadenhalber lebe ich, und falle ich in Ungnade, so sterbe ich; wenn aber der Gegenstand meiner Liebe eine Idee ist, erstarre ich in Dogmatismus. Ich reiße mir Arme und Beine aus, um jemanden oder etwas außerhalb meiner zu füttern: Doch dieses Opfer ist fruchtlos, denn dieser Jemand außerhalb meiner – dieser Mensch, diese absolute Wesenheit oder diese Idee – *will* überhaupt nicht auf diese Weise gefüttert werden und wird nie satt von mir. Jegliche Liebe muß leben und gedeihen auf dem Boden eines unnachgiebigen Immanentismus.

24.9.1951. Durch Macht unterstützte Überredung ist keine Überredung.

26.9.1951. DER KONFLIKT ZWISCHEN DER WERTEWELT UND DER WELT DER ZWISCHENMENSCHLICHEN VERHÄLTNISSE. Immer unausweichlicher drängt sich mir der Gedanke auf, daß es einen unheilbaren Konflikt gibt zwischen der Welt gewichtiger und reiner Dinge (vor allem der Welt des *Schönen*, namentlich des im Kosmos vorhandenen Schönen) und dieser unserer merkwürdigen Welt der zwischenmenschlichen Verhältnisse. Ich spreche von der »Welt der zwischenmenschlichen Verhältnisse« statt von der »menschlichen Welt«, denn es *gibt* in den Menschen schließlich Ansätze für ein jenen Dingen gewidmetes Leben. Sie sind jedoch recht schwach oder besser: machtlos – sie sind dasjenige, das beim *Umgang* miteinander immer als erstes auf der Strecke bleibt und nicht zu Wort kommt; indem sie miteinander umgehen, ziehen sich die Menschen gegenseitig herab, und in Gruppen – gleich welcher Art – sind sie weniger wert als jeder einzelne für sich genommen. Daher nimmt jedes edle Streben von selbst die Gestalt eines Versuchs an, diesen Schlingen und diesem Netz zu entkommen. Das ist ein großes Unglück, denn es bringt die Gefahr mit sich, den Menschen zu hassen. Und hier schürzt sich der Knoten einer bedrohlichen moralischen Antinomie: Das Gute gebiert das Böse, es *wird* in direkter Konsequenz zum Bösen. Nichtsdestoweniger ist es wahr, daß eine rein soziale Ethik, sofern sie den Anspruch erhebt, nicht nur die zwischenmenschlichen Verhältnisse zu regulieren, sondern das letzte Wort über das Gute und die Pflicht darzustellen, nichts Ehrenwertes und Wertvolles mehr ist, sondern einfach ein Werkzeug zum Mord an den Werten.

27.9.1951. »DIE METAPHYSISCHE UNZULÄNGLICHKEIT DES MENSCHEN.« Die Bekenner positiver Religionen sprechen viel davon; was läßt sich darunter verstehen? Wohl vor allem folgendes: Der Mensch entsteht infolge bestimmter Gründe und vergeht infolge bestimmter anderer; für sein Entstehen sind bestimmte Gründe notwendig, für sein Vergehen bestimmte andere hinreichend. Mit einem Wort: Der Mensch ist nicht *per se*, wie der Terminus technicus lautet. Und ebenso verhält es sich mit der Menschheit insgesamt. Auf diese Weise gelangt man zu folgendem Schluß: Weder der Mensch noch die Menschheit können unser letzter Halt oder unsere letzte Liebe sein. Ob dieser Schluß korrekt ist, ist nicht völlig klar, doch ein gewisses Argument scheint dafür zu sprechen: denn der

Halt zerbricht und das Liebesobjekt verschwindet aus unserem Blickfeld; wir bleiben, emotional ungesättigt, schwebend im luftleeren Raum zurück. »*Aimez ce que jamais on ne verra deux fois*«: Das ist eine tragische, eine trotzige Liebe.

2.10.1951. *Pensée de commande, pensée de rien.*

3.10.1951. Was die Menschen am schärfsten trennt, ist nicht das Bild, das sie sich tatsächlich von der Welt machen, sondern der Wunsch, daß dieses Bild so oder so aussehen möge. Wenn ich Materialist bin, mich aber nach einer geistigen Weltsicht sehne, ist mir der Christ näher als der zufriedene Materialist.

Ferner wird eine durchaus effektive Trennung auch dadurch bewirkt, ob einem überhaupt an einem Weltbild gelegen ist oder nicht. Und wenn einem nicht daran liegt, ob der Grund dafür darin besteht, daß man seine eigene moralische Haltung für das Wichtigste hält (»Wie die Welt auch sein mag, bleibe du anständig«), oder ob man allem gegenüber gleichgültig ist mit Ausnahme der ganz primitiv verstandenen eigenen Befriedigung.

4.10.1951. Der Zustand des Philosophierens ist ein Kriegszustand. Lassen wir uns nicht vom Schein täuschen: Die Beziehungen zwischen Philosophen mögen noch so höflich sein – sie sind nichtsdestoweniger ein Kampf, ein Weltanschauungskampf, mithin ein Kampf auf Leben und Tod. Wer sich in diesem Kampf nicht verteidigt, das heißt nicht angreift, der kommt um: Das eigene Antlitz wird ihm genommen und er selbst wird vom Antlitz der Erde getilgt.

Die riesige Mehrheit der Menschen hat keinerlei axiologischen Bedürfnisse, ganz zu schweigen von »ontischen«. Selbst wenn sie es vorziehen sollten, nicht zu sterben, dann nur deswegen, um immer und immerfort das Schauspiel des Daseins zu bestaunen, um ein wenig, ohne jedes Risiko daran teilzunehmen – nun, und um darüber zu tratschen.

6.10.1951. Über Twardowskis Nachfolger (aus Anlaß eines Referats von Rzeuska): *Bürokraten der Präzision.*

13.10.1951. »Alle Tragödien der Welt beruhen auf einer fehlerhaften Auffassung der Wirklichkeitsstruktur, daher erwecken die tragischen Helden im Zuschauer Mitleid und Schrecken« (Konrad Górski: ›Zwischen Lakritz und Kadenismus‹ [Między lukrecją a kadenizmem], in: ›Tygodnik Powszechny‹ vom 30.9.1951).

In der Tat: So ist der christliche Standpunkt. Auch die Mystiker denken so: Maeterlinck. Dem steht allerdings die Auffassung entgegen, daß die Struktur der Wirklichkeit selbst in ihrem Kern tragisch ist; daß ein tragischer Riß durch die Welt in ihrer ganzen Fülle und Tiefe geht. Demzufolge erregen die tragischen Helden nicht deswegen Mitleid und Schrecken, weil sie einen Fehler begangen haben (das mag ebenfalls vorkommen, doch dabei handelt es sich dann um eine Oberflächenschicht des Phänomens), sondern deswegen, weil anhand ihres Schicksals das Tragische des Daseins überhaupt sichtbar wird, das dem Dasein und dem menschlichen Leben und allen menschlichen Angelegenheiten konsubstantiell ist.

Ein aussichtsloser Kampf, ein Kampf um eine von vornherein verlorene Sache ist keineswegs eine sinnlose Handlung. Sind doch letztendlich alle menschlichen Handlungen hoffnungslos und mit absoluter Sicherheit von vornherein zum Scheitern verurteilt: zweitausend Jahre, dreitausend Jahre, zehntausend Jahre, und das geschaffene Werk zerfällt; am Ende von allem steht das Nichts. Daher ist der bereits auf ganz kurze Sicht vergebliche Kampf, derjenige, dessen Vergeblichkeit in die Augen springt, die beste Illustration, die repräsentativste Kurzform für das menschliche Schicksal überhaupt; in ihm ist das Wesentliche unserer Bestimmung in konzentrierter Form, wie in einer starken Synthese enthalten. Der Wert des Kampfs liegt nicht in den Chancen seiner Sache auf den Sieg, sondern im Wert dieser Sache.

Auf der anderen Seite wird manchmal gesagt, es gebe unsterbliche und ewige Sachen, die trotz hundert Niederlagen niemals endgültig verlieren können. Es ist schön, wenn man glauben kann, einer solchen Sache zu dienen. Doch das ist lediglich eine große Hoffnung.

Der Kampf, den es heute zu führen gilt, ist kein Kampf um die Wiederherstellung des Vergangenen im Hinblick auf Politik oder Wirtschaft, Gesellschaftsordnung oder Kultur (obwohl letztere in der Tat der gegenwärtigen Kultur überlegen war). Es ist ganz einfach der Kampf darum, in dem neuen Rahmen und dem neuen System das Wertvolle an der menschlichen Natur zu bewahren. Und es ist der Kampf gegen den Anspruch der Rahmenmacher, darüber zu entscheiden, welches Thema und welchen Sinn ein Bild haben soll, der Kampf darum, sie in ihre angemessene, d. h. dienende und bescheidene Rolle zurückzudrängen: die Rolle derjenigen, welche die Gesellschaft organisieren und das Gebäude, in dem wir wohnen, umbauen. In diesem Kampf verlangt der *Inhalt* des Lebens seinen Primat und sein Erstgeburtsrecht zurück.

25.10.1951. Der Tod erscheint uns schrecklich und die Unsterblichkeit wünschenswert, weil wir sterblich sind. Wären wir unsterblich, schiene uns die Unsterblichkeit schrecklich und der Tod wünschenswert. [KD]

28.10.1951. Wer in sich Äußerlichkeiten verliert, sündigt nicht: Er wird nicht von instinktiver Angst, Unlust, Eigenliebe, Verzweiflung, von schlechtem Ehrgeiz oder Sinnlichkeit heimgesucht. Doch er tut etwas Schlimmeres als zu sündigen: Er verliert sich in Äußerlichkeiten.

14.11.1951. Je länger ich lebe, desto exotischer kommt mir der Mensch vor. Ich verstehe ihn nicht im geringsten und finde keine Brücke und keinen Zugang; alle Annäherungen und Anknüpfungen haben sich als reine Illusion erwiesen. Ich fühle mich schlecht in der Empirie und träume von der »Erlösung« – sie wollen nur eine bequeme und immer bequemere Empirie. Ich suche in den Beziehungen zu ihnen ein in gewissem Maße auch emotionales Verständnis, das ich jedoch nicht finde, daher wende ich mich ab – sie pflegen ohne solche Sentimentalitäten ein durchaus freundliches Miteinander. Ich glaube daran, daß es Dinge gibt, die höher und vollkommener als andere sind – sie glauben nur, daß einige Dinge nötiger, angenehmer und nützlicher sind. Ich bin selten hoffnungsvoll, sie aber haben den offensichtlichen Tatsachen zum Trotz unausgesetzt Hoffnungen, die ebenso erbärmlich wie phantastisch sind. Einer erwartet die Rückkehr zu einer vergangenen Geschichtsepoche, ein anderer persönliche Unsterblichkeit, ein dritter die Heilung aller irdischen Not durch den Umbau des Gesellschaftssystems; und allen kommt es mehr oder weniger so vor, als wäre die Hoffnung ein Verdienst und eine Tugend.

16.11.1951. Ist der Dichter ein »gescheiterter Mystiker« oder eher der Mystiker ein »gescheiterter Dichter«? Sachlich gesehen scheint es in der Tat so zu sein, daß der Dichter nicht so sehr ein gescheiterter, sondern eher ein halber, ein unerfüllter Mystiker ist und daß diese Unerfülltheit und Halbheit, diese gewissermaßen unentschiedene Haltung, zu seinem Wesen gehören. Die psychologischen Tatsachen dagegen legen es mehr als nahe, daß sich die Mystiker aus denjenigen rekrutieren, die es nicht vermochten, Dichter zu sein. Dichter zu sein ist etwas Halbes, Zweideutiges und in sich Widersprüchliches; Mystiker zu sein ist etwas Endgültiges: Doch die Menschen wollen Dichter sein und werden zu Mystikern unter dem Druck der Welt, die »im argen liegt«.

25.11.1951. Eine nette Probe (humorvoller) englischer intellektueller Redlichkeit:

»Wir haben unser Thema« – schreibt Ph. Leon in seinen ›Suggestions from Aesthetics for the Metaphysics of Quality‹ – »so ausführlich besprochen und illustriert, daß alle Fehler, die meine Ausführungen enthalten mögen, für jedermann offen zutage liegen, natürlich mit Ausnahme meiner selbst im gegenwärtigen Moment.«

25.12.1951. Nichts verpestet die Luft so sehr wie eine sich auflösende Freundschaft. [KD]

3.1.1952. Sicherlich ist es schon des öfteren gesagt worden, aber ich sage es noch einmal auf eigene Faust: Wir befinden uns in der empirischen Welt wie das Küken im Ei. Das Küken zerbricht das Ei nicht deswegen, weil es das Ei für verdammenswert hielte, sondern um ans Licht zu gelangen. Ebenso verhält es sich mit uns und der Empirie. Sie ist nicht schlecht, aber sie ist weniger gut; wir verdammen sie nicht, aber wir sprengen sie, und zwar mit Leidenschaft – denn wir wollen ans Licht gelangen.

7.1.1952. Tragisch: Die größten Gnaden des Lebens werden dadurch zu einem Quell des Leids, daß sie einen zur Einsamkeit verurteilen. Denn die Masse der Menschen will nichts von ihnen wissen oder verdammt sie geradezu. Die höchsten Spielarten des Glücks bringen die Trauer darüber mit sich, daß man sie nicht teilen kann: Niemand will sie, und sei es deswegen, weil niemand sie sich vorstellt. Man ist mit ihnen allein, ja nicht einfach nur allein: man wird abgelehnt.

18.1.1952. Ein gewisses Maß an Bösem scheint ein Phänomen zu sein, das untrennbar mit der menschlichen Vitalität verbunden ist. Meine Gewissenserforschungen zeigen, daß nur solche Tage nichts Böses aufweisen, die ansonsten bereits fruchtlos und tot sind.

20.1.1952. IN DER ALTEN FRAGE DER »EIGENNÜTZIGKEIT ALLER MOTIVE«. Folgendes habe ich kürzlich bemerkt: Den Motiven unserer eigenen Handlungen wird zuweilen *ex post* und schrittweise – in dem Maße, in dem das praktische Leben weitergeht und seine Sorgen uns umlagern – eine utilitaristische Interpretation unterlegt. Am Anfang steht ein reines moralisches Motiv; ein Belag von Eigennützigkeit erscheint erst danach. *Am Anfang* enthalte ich mich einer rohen und brutalen Handlung allein ihrer Brutalität wegen, *danach* kommt mir der Gedanke, daß ich durch sie meinem Ruf hätte schaden können.

NOCH EINMAL ZUM BÖSEN. Ich kann nicht anders: Ich empfinde es – wenn ich ganz tief in mich gehe – tatsächlich als etwas Vertiefendes. Das als Böses verstandene Böse, dessen Motive aufgehellt sind und dessen Grad und Gewicht ohne Nachsichtigkeit und Selbstquälerei eingeschätzt sind, verleiht einem Menschen eine gewisse Ernsthaftigkeit, Autorität und Weisheit; im Endeffekt hebt es auf gewisse Weise seinen realen Wert. Ohne es fühlt er sich ein wenig wie ein Kind: »unbewußt selig«; mit einem anderen Bild: Er wird die ganze Zeit nur gewissermaßen von den Wellen *getragen*; sein Anker hat den Grund nicht erreicht.

Das Böse, das wir begangen haben, erlaubt es uns, uns selbst auf die Waagschale zu legen. Und es erlaubt uns, das von anderen begangene Böse gerecht zu bewerten, ohne es aufzubauschen und ohne jenen gewissermaßen persönlichen Groll, mit dem die Naiven reagieren. Vor allem aber hilft es uns, das Wesen der menschlichen Natur zu ergründen, zu deren Fülle es leider auf gewisse Weise gehört.

18.3.1952. »Indien war sich seit langem darüber im klaren gewesen, daß eine unachtsame Willensanspannung, mit der man ein Ziel erreichen will, dessen Erreichen behindern kann, indem sie eine Reaktion des Unterbewußtseins hervorruft. Das Unterbewußtsein ist es, das man gewinnen muß, indem man sich ihm lautlos nähert und es lautlos in Besitz nimmt« (R. Rolland: ›La vie de Ramakrishna‹, Paris 1929, S. 296, Anm. 1).

5.5.1952. WAS IST RELIGION? Oder besser: Was ist dasjenige, zu dessen Bezeichnung ich, *en mon privé*, diesen Ausdruck verwende und das ich besser mit dem Gefühl als mit dem Verstand erfasse? Von den unzähligen Gedanken zu diesem Thema, die mich ständig heimsuchen, folgen nun diejenigen, die mir vor ganz kurzer Zeit gekommen sind und deren einigermaßen fortgeschrittener Kristallisationsgrad mich dazu ermuntert, sie aufzuschreiben, während ihr unsystematischer Charakter es nicht gestattet, in ihnen die Skizze einer Theorie zu sehen. – Es muß sich hier von selbst verstehen, daß diese »Religion« kein System von Behauptungen, sondern ausschließlich eine bestimmte Haltung darstellt; »Religionen« als Behauptungssysteme sind einfach mißglückte Philosophien.

Der »Religion« würden danach drei Dinge zugrunde liegen:

(1) Die – nicht notwendigerweise bewußte, manchmal rein implizite – Überzeugung von der grundsätzlichen, wesentlichen, essentiellen *Irrationalität* der Welt, d. h. davon, daß *keinerlei* diskursives Denken – nicht das menschliche, ja nicht einmal das allervollkommenste – ihre Wirklichkeit durchdringen kann; daß die Welt und das diskursive Denken einander nicht adäquat sind.

(2) Die Abwendung von der Empirie – d. h., grob gesprochen, von der Welt der Sinnesdaten und der mit ihnen zusammenhängenden introspektiven Gegebenheiten, die im allgemeinen gemäß den sogenannten praktischen Erfordernissen in ein System gebracht sind. Das Streben nach etwas Außerempirischem, das wirklich, irrational, unsinnlich sowie von der Praxis unbefleckt wäre und das die Gesamtheit allen Seins umfaßte. Dieses Etwas kann positiv, als metempirische Welt aufgefaßt werden oder rein negativ, wie im Buddhismus: als »Nichts« von allen uns zugänglichen Perspektiven aus, obgleich *nicht* als absolutes Nichts.

(3) Das Empfinden von Liebe zu diesem Etwas.

Inwieweit erfüllt das Christentum diese drei Bedingungen? Inwieweit der Buddhismus?

Christentum: Was die erste Bedingung betrifft, kann man im Zweifel sein, so groß ist die Spannweite und Vielfalt der verschiedenen Auffassungen und Interpretationen. Sofern man jedoch annimmt, daß Gott die Welt rational denkt und daß in seinem rationalen Denken die Welt restlos aufgeht, dann ist ein solches Christentum sicher keine Religion in meinem Sinne. Wie ich bereits an anderer Stelle geschrieben habe: »Gott« könnte nur ein mystisches Bewußtsein haben, der erste und letztgültige Seinsmystiker sein.

Was die zweite Bedingung angeht: Das Christentum sanktioniert die Empirie – in einigen Spielarten mehr, in anderen weniger –, und *insofern*, als es sie sanktioniert, enthält es ein areligiöses Element.

Von der emotionalen Seite her (3) ist die Bedingung zweifellos hundertprozentig erfüllt. Um zusammenzufassen: Abgesehen von einer toten Schicht überflüssiger *Behauptungen* über das Sein, *ist* das Christentum eine Religion, allerdings in höherem oder niedrigerem Grade, je nach dem Grad der Irrationalität und der Abwendung von der Empirie. Völlig unreligiös sind natürlich die rein ethisierenden Konzeptionen einiger protestantischer Schulen.

Buddhismus: Dieser erfüllt die erste Bedingung zur Gänze, in einer bestimmten speziellen Variante auch die zweite und die dritte, insofern man »Liebe« weit genug auffaßt: also sehr kontemplativ und ohne jegliche Spuren und Reste einer persönlichen Auffassung ihres Gegenstands. Doch genauso will ich es verstehen.

Die Kardinalschwierigkeit: Man will nicht behaupten, nimmt aber gleichzeitig an (behauptet also??), daß die Metempirie auf irgendeine Weise »existiert«, »da ist« oder »wirklich ist«. Das ist ein grundlegender, jeder Mystik dieses Typs immanenter Widerspruch. Andererseits: Ist es wirklich ein »Widerspruch«?

6.5.1952. In seinem Buch ›Soviet Genetics and World Science‹ (London 1949), das ich vor kurzem gelesen habe, berührt Julian Huxley gegen das Ende hin auch Fragen des »Geistes« – oder besser: der »Geistes-Wissenschaft« – und bemüht sich zu zeigen, welche Verbindung zwischen dieser und dem biologischen Wissen besteht. Ich habe das Buch nicht mehr zur Hand und kann nicht einmal behaupten, ich hätte diesen Abschnitt mit besonderer Aufmerksamkeit gelesen; soweit ich jedoch im Bilde bin, wird dort nicht nur (was eher normal ist) eine *objektive* Abhängigkeit des Geistes vom biologischen Bereich behauptet, sondern werden auch unsere geistigen *Interessen* in weitergefaßte biologische Interessen, die ein großes, einheitliches und verzweigtes System bilden, gewissermaßen eingeschlossen. Demgegenüber ist meine eigene Haltung wie folgt:

Mich interessiert eigentlich nur eines: das bewußte, individuelle Subjekt, die Monade. Diejenige, von der ich »ich« sage, und andere ähnlicher Art. Und mein Umgang mit ihnen: mit denen, die sind, und mit denen, die in der Vergangenheit einmal waren. Und daß sie verschieden beschaffen sind und sich und ihr Selbstbild und ihre Welt unterschiedlich gestalten (die »Welt« als Bewußtseinsinhalt natürlich, als Gedanke, als Bild) und wie sie dies einst gestaltet haben. Und wie sie es in Zukunft gestalten werden; und ob sie bei der Stärkung und Vertiefung ihres subjektiven Lebens weiter kommen werden, als wir bisher gekommen sind. Die Familie der Subjekte, der Staat der Subjekte, die glühende Solidarität der Subjekte. Ob sie auf der Basis des »Lebens« (im biologischen Sinne) erwachsen, ob sie sich letztendlich aus der »Materie« herleiten (weiß der Teufel, was das ist, aber sei es drum), ob sie genetisch determiniert sind: Diese Probleme lasse ich beiseite – sobald es ein Subjekt *gibt* (und sei es als Konstruktion, ja auch nur als Illusion), stellt es an sich selbst ein Objekt des Interesses für mich dar. Natürlich sehe ich *de facto* in ihm keine Konstruktion oder Illusion (obwohl ich *de iure* die Frage offenlasse). Es ist *jemand* für mich; es hat seine Interessen und Ansprüche, und es ist das Zentrum eines Lebenswillens und von Bestrebungen, die sich der Welt entgegenstellen. Das Subjekt ist für mich in der Natur nicht *ut imperium in imperio* – doch warum nicht? Weil das Subjekt *überhaupt nicht in der Natur ist*. *Imperium contra imperium*, Energie gegen Energie, Kraft gegen Kraft. – Oder eher ein ewiges Einander-Verfehlen, ein Dasein in gesonderten Welten, ohne die geringste Kommunikation?

7.5.1952. »Ein allzu intensives moralisches Leben stellt für das dichterische Schaffen häufig ein Hindernis dar« (Vinet, zitiert nach Bremond: ›Mystik und Poesie‹, letztes Kapitel).

Und etwas später sagt Bremond sehr nett: »Sie [die Dichter] sind gewissermaßen halbe Heilige: ein äußerst subtiler Sinn für das Geistige bei einem äußerst lockeren Gewissen.«

19.6.1952. Für die Existenz der Frau ist ihre Fraulichkeit eine hinreichende Rechtfertigung; sie ist ein in sich stimmiges Geschöpf Gottes. Der Mann muß zumindest ein wenig von einem Künstler haben, damit wir ihm verzeihen, daß seine Menschennatur in der männlichen Ausgabe mißlungen ist.

18.8.1952. Mein »Die Welt den Verbrechern überlassen« hat eine unerwartete Parallele gefunden. Luther überließ die Welt – wie ich heute erfahre – »den Fürsten und dem Teufel«.

3.9.1952. »Er verliebte sich mit dem ganzen Schwung, mit der ganzen Heftigkeit eines Menschen, der geboren war, um an absolute Ideen zu glauben« (Maupassant).
Relativisten, aufgepaßt! Es zeigt sich, daß selbst in Liebesdingen die Welt nichts von euch hat.

9.10.1952. »Es ist nicht schwieriger, stehend als hockend zu leben, nach Großem zu streben als nach Nichtswürdigem und Erbärmlichem« (Pierre de Boisdeffre: ›Métamorphose de la littérature. Avertissement pour la deuxième édition‹).
Bravo, bravissimo, ultra-bravissimo, meinen recht herzlichen Glückwunsch!

13.10.1952. *Métaphysique d'écrivain, métaphysique de charlatan.* (In Antwort auf einige Postulate des genannten Boisdeffre.)

2.11.1952. »Die großartige und bedauernswerte Familie der Nervösen ist das Salz der Erde. Sie waren es und niemand anders, welche die Religionen gestiftet und die Meisterwerke geschaffen haben. Die Welt wird niemals wissen, was sie ihnen verdankt, noch auch insbesondere, was sie gelitten haben, um es der Welt zu geben« (M. Proust).
Ich schreibe das hier im Hinblick auf die nahe Verwandtschaft mit einem alten Gedanken von mir ab; nur daß bei mir nicht von »Nervösen«, sondern von »Unangepaßten« und nicht von »Religionen« und »Meisterwerken«, sondern von der

»Kultur« die Rede ist. Und meine Formulierung scheint mir, *sit venia verbo*, sachlicher zu sein: erstens weniger gefühlsgetränkt, und zweitens liegt die Begründung des Gedankens bei mir im Gedanken selbst. Denn der Unangepaßte muß, um zu leben, seine Unangepaßtheit irgendwie ausgleichen, und eben dieses Ausgleichen – ein *Teil* dieses Ausgleichens – ist die Kultur. Der Zusammenhang zwischen der Nervosität und all dem anderen muß dagegen in jedem Einzelfall festgestellt werden, und sein Status eines allgemeinen Gesetzes bleibt abhängig von unseren wechselnden Erfahrungen. Uns scheint er auf den ersten Blick nicht quasi-notwendig, oder sagen wir noch bescheidener: normal zu sein. Was Mann hier und da zu diesem Thema schreibt [» ... künstlerisch sind bloß die Gereiztheiten und kalten Ekstasen unseres verdorbenen (...) Nervensystems«],[4] sind Viertelwahrheiten; ihnen halte ich Flauberts Satz über Homer entgegen, den er sich, wie er sagt, vorstelle »als einen Mann, der kaum Nerven hat«. Das will ich meinen! Das sollte aus dem Text der Ilias einigermaßen hervorgehen ... Dagegen kann Homer ohne weiteres unangepaßt gewesen sein: z. B. an die Zeiten, in denen er lebte, an die Anforderungen des Wirtschaftslebens usw.

9.11.1952. »Nicht die Leidenschaft zerstört ein Kunstwerk, sondern der Wille zu beweisen« (Malraux).

24.11.1952. Der völlig einsame Mensch verspürt kein Bedürfnis zu werten, denn er folgt einfach seiner tiefsten Liebe, und Fragen nach dem, was »richtig« ist und wozu man das »Recht« hat, sind sinnlos. Diese Begriffe tauchen erst dann auf, wenn man seine Bestrebungen gegenüber einem anderen begründen will.

30.11.1952. Über »realistische« Schriftsteller eines bestimmten Typs kann man ohne Übertreibung sagen, daß sie »nur so weit

---

4 Thomas Mann: ›Tonio Kröger‹, in: ders.: Gesammelte Werke. Bd. 9: Erzählungen, Berlin 1956, S. 228.

sehen, wie sie spucken können«. »Reiche dorthin, wo dein Speichel nicht hinreicht« – das ist für sie ein unbefolgbares Gebot.

2.12.1952. Die Religion wird unmoralisch, wenn sie der Befriedigung selbstbezogener menschlicher Bedürfnisse dienen soll, indem sie die Unsterblichkeit der Seele, die Vorsehung, die moralische Weltordnung und die Herrschaft der Gerechtigkeit garantiert. Die Religion ist nicht dazu da, um unsere von der schlimmen, üblen Welt enttäuschten Egoismen zu trösten; wer an diese tröstlichen Konstruktionen glaubt, dessen Religiosität ist verdächtig; wer an sie glaubt, *weil* sie tröstlich sind, der sündigt. Die Religion soll dem Leben Fülle, Tiefe, Schwung und Reichtum geben – auch wohl eine gewisse Strenge, sie soll es über sich hinausheben und mit mystischem Glanz durchtränken, doch nicht den Geschöpflein einreden, daß im Grunde alles wunderbar und unter Berücksichtigung ihrer Interessen und Wünsche eingerichtet sei.

Man benötigt die Seele nicht dazu, damit sie unsterblich ist (wie Ajdukiewicz damals in seinem Vortrag behauptet hat). Man benötigt die Seele zu zweierlei: (1) damit sie *frei* ist; (2) damit sie über die Wirklichkeit *richtet*. Letzteres ist übrigens auch eine gewisse Form von Freiheit.

3.12.1952. Für einige Leute gibt es keinen Unterschied zwischen der Ungenauigkeit Nietzsches und der Ungenauigkeit der Journaille; dafür, was Nietzsche der Welt dank seiner Ungenauigkeit – *seiner* Ungenauigkeit – zu geben vermochte, sind sie blind.

5.12.1952. Beim Anhören von Gesprächen im Café des Schriftstellerverbandes in der Krakauer Vorstadt:

> Mit Literaten ein Stündchen? Sehr gerne. Doch einen Monat? Das nicht!
> Allzu leicht tanzen bei ihnen doch Wörter von schwerem, schwerem Gewicht.

11.12.1952. »Jede Philosophie ›erklärt‹ nur solche Phänomene, die in ihren Voraussetzungen bereits enthalten sind [angemessener wäre es wohl gewesen zu sagen: ›berücksichtigt‹]; sie kann nur das entfalten, was in ihren Grundüberzeugungen bereits festgestellt ist. So waren z. B. Descartes' Mißerfolge beim Versuch, das Lebendige zu verstehen – sowohl das tierische Leben als auch die menschliche Leidenschaft –, vorprogrammiert durch seinen Begriff der ›klaren und deutlichen Idee‹, die den Ausgangspunkt seiner Philosophie bildet« (Marjorie Green in einem Artikel über die Ethik der Existentialisten, den ich woanders zusammengefaßt und ausführlich besprochen habe).

In unserer Warschauer Schule bildet etwas noch weniger Leistungsfähiges die Grundlage: nicht die »klare und deutliche Idee«, sondern das *eindeutige Zeichen*. Daraus läßt sich noch weniger herauspressen; *inde egestas*.

16.12.1952. Logisches – Allzulogisches.

I

Besser zu wenig Logik als zu viel.
Schlecht ist, das weiß ich, ein Besen ohne Stiel.
Doch schlechter noch ist, und ist immer gewesen,
Der reine Stiel ohne Besen.

II

Und schau ich euch, Leuchter logistischen Lichts,
Euch luftdurchschneidende Messer,
Da lacht mir schon heller, da schmeckt mir schon besser
Herrn Heideggers nichtendes Nichts.

24.12.1952. Den Leuten ist fremde Aggressivität lieber als fremde Selbstgenügsamkeit, der räuberische Egoist lieber als der in sich ruhende. Denn der Aggressive gesteht ein, daß er ohne sie – die lieben Nächsten – nicht auskommt, daß sie ihm unentbehrlich sind, und sei es als Opfer seiner Anschläge. Der Selbstgenügsame aber kommt ohne sie aus und übergeht sie: Was für eine Grobheit!

In der Novembernummer von ›Terre humaine‹: P. H. Simon kontra Camus:

»... scheint er zu behaupten, daß eine Idee unweigerlich in dem Moment entwürdigt wird, in dem man sie auf die Ebene der Institutionen und Handlungen transponiert; damit unterliegt er einer gefährlichen Romantik der Reinheit im Mißerfolg und einer idealistischen Unbeherrschtheit [*intempérance*], welche die Tendenz hat, die Geschichte als wesenhaft schlecht darzustellen, und die das Risiko mit sich bringt, höchst ernstzunehmende Menschen dazu zu ermuntern, sich nicht einzumischen.«

Zu allen Sünden, die Camus hier zugeschrieben werden, bekenne auch ich mich entschieden. Die »Entwürdigung« einer Idee im Zuge ihrer Verwirklichung ist doch wohl eine schreiende Realität. »Die Geschichte wesenhaft schlecht« – zu diesem Thema habe ich mich ausführlich in ›Sinnlosigkeit und Sinn‹ [Bezsens i sens] sowie knapp in dem Artikel über Gandhi geäußert. Ein Aufruf, sich zurückzuhalten? Nach so vielen Erfahrungen bleibt wohl nichts anderes. »Romantik« und idealistische »Unbeherrschtheit«? Das sind bloße Namen, die vielleicht jemand anderen einschüchtern mögen – mich nicht. Bleibt die »Reinheit im Mißerfolg«. Was die »Reinheit« betrifft, so bin ich der Meinung, daß sie einen wirklich absoluten Wert darstellt, der sich mit dem Wert eines eventuellen Sieges absolut nicht vergleichen läßt. Und der »Mißerfolg«? Die Niederlage? In dem Moment, wo man den Kampf nicht aufnimmt oder rechtzeitig seine Sinnlosigkeit einsieht, gibt es auch keine »Niederlage«: In Wirklichkeit kann nicht einmal von Resignation die Rede sein, wenn man bedenkt, daß alle Ziele, die man sich setzen könnte, nur verschiedene Gestalten von Mark Aurels »Kreisel« sind.

25.12.1952. Aus demselben Artikel. Camus stellt bei der »modernen Nachkommenschaft Hegels« deren Tendenz fest, »in der Geschichte eine notwendige Bewegung zu erkennen, eine Dialektik, die fortschreitet auf dem Weg zur Erfüllung der auf gewisse Weise vergöttlichten menschlichen Ordnung; diese

Tendenz findet man in den großen politischen Philosophien des 20. Jahrhunderts wieder, wo sie deren Immoralismus und deren Institutionen des Terrors glatt rechtfertigt«. – Richtig. Doch wozu diese Nachkommenschaft Hegels auf so maßlos elegante Weise behandeln und sie so sehr »veredeln« (wenn man so sagen darf)? Diese Gesellschaft interessiert sich gerade für die Vergöttlichung der menschlichen Ordnung!

Die ›Terre humaine‹-Leute sind aller Ehren wert, doch sie regen mich auch immer wieder auf. Diese Engelchen bringen es noch so weit, daß ich Maurras liebgewinne! Es ist unter anderem famos, wie sie zuweilen aus einem Übermaß an Heiligkeit heraus allerlei Immoralismus bei anderen verteidigen. Man muß kaum befürchten, daß die anderen es ihnen mit gleicher Münze heimzahlen werden!

30.12.1952. In meinen Notizheften zum Artikel über Makowiecki finde ich unter anderem folgende Wendung über den Historismus: »... der Historismus, der zu einer so verfluchten und unheilvollen Kraft wird, wenn seine Entwicklung bedingt, daß das Denken nicht mehr zu den *wesentlichen* Fragen vordringt.« Für den Artikel war das ungeeignet, doch es aufzuschreiben ist angebracht: Die Verwüstungen des Historismus sind enorm.

Noch immer ›Terre humaine‹:
Nicht nur Sartre und Jeanson (»Schweinehunde«[5], um ihren eigenen Ausdruck zu gebrauchen), sondern selbst Simon verdammt den Moralisten, »der sich von den edlen Schutzanlagen des Elfenbeinturms verlocken läßt und der Ehrenbürger für die *Republik der Schöngeister* ernennt«.

Das Christentum Simons und seiner Genossen ist doch merkwürdig schwächlich und blaß. Aber sei es drum; bin ich denn der Wächter ihres Christentums? Doch ich meine, wenn

---

[5] So übersetze ich das französische *salaud*, bei Sartre beinahe ein Terminus technicus.

es genügend »Schöngeister« für eine Republik gäbe, würde sich das Unternehmen durchaus lohnen.

Währenddessen lobt Simon im Einklang mit Sartre (zumindest scheint das aus dem Text hervorzugehen) »den Mut des Menschen, der sich nicht davor fürchtet, Geschichte zu machen und dafür den angemessenen Preis zu zahlen«. Wir kennen diesen Preis.

Und noch einmal kontra Sartre, mit einer gewissen Zornigkeit: Ein Wesen ohne jegliches Niveau, ohne jegliche von mir geschätzte (ich sage nicht: »verwirklichte!) seelische Inhalte, gehört, sobald es sich um einen Homo sapiens handelt, damit zu der großen Gemeinschaft, die eine biologische Gattung darstellt: Er ist ein Mensch und ich bin ein Mensch. Ich sehe jedoch keinen Grund, weswegen diese Gemeinschaft als solche, ohne die genannten Zusätze, das Gebot einer *besonderen* Solidarität mit diesem Wesen, die über diejenige hinausgeht, die uns mit *allen* Wesen auf der Welt verbindet, nach sich ziehen sollte. Ganz zu schweigen von dem Fall, wenn dieser Homo nicht nur aller höheren Bestrebungen bar ist, sondern ihnen sogar feindlich gegenübersteht. Ich frage: Warum soll ich mich eher darum sorgen, daß *ihm* kein Unrecht geschieht, als darum, daß die Karausche nicht am Haken des Anglers leidet oder daß kleine Fische lebendig zerschnitten werden, um als Köder zu dienen (wie ich es einmal auf Hela gesehen habe)? Man wird mir antworten, die Karausche sei der Vervollkommnung nicht zugänglich, die Menschen dagegen – selbst die übelsten – schon; außerdem führe der Weg zu den erwarteten höheren Niveaus über die Befreiung, der Weg zur Befreiung aber über bestimmte Handlungen, die nicht ganz fein seien. Nun gut; doch er führt *ganz sicher* nicht darüber, Verachtung für jene höheren, heute bereits hier und da erreichten Niveaus zu wecken und die fundamentalen Begriffe, die jedem Glauben an eine »Vervollkommnung« zugrunde liegen, mit Kot zu bewerfen. Man träumt von einer Republik der Zufriedenen und züchtet für sie Schweinehunde heran. Nun – ich persönlich ziehe eine kleine »Republik« der Schöngeister einer großen, allumfassenden Republik der Schweinehunde vor.

Wenn die Geschichte eine solche für mich bereithält, warum zum Teufel sollte ich mich dort hineinbegeben? Ohne Sarkasmus: Sartre will befreien, doch er züchtet ein Menschenwesen heran, das diese Befreiung nicht wert ist.

2.1.1953. Man hat mich einige Male gefragt, warum ich zuweilen intime Dinge über mein Seelenleben öffentlich enthülle, z. B. in dem kürzlich für das Verlagshaus »Znak« verfaßten autobiographischen Fragment. Ich habe geantwortet, indem ich mich so gut wie möglich auf ein gewisses Wahrhaftigkeitsbedürfnis berief: das nach außen zu sein, was ich in mir bin. In einem der Artikel aus ›Terre humaine‹ fand ich eine Formel, die *als Erklärung* weniger leistet, als ich zu leisten versuchte, die mir aber durch ihre Knappheit und ihre Ladung an innerer Leidenschaft auffiel: »ein brennendes Bedürfnis nach Authentizität«. Das ist es: In dieser heute im Westen modischen Bezeichnung für eine bei uns wenig populäre Tugend steckt eine gewaltige Ladung, und »*besoin ardent*« trifft auch ins Schwarze.

Aus der Gegenperspektive wird das (im selben Artikel) als »romantischer Exhibitionismus« bezeichnet, der – wie der Autor hinzufügt – »recht unangenehm« sei. Auch daran ist etwas Wahres. Wo also verläuft die Grenze? Worin besteht das Kriterium der »schlechten« und der »guten« Selbstenthüllung? Ich denke, in den *Motiven*, dem Grad ihrer Durchdachtheit und ihrer bewußten Bejahung. (Denn im Gegensatz zu Prichard und seiner Schule und im Einklang mit dem alten Martineau komme ich immer mehr zu dem Schluß, daß die Pflicht nicht so sehr darin besteht, in bestimmter Weise, sondern aus bestimmten Motiven heraus zu handeln und sie sich zudem möglichst weitgehend bewußtzumachen.)

Noch eine gute Formel in derselben Nummer von ›Terre humaine‹, und zwar im Artikel von Guitton über die Haltungen in Frankreich während des Kriegs: »Der Unbeugsame [*l'intransigeant*] gewinnt, gleich dem Wettenden bei Pascal, auch wenn er verliert.« Hier wird unterstrichen, unter welchem

Aspekt für den Handelnden im unbeugsamen Handeln ein *Vorteil* liegt (ein sublimierter »Vorteil« natürlich). Doch auch der Aspekt der Uneigennützigkeit, des absoluten Gebots, des reinen *Advienne que pourra* ist kein Mythos. Und dieser dürfte letztlich überwiegen. Denn falls der »Sieg in der Niederlage« in der Anerkennung durch die anderen bestehen soll, in dem Urteil der Meinung, wenn die Probezeit verstrichen ist und die »Geschichte« ihre Belobigungen und Verdammungsurteile verteilt, dann ist das eine ziemlich unsichere und in der übergroßen Mehrzahl der Fälle kurzlebige und vergängliche Sache; das Vergessen begräbt alles unter sich. Wer weiß heute noch, wer in Mohenjo-Daro niederträchtig und wer heldenhaft war? Der wahre »Sieg in der Niederlage« ist ein anderer, er beruht darauf, daß man »sich nichts vorzuwerfen hat«: daß man sich im Einklang mit dem Recht (dem allgemeinen Recht oder dem Recht des eigenen Lebens) befunden, daß man ein Bewußtsein von der eigenen Unverdorbenheit und Reinheit bewahrt sowie daß man aus Liebe zu unvergleichlichen – oder zumindest zu den höchsten uns bekannten – Werten gehandelt hat. Stolz zu sein darauf, daß man so gehandelt hat, ist tatsächlich auf seine Weise »eigennützig«; diese eigennützige Befriedigung jedoch kann man – leider oder glücklicherweise – dem Uneigennützigen nicht nehmen.

3.1.1953. »Der Mensch ist sein Glaube. Ein schwacher Glaube, ein schwacher Mensch.« Und von da ausgehend weitere antirationalistische Deduktionen. Wieviel Wahres mag daran sein?

Mein Verhältnis zu Phänomenen des Glaubens (nicht des auf Beitritt beruhenden Offenbarungsglaubens natürlich, sondern des eigenen, intuitiven und spontanen) war immer voll von extremen Widersprüchen. Einmal: »Man darf nicht glauben; jeder Glaube ist unmoralisch.« Ein anderes Mal: »Die größte Sünde meines Lebens war es, daß ich (was die Werte betrifft) nicht stark genug geglaubt habe, daß ich meinen Glauben *begründen* wollte.« Von diesen Widersprüchen habe ich mich niemals befreien können.

Im Grunde genommen verhält es sich so: Ich sehe um mich herum eine Menge Leute, welche die Kühnheit besessen haben zu behaupten, ohne zu wissen, und ich beneide sie um diese Kühnheit, die ihnen Einfluß und Bedeutung verschafft hat. Nun ja – doch Einfluß und Bedeutung als Argumente für die Korrektheit von Erkenntnishaltungen??? Und handelte es sich bei ihnen um Kühnheit, um Unehrlichkeit, um edlen Glauben an die eigene Begeisterung oder einfach um einen inneren Widerspruch?

Und wiederum ist es so, daß ich mir Unrecht tue, wenn ich hier von »Bedeutung« rede: denn es ist nicht nur das. Es gibt tatsächlich auch einen *schönen* Glauben: einen Glauben, der Vertrauen, Feingefühl und den Kontakt mit etwas Unbezweifelbarem bedeutet, und es gibt Selbstvorwürfe bei mir, daß ich mich nicht stark genug zu ihm bekannt habe. Bei dem Entwirren dieser Knoten muß man ebenso standhaft wie unendlich behutsam vorgehen.

3.1.1953. »Das Tragische ist die Überwindung des Pessimismus« – das ist meine alte Formel. Doch verhält es sich nicht auch umgekehrt? Der Pessimismus ist die Überwindung des Tragischen, denn diese bestimmte Katastrophe *hic et nunc*, die unumkehrbar und absolut – also in diesem Sinne auch tragisch – ist, verschwimmt für den Pessimisten in der allgemeinen Katastrophe des Daseins überhaupt.

Ich denke mir manchmal, daß es – um einen gewissen üblen Slang der heutigen Zeit zu verwenden – im Leben eigentlich weniger interessant ist, ein »Gewinner« als ein »Verlierer« zu sein. Meiner Natur zumindest ist das Gewinnen gewissermaßen wesenhaft fremd. Wenn ich erfolgreich und berühmt wäre, wüßte ich nicht, was ich damit anfangen sollte. Vielleicht würde ich sogar so etwas wie Scham empfinden – metaphysische Scham.

4.1.1953. Die Antwort auf die gestrige Aporie des Glaubens. Was ich als »Glauben« verurteile, ist, daß man eine Behauptung ohne jegliche Begründung (meist auf der Basis fremder Behauptungen, zuweilen infolge des Wunsches, daß es so sein möge u. dgl.) als wahr akzeptiert.

Was ich als »Glauben« gutheiße, ist das Vertrauen in die eigene Intuition, in das, was *je vois clairement et distinctement être tel*, ohne mich darum zu bekümmern, ob andere es genauso sehen. Sich darum zu kümmern, wird in diesem Kontext als Beweis der Schwäche empfunden. (Epistemologisch gesprochen: Man verwirft das Postulat von der Intersubjektivität der Erkenntnis.)

Wenn ich mich bemühe, anderen den Inhalt meiner Intuition *aufzuzwingen*, bedeutet das, daß ich von anderen genau den Glauben verlange, den ich bei mir selbst verdamme. Dieser Vorwurf entfällt, wenn ich nicht versuche, etwas aufzuzwingen, sondern »die Augen zu öffnen«.

DER SCHARFE ANTAGONISMUS ZWISCHEN INTELLEKTUELLER EHRLICHKEIT UND RUHM. Verdankt der eine oder andere »kühne« Philosoph nicht vielleicht seinen ganzen Ruhm seiner intellektuellen Unehrlichkeit? Wäre er ehrlich gewesen, hätte er keine Behauptungen aufgestellt, insbesondere aber – kein System geschaffen. Dieser Antagonismus verschwindet in der Gipfelregion; doch wirklich überall dort? Aristoteles war ehrlich, Plotin ebenso; doch war es auch mein geliebter Platon ganz und gar? Ich meine hier nicht die Beimengung von Scharlatanerie in politischen und religiösen Dingen, sondern die Philosophie als solche, in ihrem Kern. Die Grundintuition: redlich, authentisch; großartig. Die Begriffsanalysen: erstklassig. Doch manchmal dieser leidenschaftliche Wille, *per fas et nefas* zu beweisen? Und einige dieser Argumentationen?

10.1.1953. In der Dichtung sollten die Schrauben nie zu fest angezogen werden. Einer der klügsten poetischen Ratschläge stammt von Verlaine: Man solle die Wörter nicht »*sans quelque méprise*« wählen. Stets wie mit der Spitze des Zirkels ins Zentrum zu treffen wirkt steif. Und der reine Verstand kommt allzusehr auf seine Kosten.

17.1.1953. »Am Sterben der Anderen kann das merkwürdige Seinsphänomen erfahren werden, das sich als Umschlag eines Seienden aus der Seinsart des Daseins (...) zum Nichtmehrdasein bestimmen läßt« (Heidegger: ›Sein und Zeit‹, § 47).
Ein recht merkwürdiges Phänomen, in der Tat!

27.1.1953. Der Katholizismus bestätigt und sanktioniert, nach meinem Dafürhalten, zu vieles auf Erden. Er ist das feierliche »Dachgewölbe der Heiligung«, etwas zu gleichmäßig gewölbt über der Freiheit und dem Despotismus, über der Askese und den Sinnen, über den Geschädigten und den Schadenstiftern, über der Entsagung und der erzmenschlichen, erzirdischen Herrlichkeit, Fleischlichkeit, Herrschaft und Macht. Religion, die diesen Namen verdient, bietet der Welt mehr *Schwerter*, mehr Widerspruch. [KD]

5.2.1953. »Glaube [*faith*]: die Fähigkeit, etwas zu vermeinen [*believing*; ich weiß nicht, wie man das richtig übersetzen kann], von dem wir wissen, daß es nicht wahr ist« (Joad: ›Guide to Modern Thought‹). Absurd. Man kann nicht »vermeinen«, daß etwas auf eine bestimmte Weise ist, wenn wir wissen, daß es nicht so ist. Man kann höchstens versuchen, es sich einzureden, doch das ist ein Spezialfall.

8.2.1953. Simplifizierung der Problematik; Verstümmelung, Beschneidung der Wirklichkeit; fehlendes oder erbärmlich seichtes Nachdenken über den Menschen und sein Schicksal: einige weitere Sünden, die auf das Konto der Warschauer Schule gehen.

10.2.1953. Gesellschaft: »Organisation zur Aufrechterhaltung der Oberflächlichkeit und Sinnlosigkeit des menschlichen Lebens sowie zur Erstickung jeglicher in ihrem Bereich stattfindenden Versuche, sich emporzuarbeiten.«

15.2.1953. Am wenigsten verzeihlich ist eine niederträchtige Wertehierarchie.

3.3.1953. Es gibt zwei Formen des »künstlerischen Todes« für einen Schaffenden, der eine zeitlang mit dem Leben seiner Epoche verbunden war: in die Geschichte eingehen oder aus der Geschichte gestrichen werden. Heutzutage verfährt man bei der Feststellung dieses »Todes« sehr großzügig; doch man sollte unbedingt dazusagen, welchen von beiden man meint. Allzuhäufig verbergen sich hinter dieser fehlenden Unterscheidung bewußt böse Absicht und Demagogie.

11.3.1953. »Eine unmenschliche Epoche, die sich zur Gänze an die Macht prostituiert« (›Terre humaine‹ [1953], Nr. 1).

14.3.1953. Für ein erlittenes Unrecht muß man den Verantwortlichen zuerst einmal kräftig durchprügeln, ehe man ihm vergibt. Wer vergibt, ohne durchzuprügeln, beweist damit, daß er nicht aus Weisheit und Edelmut vergibt, sondern aus Trägheit und Kraftlosigkeit.

24.3.1953. Die einzige Aufgabe des Menschen besteht darin, sich über den Menschen zu erheben; so wie er ist, lohnt es sich – abgesehen von der Linderung des Leidens – eigentlich nicht, etwas für ihn zu tun. Wenn wir etwas tun, dann nur deswegen, um ihm bei der Erfüllung jener Aufgabe zu helfen.

2.4.1953. Derjenige, der »alles vergibt, weil er alles versteht«, ist mir nicht recht sympathisch. Häufig erweist er sich Feinden der Menschlichkeit gegenüber als verständnisvoll und hebt sich seine Strenge für Vertreter dieser Menschlichkeit auf, die nicht ausreichend unbeugsam, untadelig und vollkommen sind.

12.4.1953. Zwei Haltungen gegenüber dem Übel der Welt. Erstens: sich abgrenzen, sich entgegenstellen. Sein eigenes, schwaches Ich mit seinem »Ich bin« und seinem »Ich will so sein« dem ganzen ungeheuren Ausmaß des Seins entgegenstellen und dieses in die Rolle von etwas Peripherem, einer Art Szenerie abdrängen.

Zweitens: diesen Kosmos oder besser: diesen düsteren dämonischen Nicht-Kosmos mit seiner ganzen Dämonie annehmen; ausharren und aushalten.

Die erste gefällt mir, die zweite meinem jungen Freund. Er will *eintauchen*, alles erleiden, keinen Olymp suchen, keine »Festung«, keine *templa serena*; seine Abneigung gegen Goethe kommt vermutlich teilweise daher. Doch *templa serena* sind gut, und Mark Aurel ist gut, ebenso der Stoizismus und die »Festung« und Goethe. Es geht nur darum, daß dieser »Optimismus« (?) keine Beimengung von Unaufrichtigkeit enthalten darf, von dem, was Sartre »schlechten Glauben« [*mauvaise foi*] nennt. Doch das ist absolut möglich: wenn wir uns in reine Subjektivität, in uns selbst zurückziehen und nichts über das Sein behaupten.

19.4.1953. »Demütig? Und wie. Er ist mächtig stolz auf seine Demut.«

20.4.1953. »Zu lieben heißt, sich in der Hoffnung auf Unterstützung und Inspiration der Gefahr auszusetzen, daß man uns zerstört und vernichtet« (Etienne Borne in: ›Terre humaine‹ [1953], Nr. 3).

Was wir im Alltag als Leben bezeichnen, ist nur das Rohmaterial, und Leben wird aus diesem Material erst vom ethischen Willen, dem systematischen Denken und der Kunst geschaffen.

Die Welt, zu der ein vollkommenes Werk gehört, ist weniger wichtig und wirklich als die Welt, aus der das Werk geboren wird, und als diejenige, in der es als gedachte Idealgestalt existiert. Ein Sünder ist, wer den Vollendungen und Verkörperungen die Reinheit der Geburt und die Makellosigkeit der Ideen zum Opfer bringt.

Was die Suche nach dem Neuen in der Kunst betrifft (Apollinaire, Gespräch mit ***), habe ich beim schwedischen Kritiker E. Bendz (›Visages d'écrivains‹, Göteborg 1947) einige Formeln von Valéry gefunden, die deutlich weiter gehen als alle meine Proteste. »Eine übermäßige Vorliebe für das Neue bedeutet eine Entartung des kritischen Sinns.« – »An jeder Sache ist das Neue, wie sich bereits aus der Definition ergibt, ein Teil, der zum Vergehen verurteilt ist.« – »Der Götze der Neuheit (...) steht der Sorge um die Form entgegen.« – »Das Neue hat nur für solche Geister einen unwiderstehlichen Reiz, die von der reinen Veränderung als solcher ihre maximale Erregung erwarten.« – Letzteres ist vernichtend und trifft Apollinaire direkt.

3.5.1953. Die Moral wirkt lähmend und einengend, wenn sie ausschließlich als Gehorsam gegenüber uns lenkenden Geboten und uns zurückhaltenden Verboten erlebt wird. Schön und fruchtbar wird sie erst als Komplex von drängenden, aus Liebe geborenen Bestrebungen hin zu dem, was unsere Begeisterung und Bewunderung erweckt hat. Askese aus Zurückhaltung ist armselig, schön dagegen Askese aus Begeisterung; Rücksicht auf den Nächsten, die allein von dem Gedanken diktiert wird, daß es sich so »gehört«, ist erbärmlich, schön dagegen sind Güte, Wohlwollen, die »schenkende Tugend« und Sympathie, die sich in Form von Taten ergießt.

Gide ist ein abschreckendes Beispiel der »Befreiung« und »erfüllten Entwicklung«: Wie der »Freiheit« und »Erfülltheit« besudelt hat! (Ich meine nicht seine Homosexualität.) Doch obwohl Gide sie besudelt hat, *sind* Freiheit und Erfülltheit erhabene Dinge.

Seinen Egotismus zu bekämpfen ist nicht notwendigerweise eine Maßnahme *gegen* das eigene (tiefere) »Ich«. Man muß dafür nicht sich selbst negieren und vor der Welt kapitulieren; ebensogut ist es möglich, daß die Welt absorbiert und einverleibt wird, daß das »Ich« sich gleich einem Meer in alle Erscheinungen der Wirklichkeit ergießt. Goethe war kein Egotist; doch die Welt war in ihm, nicht er in der Welt. Balzac war in der Welt, nicht die Welt in ihm: Das macht ihn zweifellos in vielerlei Hinsicht unterlegen.

Eine interessante psychologische Situation: Ich schreibe zuweilen etwas unter starkem inneren Druck, doch zugleich die ganze Zeit »unter dem Vorbehalt«, später ein ruhigeres, um mehr Ausgewogenheit bemühtes, leidenschaftsloses und gerechtes Urteil zu fällen. Doch vorerst *will ich* leidenschaftlich und *will ich nicht* gerecht sein, gewisse Dinge will ich abschütteln, von mir werfen, mit Füßen treten. Auch das ist eine Lebensnotwendigkeit. Erst dadurch, daß man sich auf diese Weise freigeschüttelt und durch Ausbrüche gereinigt hat, erwirbt man das Recht auf ein ruhiges und olympisches Urteil; andernfalls sind das Olympische und die Ruhe nur Ausdruck von Nachgiebigkeit und geistiger Trägheit; genauer: Es gibt dann keinen Olymp, sondern nur Verkümmerung und Erbärmlichkeit.

6.5.1953. VON DER INTERPRETATION LITERARISCHER WERKE. Grundsatz: die Interpretation des im Werk Gegebenen mit aller Schärfe von kausalen Erklärungen und der Frage, welche Faktoren das betreffende Werk determinieren, trennen. Für letzteres gibt es Spezialisten. Und warum denn nicht! Auch das sollte gemacht werden. *Doch nicht vermischen!*

13.5.1953. »Jegliche Liebe ist ein Symptom der Schwäche« – in diesem Denken liegt keine Bitterkeit. Der Mensch ist ein schwaches Wesen, *also* liebt er; doch manchmal gelingt es ihm, diese Schwäche zu überwinden und nicht mehr lieben zu müssen; was dann aber an die Stelle der Liebe tritt, ist größer als sie.

14.5.1953. Die Poesie kann nicht aus sich selbst heraus leben und ebensowenig davon, was ihr das Alltagsleben liefert. Wenn sie es versucht, sind die Resultate erbärmlich. Die Poesie benötigt Ideen, Religion, Philosophie und ethische Bestrebungen;

sie muß sich von einer Idee nähren und das Sprachrohr eines Denkens über die Welt sein.

18.5.1953. Die Gemeinschaft eines schönen Glaubens ist eine gute Sache, doch man darf Gemeinschaft weder durch einen falschen Glauben kaufen noch sich einen Glauben einreden, den man nicht hat.

Ein guter Test für Dichter und Stile: Welchen Eindruck vermitteln sie angesichts des Todes, wenn jemand, der mit ihnen umgeht, am Abgrund steht. Rimbaud stürzt ins Nichts, Lukrez wächst. [KD]

19.5.1953. Für stärkere und stärker differenzierte Individuen kann der Kampf die einzig angemessene Form sein, sich einzufügen: nicht in den Stand der Dinge, nicht in einen »gemeinsamen Glauben« oder ein fertiges System, sondern in den ewig unentschiedenen Konkurrenzkampf, in das Ferment, aus dem Systeme und Glaubensformen und Sachlagen entstehen. Und sei es auch, daß der Konkurrenzkampf nicht »unentschieden« ist, sei es auch in der Rolle des Verlierers. Kaiser Julian hat sich auch eingefügt.

Claudel ist ein besserer Mensch als Gide und Valéry, diese beiden Versucher im Dienste zweier verschiedener und doch ähnlicher Varianten der Egozentrik und des Egoismus.

Das Sicheinfügen, das ich meinte, ist kein Sicheinfügen in eine *Gemeinschaft*. Es geht darum, sein Bestreben in einen Komplex von Bestrebungen einzufügen, die mit ihm übereinstimmen, sich neutral verhalten oder ihm entgegengesetzt sind; um einen »Komplex« handelt es sich nur insofern, als sie nicht zu verschiedenen Welten gehören: Sie *können* sich gegenseitig unterstützen oder durchkreuzen (doch sie müssen es nicht).

20.5.1953. Natürlich, »gute Gefühle reichen nicht aus, um gute Literatur zu schaffen« (Gide); doch armselige Gefühle reichen aus, um schlechte zu schaffen. Die gesamte große Literatur ist eine *edle* Literatur.

»Glücklich, aus wem ein neues Wort mit Macht entspringt! Möge mein Mund demjenigen dieser immervollen Quelle gleichen, die dort in fortwährender Geburt ganz allein gebiert, unbekümmert darum, daß sie den Arbeiten der Menschen dienen soll« (Claudel).

21.5.1953. Für Claudel besteht die Funktion unserer Kirchen darin, »das Unbedingte gegen die äußeren Erscheinungen zu schirmen«. Doch das gilt nur für die Gotik – und die Romanik; seit der Renaissance ist in unseren Kirchen wenig Unbedingtes zu finden.

Die klassische *Ruhe* beruht darauf, daß die Welt für den Künstler nicht ein Komplex von Reizen ist, auf die er reagieren würde, sondern das ungeheure Reservoir, aus dem er das Material zu seinen vom Inneren diktierten, spontanen Konstruktionen entnimmt.

Die klassische *Sachlichkeit* ist die strenge Unterordnung der Ausdrucksmittel unter das, was man ausdrücken will. Ein Klassiker würde niemals mit seiner meisterlichen Beherrschung der Mittel glänzen wollen.

Die klassische *Schlichtheit* ist ein verdächtiges Schlagwort; einige verdecken damit gern ihre Armut und ihre fehlende Phantasie.

1.6.1953. Warum habe ich Gide, dem ich einen hohen Rang zuerkannte und noch zuerkenne, als Schweinehund beschimpft? Für Verschiedenes, hauptsächlich aber wohl für folgenden Satz (von dem ich nicht weiß, ob ich ihn exakt wiedergebe): »Der Genuß, den ich bei einer Handlung empfinde, ist für mich der Beweis, daß ich so handeln sollte.« Der Genuß als Kriterium des Sollens – *c'est un peu fort*.

Ein klares Verständnis der Motive des eigenen Handelns wird erst dann zu einem Verdienst, wenn damit das Bemühen einhergeht, die schlechten und unwürdigen auszumerzen. Ein klarer Blick auf sich selbst stellt, wenn man gleichzeitig gerne schlecht bleibt, ein doppeltes Versäumnis dar.

Mein Lob Claudels muß man leider mit zahlreichen Einschränkungen versehen. Unter anderem kann man nicht länger vor folgender ganz offensichtlichen Tatsache die Augen verschließen: Er ist nicht sehr intelligent. Seine Urteile über Menschen und Dinge, über Schriftsteller und Denker sind erschreckend: ebenso abwegig in der Sache wie schlecht formuliert.

2.6.1953. Das Leben ist deswegen eine so fürchterliche und unbarmherzige Falle, weil es ebenso schrecklich ist, es zu verlassen, wie dauernd in ihm zu bleiben; das Christentum und die meisten Religionen sehen naiverweise bloß die eine Seite dieses Dilemmas. Es gibt nur eine einzige Rettung: Lernen, das Nichtleben (was nicht bedeuten muß: das »Nichts«) zu wollen, den Willen dazu in sich ausbilden und, wenn irgend möglich, ein brennendes Verlangen danach in sich erwecken. Das gewähren die indischen Religionen: ob Atman oder Nirvana – in jedem Fall Nicht-Leben.

4.6.1953. Ich habe den größten Teil der ›Korrespondenz‹ zwischen Claudel und Gide gelesen und muß zumindest in wenigen Worten meine leichtsinnigen Bemerkungen aus der letzten Zeit korrigieren.

(1) Im gesamten Buch erweist sich Gide nicht ein einziges Mal als »Schweinehund«, ja nicht einmal als gewöhnlicher Hedonist. Im Hinblick auf Charakter und Anständigkeit im mitmenschlichen Umgang weist er fast nur Vorzüge auf. Die Verteidigung seiner Homosexualität ist würdevoll. Der Übergang von ›Die enge Pforte‹ zu ›Die Verliese des Vatikan‹ ist für meine Begriffe natürlich außerordentlich bedauerlich, und der Text, den Claudel kritisiert, berührt mich ebenfalls unange-

nehm, wenn auch aus anderen Gründen: durch seine Sorglosigkeit und eine gewisse in ihm liegende Provokation. Interessant, daß Claudel an ›Candide‹ denken mußte – wie ich damals im ›Literarischen Jahrbuch‹ [Rocznik Literacki]. – Gides kämpferischer und aggressiver Hedonismus ist wohl eine spätere Erscheinung?

(2) Claudel ist kein »besserer Mensch« als Gide. Er steckt voller Charakterfehler, und auch seine Lebenshaltung erweckt ernsthafte Bedenken. Seine Proselytenmacherei ist zumindest unangenehm; sein Fanatismus verdammungswürdig; sein Dogmatismus ... Doch hier geraten wir bereits in den intellektuellen Bereich: daher nun:

(3) Claudels Intelligenz? Seine von Fanatismus und Einseitigkeit bestimmten Urteile sind, wie bereits bemerkt, in der Tat abwegig, man könnte guten Gewissens sagen: »dumm«. Wie Gide in späteren Jahren sagen sollte, handelt es sich bei ihm nicht um *un esprit supérieur* im echten Sinne, und Gide selbst ist ihm klar überlegen. Doch *in den Grenzen seines Systems* und seiner Weltsicht ist Claudel wahrlich nicht dumm; im Gegenteil, zuweilen hat er hervorragende Ideen. Die intellektuellen Sünden begeht er eher in seinen Negationen; in den Behauptungen nur insofern, als er mit allzu großer Selbstsicherheit über schwierige Dinge spricht, ohne deren Schwierigkeiten zu verstehen.

Insgesamt jedoch gehörte meine Anerkennung eher Gide; Claudel war auf jeden Fall der Verlierer bei dieser Kontrolle; ersterer hat dabei entweder gewonnen oder mich zumindest zur Urteilsenthaltung bis zu einer genaueren Überprüfung bewogen. – Auch *künstlerische* Vorbehalte gegenüber Claudel kommen langsam auf.

5.6.1953. Jetzt weiß ich, was bei Gide doch abstoßend ist: der Wunsch und der Wille, andere zu demoralisieren. *Pervertisseur*: Dieses Thema wiederholt sich ständig. Im ›Tagebuch der Falschmünzer‹ finde ich folgende Sätze: »Aus Haß auf diese Religion, auf diese Ethik, die seine gesamte Jugend unterdrückt hatte, aus Haß auf diesen Rigorismus, von dem er sich selbst nie zu befreien vermochte, arbeitet Z. daran, moralisch zu verderben (...). Darin liegt ein alter Groll.« Ich zweifle keinen Augenblick daran, daß Z. einen – größeren oder kleineren – Teil von Gides Seele verkörpert.

Etwas sehr »Eigenes« dürfte auch, etwas weiter unten, die Eifersucht auf ... seine Frau (!), die er gegenüber Gott empfindet, und der daraus folgende Haß sein. Gides religiöses Drama besitzt insofern keine volle Würde – und ist kein volles »Drama« –, als es ganz von persönlichen Problemen durchtränkt ist, die mit religiösen und weltanschaulichen Problemen nichts zu tun haben.

7.7.1953. DER CHARAKTER MEINER OPPOSITION: Ich ergreife keineswegs die Partei der alten gegen die neue Welt. Den vollzogenen Umsturz beurteile ich tatsächlich ohne Enthusiasmus im Namen der von ihm erstickten *Möglichkeiten*, die besser waren als er. Dieser Umsturz stellte einen Angriff nicht nur auf die Vergangenheit, sondern auch auf die *Zukunft* des Menschen dar.

23.7.1953. Klinik. – *Schönheitsdurchflutetes Leiden*. [KD]

24.7.1953. Die einzige aufrichtige zwischenmenschliche Beziehung ist der Antagonismus. In allen anderen verbirgt sich ein Tropfen Falschheit; in der Freundschaft etwas Gleichgültigkeit, in der Liebe etwas Exaltation, im Bündnis etwas Diskrepanz der Bestrebungen und Ziele. Achte daher deine Feinde. [KD]

Ich werde nicht allseitig versöhnt sterben. Statt abzunehmen, verschärfte sich der Dualismus zwischen der kosmischen und der menschlichen Seite des Lebens im kritischen Moment bis zum letzten Extrem. Die Seite des Lichts und die Seite der Finsternis. Alles – sogar Niederlagen, sogar der Tod selbst – ist unter dem Aspekt des Kosmos und des Schicksals etwas Tiefes, Großartiges, ein Glanz und ein Höhenflug; alles ist unter dem menschlichen und gesellschaftlichen Aspekt etwas

Erbärmliches und Verächtliches, Schmerz und Enttäuschung. Die Befreiung besteht vor allem darin, aus dem Gesichtskreis jene finstere Seite zu entfernen, auf daß sie nicht die unendliche Schönheit des Dramas trübe, das sich zwischen der Seele und dem Ernst des Daseins abspielt.

26.7.1953. »Das Beste in sich zu verleugnen ist niederträchtig« (Amiel). – Und doch ist es das, was die Welt als Preis ihrer Anerkennung von uns verlangt.

28.7.1953. »... Goethes Naturell (...), das im tiefsten Grunde antisozial war, wie das jedes echten Dichters, d. h. überhaupt jedes Menschen der im Wesen der Dinge selbst lebt und nicht in Begriffen welche die andren davon haben« (Friedrich Gundolf: ›Goethe‹, Berlin 1918, S. 279).

15.8.1953. »Das materielle Bild der Schönheit an sich ist der wolkenlose Abendhimmel, der für uns einen unaussprechlichen Reiz hat, obwohl es in ihm weder Ordnung noch System gibt, da es an unterscheidbaren Teilen fehlt, die man aufeinander abstimmen könnte. Wir empfinden ihn als schön, weil er das Emblem des unendlichen Hellen Lichtes darstellt, das in der Leere ist« (Aldous Huxley: ›Seven Meditations‹, in: ›Vedanta for the Western World‹, hrsg. von Christopher Isherwood, Hollywood 1945, S. 164).

Was die Ästhetik betrifft, stimme ich zu. Nur der letzte Satz ist fatal; selbst als Symbol ist das unhaltbar.

HEILIGE SCHWÄCHE. »Lieblich ist, o Ānanda, Vesāli, lieblich sind seine Gärten. Wer auch immer, o Ānanda, in sich die vier Bestandteile der überirdischen Macht gestärkt hat, der könnte, wenn ihn danach verlangte, seine leibliche Existenz bis zum Ende eines Weltalters verlängern. Der Vollendete, aber, o Ānanda, besitzt und beherrscht die vier Bestandteile der überirdischen Macht zur Gänze und könnte, wenn ihn danach verlangte, sein leibliches Dasein bis zum Ende des Weltalters verlängern« (›Mahāparinibbānasutta‹, 3. Bericht).

Wer ist es, der so spricht? Der *Buddha*, kurz vor seinem Tod, zu dem er sich bereits auf den Weg gemacht hat. Denn er will, daß Ānanda ihn bittet: »Bleib bis zum Ende des Weltalters.« Wozu? Um »liebliche Dinge« zu betrachten. Doch der Jünger schweigt, und der Meister durchtrennt erst jetzt endgültig und unwiderruflich seine Verbindung zur Welt.

16.8.1953. »Außer meinem Werk gab es den Ehrgeiz, außer meiner Liebe die Sorge um die eigene Persönlichkeit, außer meiner Reinheit die Angst, außer meinem Führen den Machthunger« (Vivekananda, in einem kurz vor seinem Tode verfaßten Brief; zit. in: ›Vedanta for the Western World‹, hrsg. von Christopher Isherwood, Hollywood 1945, S. 25).

So spricht ein großer Heiliger von sich. Wir sollten uns also nicht allzusehr schämen, wenn auch uns all diese Dinge, die nicht einmal »schlecht«, sondern einfach »allzumenschlich« sind, bis zum letzten Augenblick bewegen.

18.8.1953. Die folgenden Zitate stammen aus: Friedrich Heiler: ›Die buddhistische Versenkung. Eine religionsgeschichtliche Untersuchung‹, 2. Aufl., München 1922.

»... daß Nirvâna ein mystisches ›*summum bonum*‹ ist (...), ein Absolutes – *freilich nicht als Weltgrund, sondern als Erlösungsziel*« (S. 41 f.; Hervorhebungen von mir).

»Die buddhistische Idee des Nirvâna ist eine ›Gottesidee‹, aus der alle kosmologischen Gedanken vollständig ausgeschlossen sind« (Anm. 258, S. 85).

»Überdies hat Buddha auch jenen letzten Rest personaler Gottesvorstellung, der selbst der impersonalen theopanischen Mystik anhaftet, von der Idee des Nirvâna ferngehalten« (S. 42). »Nirvâna ist eine *göttliche Welt ohne Gott, ein Gottesgeschenk ohne Schenker*« (S. 42, nach Söderblom).

Ferner: »Nirvâna ist namen- und wesenlos; all die Termini, mit denen die Texte auf Nirvâna hinweisen, sind nur Ideogramme des *ineffabile*, sie wollen nur sagen, daß es nicht gesagt werden kann. Aber ebensowenig kann es gedacht werden. (...) er [*scil*. Buddha] machte mit dem Worte Yâjñavalkyas, das Göttliche sei das ›Nein-Nein‹ (*na iti, na iti*, ›nicht so, nicht so‹) vollen Ernst. An jene Stelle, da die großen Mystiker-Philosophen (Yâjñavalkya, Śankara, Râmânuja, Plotin, Dionysius Areopagita, Eckhart) ihren kühnen Gottesbegriff aufrichteten – setzt der Buddhismus ›den leeren Gedankenstrich‹ [nach Beckh: ›Buddhismus‹] – *sunyatâ* (...). Aber *›nur dem Begriffe nach ist Nirvâna ein Negativum, dem Gefühl nach ein Positivum stärkster Form‹* [nach Rudolf Otto: ›Das Heilige‹; Hervorhebungen von mir]. (...) Der Buddhismus hat nur den Gedanken der ›negativen Theologie‹ zu Ende gedacht, aus der mystischen Idee des ἐπέκεινα [jenseits] die letzten Konsequenzen gezogen. (...) ... konnte der Buddhismus mit dem mystischen Grundgedanken des *›ineffabile‹* vollen Ernst machen« (S. 41). »Von einer solchen Einigung und Vergottung sprechen Buddha und seine Schüler nie; ...« (S. 42).

Dank dieses Textes kristallisieren sich bei mir folgende Gedanken heraus:

(1) Der Zusammenhang zwischen dem Buddhismus und dem positiven Mystizismus wird greifbar (und vor dem Hintergrund dieses Zusammenhangs treten tatsächliche Unterschiede schärfer hervor).

(2) Der Buddha zieht die äußersten Konsequenzen aus der Mystik (er allein hat es völlig vermieden, in den Theismus abzugleiten).

(3) Das in der mystischen Intuition Erfaßte muß keinen kosmologischen Charakter, es muß überhaupt keinen Bezug zum Kosmos haben. Man kann noch weiter gehen: Es muß keinen *ontologischen* Charakter, keinen Bezug zum *Sein* haben; es ist ἐπέκεινα. (Dieses Wort bezieht sich, der Intention des Autors gemäß, nicht auf Platon, sondern auf Plotin: ›Enneaden‹ V 5,6).

(4) Was begrifflich rein negativ ist, kann emotional maximal positiv sein (ein unklarer, doch fruchtbarer Gedanke, der reich ist an wertvollem potentiellen Gehalt).

(5) Am Rande: Für das Unbestimmte gibt es keine Symbole, nur »Ideogramme«. (Denn um ein »Symbol« einer Sache zu erschaffen – in dem Sinne, in dem ich dieses Wort verwende –,

muß deren Inhalt teilweise unbestimmt, teilweise jedoch auch bestimmt sein.)

23.8.1953. WEISHEIT KONTRA MYSTIZISMUS: Worin besteht, angesichts zahlreicher Ähnlichkeiten und Unterschiede, der Kern ihres Gegensatzes? Sowohl in der Weisheit wie auch im Mystizismus suchen wir innere Unabhängigkeit und ein »Ja« zum Leben; in der Weisheit ist dies ein zurückhaltendes »Ja«, das eher von oben herab gesprochen wird und die Empirie mit einschließt; das mystische »Ja« ist enthusiastisch und schließt die Empirie nicht mit ein. Der Weg der Weisheit führt über die Umgestaltung allein seiner selbst: Das Bild der Welt wird davon nicht berührt; wenn ich mich im Mystizismus selbst umgestalte, dann geht es mir um die Umgestaltung meines Bildes von der Welt: Ich will ein anderer werden, um die Welt anders zu sehen.

Der Weisheit liegt ein Akzeptieren zugrunde; noch tiefer: die Überzeugung davon, daß es Dinge gibt, die *gegeben* sind, unveränderlich gegeben, und die sich nicht zurücknehmen lassen. Dem Mystizismus liegt ein Rebellieren zugrunde und zusammen mit der Rebellion die Hoffnung, daß dies alles nicht einfach »gegeben« ist; daß nichts eine letzte, nicht zurücknehmbare, unumkehrbare Wirklichkeit darstellt; daß sowohl das Bewußtsein wie auch die Wirklichkeit unvollendet, bis in ihre letzte Tiefe formbar sind.

Die Selbstumgestaltung erfolgt beim Weisen anders als im Mystizismus. In diesem wird die tiefste Wurzel der Persönlichkeit ausgerissen und eine andere eingepflanzt. Über die Umgestaltung durch Weisheit enthalten zwei Ausdrücke jeweils einen Teil der Wahrheit: *Disziplin und Umbau.*

28.8.1953. Bei Hölderlin im ›Hyperion‹ wiedergefunden, dreimal von mir unterstrichen und heute aktueller denn je: »Immerhin hat das den Staat zur Hölle gemacht, daß ihn der Mensch zu seinem Himmel machen wollte.«

(August/September 1953). Heute habe ich eine sehr jugendliche (aus Paris, wohl aus dem Jahre 1908 stammende) Notiz zerstört, die den Titel trug: »Zur Ethik der zwischenmenschlichen Beziehungen« (obwohl ich mich bereits damals weniger für die zwischenmenschliche als für die andere Ethik interessierte). Dort neige ich dazu, es im Hinblick auf jene Beziehungen für das Wichtigste zu erachten, sie auf eine solche Weise zu ordnen, »daß niemand einem anderen ein Gut entreißen will«. Das sollte auf folgende Weise erreicht werden: »Bewirken, daß ich nichts für gut halte, was ich erst jemandem entreißen *müßte*, sondern nur das, was alle gemeinsam besitzen können.« Und als Hauptbeispiel für Werte letzteren Typs gebe ich die moralischen Werte an. So siegt der Moralismus, und die Normierungsweisen wirtschaftlich-sozialer Art werden überhaupt nicht in Betracht gezogen.

Beim Zeus! Heute weiß ich wohl, wie groß die Notwendigkeit der letzteren ist. Nichtsdestoweniger spreche ich dem jungen H. E. ein großes Lob dafür aus, daß er im ersten Impuls nicht von dieser Seite an die Sache herangegangen ist, sondern von der anderen, der moralischen.

1.9.1953. Auch in der Welt der Kultur, des Geistes, des Schaffens besitzt der Mensch soviel, wie er sich erkämpft. Niemand hat recht gegen mich, wenn ich tief und fest genug davon überzeugt bin, daß ich recht habe.

6.9.1953. Vom Nirvana läßt sich noch sagen: »Glückseligkeit ohne einen Glücklichen.«

8.9.1953. »... was war ihm (...) Maß ohne Pathos, durch dessen Bändigung Maß erst Tugend wird!« (Gundolf über Goethe).

11.9.1953. »Es könnte unbegreiflich scheinen, daß mehrere deutsche Generationen, wenn sie schon Hölderlins Geist nicht ahnten, nicht wenigstens die *Schönheit* eines Gedichtes wie Archipelagus oder Brot und Wein allgemein wahrgenommen haben. Aber im Verhältnis der Zeiten zueinander erweist sich der ästhetische Wert nicht als ein zuverlässiges Verknüpfungsmittel. Denn er ist in der Geistesgeschichte nicht autonom, und selbst der Begriff des Schönen zeigt sich abhängig vom Ethischen. Was sich der ethischen Grundrichtung eines Zeitalters nicht fügt, wird von diesem nicht leicht als ästhetischer Wert empfunden. So ist die Absperrung der Zeitalter gegeneinander in tieferen Unduldbarkeiten begründet, und nicht Verkennung ist der Begriff, der eine solche Absperrung trifft, sondern eher der einer Abwehr und Selbstverteidigung.« – Ich weiß nicht, inwiefern das richtig ist und was man hier ändern oder hinzufügen müßte; doch das aufgestellte Problem ist subtil und tiefgreifend.

17.9.1953. »Für den Biographen sind Werke Zeugnisse eines Ablaufs, Mittel zu seiner Erkenntnis, für den Ästhetiker ist das Leben Stoff zum Aufbau der Werke, für den Betrachter der Gestalt sind Leben und Werk nur die verschiedenen Attribute einer und derselben Substanz, einer geistig-leiblichen Einheit, die zugleich als Bewegung und als Form erscheint.

Für diese Betrachtungsart gibt es nicht ein Vorher und ein Nachher zwischen Erlebnis und Werk. Sie fragt nicht doppelt: was hat der so und so beschaffene Mensch erstens erlebt und zweitens daraus gemacht? (...) Wem aber die Kunst nicht Gegenstand, Folge oder Zweck menschlichen Daseins bedeutet, sondern einen ursprünglichen Zustand des Menschentums, der wird auch in den Werken der großen Künstler nicht die Auslösungen, die Abbildungen, die Erläuterungen ihres Lebens sehen, sondern den Ausdruck, die Gestalt, die Form ihres Lebens selbst, d. h. also nicht etwas das diesem Leben folgt, sondern etwas das in und mit und über ihm ist, ja was dies Leben selbst ist. Die Werke sind dann nicht die Zeichen welche ein Leben bedeuten, sondern die Körper welche es enthalten. Der Künstler existiert nur insofern er sich im Kunstwerk ausdrückt« (Gundolf, zu Beginn der Einleitung seines Goethebuchs).

Zum zweiten Mal bereits kehre ich zu diesem Text zurück, in dem ich gewisse Gedanken formuliert finde, die mir seit langem nahe sind. Doch diese Formulierung stellt mich noch nicht ganz zufrieden: Sie verlangt sowohl Präzisierungen und Einschränkungen als auch Ergänzungen.

Vor allem scheint es nicht wahr zu sein, was Gundolf in einem Teil seiner Ausführungen schreibt, den ich hier nicht zitiert habe: daß es sich speziell bei den Größten so verhält, im Gegensatz zu den Mittleren und Kleinen. Für mich ist das keine Frage der Skala oder des Niveaus, sondern des Typs – sowohl des Menschen- wie auch des Dichtertyps. Bei Goethe wird diese Konzeption zwar völlig bestätigt, doch wie steht es mit den großen Schöpfern, bei denen die epische oder dramatische Gestaltung großer Massen objektiver Wirklichkeit an erster Stelle steht: Shakespeare, die griechischen Tragiker, Dante? Zum Teil ist hier sogar Schiller zu nennen, von dem Goethe selbst sagte, er habe seine Werke nicht in sich getragen und sie nicht auf dem Weg natürlicher, organischer Entwicklung zur Reife gebracht, sondern habe den Stoff »genommen« – gewissermaßen in die Hand »genommen« –, ihn von allen Seiten dahingehend betrachtet, ob er sich eigne, und sei nicht ohne eine gewisse »Gewaltsamkeit« im Verfahren zu dessen Bearbeitung geschritten. Es gibt sehr große Künstler, die »vorher« leben und »nachher« schaffen, deren Schaffen ein Überbau ihres Lebens oder deren Leben ein Werkzeug des Schaffens ist – die wie Berents Schmied sind: durch und durch *operatores operis*, die sich im Werk verlieren und sich im Erleben des eigenen Lebens nicht grundsätzlich von denen unterscheiden, die keine Kunst betreiben. Die Mehrzahl der bildenden Künstler dürfte hierher gehören: Wie viele »Operatoren« kommen in der Renaissance auf *einen* Michelangelo! Das von Gundolf Gesagte betrifft also nur einen bestimmten Künstlertyp, der eine reiche Subjektivität und eine gewisse innere Entwicklungsdynamik aufweist: Menschen, die sich am Leben gemessen, mit ihm gerungen und aus diesen Kämpfen den Inhalt ihres Schaffens geschöpft haben. Und selbst von diesen fallen nicht alle unter seine Formel: denn auch einige von ihnen dürften »vorher« leben und »nachher« schaffen. – Doch der Gundolfsche Künstlertyp existiert; man muß ihn nur etwas anders beschreiben.

Vor allem ist das von Gundolf an einer Stelle verwendete Wort »Ausdruck« offensichtlich verfehlt. Denn wenn das Schaffen ein »Ausdruck« des Lebens ist, dann gibt es zwischen beiden nicht mehr das Verhältnis, das er hier zu beschreiben versucht: Zuerst nämlich »ist« (oder sogar: »war«) ein Erlebnis und danach »drückt« es sich im Werk »aus«. Was dagegen Gundolf mit seinen zahlreichen bildhaften Wendungen zu erfassen sucht, ohne dabei ganz erfolgreich zu sein, läßt sich meines Erachtens in den beiden folgenden Punkten präziser formulieren:

(1) Beim Künstler des hier verhandelten Typs *kommt* das Erlebte – was mit ihm (mit seinem Inneren, mit seinem Wesen) geschieht – nicht anders *zu Bewußtsein* als in Gestalt des schöpferischen Akts. Bekanntlich verwirklichen sich zuweilen wichtige, bahnbrechende Bewußtwerdungen und entscheidende geistige »Kristallisierungen« in Gestalt von Träumen, unter der Hülle durchsichtiger Symbole; eine ähnliche Rolle spielt oft auch das Schaffen. Das angesammelte Erlebnispotential aktualisiert sich und kommt zum Ausbruch in Gestalt eines Werks, und erst während er ein bestimmtes Werk schreibt, wird sich der Schaffende dessen bewußt, daß er auf diese Weise gefühlt und gedacht hat, fühlt und denkt: daß er dies und auf diese Weise liebt, jenes haßt, an diesem auf diese Weise leidet, an diesem anderen zweifelt, nach jenem strebt. Es reicht nicht einmal aus zu sagen, das Erlebnis »verkörpere sich« im Werk; es tritt *von Beginn an* in schöpferischer Gestalt auf und durchläuft zusammen mit ihr alle seine Phasen. Das Schaffen ist die Form, in der sich das Lebensdrama abspielt, das *reale* Drama eines *Menschen*, und die Werke sind die Etappen, sind die Peripetien dieses Dramas.

(2) Das fertige Werk *gestaltet* das reale spätere Leben, es gibt ihm den Weg und die Richtung vor. Der Künstler fühlt und denkt in seiner späteren Entwicklung auf diese bestimmte Weise, *weil* er dieses bestimmte Werk hinter sich hat; es ist eine Kraft, die sein Dasein bestimmt; und allmählich wird er zu einem Produkt seiner Werke, so wie diese *seine* Produkte sind. Das ist der zweite, vielleicht nicht weniger wichtige Aspekt

jener konsubstantiellen Einheit von Leben und Schaffen; und auch das findet sich bei Goethe bestätigt.

Ergänzend jedoch dürfte die Bemerkung am Platze sein, daß all das vor allem auf Dichter zutrifft, denn bei ihnen, die als Künstler mit der Sprache und somit in gewissem Sinne auch mit dem Denken zu tun haben, wird das Werk auf natürliche und mehr oder weniger notwendige Weise zum Werkzeug der Selbstbewußtwerdung. Bei den bildenden Künstlern ist die Datenlage schlechter; die Musiker stehen möglicherweise in der Mitte, denn obwohl die Musik nicht mit Worten operiert, ist sie auf ihre Weise auch eine Sprache – was sie sagt, »versteht« der Schaffende doch immer mehr oder weniger gut, und manchmal vermag er es für sich sogar in die Sprache der Gedanken zu übertragen. Ist es also unwahrscheinlich, daß es Musiker gibt, welche die Etappen ihrer menschlichen Entwicklung in Gestalt von musikalischen Werken erleben – und war Beethoven nicht eine Seele dieser Art?

27.9.1953. Klinik. »Wer alle Bande zerrissen hat, wer sich nicht fürchtet, wer alle Fesseln hinter sich gelassen hat und ganz frei ist ...«

»In wem keine Begierden entstehen, weder solche, die auf diese, noch solche, die auf jene Welt gerichtet sind, wer sich der Begierden entledigt hat und ganz frei ist ...« (›Dhammapada‹ 397 und 410).

19.11.1953. Meine Hauptenttäuschung: nicht der Mensch als solcher, sondern die »Eliten« unter den Menschen. Zu wenig Material für eine weise, aristokratische Gemeinschaft, die es verstehen würde, schön zu leben. Von einer solchen Gemeinschaft träumte ich in meiner Jugend; daß die Masse erbärmlich ist, wußte ich.

III
1954 bis 1963

9.3.1954. Wenn dich der Gedanke heimsucht, wie bald schon nach deinem Tod niemand mehr deinen Namen kennen wird, dann denke daran, daß niemand weiß, wie der Autor der vedischen ›Schöpfungshymne‹ (›Rigveda‹ X 129) hieß. Doch lohnte es sich, geboren zu werden, um die ›Schöpfungshymne‹ zu verfassen? Es lohnte sich fürwahr. Der Name ist nichts; der fruchtbare Schaffensakt, die heilige Erregung des Geistes sind alles.

Es war vor dreitausend Jahren; vielleicht war dieser Mensch beim Rinderhüten. Und er dachte: nicht Indra und nicht Varuna, nicht der Hotar und nicht die anderen Priester, nicht die Scheite des Opferfeuers, nicht der Soma und nicht die Flamme des Altars. Durch all dies drang er hindurch, er mühte sich ab, er zweifelte. Und doch *berührte* er auf gewisse Weise die Wirklichkeit, und sei es durch die gestellten Fragen. Mit einem nie dagewesenen Schwung »stieß er die Weltkugel aus dem Fundament«, heftiger vielleicht als irgend jemand von denen, die in all den Jahrhunderten nach ihm kamen. Er gab den Anstoß nicht auf die brutale, sondern auf die schöne und reine Art: durch Ideen und Inspiration.

6.3.1954. Ein Kennzeichen vieler menschlicher Beziehungen ist vielleicht nicht so sehr Heuchelei als vielmehr eine spontane Zweideutigkeit. Man sollte nicht fragen, wo die Redlichkeit endet und der Betrug anfängt, noch sich beklagen, daß die Grenze fließend ist. Doch der Betrug steckt in der Redlichkeit, und die Redlichkeit stirbt nicht im Betrug.

Oldenberg, aus einem Aufsatz über den ›Suttanipāta‹: »... ihre Gedanken hinausklingen lassen in ewige, nicht antwortende Ferne ...« (S. 38). »Die Tiefen seiner Einsamkeit durchklingt kein Zwiegespräch mit einem Helfer« (S. 60).

Das Gute und Schöne sind keine Dinge, an denen man sich in der Einsamkeit erfreuen und denen man dort dienen könnte. Sie verlangen nach Gemeinschaft; man kann sie nur gemeinsam lieben. Wer zur Einsamkeit verurteilt ist, muß ihnen daher die Herrschaft über sein Leben (d. h. über seine Bestrebungen) nehmen. Wir werden der Werte überdrüssig, wenn niemand unseren Glauben an sie teilt; der Erlösung werden wir nicht überdrüssig. Die Erlösung ist eine Sache des Individuums, losgelöst von aller Gemeinschaft.

7.3.1954. »[Der] vom Weltleid sich erlösende Weise blickt still der Stille des Unerforschlichen jenseits alles persönlichen Lebens entgegen« (Oldenberg).

8.3.1954. Keine Gemeinschaft empfindet als Gemeinschaft ein Bedürfnis nach Erlösung: denn sie ist stets unendlich zufrieden mit sich.

»Diese Sehnsucht nach Gotteinigung erwacht nur in solchen Herzen, welche ergriffen sind von dem Gedanken der Nichtigkeit und Vergänglichkeit des Irdischen. Dem Unendlichen, Ewigen, Jenseitigen, Übernatürlichen kann sich nur jener Mensch öffnen und hingeben, welcher dem Endlichen, Wandelbaren, Diesseitigen, Natürlichen den Rücken gekehrt hat« (Fr. Heiler: ›Die Mystik in den Upanischaden‹, 2. Aufl., München/Neubiberg 1925, S. 9).

Nein; das »nur« ist falsch. Das Unendliche, Ewige usw. kann auch eine Erweiterung des anderen sein. Leisegang sagt irgendwo ungefähr folgendes (ich habe es mir aufgeschrieben): »Jedes gehobene Lebensgefühl findet [*scil.* in seiner höchsten Steigerung] seinen Ausgang in der Mystik.«[1] »Jedes« ist wiederum falsch; aber dieser Fall kommt vor: Es gibt die Goethi-

---

[1] Hier hat mich mein Gedächtnis teilweise getrogen. Der Satz wird von Leisegang aus Joëls ›Der Ursprung der Naturphilosophie aus dem Geiste der Mystik‹ zitiert. Außerdem heißt es nicht »jedes gehobene«, sondern »jedes erweiterte Lebensgefühl«. (Doch ersteres würde mir besser passen.)

sche, die Faustische Mystik; es gibt Spinoza; es gibt Schelling und Hölderlin – doch wieviel davon ist in Platon? Ersterer Typ überwiegt quantitativ und bringt Geistesformationen von der deutlichsten Physiognomie hervor; doch letzterer ist vielleicht der höchste Typ.

Eine der Hauptvarianten dieser nichtverneinenden Mystik ist die Mystik vor dem Hintergrund der ästhetischen Verzückung. Die ästhetische Verzückung ist janusköpfig: Ihr eines Antlitz weist in Richtung Empirie, ihr anderes in Richtung Metempirie. Von der Empirie verwirft sie natürlich deren ganze »Materialität« oder »Substantialität« und nimmt nur die Qualität; doch das ist sehr viel, denn darin liegt Mannigfaltigkeit, Konkretheit und Form; und dieses ganze Garn flicht der ästhetische Mystiker in die metempirische Welt hinein, in die er eintritt.

16.3.1954. »Behalte deinen Glauben und deine Gefühle für dich. Sprächst du über sie, würdest du viel verlieren« (Ramakrishna).

Das trifft es nicht ganz. Sich an beliebigen Orten, zu beliebigen Zeiten und vor irgendwem gedankenlos auszusprechen bedeutet, wie Berent sagt, »aus der Seele herauszuplaudern«, und das ist ein Verlust. Doch ein Glaube und Gefühle, die gar nicht ausgesprochen werden, ersterben in der Seele und gehen ein. Man *muß* sich also aussprechen: mit Bedacht und nicht wider Willen, an angemessenen Orten, zu angemessenen Zeiten und vor Menschen, die dessen würdig sind.

18.3.1954. »Warum immer nur über die Sünde reden? Sprich nur einmal: ›Ich habe Dinge getan, die ich hätte unterlassen sollen, und solche unterlassen, die ich hätte tun sollen. Ach, möge mir doch vergeben werden!‹ – Sprich so, und alle Sünden werden von dir abgewaschen werden.« (Ramakrishna, aber mit Änderungen.)

18.3.1954. Zwei kürzlich betrachtete Porträts. Russell als Greis: die Verkörperung von Scharfsinn, Intelligenz, Schlagfertigkeit und Witz, unfähig zu Verehrung und Verzückung. Ramakrishna: ganz und gar krankhaft: Leiden und Armut, die sich einreden, Wonne, Reichtum und Fülle zu sein. Beide sind, jeweils auf ihrem Extrempol, groß. Doch es dürfte nicht das Höchste darstellen, einer dieser beiden Männer zu sein.

20.3.1954. Der erwähnte Ramakrishna über die rechte Ökonomie der Leidenschaften; unter anderem folgendes: »Den Zorn, den du gegen deine Nächsten hegst, solltest du gegen Gott richten: dafür, daß er sich dir nicht offenbart.«

Mystiker lieben es, von Zeit zu Zeit zu betonen, daß sie keine Lämmer sind. Ist diese Selbstwahrnehmung angemessen? Enthält sie nicht ein wenig Affektiertheit?

20.3.1954. Verflucht die Welt nicht dafür, daß sie euch ein Schauplatz von Niederlagen und Enttäuschungen gewesen ist. Man mag eine Schlacht am Golf von Neapel verlieren; wird der Golf dadurch weniger schön?

Auf welche Weise soll man die eigene Entwicklung lenken? Sich um die Ausmerzung des Unerwünschten bemühen oder seine ganze Kraft, Aufmerksamkeit und Phantasie auf einen positiven Wert konzentrieren, in der Hoffnung, wenn dieser aufblüht, möge das andere von selbst abfallen? In letzter Zeit denke ich häufig, daß die zweite Methode zumindest *überwiegen* sollte. Ramakrishna ist der gleichen Meinung: »Wenn aus der Blüte eine Frucht hervorwächst, fallen die Blätter von selbst ab. So fallen auch alle deine Schwächen von selbst ab, wenn in dir das göttliche Element zu wachsen beginnt.«

Beziehungen zwischen Menschen haben es an sich, daß es egal ist, wie man handelt – immer ist es verkehrt. Es ist wie mit dem *Brevis esse laboro*.[2]

---

[2] »Kurz zu sein bemüh ich mich und werde dunkel« usw. (Horaz: ›Von der Dichtkunst‹ XXV).

Ich will zurückhaltend sein? Ich wirke kühl. Ich will einnehmend sein? Ich mache einen Hampelmann aus mir. Ich will mich nützlich machen? Ich mische mich ohne Not in Angelegenheiten ein, die mich nichts angehen. Ich will jemanden von etwas Vernünftigem überzeugen? Doch vielleicht sind seine alten unvernünftigen Überzeugungen für den anderen gesünder? Ich sündige durch Handeln und Nichthandeln, durch Reden und Schweigen, durch Liebe und Lieblosigkeit.

21.3.1954. »Unaufhörliche Sehnsucht reicht aus« [*scil.* »um sich aus den Klauen der Maja zu befreien«] (Ramakrishna).
Doch ohne Haß auf die Maja!

Der erbärmlichste Bekenner des Bösen oder der Lüge gebärdet sich hochmütig, sobald er sicher ist, daß es viele gibt, die sich ebenso zur Lüge und zum Bösen bekennen. Eingeschüchtert verstummt vor diesem Hochmut der einsame Fürsprecher des Guten und der Wahrheit. Man muß ein Held sein, um nicht zu verstummen; doch wenn man einer ist, kann man siegen.

»Wahrheit, Wahrheit« schreien sie und denken, daß damit alles erledigt ist. Doch alles hängt davon ab, in welchem Geist man sich zur Wahrheit bekennt. Diese beiden Dinge muß man zu unterscheiden verstehen: die Kraft der Wahrheit und die Böswilligkeit desjenigen, der sich hinter der Wahrheit versteckt.

Der Protest eines bewußten Menschen kommt sogar dem Naturgesetz gleich. Die Natur hat Macht, doch ich urteile über ihre Macht; und mein Urteil ist mehr als sie.

22.3.1954. »Die geistigen Menschen bilden, jenseits aller gesellschaftlichen Konvention, eine Kaste für sich« (Ramakrishna). – Sehr wahr. Doch *hic et nunc* reicht ihre Zahl zur Bildung auch der winzigsten Kaste nicht aus.

Bei Ramakrishna: die Geschichte von der Schlange, die fromm wurde und zu beißen aufhörte. Die Jungen ergreifen sie beim Schwanz und schlagen mit ihr auf die Erde. Das ist in Ordnung so: Warum beißt die Schwachsinnige nicht?

24.3.1954. »Wir verwandeln uns in das, was wir mit unserer Person dauernd darstellen« (Ramakrishna). – Sehr richtig; ich weiß es aus Erfahrung. Daher muß man ständig und sorgsam sein wahres Wesen enthüllen. Denn wenn wir dem moralischen Geschmack unserer Nächsten nachgeben, »stellen« wir kaum etwas Besseres, sondern eher etwas Schlechteres »dar«, als wir selbst sind.

30.3.1954. Im edlen Streben ist uns das Objekt unseres Strebens bereits gegeben – wir haben uns nur noch nicht von dessen Besitz überzeugt.

Der Wunsch, geliebt zu werden, ist verkehrt. Denn wir verdienen keine Liebe; denn der Wunsch ist egozentrisch; denn er führt zu den schrecklichsten Enttäuschungen und stürzt in tiefes Leid. Doch es ist schwierig, einen Menschen zu lieben und nicht zu wünschen, daß er uns wiederliebt. Also? Vor der sich aufdrängenden Folgerung sehe ich einen einzigen Ausweg: aus der Ferne lieben. Keinen Umgang haben und keinen Umgang wollen. Besser ist es, eine Idee zu lieben: Sie kann nicht wiederlieben. Aber wenn du schon einen Menschen liebst, dann sei er für dich wie eine Idee: rein, unzugänglich, einer anderen Sphäre zugehörig.

6.4.1954. Das Bild der Zwiebel aus ›Peer Gynt‹ findet sich bei Ramakrishna! Nur im positiven Sinne: »Denke nach und du wirst erkennen, daß es in Wirklichkeit so etwas wie das ›Ich‹ nicht gibt. Wie beim Zwiebelschälen ist es auch bei der Analyse des Ichs: Keine wirkliche Entität bleibt zurück.«

8.4.1954. Präzision des Denkens ist eine Eigenschaft der Epigonen. Sagen wir es vorsichtiger: der zweiten Generation nach dem Erfinder. Der entdeckerische Gedanke selbst ist im allgemeinen unpräzis. [KD]

Erbärmlich ist es, sich beim Verzichten einzureden, der Gegenstand des eigenen Verzichts sei erbärmlich. Man muß auf Großes verzichten können, indem man den Blick auf noch Größeres gerichtet hält.

Die Herrlichkeit dieser Welt und die Freiheit des Geistes, der sich aus seinen Fesseln befreit hat: erst das eine *plus* des anderen ist das Höchste.

15.4.1954. Die ganze riesige Masse der herrlichen Kultur, die ich geliebt habe und liebe, bewahrt nicht ein einziges Herz vor tödlicher Qual, erlöst nicht eine einzige Seele aus der Verdammnis. Das Schöne und der Glanz sind machtlos gegenüber der Marter und der Qual und der Schuld.

21.4.1954.

Durch herrlichen Glanz der Erfüllung, durch der
                        Vernichtung Nacht
O Rhythmus, göttlicher Rhythmus, kühn und fest ist
                        dein Schritt!
Von deinen Füßen der eine ist all dieser Welten Pracht,
Drei Füße stampfen hoch oben als unsterbliche mit.
                      (Angelehnt an ›Rigveda‹ X 90.)

16.5.1954. »Die Schönheit der Welt ist kein Halt.« Aber sie ist ein Symbol ihrer Heiligkeit; und vielleicht erweist diese sich als in dem Maße weniger brüchig, wie sie schwerer wahrzunehmen ist.

9.6.1954. Der grundlegende Unterschied zwischen Menschen beruht nicht darauf, was sie für wahr halten, sondern darauf, was sie für gut halten. Daher kann man Bundesgenosse derjenigen sein, welche die Welt anders sehen, doch nicht derjenigen, welche sie anders bewerten – genauer: welche einen anderen Wertmaßstab haben.

25.6.1954. In allen unseren Begegnungen, im Umgang, in den Pseudoannäherungen bewegen wir uns stets in der Sphäre der Konvention. Dort, wo die Wahrheit des Lebens beginnt, begegnet keiner dem anderen. [KD]

6.7.1954. Ein Buch, das es wert ist, notiert zu werden: Cyril Connolly: ›The Unquiet Grave. A Word Cycle by Palinurus‹, 1. Aufl. London 1944; 2., durchgesehene und verbesserte Aufl. London 1951.

»Wenn es unsere Lebensaufgabe ist, uns geistig zu entwikkeln ...« – Die geistige Entwicklung ist nicht unsere Aufgabe; sie ist eine Anstrengung, die wir *gegen* die Welt unternehmen.

7.7.1954. »Wenn wir über das Leben nachdenken, nehmen wir wahr, daß wir nur durch den einsamen Umgang mit der Natur einen Begriff von seinem Reichtum und seiner Bedeutung erlangen können. Wir wissen, daß in einem solchen Betrachten unsere wahre Persönlichkeit liegt, und doch leben wir in Zeiten, in denen man uns etwas ganz Entgegengesetztes sagt, indem man uns zu glauben auffordert, die auf sozialer Zusammenarbeit beruhende Tätigkeit der Menschheit sei der einzige Weg zur Entwicklung des Lebens.« – Im weiteren überspannt Connolly den Bogen und schadet dadurch seiner korrekten These.

Die »Angst« der Existentialisten ist eine reine Konstruktion, ein Hirngespinst, eine Phantasie. Im Leben gibt es viele Ängste: die Angst vor dem Tod, vor verschiedenen Formen des Leidens, vor dem Bösen, vor der Sünde oder vor der Schuld. Doch dies sind einfache, klare Dinge, und nicht sie sind gemeint. Es gibt auch kosmische Ängste, Ängste vor sich selbst und Ängste vor etwas Geheimnisvollem; diese sind nicht einfach und klar, doch es handelt sich um Spezialfälle; den einen suchen sie heim, den anderen nicht – über den Gehalt des menschlichen Lebens sagen sie nichts aus. Connolly schreibt, die *Angst* könne »im Hinblick auf die Zukunft die Gestalt von Gewissensbissen annehmen, in Hinblick auf die Gegenwart die Gestalt von Schuld, in Hinblick auf die Zukunft die Gestalt von Unruhe«. Was soll das? Der Gewissensbiß ist ein Gewissensbiß, das Schuldgefühl ist ein Schuldgefühl, die Unruhe im Hinblick auf die Zukunft ist Unruhe im Hinblick auf die Zukunft. Gibt es etwa auf der Welt keine unsichere Zukunft, keine Schuld und kein Gewissen? Und wenn eine dieser drei Beunruhigungen vielleicht wirklich nur die Maske einer tieferen Beunruhigung ist, hat diese tiefere wiederum ihre begrenzte und bestimmte Ursache und ist somit gewissermaßen verortet. Mag sie noch so metaphysisch sein. Auf die upanischadische Frage: »Woraus besteht der Mensch?« antwortet der Existentialist: »Aus Angst«, und das ist nicht wahr. Doch es kann auch eine antithetische Schneide darin verborgen sein: Es gibt keine Schuld, in der Gestalt des Gewissens regt sich in uns *immer* etwas ganz anderes.

8.7.1954. »Heutzutage blickt der Staat gnädig auf die Kulturverbreitung, doch für die Kulturschaffenden hat er keine Spur von Sympathie oder Verständnis, mit dem Ergebnis, daß wir zu einem Volk der Kommentatoren, Kritiker und Erklärer werden, von denen die meisten ehemalige Künstler sind. Alles für die Milchbar, nichts für die Kuh« (Connolly). Was heute mit der Kultur in der Welt geschieht, ist also anscheinend in beträchtlichem Maße unabhängig von allen gesellschaftlichen Umbrüchen. In England sind schließlich andere an der Regierung als bei uns.

9.7.1954. »Je vollkommener der Künstler, desto vollkommener werden in ihm der leidende Mensch und der schaffende Geist getrennt sein« (Eliot, zitiert bei Connolly).
Der bekannte postromantische Standpunkt; insgesamt scheint er sich durchgesetzt zu haben. Doch das ist nicht so einfach; unter gewissen Bedingungen kann ein Schmerzensschrei im Stile Mussets die großartigste Poesie sein. Bloß daß man hier eine Linie beachten muß, die nur schwer zu finden ist; z. B. ist Leiden, das aggressiv ist und in Zorn übergeht, künstlerisch weniger gefährlich als Leiden mit einer traurigen Nuance.

»Geht nie (...) gegenüber den neunundneunzig Teilen euer selbst, die wie bei allen sind, irgendwelche Konzessionen auf Kosten des einen Teils ein, der einzigartig ist« (Connolly).

Hier geht es nicht um Einzigartigkeit, sondern um Redlichkeit, Wahrheit und Wesentlichkeit: um das Unangepaßte, Ungestellte.

»Angepaßtheit« ist unter dem Einfluß der Naturwissenschaften auch im Bereich der menschlichen Beziehungen zu einem Lob geworden. Es sollte eher ein negatives Urteil implizieren: Wer sich anpaßt, wird sich untreu und richtet sich zugrunde.

»Wissenschaft und Ethik (...), die Dualität von heute« (ebenda).

Diese Aussage war in meinen Augen gewissermaßen ein I-Tüpfelchen, sie brachte ein bestimmtes wichtiges kulturelles Faktum »auf den Punkt«, welches mir bekannt war und welches in meinem Leben eine zentrale Rolle spielte, dem ich aber bei mir selbst nie einen so lapidaren Namen gegeben hatte, da ich es ja nie bis zum zentralen Fokus meines Bewußtseins vorgelassen hatte. Am nächsten war ich dem sicherlich gekommen, als ich mich gegen Poincaré und seinen Satz empörte, wonach die Sphären der Wissenschaft und der Ethik (oder Moral) sich nicht überschnitten und ein Antagonismus daher unmöglich sei. »Es gibt keine unethische Wissenschaft, ebenso wie es keine wissenschaftliche Ethik gibt«: Welch eine Einseitigkeit unter dem Anschein olympischer Gerechtigkeit! Warum – so protestierte ich – nicht ehrlich sagen: »Es gibt keine unethische Wissenschaft, ebenso wie es keine unwissenschaftliche Ethik gibt«? Das bedeutet: »Ebenso wie die Ethik nicht kompetent ist, die Wahrheit oder Falschheit von wissenschaftlichen Sätzen zu bewerten, ist die Wissenschaft nicht kompetent, die Richtigkeit oder Unrichtigkeit von ethischen Urteilen zu bewerten.« Letzteres ist offensichtlich, doch einige Gelehrte wollen es nicht nur nicht verstehen, sondern stiften auch noch bei einfachen Gemütern Verwirrung.

Bei mir selbst nahm der Antagonismus zwischen dem Werten und dem wissenschaftlichen Erkennen natürlich stets, und zwar ganz bewußt, eine zentrale Stellung ein. Doch ich sah das immer als eine eher persönliche Konstruktion von mir an. Connolly legt mir den Gedanken nahe, daß etwas Derartiges einen kulturellen Kernwiderspruch unserer Epoche darstellen könnte.

9.7.1954. »Fast alle Menschen leben aus demselben Grund in Unfreiheit, den die Spartaner für die Unfreiheit der Perser angaben: weil sie es nicht vermögen, die Silbe ›nein‹ auszusprechen. Die Fähigkeit, dieses Wort auszusprechen, und die Fähigkeit, alleine zu leben: das sind die beiden einzigen Weisen, um seine Freiheit und Besonderheit zu bewahren« (Chamfort).

9.7.1954. »Viele wagen einzig und allein deswegen nicht zu töten, weil sie Angst davor haben, was die Nachbarn wohl sagen mögen« (Connolly).

10.7.1954. »Die Literatur (...): eine Flucht nicht vor dem Leben, sondern in das Leben *hinein*« (Connolly). – Das gefällt mir außerordentlich.

»Der Mut ist nicht einfach eine Tugend unter anderen, sondern die Gestalt *jeder* Tugend am kritischen Punkt« (C. S. Lewis, zitiert bei Connolly).

16.7.1954. Das ist das Tragische: Es reicht nicht aus, dem Leben in Gedanken einen Sinn zu verleihen, damit es ihn tatsächlich für uns annimmt; man muß diesen Sinn zumindest mit einem Bruchteil der Menschheit teilen. *Sens non partagé n'est pas sens.* Warum? Ich habe keine Ahnung.

2.8.1954. Für einige mir wohlbekannte Personen ist die Wirklichkeit nur dazu da, damit die Gelehrten sie erkennen können, und die Erkenntnis nur dazu, damit die Logiker sie in formale Mechanismen zerlegen können.

7.10.1954. »Nicht jeder, der sät, erntet; nicht jeder, der wandert, gelangt ans Ziel; nicht jeder, der sucht, findet« (al-Ghazālī: ›Das Elixier der Glückseligkeit‹). – Warum ist das so schön? Weil es eine *tragische Wahrheit* ist, die *ruhig ausgesprochen* wird.

13.10.1954. Die Gesellschaft erkennt nur Sklaven und Herrscher an: Herrscher, die ihr Inhalt und Form auferlegen, und Sklaven, denen *sie* beides auferlegt. Sie erkennt keine selbständigen Menschen an, die nicht die Kraft zum Herrschen besitzen, doch nicht damit einverstanden sind, Sklaven zu sein.

23.10.1954. Vom Herbstwind dahingetriebenes Laub, von den Stürmen der Geschichte dahingetriebene Geschlechter, von Shiva-Shankaras Atem dahingetriebene Wesen: eine sanfte Melancholie, ein Drama, ein Schrecken kosmischen Ausmaßes, doch in allem eine unendliche Beruhigung: Ins Leere trifft die menschliche Böswilligkeit, ins Leere der Feind und seine Maßnahmen; alles, was sie wollen, geschieht ohne sie, von Anbeginn des Seins an vorherbestimmt.

7.11.1954. Rousseau ist kein Weiser, doch folgendes trifft den Kern äußerst wichtiger Fragen: »Der vergesellschaftete Mensch, der sich ständig außerhalb seiner selbst aufhält, vermag ausschließlich in der Meinung der anderen zu leben und das Gefühl des eigenen Daseins schöpft er gewissermaßen nur aus ihrem Urteil« (›Discours de l'inégalité‹).

8.11.1954. PREDIGT – AN WEN GERICHTET? »Gott« benötigst du am dringendsten nicht als erste Ursache, die erklärt, nicht als Vorsehung und nicht als gerechten Richter, der verdiente Belohnungen und Strafen verteilt, sondern als *Bewußtsein, für das du existierst*: du und alles, was mit dir zusammenhängt. Dieses Bewußtsein soll allwissend sein in dem Sinne, daß es die ganze Tiefe deiner Verdienste und Tugenden sowie das ganze Unmaß der von dir ungerechtfertigterweise erlittenen Schmerzen erfaßt; den Rest muß es nicht unbedingt kennen; für die Tugenden und Verdienste jedoch soll es Anerkennung spenden und die Schmerzen aus tiefstem Herzen bedauern. *Le grand témoin, le grand approbateur, le grand compassiteur.* Nun spreche ich: Dies ist kein Weg zu einer schönen und reinen Religion. Der Prüfstein einer reinen Religion ist der Teil, der übrigbleibt, wenn ihr Gegenstand *nichts* gewährt; nichts, also vor allem: wenn er nicht durch jenes Mitgefühl deine Existenz gewährt. – Ist eine solche Religion möglich? Oder unterbindet diese drakonische Bedingung alle Religion? Das geht über das Wissen des Predigers.

9.11.1954.

Alles ist Lachen, alles ist Staub und alles ist Nichts auch:
Unvernünftiger Grund nährt ja das Wachstum des Seins.
(›Anthologia Graeca‹ X 124, von einem gewissen Glykon.
Von Lord Chalmers als Motto für seine Ausgabe
des ›Suttanipāta‹ verwendet.)

Es ist unklar, was ἐξ ἀλόγων[3] meint; die Verse selbst wiederum sind kein Meisterstück der Epigrammatik. Doch es ist gut, daß uns manchmal jemand so ohne Umschweife daran erinnert, daß wir und die Welt ein Nichts sind. Normalerweise stecken wir in Mittelmäßigkeit fest; beide Extreme, das Großartige und das Nichts, muß man uns immer wieder vor Augen halten. Sie sind sich übrigens überaus nahe: Wer »Nichts« liest, denkt »Großartigkeit«, und wer »Großartigkeit« liest, weiß genau, daß das Nichts ihr Herz und ihr Kern ist. Glanz, als Vorhang auf das Nichts geworfen, das Nichts, dunkel durch den Glanz hindurchschimmernd.

22.11.1954. Besser man selbst sein und verlieren als eine Maske sein und gewinnen; besser sich enthüllen und untergehen als eine Rolle spielen und Beifall einheimsen.

---

3 D. h. das, was ich mit »unvernünftiger *Grund*« übersetzt habe; doch im Original fehlt die Metapher. In Prosa würde ich dazu neigen (gemäß einer atomistischen Interpretation) zu übersetzen: »Denn das gesamte Seiende ist entstanden *aus unvernünftigen Bestandteilen.*«

(Dezember 1954). Alle, die sich bemüht haben, diese Welt aus Armut und Schmutz emporzuheben, haben letztlich nur eine gewisse Anzahl von Einzelseelen aus der Welt *heraus*gehoben.

15.1.1955. *Plus il raisonne, moins il a raison.* Auf Rousseau gemünzt, der gewöhnlich mehr recht hat in seinen halbdichterischen Phantasien als in den moralischen Konstruktionen seines »Systems«. Doch es läßt sich auf viele, viele andere Schriftsteller übertragen.

19.1.1955. »Der Mensch ist etwas, das überwunden werden soll.« Doch da der Mensch sich um keinen Preis selbst überwinden will, ist die Situation hoffnungslos.

9.2.1955. »Aus Glauben ist der Mensch gemacht. Woran jemand glaubt, das ist er« (›Bhagavadgītā‹ XVII 3).
Nicht ganz. Für die Beschreibung eines Menschen ist das, woran er glauben will, wichtiger als das, woran er glaubt. Man glaubt oft sich selbst zuwider.

11.2.1955. Der Ehrgeiz ist nicht nur deshalb ein Gesellschaftsprodukt, weil im Menschen der Wille, in der Meinung der anderen etwas zu zählen, außerhalb der Gesellschaft überhaupt nicht entstehen kann, weil Wesen, die einsam und vereinzelt leben, diesen Willen nicht empfinden können. Selbst innerhalb der Gesellschaft würde Ehrgeiz spontan kaum entstehen und wäre nur eine sporadisch auftretende Leidenschaft unter anderen, wenn es nicht die ihm vorgängige Verachtung gäbe sowie etwas, das ich gesellschaftliche *Aufhetzung* nennen möchte. Die Verachtung ist eine Waffe zum psychischen Brechen des Gegners, die im Kampf ums Dasein mit großem Nutzen angewendet wird; gegen die Folgen der Verachtung muß man sich schützen, indem man die Anerkennung der nicht persönlich involvierten Zuschauer, die über meinen Konkurrenten und mich richten, für sich erzwingt. Aufhetzung: Anstatt zu lehren, die Verachtung zu verachten, und die Selbstgenügsamkeit zu entwickeln, geht die Erziehung den ewigen

Weg des geringsten Widerstands und drängt uns von klein auf in die Richtung: »Tu dich hervor, überhole die anderen, sei der erste!« Erst indem sie sich verbinden und summieren, drängen uns beide Kräfte auf den Pfad dieses moralisch so problematischen Wettlaufs.

Der Kosmos, meine Seele und die anderen Seelen: Das ist die Welt der Freiheit, des Aufblühens, der schönen Trauer und des schönen Entzückens, und auf dem Gipfel – des liebevollen Beisammenseins. Daraufhin erscheint die Gesellschaft, spannt zusammen und spannt ein, zerstört das liebevolle Beisammensein, trennt uns vom Kosmos, nimmt uns die Freiheit und macht aus einem lebendigen vollen Wesen ein Bruchstück, einen Sklaven, einen Diener, der keiner Sache dient. Jener Kriegsgefangene, den Zeus bei Homer der Menschlichkeit und Tugend beraubt, das sind ganz einfach wir alle, die wir geschmiedet sind in die Ketten der Kollektivität und des kollektiven Bösen.

13.2.1954. Man findet keinen Schurken, ohne daß nicht ein noch schlimmerer Schurke auftauchte, vor dem ein ehrlicher Mensch den ersteren in Schutz nehmen muß.

24.2.1954. Athen war selbst zu Zeiten seines schlimmsten Verfalls noch eine bessere Heimat als Pompeiopolis in Paphlagonien zur Zeit seiner großartigsten Blüte.

26.2.1955. Nach Harnack verletze bereits derjenige die christliche Religion, der in erster Linie danach frage, was sie für die menschliche Kultur geleistet habe und der danach ihren Wert bestimmen wolle.
Nicht nur die christliche, sondern jede Religion überhaupt. Die Religion ist nicht dazu da, die Kultur anzuregen, und wenn sie es tut, dann macht nicht das ihren Wert aus.

10.3.1955. Die Seele des Lebens ist sein Schrecken. Und um die Herrin des Schreckens tanzen verschiedene liebe Putten herum.

»Wer sich in den Dienst der geistigen Werte stellt, wer, anders ausgedrückt, den Willen zu ›höherem Menschentum‹ hat, muß zunächst glauben, daß das Gegebene überhaupt im Sinne solcher Werte und Normen umgeformt werden kann, daß die Natur in uns und um uns die Anlage in sich trägt, unter der formenden Tätigkeit des Menschen zur Kultur zu werden. Ein solcher Glauben schließt aber offensichtlich schon ein bestimmtes Verhältnis des Menschen zur Wirklichkeit überhaupt, zum All (...) in sich. Es handelt sich dabei um den Glauben, daß unser Normbewußtsein in der Wirklichkeit zum mindesten nicht auf einen absoluten, gänzlich unüberwindlichen Widerstand stößt. Es handelt sich um das Vertrauen in die kosmische Möglichkeit der Erfüllung unserer idealen Wunschbilder, soweit sie das Wesen der Kulturtätigkeit betreffen.«

Soweit Johannes M. Verweyen: ›Religion und Kultur‹, Leipzig 1925, S. 65. Wie verhält es sich wirklich?

(1) Vertrauen in den Kosmos, in das »All« oder sogar in »die Natur um uns« ist nicht unabdingbar. Es reicht die Überzeugung, daß der Mensch den Willen und eine gewisse Fähigkeit besitzt, sich selbst zu tragen, jene Werte in der eigenen, geschlossenen Sphäre zu verwirklichen und eine Insel der Sinnhaftigkeit in einer Welt der Sinnlosigkeit zu schaffen. Mag das Meer rings um diese Insel auch ein schwarzer Abgrund sein – wir stehen fest, bieten die Stirn und halten unser Banner hoch empor.

(2) Es ist dies jedoch eine tragische und schwer zu ertragende Haltung. Allein eine unerhört enge Brüderlichkeit derjenigen, die den Werten dienen, der »Mitpilger« oder »Mitkämpfer«, der Adepten des »höheren Menschentums«, allein ihre innige gegenseitige Liebe im Guten und Schönen kann bewirken, daß jeder für sich aushält und nicht aus Verzweiflung stirbt.

(3) Die Katastrophe tritt in dem Moment ein, wo wir uns davon überzeugen, daß nicht nur der Kosmos gleichgültig oder feindselig ist, sondern daß sogar »die Natur in uns«, daß der Mensch selbst – »der Mensch überhaupt« – ungeeignet ist für eine Umgestaltung *in melius*; daß nicht nur seine Möglichkei-

ten verschwindend gering sind, sondern daß es ihm vor allem am Willen fehlt, daß ihm weder am Sinn noch an den »geistigen Werten« gelegen ist. Dann bricht alles zusammen, und der ganze Drang nach Höherem wird zu nichts als einem Fluch: Besser das Leben in Resignation verdämmern oder als Jüngling im Kampf mit einem Bruder – einem »Feind« – fallen.

Und so wird mir heute klar: Früher war die Tragödie schlechthin jene Einsamkeit des Menschen im Kosmos, die Einsamkeit der »Lampe in der Finsternis« – und damit ließ sich auf schöne Weise leben; heute besteht das Schreckliche des Lebens – nicht das Tragische, denn die Tragödie ist erhaben – für mich darin zu verstehen, daß der Mensch selbst keineswegs eine Lampe sein will: »denn die Menschen lieben die Finsternis mehr als das Licht?«. Und die Rollen haben sich verkehrt: denn gegen den Menschen und seine Angelegenheiten suche ich nun einen Verbündeten im Kosmos, und nur im Umgang mit dem Kosmos erwarte ich noch eine Verwirklichung dessen, was sich an hohen Bestrebungen verwirklichen läßt.

11.3.1955. Der Kosmos ist passiv; man kann Heiligkeit in ihn hineinreden und glücklich sein. In den Menschen läßt sich keine Heiligkeit hineinreden. (*Scriptum in amaritudine cordis.*)

26.3.1955. »Freundschaften sind auf das Oberflächliche in uns gebaut. Mit den Feindschaften ist es umkehrt. Daher sind Feindschaften gewissermaßen essentieller und *nahrhafter*: In ihnen *leben* wir mehr, sind wir mehr wir selbst, *sind* wir ganz einfach mehr.« (*In amaritudine cordis.*)

27.3.1955. Aus ›Baumeister Solness‹:
»Hilde: Könnten Sie nicht auch auf die ›Heimstätten‹ so ein bißchen – bißchen Kirchturm draufsetzen?
(...) Ich meine, – etwas, das hinaufweist – frei in die Lüfte hinauf. (...)
Solness: Die Menschen [wollen] es nicht haben.
Hilde: Denken Sie nur, – daß die das nicht wollen!«

30.3.1955. Man darf nicht kleinlich sein, man darf nicht mit dem Schicksal feilschen und sagen: »Das habe ich doch erlangt, das habe ich erreicht, das habe ich vollbracht, das besitze ich.« Du hast nichts vollbracht und nichts erlangt: *pulvis et cinis et nihil*. Erst die Anerkennung dieser Wahrheit kann zu einem Ausgangspunkt werden – der Akt absoluter Entsagung – das endgültige Aufgeben des Anspruchs, zu etwas anderem geschaffen zu sein. Dann kann man noch einmal versuchen, sich von der Erde abzustoßen und sich in die Sphäre »heiliger Reinheit« zu erheben.

Wirklich schreckliche Wahrheiten darf man nicht aussprechen. Es sind diejenigen, die von der tiefgreifenden Ohnmacht des Menschen handeln.

»Ich muß nichts, ich bin euch nichts schuldig«, spricht der Kosmos zu den Ehrgeizigen, den Raubgierigen, den Eroberern, den Sehnsüchtigen, den Gierigen und zu denjenigen, die lieben möchten.

4.4.1955. Dem Leidenden körperlich helfen, doch sich geistig von ihm abwenden: Ist das nicht eines der wichtigsten Gesetze des menschlichen Zusammenlebens?

6.4.1955. Der Mensch ist eine fürchterliche Klemme, in die sich das Sein begeben hat; was wird daraus werden?

Sich nur mit der Menschheit solidarisch zu fühlen, sich selbst nicht als Teil des Seins und sein Leben nicht als Abschnitt der kosmischen Geschichte zu empfinden, das ist sowohl ein Verbrechen wie ein großes Unglück.

6.4.1955. »Eskapismus«: fürwahr ein großes Verbrechen. »Du hättest dich mit uns verbrüdern können: mit *uns*, die wir großartig, herrlich und in unserem Handeln unfehlbar sind, doch du, nichtswürdiger Verräter, zogst es vor, in die Welt zu gehen und dort wie ein Mensch zu leben.«

7.4.1955. Der Mythos von Adam ist doch etwas Großes. Gott schuf den Menschen mit einer gewissen sinnvollen Bestimmung und Berufung; der Mensch wurde fast vom ersten Moment an dieser Berufung untreu. Doch nicht zutiefst, nicht mit ganzer Seele; etwas Besseres bleibt in ihm noch lebendig. Und seit dieser Zeit finden immer wieder neue Versuche statt, ihn zu verbessern, zu bekehren und auf den richtigen Weg zu bringen; die Welt möchte, daß dieses gewaltige Experiment nicht völlig umsonst gewesen ist. Nur daß es viele gibt, die den richtigen Weg weisen wollen – doch es ist noch niemand erschienen, der den Menschen endgültig auf ihn gebracht hätte.

Der Ausdruck »Humanismus« bezeichnet in der heutzutage meistens anzutreffenden Bedeutung einen ziemlich brutalen Anthropozentrismus, oder noch besser: einen Anthropo*telismus*, nicht ontologischer, sondern normativer Art: Man behauptet nicht, daß der Mensch faktisch, »von Natur aus« das Zentrum und Ziel von allem *ist*, doch man gebietet ihm, sich selbst als ein solches Zentrum zu betrachten und keine anderen Bestrebungen als selbstzentrierte zu verfolgen: in sich und seinen Angelegenheiten das Ziel der Welt zu erblicken. In höchstem Maße antikosmisch wird diese Haltung in Verbindung mit der Technik.

16.4.1955. Die Pflicht, von unwichtigen Dingen zu reden und von wichtigen zu schweigen, während das Leben verfließt und die Hoffnung auf Veränderung schwindet, ist unter Menschen das Schwierigste und schmerzt am empfindlichsten. [KD]

18.4.1955. ROUSSEAU. Eine tiefe »Andersheit«, ein von tiefer Mißbilligung geprägtes Verhältnis zur menschlichen Welt und der Wille zu deren Umgestaltung oder, wenn das nicht möglich sein sollte, zur Entfremdung von dieser: Das wären Rousseaus Hauptcharakterzüge. Doch zu all dem war diese große – *wirklich* große! – Persönlichkeit moralisch nicht hinreichend berechtigt. Daher der Riß in seinem Ruhm. Und doch: Im tiefsten Innern der Seele war diese Berechtigung auf irgendeine Weise *vorhanden*.

5.5.1955. Nicht die Kunst verleiht dem Leben Wert, sondern die Intention, mit der man sie schafft oder mit ihr umgeht. Man kann 360 Tage im Jahr von morgens bis abends Musik hören: Wenn es sich dabei nur um Klangstrukturen handelt und wenn es um den Genuß geht, ist es besser, Bridge zu spielen.

Hedonistische und formalistische Kunsttheorien sind nichts als Armenbegräbnisse der Kunst.

Das Schöne ist gleichzeitig die Gestalt und die Hülle von etwas, der Weg und das Abirren vom Weg.

10.5.1955. Der Charakter ist nicht nur für den Typ der Intelligenz, sondern in einem beträchtlichen Maße ebenso für ihr Niveau verantwortlich. Scharfsinnigkeit, Durchblick, Tiefe, Gründlichkeit, auch Schwung: All das ist der Abdruck des Charakters auf dem Intellekt. Und ebenso die gegenteiligen Züge.

12.5.1955. Man sagt, die Wollust sei ein Lockmittel, durch das uns die »Natur« zur Fortpflanzung der Gattung bewege – ebenso ist es auch mit dem Ruhm. Der Ruhm ist ein Lockmittel, durch das uns der »Geist« dazu bewegt, höheren Zielen zu dienen, deren Verwirklichung *uns* keine direkten Vorteile bringt und sich außerhalb unserer Reichweite, meist auch außerhalb unserer Wahrnehmung, zuträgt. Doch ebenso wie sich die Wollust von ihren Zwecken lösen und zu einem Selbstzweck werden kann, wenn sie sich demjenigen, das sie in die natürliche Kette von Ursachen und Folgen eingliedert, entzieht und darauf verzichtet, verhält es sich auch mit dem Ruhm: Man strebt danach, ohne sich darum zu kümmern, was außerdem daraus folgt. Und die Welt verteilt ihn gern auf diese Weise. Wie sind diese beiden Anomalien zu bewerten? Als steril und egozentrisch? Als blinder Trieb? Als Gedankenlosigkeit der Welt? All das ist richtig; und doch ist in beiden etwas, das sie adelt: ein Glanz oder eine Schönheit, durch welche die Welt trotz allem gewissermaßen wertvoller wird. Übrigens muß man hier unterscheiden: Der Ruhm um des Ruhmes willen ist schlimmer als die Wollust um der Wollust willen, denn im ersten Fall werden wir Dingen untreu, die dem Leben einen letzten Sinn verleihen.

19.5.1955. Nicht unsterblich werden, sondern aus der »Welt des Todes« hinausgelangen. Aufhören, sich mit diesem Körper zu identifizieren, der verfallen, vor allem aber mit dem Psychischen, das erlöschen muß. Sich mit etwas Außerzeitlichem, Überzeitlichem identifizieren. Das ist ein sinnvolles und in gewissem Sinne erreichbares Äquivalent für das »ewige Leben«.

1.6.1955. Nicht die Phantasie, wie Pascal wollte, sondern die Konvention ist die führende Kraft des menschlichen Lebens; wer versucht, für etwas Gutes oder eine Wahrheit zu leben, die außerhalb der Konvention liegen, der kommt um. Es sei denn, daß er selbst die Natur eines Herrschers, Eroberers und Helden hat; dann ist die Welt bereit, sich aus seinem Guten und seiner Wahrheit ... eine neue Konvention zu schaffen.

2.6.1955. Vor einiger Zeit schrieb ich, daß Gott – wenn man schon mit diesem Begriff operieren möchte – meinem Verständnis nach nur ein mystisches Bewußtsein haben könnte. Heute entdecke ich bei Rudolf Otto, daß eine solche Konzeption Gottes als eines rein mystischen Bewußtseins bei Mystikern etwas Normales ist: »Aber der göttliche Geist ist eben für den Mystiker der Urtypus des mystischen Geistes selber. Er selber ist zuhöchst das mystische Subjekt.« Ich befände mich hier also im Einklang mit der Tradition.

Doch noch zu diesem mystischen Bewußtsein. Unter anderem würde daraus folgen, daß Gott keinerlei Wissen von der empirischen Welt, der Welt der »Dinge« hätte; sie würde für ihn einfach nicht existieren. Wie wenig ernsthaft erscheint angesichts dieser Konzeption Berkeleys Gott, der den Geistern auf gewissermaßen so dienstfertige Weise die ganze platte Vielfalt der einzelnen Sinneseindrücke *liefert*! Und wie unannehmbar wäre dann ein Gott, der »wüßte«, daß es etwas gibt, das H. E. heißt und das in diesem Moment einen schwarzen Pullover trägt.

Es würde jedoch weiterhin folgen, daß Gott in gewissem Sinn *nichts* weiß; und zwar in dem Sinne, daß er kein Subjekt ist, das Objekte erkennt. (Auf diese Weise zu »wissen« ist, am Rande bemerkt, eine große und traurige Unvollkommenheit.) Gott kann mit allem »zusammensein«, alles in sich »haben«, alles »sein« – und das ist in einem weiteren Sinne sein »Wissen«.

3.6.1955. Ich habe wohl mein ganzes Leben lang unterschätzt, wie sehr weltanschauliche Unterschiede und Gegensätze zur Feindschaft zwischen Menschen beitragen: Allzusehr stand ich unter dem Eindruck der teilweise verstandesmäßigen, teilweise instinktiven Überzeugung, daß jedes vernünftige Denken eine große Dosis an Skepsis und Mißtrauen gegen sich selbst enthält, daß jede Weltanschauung eine im gewissen Sinne irrationale *Wahl* darstellt und daß unter diesen Bedingungen ein Aufeinandertreffen eher ein schönes Ritterturnier darstellt als einen Kampf auf Leben und Tod, einen Kampf bis aufs Messer. Das war falsch; indem ich andere, aber auch mich selbst beobachtete, mußte ich im Laufe der Zeit anerkennen, daß weltanschauliche Unterschiede, heutzutage wie zu Zeiten der Religionskriege, auf der Welt die Quelle des möglicherweise tiefsten Hasses darstellen. Wir hassen eine entgegengesetzte Weltanschauung, sobald der Gegensatz tief genug reicht und Kernbereiche berührt. Für Ritterlichkeit bleibt nur dort ein Platz, wo bei großen Unterschieden in den Überzeugungen zumindest in der Grund*haltung* Gemeinsamkeiten vorhanden sind.

4.6.1955. Nicht nur nachts sind alle Katzen grau. Für die Flamingos sind sie es auch am Mittag. Warum? Weil sie alle gleich weit vom schönen Flamingorot entfernt sind. »Alles, was nicht so ist wie ich, ist für mich Jacke wie Hose; was sollen wir uns um kleine, unwesentliche Nuancen kümmern.«

5.6.1955. »Was wir in der Kontemplation gewonnen haben, geben wir in der Liebe aus« (Eckhart).

6.6.1955. Otto behauptet, jede Mystik müsse auf dem Boden einer bestimmten Religion erwachsen. Ich verstehe seine Absicht. Der Mystiker lebt in einer außergewöhnlich dünnen Atmosphäre und unter Objekten – wenn man hier noch von Objekten sprechen kann –, die außergewöhnlich flüchtig, unberührbar und schwerelos sind. Und seine auf diese Objekte gerichteten Gefühle können ebenfalls leicht wie bleich und ausgemergelt sein. Es ist für ihn daher in der Tat nötig, daß sein Weder-Sein-noch-Nichtsein sich ihm in Gestalt sehr konkreter Bilder und Symbole zeigt, an die sich die Vorstellungskraft halten kann und auf die sich das Gefühl zu konzentrieren und zu fokussieren vermag. Daher das ständige Hin- und Herschwanken der Mystiker zwischen der mystischen »Leere, die Fülle ist«, und jenen Dingen von zuweilen geradezu störender Konkretheit, die sie dauernd als Nahrung benötigen.

Doch ich suche nach Gegenbeispielen. Und ich denke: Erwächst das, was es bei Goethe an Mystik gibt (und das ist schließlich eine ganze Menge!), nicht hauptsächlich auf dem Boden naturwissenschaftlichen Denkens? Was es bei Platon an Mystik gibt, erwächst teilweise auf der Grundlage eines rein mathematischen, abstrakten und dialektischen Denkens, teilweise stellt es das Produkt von Liebeserlebnissen und ästhetischer Verzückung dar. Und schon öfter ist mir der Gedanke gekommen, daß es auch in der Wertphilosophie, wie ich sie betreibe (mit absoluten Werten), für den Mystiker eine gewisse Basis gibt.

»Religion ist die Organisation von Mystik«: So lege ich es mir manchmal grob vereinfachend zurecht. Doch ein anderes Mal wiederum habe ich Lust zu sagen: »Religion ist ein System von Aquädukten, mit deren Hilfe man wenigstens *ein bißchen*

Mystik zu den Massen leitet«, oder noch schlimmer: »Sie ist ein Zerstäuber, der darauf berechnet ist, daß etwas, doch nicht zuviel Mystik zu den Massen gelangt.« Oder noch anders, im selben Geiste: »Religion ist verwässerte Mystik.« All das ist mehr oder weniger ungerecht, doch einmal sollte es seinen Ausdruck finden.

Halbe Befähigung und halber Wille führen im Endergebnis (im Erlangten, im Werk, im Beitrag) nicht zu etwas Halbem, sondern zu *einer blanken Null*, zu reinem Nichtsein. Darin liegt eine gewisse heilsame Selektion: Andernfalls würden sich zu viele Kupfermünzen, zu viele Groschen, zu viel Kleingeld über die Kultur ergießen.

Obwohl ich es nicht befürworte, kann ich verstehen, daß man aus dem französischen 19. Jahrhundert Balzac auswählt und schließlich auf den Thron hebt. Doch wie können nur einige Leute darauf verfallen, etwas Vergleichbares mit Sainte-Beuve zu tun? Unter allen Schaffenden ausgerechnet den zu wählen, der kein Schaffender war und die anderen um ihre Schaffenskraft beneidete – dazu bedurfte es mehrerer Generationen, die sich hartnäckig darin überboten, das gesunde literarische Gefühl auf den Kopf zu stellen. An *dieser* Verirrung werden die Marxisten, diese *homines novi*, nicht teilnehmen!

8.6.1955. Das Nirvana ist Vernichtung mit Spuren einer mystischen Aureole.

10.6.1955. Wenn man aus der heutigen Perspektive auf das letzte Vierteljahrhundert zurückblickt, fällt auf, daß – trotz gewisser gegenläufiger Bewegungen – ein ständiger, allmählicher Rückzug aus dem Idealismus zu konstatieren war, der ja auch allmählich zu dem geführt hat, was wir heute beobachten. Inzwischen haben wir das Allmähliche bereits hinter uns gelassen, wir ziehen uns in einem revolutionären Tempo zurück, es gibt kaum noch Idealisten. Meiner Ansicht nach – die außer in Italien heutzutage wohl überall häretisch klingt – handelt es sich dabei um einen Rückschritt. Dieser geht einher mit einer Reihe anderer Rückschritte, deren gewichtigster darin besteht, daß man heute alles auf dem Altar einer Haltung zur Welt opfert, die operativ und im utilitären Sinne effektiv ist. Doch das hat seinen Sinn: Man muß zurückkehren zum Primitiven, zum Abc, zur Menschheit in ihrer Masse, die man im Voranschreiten der Kultur Hunderte von Meilen hinter sich gelassen hat und für die all diese Merkwürdigkeiten komplette Idiotien darstellen *müssen*.

Der Idealismus war, aus der Perspektive der Menschheit in ihrer Masse, etwas Marginales; ein objektiv wichtigeres Faktum – »das wichtigste in der Menschheitsgeschichte«, würde ich ohne allzu große Skrupel sagen – waren die großen Erlösungsreligionen. Ihr Hervorgehen aus den alten Heidentümern und Polytheismen stellt den Abschluß *einer* Epoche dar, ihr Verlöschen und Erschlaffen den einer anderen. Jetzt ist all das zusammengebrochen; als geistiges Wesen steht der Mensch heute vor einer Leere und ist damit ehrlich zufrieden.

Wie verhalten sich die Verlierer dazu? Es bleibt ihnen nur die Erwartung, daß aus dieser Leere wieder etwas Neues entstehen möge; oder, wenn sie nicht auf der Basis einer so schwachen Hoffnung leben wollen, die Absonderung und die Fahrt aufs Abstellgleis. Man kann es so formulieren: Der Mensch ist seiner Berufung auf der Welt untreu geworden, daher kündigen diejenigen, denen an dieser Berufung noch gelegen ist, die Solidarität mit ihm auf. *Ius secessionis a genere humano*: Das widerspricht zwar der herkömmlichen Moral, doch ich fürchte, es wird für die nächste Zeit zu einer Minderheitsethik werden müssen. Sartre warf Camus folgende Hauptsünde vor, derer er ihn kaum und nicht ohne innerliches Widerstreben zu bezichtigen wagte: er liebe »Gott mehr als die Menschen«. Doch »Gott mehr als die Menschen zu lieben« (wobei Gott natürlich Verschiedenes bedeuten kann und keineswegs »Gott« im theistischen Sinne sein muß) ist gerade das A und O, das Fundament jeglichen sinnvollen Lebens und jeglicher Würde. Richtig ist, was Hegel – leider in seinem schlechten Stil – in den

›Vorlesungen über die Philosophie der Geschichte‹ schreibt: »Daraus aber, daß der Mensch als das Höchste gesetzt ist, folgt, daß er keine Achtung vor sich selber hat, denn erst mit dem Bewußtsein eines höheren Wesens erlangt der Mensch einen Standpunkt, der ihm eine wahre Achtung gewährt.« (»Wesen« – nun ja; ich würde »Sphäre« sagen, doch der Rest ist einwandfrei.) Es wäre besser, wir wären nicht so in die Ecke gedrängt und müßten uns nicht entscheiden: Wir wären glücklicher und sogar besser (denn es gäbe nicht soviel Feindseligkeit in uns). Doch nicht wir haben diese Situation geschaffen. Es wird gekämpft, es geht um die Ehre, es tobt ein Krieg um den ganzen Sinn des Seins: Wenn das Feindseligkeit und das Aufgeben alter Bindungen erfordert – dann mag es so sein.

Revolutionen sind Antworten auf die Verbrechen vieler Jahrhunderte; indem sie versuchen, diese wiedergutzumachen, verüben sie neue. Durch dieses Handeln liefern sie den Beweis dafür, daß es nicht das Verbrecherische ist, was sie am Verbrechen stört; sie bestreiten dies auch keineswegs und heben in aller Seelenruhe – Marat aufs Piedestal.

»Der bloße Wunsch nach einem bewußten Leben nach dem Tode bindet uns fest genug an das phänomenale Leben, um alle Befreiung unmöglich zu machen.« (Über den Buddha. Aus dem – übrigens schlechten – Buch von Jacques Bacot: ›Le Bouddha‹, Paris 1947.)

9.7.1955. Die absolute Unzulänglichkeit eines anderen Menschen und der anderen Menschen und der ganzen Menschheit als *Halt*. Der Mensch ist für den Menschen der Rohrstab, von dem Jesaja (36, 6) sagt, er bohre sich in die Hand desjenigen, der sich darauf stützt. Wenn man tiefer blickt, ist er – um mit Pindar zu sprechen[4] – »eines Schattens Traum«; nicht deswegen, weil er vergänglich ist, sondern deswegen, weil *es ihm an Wirklichkeit mangelt*.

---

4 ›VIII. Pythische Ode‹, *sub finem*.

Und warum soll man sich eigentlich so sehr über »menschliche« – das heißt gesellschaftliche und geschichtliche – Fragen den Kopf zerbrechen, wenn die riesenhafte, großartige Welt der kosmischen Fragen weit offensteht? Außerdem sind auch sie »menschlich«: Warum soll man nur das als »menschlich« bezeichnen, was anthropozentrisch, von kollektiver Selbstverliebtheit geprägt und raubgierig ist?

17.7.1955. Das Nirvana ist weder eine Kapitulation noch eine Flucht vor der Welt: denn indem ich in ihm mich selbst vernichte, vernichte ich gleichzeitig auch die Welt.

27.7.1955. »Eine unserm Drang nach Wirken entsprechende und ihn klärende Weltanschauung schwebte uns Abendländern vor. Wir haben sie nicht aufzustellen vermocht. Nun sind wir einem desorientierten Drang zur Betätigung ausgeliefert. Ohne uns über die Welt und über unser Leben ins Klare kommen zu lassen, jagt uns der Geist unserer Zeit ins Wirken hinaus. Unablässig nimmt er uns für diese und jene Ziele und für diese und jene Errungenschaften in Dienst. Er erhält uns im Tätigkeitstaumel, damit wir ja nicht zur Selbstbesinnung kommen und uns fragen, was dieses rastlose Hingeben an Ziele und Errungenschaften eigentlich mit dem Sinn der Welt und dem Sinn unseres Lebens zu tun habe« (Albert Schweitzer: ›Kultur und Ethik‹, München 1990, S. 73 f.).

Die Kommunisten betrifft das nicht; die denken sich etwas bei ihrem Handeln. Doch was den Rest betrifft, sind die Formulierungen hervorragend.

4.8.1955. »Der Kampf gegen das Böse, das in dem Menschen ist, haben wir nicht mit Richten anderer, sondern nur in dem Richten unserer selbst zu führen. Kämpfen mit uns selbst und Wahrhaftigkeit gegen uns selbst sind die Mittel, mit denen wir auf andere einwirken« (ebenda, S. 337).

6.8.1955. »Der Mensch ist etwas, das überwunden werden soll.« – Doch man kann sich noch fragen, ob der Mensch eine Stufe und ein Übergang ist oder ein gänzlich und grundsätzlich verfehltes Unternehmen. Wenn wir annehmen wollen, daß die Evolution einen vernünftigen Sinn hat und daß der Mensch in ihren Händen das Werkzeug zur Verwirklichung eines höheren Seinsniveaus als das bisherige darstellt, dann hat sich dieses Werkzeug als schlecht erwiesen. Man soll nicht sagen, der Mensch sei doch eine Mischung aus Gut und Böse, er befinde sich erst auf einer der untersten Stufen seiner Entwicklung, seine Zukunft liege noch vor ihm und man könne von ihr, wie von einer Geburtstagskarte, »alles Gute« erwarten. Denn es ist nicht zu leugnen: *Der Mensch hat einen falschen Weg eingeschlagen*; er will herrschen, an sich raffen, »unterjochen« und die Überlegenheit, welche die Evolution für ihn – und durch ihn für das Sein – mit solcher Mühe erarbeitet hat, für den dümmsten, am dümmsten aufgefaßten eigenen Vorteil ausnutzen. Das ist Verrat, Untreue, Abfall von der Bestimmung, eine Hauptsünde. Nur eine radikale Änderung der Willensrichtung könnte das begangene Böse in Ordnung bringen, doch für eine solche Änderung der Willensrichtung sind heute im Menschen keine Ansätze zu entdecken.

9.8.1955. Die Annäherungen zwischen Wesen sind illusorisch, doch die Distanzierungen wirklich, solide verankert in der Natur der Wesen selbst und des Seins. Das Sein »ist« nur dadurch, daß es zerrissen ist; die Einheit ist das Nichtsein.

10.8.1955. Es hilft nichts, sich zu winden und Ausflüchte zu suchen: Um das »Leben« zu erlangen, muß man endgültig und vollständig dem entsagen, was man auf der Welt am meisten begehrt: gerade demjenigen, ohne das wir uns das Leben überhaupt nicht vorstellen können, nach dessen Verlust alles zusammenbricht und das bisherige Dasein vergeblich erscheint. Dann erlangt man die FREIHEIT; bei der geringsten Halbherzigkeit halten uns die Fesseln weiterhin gefangen.

»Das Üble, das er getan, quält ihn nicht mehr« (aus den Upanischaden, gesagt von demjenigen, der die Erkenntnis erlangt).

Erst heute verstehe ich das nicht bloß, sondern fühle zum erstenmal, daß es tatsächlich so sein kann. Es kommt ein Moment – und plötzlich ist die *ganze* andere Welt, mit allem Üblen, das *ich* getan habe, außerhalb meiner.

30.5.1956. Ich habe nicht die Absicht, im Alter die gleiche Stellung zur Dichtung zu beziehen wie Platon; eines jedoch will ich sagen: An der schönsten Poesie kann man sich nur dann ohne Einschränkungen erfreuen, wenn sie einen Rückhalt in einem schönen wirklichen Leben hat. Es muß nicht unbedingt das Leben des Dichters sein; doch das der Gesellschaft oder des – weiteren, engeren oder ganz engen – kulturellen Milieus, das die Poesie hervorgebracht hat. Der Kontrast zwischen schöner Poesie und einem häßlichen Hintergrund ist allzu schmerzhaft; und selbst wenn die Poesie in diesem Fall nicht notwendigerweise eine »Lüge« sein muß, so enthält sie doch etwas von Selbstbetäubung und Täuschung.

28.6.1956. »... die Welt nach dem Maßstab des Geistes beurteilen, nicht den Geist nach dem Maßstab der Welt« (Brunschvicg). Die Welt sollte sich vor dem Geist rechtfertigen, nicht der Geist vor der Welt. Nicht der Geist soll zur Welt kommen und sprechen: »Ich bin doch zu etwas nütze«, sondern die Welt soll vor dem Gericht des Geistes stehen und einen Sinn vorweisen.

Ich habe aufgehört, meine wichtigsten – die verantwortungsvollen, theoretischen – Gedanken aufzuschreiben. Wozu denn auch? »Was die Völker gearbeitet haben, muß mit Feuer verbrennen, und darum die Leute müde geworden sind, das muß verloren sein.«[5] So der Prophet. Wir aber dürfen sagen: »Was die Einsamen gearbeitet haben, muß zur Wüste werden, und darum die Denkenden müde geworden sind, das muß zu Sand werden.«

---

5 Habakuk 2, 13.

8.7.1956. »Es fällt uns schwer, anderen zu vergeben, wenn auf dem Grunde unseres Denkens etwas existiert, das wir uns selbst nicht vergeben können« (George Sand).

22.7.1956. Endlich habe ich beide Bücher über die Schüchternheit – das von Dugas und das von Hardenberg –, hinter denen ich so lange her war. Wir werden sehen, wo sie mich belehren; unterdessen denke ich auf eigene Faust.

Die Schüchternheit, um die es *mir* geht, ist vielleicht in einem sehr geringen Maße eine rein »instinktive«, »körperliche« und völlig unmotivierte Angst vor einem anderen Menschen (davon ist bei beiden Männern die Rede). Im Grunde jedoch handelt es sich um eine Erscheinung des geistigen Lebens, und die Frage nach dem Motiv ist angebracht. Ich definiere also »meine« Schüchternheit als *Angst vor fremder Abneigung*; Angst – eher Disposition zur Angst – ist sicherlich das *genus proximum*. Doch nun: »Angst vor fremder Abneigung« ist so zu verstehen, daß es um die Abneigung *als solche* geht, unabhängig von allen, möglicherweise für uns schädlichen Folgen. Die Abneigung *an sich* ist für den Schüchternen unerträglich. Doch hier wieder eine Einschränkung: »nur dann, wenn ihn etwas mit der Gegenseite *verbindet*«. Die Abneigung eines ausgesprochenen Feindes oder eines Menschen, der mir völlig fremd ist, ist *nicht* unangenehm und schüchtert mich *nicht* ein. Daher hat der Schüchterne immer zwei Auswege zur Wahl: (1) besänftigen, beschwichtigen, für sich einnehmen; (2) falls diese Methode nicht »greift«, zu offener Feindschaft übergehen, wodurch die Angelegenheit klar und sauber wird. Ich selbst habe diese zweite Methode einige Male mit Erfolg versucht. Daß man sie trotz allem seltener anwendet, ist aufgrund zahlreicher praktischer Aspekte verständlich: Man darf sich in dem Milieu, in dem man lebt, nicht leichten Herzens Feinde machen.

Ich komme nun zu dem Punkt zurück, daß der Schüchterne sich nicht vor »unangenehmen Folgen« fürchtet. Darauf beruht der Unterschied zwischen Schüchternheit und Charakterschwächen wie Feigheit und Furchtsamkeit. Wir alle wissen, daß ein schüchterner Mensch nicht nur kein Feigling sein muß, sondern sich sogar durch beträchtliche Zivilcourage auszeichnen kann (ganz zu schweigen vom klassischen Fall: dem Mut im militärischen Bereich). Obwohl sich hier bereits Grenzen abzeichnen: Die Zivilcourage wird in gewissem Maße gehemmt durch die Aussicht, der Gegenseite unangenehm zu werden und infolgedessen – ihre Abneigung hervorzurufen. (So schätzt Renan sich selbst ein.) Daher kann die Zivilcourage in öffentlichen Auftritten, bei denen wir nicht direkt mit einem von uns verprellten Individuum zusammentreffen, erheblich sein, in persönlichen Kontakten mit Bekannten jedoch abnehmen oder sogar ganz verschwinden.

Eine besonders bekannte Form der Angst vor Abneigung ist die Angst vor Kritik – sei diese nun eindeutig mißgünstig oder einfach nur negativ. Hier kann man sogar schwanken: Handelt es sich in allen diesen Fällen tatsächlich um Angst vor *Abneigung* oder (besonders bei ehrgeizigen Menschen) vielleicht ebenso um Angst vor *negativer Bewertung*, auch wenn diese sachlich ist und völlig kühl, möglicherweise nicht ohne persönliche Sympathie vorgenommen wird? In dieser zweiten Variante liegt wohl doch keine Schüchternheit mehr vor.

Die Angst vor Kritik kann verschiedene Folgen nach sich ziehen: (1) Zurückhaltung bei der Enthüllung derjenigen unserer Gedanken und Gefühle, in die wir »uns ganz eingebracht haben«; (2) Streben nach höchster Vollkommenheit unserer Produkte – also in der Kunst skrupulöses Perfektionieren und Feilen, im Bereich des Denkens, der Wissenschaft und der Philosophie wiederum ein den Hauptgedanken verwischendes Übermaß an Einschränkungen, mit denen der Denker sich umgibt: damit man ihn nur ja nicht dabei ertappe, daß er eine klare und eindeutige Behauptung über etwas aufstellt, das nicht klar und eindeutig ist, oder etwas für bewiesen erklärt, das er nicht zu beweisen vermag.

27.7.1956. »Ich nahm die Gewohnheit an, nie davon zu sprechen, was mich bewegte, mich der Konversation ausschließlich als einer mir aufgezwungenen Notwendigkeit hinzugeben und sie dann mit ständigen Witzen zu beleben, die sie für mich weniger ermüdend machten und mir halfen, meine wahren Gedanken zu verbergen.« (Benjamin Constant: ›Adolphe‹. – Constant war bekanntlich schüchtern.)

11.8.1956. Ein Mensch ist besser als zwei, zwei sind besser als eine Gruppe, eine Gruppe ist besser als eine Gesellschaft. [KD]

12.8.1956. Diese Nacht hatte ich folgenden Traum: feierliches Warten auf die Schlacht, ohne Angst, doch mit großem Ernst. Niemand wußte, welche Seite siegen und wer fallen würde; doch es sollte etwas Bedeutendes geschehen. Dieser Traum erinnerte mich sowohl daran, wie ich einst war, vor langer Zeit, als mich der Sand der Wirklichkeit noch nicht unter sich begraben hatte, als auch an meine Idee, daß am Boden des Kriegs und seines Schreckens doch auch etwas Schönes zu finden sei: die Hilfe, die ein Mensch dem anderen dabei leistet, den Lebenswillen zu besiegen. Man sollte diese Idee nicht aufgeben, obwohl die Geschichte sie auf so fürchterliche Weise Lügen gestraft hat. Man sollte keine seiner Ideen aufgeben.

29.8.1956. Wenn jemand eine eigene und schöpferische Idee hat, die ihm lieb ist, dann ist die einzige Form des Zusammenlebens mit der Gesellschaft für ihn der Kampf um diese Idee. Alle Versuche, sich unter Umgehung der Hauptsache zu einigen und zu verständigen, werden fehlschlagen. Sie werden dazu führen, daß man sich von sich selbst entfernt, und die von ihnen bewirkte Annäherung an die andere Seite ist nur scheinbar, nahezu verlogen. Es bleibt ein von Lüge überdeckter Abgrund.

1.10.1956. Ein großartiger Ausdruck Hegels: »in die Kraft des Gegners eingehen«: Nur auf diese Weise könne man ihn effektiv bekämpfen. – Gefunden bei Theodor Litt: ›Philosophie und Zeitgeist‹, 2. Aufl., Leipzig 1935, S. 52; auch ein sehr achtbarer Mann und ein Büchlein, das aller Ehren wert ist.

15.10.1956. Das Schreiben in kurzen Sätzen geht immer mit einer Schwächung der Denkfunktion einher. Wer denkt, muß sein Denken organisieren: Zusammenhänge sowie komplizierte Über- und Unterordnungsverhältnisse bezeichnen. Durch einfaches Aneinanderreihen, wie von Gliedern einer Kette, ist das nicht möglich.

17.10.1956. In der Geschichte war immer nur das sinnvoll, was aus ihr herausführte.

18.10.1956. Der Mensch, der nach dem »Sinn des Lebens« sucht, ist tiefer als andere, doch auf seine Weise ist auch er verloren: Er wird ihn niemals finden, und ohne ihn kommt er nicht mehr aus.

29.10.1956. Die »Freiheit« – nicht die groteske Freiheit Sartres, sondern diejenige, an die ich mit Ergriffenheit und einem gewissen Pathos denke: Was für eine Freiheit wäre das? In erster Linie: die Freiheit des Wertens – in dem Sinne, daß meine Wertungen nicht auf dem Wege der »natürlichen Kausalität« durch sogenannte »Nebenfaktoren« (Eigeninteresse, Vorurteile, Leidenschaften) determiniert wären, sondern ehrlich, basierend auf der Erkenntnis des Objekts, erfolgen würden; dazu habe ich mich jedoch schon andernorts ausführlich ausgesprochen. Aber weiter: Es wäre eine Freiheit, die ich *durch* das Werten erlange. Auf dem Gebiet der Tatsachen erliege ich der Gewalt der Wirklichkeit; ich *muß* sie als Tatsachen anerkennen und *muß* in meinem Handeln mit ihnen rechnen. Hier *richte* ich über die Wirklichkeit, und indem ich über sie richte, befreie ich mich ja doch auf gewisse Weise von ihr: Keine Kraft kann mich dazu zwingen, etwas für schön zu halten, was ich für häßlich halte, oder umgekehrt. Die blinde und seelenlose Macht der Natur oder ein menschliches Verbrechen können mich töten; und ebenso, wenn ich irgendwo blinde und seelenlose Kräfte oder woanders ein Verbrechen *feststelle*, dann sind das Tatsachen, die ich nicht negieren kann; in beiden Fällen unterliege ich. Doch nichts wird mich dazu zwingen zu denken, daß das Verbrechen kein Verbrechen oder daß die Herrschaft blinder und seelenloser Kräfte besser ist als die Herrschaft eines vernünftigen Willens. Hier stelle ich mich der Wirklichkeit entgegen, und sie ist machtlos gegen mich.

2.12.1956. Die politische Klugheit beruht oft darauf, Dummheiten zu sagen, wo es nötig ist. Aber Bürger! um Gotteswillen doch niemals darauf, sie zu denken!

4.12.1956. In einem bestimmten Sinne bedeutet das Wort »Kultur« etwa das gleiche wie »Jahrmarkt«.

In einem anderen, gewichtigeren Sinne läßt sich sagen: »Die Kultur ist ein heroischer und gescheiterter Versuch, dem irdischen Leben ohne metaphysischen Rückhalt einen Sinn zu verleihen.«

15.12.1956. Neopositivist: menschengestaltiges Wesen, mit dem eine menschliche Verständigung unmöglich ist.

23.12.1956. Ein blindes Huhn hat ein Korn, das heißt die Welt hat eine Krume Gerechtigkeit gefunden.

14.1.1957. Aus ›Doktor Faustus‹: »Aber dem zarter empfindenden Menschen widersteht es, zu stören; es widersteht ihm, mit logischen oder historischen Gegenerinnerungen in eine erarbeitete Gedankenordnung einzubrechen ...«
Dieses subtile Taktgefühl ist unseren Szientisten fremd!
– Gleich nach Adrians – heute sicherlich bereits berühmten – Ausführungen über »eine Kunst mit der Menschheit auf du und du« beruhigte Zeitbloms folgender Satz (der zumindest teilweise das Denken Thomas Manns widerspiegeln dürfte) meine Zweifel: »Kunst ist Geist, und der Geist braucht sich ganz und gar nicht auf die Gesellschaft, die Gemeinschaft verpflichtet zu fühlen, – er darf es nicht, meiner Meinung nach, um seiner Freiheit, seines Adels willen.«
Dies führt jedoch keineswegs zu der einst von Mann so leidenschaftlich verkündeten, angeblich unvermeidlichen Ein-

samkeit des Künstlers. Sich seine Freiheit gegenüber der Gemeinschaft vorzubehalten, das ist noch nicht Einsamkeit: Es bleiben die Individuen als Individuen.

– An einer Stelle des Buchs ist die Rede davon, die Kultur zu etwas zu erheben, das die Religion ersetzen würde. Diese Worte formulieren eines der großen Probleme meines Lebens. Heute glaube ich nicht mehr so fest an die Kultur; in gewisser Weise – wenn auch nicht sehr scharf – *stelle* ich die Kultur der Religion *entgegen*; die kulturellen Werte sind für mich, da sie mit der Gemeinschaft verbunden sind, etwas verblaßt gegenüber den individuellen und einsamen, die »Werte« als solche wiederum gegenüber der »Erlösung«. Doch *wenn* es eine Kultur geben soll (deren innerstes Herz die Kunst darstellt), dann kann sie nur den feierlichen Ernst der Religion besitzen (ihrem Wesen nach, denn natürlich nicht in jeder einzelnen Erscheinung). Eine andere Kultur will ich nicht kennen: Ich lehne es ab, den Anspruch zu senken und eine – wie Adrian irgendwo sagt – »unfeierliche« Haltung einzunehmen.

Die Kultur ist der Versuch, die Geschichte dazu zu bringen, den Werten dienstbar zu sein.

15.1.1957. »... und da in der leidenschaftslosen Erkenntnis des Wirklichen, eben aus Freude an der Erkenntnis des Wirklichen, immer etwas von Gutheißung liegt ...«
Richtig. Daß die »neutrale« Wissenschaft wirklich neutral wäre, ist eine Illusion. Die neutrale Wissenschaft steht immer zumindest ein wenig auf der Seite der Wirklichkeit; sie billigt immer ein wenig den Hecht, der die Plötze frißt, und das literarische Schlitzohr, das es auf hundertfünfzig Auflagen seines schlechten Romans gebracht hat.

1.2.1957. In der letzten Bilanz ist die Freiheit mehr wert als die aufgezwungene Vollkommenheit. [KD]

25.3.1957. »Fort und fort aber kommen die einzelnen in die Lage, irgendwie ausführende Organe der Gesellschaft zu sein.

Der Konflikt zwischen den beiden ethischen Betrachtungsweisen [*scil.* der Ethik der Persönlichkeit und der Gesellschaft] tritt in Kraft. Damit er sich immer zu ihren Gunsten entscheide, bemüht sich die Gesellschaft, die Autorität der Ethik der ethischen Persönlichkeit so viel wie möglich zu beschränken, obwohl sie die Superiorität derselben innerlich anerkennen muß. Sie will Diener haben, die sich nicht auflehnen« (Albert Schweitzer: ›Kultur und Ethik‹, München 1990, S. 313).

26.3.1957. »Alle Nachsicht und alles Verzeihen ist ihr [*scil.* der Ethik der Ehrfurcht vor dem Leben] eine durch die Wahrhaftigkeit gegen sich selbst erzwungene Tat. Ich muß grenzenlos Verzeihen üben, weil ich im Nichtverzeihen unwahrhaftig gegen mich selbst würde, indem ich damit täte, als wäre ich nicht in derselben Weise schuldig, wie der andere mir gegenüber schuldig geworden ist. Weil mein Leben so vielfach mit Lüge befleckt ist, muß ich Lüge, die gegen mich begangen wird, verzeihen; weil ich selber so vielfach lieblos, gehässig, verleumderisch, hinterlistig, hoffärtig bin, muß ich alle gegen mich gerichtete Lieblosigkeit, Gehässigkeit, Verleumdung, Hinterlist und Hoffart verzeihen. Lautlos und unauffällig muß ich verzeihen. Ich verzeihe überhaupt nicht, ich lasse es schon gar nicht zum Richten kommen« (ebenda, S. 336 f.).

Das ist schön und *in rigore ethico* richtig. Aber wer so vorgeht, muß wissen, daß er als Mitglied der Gesellschaft gestorben ist – und möglicherweise sogar als moralische Persönlichkeit.

Denn wer so vorgeht, kann sich bei seiner Umgebung der tiefsten Verachtung sicher sein. Erstens deswegen, weil derjenige ein Objekt der Verachtung darstellt – und zwar ein viel größeres als jemand, der schlecht handelt –, der sich zu seiner Schlechtigkeit bekennt. Die Gesellschaft achtet nur den, der seine Schlechtigkeit zu verbergen versteht, oder denjenigen, der ohne zu Wanken hinter seiner Schlechtigkeit steht und unerschütterlich behauptet, gerade das sei das Gute. Sich zu seiner Schlechtigkeit zu bekennen gilt als Tugend der Dummen. – Zweitens deswegen, weil das Verzeihen unweigerlich als Beweis der Schwäche angesehen wird. Es sei denn, daß es gerade den Charakter hat, den Schweitzer ihm nehmen möchte: daß es aus dem Gefühl der eigenen Überlegenheit herrührt und für denjenigen, dem verziehen wird, etwas Demütigendes enthält. Ein solches Verzeihen wird durchaus anerkannt.

Die Verachtung der Umgebung jedoch kann auch auf die psychische Verfassung destruktive Auswirkungen haben; indem sie nämlich das Gefühl hervorruft, schlecht behandelt zu werden, führt sie zu ungesunden Reaktionen darauf: hilflose, tief gekränkte Abneigung und Selbstzweifel.

Wie die Mehrzahl der anderen Tugenden ist auch die Tugend des edlen Verzeihens nur möglich, wenn man sich gleichzeitig von der Gemeinschaft loslöst, sich von ihren Urteilen unabhängig macht und sich (wenigstens »im Herzen«) in heilige Einsamkeit zurückzieht. Dann ist sie tatsächlich schön und führt nicht ins Verderben. In der Gesellschaft ist es – sogar für den Charakter und das eigene moralische Wesen – besser, selbst ein gewichtiges Übel zu begehen, als so völlig schweigend einem anderen *dessen* Übeltaten zu verzeihen.

7.4.1957. Von den bescheidensten Senken bis zu den Gipfeln der Mystik sind die westlichen Religionen ein einziges großes Königreich des Gebets. Der Osten kennt auch Gebete, doch eher nur auf den unteren Stufen. Die große indische Mystik – sowohl Vedanta wie Buddhismus – ist *Meditation*. In dieser Hinsicht bin ich grundsätzlich Inder.

Niemand kann jedoch bestreiten, daß das Gebet eine unermeßliche reinigende, erneuernde und belebende Kraft besitzt. Diese Kraft bezieht jeder sogenannte »Gläubige« natürlich darauf, daß das Gebet eine Begegnung mit Gott darstelle, ein Sichbewußtmachen seiner Existenz, seiner Gegenwart, seiner Heiligkeit und seiner Gnade, die er uns sterblichen Sündern erweist. Doch es gibt so etwas wie das »Gebet eines Ungläubigen«: ein symbolisches, ein Quasigebet, in dem ein realer persönlicher Empfänger nur in der Weise des *Als-ob* existiert, nur für den Moment als Symbol unbestimmter, unpersönlicher Mächte, oder besser: Werte, als unerläßliche Ergänzung zum

Gebetsakt *hinzugedacht* wird. Und auch ein solches Gebet ist wirksam. Worauf beruht wohl die Wirksamkeit dieses Quasigebets? Worin besteht das Geheimnis?

Das Gebet ist ein Demutsakt, eine Anerkennung der eigenen Nichtigkeit. Demut gegenüber den Werten, die ich mit Füßen getreten habe, gegenüber der Berufung, die ich nicht erfüllt habe, und gegenüber der unbestimmten Heiligkeit, von der das Universum durchdrungen ist und die ich durch meine Schuld aus den Augen verloren habe. Hierin liegt seine erneuernde Kraft: Nichts ist so gut in der Lage, von Haß und Verzweiflung zu heilen und es einem zu ermöglichen, wieder zu sich selbst zu finden, wie ein Akt letzter Demut. *In der Meditation liegt keine Demut.* In der Meditation *herrsche* ich über das Thema: Ich umfasse und durchdringe es in Gedanken. Und was mich selbst betrifft, so *lenke* ich mich und *stelle mich* auf bestimmte Weise *ein*: In diesem Umfassen, in diesem Durchdringen, diesem Lenken und Einstellen *spüre ich meine*, größere oder geringere, *Macht*; in der Meditation bleibe ich von Anfang bis Ende *jemand* – eine luzide Intelligenz, ein zielgerichtet wirkender Wille, ein Wesen, das seinen Preis hat. Doch es gibt Bedrängnisse, angesichts derer etwas anderes vonnöten ist: Jeglicher Widerstand muß zusammenbrechen, jegliche Würde verlorengehen; man muß anerkennen, bis ins Tiefste anerkennen, daß man ein Nichts ist, und muß ganz von dem Gefühl durchbohrt werden, vollständig von seiner Berufung abgekommen zu sein und das Heilige vollständig verraten zu haben: von dem Gefühl der völligen Niederlage der eigenen Seele. Und wenn so alle Widerstände zusammenfallen, finden wir die Heiligkeit der Existenz wieder, die um uns lebendig ist – denn für eine Weile ist das störrische *Ich* mitsamt seiner »Hoffart« verschwunden. Indem ich den Demutsakt vollziehe und meine (nicht ontologische, sondern moralische!) Nichtigkeit eingestehe, rufe ich in meinem eigenen Geist dasjenige hervor, *im Vergleich womit oder im Verhältnis wozu* (ach, ist das schwer zu fassen!) ich eben jenes Nichts bin; das Gefühl der Heiligkeit außerhalb meiner ist mir im Demutsakt gegeben wie das Korn in seiner Hülle.

8.4.1957. »Der grundlegende Wert des religiösen Lebens beruht darauf, daß es (...) in einem gewissen Sinne über jegliche Aussage betreffend das All, die ihrer Absicht [*visée*] nach objektiv ist, hinausgeht [*transcende*]« (Gabriel Marcel).

Nicht ganz; das ist bloß die Vorbereitung auf die Religion, die Säuberung des Vorfeldes, die Einnahme einer Ausgangshaltung. Der entscheidende Schritt besteht erst in einem unter dieser Bedingung vollzogenen Akt positiver Wertung, in einer großen Bejahung – wobei natürlich nichts bejaht wird, was in einer Aussage *à visée objective* formuliert worden wäre.

11.4.1957. »Der unvergängliche Ruhm eines Kierkegaard oder eines Nietzsche beruht im Grunde vielleicht darauf, daß sie nicht mit Argumenten, sondern durch ihr Leben selbst, durch die bestandene Leidensprobe bewiesen haben, daß ein Philosoph, der diesen Namen verdient, (...) seinen Adel in dem Maße verliert, in dem er zuläßt, daß man ihn seiner Einsamkeit beraubt, die seine eigentliche Berufung ist« (Gabriel Marcel: ›Regard en arrière‹).

Zweischneidigkeit: Was uns (im schlechten Sinne dieses Wortes) an das Leben »bindet«, uns abhängig macht, fesselt und versklavt, ist oft dasselbe, das es uns erlaubt, es zu bejahen. So ist es z. B. mit dem über die Wirklichkeit verstreuten Schönen: Es segnet die Wirklichkeit, doch den Menschen schlägt es in Bande. Wie soll man sich in dieser Lage verhalten? Man muß lieben, ohne sich zu binden. Lieben, ohne zu begehren. Ohne was zu begehren? Daß sich das Liebesglück verlängern lassen möge.

25.6.1957. Heidegger sagt irgendwo, jede Antwort bleibe als Antwort nur so lange gültig, wie sie in einer Frage verankert sei.

Genau das Gegenteil hat Ajdukiewicz einmal, vor dem Krieg, in Wilna behauptet. Unberechtigterweise. Recht hat Heidegger – und die Pragmatisten.

11.12.1957. Aus Anlaß einer bestimmten Lektüre. Es gibt Geister – selbst scharfsinnige Geister –, die keine allzu grellen Lichter der Erkenntnis mögen. Das Liebste an einer Lampe ist ihnen der Lampenschirm.

7.1.1958.

> Mit der Tragödie ist es seltsam.
> Wer darauf schaut, sich selbst nicht ängstigt,
> Ergriffen, bleich, der Schatten König,
> Ist glücklich unter Tränenströmen.
>
> Doch wer in dieser Welt dort leidet,
> Die schrecklich, auf des Grauens Brettern,
> Hat keine Tränen. Braucht er Dramen?
> Sein Ruf gellt: »Hilfe!« Keiner hört ihn.

(November 1958). »Nutzlos waren die vom Klerus abgesegneten Warnungen des bekannten idealistischen Philosophen A. Comte, eines Verteidigers des Fideismus« (A. Jaroszewicz, in: ›Fakty i Myśli‹ 1 [Okt. 1958]).

1.1.1959. Vom Leben nur das eine zu wollen, daß man Schande vermeidet: Ist nicht gerade das eine Schande? Nein – doch es ist Defätismus, Kapitulation, Zusammenbruch, Tod und das Nichts. Ein Moralist, der sich dieses Negativprogramm *zu eigen* macht, ist ein Apostel dieses Todes.

Was ich getan habe, um mich vor schändlichen Handlungen zu hüten und schändliche Charakterzüge zu beseitigen, ist für mich in dieser Zeit des Bilanzierens und Abrechnens keine Position auf der Plusseite. Es hat keinen Sinn, mich damit zu brüsten, daß ich mich in gewissem Maße bemüht habe, niemandem Unrecht zu tun, nicht zu lügen und kein Feigling zu sein. Das bedeutet nur das Fehlen einer gewissen Anzahl möglicher Negativposten. Natürlich wäre es schlechter, wenn ich diese Negativposten feststellen müßte. Doch das – und selbst ein eventuelles, faktisch von mir *nicht* erreichtes, zufriedenstellendes Ergebnis dieser Bemühungen – stellt erst den Nullpunkt dar. Und wo ist das, was über Null hinausgeht?

Wollte ich eine jener Formeln verwenden, die, wie der geheiligte Ausdruck lautet, »bedeutungslos« sind, doch häufig so viel zu verstehen geben, würde ich über die Kunst gerne folgendes sagen: Die Kunst ist das Menschentum des Menschen, hervorgeholt aus dem Staub und Geröll, mit denen das Alltagsleben sie überschüttet. Was hier »bedeutungslos« ist, ist vor allem das Wort »Menschentum«. Und dennoch ...

Eine wertlose Wirklichkeit zu erkennen stellt keinen Wert dar. Ein Wert ist es, eine Wirklichkeit zu erkennen, die selbst wertvoll ist, und mit ihr als solcher, bewußt zu verkehren.

24.1.1959. Unter dem Vorwand, daß das Wohlwollen gegenüber den Menschen eine große und schöne Tugend darstellt, entlockt man dem einzelnen zu Gunsten des sogenannten Zusammenlebens Zugeständnis um Zugeständnis um Zugeständnis, bis er sich selbst, seiner Berufung und seinem Glauben endgültig untreu geworden ist.

Wohlwollen ist nur so lange eine Tugend, wie es begleitet wird von einer lebendigen, jederzeit auf dem Sprung befindlichen Kampfbereitschaft, von dem Willen, für seine Sache zu streiten. Hier aber geht es nicht ohne Feindseligkeit ab. Folgerung: Man muß Anlagen zur Feindseligkeit in sich haben.

25.1.1959. Allein schon auf die heroische Karte zu setzen, ist eine Art von Gewinn. Diejenigen, die gegen das »Heldengetue« wettern, haben manchmal im Detail recht; im Ganzen ist es eine üble Gesellschaft.

21.4.1959. Eine mögliche Definition von »Geist«: Geist ist das Subjekt, *quatenus* es sich selbst als Objekt auffaßt. Obwohl einige Leute widersprechen, ist das ohne weiteres möglich.

4.7.1959. Dilthey fordert irgendwo, man solle sich vom Leiden des Augenblicks und vergänglicher Freude befreien.

Da liegt der Haken: Du wirst dich nicht vom Leiden befreien, wenn du dich nicht von der vergänglichen Freude befreist.

12.7.1959. Nicht zu sein – und ebenso: ins Nichtsein überzugehen – ist keine Demütigung. Doch es ist eine Demütigung, halb zu sein.

20.9.1959. BEI DER LEKTÜRE HEIDEGGERS IM ANSCHLUSS AN RUSSELL. Die Situation in der Philosophie ist heutzutage so: Man kann entweder schlecht über wichtige Fragen nachdenken oder rein und ordentlich über gleichgültige.

Am schlimmsten jedoch ist der Standpunkt derjenigen, die behaupten, *weil* man über sie nicht nachdenken könne, gebe es jene wichtigen Fragen einfach nicht. Bequem. Doch nicht vielleicht ein wenig unbescheiden? Denn hier wird die Annahme zugrunde gelegt, ob es etwas gebe oder nicht, hänge davon ab, ob man es in eine Gestalt biegen kann, die es uns erspart, uns durch unordentliches und daher stets schambehaftetes Denken zu kompromittieren.

8.10.1959. Schopenhauer: *Kein Adel in seinem Pessimismus und im Grund auch kein Schmerz. Er schilt auf die Welt wie ein Marktweib auf einen schlechten Kunden.*[6]

Das niedrigste Motiv des Schaffens: Anerkennung durch die Leute.

Ein etwas höheres: Selbstverwirklichung.

Das höchste: die gerechte Sache. Die gerechte Sache aber besteht darin: aus dem Elend des Seins den Funken herauszuschlagen, der an ihm kein Elend ist.

---

6 Das ist mir auf deutsch aus der Feder geflossen, und in dieser Form hat es Biß und ist ausdrucksstark. Die von mir an der entsprechenden Stelle angeführte polnische Übersetzung fällt blaß aus.

12.10.1959. Wir sind durch und durch von Konventionen zerfressen. Es gibt sogar konventionelle Arten, Konventionen zu durchbrechen.

18.10.1959. »Die wahre Freiheit ist diejenige, dank der eine Handlung aus der Tiefe unseres ganzen Wesens herauswächst.« (Ein Gedanke Bergsons, von Brunschvicg zusammengefaßt in ›La philosophie de l'esprit‹.)

Ich habe Verse von Richard Burton wiedergefunden, die ich lange gesucht habe:

> »*There is no good, there is no bad, these are the whims of mortal will;*
> *What works me weal that hold I good, what harms and hurts I hold as ill.*
> *They change with space, they shift with race*«, etc.

Im Anschluß wird – in ebenso inkonsequenter Weise wie an der Stelle über Ort und Volk – noch gesagt, daß es kein Verbrechen gebe, das nicht irgendwann einmal als Tugend gegolten habe (es *gibt* also Verbrechen?), und umgekehrt.
Das nennt man: eine schlechte Sache und ein unordentliches Denken mit dem Glanz der Schönheit versehen.

27.12.1959. »Das Man ist überall dabei, doch so, daß es sich auch schon immer davongeschlichen hat, wo das Dasein auf Entscheidung drängt« (Martin Heidegger: ›Sein und Zeit‹, § 27).
Damit hat Heidegger es einmal getroffen. Denn es ist ja wirklich so: Die unpersönliche Meinung, das Man, »ist überall dabei«, um uns zuzuraten, abzuraten, zu gebieten oder zu verbieten; doch sobald ich eine Wahl treffe und infolgedessen Prügel beziehe, zeigt sich plötzlich, daß es in Wahrheit anders war: Niemand hat mir zugeraten; und überhaupt: Es war niemand da.

4.1.1960. NIETZSCHE ÜBER DIE GELEHRTEN:
»Ein Gelehrter kann nie ein Philosoph werden (...). ... ein Philosoph ist (...) nämlich nicht nur ein großer Denker, sondern auch ein wirklicher Mensch; und wann wäre je aus einem Gelehrten ein wirklicher Mensch geworden?« (›Unzeitgemäße Betrachtungen‹, »Schopenhauer als Erzieher« 7).

Natürlich viel zu stark. Doch etwas ist daran; und ich weiß sogar, was. Doch ich sage es nicht.

9.1.1960. »... so tauscht er die tiefe Einsicht seines Schicksals gegen die göttliche Lust des Schaffenden und Helfenden ein und endet als einsamer Wissender ...« (Friedrich Nietzsche: ›Unzeitgemäße Betrachtungen‹, »Vom Nutzen und Nachteil der Historie für das Leben« 4).

25.1.1960. ZU SHAW UND ANDEREN, AUCH ÜBER DIE GANZE EPOCHE. Angeblich bekämpfte man den Sentimentalismus, im Grunde jedoch das Gefühl. Angeblich bekämpfte man die Heuchelei, die moralische Verlogenheit, im Grunde aber die Moral. Heute tragen wir an den Folgen dieses Kampfes. [KD]

28.1.1960. ETWAS FÜR DIEJENIGEN, DIE VON IHREN NÄCHSTEN UM RAT ANGEGANGEN WERDEN. »Andererseits wird in solchem Falle, bei unserer Frage: ›Was soll ich thun?‹ dem Andern oft gar nichts Anderes einfallen, als was wir *seinen* Zwecken gemäß zu thun hätten: dieses wird er also alsdann, ohne an *unsere* Zwecke auch nur zu denken, sogleich und wie mechanisch antworten, indem sein Wille, unmittelbar die Antwort diktirt, ehe nur die Frage zum Forum seines wirklichen Urtheils gelangen konnte, und er also uns seinen Zwekken gemäß zu lenken sucht, ohne sich dessen auch nur bewußt zu werden, sondern selbst vermeinend aus Einsicht zu reden, während aus ihm nur die Absicht redet; ja, er kann hierin so weit gehn, ganz eigentlich zu lügen, ohne es selbst zu merken« (Arthur Schopenhauer: ›Preisschrift über die Grundlage der Moral‹, § 8).

20.6.1960. Worin liegt – sofern alles glücklich verläuft – die herbe Schönheit des Alters? Darin, daß man sich an der Peripherie bewegt, entlang der Grenze, wo sich die Welt und dieses Leben in der greifbaren und kontrastreichen Zusammenstellung mit dem Nichts und dem Tod so plastisch abzeichnen. Darin, daß man diese Dinge mit *einem* Blick erfaßt; und darin, daß man sich ausschaltet und infolgedessen alles nur noch *von außen* betrachtet. Der irritierende Inhalt ist verdampft, die Welt ist nur noch ein Bild.

Folgende moralische Motivation kommt vor: »Ich bin ein ordentlicher Mensch und *will mir auch vom Standpunkt eurer Ethik aus nichts vorwerfen lassen,* obwohl ich deren Normen nicht anerkenne.« Eine recht paradoxe Motivation: In ihr liegt Angst vor der Verurteilung im Namen von Grundsätzen, die ich verurteile, und durch Menschen, die ich geringachte. Doch es ist auch etwas von Hochmut, von Elitismus darin. »Möge die ganze Schuld bei euch liegen; ich habe andere Sitten. *Il me répugne de salir le bord de mon manteau,*[7] selbst wenn der Schmutz nicht wirklich ist, sondern nur eurer törichten Auffassung nach existiert.«

10.7.1960. Die eigene Natur muß man als sehr zentralen Faktor und Determinante seines Schicksals ruhig zur Kenntnis nehmen, wenn auch nicht als hauptsächlichen und entscheidenden Faktor.

SOTERIOLOGIE. Im Laufe der Jahre und angesichts der immer neuen Schwierigkeiten, mit denen ich mich herumschlagen mußte, hat sich die soteriologische Kraft aller Systeme erschöpft, in denen ich der Reihe nach oder gleichzeitig Halt gesucht hatte. Eine detaillierte Durchsicht ist überflüssig: Das Ergebnis ist eindeutig. Angesichts dessen kam mir vor einiger Zeit der Gedanke: Wäre es nicht vernünftig, auf jegliche Intellektualisierung meiner moralisch-religiösen Grundlagen zu

---

7 Nicht ganz wörtlich nach Renan: ›Caliban‹ (in: ›Drames philosophiques‹).

verzichten? Mich jedenfalls auf eine emotionale, praktische und volitionale Haltung zu beschränken? Ich erörtere nun das *Für* und *Wider* dieser Idee.

Gegen die Intellektualisierung spricht ihre wesentliche *vulnérabilité*, ihre Anfälligkeit gegen Erschütterungen. Wenn ich einfach eine – entsagende, stoische, ästhetisierende oder mystische – Haltung einnehme, befinde ich mich in einer unangreifbaren Position, solange ich sie nicht selbst verlasse, an einem Zufluchtsort, von dem mich niemand vertreiben wird. Wie auch immer die Welt sein mag, die Natur unserer Urteile, das Wesen der Wahrheit, die Kausalzusammenhänge oder der Verlauf der Geschichte – ich habe das Recht, mir ein Ideal zu wählen, das in der Ataraxie, der Selbstgenügsamkeit, der Kontemplation schöner Dinge oder der Auflösung aller »Dinge« im Unbestimmten besteht. Indem ich intellektualisiere, stelle ich immer Behauptungen auf und unterwerfe mich damit freiwillig einem Gericht, das meine Behauptungen jederzeit auf die Waagschale legen und möglicherweise aufzeigen kann, daß sie diese Probe nicht bestehen. Alle Intellektualisierungen, in der Soteriologie wie auf jedem anderen Gebiet, sind angreifbar, und wenn ich meine »Erlösung« oder »Befreiung« von der Wahrheit einer Gedankenkonzeption abhängig mache, setze ich sie der Gefahr aus, daß sie das Schicksal dieser Konzeption teilen. »Kein geringes Risiko«, sagt Lukian (zumindest bei Walter Pater[8]); wenn sich herausstellt, daß deine Philosophie falsch ist, »gehst du zugrunde wie einer aus der Herde«. Ich persönlich nun habe in meiner »Mystik« – nicht immer mit Erfolg, doch so war mein Programm – genau darauf geachtet, keine Behauptungen, keinerlei »So ist die Welt« zu verkünden; sie sollte eine Haltung bleiben. Würde es sich nicht vielleicht lohnen, diesen Grundsatz auch auf andere Haltungen auszudehnen? – Doch hier tauchen sofort Gegenargumente auf: Einer bloßen Haltung ohne Intellektualisierung fehlt es an *Konsistenz*. Scheinbar ist sie durch das Subjekt festgelegt und mit

---

8 ›Marius the Epicurean‹, Kap. XXI. Das Zitat, von dem ich nicht weiß, wie genau es ist, stammt aus Lukians ›Hermotimos‹ (I 21 f.).

größter Redlichkeit zu seiner gemacht worden, doch sie bleibt abhängig von veränderlichen Seelenzuständen, und die Seelenzustände wiederum bleiben nur allzu oft abhängig von Ereignissen, äußeren Erschütterungen und historischen Situationen. Eine Intellektualisierung stellt so etwas wie Klammern, Schnallen, eine Basis und ein Lot zur Verfügung. Sie macht anfällig für Kritik, doch schützt vor einer noch größeren Gefahr: daß der Mensch innerlich ins Schwanken gerät. Also? Das Problem ist nicht einfach. Man kann es auf ein anderes Gebiet verschieben und sagen: »Es liegt« – wie man einst sagte – »im Plan der Natur«, daß ich auf dieser Welt als denkendes Wesen erschienen bin; also achte ich diesen Plan – und denke. Ich riskiere Fehler und Niederlagen, doch ich wahre meine Ehre und die Ehre unserer »Mutter« Natur. Doch das ist zweifelhaft.

12.7.1960. Vor einigen Jahren stellte ich in der Philosophischen Gesellschaft, an einem Abend, der in Erinnerung bleiben sollte, im Verlauf der Diskussion die paradoxe These auf: »Lüge ist Selbstmord.« Dieses Paradoxon gefällt mir auch heute noch. Alle Tatsachen im Bereich meines Bewußtseins kann man in völlig angemessener Weise als »Teile von mir«, als »mich selbst« bezeichnen; ihre Gesamtheit, das durch den Umfang meines Bewußtseins aus der Welt geschnittene Stück, bin zur Gänze *ich*. Indem ich eine dieser Tatsachen leugne, verleugne ich mich selbst, negiere einen Bestandteil meines eigenen Seins. Es ist sehr schwierig, diese Beobachtung gedanklich zu entwickeln und zu rationalisieren, doch es *ist* eine Beobachtung, kein Spiel mit Worten; es *steht* etwas dahinter.

»Moralisch« zu sein, sich moralisch nichts vorzuwerfen zu haben ist keine Leistung; ich habe das schon einmal geschrieben. Es ist erst ein Nullpunkt. Zweifellos ist es schlecht, schlecht zu sein; doch es ist noch nicht gut, nicht schlecht zu sein. Und was für ein kindischer – heute natürlich wenig aktueller! – Mythos, daß »zum Glücklichsein ein reines Gewissen genügt«.

27.7.1960. Immer öfter drängt sich mir in Gedanken die Wendung auf: »dramatische Herrlichkeit des Lebens«. Unabhängig von allen Katastrophen, Schmerzen und Leiden, von allem moralischen Elend, ja sogar von aller Sinnlosigkeit kann das Leben herrlich sein, und man kann es auf eine Weise betrachten, die es herrlich *macht*. Die Wendung selbst ist unter anderem dadurch wertvoll, daß dort Termini vermieden werden, die von einem Übermaß an Tradition und einer Unzahl traditioneller Probleme belastet sind: Es heißt weder »schön« noch »in tragischer Weise« herrlich. Darüber hinaus entzieht sich »herrlich« durchaus effektiv Definitionsversuchen, woran mir in letzter Zeit in vielen Fällen sehr gelegen ist.

28.7.1960. Es fällt einem schwer, seine schlechteren Instinkte *auszumerzen*. Wir können sie jedoch isolieren, mit dem gar nicht schlechten Ergebnis, daß sie zwar noch in uns *stecken*, doch nicht mehr mit uns *identisch* sind. Sie stecken gewissermaßen *eingekapselt* in uns, ohne den Gesamtorganismus zu infizieren. Man betrachtet sie gänzlich von außen und behandelt sie mit angemessener Ironie.

29.7.1960. Die Welt haßt die Entsagenden und wird sie immer hassen. Die Welt will, daß ich hinter ihren Rasseln und Puppenhäusern herlaufe; nur durch Rasseln und Puppenhäuser kann sie mich zu ihrem Sklaven machen. Und sie freut sich, wenn sie nein sagen und mich dadurch ihre Macht spüren lassen kann.

30.7.1960. *Nein* sagen zu können: Das ist die Basis sowohl des Charakters eines Menschen als auch seiner Position unter den anderen; und zwar nicht still und leise, beinahe *in petto*, wie der kleine Phil im ›Kontrapunkt des Lebens‹, sondern laut, damit alle es hören. *Der Geist, der nie verneint*: Was für ein Elend! Schon besser »*stets*« – wenigstens in der menschlichen Welt.

30.7.1960. Vor kurzem habe ich hier vom Platonismus gesprochen sowie von meiner alten und immer noch nicht erloschenen Sympathie für ihn. Denn in der Tat: Was bleibt vom Platonismus, wenn man die ontologischen Spekulationen, speziell die Ideenlehre wegdenkt? Wohl etwas, von dem meine Axiologie sich nicht so sehr unterscheidet: Perfektionismus mit einem gewissen Übergewicht des ästhetischen Elements. Worauf beruht der Unterschied? Beziehungsweise, unter Beachtung des Abstands: Was gibt es Wertvolles bei Platon, das sich bei mir nicht wiederfindet? Antwort: der Platonische Eros. Selbstverständlich gab es bei mir auch die »schöne Liebe«, die »Liebe zu den Werten«, doch bei Platon steht dieser Begriff wesentlich mehr im Vordergrund. Ich habe den Begriff »Eros« – im Hinblick auf groteske Mißbräuche durch deutsche Philosophen und Halbphilosophen – unterschätzt. Doch im Grunde hatte ich Unrecht: Diese Konzeption ist großartig, und mein schüchternes Geraune fällt demgegenüber schwächlich und blaß aus.

31.7.1960. In dem Maße, wie mein Entsagen tiefer und stärker wird, erscheint mir die *Welt* – bis dahin ein Lager von Ressourcen, aus denen sich mein erbärmliches Dasein nährte, die Quelle »aller Güter« und ebenso ewiger Bedrohungen: etwas, das Gier, Angst und Hoffnung erweckte – in immer blauerer Ferne als Erscheinung und bloße Erscheinung, als eine Maja, die kein »Vorhang«, sondern die letzte Wirklichkeit wäre: Außer ihr gibt es nichts, doch sie ist schön. Die Seele stellt sich vor sie als jener »makellose Spiegel«, von dem seinerzeit so viel die Rede war; nicht ohne ein gewisses Machtgefühl, daß sie endlich der Entsagung fähig war.

1.8.1960. Der Maler Bidlake im ›Kontrapunkt des Lebens‹, ein Sinnesmensch und blutvoller Realist, sagt, Burne-Jones habe so gemalt, als hätte er »noch nie ein menschliches Hinterteil gesehen«. Das ist nicht einfach nur amüsant, das ist eine erstklassige Charakteristik. Als ich das las, fragte ich mich, ob nicht ich vielleicht genauso denke, wie Burne-Jones malte.

Erhaben und ohne ein Auge für die Hinterteile. Hier und da huscht eines durch mein Gesichtsfeld, doch dann werde ich programmgemäß blind.

4.8.1960. »Ich habe Menschen kennengelernt, die so lange andre betrogen, daß ihr wahres Wesen sich schließlich nicht mehr offenbaren konnte« (Kierkegaard).

Zwei mögliche Gründe:

(1) Sie flößten den anderen so lange eine falsche Meinung von sich ein, daß ihnen am Ende, als sie schließlich versuchten, die Wahrheit zu offenbaren, niemand glaubte.

(2) Sie verleugneten ihr Wesen so lange, daß sie es schließlich tatsächlich vernichteten. Sie verdrängten es in die äußerste Tiefe, nahezu ins Nichtsein. Die Maske verschlang das Gesicht, der Schauspieler den Menschen.

6.8.1960. »Es ist nicht Sache der Ethik zu feilschen« (Kierkegaard).

11.8.1960. »Wer ethisch nicht soweit entwickelt ist, daß er Trost und Erleichterung verspürt, wenn ihm jemand im Moment des größten Leidens mutig auseinandersetzt, daß es sich hier nicht um das blinde Schicksal, sondern um Schuld handelt; wer nicht Trost und Erleichterung verspürt, wenn man ihm das ernsthaft und ehrlich sagt, der ist strenggenommen überhaupt noch nicht ethisch entwickelt. Denn die ethische Individualität fürchtet nichts so sehr wie dieses ganze ästhetische[9], lyrische Jammern über das Schicksal, das sie unter der Maske des Mitgefühls listig um ihr Kleinod bringt: die Freiheit« (zum dritten Mal Kierkegaard).

13.8.1960. »Vernunft darf sich nicht an die Existenz verlieren zugunsten eines Trotzes, der sich gegen Offenbarkeit sträubt« (Karl Jaspers).

---
9 Dieser Terminus wird von Kierkegaard in ihm eigentümlicher, grundsätzlich pejorativer Bedeutung verwendet.

Jaspers hat natürlich recht: Weder programmatischer hartnäckiger Trotz noch programmatische Isolation sind angemessene Haltungen. Um mir seine Terminologie zu eigen zu machen (die mir eigentlich nicht liegt): Die »Existenz« sollte sich am Ausgangspunkt nicht herausfordernd verhalten. Doch wenn man die Verständigung *gesucht* hat, aber die Vernunft ohne die Existenz nichts zu verstehen vermochte? Dann dürfte zumindest eine gewisse Distanz und Unnachgiebigkeit angebracht sein. Man darf sich nicht endlos um die Gunst seiner Gegenspieler bemühen.

14.8.1960. »Eine ›ungesellige Geselligkeit‹, in der jeder den Andern nicht entbehren, aber auch nicht leiden kann, ist nach Kant der Grundzug des Daseins« (Jaspers). – Mir ist nicht bekannt, aus welchem Werk von Kant das stammt. Ich wußte nicht, daß ein Meister im Schwergewicht auch stechen kann, und dann auch noch so empfindlich.

»Der Sinn eines philosophischen Gedankens aber ist es, statt eines bloßen Wissens von etwas vielmehr eine Veränderung des *Seinsbewusstseins* zu bewirken. Mit dem philosophischen Gedanken verwandelt sich die *innere Haltung* zur Welt und zu sich selbst« (Jaspers; zweite Hervorhebung von mir).

15.8.1960. Eigentlich habe ich mir erst gestern einen bestimmten modernen historischen Prozeß voll zu Bewußtsein gebracht, der bis dahin noch nie so sehr ins Zentrum meiner Aufmerksamkeit geraten war, obwohl ich nicht weniger tief in ihm stecke als andere. Wir alle wissen, daß der einst so grundlegende, ja man möchte sagen: populäre Begriff des »Geistes« seit einigen Generationen immer mehr außer Gebrauch gerät und sich den Intuitionen der heutigen Menschen einfach entzieht. Auf der anderen Seite drängen sich – in den Kreisen, die sich für »solche Dinge« überhaupt interessieren – die Begriffe »Sein«, »Seinsfülle«, »Wirklichkeit« im Gegensatz zu dem in den Vordergrund, was nicht voll wirklich, was Erscheinung, Halbsein, μὴ ὄν [Nichtsein], Schatten oder »eines Schattens

Traum« ist. Beide Tatsachen sind bekannt. Doch was ich mir bewußt machte, war der Zusammenhang zwischen der einen und der anderen: daß es sich um einen Prozeß handelt, daß das eine den Platz des anderen einnimmt.

Im deutschen Idealismus und dann in den Philosophien, die seine Tradition fortsetzten, war der »Geist« ein zentraler Begriff. Daß dieser Ansatz später unter äußerem Druck zusammenbrach, wissen wir ebenfalls; interessanter ist, daß er innerhalb desselben Typs von Philosophie sich allmählich von innen her zu zersetzen begann. Bei uns hat sich der »Geist« [*duch*] einfach »übergessen«, zum Teil aufgrund der skandalösen Mißbräuche bei den Romantikern, zum Teil deswegen, weil der Begriff im Unterschied zum deutschen *Geist* sowohl schwächer ausgearbeitet war als auch gewissermaßen der Mythologie näherstand, einen etwas magischen Charakter besaß (der Begriff selbst stellte eher eine Beschwörung und ein Zauberwort als ein Zeichen dar); doch auch woanders, auf höherem Niveau, vollzog sich dieser Verfallsprozeß. Der scharfe Dualismus (»Geist und Materie« oder, weniger drastisch, »Geist und Natur«) begann zugunsten eines gewissen – übrigens auf einer anderen Ebene angesiedelten – *Gradualismus* zurückzutreten: Man interessierte sich für eine größere oder geringere *Intensität* des »Seins«, der »Wirklichkeit«. Und im Existentialismus kam es dann zum »Ausbruch«. Wieso gerade heute diese Notiz? Weil Jaspers dem »Geist« einen so deutlich eingeschränkten Platz einräumt und mit solchem Nachdruck davor warnt, sich ausschließlich in seinen Dienst zu begeben. Heutzutage wirkt »Geist« nicht mehr als Zauberwort. Eine große Ausnahme stellt hier die italienische Philosophie dar, und zwar noch *nach* Croce: *lo spirito* hat immer noch magischen Klang. Doch in Frankreich ist es bereits nicht mehr so: Der programmatische »Geistphilosoph« Lavelle schreibt ein Buch über »das Sein, die Existenz und die Wirklichkeit«. Und das blieb nicht ohne Wirkung; hätte er über »Geist und Materie« geschrieben, hätte er nichts erreicht. Emmanuel Mounier mit dem *esprit* im Titel seiner Zeitschrift ist hier nicht gemeint: Inmitten der ganzen christlichen Flut will er ein »Fels«

sein (und ist es auch), und der Geist ist – um bei der geologischen Metaphorik zu bleiben – der »kristalline Kern« dieses Felsens.

Ich selbst verband – als ich in Paris anfing zu denken, und noch lange danach – den Begriff des Geistes aufs engste mit dem Begriff des Werts: »Geist«, »Vergeistigung«, das waren für mich Kurzformeln all dessen, was am wertvollsten, am erhabensten und am hehrsten ist – all dessen, was Enthusiasmus erweckt. Die Bedeutung genauer einzugrenzen wollte mir nicht recht gelingen, doch meiner Empfindungsweise entsprach dieser lockere Terminus, den ich von großen Polen geerbt hatte, nur allzu gut. »Geist«, das war Reinheit und Schwung, sein Gegensatz erstens so etwas wie »Makelhaftigkeit«, zweitens eine gewisse Schwere und Erdhaftigkeit, die niederdrückende und erdrückende Kraft der »Materie«. Noch vier Jahre nach dem Ersten Weltkrieg führte ich in einem Aufsatz über Tagore »das Geistige« als die Kraft an, die in ihm gewissermaßen privilegiert sei und die ihn über den Durchschnitt erhebe. Doch das war wohl schon der Umbruch: Als ich diesen Satz gedruckt sah, war ich bereits unzufrieden. Ich verzichtete zwar nicht darauf, mit dem Begriff des Geistes zu operieren, doch tat es nunmehr sehr vorsichtig, wobei ich mich – wie später Nawroczyński in seinem Buch – peinlich genau darum bemühte, die zahlreichen zulässigen Bedeutungen auseinanderzuhalten. Der Dualismus von »Geist und Materie« jedoch, und im geringeren Maße auch der von »Geist und Natur«, verlor an Kraft.

Seinen Platz nahm allmählich die Gegenüberstellung ein: Realitätsfülle und Σκιᾶς ὄναρ[10]. Das Versinken in der Materie oder auch die Verstrickung ins Biologische haben vielleicht nicht aufgehört, kardinale Übel zu sein, doch in *unserer* heutigen Kultur sind sie nicht aktuell und gefährlich: Zum Hauptfeind ist die »Halbexistenz« geworden, der phänomenale Charakter der eigenen Person, diese quasimetaphysische Schwierigkeit, sich selbst zu verwirklichen. Die »Mystik« – oder

---

10 »Eines Schattens Traum« – vgl. oben die Notiz vom 9.7.1955.

»Paramystik« – war die Sphäre, in der sich diese Übergänge und Veränderungen, stets unter derselben Flagge, unmerklich vollzogen. Denn die Mystik bedeutet zwar zweifellos »Geist« *versus* »Natur«, doch ebenso »Sein«, »Fülle« *versus* ontischer Mangel. Und hier haben wir den Berührungspunkt, dessentwegen ich am Ende doch ein gewisses Interesse für die Existenzphilosophie entwickelt habe, die mir ansonsten nicht besonders liegt.

»Das sind Sie, Piotr O'Hey« (Mrożek).

Der Gemeinschaft reicht es nicht aus, daß ich die mir auferlegten Pflichten erfülle und Opfer bringe; sie will, daß ich mich *freue*, weil ich mich aufopfern kann. Es stört sie bereits, daß ich die Frechheit habe, meine Selbstvernichtung in ihrem Dienst als etwas Schmerzliches zu empfinden. Das erste Gebot würde hier so lauten: »Du sollst deiner Gemeinschaft, auch wenn sie abgrundtief schlecht und jeglicher besseren Bestrebungen bar ist, mit allen deinen Kräften, mit deinem ganzen Selbst dienen und in ihrem Interesse dich selbst, deinen Ernst, deine Ideale, deine Wahrheit und deinen Gott verleugnen. Du sollst unser Hund sein, und wir werden dir zur Belohnung vergeben, daß du zu existieren gewagt hast.« O'Hey soll demütig, gehorsam und gefügig sein und höflich lächeln, als man ihn ins Badezimmer mit dem Tiger stößt. Zum Teufel! Es ist moralischer, die Welt in Stücke zu schlagen, als Piotr O'Hey zu sein.

ÜBER DIE JASPERSSCHE »KOMMUNIKATION«. Es ist richtig, daß – wie er ausführt – die »Kommunikation« und die bloße Bereitschaft zu ihr den Menschen, der denkt und etwas zu sagen hat, *umgestaltet*. Doch nun stellt sich die Frage: Handelt es sich dabei um eine ausschließlich positive Umgestaltung? Sie macht die Gedanken des betreffenden Menschen geschmeidiger. Sie trägt dazu bei, daß er sie mit notwendigen Einschränkungen versieht, manchmal vielleicht auch dazu, daß einige in der Einsamkeit nicht genügend berücksichtigte Aspekte deutlicher herausgearbeitet werden. Auf der anderen

Seite jedoch verwischt sie einige andere, subtilere Nuancen. Die Gesamtheit wird von ihr letztlich banalisiert, indem sie in zuweilen recht künstliche, konjunkturabhängige Allianzen und Antagonismen hineingezogen wird. Ein mitgeteilter Gedanke bedeutet immer dem einen Menschen gegenüber ein »Ja«, dem anderen gegenüber ein »Nein«, er *ist* ganz einfach eine Wirklichkeit an und für sich. Nur die *künstlerische* Aussage ist von diesen Einschränkungen frei: »*Elle vit de vie*« – um den Dichter[11] zu zitieren –, ohne Freunde und Feinde.

Jaspers behauptet, was sich nicht mitteilen lasse, sei wie gar nicht vorhanden. In einem gewissen Sinne hat er recht, und so wird es normalerweise empfunden. Doch wenn eine solche Situation sich hinzieht und es keinen Ausweg aus ihr gibt, müssen wir mit ihr letztendlich irgendwie zurechtkommen, das heißt eine solche Einstellung gewinnen, daß wir intensiv spüren, daß es dieses Etwas wirklich *gibt*, auch wenn es nicht mitgeteilt wird. Man kann dem Menschen nicht sagen: Teile dich mit oder verrecke. Denn wenn ich mich (woran in den meisten Fällen »die anderen« schuld sind) trotz aller Anstrengungen *nicht* mitteilen kann?

16.8.1960. Jaspers ist mir lieber als Sartre. In einigen Hinsichten ist das eine ernstzunehmende Philosophie. Doch vieles bleibt mir auch fremd: In der von ihm beschriebenen Welt *erkenne ich* die Welt, die mir in der Erfahrung gegeben ist, *nicht wieder*, nicht einmal eine Welt, die ich, mir selbst vorauseilend, antizipieren würde. Seine »Begriffsbildungen« sind mir nicht sehr hilfreich dabei, das einzufangen, was ich *sehe*.

Der Führer im Krieg benötigt stets gesicherte Rückzugslinien für den Fall einer Niederlage; hat er sie nicht, ist er ein schlechter Führer. So ist es überhaupt im Leben: Wir müssen mit dem Mißerfolg rechnen, müssen diese Möglichkeit in unsere Rechnung mit einbeziehen. Auf der anderen Seite soll man sich diese Eventualität nicht ständig vor Augen führen:

---

11 Paul Valéry (›Le cimetiére marin‹).

Das Bewußtsein muß ganz von dem Gedanken an das Ziel ausgefüllt sein. Das Antizipieren der Niederlage zeugt bereits an sich von einer gewissen Unfähigkeit zur Tat; nur wenn der Glaube an einen guten Ausgang bei mir überwiegt, handle ich wirksam.

Doch es gibt noch ein anderes, wesentlich tieferes Problem. Wir sollten es verstehen, in das *Gesamt*bild unseres eigenen Lebens und des Lebens überhaupt die Niederlage als normales Element einzufügen; insbesondere das Individuum sollte in ihr stets eine seiner möglichen Endrealisierungen sehen. Ein Gefühl für das *Schicksal* zu haben: Ist das nicht ein Teil unserer menschlichen Würde? – Nun gut; soviel zur Niederlage auf der »Weltarena«, die unsere Rolle betrifft, die wir unter den Menschen spielen. Doch was ist mit der moralischen, oder allgemeiner: der geistigen Niederlage? Soll ich auch diese Möglichkeit von vornherein in das Bild einfügen?

Hier nur soviel: Nicht jedesmal, wenn man an eine Grenze stößt, ist das eine Niederlage. Oder noch stärker formuliert: Wir müssen lernen, unsere Grenzen zu *lieben*. Auf sie zu *stoßen* ist Teil unserer vollen Realisierung.

Zu Steinbecks Wort: »Sentimentalität ist ein instinktives, elementares Engagement, das Gute gegen das Böse.« Sprachlich gesehen stimmt das nicht: Nicht das ist es, was man als »Sentimentalität« bezeichnet. Doch ich verstehe schon: Man will hier die mit den Worten »das Gute gegen das Böse« gekennzeichnete Haltung durch den Gebrauch einer pejorativen Wendung der Verachtung preisgeben. Und nicht nur dort, wo sie als »Instinkt« oder »elementares« Ereignis erscheint. Denn nehmen wir den Fall von Vercors. Für mich bedeutete die Entdeckung von Vercors, endlich auf jemanden gestoßen zu sein, der die korrekte *Richtschnur* besitzt, der ein voller, von Sophistereien unverdorbener Mensch ist: ein Mensch, wie er sein soll. Bieńkowski zeigt sich über Vercors »erstaunt«; er hält ihn für den Schöpfer einer »Mythologie«. Warum? Ganz einfach weil er an Gut und Böse *glaubt*. (Man wirft ihm zwar außerdem vor, daß er glaubt, die moralischen Werte seien zu allen anderen *inkommensurabel*; doch das fällt nicht unter den

Begriff »Mythos«.) – Und schließlich der Höhepunkt: »Auf dem Standpunkt ›weder Opfer noch Täter‹ kann man sich nur isoliert vom Leben und folglich auch vom Wirken halten« (S. 234, Artikel über die ›Mandarine‹). Da aber niemand freiwillig Opfer sein wird, ist die Sache klar. Ich versank in Nachdenken und versuchte mir eine Stunde lang vorzustellen, wie die Erzählung über das Massaker von Oradour aussehen würde, wenn Bieńkowski sie *ehrlich* – das heißt: ohne sich bei den Mythologen anzubiedern – schreiben würde.

21.8.1960. Manchmal habe ich den Eindruck, daß das, was uns die Existentialisten anbieten, eine alte, uns wohlbekannte moralische Problematik darstellt, die nur in eine ziemlich zweifelhafte ontologische Terminologie transponiert wurde. *Dasein* und *Existenz*: Das ist eindeutig ein ethischer Kontrast. Doch heutzutage schämen sich die Leute des Moralismus und tarnen ihn so gut wie möglich vor sich selbst.

25.8.1960. Ich hasse den Szientismus und habe dem mehrfach, sogar recht frühzeitig, in meinen Publikationen Ausdruck verliehen. Doch was half es? Das war nicht »linientreu«, und ich habe nicht geschrieen. Es wurde nicht zur Kenntnis genommen.

25.8.1960. Des öfteren habe ich von meinem »Kulturalismus« gesprochen; doch das ist heute gewissermaßen weniger aktuell. Im Vergleich zu Fragen, die den *Grund*, die Tiefe betreffen, ist die Kultur, selbst eine großartige Kultur, doch immer nur ein etwas trügerisches Spiel von Lichteffekten, eine Vorführung, eine Schau, ein *theatrum*. Doch nun zu jenem »Grund«: Was hat bewirkt, daß ich heute mit größerer Vorsicht vom »religiösen« Charakter meiner Haltung spreche? Wohl das: In jeder Religion, selbst in der am wenigsten theistischen (nur der älteste, strengste Hīnayāna-Buddhismus ist hier makellos), gibt es immer ein gewisses Element der Personifikation, zwar zuweilen in extrem verdünnter Form, doch es ist immer vorhanden. Man *schmuggelt* etwas Persönliches in diese Welt, die doch nicht die geringste Neigung verrät, uns entgegenzukommen. Wenn nicht »Vater unser, der du bist im Himmel«, dann »Glanz unser, der du bist im Himmel«[12]; aber selbst dieser »Glanz« ist, wenn auch in äußerst geringem Maße, *jemand*: Ich *wende* mich an ihn. Erst die Personifizierung bedeutet das Durchbrechen unserer Einsamkeit auf der Welt. Und ist das Durchbrechen der Einsamkeit nicht doch das, was die *wesenhafte* Schwäche des Menschen als das Wichtigste in der Religion sucht?

29.8.1960. Ich habe Bieńkowskis ›Höllen und Orpheuse‹ [Piekła i Orfeusze] zum Lesen bekommen. Viel Intelligenz in diesem Buch. Doch gleich auch Krieg.

20.12.1960. »... etwas von Tolstojs unbeugsamer Tatsachentreue« (Pasternak). – »Unbeugsame Tatsachentreue« als starke Seite Tolstojs, das ist allerdings recht überzeugend. Bleibt die Frage, ob diese Seite ausschließlich stark ist oder, unter einem künstlerischen Gesichtspunkt, vielleicht auch schwach. Und ist sie nicht zum Teil verantwortlich für all diese Erbärmlichkeiten im Buch über die Kunst?

23.12.1960. »Beide lebten sie im Gefühl der Gemeinschaft mit dem All. Daher wurden sie von dem Sicherheben des Menschen über die übrige Natur (...) und vom götzendienerischen Menschenkult nicht im geringsten angezogen« (ebenda). Ferner: »Das Rätsel des Lebens, das Rätsel des Todes, der Reiz des Genies, der Reiz der Nacktheit – das alles haben wir durchaus verstanden. Doch die kleinen irdischen Angelegenheiten, wie zum Beispiel der Umbau der Welt – verzeiht, das geht uns nichts an.« – Ein Künstler! Schade, daß das in dieser Übersetzung so schlecht klingt. Gute Kenner behaupten, am Original begeistere vor allem die Sprache.

---

12 Selbstzitat von 1942.

24.12.1960. »›... und durch dieses fröhliche Wissen (...), das in deinen Gärten blüht, o Land der Lust, verstand ich das Glück und wurde von der westlichen Krankheit der Hoffnung geheilt« (Gauguin: ›Noa Noa‹).

19.1.1961. Möchtest du wirklich ewig leben und als Unkraut die Welt bewuchern, die auch ohne dich schon von genügend Unkraut überwuchert wird?

21.3.1961. Daß die Menschen »nach dem Glück streben«, das sagt man so; der »psychologische Eudaimonismus« ist eine völlig falsche Konzeption. Vom Glück *träumt* man gerne; ein anderes Mal stellt man rückblickend fest, daß ein bestimmter Lebensabschnitt »glücklich« war und ein anderer nicht. Doch der Vorstellungsinhalt ist eindeutig zu unbestimmt, als daß man real und konkret nach dem Glück *streben* könnte, wie man nach Macht und Reichtum strebt oder danach, eine sympathische und attraktive Frau zu heiraten. Wenn ich merke, daß jene Konzeption einem ethischen oder sozialen System zugrunde liegt, dann weiß ich sofort, daß dieses System nichts taugt.

29.3.1961. Was »den Tod in Leben umfälschen« möchte, sei »das Kind in uns« – so Friedländer in seinem ›Platon‹, im Phaidonkapitel. Ich kann mich nicht daran erinnern, ob sich das auf irgendein Diktum im Dialog stützt. Wenn ja, wäre es bemerkenswert: denn es handelt sich schließlich um den ›Phaidon‹.

13.4.1961. Die Evolution kann die wunderlichsten Dinge hervorbringen, die für uns so unvorstellbar sind, wie wir es für unsere fernen Vorfahren waren. Denn:

> Ichthyo- nur und Plesiosaurus
> schwammen früher im Meer um die Wette;
> keiner von ihnen dachte, es würde
> jemand an Laura einst schreiben Sonette.

Ebenso was an Pflanzen aus uns einst
wächst, wer läßt sich das heute schon träumen –
was an Denkkraut, an Klügelwurzen,
oder was an Gedankenbäumen?

25.4.1961. In gewissen Momenten fühle ich mich ganz wie der biedere Caligula: Ich wünschte mir, alle polnischen Festtagsredner hätten *eine* Zunge und alle Journalisten *einen* Federhalter. Zu welchem Zweck, dürfte klar sein.

9.7.1961. »Die Welt ist alles, was der Fall ist« (Ludwig Wittgenstein: ›Tractatus logico-philosophicus‹, Satz 1 – ein Satz, in dem sehr weitreichende Absichten mitschwingen). In einem ihrer Aspekte wohl nicht; die Tautologie ist falsch. Die Welt ist, unter anderem, auch die Menge der Möglichkeiten, welche die Subjekte im Maße ihrer Bestrebungen und Energieressourcen mehr oder weniger vollständig realisieren. (Ich spreche hier nicht davon, daß die Subjekte körperliche und materielle Änderungen bewirken, noch meine ich eine Realisierung durch Handeln.)

9. und 10.7.1961. ABRECHNUNGEN.

1.

9.7.1961. Viele Dinge, die zentral für mein Leben waren, sind in eine nebelhafte blaue Ferne gerückt; manche Konzeption, die ich allzu lange durchlebt und durchdacht habe, hat ihre alte Antriebskraft verloren. Wenn etwas auf diese Weise aufgehört hat, mich anzuregen, dann nicht deswegen, weil ich es verworfen hätte, sondern weil es *seine Rolle erfüllt* hat, oder besser: weil es mir in Fleisch und Blut übergegangen ist, weil es mich so sehr geformt hat, wie es mich angesichts des Widerstands der »Natur« überhaupt formen konnte. *Insofern* ich mehr bin als bloße »Natur«, bin ich das Werk der Großen, bei denen ich in der Lehre war, das Werk der Dinge, die sie mich gelehrt haben – und auch meiner persönlichen Bemühungen, mir all das anzueignen und so gut es ging zurechtzulegen. Es gibt also keinen Umbruch; nur den Prozeß des Lebens. Und ich habe mich von keinem Meister abgewandt; ich bin nur dankbar.

2.

Vor zwei Jahren fiel mir auf, mit welchem Interesse ich mich mit Russells Buch[13] befaßte, welche Befriedigung ich beim Verfassen meiner kleinen Rezension empfand. Diese erneute Beschäftigung mit einem ultrarationalistischen (doch kräftigen, nicht rabulistischen!) Denken wirkte sogar erfrischend auf mich. Etwas in mir erwachte, das aus der Zeit stammte, da ich mich im ›Leibniz‹ als »nach Rationalität dürstender Geist« charakterisiert und aufgrund der konsequenten Bauart der Grundlagen dieser Metaphysik eine so große Zufriedenheit verspürt hatte. Das ist gut so! Denn es gilt schließlich der Grundsatz: Möglichst wenig Wertvolles verwerfen.

3.

Der Wille, in Kategorien – oder auch nur Symbolen – längst vergangener Zeiten zu denken, ist in mir etwas schwächer geworden. Diese indischen Halbmythologeme – Atman, Brahman, Maja – sind mehr als Dichtung, mehr selbst als große Dichtung: Sie sind Ausdruck wirklicher, tiefer Weisheit. Doch ihre Antriebskraft hat sich, wie gesagt, ein wenig erschöpft. Ebenso haben verschiedene andere, eigene und fremde, Konzeptionen, die in der ferneren Vergangenheit wurzeln, mehr oder weniger an Kraft verloren. Alle verspüren heutzutage ein Modernisierungsbedürfnis: ich auch – wenn auch in überaus gemäßigter Form!

4.

10.7.1961. Hier wäre vielleicht auch der Ort, um einen gewissen *Widerspruch* zwischen zweien meiner Bestrebungen zu besprechen. Erstens: Ich will möglichst real, gewissermaßen stark und substantiell »sein« – was vielleicht ein wenig bedeu-

---

13 ›My Philosophical Development‹.

tet: wirklicher sein als das, was mir gegeben ist, hauptsächlich jedoch: ein möglichst intensives *Bewußtsein* meines Seins haben. Zweitens: mich aller Begierden und Befürchtungen entledigen, die die Seele quälen und verwunden. Unter diesen unerwünschten Begierden aber nimmt die folgende einen der ersten Plätze ein: »Ich will noch leben, ich will nicht abtreten.« Als natürlichste Gegentaktik drängt sich auf: bewerkstelligen, daß man aus dem Leben möglichst sanft, ohne Erschütterung ins Nichtleben übergeht; die Tatsache des Todes auf gewisse Weise *umgehen*, wenn man sie schon nicht negieren kann (was wohl auch gar nicht gut wäre).

Nun scheint es aber klar zu sein: Je stärker, je intensiver, je massiver ich »bin«, je »wirklicher« ich bin, desto mehr binde ich mich ans Leben und erschwere mir den sanften Übergang in den Tod. Dieser dürfte sich hauptsächlich dadurch gewährleisten lassen, daß man sich schon zu Lebzeiten darum bemüht, möglichst wenig zu »sein«: sich des Ichs zu entledigen, es zu negieren und diese Negation im täglichen Empfinden zu verwirklichen. Die Skandhas[14] (und doch immer wieder Indien!) fallen in der Meditation einer nach dem anderen ab, und so bin »ich« glücklicherweise nicht mehr zu finden: Das ist das eigentliche, wirkliche, das berauschende Nirvana. Für den Tod bleibt nur noch das bloße *biologicum* übrig, um das es nicht schade ist. Bescheidener formuliert: Ich reduziere mein »Sein« auf ein Minimum, so daß die Begierden immer weniger Anknüpfungspunkte haben und eine nach der anderen absterben. Wirkt das glühende und aufgereizte »Ich bin« dem nicht massiv dagegen?

Die Existentialisten kontra Gautama: eine etwas unerwartete Situation. Und tatsächlich weiß ich nicht recht, was ich mit ihr anfangen soll: Muß man am Ende wählen oder eine Grundannahme verwerfen oder versuchen, das eine mit dem

---

14 Die Skandhas: in der buddhistischen Spekulation die Bestandteile des Menschen. Sie werden – insofern sich diese Dinge überhaupt mit westlichen Begriffen erfassen lassen – als Formen des Bewußtseins verstanden und können als solche, zumindest in ihrer erwähnten Funktion als Bestandteile, durch die Meditation vernichtet werden.

anderen irgendwie zu verflechten, zu verbinden und eine Synthese der beiden herzustellen? Diese Partie muß noch ausgetragen werden: Das Spiel um sich selbst hört niemals auf.

5.

Das Verhältnis zur Welt? Nun, grundsätzlich soll es kontemplativ sein. Das ist eine alte These von mir, und eine wichtige dazu; sie bleibt heute ebenso in Kraft wie früher. In letzter Zeit hat sich jedoch folgendes Problem ergeben: Muß diese Kontemplation unbedingt ästhetisch sein? Die Haltung, die mir *momentan* vorschwebt, scheint nicht einfach nur ästhetisch zu sein, und die Haltung des Zuschauers gegenüber dem Drama der Geschichte (»Quält ihr euch ab, ich lobe die Gestik und Diktion«) ist es ganz sicher nicht. In ihr gibt es gewissermaßen ein leichtes Element der *Identifizierung* mit dem, was mir gegeben ist; doch nur ein Element, beinahe nur eine Spur, ohne Beimengung pantheistischer Phantasien. Und ganz abgesehen von der Kontemplation gestehe ich auch eine gewisse bescheidene *Teilnahme* zu. Das ist eine Maßnahme, die wohl auch ein bißchen im eigenen Interesse erfolgt – denn in völliger Isolation stirbt der Mensch ab, und die *reine* Kontemplation wirkt doch isolierend – und ein bißchen dem Gedanken entspringt: *homo sum* usw. Doch der Umfang soll so bescheiden sein, daß die Teilnahme beinahe nur *im Spiel* erfolgt, dessen Einsatz nicht ich selbst mit meinem Schicksal bin. Das ist *ein absolut fundamentaler*! genauer Gegensatz zu Sartre. Bei mir geht es im Grundsatz gerade um *désengagement*, darum, mich aus diesem ganzen Gewirr, in das uns unser Zur-Welt-Kommen verstrickt hat, herauszuarbeiten, und erst danach erfolgt eine tröpfchenweise Dosierung meiner Teilnahme, und zwar nicht in dem Gedanken, daß an diesen Tröpfchen die Welt genesen wird. Denn ich weiß es ja – und darin liegt eine große Ruhe –: Die Welt wird ihren Weg ohne mich gehen.

6.

Mit der kontemplativen Haltung im ästhetischen Sinn dürfte die Gleichgültigkeit gegenüber der Tatsache verbunden sein, ob das Betrachtete wirklich ist oder nicht (so lautet die klassische Doktrin, an die ich mich im allgemeinen gehalten habe). Mit einer Einschränkung jedoch: Das Objekt muß man *mit Sicherheit* für weniger wirklich ansehen als sich selbst. Ob es davon abgesehen einen *gewissen* Grad an Wirklichkeit besitzt oder ein Spiel der Maja ist, ist für die Kontemplation ohne Bedeutung; entscheidend ist jedoch, daß ich ihm gegenüber ein ontisches Übergewicht besitze. Das axiologische Übergewicht liegt – wenn das Objekt wirklich das ist, was man »schön« nennt – auf seiner Seite.

10.7.1961. »Die Fähigkeit zu abstraktem Denken kann einhergehen mit einer ganz gewöhnlichen oder sogar stumpfsinnigen Lebenseinstellung. Die Ansichten, die ein Philosoph auf diesem Gebiet vertritt (...) können (...) gänzlich uninteressant sein« (Warnock, zitiert nach Gellner: ›Words and Things‹, London 1959, S. 153).

Genau. Das haben wir Normalen seit Jahrhunderten gewußt. Doch es ist gut, daß es auch von der *anderen* Seite einmal gesagt wurde. Ich würde natürlich noch fragen wollen: Auf welcher Grundlage sollten wir einen solchen »uninteressanten«, »stumpfsinnigen« Menschen als »Philosophen« anerkennen? Doch das hängt – wie wir wissen – davon ab, welche Bedeutung jeder von uns recht willkürlich den Begriffen »Philosoph« und »Philosophie« zuschreibt.

13.7.1961. Von bestimmten Missbräuchen der genetischen Methode. Ein frisch gelegtes Ei und ein herumlaufendes Küken, das sind zwei verschiedene Dinge: Man darf nicht behaupten, das Küken sei bloß eine bestimmte Modifikation des Eies. Ein primitiver Klan und ein modernes Volk, das sind zwei verschiedene Dinge: Man darf nicht behaupten, ein Volk sei eine Art von Klan. Und so weiter; jeder Spezialist wird auf seinem Gebiet auf der Stelle bessere Beispiele finden. Die genetische Methode ist nur allzu oft eine Flucht vor redlichem, analytischem Denken.

16.7.1961. »... *perpetuare l'inconcludente miseria della vita* ...« (Pirandello: ›Niente‹). – Ein herrlich geschriebener Satz, besser geht es nicht. Sein gedanklicher Schwerpunkt liegt ganz auf dem schweren »*inconcludente*«, das inhaltlich auf die Leere verweist, also eigentlich auf etwas, das kein Gewicht hat. Ungeheuerlich, doch zugleich: ungeheuerlich auf diskrete Weise.

Am Rande gesagt: Es wundert mich nicht im geringsten, daß Pirandellos ›Novellen für ein Jahr‹ heutzutage hier und da einen sogar noch besseren Ruf genießen als seine Dramen. Natürlich sind sie nicht so faszinierend. Doch es ist weniger in ihnen von der Obsession mit dieser einen, ewigen Thematik; ganz im Gegenteil: Die Vielfalt ist außergewöhnlich groß.

12.8.1961. »Wir sollten den Herrgott nicht nach der Welt beurteilen; *diese* Skizze ist ihm tatsächlich mißlungen« (van Gogh).

19.10.1961. »Da ward sein Gemüt erlöst vom Nichtwissenswahn, vom Wunscheswahn, vom Daseinswahn« (aus dem buddhistischen Palikanon). – Wieder ein schönes Beispiel für den religiösen Charakter bestimmter Texte, der, unabhängig vom gedanklichen Gehalt, mit ihrer Form zusammenhängt. Die Begriffe *sind* zwar religiös; doch wieviel fügen die Wörter und die Art ihrer Zusammenstellung hier hinzu!

22.10.1961. Der Neopositivismus ist ein einziges, organisiertes System des Terrors mit dem Ziel, Naturen, die reicher sind als wir, dazu zu zwingen, von Dingen zu schweigen, die unsere Armseligkeit nicht gern hat.

14.11.1961. Die »therapeutische« Philosophie im Stile Wittgensteins ist jener Felsblock, mit dem der Bär bei La Fontaine die Fliege auf der Stirn seines Freundes, des Menschen, tötet. Die philosophische Problematik ist die Fliege. Und man muß zugeben: Sie ist überaus gründlich zerquetscht worden.

Ernsthaft und ohne Bär: Wittgenstein bietet uns ein Heilmittel für etwas an, das keine Krankheit ist. Von der philosophischen Problematik »geheilt zu werden« bedeutet, von seinem Menschsein geheilt zu werden. Kein Mensch, der etwas auf sich hält, wird ein Leben, das von Problemen verherrlicht ist, und mögen sie auch schwer sein, gegen ein unproblematisches Leben eintauschen.

17.11.1961. Wer intelligenter ist, hat mehr dumme Einfälle. Sein Geist ist ruhelos, in ständiger Bewegung, also stolpert er ständig. Dummköpfe haben wenig dumme Einfälle. [KD]

18.11.1961. GEBET EINES LITERATEN. (Auf diesem Planeten? In unserem geliebten Polen?? In Warschau???) – »Es reicht nicht, daß ich gut schreibe und etwas zu sagen habe; lieber Gott, mache auch noch, daß alle anderen Idioten sind.«

26.11.1961. Aus Shaftesbury:
»Es gibt nichts Lächerlicheres auf der Welt als gemäßigte Verfolgung.«
(Doch das sollten wir nicht zu laut sagen!)
»Wenn die Menschen mehr Mut hätten, dann wären wir alle Feiglinge.«
Shaftesbury zitiert hier Rochester. Äußerst witzig gesagt. Doch falsch: Es gibt Menschen, die zum Mut und sogar zur Tapferkeit die Angst vor dem Urteil der anderen nicht brauchen.

2.12.1961. »Die Überzeugung, daß man selbst recht hat, ist eine Waffe der Schwachen – wer stark ist, braucht sie nicht.« – Das klingt schrecklich, doch ich will es erklären. Unter »Stärke« verstehe ich nicht Gewalt, nicht das, was den Willen des Partners zu brechen vermag, sondern Energie, Üppigkeit, Dynamik, »die sprudelnde Quelle«, »den reißenden Fluß«. Wer das hat, ist gerechtfertigt – wenn auch nicht in jeder einzelnen Handlung, so doch in seiner Anwesenheit auf der Welt. Aber ein gewöhnliches »Ich will es so« oder »So bin ich« reicht hier nicht aus; beides muß gestützt sein auf ein »Das liebe ich«. Wer nicht liebt oder wessen Liebe schwankt, ist nicht gerechtfertigt und gleichzeitig schwach.

2.12.1961. Man muß auch dort Realitätssinn besitzen, wo der Teufel die Wirtschaft führt, und nicht versuchen, seine drei Weizenkörner unter die Kornraden zu schmuggeln.

1.1.1962. *Hic et nunc* nach möglichst großer Klarheit, Eindeutigkeit und Präzision im Ausdruck zu streben ist etwas Gutes und im theoretischen Denken sowie in als »normal« geltenden Situationen geradezu geboten. Eine der größten Falschheiten jedoch, die man verkünden kann und die ständig verkündet wird, lautet: wenn sich etwas nicht klar, eindeutig und präzis sagen lasse, solle man es gar nicht sagen. Schöpferische Ideen kommen einem dauernd in einer Form, welche diese Vorzüge ausschließt; immer und überall maximale Präzision, das ist eine Wahnvorstellung von Irren. Wieviel Verständnis und wie viele Einsichten morden wir auf diese Weise dahin, ehe sie Zeit haben zu reifen!

»BEDEUTUNGSLOSE« AUSDRÜCKE. Mich ärgert das ständige Gerede, bestimmte Ausdrücke oder Wendungen seien »bedeutungslos«. In drei Viertel aller Fälle ist das falsch. Nehmen wir zum Beispiel den Ausdruck »Menschentum« (verstanden nicht im Sinne von »Zugehörigkeit zur Gattung Homo«, sondern in lobender und auszeichnender Absicht), den ich hier vor einiger Zeit ansprach. Unterscheidet er sich etwa nicht auf irgendeine Weise vom Ausdruck »Abrakadabra«? Letzterer bedeutet im Polnischen mit Sicherheit nichts. Wenn aber jemand sagt: »Das ist ein Ausdruck einer dir völlig unbekannten Sprache, doch in dieser Sprache bedeutet er durchaus etwas; versuche zu erraten, was«, dann kommen so viele Bedeutungen für das Raten in Frage, wie es überhaupt mögliche Bedeutungen gibt: »Nashorn«, »quadratisch«, »hochspringen« usw. »Menschentum« jedoch bedeutet mit Sicherheit weder »Nashorn« noch »hochspringen«. Es kann nicht einmal »Adel« oder »Weisheit«

bedeuten, obwohl eine gewisse Weisheit nach meinem Gefühl dazugehört und es selbst durchaus etwas ist, in dem ich einen Adel sehe. Ebenso verfügt es über völlig greifbare Gegensätze: »Tierhaftigkeit«, »Bestialität«. Aus der ganzen riesigen Sphäre möglicher Bedeutungen ist hier ein bestimmtes kleines Segment ausgeschnitten worden, innerhalb dessen die korrekte Bedeutung zu suchen ist; dem Denken wird eine bestimmte Richtung vorgegeben, so wie wir uns auf dem Meer doch auch ohne Kompaß irgendwie orientieren. Das ist kein Ruhekissen, auf das man seinen Kopf in dem Gefühl völliger Sicherheit betten könnte, doch es ist mehr als nichts. Ganz zu schweigen von der Hilfe durch den Kontext.

2.1.1962. Noch ein Einfluß – oder eher ein Einflüßchen – des Existentialismus auf mich in der letzten Zeit. Früher bediente ich mich stets des Terminus »psychisch«, wenn von Phänomenen die Rede war, die das Subjekt betreffen, und »psychologisch«, wenn es sich um Gedanken handelte, die sich auf diese Phänomene bezogen. Später nahm ich Einschränkungen vor: In vielen Fällen schien mir in bezug auf die genannten Phänomene »subjektiv« die richtige Bezeichnung zu sein, und manchmal ließ ich mich verleiten, statt von »Psychologie« von »Phänomenologie des Subjekts« zu sprechen. Das Wort »psychologisch« entführt uns in eine verhältnismäßig oberflächliche Sphäre und drängt, angesichts der heutigen Einstellung der Psychologie, den Gedanken an etwas durch und durch Naturwissenschaftliches, Biologisches auf. Infolgedessen hat es einen abwertenden Klang. Wäre es daher nicht besser, in dem angegebenen Sinne zuweilen von »existentiellen« Tatsachen und Gesichtspunkten zu sprechen: wenn man in *nichtnaturwissenschaftlicher* Weise über das Subjekt redet?

2.2.1962. Wittgenstein widmet in seinen ›Philosophischen Untersuchungen‹ den künstlerischen Funktionen der Sprache nicht einen einzigen Gedanken, was (so *prima facie* mein Eindruck) die Gesamtheit der Ausführungen durchaus empfindlich in Mitleidenschaft zieht. Verhältnismäßig greifbar ist für mich momentan folgendes Problem: Die Existenz der Metapher spricht eindeutig *gegen* die Identifizierung der »Bedeutung« eines Ausdrucks mit seinem »Gebrauch«. Denn wenn ich ein Wort im übertragenen Sinne verwende, bleibt seine *Bedeutung* dieselbe, doch sein Gebrauch (die Anwendung auf ein bestimmtes Objekt oder eine bestimmte Situation) verändert sich gegenüber dem Normalgebrauch. Ein einfaches Beispiel: Wenn Naborowski von den »Augen der englischen Königin« schreibt, sie seien »zwei Sonnen«, dann beruht der ganze Sinn darauf, daß der Ausdruck »Sonne« die ganze Zeit über seine normale, angestammte Bedeutung behält, doch in uneigentlicher Weise, gegen den Sprachgebrauch, zur Bezeichnung einer Sache verwendet wird, die – wie wir sehr wohl wissen – keine Sonne ist. Das Wesen der Metapher besteht gerade in dieser mit der Bedeutung eines Ausdrucks in Konflikt stehenden Verwendung: ein Argument, das gegen Wittgensteins Konzeption spricht.

6.3.1962. »... wo nur der Stern noch über meinem Turban war.«

Von der Überlegenheit der Einzahl über die Mehrzahl als poetisches Mittel (die Poetik von Osiński und Genossen; Gespräch darüber vor einigen Tagen). Obwohl sie in der Praxis den Bogen überspannten, hatten diese Leute im Grundsatz völlig recht. In der Poesie ist es umgekehrt wie im Leben: Ein Stern strahlt heller als zwei, »der Schritt« hallt lauter wider als »die Schritte«. Warum? Aus zwei Gründen: (1) Auf das Vorstellungsvermögen wirkt die Mehrzahl verwirrend; (2) der in letzterer enthaltene Anteil an Abstraktion schwächt und verwässert das *Konkretum*, das wir mit Hilfe von Worten vor Augen stellen wollen.

4.5.1962. Mir war nicht bekannt, daß zumindest in einem Punkt auch Schelling ein Vorläufer des Existentialismus war. Und doch ist dies der Fall, wie ich heute erfahre: »Angst ist die Grundempfindung jedes lebenden Geschöpfs« (zitiert nach Eduard Hartmann: ›Die Philosophie des Unbewußten‹, 10. Aufl., Bd. 2, Leipzig o. J., S. 287).

6.5.1962. Regisseuritis acuta:

Durch eines ist heute fast meine Lieb zum Theater
erstorben:
Es wird dort inszeniert, das heißt: der Dichter verdorben.

25.5.1962. »Braque litt immer an einer angeborenen Vergeistigtheit« (Picasso).
Da haben wir's! Ein wertvolles Geständnis!

20.9.1962. Politik läuft immer darauf hinaus, daß ich aus Angst das tue, was ich nicht will, oder »die anderen« dazu bringe, aus Angst das zu tun, was sie nicht wollen.

28.9.1962. Man darf nicht der Sklave seiner Ziele sein; man muß über seinen Zielen stehen.
Kommentar:
(1) Bei jeder Wahl eines Ziels muß man von vornherein auch den Wert der Mittel in Betracht ziehen, die zu seiner Verwirklichung führen. Und nicht so: Erst wähle ich und versteife mich auf meine Wahl, danach überlege ich mir – oder überlege mir *nicht* –, ob die einzig effektiven Mittel nicht vielleicht niederträchtig sind oder dem Leben schaden.
(2) Es gibt wenige Ziele, nach denen wir energisch und unbedingt streben *sollten*; wenige sind es auch (mit Ausnahme einiger grundlegender Ziele biologischer Art), bei denen uns das Leben zwingen, und zwar wirklich *zwingen* würde, sie uns zu setzen. In beiden Hinsichten sind wir bei unserer Wahl viel freier, als wir – aufgrund unterschiedlicher Motive – zugeben möchten. Doch erstens muß man es zugeben und zweitens: von der Freiheit Gebrauch machen.

13.1.1963. Allmählich gewinne ich an Erfahrung – und daher weiß ich jetzt nie mehr, was jemandem alles einfallen mag. Die Skala hat keine Grenzen.

25.1.1963. »DAS ABSOLUTE«. – Man hat mich neulich gefragt, was ich unter »dem Absoluten« verstünde: Zu meiner nicht geringen Sorge erscheint dieser Ausdruck, wie man mir versichert, einige Male in den bereits gedruckten Fragmenten meines ›Tagebuchs‹. Zwar, soweit ich mich erinnere, nie in einer Schlüsselstellung; eher sogar in »gedanklichen Anführungsstrichen«. Doch was hilft es? Dieser Begriff hat einen schlechten Ruf. Über seine verschiedenen Bedeutungen, die gar nicht einmal so unbestimmt sind, habe ich bereits an anderer Stelle geschrieben; auch in philosophischen Wörterbüchern lassen sich durchaus anständige Informationen finden. Welche Bedeutungen in meinem ›Tagebuch‹ auftreten könnten? Zum einen vielleicht eine extrem mystische: ein Ding ohne Prädikate, das Unbestimmte. Ein radikaler, absolut skeptischer Mystiker würde sagen: wohin ich gelange, wenn ich auf alle Prädikate verzichte und vor einem bloßen »Etwas« stehe, das weder ist noch nicht ist, und es ist nicht wahr, daß es weder ist noch nicht ist, noch ist es wahr, daß es sowohl ist als auch nicht ist, noch ist es wahr, daß es nicht wahr ist, noch ist es nicht wahr, daß es wahr ist – und doch bleibt »etwas«, denn es ist auch nicht wahr, daß nichts ist. Das wäre etwas für Adepten des Zen: nicht so sehr ein theoretischer, sondern mehr ein Übungsbegriff; recht viel darüber findet sich in Dumoulins Buch.[15] Zum anderen eine eher philosophische Bedeutung: etwas Ähnliches wie Spinozas Substanz, eine *causa sui*, außer der es nichts gibt, doch die nicht als wirklich existierend gedacht wird, sondern als eine Art Grenzbegriff und Objekt des Strebens (letzteres ist wesentlich!).

Ayer beginnt sein Buch ›Sprache, Wahrheit und Logik‹ mit einem Bradleyzitat, in dem der fragliche Ausdruck vorkommt: dabei handle es sich um einen sogenannten »bedeutungslosen Satz«. Ich hatte beim Lesen nicht den Eindruck, daß Bradleys Aussage (die ich im Moment nicht vorliegen habe) besonders klar gewesen wäre; doch der größere Mangel dürfte auf Ayers Seite liegen. Denn das ist ein übler Grundsatz und ein klares

---

15 Dumoulin, Heinrich: ›Zen. Geschichte und Gestalt‹, Bern 1959.

Zeichen fehlenden guten Willens: »In Denkweisen, die mir fremd sind, will ich nicht eindringen und werde es auch nicht versuchen.«

7.2.1963. »Vor allem Jaspers hat darauf hingewiesen, daß die natürliche Neigung der Menschen dahin geht, sich hinter einer schützenden Maske in der Verborgenheit zurückzuhalten. In diesem Zustand beschränken sich die menschlichen Beziehungen aber auf ein konventionelles Spiel ohne wirklichen inneren Kontakt zum andren Menschen. Dieser aber ergibt sich umgekehrt nur da, wo der Mensch unter Verzicht auf sein natürliches Sicherungsstreben sich in seiner ganzen inneren Nacktheit vor dem andren Menschen offenbart. Dazu aber ist immer der Mut des Sich-öffnens mit dem unvermeidlichen Risiko des Verschmäht- oder Verspottet-werdens erforderlich. Ohne den Mut zur vollen Offenheit ist keine tiefere Kommunikation zwischen den Menschen möglich« (Otto Friedrich Bollnow: ›Wesen und Wandel der Tugenden‹, Berlin 1970, S. 79).

Mit der »ganzen inneren Nacktheit« hat er etwas übertrieben; man muß nur Bedeutsames enthüllen. Doch mich interessiert hier etwas anderes: Ich würde nicht sagen, daß man »riskieren« muß, verachtet oder verspottet zu werden. Diese Verachtung und dieser Spott sind Teil meines *Ziels*; erst *diese* Reaktion legt – in Verbindung mit anderen, wohlwollender oder neutraler Art – meine Position unter den Menschen in reeller und unverfälschter Weise fest. »Ich habe keine Freunde mehr und keine Feinde«, spricht Achilles bei Wyspiański (›Achilleis‹); doch so kann er nur sprechen, weil er gerade dabei ist, sich aus dem Leben *zurückzuziehen*. Wer noch im Leben verwurzelt ist, muß nicht nur den Wunsch nach Freundschaft haben, sondern auch danach, daß alle Antagonismen zum Vorschein kommen und ihn auf seine, ihm zukommende Position *setzen*, die ihm letztlich seine Errungenschaften und Mängel verschafft haben.

15.2.1963. Strenge ist ein Ausdruck der Achtung, Verständnis ein Ausdruck der Geringschätzung.

30.3.1963. Ich kenne in keiner anderen Sprache ein Wort, das dem polnischen *mędrek* entspräche. Sollten es etwa nur die Polen gewagt haben, aus der Klugheit einen Mangel zu machen, und zwar einen solchen, der einen der Lächerlichkeit preisgibt?

2.4.1963. Mary Warnock: ›Ethics since 1900‹; mich interessierte insbesondere das Bild des letzten Vierteljahrhunderts. Mit der einzigen Ausnahme Sartres (der eine Merkwürdigkeit und einen geradezu traumhaften Kontrast darstellt) nur angelsächsische »Ethik« (*de facto* ausschließlich Metaethik). Rein intellektuell gesehen, muß man das Niveau anerkennen; doch alles in allem ist der Eindruck niederschmetternd. Keiner dieser Menschen hatte, vom Augenblick seiner Geburt bis zur Niederschrift seines jeweiligen Buchs, auch nur ein einziges moralisches Erlebnis. Doch er steht darüber; er erforscht die *Sprache*; Erlebnisse – das ist was für die Tolstojs.

19.4.1963. Es hat keinen Sinn, sich etwas von der sogenannten »unparteiischen«, das heißt – wenn ich die Absicht richtig verstehe – *vernünftigen* Nachwelt zu versprechen. Jede Epoche ist unvernünftig; literarischer Erfolg beruht darauf, daß die Unvernunft des Schriftstellers mit der Unvernunft der Epoche zusammenfällt. (Ernsthaft gesprochen: Die »Unvernunft« einer Epoche ist ihr »Geist«, und die »Unvernunft« des Schriftstellers ist sein schriftstellerisches Temperament.) Wenn beide sich feindlich gegenüberstehen, ist das das Ende; da hilft nichts.

20.4.1963. Es ist nicht gesagt, daß ein logisch schlecht gestelltes Problem als reales Problem verschwinden muß. Manchmal ist das der Fall, manchmal nicht – es hängt von der Natur des Problems ab. Für die berüchtigte »Elimination« ist immer noch Zeit.

Die Logik kann im Grunde genommen das Sein und das Nichtsein, die Wirklichkeit und die Leere mit gleicher Gewissenhaftigkeit ordnen, organisieren und strukturieren. Daraus kann man ihr keinen Vorwurf machen, solange der Logiker erstens Wirklichkeit und Leere unterscheidet (diese Bedingung erfüllen die logischen Empiriker ihrem Programm nach, im Gegensatz zu den »Scholastikern« im pejorativen Sinne) und sich zweitens als denkender Mensch und als Mensch überhaupt für den Reichtum und die unerschöpfliche Vielfalt der Wirklichkeit weit offenhält. Hier sieht es leider weniger gut aus: Vom Reichtum der Wirklichkeit haben diese Leute entweder keine Ahnung oder wollen ihn nicht und hassen ihn manchmal geradezu.

15.6.1963. ZUM ABSCHLUSS.

»Es gibt nichts Melancholischeres und Ermüdenderes als Maine de Birans ›Tagebuch‹. Es ist das Laufen eines Eichhörnchens im Käfig. Diese unveränderliche Monotonie einer Reflexion, die immer wieder zum Ausgangspunkt zurückkehrt, verstimmt und verdrießt wie die nicht enden wollenden Pirouetten der Derwische. So also ist das Leben eines außergewöhnlichen Menschen, das man in seiner letzten Intimität zu sehen bekommt! Ein einziges langes Sichwiederholen, bei dem sich die Selbstwahrnehmung höchstens unmerklich verschiebt. Dreißig Jahre hat dieser Denker benötigt, um den Weg von Epikurs Ruhe zu Fénelons Quietismus zurückzulegen, und zwar nur in der Spekulation, denn das praktische Leben blieb dasselbe (...). Das also nennt man in Frankreich einen Philosophen!« (Amiel: ›Tagebuch‹, 18.6.1857).

In bezug auf Maine de Biran hat Amiel unrecht. Von Epikur zu Fénelon ist es (unter anderen Gesichtspunkten, die hier jedoch auch eine Rolle spielen) ein weiter Weg. Und ohne jemanden kränken zu wollen, ist Maine de Biran doch ein Philosoph anderen Formats als Amiel. Amiel schreibt so, als ob das Schaffen Maine de Birans nicht über sein ›Tagebuch‹ hinausginge.

Doch mich interessiert etwas anderes: Wie sieht es am Ende

mit *meinem* ›Tagebuch‹ aus? »*La marche de l'écureuil en cage*«, sagt Amiel: Das Eichhörnchen »läuft«, das heißt es greift nach immer neuen Stangen, doch der Käfig dreht sich, und so bleibt das Tierchen, wo es war. Ist es bei mir auch so gewesen? Habe ich mich bei einer ganzen Reihe von Themen auch »wiederholt«, nicht seit dreißig, sondern seit beinahe doppelt so vielen Jahren, und bin, nach allen Ausflügen vom Hauptpfad, hartnäckig zu meinen Anfängen zurückgekehrt? Gab es eine »unmerkliche Verschiebung« vom Ästhetizismus über den Perfektionismus hin zu einer selbstkritischen Quasimystik, von der Religion der Kultur zu der, in gewissem Sinne recht blassen, »Religion« überhaupt, von der Ethik mit ihren Werten zur »Erlösung« und Soteriologie, wobei alles Alte im Neuen fortbesteht und alles Neue nur die Entwicklung bestimmter Ansätze darstellt, die im Alten von Anfang an vorhanden waren? Nein, es war doch etwas anders. Ich sehe nicht weniger als drei Möglichkeiten, wie sich die Frage der »Verschiebung« in für mich vorteilhafterer Weise auffassen läßt.

Erstens ist die Verschiebung bei mir keineswegs so unmerklich; zwischen dem Ausgangs- und dem Endpunkt gibt es doch größere Unterschiede als zwischen »*quiétude*« und »*quiétisme*«. Doch das ist wiederum nichts, was mich besonders freuen würde, denn die psychischen Ursachen dieser Entwicklung bestanden nicht in Kraft und Energie, sondern eher in Schwäche: Es handelte sich um eine große *Defensive*, die einen ebenso großen Ansturm destruktiver Kräfte abzuwehren hatte.

Man kann das Ganze auch in völlig statischer Weise vom anderen Ende her betrachten: Es handelte sich überhaupt nur scheinbar um einen Prozeß, in Wirklichkeit aber um die Explikation von etwas, das vom ersten Moment an gegeben war. Die aktive Rolle der Zeit ist hier unwichtig: Ich brauchte die Zeit nur insofern, als man nicht alles, was in einem liegt, gleichzeitig in Angriff nehmen kann und eine gewisse Reihenfolge unentbehrlich ist. Das würde mir ziemlich gut gefallen: Ich bin ein wenig Eleat, und das Verfließen der Zeit hat für mich keine wesentliche Bedeutung.

Doch am liebsten möchte ich mir ins Gedächtnis rufen, was

Leconte de Lisle vom »unbewegten Schwingen« schreibt: Auch hier gab es, allerdings im subjektiven Bereich, so etwas wie ein Oszillieren – ein Hin- und Herschwingen um das eigene, unerreichbare Zentrum, das einen fasziniert und vor dem man sich gleichzeitig ein wenig fürchtet. Entsteht doch aus dem Angezogenwerden durch dieses »Zentralfeuer« und der Angst vor dem Verbrennen häufig dies zutiefst menschliche Gebilde: ein Denken, das zugleich leidenschaftlich und gehemmt ist.

Anhang

Editorische Notiz

Die vorliegende Übersetzung von ›Kummer mit dem Sein‹ ist auf der Grundlage der letzten polnischen Ausgabe entstanden: ›Kłopot z istnieniem. Aforyzmy w porządku czasu‹, Toruń 2002. Die Erstausgabe erschien 1963 beim Krakauer Verlag ›Znak‹, 1994 folgte eine zweite Auflage.

Aufgrund der Unauffindbarkeit der deutschen Originalzitate mußten die Notizen vom 26.1.1944 (Mendelssohn) und vom 19.3.1961 (Röthel) gestrichen werden. Nicht gefunden werden konnten außerdem zwei Jaspers-Zitate aus den Notizen vom 14.8. und 16.8.1960. Wegen Unübersetzbarkeit entfiel die kurze Notiz vom 18.10.1941 über Naturliebe, während die Einträge vom Dezember 1920 (Adam Siedlecki über ›Edelfäule‹) und Ende 1938 (Schlaue Taktik) sowie ein Satz aus der Notiz vom 29.11.1912 aufgrund ihrer Unverständlichkeit für den deutschen Leser fortgelassen wurden.

Die von Karl Dedecius übersetzten Fragmente wurden folgenden Büchern entnommen:

›Bedenke, bevor du denkst. 2222 Aphorismen, Sentenzen und Gedankensplitter‹. Herausgegeben von Karl Dedecius, Suhrkamp Verlag: Frankfurt/M. 1984 (= Polnische Bibliothek), S. 171-192.

›Panorama der polnischen Literatur des 20. Jahrhunderts. Prosa‹, Band 1, herausgegeben von Karl Dedecius, Ammann Verlag: Zürich 1997, S. 331-350.

›Panorama der polnischen Literatur des 20. Jahrhunderts. Pointen‹, herausgegeben und übertragen von Karl Dedecius, Ammann Verlag: Zürich 1997, S. 179-181.

Erläuterungen

Der Erste Weltkrieg und die Zeit davor

I Vorkriegszeit

21 »*Je ne pense* ...« – »Ich denke nie, meine Ideen denken für mich.« (franz.)
26 Enjambement – Übergreifen eines Satzes über das Ende einer Verszeile in die nächste
27 *percipitur* – Ist, d. h. wird wahrgenommen (lat.) – in Anlehnung an Berkeleys Schlagwort »*Esse est percipi*« – »Sein heißt Wahrgenommenwerden«
30 »Stoß noch einmal zu!« – Sophokles: ›Elektra‹, V. 1416
32 *faculté maîtresse* – Überragende Befähigung (franz.) – nach Taine diejenige Eigenschaft, die das schöpferische Genie auszeichnet
33 *entitas* – Wesenheit (lat.)
34 *infinita infinitis* ... – ... Unendliches auf unendliche Weisen folgen muß (lat.)
34 *Ordo et connexio* – Die Ordnung und Verknüpfung der Ideen ist dieselbe wie die Ordnung und Verknüpfung der Dinge (Spinoza: ›Die Ethik‹ I 7) (lat.)
38 »*On vous montre* ...« – »Man zeigt Ihnen irgendwelche Steine, sagt Ihnen, das sei alt, und dann muß man es schön finden.« (franz.)
42 *ipsa definitione* – wie sich bereits aus der Definition ergibt (lat.)
42 Atman – in der indischen Philosophie das Lebensprinzip, das Unwandelbare im Individuum, Träger des Bewußtseins
43 Matuszewski – Słowacki: ›Król-Duch‹ [Der Geisterkönig] I 2,17, besprochen in: Ignacy Matuszewski: ›Słowacki i nowa sztuka‹ [Słowacki und die neue Kunst], Warszawa ⁴1965, S. 173 f. (vgl. auch die Notiz vom 1.6.1942)
43 ›Die Legion‹ – Drama von Stanisław Wyspiański
44 *Cogito ergo sum* ... – »Ich denke, also bin ich. Es gibt kein ›Ich denke‹; es gibt nur ›Es wird gedacht‹. Es wird gedacht, also ist etwas.« (lat.)

Erläuterungen

46 *transitio a minore* ... – Übergang von geringerem zu größerem Dasein (lat.). Anspielung auf Spinozas ›Ethik‹ III 11, Anmerkung und III 21, Beweis; am letzteren Ort nennt der Philosoph die Lust einen »Übergang von geringerer zu größerer Vollkommenheit«

47 *L'éloquence* ... – »Beredsamkeit: die Kunst, anders als durch gute Gründe zu überzeugen.« (franz.)

51 Bylski – Es handelt sich um das Buch ›Żywotność sprawy polskiej, czyli, rzut oka na kwestyę polską w dobie obecnej‹ [Die Lebendigkeit der polnischen Sache, oder ein Blick auf die polnische Frage zur heutigen Zeit], 1912

52 ›Beniowski‹ – Poem von Juliusz Słowacki

55 *honesta paupertas* – ehrbare Armut (lat.)

58 »... *je louerai* ...« – »... ich werde die Weisheit selbst loben« (franz.)

63 f. »Weh dem ...« – Juliusz Słowacki: ›Beniowski‹ III 721 f. (übersetzt und hrsg. v. Hans-Peter Hoelscher-Obermaier, Frankfurt/M. 1999, S. 80)

65 »*L'antiquité comme école d'art*« – »Die Antike als Schule der Kunst« (franz.)

65 *in my mind's eye* – »In meines Geistes Auge« (›Hamlet‹ I 2) (engl.)

67 *respect humain* – menschlicher Respekt (franz.)

69 *Sic volo* – So will ich es (lat.)

74 Ich sagte einmal ... – Siehe die Notiz vom 27.10.1910

75 ›Die Befreiung‹ ... – Dramen von Stanisław Wyspiański

75 Goethe hat einmal bemerkt ... – ›Wilhelm Meisters Wanderjahre‹, 2. Buch, Betrachtungen im Sinne der Wanderer

76 *hinzugelogen* – Vgl. Friedrich Nietzsche: ›Fröhliche Wissenschaft‹, 1. Buch, Nr. 29

76 »am Roulettetisch bankrott« ... – Stanisław Wyspiański: ›Wesele‹ [Die Hochzeit]

76 ›Warschauerin‹ – Drama von Wyspiański

78 Nationaldemokratie – Polnisch: Narodowa Demokracja. Nationalistische Partei mit antisemitischem und antideutschem Programm, deren führender Vertreter Roman Dmowski (1864-1939) war

78 Die Kunst für die Kunst ... – ›Götzendämmerung‹, Die Verbesserer der Menschheit 24

80 ›Legende vom Jungen Polen‹ – Abhandlung von Stanisław Brzozowski (1909)

84 *centres de force* – Kraftzentren (franz.)
87 »*Monte aussi vite* ...« – »Steigt so schnell gen Himmel empor, wie der Blitz niederfährt.« (franz.)
87 »*Les grands pays muets* ...« – »Die großen stummen Länder werden sich weithin erstrecken.« (franz.)
87 »Regenbogenkuppel« – Vgl. ›Beniowski‹ II 481 ff.
88 f. »Das Fräulein stand am Meere ...« – Heinrich Heine, aus: ›Neue Gedichte‹
89 Und so weiter ... – ›Hymne‹, 3. Strophe in der Nachdichtung von Martin Remané: »Grad wie ein Kind, das die Mutter gelassen / allein für Stunden, wein' ich vor Qual, / seh' ich die Sonne im Meer verblassen, / als wär's zum letzten Mal, / obwohl ich doch gewiß ihrer Wiederkehr ... / Mein Herz ist so schwer«
91 den Balickis ... – Vgl. die Anm. des Autors am 9.10.1912
94 *idem verbis docebat* – Dies hat er mit Worten gelehrt (lat.)
96 Kleiners Krasiński-Buch – Juliusz Kleiner: ›Zygmunt Krasiński. Dzieje myśli‹ [Zygmunt Krasiński. Geschichte des Denkens], Lwów 1912
99 *Omnia quae extra me* ... – Alles, was außer mir ist, ist gegen mich (lat.)

II Erster Weltkrieg

102 ›Ungöttliche Komödie‹ – Von Zygmunt Krasiński
106 »*mais vous êtes* ...« – »*Sie* haben eine Ruhe weg!« (franz.)
109 Siemiradzkivorhang – Henryk Siemiradzki (1843-1902), polnischer Maler, von dem unter anderem seinerzeit berühmte Theatervorhänge in Krakau und Lemberg stammen
110 Grottgerismus – Nach Artur Grottger (1837-1867), einem patriotischen Historienmaler
115 *un personnage qui se tient* – ein schlüssiger Charakter (franz.)
116 *Le génie* ... – Das Genie ist nichts als eine lange Kühnheit. (franz.) Vgl. Buffon: »Das Genie ist nichts als eine lange Geduld.«
118 »*La houle* ...« – »Die Dünung der Meere des Übels.« (franz.)
128 »Wenn man die Sünden ...« – Recht freie Übersetzung des lateinischen Diktums: *qui vitia odit, homines odit*
129 f. *franchement canaille* – »Sie sind ganz einfach Pöbel.« (franz.)

138 nicht das *sanctissimum* ... – »nicht das Heiligste, aber das Lebendigste« (lat./dt.)
138 ›Monsalvat‹ – Artur Górski: ›Monsalwat. Rzecz o Adamie Mickiewiczu‹ [Monsalvat. Über Adam Mickiewicz], Kraków 1908
138 ›Große Improvisation‹ – Die zweite Szene des dritten Aktes von Mickiewiczs ›Dziady‹ [Totenfeier]
140 »König Zeus ...« – V. 532-536 u. 584-590.

Zwischenkriegszeit

I 1919 bis 1930

143 *Un art vaut mieux* ... – »Eine Kunst zählt mehr als ein Vaterland.« (franz.)
147 *un mourir éternel* – »ein ewiges Sterben« (franz.)
152 Was Norwid in einem bekannten Gedicht ... – Gemeint ist das Gedicht ›Ironie‹:

1
Könnte man doch ein großes Werk
Grobem Stein mit dem Meißel entheben,
Und brauchte der Meißel zu knirschen nicht,
Der Hammer nicht anhaltend schlagen und schlagen! ...

2
Könnte man doch mit bloßem Hauch der Harmonie
Die Achsen der Wagen drehn,
Und ohne das Rückwärts-Knarren der Ironie
Könnte man's schaffen, etwas zu machen...

3
Ach! wie *sanfte schliefe der Mensch, der*
Überm Lamento, dem ständigen, stünde,
Doch wie? – wenn ihm noch an den Lidern
Ironische Träume ein sich nisten!!...

4
Gefühl besucht ohne Ironie
Wege, die *fremdes Leiden geschlagen.*
Doch wer dort *eher* war, weiß von ihr,
Daß sie – der notwendige Schatten des Seins ist.

> 5
> Du denkst vielleicht, daß die goldene Zeit
> Kampflos, selbst, kommt zu der Menschheit –
> Ach wo? ... führen erst die *Tugenden* hin,
> *Vor denen abschreckt Lächerlichkeit!* ...
> (Cyprian Norwid: ›Vade-Mecum. Gedichtzyklus (1866)‹. Polnisch/Deutsch, übersetzt und eingeleitet von Rolf Fieguth, München 1981, S. 121)

154 *Peccavi* – Ich habe gesündigt (lat.)

154 *Alte terminus haerens* – ein tief verankerter Grenzstein (lat.)

154 *Sic nolo* – So will ich es nicht (lat.)

161 »*La colère d'un dieu* ...« – »Der Zorn eines von der Materie besiegten Gottes.« (franz.)

163 *Lasciate ogni speranza* ... – »Laßt alle Hoffnung fahren und tretet dennoch ein.« – Variation der Aufschrift am Höllentor in Dantes ›Göttlicher Komödie‹ (III 9): »*Lasciate ogni speranza, voi ch' intrate*« (Laßt alle Hoffnung fahren, die ihr eintretet) (ital.)

169 *sentiment de familiarité* ... – Gefühl der Vertrautheit mit den Dingen (franz.)

170 Barchioch, Fąfała – pejorativ gemeinte Phantasienamen

174 Warchałowski – Jerzy Warchałowski (1874-1939), Kunsttheoretiker

174 »Idealismus, höherer Schwindel« – Vgl.: »... ›höherer Schwindel‹ oder, wenn man's lieber hört, Idealismus« (›Götzen-Dämmerung‹, Was ich den Alten verdanke 2)

176 »Der Abgrund atmete ohne Atem.« – Elzenberg dürfte sich auf die Hymne ›Rigveda‹ X 129 beziehen, wo die von ihm zitierte Aussage allerdings in dieser Form nicht vorkommt. Das Atmen ohne Atem wird dort (V. 2) vielmehr »dem Einen« zugeschrieben.

183 »Die Welt, die hält dich nicht ...« – aus dem Cherubinischen Wandersmann, Anderes Buch Geistreicher Sinn- und Schluß-reimen, Nr. 85

195 *inexistante* – *qui ne demande* ... – Das vollständige Zitat, auf das in dieser Aufzeichnung angespielt wird, lautet: »*Le doute est un mol oreiller pour une tête bien faite*« (Der Zweifel ist ein weiches Kissen für einen guten Kopf) (franz.). – Übersetzung der Elzenbergschen Variation: »Ein weiches Kissen für eine gute Seele? Nein, wohl eher für eine nichtexistente – für

Erläuterungen 523

    eine solche, die nicht den Anspruch hat, mehr als ein Nichts zu sein.«
196 *Ego sum* – »Ich bin.« (lat.)
199 »Alter der Niederlagen« – Gemeint ist, in Anspielung auf ein Gedicht von Mickiewicz (›Polały się łzy me ...‹), das Mannesalter.

II Die dreißiger Jahre

206 *un halo de cosmicité* – Eine kosmistische Aureole (franz.)
207 Kulisiewicz – Tadeusz Kulisiewicz (1899-1988), polnischer Graphiker
208 ›Polska Zbrojna‹ – Offizielles Organ der polnischen Streitkräfte
    Brester Vorkommnisse – In der Nacht vom 9. auf den 10. September 1930 ließ Piłsudski einige der wichtigsten Oppositionsvertreter unter fadenscheinigen Vorwürfen verhaften und im Militärgefängnis von Brest am Bug inhaftieren
209 »Größres wolltest auch du ...« – Friedrich Hölderlin, ›Lebenslauf‹ (Zweite Fassung)
210 »*Si les astres* ...« –
»Mag auch mein Stern in ungeheuren Kreisen
Durch unbekannte Räume, die kein Licht
Erhellt, zu unbekanntem Ziel mich tragen,
Mag ich vergebens Erd' und Himmel fragen:
›Woher? Wohin?‹ und niemand kann mir's weisen,
Mag ich des Leidens dunkle Schrift auch lesen,
Mag ich auch einsam sterben und allein,
Eins tröstet mich gewiß in meiner Pein:
Was mich so quält, ist kein lebendig' Wesen!

Wohl gibt es Leid, doch keinen, der's verhängt.
Es lebt kein Gott, der meine Schmerzen denkt!
Unschuldig schafft und tötet die Natur!
So folg' ich leidend liebend ihrer Spur.
Absolvo vos! Ihr sonnenhellen Weiten,
Und die durch dunkle Wolken schimmernd gleiten,
Gestirne ihr, so kalt trotz eurer Glut!
Ihr stummen Wesen, wißt nicht, was ihr tut.«

(Jean-Marie Guyau: ›Verse eines Philosophen‹. Deutsch nachgedichtet von Udo Gaede, in: ders.: ›Philosophische Werke in Auswahl‹ hrsg. v. Ernst Bergmann, Bd. 1, Leipzig 1912, S. 47)

213 »*Yet not in vain* ...« – »Doch nicht vergebens war des Lebens Lauf, / Belohnung wollten wir, und sie ist hier: / Wir blicken stets noch froh zur Sonne auf ...« (›Childe Harolds Pilgerfahrt‹) (engl.)

215 »*Lorsque je fus parvenu* ...« – »Als es mir gelang, seine vollkommene Schönheit zu verstehen.« (franz.)

217 ›Die Vagabunden der Beskiden‹ – Balladensammlung von Zegadłowicz

218 »*Considerate la vostra semenza* ...« – »Bedenkt, aus welchem Samen ihr gekommen. / Ihr seid nicht da, zu leben wie die Tiere, / Ihr sollt nach Tugend und nach Wissen streben« (›Die Göttliche Komödie‹, Die Hölle XXVI 118-120; Ü.: Gmelin) (ital.). Diese Worte richtet der nach seiner Rückkehr erneut auf Entdeckungsfahrt gegangene Odysseus an seine Gefährten, um sie zur Durchquerung der Meerenge von Gibraltar zu motivieren. Damit hat er Erfolg, allerdings wird ihr Schiff bereits wenige Tage später von einem Strudel verschlungen.

218 Szymanowskis ›Chopin‹ – Gemeint ist das von Wacław Szymanowski stammende, 1926 enthüllte Chopindenkmal im Warschauer Łazienki-Park

219 Pascal: 12. ›Brief in die Provinz‹ – Blaise Pascal: ›Briefe in die Provinz‹, übersetzt, eingeleitet und kommentiert von Karl August Ott, in: ders.: ›Werke‹, Heidelberg 1990, S. 249

223 »*Fais de nous* ...« – »Mach uns zu vollkommenen Spiritualisten!« (franz.)

230 *croire lourdement* – schwerfällig zu glauben (franz.)

231 ›Sułkowski‹ – Drama von Stefan Żeromski

236 Wielka Czantoria – Berg in den westlichen Beskiden an der Grenze zu Tschechien (995 m)

237 »*Do what thy manhood bids thee do* ...« – »Was dir als Mensch geziemt, das tu, und sieh dich nicht nach andern um. / Ein edles Leben, edlen Tod hat, wer sich selbst Gesetze gibt und hält. / Ein andres Leben gleicht dem Tod, gespensterhaft ist seine Welt; / Ein Hauch, ein Wind, ein Ton, ein Wort, und vom Kamel der Glocke Schall.« (engl.)

239 jenes Gedicht von Pawlikowska – ›Der persische Teppich‹ von Maria Pawlikowska-Jasnorzewska (1924)
239 Singsaglich – Versuch, den Neologismus »słopiewnie« zu übersetzen: Titel eines Liederzyklus von Szymanowski (1921), dem Gedichte von Tuwim zugrunde liegen
240 wie der im übrigen großartige Omar Chajjam will – Vgl. »Ach, wär uns doch zu eigen Gottes Walten, / ich wollte wahrlich diesen Himmel spalten / in tausend Stücke und ihn dann im Nu / nach unsres Herzens Sehnsucht neu gestalten!« (Omar Chajjam: *Vierzeiler*. Nach den ältesten Handschriften aus dem Persischen verdeutscht von Christian Herrnhold Rempis. Tübingen 1935. S. 72.) Elzenberg las das wohl in Fitzgeralds Übertragung: »*Ah Love! could you and I with Fate conspire / To grasp this sorry Scheme of Things entire, / Would not we shatter it to bits – and then / Re-mould it nearer to the Heart's Desire!*«
242 »*Sans plus nous soucier* ...« – »Laßt uns ohne Sorgen und ohne jemals herabzusteigen vergehen.« (franz.)
244 »*Et je continuerai* ...« – »Fortsetzen werd ich den steilen Aufstieg, der dem Falle gleicht.« (franz.)
245 Rusineks Roman – gemeint ist ein Werk des Dichters Michał Rusinek (1904-2001), wahrscheinlich ›Sturm auf dem Pflaster‹ [Burza nad brukiem], Warszawa 1932
251 »Bündel von Erscheinungen« – Anspielung auf Humes Theorie des Selbst als »a bundle of perceptions« (›A Treatise on Human Nature‹)
257 Sanacja – umgangssprachliche Bezeichnung des 1926 nach dem Maiumsturz entstandenen Regierungslagers in Polen, das – unter Anführung Józef Piłsudskis – eine Genesung (»sanacja«) der staatlichen Verhältnisse anstrebte
257 Kmicic – Romanfigur aus der ›Sintflut‹ von Sienkiewicz: tapferer, doch unbeherrschter Haudegen
262 κτῆμα ἐς ἀεί – »Besitz für die Ewigkeit« (Thukydides I 22) (gr.)
265 »Ein Ideal«, sagte ich ... – Dem Sinne nach in einer Aufzeichnung vom 28.9.1930
271 *summa rerum* – Gesamtsumme der Dinge (lat.)
272 Adlerpfad – Poln.: »Orła Perć«, Kletterpfad in der Hohen Tatra
273 *Incertissimo regimine utitur, fama* – Der ungewissesten Leitschnur bedient er sich: der öffentlichen Meinung (lat.)

273 *gesta Dei per sceleratos* – Gottes Geschichte [verwirklicht] durch Frevler (lat.)
dulce et decorum – süß und ehrenvoll (lat.)
288 Politeiai – Mehrzahl von ›Politeia‹: gr. Originaltitel von Platons ›Staat‹
292 »Alles Gelehrtenhafte ...« – Friedrich Nietzsche: ›Der Wille zur Macht‹, in: ders: ›Werke in sechs Bänden‹, hrsg. v. Alfred Baeumler, Nachwort zu Bd. 6, Leipzig 1930, S. 702 (= ›Kritische Studienausgabe‹, hrsg. v. G. Colli und M. Montinari, Bd. 12, München u. a. 1999, S. 400). Der Titel des Fragments lautet: »Das vollkommene Buch«
295 *Ut exeam melior* – Damit ich [die Welt] als besserer [Mensch] verlasse (›Epist.‹ LXVIII 14) (lat.)

Der Zweite Weltkrieg und die Zeit danach

I Zweiter Weltkrieg

303 »*feci* (oder lediglich *conatus sum*) ...« – »Ich habe es getan (oder lediglich: versucht) und habe meine Seele gerettet.« (lat.)
304 Zdziechowskis Buch über die Romantik – Gemeint ist wahrscheinlich Marian Zdziechowski: ›Pesymizm, romantyzm a podstawy chrześcijaństwa‹ [Pessimismus, Romantismus und die Grundlagen des Christentums], 2 Bde., Kraków 1914
309 ... wie es die »Weltkugel« war ... – Vgl. Mickiewicz: ›Oda do młodości‹ [Ode an die Jugend], V. 56-59
309 Hegel sagte, der Mensch ... – Georg Wilhelm Friedrich Hegel: ›Vorlesungen über die Geschichte der Philosophie‹, in: ders.: Werke in zwanzig Bänden. Auf der Grundlage der Werke von 1832-1845 neu edierte Ausgabe. Redaktion Eva Moldenhauer und Karl Markus Michel, Bd. 18, Frankfurt/M. 1979, S. 13 f.
320 Libanios – Figur aus dem Roman ›Daphné‹
324 *en nappes* ... – »in Flächen« – »Betrachtungsflächen« – »Wasserflächen« (franz.)
327 ›Der brennende Inhalt‹ – Gedichtband von Julian Tuwim
328 *organisation de l'irrationel* – Die Organisierung des Irrationalen (franz.)

329 »Sprich oft verächtlich von ...« – Franz von Sales: ›Anleitung zum frommen Leben. Philotea‹. Aus dem Französischen übertragen von Franz Reisinger, Eichstätt/Wien 1959, S. 224

331 »Was für eine Philosophie ...« – Johann Gottlieb Fichte: ›Versuch einer Darstellung der Wissenschaftslehre‹ (= Gesamtausgabe der Bayerischen Akademie der Wissenschaften, Bd. I.4), hrsg. v. R. Lauth und H. Gliwitzky, Stuttgart-Bad Cannstatt 1970, S. 195

332 »Aber schlechthin für nichts ...« – Johann Gottlieb Fichte: ›Die Bestimmung des Menschen‹ (= Gesamtausgabe der Bayerischen Akademie der Wissenschaften, Bd. I.6), hrsg. v. R. Lauth und H. Gliwitzky, Stuttgart-Bad Cannstatt 1970, S. 278

332 »das Gesetz der übersinnlichen Welt ...« – Ebenda, S. 291

333 *Lacus, in quem vita defluit* – Das Gewässer, in welches das Leben ausfließt (lat.)

333 ... werde ich einen Erben hinterlassen – Vgl.: »Ich werde hier nicht einen Erben hinterlassen, / Weder für meinen Namen noch für meine Laute: / Mein Name, kurzer Blitz, ging unter in den Massen, / So wie ein hohler Schall, der niemandem vertraute.« (Juliusz Słowacki: ›Mein Testament‹, in: ›Die Dichter Polens. Hundert Autoren vom Mittelalter bis heute. Ein Brevier von Karl Dedecius mit hundert Porträtzeichnungen von Eryk Lipiński‹, Frankfurt/M. 1995, S. 107.)

336 *pecus* – Vieh (lat.)

337 »Was für eine Philosophie man wähle ...« – Siehe Notiz vom 12.8.1942

339 »*La société, c'est le mal.*« – »Die Gesellschaft ist das Übel.« (franz.)

343 f. »Denn der innere Gehalt ...« – Johann Wolfgang von Goethe: ›Aus meinem Leben. Dichtung und Wahrheit‹, in: ders.: ›Berliner Ausgabe‹, Bd. 13, Berlin 1967, S. 304

346 »Wäre hier kein Mensch ...« – ›Meister Eckharts mystische Schriften‹. Übertragen von Gustav Landauer, Berlin 1903, S. 79

353 ... jenes bekannte unbedeutende und erbärmliche Büchlein ... – ›Marek Aureliusz‹ [Mark Aurel], Warszawa 1922

358 *Ne impedias musicam* – Störe nicht die Musik (Sirach 32,3) (lat.)

358 »*maître de la vie intérieure*« – »Meister des innerlichen Lebens« (franz.)

359 »*Le poète est* ...« – »Der Dichter ist ein gescheiterter Mystiker.« (franz.)

371 ... mit der ich noch den ›Leibniz‹ schrieb ... – ›Die Grundlagen von Leibniz' Metaphysik‹ [Podstawy metafizyki Leibniza], Kraków 1917

371 *j'en pris le contre-pied* – nahm ich die Gegenposition ein (franz.)

374 Znanieckis Konzeption des »Spielmenschen« ... – Vgl. Florian Znaniecki: ›Menschen von heute und die Zivilisation der Zukunft‹, Frankfurt/M. u. a. 2001

377 »Sodann stellt vom Standpunkt ...« – Ernst Kretschmer: ›Körperbau und Charakter‹, 20. Aufl., Berlin 1951, S. 342. – Elzenberg zitiert anscheinend nach einer anderen, unauffindbaren Ausgabe

II Vom Kriegsende bis zum Jahre 1953

381 »brennend« – Anspielung auf den Titel des in der Notiz vom 7.7.1942 erwähnten Buchs von Tuwim

382 »Ich habe aber auch ...« – Zitiert nach: Wilhelm Michel: ›Das Leben Friedrich Hölderlins‹, Bremen 1949, S. 7

382 »Das größte Verdienst ...« – Zitiert nach: ebenda, S. 61

382 »Die vielberufene ›Humorlosigkeit‹ ...« – Ebenda, S. 84

385 »Aber es scheint ...« – In: Thomas Mann: ›Gesammelte Werke‹, Bd. 9: Erzählungen, Berlin 1956, S. 466. – Nach dieser Ausgabe auch die weiteren Thomas-Mann-Zitate der nächsten Einträge aus dem ›Tod in Venedig‹ und ›Tonio Kröger‹

385 »*passer sur le ventre* ...« – »über die Leichen der Psychologen gehen« (franz.)

390 mein Namensvetter bei Krasiński – ›Die Ungöttliche Komödie‹, 4. Teil

390 »So wie der junge Mann ...« – Paul Claudel: ›Mittagswende‹, erste Fassung, deutsch von Edwin Maria Landau, in: ders.: ›Gesammelte Werke‹, hrsg. v. Edwin Maria Landau, Bd. 2: Dramen. Erster Teil, Heidelberg u. a. 1960, S. 486

390 »*J'ai péché fortement* ...« – »Ich habe schwer gesündigt. / Jetzt aber rette mich, du mein Gott, denn es ist genug!« (Ebenda, S. 548) (franz.)

392 »Kein Feind hat deine Seel erdrückt ...« – George Gordon Byron: ›Sämtliche Werke‹, hrsg. v. Siegfried Schmitz, Bd. 1, München o. J., S. 196. Elzenberg zitiert die weniger genaue Übersetzung von Mickiewicz, in welcher der Gedanke der ersten beiden Verse nicht persönlich, sondern allgemein formuliert ist

393 »Wer die Welt vernünftig ansieht ...« – Georg Wilhelm Friedrich Hegel: ›Vorlesungen über die Philosophie der Geschichte‹, in: ders.: ›Werke‹, auf der Grundlage der Werke von 1832-1845 neu edierte Ausgabe, Redaktion Eva Moldenhauer und Karl Markus Michel, Bd. 12, Frankfurt/M. 1979, S. 23

394 Gubałówka – Berggipfel in der Hohen Tatra mit beliebtem Aussichtspunkt

394 »Meint er uns recht ergötzt zu haben ...« – Blaise Pascal: ›Gedanken über die Religion und einige andere Gegenstände‹, aus dem Französischen übersetzt von Karl Adolf Blech, Berlin 1840, S. 242

396 »Was wirklich ist, das ist sinnlos ...« – Vgl. »Was vernünftig ist, das ist wirklich; und was wirklich ist, das ist vernünftig« (Hegel: ›Grundlinien der Philosophie des Rechts‹, Vorrede)

396 *La société, c'est le mal* – Siehe Notiz vom 2.10.1942

399 »*Aimez ce que jamais* ...« – Siehe Anm. zur Notiz vom 22.8.1942

399 *Pensée de commande, pensée de rien* – Ein befohlener Gedanke ist gar kein Gedanke (franz.)

400 Twardowskis Nachfolger – Vermutlich ist Kazimierz Twardowski (1866-1938) gemeint: polnischer Philosoph, Vorbereiter der von Elzenberg häufig angegriffenen Warschauer Schule

407 *ut imperium in imperio* – wie ein Reich in einem Reich (lat.)

408 *Métaphysique d'écrivain* ... – Schriftstellermetaphysik, Scharlatanmetaphysik (franz.)

410 Krakauer Vorstadt – Straße in Warschau

411 *inde egestas* – Daher die Dürftigkeit (lat.)

412 Mark Aurels »Kreisel« – Mark Aurel: ›Selbstbetrachtungen‹ V 36

416 *Advienne que pourra* – Komme, was wolle (franz.)

418 *je vois clairement* ... – ich klar und deutlich als solches erkenne (franz.)

418 »*sans quelque méprise*« – ohne jeglichen Irrtum (franz.)

421 *templa serena* – Vgl. die zweite Notiz vom 19.11.1923
425 »Glücklich, aus wem ein neues Wort ...« – Paul Claudel: ›Die Quelle‹, in: ders.: ›Erkenntnis des Ostens‹. Deutsch von Eduard Plüss (= Gesammelte Werke, hrsg. v. Edwin Maria Landau, Bd. 4: Länder und Welten), Heidelberg u. a. 1960, S. 185
425 »das Unbedingte gegen die ...« – Paul Claudel: ›Die Pagode‹, ebenda, S. 115
425 *c'est un peu fort* – Das geht zu weit (franz.)
427 *un esprit supérieur* – einen überlegenen Geist (franz.)
427 *Pervertisseur* – Verderber (franz.)
429 »Lieblich ist, o Ānanda, Vesāli ...« – ›Dīghanikāya‹ 16 (Elzenbergs Text stellt keine Übersetzung des Originals, sondern eine gekürzte und zusammengefaßte Version dar)
432 Bei Hölderlin im ›Hyperion‹ – Friedrich Hölderlin: ›Hyperion oder der Eremit in Griechenland‹, in: ders.: ›Sämtliche Werke‹, hrsg. v. Friedrich Beissner, Bd. 3, Stuttgart 1957, S. 33
433 »... was war ihm (...) Maß ohne Pathos ...« – Friedrich Gundolf: ›Goethe‹, Berlin 1918, S. 685
433 f. »Es könnte unbegreiflich scheinen ...« – Wilhelm Michel: ›Das Leben Friedrich Hölderlins‹, Bremen 1949, S. 524
434 »Für den Biographen sind Werke ...« – Friedrich Gundolf: ›Goethe‹, Berlin 1918, S. 1 f.
435 Berents Schmied – Figur in Wacław Berents ›Żywe kamienie‹ [Lebendige Steine, 1918]
435 *operatores operis* – Werk-Schaffende (lat.)

III 1954 bis 1963

438 Hotar – Wichtiger Priester beim altvedischen Ritual
438 »stieß er die Weltkugel aus dem Fundament« – Vgl. Anm. zur Notiz vom 21.12.1941
Oldenberg, aus einem Aufsatz ... – Hermann Oldenberg: ›Eine Sammlung altbuddhistischer Dichtungen‹, in: ders.: ›Aus dem alten Indien‹, Berlin 1910
439 »[Der] vom Weltleid sich erlösende Weise ...« – ders.: ›Der Buddhismus und die christliche Liebe‹, in: ebenda, S. 15
446 »Woraus besteht der Mensch?« – Vgl. die Notiz vom 12.12.1930

448 *Sens non partagé n'est pas sens* – Ein Sinn, der nicht geteilt wird, ist kein Sinn (franz.)

450 *Le grand témoin* ... – Der große Zeuge, der große Lobende, der große Mitleidende (franz.)

451 *Plus il raisonne* ... – Je mehr er nachdenkt, desto weniger hat er recht (franz.)

451 »Der Mensch ist etwas ...« – Nietzsche: ›Also sprach Zarathustra‹, Zarathustras Vorrede 3

453 *in melius* – zum Besseren hin (lat.)

454 *Scriptum in amaritudine cordis* – Geschrieben mit Bitterkeit im Herzen (lat.)

454 Aus ›Baumeister Solness‹ – Henrik Ibsen: ›Baumeister Solness‹, in: ders.: ›Sämtliche Werke‹, hrsg. v. J. Elias und P. Schlenther, Bd. 5, Berlin 1921, S. 249 f.

455 *pulvis et cinis et nihil* – Staub und Asche und nichts (lat.)

458 Vor einiger Zeit schrieb ich ... – Vgl. die Notiz vom 5.5.1952

458 »Aber der göttliche Geist ...« – Rudolf Otto: ›West-östliche Mystik‹, 3. Aufl., München 1971, S. 54, Anm. 17

462 *Ius secessionis a genere humano* – Das Recht auf Absonderung vom Menschengeschlecht

463 »Daraus aber, daß der Mensch ...« – Georg Wilhelm Friedrich Hegel: ›Vorlesungen über die Philosophie der Geschichte‹, in: ders.: ›Werke‹. Auf der Grundlage der Werke von 1832-1845 neu edierte Ausgabe. Redaktion Eva Moldenhauer und Karl Markus Michel, Bd. 12, Frankfurt/M. 1979, S. 124

464 »Der Mensch ist etwas ...« – Siehe Anm. zur Notiz vom 19.1.1953

469 »in die Kraft des Gegners eingehen« – Georg Wilhelm Friedrich Hegel: ›Wissenschaft der Logik‹, in: ders.: ›Werke‹. Auf der Grundlage der Werke von 1832-1845 neu edierte Ausgabe. Redaktion Eva Moldenhauer und Karl Markus Michel, Bd. 6, Frankfurt/M. 1979, S. 250

471 Aus ›Doktor Faustus‹ – Thomas Mann: ›Doktor Faustus‹, Frankfurt/M. 1998, S. 379 (Kap. XXVIII, *sub finem*). – Hieraus auch die folgenden Zitate aus ›Doktor Faustus‹: S. 430, S. 460 (Kap. XXXI, *sub finem*) und (in der Notiz vom 15.1.) S. 485 (Kap. XXXIV)

480 »*There is no good* ...« – »Es gibt kein Gut, es gibt kein Bös, solch Grillen spinnt der Menschen Sinn; / Was gut mir tut, das heißt mir ›gut‹, und ›bös‹, wodurch ich elend bin. / Verschiednes gilt, nach Ort, nach Volk, usw.« (engl.)

481 »Ein Gelehrter kann nie ein Philosoph werden ...« – Friedrich Nietzsche: ›Kritische Studienausgabe‹, hrsg. v. G. Colli und M. Montinari, Bd. 1, München u. a. 1988, S. 409 f.
481 »... so tauscht er die tiefe Einsicht seines Schicksals ...« – Ebenda, S. 278
481 »Andererseits wird in solchem Falle ...« – Arthur Schopenhauer: ›Preisschrift über die Grundlage der Moral‹, in: ders.: ›Sämtliche Werke‹, hrsg. v. A. Hübscher, Bd. 4, Leipzig 1938, S. 163 f.
482 *Il me répugne de salir* ... – Es widerstrebt mir, den Saum meines Mantels zu beschmutzen
485 ›Kontrapunkt des Lebens‹ – Roman von Aldous Huxley
487 »Ich habe Menschen kennen gelernt ...« – Søren Kierkegaard: ›Entweder – Oder. Ein Lebensfragment.‹ Aus dem Dänischen von Alexander Michelsen und Otto Gleiß, Leipzig 1885, S. 458
487 »Vernunft darf sich nicht ...« – Karl Jaspers: ›Von der Wahrheit‹, München/Zürich 1991, S. 677
488 »Eine ›ungesellige Geselligkeit‹ ...« – Ebenda, S. 376
488 Mir ist nicht bekannt ... – Vgl. ›Immanuel Kant's kleine anthropologisch-praktische Schriften‹, hrsg. v. F. W. Schubert, Leipzig 1838, S. 321 (= I. Kant's sämmtliche Werke, T. 7)
488 »Der Sinn eines philosophischen Gedankens ...« – Karl Jaspers: ›Von der Wahrheit‹, München/Zürich 1991, S. 170
491 »Das sind Sie, Piotr O'Hey« – Sławomir Mrożek: ›Das Martyrium des Piotr O'Hey‹, in: ders.: ›Striptease und andere Stücke‹. Aus dem Polnischen von Ludwig Zimmerer, Zürich 1992, S. 107
492 »*Elle vit de vie*« – »Sie lebt ihr Leben.« (franz.)
494 Artikel über die ›Mandarine‹ – Zbigniew Bieńkowski: Mandaryni [Die Mandarine], in: ders.: Piekła i orfeusze [Höllen und Orpheuse], Warszawa 1960, S. 221-237
500 *homo sum* usw. – »*Homo sum, humani nihil a me alienum puto.*« (»Ich bin ein Mensch und halte nichts Menschliches mir fremd« – Terenz: ›Heautontimoroumenos‹ I 1,25.) (lat.)
502 »... *perpetuare l'inconcludente* ...« – »... das zwecklose Elend des Lebens zu verlängern ...« (ital.)
504 ... vor einiger Zeit ... – Vgl. die Notiz vom 1.1.1959
506 »... wo nur der Stern noch ...« – Adam Mickiewicz: Blick auf die Krimberge von der Koslowsteppe aus (aus den ›Krim-Sonetten‹, eigene Übertragung)

510 *mędrek* – Negativ konnotiertes Substantiv, das mit den Worten *mądry* (weise, klug) und *mędrzec* (Weiser) verwandt ist; in etwa übersetzbar mit »Besserwisser«, »Neunmalkluger« u. dgl.

Zu Autor und Werk

Henryk Elzenberg (1887 Warschau - 1967 Warschau) verbrachte, nachdem seine Eltern früh gestorben waren, seine Jugend bei Verwandten in der Schweiz. Nach seinem Abitur, das er 1905 in Genf ablegte, studierte er bis 1909 in Paris, wo er über ›Le sentiment religieux chez Leconte de Lisle‹ promovierte. Zu seinen Lehrern zählte unter anderem Henri Bergson. Ein erster Lehrauftrag für französische Literatur führte Elzenberg nach Neuchâtel. 1912 zog er nach Polen. Während des Ersten Weltkriegs war er freiwilliges Mitglied der Polnischen Legionen und war teils an der Front eingesetzt, teils arbeitete er in Krakau für die Auslandspropaganda. Nach einem knappen Jahr als Gymnasiallehrer in Zakopane und einem mehrmonatigen Stipendienaufenthalt in Wien kehrte Elzenberg als Lehrer nach Krakau zurück, um kurz darauf - 1920 - als Freiwilliger in den polnisch-sowjetischen Krieg zu ziehen. 1921 habilitierte sich der Philosoph in Krakau über Mark Aurel; im Jahr darauf ging er als Gymnasiallehrer nach Warschau. Seit 1924 hielt er an der Universität Warschau Vorlesungen über Ästhetik, seit 1928 als Dozent. 1936 zog Elzenberg nach Wilna, wo er als Universitätsdozent über Ethik, Ästhetik, Wertetheorie, Erkenntnistheorie und Philosophiegeschichte las. Während des Kriegs blieb er in Wilna und hielt im Untergrund Vorlesungen; seinen Lebensunterhalt verdiente er u. a. als Hausmeister. Nach einem kurzen Intermezzo als Französischlektor an der Katholischen Universität Lublin war Elzenberg seit 1946 an der Universität Thorn tätig, wo er bis 1951 und dann, nachdem er aus politischen Gründen suspendiert worden war, wieder von 1956 bis 1960 den Lehrstuhl für Philosophie leitete.

Elzenbergs wichtigste Interessengebiete waren Axiologie, Ästhetik, Ethik sowie französische Literaturgeschichte. Er legte nur wenige schriftliche Arbeiten vor und hielt sich selbst eher für einen Künstler und Moralisten denn für einen Wissenschaftler; einer bestimmten Schule wollte er sich nie zurechnen. Dem wissenschaftlichen Diskurs zog er das einsame Leben vor. Dennoch erwarb Elzenberg sich den Ruf, einer der originellsten polnischen Denker zu sein. Zu seinen Schülern zählte u. a. der Dichter Zbigniew Herbert. Sein opus magnum ist der aus tagebuchartigen Skizzen bestehende Band ›Kummer mit dem Sein‹ (Kłopot z istnieniem), in dem er Gegenwart und Vergangenheit philosophisch begleitete und wo er seinen – später aufgegebenen – Versuch eines Systems der Axiologie entwickelte. Elzenbergs Denken ist Beleg für die stete Aktualität der Philosophie – und in seiner aphoristischen Form nicht selten Grund zu intellektuellem Vergnügen.

Die Nikolaus-Kopernikus-Universität Thorn bereitet eine Gesamtausgabe der Werke Elzenbergs vor.

P.O.L.

Einige weitere wichtige Arbeiten Elzenbergs:

›Wartość i człowiek. Rozprawy z humanistyki i filozofii‹ [Wert und Mensch. Arbeiten aus Humanistik und Philosophie], Toruń 1966.

›Próby kontaktu. Eseje i studia krytyczne‹ [Kontaktversuch. Essays und kritische Studien], Toruń 1966.

›Marek Aureliusz. Z historii i psychologii etyki‹ [Mark Aurel. Zur Geschichte und Psychologie der Ethik], Lwów u. Warszawa 1922.

Personenverzeichnis

Aischylos 48, 140, 268
Ajdukiewicz, Kazimierz 410, 476
Al-Ghazālī 449
Alain (eigentl.: Emile Auguste Chartier) 284, 285
Alexander der Große 66, 108
Alléon 77
Amiel, Henri Frédéric 135, 235, 362, 363, 429, 511, 512
Andrzejewski, Jerzy 387
Annunzio, Gabriele d' 344
Apollinaire, Guillaume 422
Apollonios von Tyana 211
Aristophanes 246
Aristoteles 25, 48, 69, 253, 418
Astrow, Wladimir 317
Aschoka 256
Augustinus, hl. 334, 337, 338
Ayer, Alfred Jules 508

Bach, Johann Sebastian 329
Bacot, Jacques 463
Bader, Karol 107
Balicki, Zygmunt 79, 91
Balzac, Honoré de 115, 423, 461
Barrès, Maurice 351
Baudelaire, Charles-Pierre 82, 106
Bąk, Wojciech 342, 343
Beckh, Hermann 431
Beethoven, Ludwig van 167, 223, 326, 328, 395, 437
Bendz, Ernst 422
Bennett, Charles Andrew Arnold 229
Bentham, Jeremy 382, 383
Berent, Wacław 177, 326, 341, 435
Bergson, Henri 50, 271, 280, 346, 351, 362, 371, 480
Berkeley, George 26, 27, 267, 458
Bieńkowski, Zbigniew 493-495
Blok, Alexander 250
Boehme, Jakob 324
Boisdeffre, Pierre de 408
Boissier, Gaston 126
Bollnow, Otto Friedrich 509
Bonaparte, Napoleon siehe: Napoleon I. Bonaparte
Borne, Etienne 421
Bossuet, Jacques Bénigne 58
Bourget, Paul 352
Boy siehe: Żeleński-Boy, Tadeusz
Böcklin, Arnold 43, 173
Bradley, Francis Herbert 508
Braque, Georges 507
Bréhier, Émile 346
Bremond, Henri 359, 407
Broniewski, Władysław 341, 342
Brunschvicg, Léon 322, 466, 480
Brzoza siehe Młynarski, Feliks
Brzozowski, Stanisław 80-82, 94, 126, 127, 171, 247, 277

Buddha (eigentl. Siddhartha
Gautama) 108, 210, 383, 430,
431, 463, 498
Buonarroti, Michelangelo 161,
435
Burne-Jones, Edward Coley 173,
486
Burton, Richard 237, 238, 480
Büchner, Georg 224
Bylski, Leopold (Pseud.) 51
Byron, George Gordon Noel,
Lord 66, 67, 213, 392

Caligula (Caius Iulius Caesar)
497
Camus, Albert 412, 462
Carlyle, Thomas 393
Caro, Eugène 35
Cartesius, siehe: Descartes, René
Cäsar, Caius Julius 151
Catilina, Lucius Sergius 173
Chajjam, Omar 240
Chalmers, Robert, Lord 450
Chamfort, Nicolas Sébastian
Roch 448
Chateaubriand, François-René
83, 304
Chesterton, Gilbert Keith 217
Chołoniewski, Antoni 110
Christus 77, 167, 187, 383
Claudel, Paul 230, 352, 390,
424-427
Comte, Auguste 70, 247, 477
Connoly, Cyril 445-448
Conrad, Joseph (eigentl.: Józef
Korzeniowski) 320, 330-332,
340
Constant de Rebecque,
Benjamin Henri 469
Corbulo, Cnaeus Domitius 379

Corneille, Pierre 73, 268
Cournot, Antoine Augustin
338, 339
Crane, Walter 174
Croce, Benedetto 268, 269, 271,
489
Curel, François de 379

Dante Alighieri 163, 218, 435
Darboy 312
Dawid, (Jan) Władysław 301,
302
Dąbrowska, Maria 278
Descartes, René 31, 57, 166, 169,
233, 279, 368, 371, 372, 410
Dessoir, Max 113
Destouches, Philippe (eigentl.:
Philippe Néricault) 38
Dilthey, Wilhelm 479
Dionysius Areopagita 312, 431
Dmowski, Roman 78
Domitian, röm. Kaiser 211
Ducamp, Maxim 26
Dugas, Ludovic 467
Duhamel, Georges 228
Dumoulin, Heinrich 508
Dschingis-Khan 379

Eckermann, Johann Peter 137,
211-213
Eckhart, Johannes (»Meister
Eckhart«) 199, 346, 358, 431,
460
Eliot, Thomas Stearns 446
Epiktet (aus Hierapolis) 24, 48,
94, 165, 166
Epikur 511
Eucken, Rudolf 76
Euripides 29, 376

Faguet, Emile 86
Fauré-Fremiet, Philippe 391, 392
Fénelon, François de Salignac de la Motte 511
Fernández, Ramón 385
Fichte, Johann Gottlieb 224, 331, 332, 337
Flaubert, Gustave 23, 33, 94, 97, 115, 165, 166, 211, 227, 378, 409
Fouillée, Alfred 212
Fra Angelico 86
Franz I., König von Frankreich 36
Franz von Sales 329
Freud, Sigmund 362
Friedländer, Paul 496

Gandhi, Mohandas Karamchand 16, 190, 201, 259, 412
Gauguin, Paul 496
Gautier, Théophile 324, 365
Gellner, Ernest 501
George, Stefan 260
Germanicus, siehe: Cäsar
Gide, André 422, 424-428
Goetel, Ferdynand 262
Goethe, Johann Wolfgang von 24, 38, 69, 75, 94, 96, 99, 108, 113, 118, 125, 137, 153, 165-167, 175, 211-213, 215, 228, 310, 333, 334, 336, 344, 395, 421, 423, 429, 433-435, 437, 438, 460
Gourmont, Rémy de 104
Górski, Konrad 400
Green, Marjorie 411
Grzymała-Siedlecki, Adam, siehe: Siedlecki, Adam Grzymała

Guitton (eigentl.: Guittone d'Arezzo) 415
Gundolf, Friedrich 429, 433-436
Guyau, Jean-Marie 210, 212

Hadrian, röm. Kaiser 159
Haldane, John Burdon Sanderson 382
Halévy, Daniel 351
Hardenberg, Friedrich von 467
Harnack, Adolf von 232, 452
Hartmann, Eduard von 35, 506
Hartmann, Nicolai 295
Heaton, Herbert 392
Hegel, Georg Wilhelm Friedrich 70, 83, 309, 393, 396, 412, 413, 462, 469
Heidegger, Martin 411, 419, 476, 479, 480
Heiler, Friedrich 430, 439
Heine, Heinrich 89
Heinrich II., König von Frankreich 36, 37
Heinrich IV., König von Frankreich 36
Heraklit (aus Ephesos) 176
Hérédia, José-Maria de 161
Hieronymus, hl. 99
Hobbes, Thomas 337, 338
Hocking, William Ernest 344, 345, 353
Hodgson, Shadworth Hollway 322
Holborn, Hajo 392
Holzapfel, Rudolf Maria 190, 191, 201, 229, 316, 317
Homer 31, 48, 83, 92, 100, 131, 324, 409, 452
Horaz (Quintus Horatius Flaccus) 86, 88, 239, 441

Höffding, Harald 120, 121
Hölderlin, Friedrich 209, 210, 213, 341, 382, 432, 433, 440
Hugo, Victor Marie 26, 158, 244
Husarski, Karol 217
Huxley, Aldous 429
Huxley, Julian 406

Iłłakowiczówna, Kazimiera 239
Irzykowski, Karol 277
Iwaszkiewicz, Jarosław 174, 239

Jaroszewicz, A. 477
Jaspers, Karl 487-489, 491, 492, 509
James, William 65, 238
Jeanson, Francis 413
Joad, Cyril Edwin Mitchinson 419
Joël, Karl 439
Jordaens, Jacob 129
Julian Apostata (Flavius Claudius Iulianus), röm. Kaiser 424

Kant, Immanuel 85, 368, 488
Kasprowicz, Jan 75, 80-82, 84, 347
Kierkegaard, Søren Aabye 388, 476, 486
Kleiner, Juliusz 96, 381
Kolumbus, Christopher (Cristoforo Colombo) 361, 362
Kołaczkowski, Stefan 381
Konstantin der Große (eigentl. Flavius Valerius Constantinus) 259
Kościuszko, Tadeusz 52

Kotarbiński, Tadeusz 318, 369-371
Kott, Jan 343
Kozicki, Władysław 79
Kozłowski, Stanisław 67
Krasiński, Zygmunt 96, 113, 139, 390
Kretschmer, Ernst 377
Kulisiewicz, Tadeusz 207
Kuna, Henryk 161

La Bruyère, Jean de 196
La Fontaine, Jean de 502
Laforgue, Jules 384
Lalou, René 351
Lammenais, Félicité Robert de 33
Lamartine, Alphonse de 21, 232
La Mettrié, Julien Offray de 337, 338
La Rochefoucauld, François de 92, 359
Lavelle, Louis 489
Lechoń, Jan 171, 340, 341
Leconte de Lisle, Charles Marie René 126, 165, 166, 320, 513
Lefebvre, Henri 381
Leisegang, Hans 439
Leibniz, Gottfried Wilhelm 371
Leon, Philip 402
Leopardi, Giacomo 35, 137, 164, 320
Leśmian, Bolesław 327, 339
Le Tellier, Michel 58
Lewis, Clive Staples 448
Libanios 320
Litt, Theodor 469
Lucius Aurelius Verus 284
Ludor 102
Lukian (von Samosat) 483, 484

Lukrez (Titus Lucretius Carus) 88, 154, 163, 164, 173, 230, 337, 369, 370
Luther, Martin 408

Łopatyńska, Lidia 384
Łukasiewicz, Jan 246, 366-369, 371

Mach, Ernst 107
Machiavelli, Niccolò 125
Maeterlinck, Maurice 97, 101, 116, 351, 400
Maine de Biran (eigentl.: Marie François Pierre Gonthier de Biran) 358, 360-364, 511
Makowiecki, Tadeusz 413
Malewska, Hanna 16
Malraux, André 342, 396, 409
Manet, Edouard 158
Mann, Maurycy 33
Mann, Thomas 185, 385, 386, 387, 409, 471
Marat, Jean Paul 463
Marcel, Gabriel 476
Maritain, Jacques 216
Marius, Caius 173
Mark Aurel 195, 283, 284, 353, 412, 421
Martineau, James 415
Matuszewski, Ignacy 43, 84, 323
Maupassant, Guy de 408
Mauriac, François 197, 267
Maurras, Charles 351, 413
Meyerson, Emil 304
Michalski, Stanisław Franciszek 186
Michelangelo, siehe: Buonarroti, Michelangelo
Michel, Wilhelm 382

Mickiewicz, Adam 52, 67, 86, 87, 88, 102, 125, 166, 275, 309, 323, 324
Mill, John Stuart 364
Miriam, siehe: Przesmycki, Zenon
Młynarski, Feliks (Pseud.: Brzoza) 52
Mochnacki, Maurycy 150
Mohammed (Muhammad ibn 'Abd Allah) 232
Molière (eigentl.: Jean-Baptiste Poquelin) 196
Montaigne, Michel de 195, 308, 309
Morand, Paul 170
Moréas, Jean 242, 351
Mounier, Emmanuel 489
Mrożek, Sławomir 491
Musset, Alfred de 82, 446
Mussolini, Benito 261
Müller-Freienfels, Richard 173

Naborowski, Daniel 506
Napoleon I. Bonaparte 167, 323
Nawroczyński, Bogdan 490
Neumann, Karl Eugen 203
Nietzsche, Friedrich 33, 39, 50, 51, 76, 96, 102, 157, 165, 167, 174, 185, 292, 381, 410, 476, 481
Norden, Eduard 334
Norwid, Cyprian Kamil 152, 236, 340, 343

Oldenberg, Hermann 438, 439
Osiński, Ludwik 506
Otto, Rudolf 431, 458, 460
Ovid (Publius Ovidius Naso) 102

Palma, Vecchio 134
Pares, Richard 392
Pascal, Blaise 33, 62, 99, 110, 219, 242, 243, 372, 394, 414, 438
Pasternak, Boris 495
Pater, Walter 483
Paulus, hl. 128, 156, 178, 230, 345
Pawlikowska-Jasnorzewska, Maria 239, 342
Perelman, Chaïm 285
Petronius, Titus bzw. Caius 173
Picasso, Pablo 507
Piechal, Marian 340, 343
Pigoń, Stanisław 383
Piłsudski, Józef 341
Pindar 463
Pirandello, Luigi 502
Platon 33, 48, 175, 176, 256, 257, 304, 384, 431, 440, 460, 486, 496
Plinius d. J. 128
Plotin 308, 346, 418, 431
Poe, Edgar Allan 239
Poincaré, Henri 447
Poitiers, Diane de 37
Pomirowski, Leon 208, 209
Prichard, Harold A. 415
Proust, Marcel 362, 396, 408
Przesmycki, Zenon (Pseud.: Miriam) 48, 79
Przyboś, Julian 236
Przybyszewski, Stanisław 41, 75

Quintus 284

Racine, Jean 30, 267
Raphael (eigentl.: Santi, Raffaelo) 137

Ramakrishna 440-443
Râmânuja 431
Ranke, Leopold 392
Rauh, Frédéric 169
Rembrandt (eigentl. R. Harmenszoon van Rijn) 133-135, 291
Renan, Ernst 111, 161, 165, 215, 222, 230, 257, 274, 468, 482
Ribera, José de 136, 137
Ribot, Théodule Armand 324
Rimbaud, Arthur 48, 424
Rochester, John Wilmont 503
Rolland, Romain 116, 307, 308, 312, 404
Ronsard, Pierre de 210, 289
Rousseau, Jean-Jacques 120, 449, 451, 456
Rubens, Peter Paul 129-131
Rusinek, Michał 245
Ruskin, John 174
Russell, Bertrand 152, 168, 175, 177, 287, 371, 440, 479, 498
Rymkiewicz, Jarosław Marek 342
Rzeuska, Maria 400

Sainte-Beuve, Charles-Augustin 461
Samain, Albert 31
Sand, George 215, 467
Sarto, Andrea del 137
Sartre, Jean-Paul 413, 414, 421, 462, 470, 492, 510
Sauter, Constantin 325
Savitri, siehe: Zahorska, Hanna
Savonarola, Girolamo 180
Schayer, Stanisław 353
Scheler, Max 260

Schelling, Friedrich von 324, 440, 506
Schiller, Friedrich von 38, 395, 435
Schmitz, Oskar A. H. 109
Schopenhauer, Arthur 35, 39, 47, 185, 328, 479, 481
Schweitzer, Albert 464, 471
Secrétan, Charles 304
Seneca 195, 229, 273, 295, 353, 376
Shaftesbury, Anthony Ashley Cooper 503
Shakespeare, William 29, 30, 88, 94, 100, 123, 129, 268, 269, 271, 349, 357, 435
Shaw, George Bernard 217, 481
Shelley, Percy Bysshe 340
Siedlecki, Adam Grzymała 44
Siemieradzki, Henryk 109
Sienkiewicz, Henryk 139
Silesius, Angelus 183
Simon, Pierre-Henri 396, 412-414
Słonimski, Antoni 171
Słowacki, Juliusz 33, 52, 67, 84, 87, 89, 102, 125, 139, 159, 239, 289, 323, 341, 381
Snyders, Frans 131
Sobeski, Michał 329
Sokolnicki, Michał 112
Sokrates 210, 233, 364, 376
Söderblom, Nathan 430
Sophokles 29, 268
Spartakus 173
Spencer, Herbert 79
Spengler, Oswald 381
Spinoza, Baruch 31, 34, 46, 50, 61, 155, 159, 166, 371, 440, 508
Staël, Germaine de 122, 360

Staff, Leopold 72, 73
Steinbeck, John 493
Stendhal (eigentl.: Marie-Henri Beyle) 321
Strauss, Richard 82
Strayer, Joseph Reese 392
Strindberg, August 128
Strowski, Fortunat 242
Suchodolski, Bogdan 374
Sulla, Lucius Cornelius Sulla 173, 261
Szemplińska-Sobolewska, Elżbieta 342
Szymanowska, Stanisława 174
Szymanowski, Karol 174, 239
Szymanowski, Wacław 218

Śankara 431

Tacitus 117, 375-379
Tagore, Rabindranath 161, 163, 164, 237, 490
Taine, Hippolyte Adolphe 22, 23, 28, 32, 41, 150, 277, 358
Tamerlan, siehe: Timur
Tarde, Gabriel de 377
Tatarkiewicz, Władysław 338
Tetmajer, Kazimierz Przerwa 102
Theodoridas 238
Theokrit 221
Theresia von Avila, hl. 283, 371
Thibaudet, Albert 358
Thukydides 380
Tibull (Tibullus), Albius 199
Timur (Tamerlan) 247, 379
Tizian (eigentl. Tiziano Vecellio) 129, 132, 134, 135
Tjuttschew, Fjodor 328
Tolstoj, Lew N. 187, 495, 510

Tuwim, Julian 171, 239, 249, 250, 325, 327, 328, 339, 342, 343, 347
Twardowski, Kazimierz 400

Unamuno y Jugo Miguel de 329, 342
Utitz, Emil 279

Valéry, Paul 372, 422, 424, 492
Van Gogh, Vincent 502
Vauvenargues, Luc de Clapiers de 243
Vercors (eigentl. Jean Bruller) 493
Vergil (Publius Vergilius Maro) 26, 207
Verhaeren, Emile 30
Verlaine, Paul-Marie 239, 418
Véron, Eugène 92
Verweyen, Johannes M. 453
Vigny, Alfred de 86, 252, 289, 305, 318, 320, 321, 333
Vinet, Alexandre Rodolphe 407
Vivekananda 307, 308, 430

Wagner, Richard 98, 124, 147, 344
Wallis, Mieczysław 175
Wałek-Czarnecki, Tadeusz 112
Warchałowski, Jerzy 174
Warnock, Mary 501, 510
Wasilewski, Zygmunt 84
Wawra 217
Weininger, Otto 111

Werfel, Franz 114
Wędkiewicz, Stanisław 113
Wierzyński, Kazimierz 171, 289, 350
Windelband, Wilhelm 384
Witkowski, Stanisław 102
Wittlin, Józef 342
Wittgenstein, Ludwig 497, 502, 503, 505, 506
Witwicki, Władysław 341
Wóycicki, Kazimierz 334
Wyrzykowski, Stanisław 114
Wyspiański, Stanisław 44, 46, 72, 75, 76, 82, 126, 165, 275, 509

Yâjñavalkya 430, 431
Yutang Lin 315

Zagórski, Jerzy 342
Zahorska, Hanna (Pseud.: Savitri) 45
Zapolska, Gabriela 45
Zawodziński, Karol Wiktor 328
Zdziechowski, Marian 304
Zegadłowicz, Emil 218, 341, 342
Znaniecki, Florian Witold 374
Zola, Emile 158

Żeleński, Tadeusz (Boy) 309
Żeromski, Stefan 31, 72, 75, 76, 82, 113, 114, 340
Żółkiewski, Stefan 381

»Denken und Wissen. Eine Polnische Bibliothek«,
herausgegeben vom Deutschen Polen-Institut Darmstadt,
präsentiert herausragende Texte polnischer Wissenschaftler
und zentrale Themen des geistigen Lebens in Polen.

Es liegen bereits vor:

*Jerzy Szacki: Der Liberalismus nach dem Ende des
Kommunismus*

Władysław Tatarkiewicz: Geschichte der sechs Begriffe

*Anti-Totalitarismus: Eine polnische Debatte,
hrsg. von Paweł Śpiewak*

*Polen denkt Europa: Politische Texte aus zwei Jahrhunderten,
hrsg. von Peter Oliver Loew*

Demnächst erscheinen:

*Michał Głowiński: Gewendete Mythen
Polen und der Osten, hrsg. von Andrzej Chwalba*